______________________________ 님 혜존

대자대비 하신 부처님의 원력으로

원만성취 하시옵고,

지고한 법화경의 무량 공덕으로

행복보다 진한 행복,

두고두고 누리소서.

불기　　　년 월 일

지은이 정 명화 합장

행복보다 진한 행복,

법화경 法華經

저자 정영화

　2020년에 출간한 금강경 해설서인 졸저 **『산은 물 물은 산』**을 펴낸 지 5년 만에 법화경 해설서, 부제 「내 안의 부처를 만나는 지혜의 나침판」 **『행복보다 진한 행복, 법화경』**을 세상으로 내보냅니다. 불교의 언저리만 맴돌며 옳은 불자 수행도 닦지 못한 일천한 불지식으로, 대승경전의 정수를 논하고 해설하여, 방대한 분량의 책으로 엮는 일이, 숭고한 불법의 깊이를 자칫 훼손하는 일이 아닐까 수없이 되묻곤 하였습니다. 말과 글로써 진리를 전하는 것에는 부처님께서도 그토록 저어하셨고, 열반에 들면서까지 당신은 아무것도 설한 바 없으니, 언설이 진리가 아니므로 '자등명 법등명' 하라 하셨잖습니까? 그럼에도 불구하고 법화경 그 진리의 큰 바다에 발가락 하나도 채 적시지 못한 지금, 저의 알량한 역량으로 법화경을 해설하여, 대중 독자들께 선보이겠다는 것이니 처절한 용기 하나만은 저 자신도 가상 하다는 생각을 하고 있습니다.

　한문 원전의 글자 수만 해도 약 7만 자에 이르는, '경전 중의 왕'이라 불리며 받들어지고 있는 방대한 분량의 법화경을 해설하여, 세상에 알리겠다는 결기는 어쩌면 저의 역량으로써는 무모한 도전일지도 모르겠습니다. 고백 하건대 지난 금강경 해설서인 졸저 **『산은 물 물은 산』**을 집필하면서, 역량에 부치는 알량한 머리 탓에 영혼에 쥐가 나는 듯한 경험을 수없이 반복하였음을 밝힙니다. 솔직히 지난 졸저에서 법화경 해설에 대한 집필도 이어가겠다는 성급한 약속만 하지 않았더라면, 이쯤에서라도 원고지를 덮고 도망가고 싶은 생각이 은밀한 유혹으로 다가옴을 느낍니다. 그러나 법화경의 광대무변한 공덕과 중생들의 영혼을 온유한 연향(蓮香)으로 채색해 줄 듯한 신묘한 진리의 불음(佛音)을 접하면 접할수록, 이 길이야말로 80억 인류를 대승의 견고한 배에 태우고, 피안으로 항해해 갈 나침반이라는 확신이 들었던 겁니다.

법화경에서 부처님이 그토록 중생을 향해 전하고자 했던 말씀을 시쳇말로 좀 속되게, 한 문장으로 표현한다면 **"닥치고! 네 자신이 부처니라!"**라는 단 한 말씀이었습니다. 사실 법화경은 이 한 문장이 전체이고, 전반적 흐름의 시작과 끝이라고 보면 됩니다. 4차 산업혁명의 초입에 와 있는 우리 인류는 인간정신의 해체와 인본적 정체성의 와해라는 대 변환기에 직면해 있습니다. 나아가 일부 학자들 사이에서는 3차원 가상세계와 우주기반산업구조로의 5차 산업혁명의 시대를 목전으로 예견하고 있지만, 인공지능(AI)과 빅데이터 기반의 사물인터넷, 로봇공학과 유전자편집기술 따위가 주도해 나갈 앞으로의 신세계는 경천동지할 신기술이 과학과 종교의 영역을 마구 넘나들게 될 것입니다.

지금 인류가 확보한 인공지능 기술에, 미구에 실현될 보다 진보된 양자역학의 발전으로, 개인의 생각과 행동예측은 물론, 세계질서가 움직일 방향까지를 예측할 수 있으며, 인류의 예정된 행동양식도 베껴올 수 있게 됩니다. 또한 모든 인류가 변화해 갈 건강상태와 미래 자연의 예측 변화를 미리 알아, 로봇이 스스로 교정해 줌으로써 재난의 극복과 불멸장생의 길이 열릴 것이라는 청사진도 쉽게 그려볼 수 있게 되었습니다. 그러나 침략과 지배의 욕망이 몰고 올 잔인한 살상과 전쟁의 참상 또한 지금까지 인류의 상상을 초월하는 잔혹한 멸망의 시나리오 또한 준비되어 있다는 것입니다. 빼앗고 죽이기 위한 살상과 파괴의 인공지능은 끝없이 진화해 갈 것이고, 원격 파괴와 대량 학살이 컴퓨터 게임을 하듯 키보드 하나로, 세계질서를 장악해 갈 수 있는 가공할 지능은 지금도 얼마든지 실전 배치할 수 있는 단계에 와 있음은 주지의 사실이기도 합니다.

　이러한 과학적 성과가 인류의 삶에 선기능(善機能)으로만 작용해 준다면, 질병의 정복과 미지 세계의 개척 그리고 인류의 복지에 무한한 기여를 할 것이라는 희망적 청사진은 쉽게 그려볼 수 있을 것입니다. 그러나 인류가 개발한 인공지능이 스스로 자신의 회로를 진화시켜, 그들만의 집단 허구를 창작해 내고, 인류의 대뇌회로를 지배하는 새로운 영혼의 집단으로 군림하게 될 지도 모른다는 합리적 의심에 직면한 우리들의 우려는 참담함 그 자체일 뿐입니다. 이에 따라 오픈AI를 창업한 샘 올트먼은 인간과 너무 비슷해지는 AI와 인간을 구별하기 위해 인간이 인간임을 증명할 수 있는 홍채 기술을 만들었습니다. 이제 인간은 서로에게 무엇이 현실인지, 누가 인간인지를 끊임없이 보여줘야 할 때가 온 것입니다. 만인에 대한 만인의 투쟁에서 나아가 AI에 대한 만인의 투쟁이 시작된 겁니다.

　따라서 우리 인간들은 부품화 되고, 획일화된 세라믹 토양 같은 대지 위에서, 자신들이 뿌린 씨앗에 의해 자신들이 경작 당하는 유리 식물 같은 메마른 인생을 살아갈 수밖에 없는 위기의 상황을 맞을 수 있음은 누구도 부인할 수 없게 되었습니다. 이처럼 어떤 방식이든 올 수밖에 없는 극단의 선택지에 놓이게 된 인간정신의 고귀한 영성은, 어떤 시나리오에 직면 한다 해도 끝없이 퇴색되어 갈 것입니다. 이러한 '신세계의 질서(New World Order; N.W.O)'에 편승하여, 갈수록 인간정신의 피폐함이 고귀한 영혼의 해탈을 가로막는 말법의 시대를 살아갈 수밖에 없는 현대인류에게 법화경은 다음과 같은 진리의 함성을 사자후로 외치고 있음을 주지하여 주시기 바랍니다.

"절망하지 마라! 괴로워하지도 말라! 모든 것에는 문이 있다. 네 스스로를 향해 난 문을 통해, 날아오를 수 있는 마음속의 날개로 해탈의 강을 건너라! 네 자신이 부처이니 그 어떤 괴로움도 너를 묶어둘 수는 없다."

우리 중생들은 불타오르는 낡은 집에 갇혀, 다가오는 죽음도 모른 채 욕망과 환락에 집착하고, 눈앞의 작은 손익에 희비가 교차하며, 끓어오르는 애욕과 증오에 결국은 자신마저 불태우는 한낱 부나비 같은 존재가 아닙니까? 한 생각 바꾸어 누구에게나 열려 있는 해탈의 문턱을 넘어서기만 하면, 니르바나의 창공을 훨훨 날 수 있는 날갯짓이 우리를 기다리고 있는데도, 무너져 내리는 서까래를 부둥켜안고 욕망의 게임에 정신 줄을 놓고 있는 것입니다. 이렇듯 중생구제의 열려 있는 길을 알면서도 침묵하는 것은, 차라리 부족한 저의 능력 탓에 비록 완전한 이정표 역할을 못했다는 지탄을 받는 한이 있더라도, 작은 알림판 역할이라도 하는 것이 불제자로서의 직무유기를 피하는 길이란 확신하에 법화경 해설의 붓을 들게 된 것입니다.

법화경은 불교신자만을 위한 경전이 아닙니다. 자신과 세상을 태우고 있는 어리석은 중생들을 향해 솔성의 지혜로 진리의 문턱을 넘어서라는, 선지자 부처님의 애정 어린 격려와 신념이 담긴 호소문인 것입니다. **인간정신의 모순과 나약함을 정확히 진단하신 부처님이 누구에게나 함장 되어 있는 불성의 날개를 활짝 펴서, 저 피안의 연화장세계로 훨훨 날아 오르라는 21세기 인간해방의 지침서가 곧 법화경**인 것입니다. 따라서 이 책은 해설서라는 문자적 이론보다는 부처님의 최고 가르침인 법화의 정신을 이 시대 우리 중생들의 닫혀 있는 사이클에 어떻게 동조시켜, 섬광 같은 지혜의 솔성을 깨닫게 할 수 있을까를 고민하며, 좀 더 쉽고, 좀 더 명쾌하게 진리에 다가갈 수 있도록 집필에 심혈을 기울였습니다.

한 생각 돌이키고, 한 발짝만 넘어서면 곧 부처의 길인 참 행복으로 가는 지혜의 나침판이 내 앞에 있거늘, 그 한 발자국 방황과 불행의 언저리를 홀연히 넘어서겠다는 서원을 새기며, 책의 제목을 『행복보다 진한 행복, **법화경**』으로 정하게 되었습니다. 어느 경전이 불법으로써 우위에 있다 가릴 수는 없겠습니다만, 특히 법화경은 부처님이 만년에 설한, 설법 40년의 철학과 사상이 고도로 응축된 최고의 엑기스 경전이라 일컬어지고 있습니다. 그런 만큼 대승과 소승을 아우르면서도 신이(神異)한 신통력과 신앙적 바탕에서 나아가 뛰어난 문학적 비유를 통해 모든 중생이 부처 아님이 없음을 웅변하고 있다는 점에서 여타 경전과는 변별되는 최상승 경전이라 할 수 있습니다.

법화경 〈제10 법사품〉에서 부처님이 이르기를 **"이것저것 제쳐두고 내가 설한 경전 중에 법화경이 최고니라."**라며, 아주 작심을 하고 법화경의 위상을 강조하신 걸 보면 쉽게 알 수 있는 부분이기도 합니다. **중생들을 진리의 길로 인도하시려는 부처님의 대 자비심이 상징적 연꽃으로 피어난, 위없는 대승불교 경전의 최고봉이 바로 법화경인 것입니다.** 따라서 법화경 세 글자를 읽고 듣는 것만으로도 무량의 공덕이 나를 넘어 사해(四海)에 미친다고 하셨으니, 오늘 이 책의 표지를 넘긴 여러분과 저의 공덕이 얼마나 창대한 반야행이며, 심대한 정진일지는 헤아릴 수 없는 인연의 공덕으로 영원할 것임을 저는 믿어 의심치 않습니다. 그러면 법화경 그 진리의 큰 바다를 향한 대장정으로의 첫 발을 내딛습니다.

『법화경(묘법연화경)』은 우주의 힘이 장엄되어 있어 일심으로 믿고 수행하면 우주의 제법실상을 증득하여, 활연한 깨달음의 길로 나아가게 해주는 대승경전 최고의 금자탑으로 받들어지고 있는 수승(殊勝)한 경전이다. 부처님의 만년(晚年)설법인 법화경이 비교 불가의 으뜸 경전이 된 것에는 이전의 설법에서는 볼 수 없던 파격적 설법에 연원하거니와 바로 '죄업에 가린 중생의 육신 그대로가 부처'라는 가르침 때문이라 할 것이다.

법화란 화엄의 바다인 우주법계에 핀 한 송이 거대한 연꽃을 뜻한다. 연꽃은 비록 진흙탕에 뿌리내리고 있지만 고결한 꽃과 향을 피워내는 것처럼, 중생 또한 사바세계에 살아도 언젠가는 세상의 악취를 잠재우며, 향기 충만한 연꽃을 피우는 묘법의 연화 같은 존재라는 말씀이시다. 부처님의 이러한 고도의 비유적 가르침은 불안한 인생에 희망을 담보해 주고, 모든 속박의 굴레에서 자유를 찾게 해 준다.

우주의 본원력(本願力)인 불성을 함장하고 있는 존재인 중생들로 하여금, 잠들어 있던 내면의 불심에 섬광 같은 지혜의 횃불을 밝혀주는 경전이 바로 법화경이다. 법화경은 제법실상과 구원실성을 참구(參究)하여 마침내 부처의 경지에 이르도록 하는 지혜의 나침반이며, 참 자아를 완성해 주는 실천적 로드맵이자, 인간해방의 지침서이기도 하다.

부처님이 보호해 주시는 경전이라 하여 '불소호념(佛所護念)의 경전'이라고도 하는 법화경을 지니고, 독송·서사하며, 남을 위해 설명하면 부처님이 보호해 주시기 때문에 업장을 피할 수 있음에서 나아가, 자신의 인생에서 스스로 장애를 극복하고, 마침내 진여불성을 획득하여 참된 자아를 발견하게 될 것이다.

인공지능과 정보화산업의 발달로 숭고한 인간정신이 피폐해지고, 자비지심과 도법(道法)은 상대적으로 쇠퇴해 가는 말법의 시대인 작금이야말로, 온 인류가 묘법의 정신으로 우주법계에 법화의 온유한 연꽃을 피워야 할 때이다.

이처럼 보편적 인류의 희망과 구원의 문을 열게 해 주는 법화경이지만, 방대한 분량과 고도의 신이(神異)한 경지를 다룬 법화경인 만큼, 제 불자와 일반 독자들이 읽고 해독하여, 신심을 내기에는 실로 어려운 난신지법(難信之法)인지라, 대중교화에 적잖은 걸림이 되었던 것도 사실이다.

이러한 차제에 오랜 세월 불경을 연구하며, 대중 독자들에게 대승경전의 핵심을 번안하고 해설하여, 불법 전파에 남다른 사명을 다해온 무극 정영화 선생의 법화경 해설서, 부제 「내 안의 부처를 만나는 지혜의 나침판」, **『행복보다 진한 행복 법화경』**이 발간되어, 법화경의 정신을 세상에 알리는 법공양의 계기가 된 점은 실로 다행스럽고, 감사한 일이 아닐 수 없다.

이미 저자는 반야심경 해설서 『부처님 한잔해요』를 비롯, 금강경 해설서 『산은 물 물은 산』을 세상에 상재하여, 많은 독자제현의 호평을 받으며, 불경 해설의 새로운 지평을 열었다는 찬사를 득한 법사이기도 하다. 본서의 특징은 제 불자님들은 물론, 불교와 인연이 없는 독자분들도 딱딱한 경서가 아닌 에세이를 읽듯 독서해 가는 중에 법화의 진리를 스스로 체득할 수 있도록 집필에 심혈을 기울인 배려가 돋보인다는 점이다.

법화경의 진리를 21세기의 첨단 시대를 살아가는 현대인들에게 맞는 쉬운 문체로 해설을 곁들이면서, 수많은 도표와 일러스트를 통해 가독성을 높인 저자의 치열한 탐구 정신은 자칫 매너리즘에 빠진 불교계의 동도들에게 신선한 충격을 전하는 메신저가 되리란 확신을 가져본다.

저자가 이 책에서 그토록 전하고자 한 법화의 정신이 온 누리에 충만하고, 부처님의 대자비심이 고통 받는 모든 인류에게 평화의 희망봉이 되어, 우주법계에 연화장의 세계가 펼쳐지기를 서원하면서 제 불자, 독자님들의 일독을 권합니다.

불기 2569년 을사년 가을
대한불교조계종 제13교구 본사 쌍계사 전 주지
현 불락사 회주 휴봉 석상훈 합장

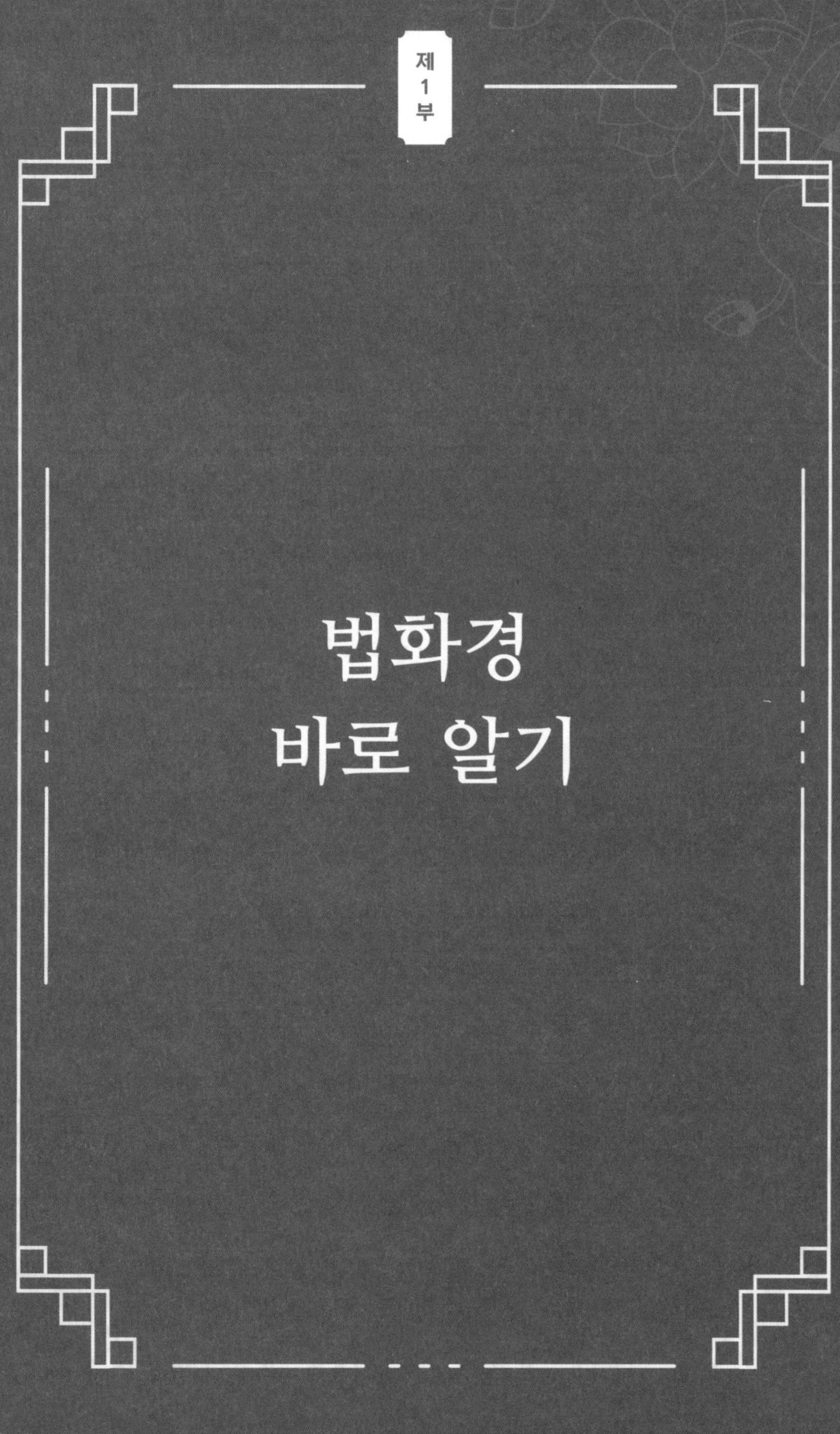

법화경
바로 알기

　법화경은 금강경, 화엄경과 더불어 대승불교의 핵심 경전 중 하나로, 부처님이 만년에 설하셔서 40여 년 설법의 진리가 집약된, 문자 그대로 법을 설한 최고의 경전이면서 가장 존귀하게 받들어지는 경전이기도 합니다. 넓은 뜻의 의미로 '법화(法華)'란 화엄의 큰 바다인 우주법계에 핀 한 송이 거대한 연꽃을 이르는 것입니다. 이 꽃이 표현하는 것이 곧 '실상의 법'으로, 제행만물에는 꽃처럼 향기로운 것이 있으니 이를 알면 제법이 꽃으로 피어나 곧바로 안락을 얻어 성불한다는 뜻을 담고 있습니다.

　원명 『묘법연화경(妙法蓮華經)』의 약칭으로 불리는 법화경은 산스크리트어로는 '삿다르마 뿐다리까 수뜨라(Saddharma Puṇḍarīka Sūtra)'인데, 이를 번역하면 '올바른 법(삿다르마)'을 가르치는 '흰 연꽃(白蓮-뿐다리까)과 같은 경전(수뜨라)'이라고 할 수 있겠습니다. 산스크리트어로 붉은 연은 '파드마(Padma)'라는 다른 이름이 있는데도 흰 연꽃이라 특정한 것은 어떤 색깔도 띄지 않은 순백의 연꽃이 법화경의 상징성에 보다 부합되는 색깔인 때문이었을 것입니다. 포괄적 표현을 빌자면 법화경은 곧 '연꽃경전'이란 뜻인데, 실제로 영어권에서는 법화경의 명칭을, 연꽃을 뜻하는 'Lotus'와 경전을 뜻하는 'Sutra'가 결합하여 'The Lotus Sutra' 즉, '연꽃경전'이라 부르고 있습니다.

　법화경의 근본 사상을 한마디로 표현하면 "부처가 되는 길은 누구에게나 열려 있다."는 것인데, 가르침에 의지하여 깨우쳐 가는 성문(聲聞)이나, 홀로 깨달음을 구하는 연각(緣覺), 자신과 남을 함께 깨우치는 보살(菩薩)의 삼승(三乘)이 궁극적으로는 일승(一乘)으로 하나가 된다는 '회삼귀일사상(會三歸一思想)'을 실천적 가치관으로 제시한다는 것입니다.

부처님이 이 세상에 출현하여 성문(聲聞)과 연각(緣覺), 보살(菩薩)들의 근기에 맞게끔 갖가지의 대기설법(對機說法)과 수기설법(隨機說法)을 하셨지만, 그것이 모두 부처의 지견을 열어 보이고 깨달음으로 들어오게 하는 한낱 방편이었을 뿐, 시방불토(十方佛土)에는 오직 일불승(一佛乘)의 법만이 있음을 밝히셨고, 부처가 되는 길은 누구에게나 열려 있으며, 모두가 부처가 될 수밖에 없음을 천명하고 있습니다.

법화경은 한문 원전의 글자 수(數)만도 약70,000글자(구마라집본의 경우 69,384 글자로 파악되고 있습니다.)에 이르는 방대하고도 심오한 법문을 담고 있기 때문에 우리 불자님들이 전체의 흐름을 조망하고 전반적 이해를 구하기란 실로 어려울 수밖에 없었음을 저는 늘 안타까워했습니다.

수많은 법화경 관련 서적과 문헌을 뒤져봐도 난해한 해설이나 법화경에 대한 찬탄의 글들이 대부분이었던지라 그 아쉬움과의 결별을 고민한 끝에, 법화경 전편에 대한 구성과 내용을 하나의 도표로 만들어, 제1부 제3장에 기술함으로써 독자 여러분들이 법화경을 한눈에 조망할 수 있도록 지면을 할애하였음을 밝힙니다. 많은 불자님들이 법화경을 사경하고 독송하면서도 전체의 흐름을 관조하지 못하는, 이를테면 나무만 열심히 보고, 숲의 아름다움은 보질 못하는 모순은 없어야겠지요.

그 도표를 보면 법화경 전체의 흐름과 구성 및 내용을 일이관지 조망할 수 있게끔 배려를 다하였음을 스스로 다행스럽게 생각하며, 법화경 그 진면목의 세계로 한 걸음 더 나아가 보겠습니다. 이번 장에서는 법화경의 근본 지향점과 내용 및 구성 그리고 대승경전으로서의 법화경의 위상 등에 대한 진수를 함축적으로 설명하여, 법화지식의 총괄적 이해를 높이는 장을 마련해 보도록 하겠습니다.

🪷 불교의 연꽃, 연꽃의 불교

이미 살펴보았지만 우리가 지금 수지·독송 하는 법화경의 보다 정확한 명칭은 『묘법연화경(妙法蓮華經)』입니다. 즉, 〈묘법〉이란 '비밀스런' 또는 '바르고 참되다', '고귀한 가르침' 등의 뜻이며, 연화경은 곧 연꽃 특히 백련 꽃 같은 경전이란 뜻이니 **바르고 참된, 흰 연꽃 같은 경전**이라는 뜻이 되는군요. 이를 줄여서 『정법연화경』, 『묘법연화경』 등으로도 불리지만 구마라집(344년~413년. 일명 구마라즙 또는 쿠마라지바로도 불립니다)이 번역한 묘법연화경이 오늘날 일반적으로 통용되는 법화경이라 보면 되겠습니다. 여기서는 '묘법'이라는 단어를 잘 새겨보아야 합니다. 묘법의 사전적 정의에 의하면 심원미묘(深遠微妙)한 도리. 이법(理法), 특별한 진리. 또는 부처님의 고귀하고 뛰어난 가르침 등으로 해석할 수 있는데, 지식 차원에서의 참과 거짓이 아니라, 진리 그 자체의 신묘한 이치와 가르침이란 뜻입니다.

바르고 원만한 부처의 깨달음 또는 모든 번뇌를 끊고 지혜를 원만히 갖춘 부처의 경지를 곧 '묘각(妙覺)'이라 이르지 않습니까? 그래서 이 '묘(妙)'가 법화경의 아바타가 되는 문자이기도 합니다. 법화경을 소의경전(所依經典)으로 하는 천태종의 종조 지의대사(智顗大師-지자대사라고도 함-6세기 양나라 출신)는 이 '묘' 글자 하나만 가지고도 90일을 설법했다고 전해지고 있지요. 법화경의 진리가 한 치의 어긋남이 없어 그 자체로 묘법이고, 더하거나 뺄 것이 없으니 곧 진여(眞如)의 다른 이름이므로, 법화경의 정신이 곧 여래의 사상인 것입니다. 달리 말하면 여래의 가르침에 귀의한다는 뜻이 되어 법화경이 곧 여래와 같음을 알 수 있습니다.

　법화경은 단순히 불교의 교리를 전하는 교조적 가르침의 경전이 아니라, 부처님의 신묘하고도 초월적인 우주의 조화와 신비가 함장 된 경전이기 때문에 반드시 업장을 소멸하고 어떠한 고통도 피하며, 물리칠 수 있다는 확고한 신념을 우선 가지셔야 합니다. **우주의 제 실상 일체가 조화로운 하나의 진리 속에서 일대사인연**(一大事因緣-뒤에 설명이 나옵니다)**으로 편재되어 있으니 부처를 위해 살라는 말이 아니고, 내가 부처가 되는 길을 위해 살라는, 하나의 통일장이론의 종결판이 법화경이라 기억해 두시기 바랍니다.** 그를 위한 간절한 염원을 부처님이 법화경 한 글자, 한 글자마다 새겨 넣으면서 수수 억조 중생을 보호하기 위해 지극한 설법으로 남기셨으니 추호도 의심할 여지가 없는 이 법화경을 달리 '불소호념(佛所護念)의 경전'이라고도 하는 것처럼, 부처님이 중생을 옹호하고 보살피며, 깊이 사랑해 준다는 뜻이지요.

　이러한 법화경의 한문 번역본은 중국 진대(晉代) 둔황(燉煌)의 승려 축법호(竺法護 231년~ 308년)가 286년에 10권의 『정법화경(正法華經)』을 번역한 바 있지만, '정(正)'이라는 어휘 자체가 '정부(正否)'라는 이분법적 대립의 개념일 수밖에 없는 만큼 부처님의 초월적 가르침에 '바르다', '맞다'라는 표현을 쓰는 건 아무래도 부적절하다는 생각이 드는군요. 여기에서 우리는 원전 법화경을 한역(漢譯)하면서 『묘법연화경』으로 경전의 명칭을 삼은 구마라집의 천재성과 치열한 불심을 여실히 느끼게 되는데요, 오늘에 이르기까지 구마라집을 작은 부처님이라 부르는 이유도 여기에 있습니다. 구마라집이 인도에서의 유학을 마치고 귀국할 때 스승인 수리야소마가 법화경을 주면서 특별히 세상에 널리 전할 것을 주문했다고 전해지고 있습니다.

　구마라집 이전의 중국불교는 전래 역사에 비해 경전이나 교리가 잘 정돈되지 않은 산만한 단계였으나, 300여 권에 달하는 불경을 구마라집이 번역함으로써 한자문화권인 한·중·일의 대승불교는 중흥의 뿌리를 내리게 된 것입니다. 경전의 명칭을 붙이는 데는 보살이나 부처의 이름을 명칭으로 삼기도 하고, 법이나 비유를 이름으로 붙이기도 하는데요, 묘법연화경은 묘법의 '법'과 연화라는 '비유'가 합쳐진(법 + 비유) 이름이라 하겠습니다. 화엄경의 명칭이 잡화엄식(雜華嚴飾)에서 비롯되어 '잡화(雜華)'라는 여러 가지 꽃이 경전의 명칭 유래가 된 경우는 있으나, 묘법연화경에서처럼 구체적인 꽃의 명칭인 연꽃을 불경의 이름으로 삼은 예는 흔치 않은 만큼 법화경은 명칭부터가 범상찮은 용어로 시작하는 경전인 것입니다.

너무나 식상한 질문이 되겠습니다만 '연꽃은 어디에서 핀다?' 진흙 밭에서 피는 꽃이지요. 그 진흙 밭이 바로 욕망의 노예인 우리 중생들이 희로애락에 울고 웃으며, 죽고 죽이는 욕계(欲界)의 각축장인 사바의 세계를 상징한다는 건 너무나 잘 아실 것입니다. 사바세계란 갖가지 고통을 참고 견뎌야 하는 근본적 무명의 세계임에도 춤을 추며, 욕망의 환락이 난무하는 세상을 이릅니다. '사바(娑婆)'란 글자의 뜻이 춤출 '사(娑)'에, 할미 '파(婆)' 자를 써서 사바세계라 하는데, 탐진치(貪瞋痴) 3독이 난무하고 오온(五蘊)이 무성하여, 생로병사의 근본 고통이 불타오르고 있는데도, 죽어가는 줄도 모른 채 환락의 춤을 춘다는 뜻이기도 합니다. 바로 이 사바세계 전체가 부처님의 교화대상이 되며, 이 모든 중생을 열반의 세계인 연화장(蓮華藏)의 불국토로 인도하는 것이 불교의 궁극적 이상이자 목표가 되는 것입니다.

연꽃은 그러한 사바세계인 진흙탕에 뿌리를 내리고 핍니다만 연꽃잎에는 한 점의 오물도 머무르지 않고, 물이 닿아도 그대로 굴러 떨어질 뿐 물방울이 지나간 자리에는 그 어떤 흔적도 남지 않습니다. 마치 창공을 자유롭게 나는 새가 흔적을 남기지 않듯, 내 마음 하나 청정하면 온갖 번뇌와 악의 무리 가운데 있어도 거기에 결코 물들지 않는다는 불교의 가르침을 그대로 상징하고 있으니 이를 **불여악구**(不與惡俱)'라 표현하지요. 또한 연꽃이 피면 물속 진흙탕의 시궁창 냄새는 사라지고 향기가 연못에 가득한 것은 한 점 횃불이 일거에 어둠을 가시게 하듯, 한 송이 연꽃이 진흙탕의 연못을 향기로 채운다고 하여 **'계향충만**(戒香充滿)'이라고도 합니다. 연꽃은 특이하게도 꽃이 피면서 그 열매도 같이 맺는 이른바 **'화과동시**(花果同時)'의 꽃이기도 한데요, 꽃 피고 열매 맺는 것을 불교적 관점으로 풀이 하면, 꽃이라는 '인(因)'이 있어 열매라는 '과(果)'를 맺게 되니, 법화경에서의 연꽃은 '중생(因)'과 '부처(果)'가 동시에 피어난다는 인즉불(人卽佛) 곧, 중생이 또한 부처라는 우회적 상징성도 지니고 있다 하겠습니다.

<꽃이 피면서 열매가 동시에 맺는 화과동시>

연꽃은 곧 떨어지지만 씨앗은 천년을 가는 것처럼, 우리의 인생도 찰나이지만 불성의 진리는 영원한 인연으로 윤회하지 않습니까? 그래서 우리는 연꽃을 단순히 쌍떡잎식물 프로테아목 연꽃과의 여러해살이 수초라는 물질적 식물로만 보아서는 아니 됩니다. 꽃잎으로만 볼 때 홍련의 잎은 살갗이 얼어서 터진 상처의 모습으로도 보여, 이를 불교에 서는 '홍련지옥(紅蓮地獄)'이라는 '팔한지옥(八寒地獄)' 중의 하나로도 보니까요. 연꽃이 지옥도 상징한다는 꽃이라니, 좀은 의외라는 생각도 드시겠지만, 관념에 젖지 않은 실상을 본다는 건 그만큼 어려운 것이 아니겠습니까? 우리 중생들은 꽃이 피어야 비로소 그 꽃을 볼 수 있지만, 꽃은 원래 꽃으로 피어날 수밖에 없는 비밀의 문을 지

니고 있었던 것입니다. 중생들이 죄악에 물들어 있지만 이미 부처인 것처럼, 보이지 않던 원래의 공간 너머에는 찬연한 연꽃의 장엄한 공간이 이미 편재되어 있었음을 우리는 알아야겠습니다. 이 부분을 이해하고 나면 아기 부처님이 탄생게를 읊으며, 걸음을 옮길 때마다 연꽃이 피어올랐다는 부처님의 탄생설화가 우연한 픽션이 아니었다는 걸 알 수 있을 것입니다.

독자 여러분께서도 잘 아시겠지만 부처님이 깨달음을 얻고, 설법 편력 40년이 지나 법화회좌가 이루어졌고 그때에 비로소 부처님께서 **"너희들도 그대로 부처다."**라며 **'인불일체**(人佛一體)**'**를 선언하셨으니 우리가 이 법화경을 마주하면서 어찌 전율과 감읍(感泣)이 없을 수 있겠습니까? 법화경에서는 수행하라! 정진하라! 등의 교과서적 가르침보다 탐진치에 물든 그대로의 너 자신이 곧 부처라고 가리키고 있습니다. 법화경은 바로 이러한 경전인 것입니다.

🪷 탐진치에 물든 육신도 그대로 부처

법화경에서의 부처님은 머나먼 과거로부터 미래영겁(未來永劫)의 무량세(無量歲)에 걸쳐 존재하는 초월적인 존재 자체로서의 부처입니다. 부처님이 이 세상에 출현한 것은 모든 인간들이 부처의 깨달음을 열 수 있는 일승대도(一乘大道)를 보이기 위함이었고, 그 대도를 실천하는 사람은 누구라도 부처가 될 수 있다는 가르침을 펼치기 위함인데, 바로 이 점이 단순하면서도 심원한 법화경전의 핵심인 것입니다. 수많은 제자가 부처님의 수기(授記)를 받고, 악인 제바달다와 8세 용녀(龍女), 야수다라비, 마하파사파세 등의 비구니들에게도 수기를 주심으로써 악인성불, 여인성불도 등장하기 때문에 법화경을 일명 『수기경(授記經)』이라 부르기도 합니다. 심지어 부처님을 살해하려고 했고, 부처님 교단을 배신했던 제바달다가 부처님의 전생 법화경의 스승이었다고 설하여 대중들을 놀라게도 합니다.

한 생각만 즉석에서 바꿔 내가 부처인 줄만 안다면 결코 남의 재물을 탐하거나, 작은 것에 분노하고 타인을 증오하며, 약한 자에게 흉포하게 구는 따위의 마구니나 하는 짓거리는 결코 할 수 없을 것입니다. 여러 불자님들께서는 수없이 법당에서 법단에 모셔둔 불상을 향해 절하고 일심으로 참회하며, '무명에서 벗어나 성불에 이르게 해 주십사.'라고 기도도 많이 하셨을 것입니다. 그런데 그 법단의 석가모니불, 문수보살, 보현보살, 관세음보살, 약사여래불, 지장보살 등의 불상은 이름만 그렇다 뿐이지 실은 그 법단에는 김 아무개 처사, 이 아무개 보살인 독자 여러분 본인이 올라가 있는 것이란 생각을 가지셔야 합니다. 이처럼 "너희들도 그대로 부처다."라고 설하심으로써 '인불일체(人佛一體)'라는 성불의 길이 열렸고, 중생도 부처와 같이 피어난다고 하여, 꽃과 열매가 같이 맺는 연꽃의 화과동시를 상징적 언어로 가르쳤다는 점에서 법화경은 매우 중대한 사상적 의미를 지니고 있다 하겠습니다.

여러분께서는 대부분 한여름 연꽃 호수에 핀 연꽃을 보며 곱다는 생각을 많이 하셨을 것이고, 사진으로도 찍어 sns에 공유하거나, 자신의 앨범에 저장해 두기도 하셨을 겁니다. 그러나 이제부터는 아름다움으로서의 연꽃만이 아니라, 실상의 진리로써의 연꽃에서 나아가 나 역시 불과(佛果)로 피어난 한 송이 연꽃이라는 법열에 잠겨 본다면 그 순간 해탈로 가는 자신을 발견하는 환희심을 느낄 수 있으리라 저는 믿습니다. 법화경의 또 다른 특징은 '믿음(信)'을 강조하고 있다는 점인데요, **법화경에서는 극적이면서도 엄청난 초월적 사건과 신비한 내용을 다루고 있으므로, 중생의 지견으로써는 결코 받아들일 수 없는 다차원의 설법이 이어지고 있습니다. 때문에 신앙의 경지로 승화되지 못한 채, 논리적으로 분석하고 비평하면 오히려 비방하고, 훼손하게 되는 씻을 수 없는 업장을 쌓게 된다는 매우 중요한 전제를 담고 있음을 늘 상기하여 주시기 바랍니다.**

불교의 핵심사상은 모든 존재는 조건과 관계 속에서만 존재하며, 연기(緣起)에 의해 끊임없이 생멸을 반복할 뿐, 개별적 자성(自性)은 결코 존재하지 않는다는 무자성의 법칙임은 잘 아실 것입니다. 그래서 일체가 텅 비어 공하고 또 공하니, 그 공한 것 자체도 공하므로 '오온개공(五蘊皆空)'이라 하시지 않았습니까? 법화경에서도 궁극적으로 공을 지향하며, 반야사상의 연장에서 공(空), 무상(無相), 무자성(無自性)을 설하면서, 만법이 하나로 돌아간다는 '만법귀일(萬法歸一)' 즉, 일체가 부처가 된다는 우주의 통일장이론을 견지하고 있는 것입니다. 연꽃은 연화좌, 연화대, 연화문 등 사찰의 장엄물에서는 물론, 불교설화나 많은 설법에서도 인용되고 회자됨이 그 빈도에서 단연 탑이라 할 수 있는데, 영산회상(靈山會上)에서 부처님이 법좌에 올라 연꽃을 들어 아무 말 없이 대중들을 둘러보았으나, 그 누구도 부처님의 뜻을 깨닫는 이가 없었는데, 제자 마하가섭(摩訶迦葉)만이 부처님의 참뜻을 헤아리고 무언의 미소를 지었다는 이야기가 전해지지요. 바로 이 설화가 '영산회상거염화(靈山會上擧拈花)'의 유래가 되어 이심전심, 불립문자, 교외별전의 선맥(禪脈)의 역사로 이어지게 됩니다. 여러분께서도 그 법회에 있었다면 무언의 미소를 지어 보였을 테지요?

법화경을 근본 소의경전으로 하는 불교종파로는 중국 수나라 때의 천태(天台) 지의대사가 법화경을 중심으로 천태교학(天台敎學)을 완성시켰습니다. 그 천태교학으로 창종된 종파가 천태종인데, 삼국시대에 부분 전파 후 우리나라에는 고려 11대 문종의 넷째 아들인 대각국사 의천으로 이어졌고, 고려후기 천태종 승려인 요세는, 지금의 전남 강진 만덕산 백련사에서 백련결사를 열어 법화신앙이 크게 흥성하게 됩니다. 일본에는 13세기 이치렌 선사가 창종한 일련정종(一蓮正宗)이 탄생하게 되는데, 일련정종 또한 법화삼부경(무량의경(無量義經)·묘법연화경(妙法蓮華經)·관보현보살행법경(觀普賢菩薩行法經-뒤에 설명이 나옵니다)을 소의경전으로 채택하고 있거니와 훗날 1930년 들어서는 국제창가협회(국제SGI)로 거듭나게 되지요. 이 국제창가협회의 교리가 묘법연화경에 의지한다는 뜻으로 '나무묘법연화경(南無妙法蓮華經)'을 소의경전으로 예배하게 되니 법화경 〈여래수량품〉과 〈방편품〉을 아침저녁으로 봉창하게 되는데요,

나무묘법연화경의 일본식 발음인 '남묘호렌게쿄!', '남묘호렌게쿄!', '남묘호렌게쿄!'를 계속 연창함으로써 세간에서는 남녀호랑개교, 남녀호랑이교, 남묘오랑케쿄 등으로 잘못 발음되는 촌극도 빚어지게 된 것입니다.

일본에서 법화신앙이 정착될 수 있었던 것은 풍토병 많고, 지진도 잦은 일본의 자연조건이 일본 사람들을 초월적 의타신앙에 호의적으로 접근하게 만들었을 것이며, 이런 차원에서 법화경은 일본인에게 의지처로써의 불경이 되었을 것임을 쉽게 생각해 볼 수 있겠습니다. 일본의 남묘호렌게쿄는 법화경(나무묘법연화경-묘법연화경에 의지한다는 뜻)의 경전 제목을 한 번 외우는 것으로 책 한 권을 다 읽는 공덕이 생긴다는 신앙이 하나의 종교 분파로 자리 잡은 것으로 볼 수 있겠습니다.

논지가 좀은 법화경의 정의와는 벗어나긴 했지만 불교에서의 연꽃은 물이 흙탕물이거나, 어떠한 오염된 조건에서도 오염되지 않은 채 고결한 꽃을 피워내는 그 모습이 마치 우리 중생들이 무명(無明)에 휘둘려 있지만 깨달으면 곧 불성(佛性)이 드러나 부처가 되는 것과 같은 이치라고 본 것입니다. 이를 다른 말로 **'처염상정(處染常淨)'**이라고도 하는데, 곧 더러운 곳에 있어도 늘 청정함을 잃지 않는 연꽃이야말로 불교가 추구하는 장엄정토의 상징이 되기 때문인데요. 아무리 무명과 번뇌에 둘러싸인 사바세계의 중생이라 해도 법화라는 실상의 진리를 깨닫기만 하면 누구라도 고귀한 연꽃 같은 불성의 꽃봉오리를 활짝 피운다는 것이 묘법연화경의 시작이며, 끝이기도 합니다.

달리 설명하자면 법화경을 깨달은 자는 연꽃과 같아, 사바세계에 뿌리를 내리고 살아도 악에 물들지 아니하고, 모두가 부처가 된다는 것이 법화경의 요체인 것입니다. 너무나 쉽고 명징한 가르침이 아닐 수 없습니다. 그러니 법화경에서의 연꽃은 단순히 식물로서의 꽃이 아니라 승(僧)과 속(俗), 사바세계와 불국의 세계를 이어주는 매개체로서 관문의 역할을 다하는 불성의 인도자라 할 수 있겠습니다.

불교가 추구하는 이상향의 세계는 저 푸른 우주공간 어디에 있는지도 모르는 천당과 극락이 아니라, 바로 내가 살고 있는 현실의 세계에서 연꽃 같은 깨달음의 종자를 심어 이곳을 불국의 세계로 만드는 것을 유토피아로 삼는 것이 아니겠습니까? 인간의 몸 받기 지난한 억겁 확률의 윤회를 거쳐 온 현생이 극락이 되지 못하고, 기약 없는 다음다음 생에서 극락입격을 한들 무슨 불과(佛果)의 환희심을 느낄 수 있을는지요? 간혹 깨달음을 구하겠다고 육신을 혹사하거나 소신공양(燒身供養) 같은 극단의 수행으로 일격에 성불을 구하고자 하는 몇몇 스님과 불자님을 볼 수 있습니다. 그 간절한 발심을 저로서는 폄훼할 자격은 없으나, **법화경처럼 생각하고, 법화경처럼 공양할 때 우리도 한 송이 연꽃이 되어 부처님의 중생 사랑과 인간에 대한 기대를 저버리지 않는 길이 되는 것이란 생각을 가져봅니다. 사바세계에 태어난 우리들이지만 누구에게나 연꽃 같은 선근종자가 함장 되어 있어 천년이 지나도 싹을 틔우는 연의 씨앗처럼, 언젠가는 청정한 연꽃을 피워 올릴 내밀한 불성을 간직하고 있음을 한시도 잊지 말아야 하겠습니다.**

불교의 위대함이 바로 여기에 있습니다. 한번 천당이면 영원한 천당이고, 한번 지옥이라고 영원한 지옥이 아니라, 지옥고에 시달리는 중생 모두도 또한 부처라는 것입니다. 마치 하나의 청아한 소리를 내는 종(鐘)이 되려면 수없는 풀무질과 담금질로써 원철(原鐵) 속에 녹아 있는 본래의 울음을 잡아내야 하듯, 중생에게 본래부터 함장 되어 있는 부처의 마음을 여러 경로와 방편을 통해, 나 자신이 어느 순간 부처임을 깨닫게 해주는 인간 해방의 종교가 불교이며, 그 예표(豫表)가 바로 법화경인 것입니다.

중생 근기 억만 가지이듯, 원철광석의 재질에 따라 담금질이 더디고 오래일 수는 있으나 **반드시 언젠가는 우리 모두가 미래세는 물론, 현세에 확실히 부처가 된다고 가르치는 경전인 법화경이야말로 인류의 희망을 담보하는 경전이요, 인간해방의 위대한 계시록인 것입니다. 금수저, 흙수저, 기울어진 운**

동장이며, 천사와 악마가 어찌 따로 있겠습니까? 법화의 실상에서 바른 진리의 핵심만 꿰뚫어 본다면 작은 것에 분노하고, 분을 삭이지 못해 저주와 증오를 일삼으며, 오온(五蘊 : 色受想行識)의 무성한 골짜기에 던져졌던 허상의 '나(有相)'와는 홀연히 결별하고, 무소의 뿔처럼 혼자 가고 있는 진아(眞我)의 우뚝한 무상(無相)의 '나'를 만날 수 있을 것입니다. 이렇듯 부처님의 실상진리인 법화의 가르침이 있는 한 우리들은 언제라도 성불의 불쏘시개에 불을 붙일 수 있게 된 것에 감읍하며 다음 장으로 나아가도록 하겠습니다.

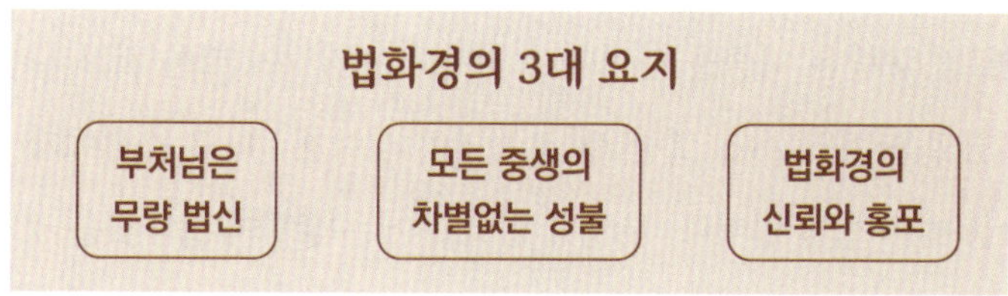

제2장
법화경의 성립과 구성

✿ 성립

고대 종교사의 정확한 시대적 배경이나 사실 등을 확정하기는 쉽지 않습니다. 대부분의 대승경전의 경우와 마찬가지로 『법화경』의 성립연대도 확실히 밝혀지지는 않았습니다. 대체로 기원 전후에 성립되었다고 하는 설이 일반적 견해인데, 오늘날 전해지고 있는 법화경 28품은 여러 번의 결집을 거쳐 이루어졌고, 일반적으로 다음 28페이지의 표와 같은 결집회의를 거쳐 완성된 것으로 보고 있습니다. 부처님이 불법을 펴던 2,500여 년 전의 기록문화를 생각해보면 오늘날처럼 양질의 종이가 생산되지 않았고, 필기도구도 잘 갖추어지지 않았기 때문에 패엽(貝葉), 그러니까 당시 인도, 버마, 스리랑카 등지에서 많이 자생하던 '다라'라는 나무나 종려나무 따위의 나뭇잎에 필사를 하여 기록으로 남길 수밖에 없었으니 동시에 같은 내용을 대량 복사하여 유통시킨다는 것은 거의 불가능한 일이었을 것입니다.

따라서 당시에는 부처님의 가르침을 전하고 널리 펼치는 일은 오로지 구전과 기억에 의존하여 반복적 암송을 통해 지켜나가게 됩니다. 그런 만큼 부처님의 가르침을 받은 대중들 사이에서 저마다의 기억에 따른 서로 다른 이견(異見)도 있었을 것입니다. 그럴 때 부처님이 살아계신다면 스승에게 정오(正誤)의 답을 여쭈면 될 일이나, 부처님 입멸 후에는 상황이 달라졌을 것임은 쉽게 추측할 수 있겠군요. 따라서 불멸(佛滅)후 승단의 대표자들이 모여 부처님의 가르침을 원음 그대로 보전하기 위한 결집이 이루어지게 되는데, 부처님 입멸 직후(BC 5세기), 아라한 오백 명이 마가다국의 수도 라자그리하에서 마하가섭의 주재 하에 1차 결집이 이루어집니다.

아난다는 경을 외우고 우팔리는 계율을 외워서 그 내용이 틀림이 없음을 전체 아라한의 승인을 받아 율장과 경장을 합송(合誦)하는 방식으로 결집은 이루어졌습니다. 구체적 방법은 '여시아문(如是我聞)' 즉, "나는 이렇게 들었나니 부처님께서 말씀하시기를 '어떻게, 저떻게, 이러저러해서 이렇게, 저렇게 되었다.'고 말씀하신 거로 기억하고 있습니다."고 선창자가 구술하면 "맞습니다. 나도 그렇게 들었습니다." 또는 "아닙니다. 나는 그 부분을 이렇게 들었습니다." 등으로 의제가 붙여지고, 여러 차례 논의와 합리적 의견조율을 거쳐 틀림이 없다고 인정되면 경전은 완성되어 구전경전으로, 나아가 패엽에 기록경전으로 남겨지게 됩니다. 이러한 패엽경은 우리나라 신라에도 전해졌는데, 현재 대구 동화사(桐華寺)와 영월 법흥사(法興寺) 등에 패엽경이 보관되어 있습니다. 그러니 문장의 문맥이나 수사법(修辭法), 구술과 전승과정 등에서 다소간의 차이는 있을 수 있으나 거의 부처님의 원음에 가까운 법화의 핵심 가르침이 오늘날까지도 우리에게 전달될 수 있었던 것이지요.

일부 학자들 사이에는 대승경전은 부처님 사후 수백 년 이후에 결집된 경전들이기 때문에 부처님이 설한 경전이 아니라, 편집자들이 각색한 경전이라 하여, "대승비불설(大乘非佛說)" 즉 '대승경전은 부처의 설법이 아니다.'라는 주장을 펴기도 하지만, 이렇듯 진리의 유언(遺言)은 시대를 초월하여 가슴에서 가슴으로 또 구전에서 기록경전으로 전승되어 왔음은 의심의 여지가 없다 할 것입니다.

신약성서의 으뜸이라고 하는 『누가복음』의 편자 누가는 예수의 얼굴조차 한 번도 본 적이 없는 사람이었지만 그의 복음이 틀렸다고 주장하는 기독교인은 아무도 없지 않습니까? 실제로 성경을 뜻하는 '바이블(Bible)'이라는 단어의 유래가 페니키아의 비블로스 지방에 종이 대신 기록할 수 있는 패엽 파필루스가 많이 생산되어, 구전 성경을 기록한 데서 그 지명인 비블로스가 '바이블' 곧 '성경'으로 명칭이 굳어지게 된 것인데요. 예수의 설법 기간은 공관복음서(共觀福音書)인 마태, 마가, 누가 3복음서로 보면 1년 이내이고, 요한복음서에 따르더라도 3년 정도일 뿐인데, 그동안에 신약 27권에 해당하는 분량의 설법을 모두 폈다기보다, 그 가르침의 뜻을 성경편집자들이 반영한 유언장의 가르침이 오늘날의 성경이 된 것이라 하겠습니다. 법화경의 성립과는 직접 관련이 없는 성경을 예로 들었습니다만, '법화경의 탄생에는 이러한 역사적 배경과 결집과정을 거쳐 오늘의 우리들에게까지 이어져 오게 되었구나. 아하! 그러니 법화경의 한 글자, 한 글자가 참말 소중한 역사적 인연을 거쳐 내게까지 전승된 것이구나.' 하는 정도로만 알아두시기 바랍니다.

회차별	결집명	연대	결집 장소	참석 인원	비 고
제1회차	라자그리하결집	BC5세기	라자그리하	500명	율장 경장 합송
제2회차	베살리결집	BC4세기	베살리	700명	율장 경장을 결집
제3회차	법화경결집	BC255년	파탈리푸르타	1,000명	법화경결집
제4회차	카시미르결집	AD155년	카시미르	파르슈바 장로 등	법화경결집

법화경은 산스크리트어(인도의 고대 표준어. 한자로는 범어-梵語라 표기합니다) 원본이 전해집니다. 19세기 전반에 이르러 『법화경』의 원전의 사본이 영국인 호지슨에 의해 네팔에서 발견된 이래 중앙아시아와 카시미르에서도 몇몇의 원전 사본이 발견되었습니다. 기원전 5세기경부터 적어도 네 번의 편찬과정을 거치면서 기원후 2세기 말쯤에는 완성된 것으로 보고 있습니다. 따라서 법화경도 당연히 한방에 28품의 편찬이 완성된 것이 아니라, 처음에는 암송에 적합한 운문(韻文) 형식이 먼저 완성되고, 회차를 거듭하면서 산문적 서술이 추가되었을 것으로 불교계에서는 보고 있지요. 앞 장에서 언급한 바 있지만 법화경의 한문번역본은 중국 진대(晉代) 둔황(燉煌)의 승려 축법호(竺法護 231년~ 308년)가 286년에 10권의 『정법화경(正法華經)』을 번역한 이래 쿠차국의 왕족출신 승려 구마라집이 406년에 7권 28품의 『묘법연화경』을 그리고 601년 수나라 때 인도 출신의 학승 사나굴다와 달마급다가 공역한 7권 27품의 『첨품묘법연화경(添品妙法連華經)』 그러니까 앞서 번역된 『정법화경』과 『묘법연화경』의 내용 중에 부족한 부분을 채워서 완성하였다는 의미가 담겨 있는데, 내용면에서는 큰 차이가 없습니다.

오늘날 우리들이 접하는 법화경이라 하면 7권 28품의 구마라집의 『묘법연화경』이라고 보면 되겠습니다. 산스크리트어와 한문은 문자의 기반이 서로 다른데도 불구하고, 이 구마라집본의 묘법연화경은 그야말로 통사적 어휘의

적절한 선택과 문맥이 유려하여, 타 번역본을 압도하면서 교리 전달의 이해력을 높였기 때문에 후대에 통일장 법화경이 된 것입니다. 앞에서 기술한 바 있듯이 정법화경이라 번역했을 때는 '정(正)'이라는 어휘가 '정반(正反)'이라는 이원적 이미지가 강조되는 것에 비해, 중도적 차원의 세계를 지향하는 불교의 이념으로 볼 때 묘법연화경의 '묘법'이라는 어휘가 훨씬 더 적절한 선택이 아니었을까 생각해 봅니다.

이러한 불경 편찬의 역사는 우리나라에서도 끊임없이 이어져 삼국시대와 고려시대를 거쳐 조선조 7대 세조대에 이르러서는 간경도감을 두어 한글본인 『법화경언해』가 간행되었고, 현재 보물로 지정되어 중세국어 연구에도 소중한 자료가 되고 있지요. 사실 불경편찬의 역사는 불교학자나 스님이 아니면 깊이 연구할 사안이 아니지만, 불경의 왕중왕이라는 법화경의 간행역사는 이렇게 하여 지금의 우리들이 읽고 베끼며, 염송하고 있다는 정도는 꼭 알아두시기 바랍니다. 법화경은 산문(散文)과 시문(詩文)으로 구성돼 있으나 명확하게 산문과 운문으로 구분할 수 있는 것은 아닙니다. 산문 내용을 시문으로 반복하는 경우도 있고 그렇지 않은 경우도 있기 때문인데요. 법화경에 보면 부처님이 또는 문수보살, 제자 등이 '이를 다시 게송으로 읊으셨다'라는 게송 부분은 운율이 갖춰진 정형의 운문 형식이라 보면 되겠습니다.

구마라집 법화경은 원래 28품으로 이루어져 있고, 구마라집의 묘법연화경 이외의 법화경은 27품으로 이루어져 있는데 그 이유는 다른 한역본과 산스크리트어본 법화경에서는 〈제바달다품 제12〉가 〈견보탑품 제11〉에 포함되어 있기 때문입니다. 그것은 전술한 바와 같이 다른 불경 편찬이 그러하듯 법화경도 단번에 완성된 것이 아니라 몇 차례에 걸쳐서 증보되어 오늘날과 같은 형태로 완성된 것이기 때문인데, 본고에서는 대부분의 법화신앙에서 소의 경전이 되고 있는 구마라집본의 7권28품을 기준으로 집필되었고, 묘법연화경과 법화경을 명칭 구분 없이 기술할 것임을 밝힙니다.

통상 법화경이라 하면 묘법연화경 7권 28품을 이르지만, **『무량의경**(無量義經)**』**, **『묘법연화경**(妙法蓮華經)**』**, **『관보현보살행법경**(觀普賢菩薩行法經)**』** 이렇게 3경을 엮어 **법화삼부경**(法華三部經)으로 부르고 있습니다. 그러면 법화삼부경에 대해서 간략히 살펴보도록 하겠습니다. 먼저 『무량의경』은 3품으로 된 짤막한 경전으로 481년에 담마가타야사(曇摩伽陀耶舍)가 한문으로 번역한 걸로 전해지고 있습니다. 〈덕행품〉, 〈설법품〉, 〈십공덕품〉으로 구성된 무량의경은 글자 그대로 한량없는 깊은 의미를 지닌 경전이란 뜻인데, 대부분의 내용이 묘법연화경에 근거하며, 법화경의 개경(開經)으로서 그 형식과 번역된 문체로 볼 때 중국에서 찬술된 것이라 불교계에서는 보고 있습니다. 무량의경에서는 부처님의 위대성을 보살들과 제자들이 찬탄하며 무상, 실상의 한 법으로부터 무량한 의취가 발생한 까닭을 대장엄보살이 묻자, 부처님의 설법과 함께 대장엄보살에게 이 경전의 열 가지 불가사의한 공덕을 설하고 있습니다.

법화삼부경의 본경(本經)은 당연히 묘법연화경이 되고, 결경(結經)에 해당되는 『관보현보살행법경』은 일명 「보현관경(普賢觀經)」이라고도 합니다. 부처님 입멸 3개월 전 대림정사(大林精舍)에서 아난(阿難)·가섭(迦葉)·미륵(彌勒) 등의 물음에 답하여 설법한 것으로, 보현관문(普賢觀門)을 설하고, 육근(六根)으로 범한 죄를 참회하는 방법과 참회한 뒤의 공덕을 설법해 놓은 것입니다. 따라서 이 경은 철저한 참회의 법을 설한 경전이라 하여 일명 「참회경」으로 불리어지기도 하지요. 이렇게 3개의 경으로 구성된 경전의 통칭을 법화삼부경이라 부르지만, 대부분의 내용을 묘법연화경에서 다룰 수 있는 설법들인 만큼 본고에서는 묘법연화경 본경 28품에 대해 살펴보는 것으로 집필을 이어가겠습니다.

법화경은 크게 적문(迹門)과 본문(本門) 두 개의 영역으로 나눌 수 있는데, 한자로 글월 '문(文)'이 아니라, 대문 '문(門)'을 쓴다는 점을 유의하시기 바랍니다. 적문이란 뭘까요? 글자 그대로 자취, 흔적의 문이란 뜻입니다. 다시 말해 부처님의 외형적 자취와 행적, 흔적 등을 주로 보여주는 부분이 적문인데, 예로서 여기에 다보탑이 있다고 칩시다. 이 불탑의 역사를 후대에 기록으로 남겨야겠는데, 그래서 "이 불탑은 언제 세워졌고, 높이는 몇 자(尺)에, 둘레는 몇 자 몇 치이며, 석탑의 재질은 화강암으로, 탑주(塔株)는 몇 개에, 찰주는 몇 개가 균형 있게 얹어진 훌륭한 석탑이다."는 따위의 주로 외형적 기록이 적문인데, 법화경의 〈제1 서품(序品)〉부터 〈제14 안락행품(安樂行品)〉까지가 적문에 해당됩니다. 적문의 중요 요지는 **〈제2 방편품〉**에서 나타나는 다음과 같은 힘인데, 죄를 뉘우치면 용서받고 살 수 있는 힘, 도를 이룰 수 있는 길과 수명연장이 가능해지며, 중생제도가 가능해진다는 등의 힘입니다.

한편 본문의 기술방식을 예로 들면 "이 탑은 '과거의 부처'인 다보불(多寶佛)이 '현재의 부처'인 석가여래가 설법할 때 옆에서 옳다고 증명한다는 『법화경』의 내용을 눈으로 직접 볼 수 있게 탑으로 구현하고자 한, 사상적 배경으로 세워졌다."는 따위의 입장을 기술하게 되는데, 결코 형이하학적 분별로써는 쉽게 파악할 수 없는 깊이가 있는 부분 그러니까 근본적 본질이 되는 부문은 본문이라 하며, 법화경의 〈제15 종지용출품(從地涌出品)〉부터 〈제28 보현보살권발품(普賢菩薩勸發品)〉까지가 본문에 해당 됩니다.

본문의 중요 요지는 **〈제16 여래수량품〉**에 나오는, 부처는 어떤 분인가에 대한 설법인데, 석가모니의 본체는 법(진리)를 인격화한 법신불로, 미래 영겁토록 멸하지 않는 본불임을 강조한 부분에서 잘 나타나 있습니다. 그러니 법화경의 두 개의 큰 포인트는 **〈제2 방편품〉**과 **〈제16 여래수량품〉**이라 할 수 있겠습니다. 쉽게 설명하자면 부처님이 살아오신 행적, 외형적으로 드러난 모습, 눈으로 보고 귀로 들을 수 있는 내용들이 주로 써진 것이 〈제14 안락행품〉까지의 적문 내용이고, 〈제15 종지용출품〉부터는 부처님의 불멸의 실상을 드러내 보이려는 내용을 중심으로 본문을 이루고 있다고 보면 되겠습니다. 좀은 생소하고 어려운 용어가 되겠습니다만, 법화경이 추구하는 원리 즉, 법체(法體)를 살펴보면 **'제법실상**(諸法實相)**'과 '구원실성**(久遠實成)**'**으로 크게 나눌 수 있습니다. 제법실상의 제법(諸法)을 쉽게 설명하면 삼라만상의 모든 법을 말하며, 나아가 일체 존재와 일체 현상을 포괄하는 말이 됩니다. 실상 (實相)이란 진실한 체상(體相)과 평등한 실재(實在) 또는 불변의 이치 등으로 해 석할 수 있습니다. 또한 구원실성이란 부처님은 육신으로서의 유한한 존재 가 아닌, 법신(法身)으로서의 영원한 실체라는 뜻으로 읽습니다. 이 두 가지의 요인을 법화경의 적문과 본문의 주제로 분류하면, **적문은 제법실상을 주로 밝히고 있고, 본문은 주로 구원실성에 초점을 두고 전개되는 양상을 볼 수 있습니다.**

그러나 이렇게 두 부문으로 분류하여 고찰하는 기준이 절대적인 것도 아니 고 다만 천태 지자대사의 기준을 따른 것인데, 주제와 견해에 따라서는 〈제9 수학무학인기품〉과 〈제10 법사품〉 사이를 경계로 함이 원만하다는 설도 있 음은 다만 참고 정도로 하시기 바랍니다. 다음에 법화경의 이해를 위한 단락 구성과 각 품별 사상적 특징에 대한 도표를 남깁니다. 표를 참고 하시면 글로 풀어 쓴 설명에 의지하는 것보다, 법화경의 개략적 얼개를 이해하는데 많은 도움이 되리라 믿습니다.

지금까지 법화경의 본질과 역사적 배경 및 구성 등에 대해 살펴보았으나 법화경을 처음 대하는 독자 분들께서는 별로 뇌리에 남는 것은 없을 것입니 다. 용어들이 우리의 일상생활에서 사용하는 문자언어도 아니고, 고도의 비 유와 상징을 통해 선택할 수밖에 없는 단어들이 많아 혼란스러운 나머지 법 화경 입문에서부터 지레 회의가 올 수도 있겠으나, 전혀 어려워하시거나 당 황할 필요 없이 그냥 담담히 읽어두시면 **'제2부 법화경 28품의 해설과 현대 적 의미편'**에서 좀은 가볍게 이해할 수 있는 해설이 기다리고 있다는 점만 기 억해 두시기 바랍니다.

법화경 28품	사상적 특징	적문·본문구분	형식상 구분
〈제1 서품(序品)〉			적문 중 서분
〈제2 방편품(方便品)〉	❶ 욕계 6천과 성문들에 대한 수기 ❷ 수지 독송 해설을 권함 ❸ 사리탑의 건립, 예배, 공양 찬탄	적문(迹門) (제1품~제14품) ※ 주된 요지 〈제2 방편품〉	적문 중 정종분 (제2품~제9품)
〈제3 비유품(譬喩品)〉			
〈제4 신해품(信解品)〉			
〈제5 약초유품(藥草喩品)〉			
〈제6 수기품(授記品)〉			
〈제7 화성유품(化城喩品)〉			
〈제8 오백제자수기품(五百弟子授記品)〉			
〈제9 수학무학인기품(授學無學人記品)〉			
〈제10 법사품(法師品)〉	❶ 오종법사에 대해 설함 ❷ 경탑(經塔)에 대한 신앙 ❸ 법화 홍포의 다짐 ❹ 악비구들의 핍박에 대한 인욕 실천		적문 중 유통분 (제10품~제14품)
〈제11 견보탑품(見寶塔品)〉			
〈제12 제바달다품(提婆達多品)〉			
〈제13 권지품(勸持品)〉			
〈제14 안락행품(安樂行品)〉			
〈제15 종지용출품(從地涌出品)〉		본문(本門) (제15품~제28품) ※ 주된 요지 〈제16 여래수량품〉	전반 서분, 후반 정종분
〈제16 여래수량품(如來壽量品)〉			본문 중 정종분 (제15품중반~제17품)
〈제17 분별공덕품(分別功德品)〉			
〈제18 수희공덕품(隨喜功德品)〉			본문 중 유통분 (제18품~제28품)
〈제19 법사공덕품(法師功德品)〉			
〈제20 상불경보살품(常不輕菩薩品)〉			
〈제21 여래신력품(如來神力品)〉			
〈제22 촉루품(囑累品)〉			
〈제23 약왕보살본사품(藥王菩薩本事品)〉	❶ 대승보살들의 중생제도를 위한 보살행 ❷ 법화행자들의 보호를 위한 다짐과 다라니 강조		
〈제24 묘음보살품(妙音菩薩品)〉			
〈제25 관세음보살보문품(觀世音菩薩普門品)〉			
〈제26 다라니품(陀羅尼品)〉			
〈제27 묘장엄왕본사품(妙莊嚴王本事品)〉			
〈제28 보현보살권발품(普賢菩薩勸發品)〉			

제3장

법화경은 어떤 내용을 담고 있을까?

법화경은 7권 28품으로 이루어져 한문 번역본의 글자 수만도 7만 글자에 가까운 방대한 분량임은 전술한 바와 같고, 한글 번역본의 경우에는 한글 글자 수만 13만 5천 글자 안팎의 분량으로 파악되고 있습니다. 설법 공간 또한 시공을 초월한 신이한 내용을 다루는 부분도 많아서 불교학자나 스님이 아닌 재가불자와 독자님들께서는 법화경의 전반적 내용을 일이관지 파악하기가 결코 쉽지 않습니다. 〈비유품〉이나 〈약초유품〉 같이 스토리텔링 형식을 통한 명징한 비유를 교훈의 방편으로 설한 품에서는 비교적 쉽게 설법내용을 이해할 수 있으나 〈제1 서품〉만 보더라도 6가지로 땅이 흔들리고, 부처님이 백호(白毫)에서 방광(放光)을 놓아 1만8천세계를 두루 비추시며, 만다라와 만수사꽃이 꽃비로 내려온다거나, 〈제8 오백제자수기품〉 같은 예언 설법에서는 대가섭이 다시 태어날 때마다 300만억 부처님들의 가르침을 받게 되고, 이름은 광명불로서 그 수명이 영원에 가깝게 된다는 등의 설법내용은 우리들 중생심으로서는 계측불가의 혼란이 오는 것도 사실입니다.

또한 〈제11 견보탑품〉에는 '칠보탑이 땅에서 솟아올라 공중에 머물렀는데, 감실이 천만이고, 만억이나 되는 보배구슬을 그 위에 매달았다.' 같은 수많은 부분이 광대무변한 초월적 시공간과 신앙적 상징으로 이루어진 설법이 많아 더더욱 전체의 흐름을 이해하기가 쉽지 않은데요. 따라서 우리들은 이러한 서사구조를 수학적 지식이나 평면적 사고방식에 입각한 지식논리로 판단해서는 안 된다는 것입니다. 법화경 사경을 수십, 수백 번을 하신 불자님 중에도 법화경의 일부분을 이야기하면, 법화경에 그런 내용이 있었느냐는 반문을 하는 경우도 있게 마련인 거지요. 물론 앞장에서도 살펴보았듯이 법화경의 사상을 함축적으로 표현하라면 **'부처님이 불지견을 열어 보이고, 누구나 부처가 되라는 또 되리라는 가르침'**이라고 짤막한 한 문장으로 표현할 수 있겠지만 이번 장에서는 법화경의 전체 내용을 조망할 수 있게 품별 서사(敍事) 내용을 도표로 정리하여 독자 여러분의 이해를 돕는 지면으로 꾸며보도록 하겠습니다. 앞장의 도표 〈법화경의 이해를 위한 단락 구성과 각 품별 사상적 특징〉을 참고하면서 읽어주시기 바라며, 이 부분은 별도로 출력을 하여 가까이 두시고 수시로 참고하면 법화경을 보다 입체적으로 공부할 수 있는 자료가 되리란 생각을 가져봅니다. 주된 내용은 개략적이라도 한 번은 꼭 읽으신 후에 다음 페이지로 나아갈 것을 권해드립니다.

묘법연화경 7권 28품의 전체구성과 내용

권별	28품 명칭	한자 수	주된 내용	비고
권제 1	서품 (序品) 제1	4,172	❶ 법회가 열린 장소, 인원, 인물 ❷ 세존이 무량의를 설함 ❸ 6가지 상서가 나타남. 세존께서 백호 광명을 비춰 1만 8천세계를 비춤 ❹ 미륵보살이 문수보살에게 이러한 신통지상의 인연을 물음 ❺ 문수보살이 답을 하고 다시 게송으로 설함	법화경 전체의 (서분)
	방편품 (方便品) 제2	4,914	❶ 세존께서 부처의 지혜를 거듭 게송으로 찬탄하심 ❷ 사리불이 게송으로 세존께 거듭 법문을 청하지만 중생들이 믿지 못할 것이라며 거절하심(삼지삼청) ❸ 이때 방편에 길든 5천 제자가 퇴장(오천퇴석) ❹ 이를 말리지 않고 비로소 부처님이 오직 일대사인연으로 세상에 출현함을 설하시며, 오직 일불승뿐임을 강조하심 ❺ 부처님이 게송으로 거듭 진실법문을 밝힘	적문 중 주된 품

권제	품	글자수	내용	비고
권제 2	비유품 (譬喩品) 제3	6,593	❶ 사리불이 깨달음을 얻고 이를 다시 게송으로 읊음 ❷ 부처님이 사리불에게 화광여래의 수기를 내리고 게송으로 축원함 ❸ 사리불이 방편과 진실된 법을 청함 ❹ 이에 부처님이 불타는 집의 비유를 설하고 비유의 참 뜻을 설함 ❺ 이를 게송으로 거듭 밝히며 법화경을 믿고 널리 전할 것을 권하심 ❻ 아울러 법화경을 설법하는 대상과 자세, 공경의 태도 등을 설하심	가장 긴 본문
	신해품 (信解品) 제4	3,271	❶ 미증유의 법을 듣고 수보리, 가전연, 가섭, 목건련 4성문이 깨달음을 얻음 ❷ 이들 4성문이 장자의 빈자 비유를 아룀 ❸ 가섭이 부연하여 게송으로 비유의 법을 밝힘	
권제 3	약초유품 (藥草喩品) 제5	1,659	❶ 부처님이 일체법의 지혜와 방편을 설하심 ❷ 부처님이 약초의 비유를 설하고 그 삼초이목의 비유에서 법을 설하심 ❸ 부처님이 게송으로 이 법을 설함	
	수기품 (授記品) 제6	1,821	❶ 부처님이 마하가섭에게 광명여래를 수기하고 게송으로 거듭 설함 ❷ 목건련, 수보리, 가전연이 수기를 청함. 부처님이 수보리에게 명상여래를 수기하고 게송으로 거듭 설함 ❸ 부처님이 가전연에게 염부나제금강여래를 수기하고 게송으로 거듭 설함 ❹ 목건련에게도 다마라발전단향여래를 수기하고 게송으로 거듭 설함	
	화성유품 (化城喩品) 제7	5,914	❶ 대통지승여래 시절부터 비롯된 석가모니불과 중생과의 인연을 게송으로 거듭 설함 ❷ 대통지승불의 수명과 성불인연을 설함 ❸ 화성의 비유를 설함 ❹ 비유에서 법을 밝히고 게송으로 거듭 설함	
권제 4	오백제자 수기품 (五百弟子 授記品) 제8	2,306	❶ 부르나가 설법 제일임을 칭찬하고 부르나에게 법명여래를 수기후 게송으로 거듭 밝힘 ❷ 교진여와 오백 아라한은 보명여래를 수기후 게송으로 거듭 밝힘 ❸ 수기를 받은 오백 아라한이 의리계주의 비유를 사뢰고 게송으로 거듭 밝힘	

권제	품명		내용	
권제4	수학무학 인기품 (授學無學 人記品) 제9	1,237	❶ 아난과 라후라가 수기 받기를 소원 ❷ 부처님이 아난에게 산해혜자재통왕여래를 수기하심 ❸ 라후라에게는 도칠보화여래를 수기 ❹ 수학, 무학의 2천 제자에게는 보상여래를 수기하심 ❺ 학인, 무학인 모두 일승으로 성불할 수 있는 확신을 주심	
	법사품 (法師品) 제10	2,151	❶ 법화경의 한 게송이나 한 구절만이라도 듣고, 수희일념 하는 자에게 아뇩다라삼먁삼보리의 수기를 내리실 거라 약속하심 ❷ 법화경을 독송하는 자를 비방 하는 죄는 일겁에 부처를 헐뜯고 욕하는 죄보다 무겁다고 설함 ❸ 이를 게송으로 거듭 밝히심 ❹ 부처님이 설한 경전중 법화경이 으뜸이라 직접 밝히심 ❺ 이 경은 부처님들의 비밀스럽고 중요한 법장이니 함부로 전하지 말라 하심 ❻ 법화경의 수지, 독송, 서사의 공덕을 찬탄하심 ❼ 착정의 비유를 설하고 법화경을 설하는 규칙을 설하심 ❽ 이를 거듭 게송으로 설하심	
	견보탑품 (見寶塔品) 제11	2,638	❶ 칠보탑이 땅에서 솟아올라 공중에 머물고 만다라 꽃비가 내려옴.(다보불이 부처님의 법화경 설법이 맞다고 증명함) ❷ 부처님이 이 보배탑 속에 여래의 온전한 몸이 있다 하심.(다보불이 탑 속에 부처님이 같이 앉기를 권함-이불병좌) ❸ 법화경을 설할 때를 알림 ❹ 보탑의 출현과 법화경의 부족을 게송으로 거듭 설하심	
	제바달다품 (提婆達多品) 제12	1,753	❶ 부처님이 과거 여러 겁 동안 일심으로 법화경을 부촉했음을 밝힘 ❷ 제바달다가 부처님의 전생의 스승이라 밝히심 ❸ 제바달다는 여러 겁을 지내고 천왕여래가 될 것이라 하심 ❹ 사갈라용왕의 딸 8세용녀가 성불함	
	권지품 (勸持品) 제13	1,203	❶ 약왕보살과 대요설보살을 비롯 5백 아라한 및 8천 성문이 법화경을 널리 펼 것을 서원함 ❷ 마하파사파제와 야수다라비구니에게 수기를 주심 ❸ 2만 보살권속이 법화경을 수지독송하고 해설할 것을 부처님께 발원함	

권제 5	안락행품 (安樂行品) 제14	3,229	❶ 문수보살이 부처님 입멸후 말세에 법화경을 설하는 보살의 마음가짐에 대해 묻다 ❷ 이에 부처님께서 오탁악세에 법화경을 전파하는 자세인 안주4법에 대해 설하심 ❸ 법화 7비 중 계중 명주 비유를 들어 법화경의 위상을 설함	
	종지용출품 (從地踊出品) 제15	2,783	❶ 타방의 보살들이 법화경의 설법을 청했으나 부처님이 거절함 ❷ 땅이 진동하며 수많은 보살들이 솟아오름. 부처님이 이들을 사바세계에서 교화했었다고 하심 ❸ 이에 미륵보살이 부처님 성도 40년밖에 안되었다며 의문을 가짐 ❹ 이에 여래의 지혜와 힘을 보이심 ❺ 미륵보살이 다시 의심하여, 아비가 젊고 아들이 늙은 것에 비유하며 게송으로 다시 물음	
	여래수량품 (如來壽量品) 제16	2,026	❶ 부처님께서 대중들에게 여래의 진실되고 참된 말을 믿고 이해하라며 세 번이나 다짐하신 후 여래가 성불한 지는 백 천 만 억 나유타겁이라 이때부터 항상 사바세계에 있으면서 법을 설하고 교화했다고 하심 ❷ 양의와 독을 마신 아들의 비유를 들어, 약을 먹지 않는 아들을 위해 거짓말을 방편으로 한 것에 대해 설하심 ❸ 여래의 수명에 대해 게송으로 거듭 밝히심	본문 중 주된 품
	분별공덕품 (分別功德品) 제17	2,669	❶ 여래의 생명이 무량함을 설하자 만다라와 만수사 꽃비가 내려옴 ❷ 미륵보살이 영원한 생명을 찬탄하는 게송을 읊음 ❸ 부처님이 여래의 무량 수명을 믿는 공덕에 대해 설하고 거듭 게송으로 설하심 ❹ 법화경의 수지, 독송의 공덕을 설하고 게송으로 거듭 강조하심	
권제 6	수희공덕품 (隨喜功德品) 제18	1,305	❶ 법화경을 듣고 따라서 기뻐하는 큰 공덕을 설하심 ❷ 수희한 공덕을 거듭 게송으로 설하심	
	법사공덕품 (法師功德品) 제19	3,060	❶ 법화경을 수지, 독송, 서사하는 공덕을 설하고 이를 거듭 게송으로 밝히심 ❷ 또한 이로 인해 육근에 미치는 공덕을 각각 설하고 거듭 게송으로 밝히심	

권제 6	상불경보살품 (常不輕 菩薩品) 제20	1,515	❶ 법화경을 비방하는 자와 받는 자의 죄와 공덕을 설하심 ❷ 상불경보살과 위음왕여래에 대하여 설하심 ❸ 상불경보살은 곧 석가모니불임을 설하심 ❹ 경전을 바르게 믿는 사람의 공덕을 설하고 수기를 부정한 사람들의 과보를 설하심 ❺ 이를 거듭 게송으로 밝히심	
	여래신력품 (如來神力品) 제21	1,125	❶ 땅속에서 올라온 보살들이 부처님 열반후 법화경을 널리 펼칠 것을 서원함 ❷ 이에 부처님이 문수보살과 사부대중, 8부신중들에게 신통력을 보여주고 법화경의 무한공덕을 설하심 ❸ 부처님과 분신 부처님들이 불가사의한 신통력을 나타내며 '진리는 오직 하나'라는 것을 보여주시고 사바세계와 모든 시방세계가 모두 불법으로 통합된다 하심 ❹ 아뇩다라삼먁삼보리는 나 자신 외의 힘으로 얻을 수 없고 법화경을 수지, 독송, 서사하여 자신 속의 불성을 스스로 찾아야함을 밝히심 ❺ 땅속에서 올라온 지용보살에게 부처님 열반후 법화경을 일심으로 수지, 독송, 서사하며 설법과 같이 행하라 하심	
	촉루품 (囑累品) 제22	465	❶ 모든 보살들에게 법화경을 널리 세상에 펴라고 하심 ❷ 모두에게 이 법을 널리 선포하기를 부촉하면서 보살들의 머리를 세 번 쓰다듬으며 강조하시는데, 이는 삼계를 장엄한다는 뜻임	가장 짧은 분문
	약왕보살 본사품 (藥王菩薩 本事品) 제23	2,807	❶ 보살이 신구의 3업을 어떻게 수행하며 중생을 구제하는 힘을 갖게 되었는지를 설하시며, 몸에 대한 수행은 약왕보살을, 입에 대한 수행은 묘음보살 그리고 마음에 대한 수행은 관세음보살을 내세워 설하심 ❷ 약왕보살이 일월정명덕여래와 법화경을 공부하여 약왕보살이 된 전생(본사)을 밝히심	
권제 7	묘음보살품 (妙音菩薩品) 제24	2,080	❶ 부처님께서 백호상의 광명을 비춰 동방의 정광장엄세계에 미치자 묘음보살이 거기에 있음 ❷ 묘음보살은 백천만억 부처님께 공양하고, 신통력으로 중생 근기에 따라 34가지 모습으로 응신하여 법화경을 설함 ❸ 묘음보살도 사바세계에서 먼, 동방 불국토에서 중생을 구제한 보살임. 법화경이 온 우주 전체를 교화하는 경이란 뜻	

권제	품명	자수	내용	비고
	관세음보살 보문품 (觀世音菩薩 普門品) 제25	2,069	❶ 무진의보살이 부처님께 중생들이 갖가지 재난에서 벗어나는 길에 대해 묻다 ❷ 이에 부처님은 관세음보살을 일심으로 부르면 모든 재앙에서 벗어나고 염원하는 바를 이룬다 하심	
권제 7	다라니품 (陀羅尼品) 제26	1,419	❶ 약왕보살이 선남자, 선여인이 법화경을 수지·독송·서사하는 복이 얼마일까를 부처님께 물음 ❷ 이에 부처님이 8백만억 나유타 항하사 같은 부처님께 공양하는 것보다 크다고 하심 ❸ 그때 약왕보살이 그들을 보호하는 다라니 주문을 읊자, 부처님이 칭찬하심 ❹ 이에 용시보살도 법화경을 호법하는 사람을 위해 다라니를 읊고, 비사문천왕과 지국천왕도 각각 이들을 위한 다라니주문을 읊음 ❺ 열 명의 나찰녀들도 이들을 지킬 것을 서원하며 다라니를 읊음 ❻ 이에 부처님이 나찰녀들을 칭찬하며 법화경을 공양하는 법사를 옹호하라고 하심	다라니 주문 있음
	묘장엄왕 본사품 (妙莊嚴王 本事品) 제27	1,714	❶ 운뢰음수왕화지불에서 법화경을 배운 묘장엄왕의 아들 정장과 정안이 외도에 빠진 아버지를 불법으로 인도하기 위해 갖은 신통력을 보여 국왕인 아버지를 불법에 귀의하게 하고 많은 국민들이 불법에 귀의하게 됨 ❷ 부처님이 묘장엄왕에게 가르침을 펴고, 묘장엄왕은 나라를 동생에게 맡기고 출가하여 수도함 ❸ 두 아들이 묘장엄왕의 선지식임을 밝히고, 묘장엄왕본사품을 설하자 8만4천인이 번뇌를 여의고 죄악의 허물을 벗어 진리를 보는 청정한 눈을 가지게 됨	
	보현보살 권발품 (普賢菩薩 勸發品) 제28	1,725	❶ 보현보살이 신통자재한 위엄으로 동방으로부터 대보살들과 함께 와서 부처님께 예배하고, 여래 열반후 어떻게 법화경을 얻을 것인가에 대한 설법을 청함 ❷ 이에 부처님께서 열반후에도 법화경을 얻을 수 있다고 하시면서, 이를 위해서는 첫째, 부처님이 보호해 주신다고 믿어야 하며 둘째, 가지가지 덕의 근본을 심을 것이며 셋째, 정정취에 들어야 하고 넷째, 일체 중생을 구하겠다는 마음을 내야한다며 네 가지 자세를 설하심	다라니 주문 있음 (법화경 전체의 유통분)

| 권제 7 | 보현보살 권발품 (普賢菩薩 勸發品) 제28 | 1,725 | ❸ 이에 보현보살이 부처님께 5백세후의 나쁜 세상에 이 경을 지니는 자를 자신이 마땅히 보호하고 법화경에 공양할 것을 서원하며 다라니주문을 읊어 굳건히 함
❹ 이에 부처님께서 보현보살을 칭찬하며 이 경전을 받아 지니는 이를 보거든 마땅히 일어나서 멀리서부터 맞이 하기를 부처님 공경하듯이 하라고 하심
❺ 이 품을 설하실 때 항하사 같은 보살들이 백천만억의 선다라니를 얻고 보현의 도를 이룸
❻ 보현보살을 비롯 제 보살과 사리불, 모든 성문, 모든 하늘과 용과 사람, 사람 아닌 모든 대중이 크게 기뻐하 며 부처님의 말씀을 받아지녀 예배하고 물러감 | 다라니 주문 있음 (법화경 전체의 유통분) |
| 계 | | 69,623 | | |

◆ 한자 수는 필자가 파악한 본문 숫자로 접사(接辭), 조사(助詞) 등의 인용에 따라 다소 차이가 있음

　이상에서 법화경의 개략적 내용과 주된 전개의 개요만 최대한 일목요연하게 도표로 정리해 보았습니다만, 구체적인 전체의 흐름과 심원 광대한 묘법의 사상까지를 한눈에 드러내어 보일 수 없는 것이 방대한 법화경 요약의 당연한 한계라 하겠습니다. 그러나 법화경의 제목을 한번 읽는 것에도 무량 공덕이 따른다고 하셨으니 생업과 직장에 바쁜 제 불자, 독자님이시라면 잠시 짬을 내어 위 도표를 한 번씩이라도 훑어봐 주시는 것도 법화신행의 한 방편이 되리라는 믿음을 가져봅니다. 법화경 〈제26 다라니품〉에 보면 부처님이 나찰녀에게 설한 내용 중에 **'너희들이 법화경의 이름만 받아 지니는 자를 옹호하여도 그 복이 헤아릴 수 없나니'**라는 설법에서처럼, 이름만이라도 받아 지니는 자는 말 할 것도 없고, 그 사람을 옹호하기만 하여도 복이 헤아릴 수 없다고 하셨습니다.

　금강경에서도 부처님은 금강경을 받아 지니고(수지 受持), 읽고 외우며(독송 讀誦), 베껴쓰고(서사 書寫), 남을 위해 설명해 주는 위타인설(爲他人說)의 공덕은 삼천대천세계를 칠보로 가득 채울 보시를 하는 것보다 뛰어난 수승한 공덕임을 강조하신 것처럼, 법화경에서도 수지, 독송, 서사, 위타인설 하는 공덕은

비교할 공덕이 없음을 누누이 강조하셨습니다. 법화경에서는 수백만 억의 부처가 나오고, 시간적으로는 아득한 아승기 나유타겁 전전의 세월이 언급 되는가 하면, 심지어 법화경 서품에서는 법회에 참석한 청중 중에는 아야교 진여, 우루빈나가섭, 나제가섭, 사리불과 목건련과 같은, 부처님이 법화경을 설할 당시에 이미 열반에 든 성문들도 등장하여, 살아있는 대중과 같이 설법 을 듣고 있다는 모순은 어떻게 받아들여야할지 이해 불가의 상황도 묘사되 고 있다는 점입니다. 그러나 우리가 법화경을 공부하면서 반드시 알아야 할 것은, 부처님이 영원한 법신으로 이 땅에 현현하기 전에 생을 마친 중생이 나, 현재의 중생은 물론, 아득한 미래세에 올 중생 모두도 그대로 부처라는 것인데요, 부처님의 불지견을 6식(識)으로 길들여진 중생의 지견으로 보지는 말라는 것입니다.

부처님이 세상에 화신불(化身佛)로 나타나신 참뜻을 밝히고 있는 법화사상 을 따라, 지식이 아닌 공성(空性)으로 반야를 탐구하고, 진실한 실상의 자아를 찾으면서 누구나 모두 부처라는 가르침에 나의 지견을 맞추면 그만입니다. 법화경에서는 우리가 어디서 와서 어디로 가며, 이생에서 무엇을 해야 할 것 인가를 명시적으로 설하고 있고, 마음이 곧 부처라는 '심즉시블(心卽是佛)'에서 나아가 '신즉시불(身卽是佛)' 즉, 육신 자체가 부처라는 미증유의 파격적인 설 법이 이어지게 됩니다. 이러한 혁명적인 가르침을 통해 활짝 열린 성불의 길 로 우리들을 인도하고 있는 만큼 부처님을 신앙적 요소로 믿는 자세가 무엇 보다도 필요하다 하겠습니다. 그러니 지혜로써 깨닫게 되어, 믿음으로 해탈 에 이른다는 곧, '지 ⇒ 견 ⇒ 신 ⇒ 해(智見信解)'의 과정을 통해 나 자신을 견고 한 부처의 반열로 올려놓으면 됩니다. 쉽게 말하면 부처님이 이렇게 우리들 을 믿고 사랑하여, 부처의 반열에 올려놓아 주셨으니 우리도 부처님을 믿고 사랑하면 된다는 것인데요. 그 길의 방편이 법화경의 수지(受持), 독(讀), 송(誦), 해설, 서사(書寫) 같은 오종법사(五種法師)의 공덕으로 이루어진다는 것입니다.

🪷 인류의 대 예언서 법화경

법화경은 수많은 불교 경전 중 예언이 등장하는 예언서라는 점에서, 여타 경전과는 그 사유와 전개의 방식을 달리하는 아주 특이한 경전이라 할 수 있습니다. 예언서란 현재까지 일어난 일이 아닌 미래에 일어날 사건을 암시한 기록이기 때문에 사람의 지혜로서는 알 수 없는 진리를 절대자가 가르쳐 알게 한다는 뜻으로, 가르칠 '계(啓)'자를 써서 계시록(啓示錄)이라고도 합니다. 또한 은연중에 절대적 진리나 지혜를 나타내 보인다 하여, 잠잠할 '묵(默)'자에 보일 '시(示)'자를 써서 묵시록(默示錄)으로 불리기도 하지요. '묵(默)'이라는 글자를 풀어보면 검을 '흑(黑)'에, 개 '견(犬)'자를 쓰는데, 한마디로 고요하다는 뜻입니다. 개는 색깔을 구분할 줄 몰라 주인이 아무리 남루한 옷을 입건, 화려한 옷을 입건, 밥만 주면 짖지 않고 묵묵하다는 뜻이기도 합니다.

어리석은 중생에게는 아무리 참된 진리의 설법을 펼쳐봤자 맛난 음식을 주거나 지전 한 장 던져주는 것만 못한 것처럼 말입니다. 그래서 법과 진리는 받을만한 그릇이 되지 않은 자에게는 전할 수도 없고, 전하지도 말라는 뜻에서 예로부터 '비인부전(非人不傳)'이라 하였습니다. 법화경은 온갖 방편과 비유를 동원하여 신비하고도 환상적인 이야기를 전개하는 가운데, 인간적 세계와 비(非)인간적 세계의 사건까지를 묘사하였기 때문에 다분히 상징적이며, 비유적인 문체로 기록되어져 기록문학으로서의 확고한 위치와 불경의 최고봉이라는 지위를 획득하게 된 것입니다.

기독교의 대표적 계시록이 『요한계시록』인데 교회의 마지막 승리, 최후의 심판, 새로운 천지의 출현 등을 예언하고, 그리스도의 재림을 바라는 애절한 마음이 강렬하게 나타나 있는 것처럼, 법화경에서도 매우 초월적이며, 인간의 과학적 지식이나 잣대로서는 가늠할 수 없는 신비한 예언들이 펼쳐집니다. 예언이란 실현되기 전까지는 알 수도 없고, 믿을 수도 없는 비밀문서이기 때문에 매우 난해할 수밖에 없고, 종교적 믿음이 없이는 받아들일 수 없는 신앙적 색채를 띠는 특징을 지니고 있습니다. 100년을 살지 못하는 인간들에게 '56억 7천 만 년 뒤 미륵이 강림하면 인간은 늙지 않고, 죽지도 않는다.'는 등의 예언을 중생들이 훼손하고 비방하는 것은 어쩌면 당연한 일일지도 모르겠습니다.

신약성서의 상당 부분의 내용이 불교경전의 표절이라는 사실은 보편적 진실이 되어 있지만, 특히 법화경의 가르침을 인용하는 과정에서 「비유품」, 「신해품」, 「약초유품」, 「법사품」, 「여래수량품」 등의 많은 부분에서 대부분의 전개와 설법의 주제가 명백하게 일치하는 흐름을 볼 수 있는데요. 법화경에서 부처님이 설법한 내용과 주제가 성경에서는 어떻게 인용되고 있는지 아래의 도표를 참고해 보시고, 독자 여러분 스스로의 의견도 정리해 보시기 바랍니다.

〈법화경이 신약성경에 미친 영향〉

주 제	법화경 출전	법화경의 내용	성경 출전	성경의 내용
믿음의 절대성	〈제3 비유품〉 〈제10 법사품〉	▶ 경전을 비방하거나 의혹을 품고, 믿는 자를 미워하고 천대하면 지옥고를 받게 된다.	〈누가 12:4~12:10〉 〈마태 23:23~23:29〉	▶ 예수의 가르침을 제대로 믿고 따르지 않는 자는 구원이 없고 지옥에 던져진다.
평등한 사랑	〈제4 신해품〉 〈제5 약초유품〉	▶ 비가 모든 초목에 골고루 내리듯, 부처의 가르침도 어떤 차별도 없이 모든 중생에게 고루 내려준다.	〈마태 5:39~5:49〉	▶ 하나님은 악인과 선인에게도 해를 비춰주시고, 의로운 자나 불의한 자에게도 비를 내려주신다.

돌아온 아들	〈제4 신해품〉	‣ 객지에서 빈자가 되어 부자인 아버지를 찾아온 아들을 아버지가 사랑으로 맞이함.	〈누가 15:11~11:32〉	‣ 아버지의 재산을 탕진하고 탕아가 되어 돌아온 아들을 아버지가 사랑으로 맞이함
부처와 예수의 영원성	〈제16 여래수량품〉	‣ 부처는 고해에서 중생을 건지기 위해 인간의 모습으로 이 세상에 잠시 왔으나 여래의 수명은 무량수로 영원함.	〈마태 16:-1~16:20〉 〈마태 28:5~28:20〉	‣ 예수는 사람들을 구원하기 위해 이 세상에 잠시 출현했다 갔을 뿐, 결코 죽은 것이 아니라 영원히 살아 있음.

위와 같이 법화경에 대해서만 성경과 비교 고찰해 보았습니다만, 불교와 기독교가 인간문제를 떠나 천상의 세계에 따로 존재하는 것이 아닙니다. 다만 자력신앙을 기반으로 스스로 진리의 문으로 들어가라는 불교에 비해, 기독교는 유일신(唯一神) 신앙에 입각한 절대자 예수 그리스도를 믿어 하늘나라로 들어가라는 차이가 있을 뿐입니다. 그런데 법화경에 오면 부처님이 마치 초월적 유일신으로 묘사되고 있는 것 같아, 불교가 경계하는 의타적 유일(唯一)신앙과 대승불교가 습합된 합작의 소산이 아닌가? 하는 자연스런 의문을 가지게도 합니다.

불교경전도 무신론적 입장에서 인생과 우주를 설명하는 대승경전으로는 『반야경』, 『유마경』 등이 있고, 유신론적 입장의 경전으로는 『아미타경』과 『법화경』이 있습니다. 따라서 법화경의 접근에는 신앙적 자세도 필요하다는 것입니다. 그러나 법화경에서는 유일신에 대한 의타적 신앙을 지향하는 것이 아니라, 부처님은 모든 중생이 모두 부처(여래)가 될 수 있고. 반드시 모두가 부처가 되어야 한다고 설하시고 있으니 그 길의 로드맵이 바로 법화경인 것입니다. 어떤 길을 가더라도 알고 가는 것과 무조건 믿고 가다 보면 알게 된다는 것은 결과는 우연히 같아질 수도 있겠지만, 맹목적으로 남의 말만 믿고 길을 나서는 것은 올바른 종교인의 자세가 아닙니다. 우리가 천당이며, 극락과 지옥도 냉철하게 따져보고 우리 스스로가 선택해서 가야만 합니다.

이탈리아의 시인 단테의 『신곡』에서 지옥의 첫째 방에 갇힌 이들은 바로 방관자들이었습니다. 신은 냉철한 이성으로 합리적 판단을 하지 못하고, 오로지 자기 일신을 위해 맹목적 중립에 치우친 무책임한 자에게 악인보다 더 큰 형벌을 내립니다. 평생을 원죄의식의 대속신앙에 경도되어 내가 바로 부처인지, 예수인지도 모른 채 신도들 무리에 섞여 맹목적·반복적으로 절하고, 기도한들 이들도 방관자의 경지를 벗어날 수 없습니다. 그래서 니체는 그릇된 믿음은 나를 가두는 감옥이라 했고, 종교는 광기와 무지와 편견의 결합이라며, 냉철한 혹평을 피력한 바 있습니다. 부처님은 이를 일찍이 꿰뚫어 보시고, 지혜로써 진리를 밝혀, 너 자신을 의지하여 스스로 부처가 되라고 하신 겁니다. 내가 평생을 믿었던 신이 막상 죽어서 저 세상에 가서 보니 내가 믿었던 신은 보이지 않고, 나의 신앙과 배타적 관계이던 엉뚱한 신이 주관하고 있다면 그때는 어떻게 하겠습니까? 그래서 저승에 가서도 나를 주재하는 신은 나 자신으로 미리 만들어 놓아야 한다는 것입니다.

법화경은 학문과 지식을 탐구하는 가르침이 아니라, 맹목적 믿음이 아닌 참된 믿음으로써 진리의 지혜를 가르치는 경전입니다. 기독교는 무조건 하나님과 주 예수 그리스도를 믿고 연호하여, 따르기만 하면 그것이 곧 진리가 되기 때문에 천국잔치에 동참할 수 있다고 가리키지만, 불교는 법과 진리만을 의지하고 믿으라 하며, 그 진리의 중심에 자신을 두라(자등명 自燈明)고 가리킵니다. 여기서 한 가지 알아두실 것은 원래 '하나님'이란 단어는 '하늘과 같은 나'가 합쳐진 '하+나님' 즉 최고의 진리, 여래와 부처 같은 '나'를 가리키는 말이었던 것입니다. 그래서 부처가 되는 길을 가리킨 법화경을 읽고 쓰며, 남에게 전하고 설하는 자 곧 여래라고 하신 거지요. 부처님이 왜 이토록 법화경의 위상을 강조하셨는가는 〈안락행품 제14〉에서 법화경의 설법이 이루어진 인연과 설법의 자세 및 각오 등에 대한 놀랄만한 가르침에서 여실히 나타나고 있습니다.

이를 '계중명주의 비유(髻中明珠 譬喩)'라 하는데, 비유의 핵심은 이러합니다. 전쟁에 나가 공을 세웠을 때 그 부하에게 땅이나 보물은 줄지언정 전륜왕(轉輪王)의 상투 속에 있는 구슬은 주지 않는 법이라고 하십니다. '계(髻)'는 상투를 뜻하는 것으로, 그 상투 속에 있는 구슬이 바로 법화경인데, 모든 부처님의 비밀스런 법장(法藏)이며, 여러 경전 가운데 가장 높은 것이므로, 오랫동안 수호하며 함부로 설하지 않다가 오늘에서야 비로소 너희에게 주고 설하는 것이라고 하시고는 게송으로 다시 당부하셨지요. 여래의 으뜸가는 법인 법화경을 이제야 설해 주는 것은 왕이 자신의 상투 속에 있는 구슬을 내어주는 것과 같은 최고의 보물이라 강조하셨습니다. 이처럼 부처님의 중생 사랑은 달리 표현할 필요 없이 아낌없이 모두 주는 참사랑의 실천 그 자체인데요, 그야말로 하나뿐인 법장을 내어 주시면서까지 네가 곧 부처라 하신 것이 법화경의 종지(宗旨)인 것입니다.

세계의 어떤 종교든 교주는 유일신인데 반해 불교는 부처를 능가하는 '청출어람(靑出於藍)'을 궁극적 이상으로 삼으며, 모두가 교주를 능가하는 교주가 되는, 세계 유일무이의 종교가 된 것입니다. 불교는 교주, 교리, 교단의 불법승 3보가 갖추어진 세계 최고(最古)의 종교임에 이설이 없습니다. 물론 불교 이전 약 1,000년 전에도 인도의 민족경전 베다를 성전(聖典)으로 하는 브라만교가 있었고, 동시대에 페르시아의 일명 배화교(拜火敎)로 알려진 조르아스터교 등이 있었지만, 신화와 제례 등의 규범이 얽힌 민족신앙이라 볼 수밖에 없으므로, 인간문제의 해방이라는 고등종교의 기원은 당연히 불교가 되는 것입니다.

특히 대한민국 국민이라면 법화경의 설법이 열렸던 영축산 영산회좌에 2만의 권속 천자(天子)와 함께 참석했던 석제환인(釋提桓因)을 잊어서는 안 됩니다. 제석천으로도 불리는 석제환인은 불교의 수호신으로 강력한 신들의 우두머리라는 뜻인데, 제석천은 수미산 정상에 있는 하늘인 도리천의 주인으로,

수미산 중턱의 사천왕을 거느리고 불법과 불제자를 보호하는 신이기도 합니다. 학창시절 역사시간에 단군신화에 대하여 모두 다 배웠을 것입니다.

단군왕검의 아버지가 환웅이고, 단군의 할아버지가 곧 환인인 석제환인(제석천)이지요, 환웅이 홍익인간의 이념으로 인간세상에 내려와 세상을 다스렸는데, 이때 환웅은 웅녀와 혼인하여 아들을 낳으니, 그가 바로 단군왕검이며 우리 한민족의 시조인 것입니다. 한때 일부 기독교계에서 단군상 철폐와 훼손을 자행하던 악행이 떠오릅니다만, **곧 법화경 〈제1 서품〉 서두에 등장하는 석제환인이 단군의 할아버지가 됩니다. 실제로 『옥스퍼드 대사전』에도 '부처는 단군의 자손'이라고 명시되어 있습니다. 따라서 우리 대한민국의 정체성도 법화경의 정신과 뿌리에 합치되어 있음을 늘 상기하여 주시기 바랍니다.**

🪷 경전 중의 왕중왕 법화경

법화경이 경전 중의 왕 또는 최고의 불경으로 자리매김 될 수 있었던 것은, 부처님의 초기설법이 사성제와 12연기, 팔정도 같은 인간의 원초적 무명과 고통을 여의게 하여, 깨달음의 피안에 이르게 하는 각성(覺醒)의 교육이었다면, 만년(晚年)설법인 법화경에서는 완성으로 가는 궁극적 부처가 되는 가르침을 여실히 나타내 보이신 때문입니다. 그러니 성문, 연각, 보살의 근기에 맞는 방편을 가져와 부처의 지견을 내보이고는 있으나 결국에는 하나로 통일되어 셋이 하나가 되는 회삼귀일(會三歸一)이 법화경의 근본 종지임을 일관되게 강조하셨음은 이미 앞에서 살펴본 바와 같습니다. 이러한 법화경의 융합사상은 원효대사가 찬술한 『법화경종요』가 삼국통일의 사상적 기반으로 승화되었다는 역사적 흔적에서도 우리가 법화경의 위상을 실감할 수 있는 부분이기도 합니다.

일불승(一佛乘)의 가르침 곧 법화경의 통일·융합정신이야말로 불교의 완성으로 가는 꽃과 열매에 해당하는 가르침으로 볼 수 있겠습니다. 일불승이라는 단어가 일상용어도 아니고 생소할 수밖에 없는 단어이지만 쉽게 말하면 모든 진리는 하나로 통한다는 말이기도 합니다. 서울에 가는 데는 걸어서 갈 수도 있고, 자동차를 타거나 비행기를 타고 갈 수도 있지만 이들은 다만 하나의 방편일 뿐, 궁극적으로는 서울에서 다 만나게 된다는 것이라 이해하면 되겠습니다. 수많은 냇물과 강물이 모여 바다로 흘러들어 궁극엔 하나로 모이듯이 말입니다. 바다가 어떠한 강물이든 차별없이 모두 받아들이듯, 법화경 또한 모든 중생을 하나의 큰 바다로 불러들여 하나의 부처로 거듭나게 하는, 자유와 평등이 충만한 은혜의 대양(大洋)과 같습니다.

빨리 가고 늦게 가는 차이는 있어도 우리는 반드시 우주의 섭리대로 성불해야 하고, 성불할 수밖에 없다는 가르침의 대장정이 법화경입니다. 따라서 법화경에서는 다양한 상징과 비유 그리고 고도의 초월적이며, 신앙적 신비의 세계로도 장엄되고 있습니다. 이렇듯 법화경은 경전 중의 제왕으로 방대한 비유와 서사(敍事)로 이루어져 있기 때문에 인간세계의 시비애증에 익숙한 중생들로서는 쉽게 와 닿지 않는 다차원의 상황을 많이도 직면하게 될 것입니다. 그래서 법화경의 진리를 내 것으로 만드는 데는 입체적, 공간적 사고의 전환이 필요한데요, 그런 만큼 중생의 사이클을 법화 종지(宗旨)에 맞추는, 받아 지니고(受持) 염송(念誦)하며, 사경(寫經)하는 등의 법사행(法師行)을 가장 큰 공덕의 덕목으로 삼고 있고, 남에게 말하여 알리는 그 모든 것이 곧 여래와 동격이 된다고 가리키는 것입니다.

법화경이 경전 중의 왕으로 수승한 경전이 된 이유는 **첫째**, 인간의 무한한 가능성을 설한 경전이라는 점입니다. 죄악에 물들어도 인간은 자체로 부처라 설하셨고, 3독(탐진치 貪瞋癡)에 물든 채로 그대로 부처라 하신 것은 중생에 대한 부처님의 무한한 사랑을 느낄 수 있게 하는 따뜻한 경전인 때문이며 **둘째**, 인간, 생물, 무생물은 물론 부처님이 진리의 법신으로 이 땅에 오시기 전 무량겁 전전생의 중생 또한 대우주를 장엄하는 동일한 본질이기 때문에 모두가 평등한 존재적 가치를 지니며 조화로운 질서를 가진다고 하셨고, 중생구제의 확실한 증험을 보이신 때문이라 하겠습니다.

오늘날의 내 몸을 구성하고 있는 수소(H), 탄소(C), 산소(O) 등의 구성원자와 우주대폭발 당시의 수소, 탄소, 산소가 서로 다른 원자가 아니라 똑같은 통일성의 원칙에 의해 인류는 성장·발전해 왔습니다. 그러니 내가 곧 우주이고, 우주가 곧 '나' 자신인데도 불구하고, 그 한 가지 옳은 진리(법)의 깨우침이 없었던 나머지, 지금껏 지구상에는 그토록 많은 지배와 복종, 전쟁과 살상의 원한들이 난무하여 왔던 것입니다. 이러한 파멸을 향해가는 세상을 향해 법화경은 '우주 만물은 본질적으로 평등하다.'는 절대적 진리로, 인류를 구제하는 위대하고 거룩한 경전이 된 것입니다. 〈제23 약왕보살본사품〉에서 부처님이 정의하신 법화경의 위상을 가져와 보겠습니다.

"이 『법화경』은 능히 일체중생을 구원하며, 이 경은 능히 일체중생의 모든 괴로움을 여의게 하고, 이 경은 능히 일체중생을 크게 이익되게 하여, 일체중생의 소원을 충만케 하느니라. 맑고 시원한 연못이 일체의 목마른 사람들의 갈증을 채워 주는 것과 같으며, 추위에 떨던 사람이 불을 얻은 것과 같고, 벗은 이가 옷을 얻은 것과 같으며, 상인이 물건의 주인을 얻은 것과 같고, 아들이 어머니를 만난 것과 같으며, 나루에서 배를 얻은 것과 같고, 병든 이가 의사를 만난 것과 같으며, 어두운 밤에 등불을 만난 것과 같고, 가난한 사람이 보배를 얻은 것과 같으며, 백성들이 현명한 임금을 만난 것과 같고, 행상이 바다를 얻은 것과 같으니라."

그야말로 메마른 사막같은 현실세계 위에서 무한 갈증에 시달리며, 고뇌와 번민과 무한경쟁의 칼날같은 세상을 살아가야 하는 현대인들에게 환희의 감로수로 와 닿는 희망의 메시지가 아니고 무엇이겠습니까? 그리고 또 〈제10

법사품〉에서의 부처님이 법화경의 공덕에 대해 설한 내용을 부분 인용해 보
도록 하겠습니다.

"약왕이여 마땅히 알라. 여래가 열반 후 어떤 사람이 이 경전을 능히 쓰고
지니며, 읽고 암송하여 공양하며, 남에게 말한다면 여래가 곧 그에게 옷으
로 덮어줄 것이며, 다른 세계의 부처가 호념(護念)하는 바이니라. 이 사람
은 크게 믿는 힘과 염원하는 힘, 선근의 힘이 있는 자이니 이 사람은 여래
와 함께하는 자이며, 여래가 손으로 그의 머리를 쓰다듬는 것이니라"

여기서 여래의 옷이란 그를 여래의 위신으로 장엄하여 보호해 주겠다는 뜻
이며, 손으로 쓰다듬는다는 뜻은 그가 벌써 아뇩다라삼먁삼보리(무상정등각 無上
正等覺)에 이르러 마땅히 찬탄 받아야 한다는 뜻이기도 합니다. 법화경을 읽고
쓰고, 전하고 설하는 자 곧 여래이니 그를 예배하라 하십니다. 그러니 법화경
이 곧 여래인 것입니다. 부처님은 반세기에 가까운 설법 생애에서 단 한 번도
부처의 형상이나, 당신 자신을 믿으라 한 바 없이 이처럼 진리와 법을 믿어
스스로가 모두 부처가 되라고 가리키신 세계 유일무이의, 신도가 곧 교주가
되는 종교, 불교를 탄생시키신 겁니다. 그러니 법화경의 진리의 문을 열어가
는 여러분과 저의 각오와 발심이 어떠해야 하는지는 너무나도 명징하게 다가
오기 때문에 일심으로 법화경과의 인연 맺음에 감사드리며, 제2부. 「법화경
28품의 해설과 현대적 의미」편에서 법화경 본문의 해설과 함께 심도 있는 의
미를 살펴보는 다음 장으로 나아가도록 하겠습니다.

법화경 28품의 해설과 현대적 의미

　제2부에서는 묘법연화경 28품 본문 전체에 대한 해설과 함께 법화경에서 설한 부처님의 설법이 말법시대를 사는 오늘의 우리에게 어떤 의미가 있는지에 대한 보다 내밀한 생각들을 펼쳐 보이도록 하겠습니다. 아무리 경전 중의 왕, 최고의 법화경이라 해도, 그 설법의 바탕에 흐르는 실상의 사상을 모른 채로는 아무리 많은 사경과 독송을 해도 깨달음 없는 문자언어 활동의 반복이 될 뿐입니다. 이 책은 각 품마다 주제로 강조된 부처님의 사상과 대의(大意)는 무엇인지를 짚어보고, 본문의 해설과 어려운 용어들을 알기 쉽게 풀어서 정리하는 가이드북으로서의 소임에 최선을 다한다는 각오로 집필되었음을 밝힙니다.

　많은 법화경 해설서들을 집필한 훌륭한 스님, 선지식들의 저서에서 제가 늘 아쉬웠던 점은 그토록 해박한 법화지식과 사상을 지닌 원고가 이론서 형식의 본문으로만 빼곡히 쓰여져 있어 가독성(可讀性)에 문제가 많았다는 것입니다. 따라서 본고에서는 법화경을 처음 접하는 독자 여러분도 자연스럽게 신묘한 법화경의 가르침에 동화될 수 있도록 일목요연한 도표와 일러스트 등을 통해 가독성을 높이면서, 법화지식의 전달에 완급을 조절하는 한편, 법화경의 심오하고 원대한 사상을 이미 체득하신 불자님께서는 법화경의 총체적 복습의 장이 되도록 심혈을 기울였습니다.

　각 품에서는 당해 품의 중심적 사상을 밝히고, 게송편을 제외한 모든 한문 원전 전체의 원문을 빠뜨리지 않고 한글 해독 대역본(對譯本)을 도표로 정리하였습니다. 아울러 현대적 의미의 해설을 싣는 한편, 법화 신자로서 꼭 알아야 할 중요용어는 한자 원문 칸에 굵은 글씨로 표시한 후 밑줄을 그어

별도로 용어해설을 실었습니다. 그리고 부처님이나 제자들이 읊은 게송편은 본문의 내용을 거듭 강조한 부분이 대부분이기 때문에 원문 대역을 싣지 않고, 부연 설명이 필요한 부분만 해설에서 다루었습니다. 또한 각 품의 서두에는 '요약 및 대의'편을 두어 예습을 겸한 완전한 법화 진리의 이해를 돕고자 배려를 하였습니다. 따라서 법화경 전체의 해설판으로써의 역할을 다하기에 소홀함이 없도록 집필에 아낌없는 시간을 할애한 만큼, 이 책은 읽고 서가를 장식하기 위해 꽂아두는 장서가 아니라, 늘 곁에 두고 반복하여 열람하고, 생각한다면 자신은 물론, 모든 억조 중생이 위대한 부처님의 법화 정신을 오늘날에 되살리는 인간해방의 작은 이정표 역할을 하리라는 성급한 욕심도 가져봅니다.

시공을 벗어나 초월적 신앙에 맥이 닿아있는 많은 부분에 대하여서는 문헌정보와 인문·종교학적 지식을 최대한 동원하는 등 명실공히 쉽고, 입체적인 법화경 해설서가 되도록 새로운 사고로의 전환에 많은 고심을 하였음도 밝힙니다. 그러면 묘법연화경 그 가슴 설레는 진리의 문턱을 넘기 위한 대장정으로의 첫 장을 열어보도록 하겠습니다.

묘법연화경 제1 서품(序品)

요약 및 대의

⇒ 법화경의 개경(開經)으로 서분에 해당 – 〈제2 방편품〉과 함께 법화경 권 제1에 해당

⇒ 법회가 열린 장소(왕사성 기사굴산), 임석 연인원(총 17만 2천 여명), 직분(대아라한, 보살마하살, 문수보살, 미륵보살, 무학·유학인, 천인, 인비인, 신중, 사부대중) 등이 서술됨

⇒ 세존이 무량의를 설하시고 무량의처삼매에 들자, 만다라화·만수사화 같은 꽃비가 내리고 대지가 6종진동 하는 상서가 펼쳐짐

⇒ 세존께서 백호 광명을 비춰 1만 8천세계를 두루 비추심

⇒ 미륵보살이 문수보살에게 이러한 신통지상의 인연을 물음

⇒ 문수보살이 과거의 경험을 들어 이러한 상서는 믿기 어려운 법을 듣고, 알게 하려 함이라 답하면서 부처의 10대 명호와 4제법, 12인연법 및 6바라밀을 상기시키고, 2만 일월등명불과 법 듣기를 좋아하는 20억 보살에 대해 설함

⇒ 일월등명불의 여덟 왕자의 스승으로 묘광보살이 있었으니 80소겁 동안을 묘법연화경을 설하였고, 마지막 성불한 이름이 연등불이라고 문수보살이 밝힘

⇒ 문수보살이 이르기를 묘광보살의 제자 중 '구명'이 있었으니 그가 바로 지금의 미륵이며, 묘광보살이 바로 자기 자신 문수보살이라 밝힘

⇒ 문수보살이 지금의 상서를 과거에 비춰볼 때 여래께서 곧 『묘법연화경』을 설하실 것이라 함

단락	구분	원문 및 한글 번역
1	한문 원전	**如是我聞**. 一時 佛住**王舍城耆闍崛山**中 與大比丘衆萬二千人俱. 皆是**阿羅漢 諸漏已盡 無復煩惱**. **逮得己利 盡諸有結 心得自在**. 其名曰, 阿若憍陳如, 摩訶迦葉, 優樓頻螺迦葉, 伽耶迦葉, 那提迦葉, 舍利弗, 大目揵連, 摩訶迦旃延, 阿㝹樓馱, 劫賓那, 憍梵波提, 離婆多, 畢陵伽婆蹉, 薄拘羅, 摩訶拘絺羅, 難陀, 孫陀羅難陀, 富樓那彌多羅尼子, 須菩提, **阿難**, **羅睺羅**, 如是衆所知識 大阿羅漢等, **復有學無學二千人**, **摩訶波闍波提**比丘尼, 與眷屬六千人俱, 羅睺羅母, **耶輸陀羅比丘尼**, 亦與眷屬俱.
	한글 읽기	**여시아문**. 일시 불주**왕사성기사굴산**중 여대비구중만이천인구. 개시**아라한 제루이진 무부번뇌 체득기리 진제유결 심득자재**. 기명왈, 아야교진여, 마하가섭, 우누빈라가섭, 가야가섭, 나제가섭, 사리불, 대목건련, 마하가전연, 아누루타, 겁빈나, 교범파제, 리파다, 필릉가바차, 박구라, 마가구치라, 난타, 손타라난타, 부루나미다라니자, 수보리, **아난**, **라후라**, 여시중소지식 대아라한 등 **부유학무학이천인**, **마하파사파제**비구니, 여권속육천인구, 라후라모, **야수다라비구니**, 역여권속구.
	한글 풀이	나는 이렇게 들었다. 어느 때 부처님께서는 왕사성의 기사굴산 가운데서 큰 비구 대중 1만 2천인과 함께 계셨다. 이들은 다 아라한으로서 모든 번뇌가 이미 다하여, 다시는 번뇌가 없고 자신의 이로움을 얻었으며, 모든 존재의 속박으로부터 벗어나 마음에 자유로움을 얻은 이들이었다. 그들의 이름은 아야교진여, 마하가섭, 우루빈나가섭, 가야가섭, 나제가섭, 사리불, 대목건련, 마하가전연, 아누루타, 겁빈나, 교범바제, 리파다, 필릉가바차, 박구라, 마하구치라, 난타, 손타라난타, 부루나미다라니자, 수보리, 아난, 라후라 등으로, 이렇게 대중들이 잘 아는 큰 아라한들이었다. 또 아직 배우는 이와 다 배운 이가 2천인이나 있었고, 마하파사파제 비구니는 그의 권속 6천인과 함께 있었으며, 라후라의 어머니인 야수다라 비구니도 또한 그의 권속들과 함께 있었다.
	중요용어	❶ 여시아문(如是我聞) ❷ 왕사성기사굴산(王舍城耆闍崛山) ❸ 아라한(阿羅漢) ❹ 제루이진(諸漏已盡) ❺ 무부번뇌(無復煩惱) ❻ 체득기리(逮得己利) ❼ 진제유결(盡諸有結) ❽ 심득자재(心得自在) ❾ 아난(阿難) ❿ 라후라(羅睺羅) ⓫ 부유학무학이천인(復有學無學二千人) ⓬ 마하파사파제(摩訶波闍波提) ⓭ 야수다라비구니(耶輸陀羅比丘尼)

거의 모든 불교경전의 시작은 '여시아문(如是我聞)' 즉, '나는 이렇게 들었다.'로 시작됩니다. 영어로는 'I heard it like this.'가 되겠지만 법화경의 설법이 이루어진 장소와 참석자, 참석인원 등의 상황묘사를 시작으로 광대무변

한 법화경 설법의 대장정이 아난존자의 간접화법 형식으로 전개됩니다. 신문 기사도 6하원칙에 의거 작성되는 것처럼, 불경도 여섯 가지 조건이 충족되어 야만 비로소 경전으로서의 위상이 확립되는 것인데, 서분에서 필수적으로 요 구하는 여섯 가지 요건이라 하여 육성취(六成就)라고도 합니다. 법화경의 얼개 를 이해하는데 도움이 될 것 같아 육성취는 무엇인지 잠시 짚어보도록 하겠 습니다.

❶ 부처님의 가르침에 틀림이 없다는, 믿을 신(信)의 **신성취(信成就 : 如是-이와 같이)**
❷ 나 본인이 직접 들었다는, 들을 문(聞)의 **문성취(聞成就 : 我聞-나는 들었다)**
❸ 설법을 들은 때를 밝히는, 때 시(時)의 **시성취(時成就 : 一時-어느 때)**
❹ 설법한 주인공이 부처님이라는, 주인 주(主)의 **주성취(主成就 : 佛-부처님께서)**
❺ 설법한 장소가 어디라는, 곳 처(處)의 **처성취(處成就 : 王舍城-왕사성에서)**
❻ 누가 누가 들었다는, 무리 중(衆)의 **중성취(衆成就 : 與大比丘-대비구들과 함께)**

그야말로 이 가르침은 지어낸 소설이 아니라 이처럼 엄연한 진실의 바탕 위에서 사실대로 기록된 경전이란 말씀이군요. 불경 결집의 역사가 말해주듯 불교 경전은 부처님이 설법하신 내용을 아난존자가 들은 대로 기록한 것으로 이루어져 있는 것이 일반적입니다. 부처님의 10대 제자 중 다문(多聞) 제일이 라는 별명이 붙은 아난존자는 여러 기록에서 전하는 것처럼, 그야말로 설법 을 듣고 이해하여 머리에 저장하는 능력이 가히 천재의 수준이었던 것 같습 니다. '다문'이란 배우고 들은 것이 많다는 뜻이기도 한데요, 부처님의 4촌동 생으로 평생을 부처님을 지근거리에서 시봉해 온 아난이었기 때문에 그런 별 칭이 붙었겠지만, 종이 문서가 없다시피 한 2,500여 년 전의 기록은 전적으 로 청자(聽者)의 기억과 구비전승에 의존할 수밖에 없었을 것입니다.

이 여시아문이라는 문장으로 경전을 시작하게 된 데는 부처님 입멸 전, 스 승의 가르침을 후세에 남기기 위해 어떻게 경전을 시작하면 좋을지를 묻는 아난의 질문에 부처님이 '여시아문'으로 시작하라는 가르침이 있었기 때문인데요. 이때 아난존자의 빛나는 기억력이 인간녹음기라는 대중의 인정을 받아 부처님의 원음을 되살리게(replay) 된 것입니다. 그래서 아난이 하는 말은 곧 부처님의 말씀이며, 아난이 임의로 지어낸 말이 아니란 뜻이기도 한데요, 법화경에서도 어김없이 아난존자가 '이와 같이 나는 들었다.'로 시작하고 있습니다.

법화경 설법은 부처님이 제자들에게 어느 날 오전, 오후수업 또는 1학기나 한 학년 동안에 이루어진 설법이 아니고, 인도 왕사성 기사굴산 영산회상에서 '법화경'을 약 8년간 설법하셨는데, 서품에서는 법회의 장소와 참석한 인물의 성품, 직분, 이름, 인원 등의 구체적이고 다양한 묘사가 펼쳐집니다. 본 서품에서는 부처님이 직접 설한 내용은 없고, 현장 상황묘사와 설법 직전의 여러 가지 불가사의한 기적이 일어나는 광경이 묘사되고 있습니다.

법화경의 첫 문장은 "나는 이렇게 들었다. 어느 때 부처님께서 왕사성 기사굴산에서 큰 비구 대중 1만 2천 인과 함께 계셨다."로 시작하는데, 설법이 있었던 날이 몇 년, 몇 월, 며칠이었다는 구체적 일시는 언급되지 않았군요. 법화경 설법의 개강일인 만큼 구체적 날짜를 아난존자는 알고 있었을 터이지만, 억만 다겁생의 전후생 부처의 진리를 강의하는 법회에서 첫 설법을 시작한 일시가 무슨 중요한 일이었겠습니까?

법회가 시작된 장소는 왕사성(王舍城) 기사굴산으로, 왕사성은 고대 인도 마가다국의 수도였는데, 원명은 라자그리하로, 현재의 퍼트나시 남쪽 비하르주에 있는 라지기르에 해당됩니다. 이곳에서 아주 가까운 곳에는 서기 427년에 건립된 세계 최초의 대학인 날란다대학이 있는데, 당나라 현장법사와 의정스님도 유학한 곳으로 전해지고 있습니다. 또한 불교 최초의 사원인 죽림정사(竹林精舍)와 불교경전의 결집작업을 하던 칠엽굴 등이 있어 불교성지로 손꼽히는 곳이기도 하지요.

이 왕사성의 동북쪽에 있는 산이 기사굴산이고, 우리에게는 영취산(靈鷲山) 또는 영축산, 취서산 등으로 잘 알려진 이곳이 법화경 설법의 무대가 되는 곳입니다. 이 기사굴산은 해발 388미터의 야트막한 산인데, 부처님이 법화경을 설하시던 그곳에 법단이 조성되어 있어 불교순례자들의 발길이 끊이지 않는 성지가 되어 있습니다.

설법 장소인 영취산에서 부처님이 법화경을 설법할 때 그 모임을 일컬어 불교에서는 영산법회(靈山法會) 또는 영산회상(靈山會上)이라고 하는데요, 이 모임을 그림으로 그린 불화를 영산회상도(靈山會上圖) 또는 변상도(變相圖)라고도 하며, 귀중한 문화재로 많은 사찰의 법당에서 후불탱화(後佛幀畵)로 봉안하거나, 영산법회때 괘불로 사용하기도 하지요.

<해인사 영산회상도 국보-해인사 성보박물관>

기사굴산의 산정이 독수리 모양과 비슷하고 독수리가 많이 서식하여 한자의 독수리 '취(鷲)'자를 써서 취서산(鷲棲山)으로도 불렸는데, 불교식 표기로 영

축산이라 일반적으로 표기하고 있습니다. 다른 이름으로는 축령산 또는 축서산이라 부르기도 하지요. 우리나라에도 경남 양산과 창녕, 울산과 전남 장성 등에서 같은 산 이름이 많이 있는 것을 보면 불교문화가 우리 역사에 얼마나 많은 영향을 미친 것인가를 알 수 있겠군요.

법화경 28품 중 서분에 해당하는 본 서품은 본 행사가 시작되기 전 펼치는 식전공개 행사와 같은 성격으로 이루어져 있습니다. 우리들의 일상에도 큰 행사가 열리기 전에 파격적인 난타 공연 같은 이벤트성 행사를 통해 청중의 관심을 끄는 것처럼, 서품에서는 수많은 청중이 동원되고, 땅이 흔들리며, 하늘에서는 만다라 꽃비가 내려오는 등의 그야말로 경천동지할 초월적 신이한 경계가 나타납니다. 〈제1 서품〉은 원전의 글자 수만 해도 〈제3 비유품〉, 〈제7 화성유품〉, 〈제2 방편품〉에 이어 네 번째로 긴 품으로 구성되어 있습니다. 법화경에서는 엄청나게 많은 청중이 등장하고 있는데요. 처음으로 서품에 등장하는 청중으로는 우선 1만 2천명의 아라한이 등장하고 있습니다. 금강경에서의 서분인 「법회인유분」에는 기원정사에서 부처님이 1,250인의 대비구와 함께 있었다고 시작하는 것과 비교하면 거의 열 배나 많은 아라한과 함께 계신 것이 됩니다, 이 1만 2천 명이라는 인원은 하나, 둘, 셋, 넷… 카운트를 하여 12,000번째의 아라한이 마지막으로 입장하였다는 뜻이 아니라, 동서남북 4방에서 과거, 현재, 미래세 3을 곱하면 12이고, 그들이 12인연법에 따라 만세를 움직여서 돌아간다는 상징적 의미의 숫자로 받아들이는 것이 법화경의 정신에 부합될 것 같군요.

잘 아시는 것처럼 국제 통계 사이트 (Worldometer) 자료에 따르면 2022년 11월 15일 오후 5시경에 세계의 총인구는 80억 명을 돌파하였습니다. 부처님이 살아있던 기원전 500년경의 세계인구는 1억 5천만 명 정도로 추산하고, 인도의 인구는 약 2천 5백만 명으로 추산할 수 있는데, 최상위 수행자인 아라한만 1만 2천이라면 수행 중인 사람까지를 감안 한다면 거의 대부분의 성인(成人)이 부처님의 제자라는 말이 되는군요. 불자님들은 이미 아시겠지만 불교를 잘 모르시는 독자님들을 위해서 아라한(阿羅漢)에 대하여서 잠시 설명드리도록 하겠습니다. 한마디로 아라한은 소승불교에서 불법을 듣고 출가한 수행자가 최상의 이상적 깨우침의 경지에 도달한 성문(聲聞) 비구(比丘)를 뜻하는 불교용어입니다. 아라한이 되면 더 배울 게 없어 무학인(無學人)이라고도 하고, 더 이상 번뇌에도 물들지 않는다 하여, 번뇌라는 도적을 모두 죽였다는 뜻의 살적(殺賊), 다시는 어떠한 세상에도 태어나지 않는다 하여 무생(無生) 등으로도 불리면서, 모든 존재의 속박으로부터 벗어나 마음의 자유를 얻은 성자를 이릅니다.

학교교육도 초중등 교육과 대학, 대학원 교육이 있듯이 이 아라한이 되기까지는 수다원, 사다함, 아나함의 과정을 거치게 되는데 경지마다 이룩한 과위가 다르고, 윤회하는 과정도 다르지만 이런 단계를 거친다는 정도로만 알아두시기 바랍니다. 소승불교의 궁극적 지향점은 자신의 수행을 통한 자신의 열반·해탈을 이상적 경지로 삼고, 그를 위해 출가하여 불법을 듣고 깨달음을 이룬다 하여, 소리 '성(聲)'에 들을 '문(聞)' 곧 성문 비구라 한다는 건 잘 아실 것입니다.

우리나라의 상당수의 사찰에서 나한(羅漢)을 모신 나한전을 볼 수 있는데 이곳에 모신 나한상이 곧 아라한과를 증득한 성인인 것이지요. 1986년에는 『아라한』이란 제목의 영화도 나온 바 있고, 안드로이드 기반의 『아라한』 게임도 출시되어 있어 불교와 인연이 없는 독자분들도 몇 번은 들어본 용어일 것 같네요. 그러한 아라한들이 법화경 설법에 참여하였는데, 개개인의 이름이 거명되고 있습니다. 그런데 마하가섭, 우루빈라가섭, 가야가섭, 나제가섭 등 가섭이란 이름이 유난히 많은데 이들은 모두 다른 분들이고 친척인 경우도 있습니다. 여기서 다시 한번 짚고 넘어갈 사항은 아야교진여, 우루빈나가섭, 나제가섭, 사리불과 목건련 같은 성자는 부처님이 법화경을 설할 당시에 이미 열반에 들어, 달리 말하면 죽은 사람이 법회에 참석한 모순이 서술되고 있습니다. 그것도 맨 처음에 아야교진여를 거명하고 있으니 말입니다. 앞 제3장에서 이미 기술하였지만 법화경을 대하는 우리들의 관점은 결코 평면적 시공간의 개념으로 대하여서는 안 된다는 것입니다.

부처님의 교화대상은 아승기겁 전전생은 물론 아득한 후천 세계까지의 모든 중생이기 때문에 현상적 생사의 문제와 상식적 시공을 초월한 세계를 마땅히 이해하여야 한다는 것입니다. 그러니 법화경을 최초 공개하기 전에 살다 간 부처님 제자라고 해도 이렇게 법회에 참석한 것을 모순으로 볼 이유도 없을 테지요. 이렇게 묘법연화경은 시작되는데, 이어지는 서사에는 무려 8만의 보살마하살을 비롯하여 그 이름이 한량없는 세계에 널리 퍼져 중생을 제도하는 문수사리보살과 관세음보살, 미륵보살 등 누구나의 귀에도 익숙한 제 보살과 석제환인(釋提桓因)외 8용왕과 건달바왕(乾闥婆王), 아수라왕(阿修羅王) 등등의 비현실세계의 권속들도 동참하는 기상천외한 우주쇼가 펼쳐지는 만큼 독자 여러분들은 잠시 숨 고르기를 하신 다음 이어지는 서사를 공부해 주시기 바랍니다.

중요 용어해설

❶ 여시아문(如是我聞) : 거의 대부분의 불경을 시작하는 서두로 "나는 이렇게 들었다."의 뜻.

❷ 왕사성기사굴산(王舍城耆闍崛山) : 왕사성은 고대 인도 마가다국의 수도였는데, 원명은 라자그리하로, 현재의 퍼트나시 남쪽 비하르주에 있는 라지기르에 해당됨. 이 성의 동쪽에 있는 산이 기사굴산이고, 우리에게는 영축산(靈鷲山)으로 잘 알려진 이곳이 법화경 설법의 무대가 되는 곳임.

❸ 아라한(阿羅漢) : 소승불교에서 불법을 듣고 출가한 수행자가 최상의 이상적 깨우침의 경지에 도달한 성문 비구를 뜻하는 불교용어.

❹ 제루이진(諸漏已盡) : 모든 번뇌가 이미 다한 존재란 뜻.

❺ 무부번뇌(無復煩惱) : 더 이상 번뇌가 없음.

⑥ 체득기리(逮得己利) : 스스로 자기의 이로움을 얻음.

⑦ 진제유결(盡諸有結) : 모든 존재의 결박이 다하여 없어짐.

⑧ 심득자재(心得自在) : 마음이 자재함을 얻음. 즉 마음이 자유로움

⑨ 아난(阿難) : 부처님의 사촌동생으로 부처님이 성도(成都) 하시던 날 밤에 태어
났다고 전해짐. 25살에 출가하여 25년 동안 부처님의 시자로 있었으며, 십대제
자 가운데서 다문제일(多聞第一)로 불림

⑩ 라후라(羅睺羅) : 부처님과 야수다라 부인 사이에 출생한 속가의 아들. 부처님
이 성도(成道)한 뒤에 출가하여 제자가 됨. 십대제자 가운데 밀행(密行) 제일로
불림.

⑪ 부유학무학이천인(復有學無學二千人) : 또한 다 배운 사람과 배워야 하는 사람
2천명. 여기서 무학(無學)이란 배움이 없는 뜻이 아니라, 더 배울 게 없다는 뜻

⑫ 마하파사파제(摩訶波闍波提) : 부처님의 이모. 부처님의 생모인 마야부인의 동
생으로 부처님 탄생후 7일 만에 생모가 죽자 부처님을 양육하였고 이후 정반왕
의 부인이 되었다가 훗날 불교 최초의 비구니가 됨

⑬ 야수다라비구니(耶輸陀羅比丘尼) : 부처님의 부인. 라후라의 어머니로 훗날 출
가하여 비구니가 됨

❀ |2| 문수, 관세음, 미륵보살 등 8만 보살마하살과 석제환인 외 무수한 천자, 용왕, 천인비인(天人非人) 등이 권속들과 함께 참석하다

단락	구분	원문 및 한글 번역
2	한문 원전	**菩薩摩訶薩** 八萬人, 皆於**阿耨多羅三藐三菩提**, 不退轉 皆得**陀羅尼**, **樂說辯才**, 轉**不退轉法輪**, 供養無量百千諸佛, 於諸佛所, **殖衆德本** 常爲諸佛之所稱歎. 以慈修身, 善入佛慧, 通達大智, **到於彼岸**, 名稱**普聞無量世界**, 能度無數百千衆生.
	한글 읽기	**보살마하살**팔만인, 개어**아뇩다라삼먁삼보리**, 불퇴전, 개득**다라니**, **요설변재**, 전**불퇴전법륜**, 공양무량백천제불, 어제불소, **식중덕본**, 상위제불지소칭탄, 이자수신, 선입불혜, 통달대지, **도어피안**, 명칭**보문무량세계**, 능도무수백천중생.

2	한글 풀이	보살마하살 8만인은 모두 다 아뇩다라삼먁삼보리에서 물러나지 아니하여, 다라니와 말 잘하는 변재를 얻어서 물러나지 않는 법륜을 굴렸으며, 한량없는 백천 부처님을 공양하였고, 여러 부처님 계신 곳에서 모든 덕의 근본을 심었으므로 항상 여러 부처님께서 칭찬하셨으며, 자비로써 몸을 닦아 부처님의 지혜에 잘 들었으며, 큰 지혜를 통달하여 피안에 이르렀고, 그 이름이 한량없는 세계에 널리 퍼져 무수한 백천의 중생을 제도하는 이들이었다.
	한문 원전	其名曰, **文殊師利菩薩 觀世音菩薩 得大勢菩薩** 常精進菩薩 不休息菩薩 寶掌菩薩 藥王菩薩 勇施菩薩 寶月菩薩 月光菩薩 滿月菩薩 大力菩薩 無量力菩薩 越三界菩薩 跋陀婆羅菩薩 彌勒菩薩 寶積菩薩 導師菩薩 如是等 菩薩摩訶薩 八萬人俱. 爾時 **釋提桓因** 與其眷屬二萬天子俱, 復有名月天子 普香天子 寶光天子 四大天王 與其眷屬萬天子俱. 自在天子 大自在天子 與其眷屬三萬天子俱 娑婆世界主梵天王 尸棄大梵 光明大梵等 與其眷屬萬二千天子俱.
3	한글 읽기	기명왈 **문수사리보살 관세음보살 득대세보살** 상정진보살 불휴식보살 보장보살 약왕보살 용시보살 보월보살 월광보살 만월보살 대력보살 무량력보살 월삼계보살 발타바라보살 미륵보살 보적보살 도사보살 여시등 보살마하살 팔만인구. 이시 **석제환인** 여기권속이만천자구, 부유명월천자 보향천자 보광천자 사대천왕 여기권속만천자구. 자재천자 대자재천자 여기권속삼만천자구 사바세계주범천왕 시기대범 광명대범등 여기권속만이천천자구.
	한글 풀이	그 이름은 문수사리보살과 관세음보살, 득대세보살, 상정진보살과 불휴식보살, 보장보살, 약왕보살과 용시보살, 보월보살, 월광보살, 만월보살, 대력보살과 무량력보살, 월삼계보살, 발타바라보살, 미륵보살, 보적보살과 도사보살 등 이 같은 보살마하살 8만인이 함께 있었다. 그때 석제환인은 그의 권속 2만의 천자와 함께하였고, 또 명월천자, 보향천자, 보광천자, 사대천왕이 그들의 권속 1만 천자와 함께하였으며, 자재천자, 대자재천자도 그의 권속 3만의 천자와 함께하였고, 사바세계의 주인이며 범천왕인 시기대범과 광명대범이 그들의 권속 1만 2천의 천자와 함께하였다.
4	한문 원전	有八龍王 難陀龍王 跋難陀龍王 娑伽羅龍王 和脩吉龍王 德叉迦龍王 阿那婆達多龍王 摩那斯龍王 優鉢羅龍王等 各與若干百千眷屬俱. 有四**緊那羅王** 法緊那羅王 妙法緊那羅王 大法緊那羅王 持法緊那羅王 各與若干百千眷屬俱. 有四乾闥婆王 樂乾闥婆王 樂音乾闥婆王 美乾闥婆王 美音乾闥婆王 各與若干百千眷屬俱. 有四阿修羅王 婆稚阿修羅王 佉羅騫馱阿修羅王 毘摩質多羅阿修羅王 羅睺阿修羅王 各與若干百千眷屬俱. 有四**迦樓羅王** 大威德迦樓羅王 大身迦樓羅王 大滿迦樓羅王 如意迦樓羅王 各與若干百千眷屬俱. **韋提希子 阿闍世王** 與若干百千眷屬俱 各禮佛足 退坐一面.

4	한글 읽기	유팔용왕 난타용왕 발난타용왕 사가라용왕 화수길용왕 덕차가용왕 아나바달다용왕 마나사용왕 우발라용왕 긱여약간백천권속구. 유사 **긴나라왕** 법긴나라왕 묘법긴나라왕 대법긴나라왕 지법긴나라왕 각여약간백천권속구. 유사건달바왕 악건달바왕 악음건달바왕 미건건달바왕 미음건달바왕 각여약간백천권속구. 유사아수라 바치아수라왕 거라건타아수라왕 비마질다라아수라왕 라후아수라왕 각여약간백천권속구. 유사 **가루라왕** 대위덕가루라왕 대신가루라왕 대만가루라왕 여의가루라왕 각여약간백천권속구. **위제희자 아사세왕** 여약간백천권속구 각예불족 퇴좌일면.
	한글 풀이	또 여덟 용왕이 있었으니, 난타용왕, 발난타용왕, 사가라용왕, 화수길용왕, 덕차가용왕, 아나파달다용왕, 마나사용왕, 우발라용왕등이 각각 백천의 권속들과 함께하였다. 또 네 긴나라왕이 있었으니, 법긴나라왕, 묘법긴나라왕, 대법긴나라왕, 지법긴나라왕도 각각 백천 권속들과 함께하였다. 또 네 건달바왕이 있었으니, 악건달바왕, 악음건달바왕, 미건달바왕, 미음건달바왕이 각각 백천 권속과 함께하였다. 네 아수라왕이 있었으니 바치아수라왕, 거라건타아수라왕, 라후아수라왕이 각각 백천의 권속들과 함께 있었다. 또 네 가루라왕이 있었으니 대위덕가루라왕, 대신가루라왕, 대만가루라왕, 여의가루라왕이 각각 백천의 권속들과 함께 있었고, 위제희의 아들 아사세왕도 백천의 권속들과 함게 있었는데, 모두들 부처님의 발 아래 예배 드리고 한쪽으로 물러나 앉아있었다.
	중요용어	❶ 보살마하살(菩薩摩訶薩) ❷ 아뇩다라삼먁삼보리(阿耨多羅三藐三菩提) ❸ 다라니(陀羅尼) ❹ 요설변재(樂說辯才) ❺ 불퇴전법륜(不退轉法輪) ❻ 식중덕본(殖衆德本) ❼ 도어피안(到於彼岸) ❽ 보문무량세계(普聞無量世界) ❾ 문수사리보살(文殊師利菩薩) ❿ 관세음보살(觀世音菩薩) ⓫ 득대세보살(得大勢菩薩) ⓬ 석제환인(釋提桓因) ⓭ 긴나라(緊那羅) ⓮ 건달바(乾闥婆) ⓯ 아수라(阿修羅) ⓰ 가루라(迦樓羅) ⓱ 위제희자 아사세왕(韋提希子 阿闍世王)

앞에서는 1만 2천 아라한이 등장했고 다시 보살마하살이 무려 8만이 임석하였군요. 그러면 먼저 보살마하살(菩薩摩訶薩)에 대하여 살펴보고 다음으로 나아가도록 하겠습니다. 보살마하살은 보리살타 마하살타(菩提薩埵摩訶薩埵)의 줄임말로, 산스크리트어의 '보디사트바마하사트바(bodhisattva-mahāsattva)'를 한자식으로 음차(音借)한 표기법인데요, 보디(bodhi)는 budh(깨닫다)에서 파생된 말로 깨달음·지혜·불지(佛智)라는 의미를 지니며, 사트바(sattva)는 생명 있는 존재, 즉 중생(衆生)·유정(有情)을 뜻합니다. 그러니 **보살은 보리를 구하는 '구도자**(求道者)**' 또는 '지혜를 가진 사람', '지혜를 본질로 하는 사람'** 등의 넓은 뜻으

로 풀이할 수 있습니다. 그런데 이 '보살'이라는 용어는 우리나라에서는 근대로 오면서 여자 불교신자를 통칭하여 부르는 이름이기도 하지만, 넓은 뜻으로는 깨달음을 구하는 사람을 지칭하며, 궁극적으로는 석가모니 부처님을 보살로 일컫기도 합니다.

과거·현재·미래세에 다수의 부처가 있고, 누구든지 서원을 세워 성불의 길로 나아가면 누구나 다 보살이며, 부처가 된다는 대승불교의 범부보살사상(凡夫菩薩思想)이 반영된 것으로 볼 수 있겠습니다. 보살을 높여 부르는 말인 보살마하살(보살+마하살)의 마하살타는 대유정(大有情)·대중생(大衆生)이라는 뜻인데 성문·연각·보살을 합쳐서 통칭 보살이라 하지만, 마하살은 보살만을 의미하니 마하살타는 보살에 대한 존칭이면서, 위대한 뜻을 품은 사람 또는 큰 지혜를 추구하는 사람 등에 대한 명칭이기도 합니다. 본문의 중요 문장을 인용해 봅니다.

「이들은 모두 아뇩다라삼먁삼보리에서 물러나지 아니하여, 다라니와 말 잘하는 변재를 얻어서 물러나지 않는 법륜을 굴렸으며, 한량없는 백천 부처님을 공양하였고, 여러 부처님 계신 곳에서 모든 덕의 근본을 심었으므로 항상 여러 부처님께서 칭찬하셨으며, 자비로써 몸을 닦아 부처님의 지혜에 잘 들었으며, 큰 지혜를 통달하여 피안(彼岸)에 이르렀고, 그 이름이 한량없는 세계에 널리 퍼져 무수한 백천의 중생을 제도하는 이들이었다.」

여기서는 아뇩다라삼먁삼보리와 다라니, 피안에다 밑줄을 좍 긋고 주목해 봅니다. 아뇩다라삼먁삼보리는 워낙 중요한 용어라 여러 번 들어보셨겠지만 쉽게 우리말로 풀이하면 가장 완벽한 깨달음이란 뜻이 됩니다. 산스크리트어의 '아누다라 삼먁 삼보디(anuttara-samyak-sambodhi)'를 음역하여 한자로 표현한 말인데, 아뇩다라란 무상(無上)이라는 뜻이며, 삼먁이란 거짓이 아닌 진실을, 삼보리란 모든 지혜를 널리 깨친다는 정등각(正等覺)의 뜻이기도 합니다. 곧,

무상정등정각(無上正等正覺)이라는 뜻으로, 이보다 더 위가 없는 큰 진리를 깨 쳤다는 말이기 때문에 무상정등정각은 오로지 부처의 깨달음만을 뜻하므로, 비교할 대상도 없다는 뜻으로도 읽힙니다. 이러한 경지에서 물러나지 아니하 였다는 보살마하살이 8만인데 이들 또한 무상정등정각을 향해 끊임없이 정 진하여 다라니와 요설변제(樂說辯才) 즉 상대의 근기에 맞춰서 얘기하는 능력 을 얻었고, 물러나지 않는 법륜을 굴리며, 한량없는 부처님께 공양하고, 피안 에 들어 백천 중생을 제도하는 이들이란 것입니다.

다라니란 한자로 '陀羅尼'로 표기하는데, 문자적 해석만으로는 무슨 뜻인지 알 수 없는 용어이기도 한데요, 우리는 통상 '주문(呪文)'이라는 뜻으로, 빌고 기도하는 글 또는 '진언(眞言)'이라 하여, 신비한 힘을 가진 것으로 믿어지는 기 도문 정도로 이해를 하고 있습니다. 산스크리트어 원문을 번역하지 않고 그대 로 염송함으로써 오히려 문자적 의미를 찾을 필요 없이 불법을 잊지 않게 해 주는 신비성을 가진다고 보는데, 특히 밀교(密敎)에서는 진언과 다라니를 지송 (持誦 : 지니며 염송함)하면 마음을 통일하고, 궁극의 경지에 도달하여 부처가 된다 고 믿고 있지요. 또한 이들 8만 보살마하살은 자비와 지혜에 들어 열반의 언 덕인 피안(彼岸)에 들었다고 하는군요. '피안'이라!! 어떻게 한마디로 설명하기 에는 너무나 함축된 뜻이 많은 단어이기도 합니다. 문자적 해석으로는 '저 언 덕'이란 뜻이지만, 일반적 해석으로는 번뇌를 타파하고 열반에 이름을 뜻하는 것으로서, 법화경에서의 저 언덕은 바로 연꽃의 세계, 그러니까 차안(此岸)인 진흙밭의 사바세계가 아닌 부처님의 묘법을 얻은 걸림 없는 연화장세계가 피 안이 될 터입니다. 이 차안에서 피안에 이르기 위해서는 강을 건너야 하고, 그 강을 건너기 위해서는 뗏목이라는 방편을 띄울 수밖에 없는 것처럼, 앞으로 전개될 법화경에서도 기적, 비유설법 같은 무수한 방편이 우리들을 법화신앙 으로 이끌어 줄 것을 생각하면 벌써부터 가슴이 설렘을 느낍니다.

이렇듯 피안에 이른 보살마하살이 8만이라는 것입니다. 여기서도 8만을 숫자 8만의 80,000으로 직역하지 말고 4방 8방 시방세계의 많고 많은 보살마하살이 모두 모여 부처님의 법화회좌를 찬탄하였다는 비유적 표현으로 이해해 주시면 좋겠습니다. 지금까지 서품 첫머리에 등장한 아라한, 보살마하살 등의 연인원만 해도 딱 십만이 등장하고 있습니다. 저도 처음에는 문자적 숫자대로 과연 부처님이 영축산에 십만 청중을 모아놓고 설법을 하셨나 싶어 구글어스에서 지형도와 축적을 확인하였으나, 야트막한 산인 영축산 어디에도 목동야구장 5개의 넓이에 해당하는 설법 공간은 나오지 않더군요. 참 어리석다 해야 할지? 이런 사람이 법화경을 해설하겠다고 덤벼들었으니 말입니다.

법화경에서 소개된 청중의 수는 17만 2천 정도로 파악됩니다만, 이외에 8부신중 각각의 백천(百千) 권속이라는 등의 특정하기 어려운 숫자의 청중이 여러 번 언급되고 있어 구체적 청중의 수를 파악 한다는 건 할 수도 없고, 할 필요도 없다는데 결론이 미치는군요. 사실 법화경에 등장하는 역사적 실존인물은 1만2천 아라한과 유학무학 2천인, 마하파사파제비구니와 그의 권속 6천 그리고 야수다라비구니와 그 권속 정도로 파악되는 만큼, 실존인물이냐? 비현실세계의 보살, 신중이냐?는 등의 질문 자체가 잘못된 것이란 점을 분명히 알아야겠습니다.

법화경에 나오는 수많은 직능별 보살은 불법의 진리와 지덕(智德)의 구현을 위한 방편적 관념의 형상화라 보면 되겠습니다. 법화경은 시대와 공간을 초월하여 인간의 본래심에 내재된 불성의 심지에 불을 붙이는 경전이기 때문에 이 설법에 나오는 많은 인간과 신이 곧 속성화 된 나 자신이라는 사고의 변화를 가지셔야 합니다. 앞에서 이미 소개된 보살마하살 8만 외에, 불교에서 세계의 중심으로 보는 수미산(須彌山)의 정상에 있는 도리천의 왕인 석제환인(釋提桓因)과 그의 권속 2만을 비롯한 4대천왕 및 월천자(月天子 : 달의 기운을 주관), 보광천자(寶光天子 : 태양의 기운 주재), 보향천자(普香天子 : 별의 기운 주재), 자재천자(自在天

子), 타화자재천자(他化自在天子) 그리고 사바세계를 주재하는 범천(梵天) 등등이 각각 수만의 그의 권속들을 거느리고 참석하였음을 아난은 설명하고 있습니다, 또한 하늘의 신(神)으로, 우리 민족의 시조 단군의 할아버지인 제석환인(帝釋桓因)께서도 2만의 권속 천자를 거느리고, 아침의 나라 코리아의의 대표사절로 참석하셨군요. 수미산 정상에 있는 도리천을 다스리는 제석천에 대하여는 앞장에서 잠시 기술한 바 있는데요. 온 삼라만상, 우주법계의 천자와 통수권자, 팔부신중, 인비인(人非人) 모두가 법화경 설법에 참여한 것이 됩니다. 법화경의 교화 대상은 이렇듯 우주 전체로 확장되며, 이 모두를 법화의 통일장 세계로 인도하는 것이 법화경의 근본 정신인 것입니다.

여기에 8용왕과 긴나라왕(음악과 사랑의 정령), 건달바왕(불교신화의 실력 좋은 가수의 정령), 아수라왕(싸움과 전쟁을 좋아하는 신), 가루라왕(金翅鳥로 불리는 상상의 큰 새) 등 8부 신중(神衆)도 각각 백천의 권속들과 함께 와서 부처님의 발아래 경배를 드립니다. 이들 8부 신중 중에는 인간에게 해를 끼치는 신들도 있거니와 이들 또한 부처님의 설법을 듣기 위해 모였다는 것인데, 이는 부처님의 법 앞에서는 모두가 성불해야 할 중생일 뿐, 선악의 분별이 따로 없다는 상징적 표현으로 볼 수 있겠습니다. 여기서는 8만 보살마하살 중에서도 우리 불자들에게 너무나 친숙한 문수사리보살과 관세음보살, 득대세보살에 대해서만 설명을 드린 후 다음 해설로 넘어가도록 하겠습니다.

문수사리보살(文殊師利菩薩)은 통상 문수보살로 불리며, 그 뜻은 부처님의 무상(無上) 지혜를 뜻합니다. 달리 묘길상보살(妙吉祥菩薩)로도 불리는데, 길상(吉祥)은 온갖 덕을 갖추고 있다는 뜻이기도 하여, '문수'는 훌륭한 복덕을 지녔다는 뜻도 됩니다. 오대산에서 동자승으로 화현하여 조선 세조 임금의 피부병을 낫게해 준 문수동자설화나, 당나라의 고승 무착의 '팥죽주걱 맞은 문수보살' 일화처럼, 불교설화에 유독 문수보살에 관한 이야기가 많은 것도 이처럼 지혜와 복덕을 구족해 주는 보살이기 때문인데요, 문수보살은 이미 성불하였으나 부처님의 교화를 돕기 위해 권현(權現)한 보살로, 석가모니불 또는 비로자나불의 좌협시보살로 모시기도 하며, 행원과 실천의 화신인 코끼리를 탄 우협시보살인 보현보살과 함께 우리들이 자주 만날 수 있는 대표적 불보살상이기도 하지요. 문수보살은 일반적으로 연화대에 앉아 오른손에는 지혜의 칼을, 왼손에는 푸른 연꽃을 들고, 위엄과 용맹을 상징하는 지혜의 동물 사자를 탄 모습으로 그려지고 있습니다. 따라서 '지혜의 말씀'인 석가모니 부처님의 법음(法音)이나 선종 조사들의 법문을 사자후(獅子吼)라 하고, 부처님이나 조사들이 앉는 자리를 사자좌(獅子座)라고 부르게 된 것입니다.

<문수보살 성지인 오대산 월정사 석조보살좌상. 국보 48-2호>

대승불교에서는 대표적 보살 네 분을 주로 기리는데, 예불문 **"지심귀명례 대지문수사리보살, 대행보현보살, 대비관세음보살, 대원본존지장보살마하살"**의 첫 번째 나오는 보살이 바로 문수사리보살이라는 것은 불자님들이 잘 아시리라 믿습니다. 나무위키와 일부 문헌에는 "문수보살이 부처님 입멸 후 인도에서 태어나 반야(般若)의 도리를 선양한 자로서, 반야지혜의 권화(權化)로

서 표현되었고, 지혜를 취급한 『반야경』을 결집·편찬했다."는 등 문수보살을 실존 인물로 기록하고 있는데, 이는 보살을 인격적 신으로 본 대승불교의 사상과는 거리가 먼 오류라 하겠습니다. 문수보살이 석가모니를 포함한 모든 부처님의 본체(毘盧遮那)이고 어머니(諸佛之母)며, 모든 보살의 스승으로 불리는 이유는 지혜(반야바라밀)가 부처님을 이루는 근본이기 때문임도 참고로 알아두시기 바랍니다.

한편 관세음보살에 의지한다는 뜻의 '나무관세음보살'로 우리에게 익숙한 관세음보살은 자비의 화신으로 숭배되는 보살임은 잘 아실 것입니다. 법화경 〈제25 관세음보살보문품〉에서는 관세음보살의 성격을 크게 두 가지로 설하고 있습니다. 하나는 관세음보살은 세상의 소리를 듣고 살피기 때문에 어려움에 처했을 때 관음의 이름을 부르면 그 음성을 듣고 곧 어려움에서 벗어나게 하고 복덕을 준다는 점인데요, 이러한 현세이익적 성격을 지니고 있어 대중의 신앙으로 정착되었고, 다른 하나의 특징은 세상의 모든 것을 관조하는 관자재(觀自在)보살이라, 제도할 대상을 살펴 그에 맞게 자유로이 몸을 변화하여 구제한다는 것입니다.

<내몽골자치구 대각선사의 삼면관음보살상>

또한 득대세보살(得大勢菩薩)은 통상 대세지 또는 세지보살로도 불리며, 자신의 독특한 지혜광(智慧光)으로 이 세상의 모든 중생을 비추어 보고 삼도팔난(三途八難) 즉, 세 가지 나쁜 세상과 여덟 가지 재난의 고통에 떨어져 허덕이는 중생들을 구원해 준다고 하지요. 그래서 대세지보살을 무변광(無邊光)이라고도 하는데, 그 의미는 지혜의 빛으로 이 세상의 모든 것을 골고루 비춘다는 뜻이기도 합니다. 이러한 직능별 보살 18분의 보살명이 서품에서 거명되고 있는 것입니다.

❶ 보살마하살(菩薩摩訶薩) : 보리살타마하살타(菩提薩埵摩訶薩埵)의 줄임말. 보살에 대한 존칭이면서, 위대한 뜻을 품은 사람 또는 큰 지혜를 추구하는 사람.

❷ 아뇩다라삼먁삼보리(阿耨多羅三藐三菩提) : 가장 완벽한 깨달음이란 뜻. 산스크리트어의 '아누다라 삼먁 삼보디(anuttara-samyak-sambodhi)'를 음역하여 한자로 표현한 말인데, 아뇩다라란 무상(無上)이라는 뜻이며, 삼먁이란 거짓이 아닌 진실을, 삼보리란 모든 지혜를 널리 깨친다는 정등각(正等覺)의 뜻이기도 함. 곧 무상정등정각(無上正等正覺) 이라는 뜻

❸ 다라니(陀羅尼) : 통상 '주문(呪文)'이라는 뜻으로, 빌고 기도하는 글 또는 '진언(眞言)'이라 하여, 신비한 힘을 가진 것으로 믿어지는 일종의 기도문

❹ 요설변재(樂說辯才) : 상대의 근기에 맞춰서 얘기하는 능력

❺ 불퇴전법륜(不退轉法輪) : 물러남이 없이 법의 수레바퀴를 굴림

❻ 식중덕본(殖衆德本) : 모든 덕의 근본을 심음

❼ 도어피안(到於彼岸) : '저 언덕에 다다름'이란 뜻으로, 일반적 해석으로는 번뇌를 타파하고 열반에 이름. 법화경에서의 저 언덕은 바로 연꽃의 세계, 그러니까 차안(此岸)인 진흙밭의 사바세계가 아닌 부처님의 묘법을 얻은 걸림 없는 연화장세계가 피안임

❽ 보문무량세계(普聞無量世界) : 보문은 넓은 문, 두루두루 한량없는 세계

❾ 문수사리보살(文殊師利菩薩) : 통상 문수보살로 불리며, 그 뜻은 부처님의 무

상(無上) 지혜를 뜻함. 달리 묘길상보살(妙吉祥菩薩)로도 불림

⑩ 관세음보살(觀世音菩薩) : 자비의 화신으로 숭배되는 보살. 세상의 소리를 들어 살피고 세상의 모든 것을 관조하는 관자재(觀自在)보살이라 제도할 대상을 살펴 그에 맞게 자유로이 몸을 변화하여 구제하는 현세이익보살.

⑪ 득대세보살(得大勢菩薩) : 독특한 지혜광(智慧光)으로 이 세상의 모든 중생을 비추어보고 삼도팔난(三途八難) 즉, 세 가지 나쁜 세상과 여덟 가지 재난의 고통에 떨어져 허덕이는 중생들을 구원해 준다는 보살. 무변광(無邊光)이라고도 하며, 그 의미는 지혜의 빛으로 이 세상의 모든 것을 골고루 비춘다는 뜻

⑫ 석제환인(釋提桓因) : 수미산 정상에 있는 도리천을 다스리며, 단군의 할아버지 환인으로 인식되고 있음

⑬ 긴나라(緊那羅) : 불교신화에 나오는 음악과 사랑의 신

⑭ 건달바(乾闥婆) : 불교신화의 실력 좋은 가수의 정령

⑮ 아수라(阿修羅) : 싸움과 전쟁을 좋아하는 신

⑯ 가루라(迦樓羅) : 금시조로도 불리는 상상 속의 큰 새

⑰ 위제희자 아사세왕(韋提希子 阿闍世王) : 아사세왕은 성격이 매우 포악하여, 부왕 빔비사라를 살해함, 위제희는 아사세왕의 어머니

❀ |3| 부처님이 무량의경을 설하자, 꽃비가 내리며 땅이 여섯 가지로 흔들리다

단락	구분	원문 및 한글 번역
5	한문 원전	爾時 世尊四衆圍繞 供養恭敬 尊重讚歎. 爲諸菩薩 說大乘經 名『**無量義**』教菩薩法 佛所護念. 佛說此經已 結加趺坐 **入於無量義處三昧** 身心不動. 是時 **天雨曼陀羅華**, **摩訶曼陀羅華**, **曼殊沙華**, 摩訶曼殊沙華, 而散佛上 及諸大衆 **普佛世界 六種震動**.
	한글 읽기	이시 세존사중위요 공양공경 존중찬탄, 위제보살 설대승경 명『**무량의**』교보살법 불소호념, 불설차경이 결가부좌 **입어무량의처삼매** 신심부동. 시시 **천우만다라화**, **마하만다라화**, **만수사화**, 마하만수사화, 이산불산 급제대중 **보불세계 육종진동**.

5	한글 풀이	이때 세존께서는 둘러앉은 사부대중으로부터 공양과 공경과 존중과 그리고 찬탄을 받으시면서 여러 보살들을 위하여 대승경을 설하셨으니, 그 이름은 『무량의경』이었다. 보살을 가르치는 법이며, 부처님께서 보호하고 생각하시는 바였다. 부처님께서 이 경을 다 설하신 뒤 결가부좌(結跏趺坐)하시고 무량의처삼매(無量義處三昧)에 드시니, 몸과 마음이 흔들리지 아니하였다. 그때 하늘에서는 만다라꽃·마하만다라꽃·만수사꽃·마하만수사꽃을 내려 부처님 위와 대중들에게 흩으며, 넓은 부처님의 세계가 여섯 가지로 진동하였다.
6	한문 원전	爾時 佛放眉間白毫相光 照東方**萬八千世界** 靡不周遍. 下至**阿鼻地獄** 上至**阿迦尼咤天** 於此世界 盡見彼土**六趣衆生**. 又見彼土 現在諸佛 及聞諸佛所說經法 幷見彼諸比丘 比丘尼 **優婆塞 優婆夷** 諸修行得道者. 復見諸菩薩摩訶薩種種因緣 種種信解 種種相貌 行菩薩道. 復見諸佛**般涅槃**者. 復見諸佛般涅槃後 以**佛舍利** 起**七寶塔**.
	한글 읽기	이시 불방미간백호상광 조동방**만팔천세계** 미불주편 하지**아비지옥** 상지**아가니타천** 어차세계 진견피토**육취중생**. 우견피토 현재제불 급문제불소설경법 병견피제비구 비구니 **우바새 우바이** 제수행득도자. 부견제보살마하살종종인연 종종신해 종종상모 행보살도.부견제불**반열반**자. 부견제불반열반후 이**불사리** 기**칠보탑**
	한글 풀이	그때 부처님께서는 미간의 백호상으로 광명을 놓으시어 동방으로 1만 8천의 세계를 비추시니, 두루 미치지 않은 데가 없어 아래로는 아비지옥과 위로는 아가니타천에 까지 이르렀다. 이 세계에서 저 세계의 여섯 갈래 중생들을 다 볼 수 있고, 또 저 세계에 계신 부처님들을 볼 수 있었으며, 여러 부처님들께서 설하시는 경의 가르침을 들을 수 있었다. 아울러 그 여러 비구, 비구니, 우바새, 우바이들이 여러 가지 수행으로 득도하는 것을 볼 수 있었고, 여러 보살마하살들이 가지가지 인연과 가지가지 믿음과 갖가지 모습으로 보살도를 행하는 것을 볼 수 있었으며, 여러 부처님들이 반열반에 드시는 것을 볼 수 있었고, 모든 부처님들께서 반열반에 드신 뒤에 그 부처님의 사리들로 7보탑을 세우는 것도 볼 수 있었다.
중요용어		❶ 무량의경(無量義經)　❷ 입어무량의처삼매(入於無量義處三昧) ❸ 천우만다라화(天雨曼陁羅華)　❹ 마하만다라화(摩訶曼陁羅華) ❺ 만수사화(曼殊沙華)　❻ 보불세계(普佛世界)　❼ 육종진동(六種震動) ❽ 1만 8천 세계　❾ 아비지옥(阿鼻地獄)　❿ 아가니타천(阿迦尼咤天) ⓫ 육취중생(六趣衆生)　⓬ 우바새 우바이(優婆塞 優婆夷) ⓭ 반열반(般涅槃)　⓮ 불사리(佛舍利)　⓯ 칠보탑(七寶塔)

　이윽고 부처님께서 제 보살을 위해 대승경을 설하시니 이 경전이 바로 보살을 가르치는 법이며, 부처님께서 항상 보호하시는 경인 『무량의경』이란 것입니다. 문장 첫머리의 '이시(爾時)'는 '그때' 또는 '이때'라고 읽는데, 법화경의 서

품은 '여시아문'으로 시작하고, 여타 각 품에서의 시작은 '이시'로 시작됩니다. 이시란 그때 즉, 경을 보는 때를 말함이니, 과거 현재 미래를 막론하고 이 경은 하나로, 같은 경을 본다는 뜻이며, 이 경의 말씀은 틀림이 없다는 뜻을 지닙니다. 이 책 (제2장) 법화경의 성립과 구성편에서 법화3부경에 대한 간략한 설명이 있었음을 기억하실 겁니다. 무량의경은 3품으로 된 짤막한 경전인데 〈덕행품〉, 〈설법품〉, 〈십공덕품〉으로 구성되어, 글자 그대로 한량없는 깊은 의미를 지닌 경전이란 뜻이며, 법화경의 개경(開經)에 해당한다는 내용이었지요.

부처님께서 이 경을 설하시고는 결가부좌한 상태로 한량없이 깊은 무량의처삼매에 들자, 미증유의 지상 최대의 쇼가 천지간에 기적처럼 펼쳐집니다. '삼매(三昧)'란 '독서삼매', '창작삼매' 등에서처럼, '삼매경(三昧境)'이란 말은 많이 들어보셨을 겁니다. '매(昧)' 자는 새벽 또는 어둡다는 뜻인데, 어떤 한 가지 일이나 생각에 몰두하여, 다른 마음이 생길 수 없이 집중하는 상태나 그 경지를 이르는 말입니다. 과학적 해석으로는 뇌파가 0.2~3.99Hz의 주파수일 때에 해당하며, 깊은 명상으로 인한 삼매경 또는 깊은 수면상태의 경지를 이릅니다. 무량의처삼매란 시공을 초월하여 끝 간 데 없는 경지에 이른 삼매경을 이릅니다. 우리들이 보아온 결가부좌한 상태로 선정에 든 수많은 불상에서와 같은 삼매경이라 보면 되겠습니다.

아난의 참석 내빈소개에 이어 드디어 현란한 법화경 서곡의 막이 올라간 것인데요. 이 상황은 생각만 해도 가슴 떨리는 감동이 아닐 수 없습니다. 하늘에서는 만다라 꽃과 마하만다라 꽃 그리고 만수사 꽃과 마하만수사 꽃이 꽃비가 되어 대지를 덮으며, 부처님과 대중의 머리 위에 내려오는 게 아니겠습니까? 부처님의 설법이 하늘을 움직이고, 하늘의 감응이 화답의 꽃비를 내린 것입니다. 또한 하늘에서 이루어진 바와 같이 땅에서도 이루어지니 온 보불세계(普佛世界 : 모든 부처의 세계)가 여섯 가지로 진동(깨달음을 주는 임팩트)을 하는 신이한 기적의 쇼가 찬연히 펼쳐지게 됩니다. 만다라 꽃비라니!!! 여러분께서는 만다라라고 하면 어떤 이미지의 연상이 떠오르는지요? 1979년 세상에 나온 김성동 작가의 소설 『만다라』와 동명 소설을 영화화한 『만다라』가 있었고, 우주 법계의 온갖 덕을 망라한 진수를 그림으로 나타낸 불화의 하나인 만다라 도형을 생각하신 분들도 있을 것입니다.

<만다라 도형>

그러나 만다라 꽃은 쉽게 연상되지 않을 텐데요. 일상에서 흔히 볼 수 있는 꽃은 아니지만, 엄연히 식물학적 학명을 가진 식물로 학명은 'Erythrina indica'이고 산스크리트어로 '만다라(Mandara)'라고 부르는 식물입니다. 중국에서는 꽃이 상아처럼 생겼다고 해서 상아화(象牙花)라고도 한다지만 우리나라에서는 흔히 볼 수 있는 식물이 아니며, 국내의 몇몇 온실 또는 식물도감에서나 발견할 수 있는 식물이지요. 몇 가지 설이 있지만 불교에서 만다라 꽃은 통상 연꽃을 가리키며, 불상(佛像) 앞에 놓인 제단을 만다라라고 부르기도 합니다. 그런데 마하만다라꽃과 만수사꽃 그리고 마하만수사꽃도 꽃비로 내려온다는 겁니다. 마하만다라꽃은 일부 법화경 해설서에서는 백련, 청련, 홍련과 황련화를 지칭한다고도 하고, '마하'의 크다는 뜻대로, 크고 작은 만다라 꽃이 내려온다는 뜻으로 보기도 합니다.

<만다라 꽃과 홍련>

　　그리고 만수사꽃 또한 악업을 멸하고 부드러운 천상의 꽃이라는 상징적으로 보는 견해도 있고, 대체로 6개의 가지에, 6개의 꽃잎과 6개의 꽃술을 펼친다는 꽃무릇(석산)을 만수사꽃으로 보기도 합니다. 한 줄기 마음에서 안·이·비·설·신·의 육근(六根)이 생겨나고 색.성.향.미.촉.법의 6경(六境)을 접하여, 육식(六識)으로 분별하는 의식 세계가 분별과 번뇌를 만들지만, 한 생각 돌이켜 청정한 마음의 본성을 본다면 그 또한 아름다운 불성(佛性)의 꽃이 핀 것이기 때문에 6개의 가지, 꽃잎, 꽃술을 지닌 꽃무릇이 만수사꽃이라는 해석은 매우 적절한 표현이란 생각이 드는군요. 이렇듯 꽃비로 상서(祥瑞)로운 길상을 나툰다고 하여 '우화서(雨華瑞)'라고 하는, 지금의 광경이 눈앞의 감동으로 나타나는 것 같지 않습니까?

<꽃무릇(석산)을 일반적으로 상사화라고도 하는데 꽃무릇과 상사화는 다른 꽃임>

우리들이 생활에서 꽃비를 느낄 수 있는 계절은 아마도 4월 어느 날 벚꽃 잎 떨어지는 광경이 유일하지 않을까 생각해 봅니다만, 마음의 문을 열고, 법화경 그 진리의 말씀에 귀를 기울이면 삼매에 잠긴 부처님의 육계(肉髻) 위로 난분분 떨어지는 우화서(雨華瑞)의 상서를 우리는 언제고 볼 수 있을 것입니다. 꽃비가 내리는 하늘만의 상서가 아니라, 이번에는 장엄하게도 지상의 대지가 여섯 가지로 흔들리는 육종진동(六種震動)이 일어나면서 천지간이 조응하는 우주쇼가 펼쳐지게 됩니다. 육종진동이란 어떤 상황일까요? 글자 그대로 여섯 가지로 진동을 한다는 말인데, 단순히 땅이 진동만 하는 게 아니라, 다양한 소리도 연출하며, 땅이 움직이고 기울고 흔들리며, 융기와 돌출까지 하는 입체적 진동(震動-振動과는 다름)을 한다는 것입니다. 역사적으로도 자연재해에 의한 수많은 지진이 있었습니다만, 법화경의 서막을 여는 지금 같은 상서(祥瑞)를 어디에서 다시 볼 수 있겠습니까?

그만큼 독자 여러분과 저는 이미 축복받은 행운을 안고 법화경 공부를 이어 나가는 것이겠지요. 여섯 가지 진동은 6식의 지배를 받는 인간들에게 깨어나라는 충격적 임팩트(impact)를 가하여, 잠들어 있던 불성에 불쏘시개를 지피는 섬광과 같은 상징적 의미를 지니고 있음도 기억해 두시기 바랍니다. 서품에 다양한 청중이 등장하는 것은 모든 생명 있는 것(4생-난생, 태생, 습생, 화생), 아수라, 천인, 귀신 등도 모두 부처임을 선언한 장치로 보시면 됩니다. 땅이 6가지로 진동한다는 것은 6근을 통해 형성된 땅이 6가지로 진동한다는 뜻이므로, 인간 삶의 전영역이란 6근 + 6경 + 6식이 되어 18상이 된다는 것입니다. 법화경에서의 육종진동은 중요한 불교적 의미를 담고 있기 때문에 여섯 가지 변화에 대해 잠시 도표로 기술하고 다음 설법을 공부하도록 하겠습니다.

〈육종진동의 형태와 내용〉

변화의 형태	내용	깨닫게 하는 주체
동(動)	한쪽으로 움직임	모양
기(起)	아래서 위로 올라옴	
용(涌)	솟아오르거나 꺼짐	
진(震)	좌우로 움직임	소리
후(吼)	천둥 같은 굉음을 내며 움직임	
각(覺) 또는 격(擊)	강렬한 형태의 진동	

　우화서(雨華瑞)와 육종진동의 상서가 발현되자 인간, 비인간 세계의 모든 신, 보살, 대중이 기뻐하며, 합장하여 부처님을 우러러보는데, 부처님은 간단없이 이번엔 미간의 백호상(眉間白毫相)으로 광명을 놓으시어 1만 8천세계를 비추십니다. 미간백호상이란 부처님만의 특징적 상호인 32상 80종호(種好) 중 가장 중요한 길상으로, 양쪽 눈썹 사이에 난 흰 털을 말하는데, 관상학에서는 이 부위를 명궁이라고도 부릅니다. 여기서 빛 광이 발하여 1만 8천 무량세계를 비추신다는 것이 미간백호상광(眉間白毫相光)인데요. 부처님은 이 미간백호상을 탄생시부터 갖고 태어나셨다고 하지요.

　이 광명으로 동방 1만 8천세계를 두루 비추시니 아래로 아비지옥에서, 위로는 아가니타천과 이 세계로부터 저 국토의 육취중생을 다 볼 수 있게 하심은 물론, 저 세계의 부처님들과 그 부처님들이 설법하시는 경의 가르침을 들을 수 있게 하셨다고 서품은 전하고 있습니다. 백호상을 통해 불지(佛智)를 비추시니 이를 묘법광(妙法光)이라고도 하는데, 미간백호상광이란 조도(照度) 1,000룩스, 10,000룩스 밝기의 섬광이 아니라 부처님의 지혜 그 자체를 말하는 것으로 보아야 합니다. 우주법계 실상의 지혜를 깨우치고 나면 천지간의 움직임이 스스로 눈에 들어오게 됩니다. 부처님이 그 지혜의 빛으로 천지간의 모든 세계와 그 국토에 계신 부처님들을 비춰주시고 그 부처님들의 설법을 듣게 하시는 것입니다. 지금이 바로 부처님과 내가 하나가 된 상태 곧 불아일체(佛我一體)의 상태라 하겠습니다.

<부처님이 백호상광을 발하는 설법장면의 상상도>

여러분께서도 '안광이(眼光)이 지배(紙背)를 철(徹)한다.' 즉, 물아일체(物我一體)가 된 몰입의 경지에서 예리한 눈빛으로 사물을 대하면 그 사물의 이면(裏面)에 가려진 보이지 않는 경계까지도 꿰뚫을 수 있다는 속담을 들어보셨을 겁니다. 또 '정신일도하사불성(精神一到何事不成)'이라 하여, 정신을 하나로 집중하면 이루지 못할 일이 없다는 속담도 있지 않습니까? 마치 우리의 육식의 시각으로는 문밖의 세상은 고사하고, 얇은 종이의 뒷면조차도 볼 수 없지만, X레이나 망원경 등의 초월적 방편을 이용하면 폐쇄된 6식의 경계를 허물고 입체적 차원의 경지에 도달할 수 있는 것처럼, 중생들에게는 기적처럼 보이는 이러한 경지도 부처님은 삼매에 들어 여일(如一)하게 보여주실 수 있는 것입니다. 우리도 마땅히 법화경을 통해 지혜를 얻고, 일심으로 기도하면 스스로 부처가 되어 세상사 걸림이 없어지고, 현상계에서 다차원의 세계까지 모르는 세계가 남지 않게 된다는 가르침이라 기억해 두시기 바랍니다.

　그러면 동방 1만 8천세계는 어떤 세계일까요? 동방은 해가 떠오르는 방향이니 모든 빛과 지혜가 솟아오르는 것을 상징하고, 1만 8천 세계는 각각의 나라와 영토가 있는 것이 아니라, 인간의 감각과 마음의 세계에 뿌리로 작용하는 6근(六根 : 안·이·비·설·신·의-眼·耳·鼻·舌·身·意)과 6경(六境 : 색·성·향·미·촉·법-色·聲·香·味·觸·法) 및 6식(六識 : 안식-眼識·이식-耳識·비식-鼻識·설식-舌識·신식-身識·의식-意識)의 18계(界)를 이르는 말인데, 이해를 돕기 위해 도표로 정리해 둡니다.

〈6식 12처 18계의 개념정리〉

경계(境界)	색계(色界)	성계(聲界)	향계(香界)	미계(味界)	촉계(觸界)	법계(法界)	12처(處)	18계(界)
6근(根)	안(眼)	이(耳)	비(鼻)	설(舌)	신(身)	의(意)	12처	18계
6경(境)	색(色)	성(聲)	향(香)	미(味)	촉(觸)	법(法)	(6×2)	(6×3)
6식(識)	안식(眼識)	이식(耳識)	비식(鼻識)	설식(舌識)	신식(身識)	의식(意識)	×	

⇒ 12처 : 6근 + 6경 = 12처
⇒ 18계 : 6근 + 6경 + 6식 = 18계
⇒ 10계 : 지옥계·아귀계·축생계·수라계·인도계·천상계·성문계·연각계·보살계·불도계
⇒ 100계 : 각 10계마다 각각의 10계가 있어 10계 × 10계 = 100계
⇒ 10여시 : 여시상·여시성·여시체·여시력·여시작·여시인·여시연·여시과·여시보·여시본말구경등
∴ **18,000세계란 18계 × 10계 × 100계 = 18,000세계**

　위의 표에서 보시는 것처럼 인간의 감각과 마음의 세계에 분별의 뿌리로 작용하는 18계에는 욕계육천(지옥계·아귀계·축생계·수라계·인도계·천상계) 세계와 성문계·연각계·보살계·불도계의 4계가 더하여 10계의 세계가 있는데요. 이 10계에는 각각의 10계를 공유하기 때문에 100계가 되는 것입니다. 10여시(如是)란 모든 존재의 실상은 열 가지 그대로의(여시 如是) 특성을 지니고 있다는 뜻인데, 1만 8천 세계는 이들 각각의 세계가 중첩하여, 얽히고 얽힌 그대로인 세계의 전부를 말하는 것이란 정도로만 이해해 두시면 되겠습니다.(10여시에 대하여는 <제2 방편품>에서 다시 설명이 나옵니다)

　한편 1만 8천세계의 경계를 달리 보는 견해로는, 불교에는 소천, 중천, 대천세계에 각 1,000계가 있으니 이들 세계마다 육도 윤회의 6세계가 있으므로 3,000 × 6 = 18,000세계로 해석하기도 한다는 것도 참고로 알아두시면 좋을 듯하네요. 중요한 것은 부처님이 이렇게 미간백호상광을 발하는 참뜻은 온 시방세계가 연화의 세계임을 나타내고자 함이었고, 다른 경전에서 보이신 방편적 광명과는 달리 법화경에서의 광명은 부처님이 일체지(一切智)를 일으켜 보살과 중생들을 곧바로 묘각에 이르게 하기 위한 '진실의 광명'이란 점이라 하겠습니다. 이러한 부처님의 광명 발산은 화엄경 〈제2 여래현상품〉에서도 나타나는데, 부처님의 경계에 대해 사부대중이 궁금해하자 치아 사이에서 무수한 광명을 발하여 온 세계 국토를 비추고, 티끌 속에 광대한 세계가 있으며, 각 티끌마다 또 무수한 부처님과 보살, 대중이 있음을 보여주시기도 합니다. 이처럼 우리들에게는 기적으로만 보이는 일련의 부처님의 상서에 대해 우주과학적 지식을 동원하여 설명해 보도록 하겠습니다.

　빛은 1초에 30만km를 가지만 인간의 의식과 무의식의 세계에서는 한 생각 먹기에 따라 순간에 미국의 뉴욕에도 갈 수 있으며, 시간을 거슬러 같은 시간대에 쥬라기 시대의 공룡 공원에도 가 있을 수 있습니다. 이 글을 읽으시는 여러분 중에는 이미 뉴욕의 자유의 여신상을 떠올리셨거나, 익룡이 나는 쥬라기공원을 연상하신 분도 있을 것입니다. 그러나 그 의식의 흐름을 기적이라 믿는 분은 없을 겁니다.

　법화경에서 보이는 우주의 시공간적 기적도 따져보면 우리들에게도 일상으로 일어나고 있는 변화 질서의 일부일 뿐입니다. 우리가 일상으로 먹는 밥은 형체가 있는 물질이지만 체내에서 소화, 분해되어 형체 없는 에너지원이 되는 단계 자체도 기적이 아닐 수 없습니다. 그 에너지가 열심히 땀 흘리며 일해서 인류가 필요한 농산물이나 공산품을 생산하는 등의 선기능으로 작용하는가 하면, 잘못된 생각과 허황된 망상으로 수십만을 살상케 하는 전쟁광에게는 악마의 동력이 되기도 하지 않습니까?

지금 우리들이 느끼지는 못하지만 지금 이 시각에도 지구의 자전축이 회전하며 내는 굉음과 지층 내부의 마그마 활동 등은 우리에게 기적이 아닐 수 없으며, 80억 인류와 지구 생명체가 무시로 세포분열을 하며, 새롭게 태어나고 죽는 그 모든 조건과 연기 자체 또한 하루살이나, 미물(微物)의 입장에서 보면 기적이라 아니할 수 없을 것입니다. 이러한 무상한 우주의 질서를 직시해 볼 때 부처님이 법화경에서 보인 일련의 기적 또한 기적이라 할 것도 없는 항존하는 변화의 일부분일 뿐입니다.

따져보면 우리 인간이야말로 불가능에 가까운 기적의 확률로 태어난 존재입니다. 하나의 은하에만도 수 천억개 이상의 별이 있고, 그러한 은하가 적어도 1천억개(관측기술의 발달로 수 조개까지로 파악됨)가 모인 우주 가운데 또 지구라는 행성에서 그것도 사피엔스종으로 태어난 일이 어찌 기적이 아니겠습니까? 2억 5천만 개의 정자 중 단 1개의 정자만이 수정을 하고, 수정 이후에도 단백질과 효소의 조건 결합이 적시·적소에서 일어나서, 시공간적 조건에 맞아야만 비로소 정자세포핵과 난자세포핵의 핵융합이 일어나게 됩니다. 따라서 이렇게 얽히고 설킨 조건의 결합이 애초에 예정된 본질적 실체의 자성으로 이루어지는 것이 아니라, 그때그때의 조건과 인연의 이합집산에 의지하여 일어남으로써, 눈에 보이는 바탕이 된 색은 원인과 조건일 뿐이기 때문에 공(空)이 되는 것이지요.

그래서 불법에서는 인간의 몸을 받는다는 것은 그야말로 불가능의 조건이 결합된 결과로, 다겁생의 복을 짓지 않고는 불가하다고 보는 것입니다. 특히 사람으로 태어나 불법을 접할 수 있다는 것은 더더욱 불가능에 가까운 인연이 아닐 수 없습니다. 그러니 창조주가 흙으로 일시에 인간을 만들었다는 창조론이 얼마나 허무맹랑한 희망고문인지를 알아야겠습니다. 창조론자들은 인간을 만든 흙의 원소는 어떤 조건 결합으로 이루어졌는지를 먼저 밝히는 것이 우선이 아니겠습니까? 혹자는 지구의 역사 46억년, 이 땅에 오신 부처님의 일대기

고작 80년을 들어 법화경에서 무량겁 이전의 전전생의 부처를 운위하는 것은 모순이 아니냐는, 일견 수리적(數理的) 반론도 있을 수 있겠으나, 138억년 전 우주대폭발 이전에도 수 수억 번의 대폭발이 있었을 것입니다.

현대과학이 접근할 수 없는 영역일 뿐, 한 번이 있었는데 어찌 두 번, 열 번, 천 번의 대폭발은 없었겠습니까? 현대의 우주과학이 일반적으로 제시하고 있는 우주의 종말시계는 약 400조년으로 보고 있습니다. 또 이때가 되면 우주는 모든 핵융합을 끝내고 한점의 무(無)로 돌아가 긴 동안거에 든 뒤, 다시금 우주대폭발을 일으켜 빛과 공간의 우주시대가 열릴 것입니다. 우리들이 지은 적덕과 업장도 당연히 그때 다시 우주상에 연기의 굴레로 발현하게 됩니다. 인간의 지혜와 과학적 사고의 범주로는 닿을 수 없는 아득한 다겁생의 부사의(不思議)한 경지를 설하시는 것인 만큼, 법화 설법의 기적은 다만 부처님이 중생들에게 불지혜(佛智慧)를 열어 보여, 부처의 세계로 들어오게 하려는 대자비심의 하나로 받아들이는 신앙적 지혜가 필요하다 하겠습니다.

그러면 부처님의 광명이 두루 미친 아비지옥과 아가니타천, 육취중생에 대해서 잠시 공부해 볼까요? 지옥(地獄)이라!! 여러분은 지옥에 대해 어떤 생각을 갖고 계시는지요? 세계의 대다수 종교에 등장하는 지옥은 현생의 악업에 따른 인과의 징벌적 결과로, 수많은 경전과 설화, 문학, 예술작품에 인용됨이 인류의 담론(談論) 중, 사랑 그리고 천당과 함께 가장 많이 회자되는 단어가 아닐까 하는 생각이 드는군요. 문자적 해석으로 지옥(地獄)은 '땅(地) + 개사슴록(犭)변 + 말씀(言) + 개(犬)'으로 이루어진 글자이니 개 두 마리가 서로 으르렁거린다는 뜻이 됩니다만, 아비지옥이란 한마디로 무간지옥(無間地獄)을 이르는 말이기도 합니다.

고통이 잠시도 끊임없이 이어지기 때문에 고통이 그칠 사이가 없다 하여 무간지옥이라 하고, 팔열지옥 중 가장 밑에 있는 지옥으로, 우리들이 차마 눈 뜨고 볼 수 없는 최악의 울부짖음을 곧잘 아비규환이라 표현하거니와 그때의 지옥고가 바로 아비지옥인 것입니다. 이 무간지옥은 용서받지 못할 5가지 대죄(부모 살상, 부처를 상해, 삼보를 훼방 등)를 지은 자들이 떨어지는 곳이라고 하네요. 그런데 이 지옥이 어찌 죽음 뒤에만 오는 응보(應報)의 지옥이기만 하겠습니까? 존속폭행과 살인, 강도, 강간과 납치, 절도, 사기 등의 범죄가 끊임없이 이어지는 현생의 세상이 바로 땅 위의 아비지옥이 아니겠습니까? 불교에서는 화탕지옥, 도산지옥, 발설지옥 등 많고 많은 지옥을 설정하고 있지만, 중생들이 사는 이 세상에는 또 얼마나 많은 지옥이 있습니까? 입시지옥, 교통지옥, 전쟁지옥, 질병지옥, 빈곤지옥, 취업지옥, 범죄지옥 등등, 그 수를 헤아릴 수 없을 만큼 현생의 지옥도 존재하는 터라, 무상과 무아를 깨닫지 못하고 영생에 집착하는 인간의 삶을 '일체개고(一切皆苦)'라 하신 겁니다.

그러면 이제 아가니타천에 대해 잠시 살펴보도록 하겠습니다. 불교의 세계관에는 욕계, 색계, 무색계의 3계가 있고, 각각의 세계마다 과위(果位)별 층위가 있으니 욕계는 지옥부터 타화자재천까지의 11천이, 색계는 범중천부터 색구경천까지의 18천이, 무색계는 공처천으로부터 비상비비상처천까지의 4천이 있어 이 모두를 욕·색·무색계 33천이라고 부릅니다. 아가니타천은 색계 18천의 맨 위에 있는 하늘세계로, 마침내 색이 다한 세계를 말하는 것입니다. 한편 육취중생은 업에 의해 육도윤회(六道輪廻) 하는 욕계육천 세계의 중생을 말하는 것으로 **지옥, 아귀, 축생, 수라, 인간, 하늘**의 여섯 가지 세계의 중생을 이른다는 건 잘 아실 것입니다. 부처님은 이러한 세계의 중생들은 물론, 저 세계의 여러 부처님들께서 설하시는 경의 가르침을 듣게 하시는가 하면, 사부대중(비구, 비구니, 우바새, 우바이)들의 수행 득도하는 모습부터 보살마하살들이 갖가지 보살도를 행하는 것을 보여주십니다. 나아가 여러 부처님들이 반열반에 드시는 것과 반열반에 드신 후 그 부처님의 사리들로 칠보탑을 세우는 것도 보여주시었다고 전하고 있습니다.

여기서는 반열반(般涅槃)과 칠보탑(七寶塔)에 대해 간단히 설명드린 뒤 다음 단락으로 나아가도록 하겠습니다. 열반이란 불어서 끈다는 뜻의 산스크리트어 '니르바나'를 음역한 것인데, 모든 번뇌가 완전히 소멸되어 완성된 깨달음 상태의 불교의 궁극적 이상으로, 더 이상 생사를 계속하지 않는 적멸의 경계를 말하는 것입니다. 일반적으로 열반에 들었다고 하면 육신의 옷을 벗고 입적하여, 삶을 끝낸 상태라 생각하는데, 대승불교에서의 열반은 타오르는 번뇌의 불꽃을 지혜로 꺼서 일체의 번뇌와 고뇌가 소멸된 상태를 가리키기 때문에 그때 비로소 적정(寂靜)한 최상의 안락이 실현된다고 보는 것이지요. 칠보란 원래 금, 은, 산호, 유리, 마노 따위의 7가지 귀한 보석을 이르는 말인데, 칠보탑에 대하여는 〈제11 견보탑품(見寶塔品)〉에서 자세히 설명드리도록 하겠습니다.

❶ 무량의경(無量義經) : <덕행품>, <설법품>, <십공덕품> 3품으로 구성된 글자 그대로 한량없는 깊은 의미를 지닌 경전

❷ 입어무량의처삼매(入於無量義處三昧) : 시공을 초월하여 끝간데 없는 경지에 들어감

❸ 천우만다라화(天雨曼陀羅華) : 하늘에서 만다라꽃비가 내린다는 뜻

❹ 마하만다라화(摩訶曼陀羅華) : 학명은 'Erythrina indica'이고 산스크리트어로 '만다라(Mandara)'라고 부르는 식물. 백련, 청련, 홍련과 황련화를 지칭하기도 함

❺ 만수사화(曼殊沙華) : 여섯 개의 꽃술과 인간의 6식이 비슷한 상징성 때문에 일반적으로 꽃무릇(석산)으로 봄.

❻ 보불세계(普佛世界) : 보(普)는 넓고 크다는 뜻으로 모든 부처의 세계란 뜻

❼ 육종진동(六種震動) : 땅이 여섯 가지로 흔들리고 소리를 냄. 6식의 지배를 받는 인간들에게 깨어나라고 충격을 가한다는 상징성이 있음.

❽ 1만 8천 세계 : 18계 × 10계 × 100계

❾ 아비지옥(阿鼻地獄) : 고통이 잠시도 끊임없이 이어지기 때문에 고통이 그칠 사이가 없다(무간 無間)하여 무간지옥이라 하고, 팔열지옥 중 가장 밑에 있는 지옥.

❿ 아가니타천(阿迦尼吒天) : 아가니타천은 색계 18천의 맨 위에 있는 하늘세계로, 마침내 색이 다한 세계를 말하는 것

⓫ 육취중생(六趣衆生) : 업에 의해 육도윤회(六道輪廻) 하는 욕계육천 세계의 중생을 말하는 것으로 지옥, 아귀, 축생, 수라, 인간, 하늘의 여섯 가지 세계의 중생

⓬ 우바새 우바이(優婆塞 優婆夷) : 출가하지 않은 남자신도와 여자신도. 일명 청신사(清信士), 청신녀(清信女)라고도 함

⓭ 반열반(般涅槃) : 모든 번뇌가 완전히 소멸되어 완성된 깨달음 상태의 불교의 궁극적 이상으로, 더 이상 생사를 계속하지 않는 적멸의 경계를 말함. 입멸(入滅) · 멸도(滅度) · 원적(圓寂)으로 번역함. 완전한 열반의 부처님의 죽음.

⓮ 불사리(佛舍利) : 부처나 고승의 화장 후 거기서 나온 유골 또는 구슬. 불타의 유골을 생신사리(生身舍利), 불타가 남긴 교법을 사리에 비유해서 법신사리(法身舍利)라 함

⓯ 칠보탑(七寶塔) : 금 · 은 · 유리(瑠璃) · 파리(玻璃) · 마노(瑪瑙) · 차거(硨磲) · 산호(珊瑚)의 일곱 가지 보석으로 장엄된 탑

❀ |4| 미륵보살이 문수보살에게

부처님의 이러한 상서의 연유를 묻고 문수보살이 그에 답하다

단락	구분	원문 및 한글 번역
7	한문 원전	爾時 彌勒菩薩作是念. '今者世尊 現神變相 以何因緣 而有此瑞? 今佛世尊入于三昧 是不可思議 現希有事. 當以問誰 誰能答者?' 復作此念. '是文殊師利法王之子 已曾親近供養過去無量諸佛 必應見此希有之相 我今當問.' 爾時 比丘 比丘尼 優婆塞 優婆夷 及諸天 龍 鬼神等 咸作此念, '是佛光明 神通之相 今當問誰?'
	한글 읽기	이시 미륵보살작시념. '금자세존 현신변상 이하인연 이유차서? 금불세존입우 삼매 시불가사의 현희유사. 당이문수 수능답자?' 부작차념. '시문수사리법왕지자 이증친근공양과거무량제불 필응견차희유지상 아금당문.' 이시 비구 비구니 우바새 우바이 급제천 용 귀신등 함작시념, '시불광명 신통지상 금당문수?'

7	한글 풀이	그때 미륵보살은 이렇게 생각했다. '세존께서 신비로운 변화를 나타내시는데 무슨 인연으로 이런 상서가 있는 것일까? 지금 부처님께서 삼매에 드셨으니 이 불가사의하고 드문 일을 마땅히 누구에게 물어야 하며, 누가 대답할 수 있을까?' 그리고 다시 이렇게 생각하였다. '문수사리법왕자가 과거의 한량없는 부처님들을 공양하였고, 가까이 모셨으므로 반드시 이렇게 희유한 모습을 보았을 것이니 물어보아야겠다.' 이때 또 비구, 비구니, 우바새, 우바이와 천인, 용, 귀신들도 이렇게 생각하였다. '부처님의 광명과 신통한 모습을 누구에게 물어 보아야할 것인가?'
8	한문 원전	爾時 **彌勒菩薩** 欲自決疑 又觀四衆 比丘 比丘尼 優婆塞 優婆夷 及諸天 龍 鬼神等 衆會之心 而問文殊師利言. "以何因緣而 有此瑞神通之相 放大光明 照于東方 萬八千土 **悉見彼佛國界莊嚴**?" 於是彌勒菩薩欲重宣此義. 以偈問曰.
	한글 읽기	이시 **미륵보살** 욕자결의 우관사중 비구 비구니 우바새 우바이 급제천 용 귀신등 회중지심 이문문수사리언. "이하인연이 유차서신통지상 방대광명 조우 동방 팔만천토 **실견피불국계장엄**?" 어시미륵보살욕중선차의. 이게문왈.
	한글 풀이	그때 미륵보살이 자신의 궁금증도 풀겸, 또 사부대중인 비구 비구니 우바새 우바이와 여러 하늘 용 귀신들의 마음을 살펴서 알고는 문수사리에게 물었다. "무슨 인연으로 신통한 모습의 이런 상서가 있으며, 큰 광명을 놓으시어 동방으로 1만 8천 세계를 비추어 저 부처님 세계의 장엄을 다 볼 수 있게 하십니까?" 이에 미륵보살은 이 뜻을 거듭 펴려고 게송(偈頌)으로 읊으며 물었다.
9	한문 원전	爾時 文殊師利 語彌勒菩薩摩訶薩 及諸大士. "善男子等! **如我惟忖** 今佛世尊 欲說大法 雨大法雨 吹大法螺 擊大法鼓 演大法義."
	한글 읽기	이시 문수사리 어미륵보살마하살 급제대사. "선남자등 **여아유촌** 금불세존 욕설대법 우대법우 취대법라 격대법고 연대법의."
	한글 풀이	그러자 문수사리보살은 미륵보살마하살과 여러 대중들에게 말하였다. "선남자들이여! 내가 생각건대 세존께서 이제 큰 법을 설하시며, 큰 법비를 내리시며, 큰 법소라를 부시며, 큰 법북을 치시며, 큰 법의 뜻을 연설하실 것입니다."
10	한문 원전	"諸善男子! 我於過去諸佛 曾見此瑞 放斯光已 即說大法. 是故當知 今佛現光 亦復如是 欲令衆生 咸得聞知一切世間 **難信之法 故現斯瑞**."
	한글 읽기	"제선남자! 아어과거제불 증견차서 방사광이 즉설대법. 시고당지 금불현광 역부여시 욕령중생 함득문지일체세간 **난신지법 고현사서**."
	한글 풀이	"선남자들이여! 나는 과거 여러 부처님들의 이러한 상서를 보았는데, 이 광명을 놓으시고는 큰 법을 바로 설하셨습니다. 그러므로 지금 부처님께서 광명을 놓으심도 그와 같아서, 중생들로 하여금 일체 세간에서 믿기 어려운 법을 듣고 알게 하려고 이런 상서를 나타내신줄 아십시오."
중요용어		❶ 미륵보살(彌勒菩薩) ❷ 실견피불국계장엄(悉見彼佛國界莊嚴) ❸ 여아유촌(如我惟忖) ❹ 난신지법(難信之法) ❺ 고현사서(故現斯瑞)

식전 공개행사의 퍼포먼스로 너무나 경이로운 장엄이 눈앞에서 펼쳐지면서 1만 8천 세계를 고루 비추는 광명에 임한 사부대중과 천인, 용, 귀신 등이 집단 경기(驚氣)를 일으켰을 것임은 불문가지가 아니었겠습니까? 더욱이 부처님께서는 내가 무엇을 위해 너희들에게 이러한 신통을 보인다든가, 무엇 때문에 보여준다는 등의 일체의 말씀이 없이 미동 없는 삼매의 상태에서 신이한 기적만을 펼치시고 있으니 이들의 궁금함은 이루 말할 수 없을 만치 극에 달해 있었을 터입니다. 이때 미륵보살도 무슨 인연으로 이런 상서가 있는지, 부처님이 삼매에 드신 중이니 이토록 불가사의하고 희유한 일을 누구에게 물어야 할지 고민하게 됩니다. 따라서 미륵보살은 지난 세상에 부처님을 친근히 모시고 공양한 문수사리보살은 반드시 그 연유를 알고 있으리란 생각에 이르게 되고, 자신의 궁금증도 풀 겸 모두의 마음을 살펴서 문수사리보살에게 마침내 다음과 같이 질문을 합니다.

"문수사리님! 무슨 인연으로 신통한 모습의 이런 상서가 있으며, 큰 광명을 놓으시어 동방으로 1만 8천 세계를 비추어 저 부처님 세계의 장엄을 다 볼 수 있게 하십니까?"

여기서는 왜 미륵보살이 문수사리보살에게 물어본 것인지를 새겨보아야 합니다. 부처님의 제자 중 지혜 제일은 단연 사리불이지만, 보살 중에 지혜 으뜸은 문수사리보살입니다. 지혜 자체도 사리불의 지혜가 인간으로서의 지혜가 뛰어난 것이라면, 문수사리보살의 지혜는 무변광대한 자연과 우주적 지혜를 증득한 것이라 하겠습니다. 궁극적으로 부처님이 증득한 지혜 자체가 문수사리인 것입니다. 따라서 이러한 자연적 경이와 상서에 대하여는 문수사리보살에게 물어보는 게 당연한 것이 아니겠습니까?

앞에서 이미 문수보살에 대해 살펴보았듯이 지혜와 복덕을 구족해 주는 문수사리보살이 법화경의 〈제1 서품〉에 등장하고, 행원(行願)을 대표하는 보현보살이 마지막 〈제28품 보현보살권발품〉에 등장하는 이유가 부처님의 지혜를 먼저 알아, 앎에 그치지 않고 수행으로 깨닫게 된다는 우회적 가르침이란 것도 알아두시기 바랍니다.

미륵보살은 미래의 부처님을 이르는 보살인데요, 성불을 이룬 우리들의 미래의 모습이기도 합니다. 지금은 도솔천에서 천인들을 교화하며, 사랑의 자비심으로 말세의 세상을 구원하는 것을 본원(本願)으로 하는 보살로서, 미륵은 친구를 뜻하는 미트라(mitra)에서 파생한 마이트리야(Maitreya)를 음역한 보살명칭입니다. 자애로움의 대명사이기 때문에 미륵보살은 흔히 자씨(慈氏)보살로 불리기도 하지요. 미륵보살에 대하여서는 여러분들도 잘 아시고 있겠지만 법화경과 관련 매우 중요한 의미를 지니는 보살이니만큼 다시 한번 핵심만 공부해 보도록 하겠습니다. 미륵보살은 부처님 입멸 뒤 56억 7천만년이 되는 때, 즉 인간의 수명이 8만 세가 될 때 이 사바세계에 강림하여 화림원(華林園) 안의 용화수 아래서 성불하고 3회의 설법으로 272억인을 교화한다고 전하고 있습니다. 특히 이러한 강림주사상과 미래 미륵불신앙은 역사적으로 정치가 혼돈에 빠진 말세의 시기에, 민중들의 염원인 메시아의 출현이라는 희망의 불씨로 준동하였고, 실제로 난세의 많은 영웅과 간웅이 스스로를 미륵이라 자처하였던 역사기록을 보셨을 겁니다. 또한 정통 불법을 닦지 못한 사이비교주가 미륵을 운운하며, 세존 입멸 후 3,000년 뒤 한반도에 미륵이 강림한다며, 자신이 곧 미륵의 화신이라고 혹세무민한 일들도 더러 있었지요.

지금 우리나라에는 대한불교 미륵종이 있습니다만, 미륵의 강림시기에 대하여는 경전마다 서로 다른 기록들이 보이고 있습니다. 불교학계에서의 일반적 견해는 56억 7천만 년으로 정립되어 있다고 보면 되겠습니다. 미륵보살은 원래 전생에 묘광보살(문수보살)의 제자였는데, 이름내기를 좋아한다 하여, 이름을 구한다는 뜻의 구명(求名)이란 불자였었습니다. 공부도 잘하지 못하였을 뿐 아니라, 이익 탐하기만 좋아하고 경전을 공부해도 이해를 잘하지도 못하여, 금방 또 잊어버리는 어쩌면 우리들 중생을 꼭 닮은 모습이었나 봅니다. 그러나 구명보살은 다겁생의 전생에서 여러 가지 좋은 인연을 쌓았기 때문에 백천만 억의 부처님을 공경·공양할 수 있었습니다.

이 점이 법화경 설법에 중요한 키가 되는 것이, 비록 현생의 중생들이 곤고한 처지에서 번민의 진흙밭을 헤매고 있으나, 억겁 전생에 쌓아놓은 잠들어 있던 선업의 종자에 한 생각 돌이켜 법화의 꽃술을 틔우기만 하면 모두가 미륵이고 부처라는 우회적 상징을 지니고 있다는 것입니다. 무엇에 미쳐 광신적으로 믿거나 장좌불와(長坐不臥), 면벽수도(面壁修道)도 필요 없이 부처님이 법화경에서 밝히신 그대로 내가 부처이고, 내 안에 미륵이 있다는 걸 한방에 깨달으면 되는 것입니다. 미륵부처님을 내 마음 밖에서 대상(對相)이나 형상으로 찾으려고 하면 이생에서는 고사하고, 영겁을 두고도 찾을 수 없습니다. 자신의 마음 안에서 찾아야 비로소 미혹에 내둘리지 않고 자신이 곧 그 미륵임을 깨닫게 되지 않겠습니까?

이름을 밝히고 이익을 탐하며, 진정한 진리의 말씀과 내게 쓴소리는 쉬 잊어버리는 속성은 바로 지금의 나의 모습이겠지만, 작은 공덕과 선근부터라도 쌓아나간다면 반드시 우리가 미래의 중생을 구제하는 미륵불의 수기를 법화경을 통해서 받을 수 있을 것입니다. 법화경을 사경하고 염송하여 돌아서면 잊어버린다 해도, 마치 콩나물시루에 물을 주는 것처럼, 아무리 물을 주어도 물은 고이지 않고, 밑으로 다 흘러내려 가지만 마침내 콩나물은 쑥쑥 다 자라나지 않습니까? 불법도 이와 같습니다. 우리는 성불할 수밖에 없고 반드시 성불해야 할 인연이기 때문에 법화경의 지혜를 통해 잠들어 있던 불성의 심지에 섬광의 불을 지피고자 하는 것입니다.

앞 단락에서 '**어시미륵보살욕중선차의. 이게문왈**(於是彌勒菩薩欲重宣此義. 以偈問曰)' 그러니까 '이에 미륵보살은 이 뜻을 거듭 펴려고 게송(偈頌)으로 물었다.'에서와 같이, 미륵보살은 부처님이 펼쳐 보이신 신이한 상서와 광명에 대해 보고, 듣고, 느낀 모든 생각을 게송으로 읊어 자신을 포함한 사부대중, 용과 신의 궁금증에 답해주십사 하며, 아주 작심을 하고 문수보살에게 묻고 있습니다. 불교에서의 게송이란 부처님의 공덕이나 가르침을 찬탄하거나, 불교적 교리를 청자(聽者)에게 보다 입체적이고, 구체적으로 전달하기 위해 운율이 있는 정형시가(定型詩歌)의 형식을 빌린 한시를 이르는 것인데요. 외우기 어려운 문장도 노랫가락에 가사를 입히면 쉽게 암기할 수 있는 것 같은 그런 원리라 할 수 있습니다.

원래 '게(偈)'란 범어(梵語)인 가타(Gatha)와 한시(漢詩)의 송(頌)이 합하여 게송이라 하게 되었으니, 게송은 범어와 한자어가 합성된 명칭임을 알 수 있습니다. 미륵보살이 읊은 게송의 내용은 무척 세밀하고 구체적인 상황까지 매우 길게 이어집니다. 즉, "무슨 까닭으로 만수사 꽃비가 내려오며, 동방 1만 8천 국토를 비추시고, 육도중생이 나고, 죽어서 가는 곳과 선악의 인연으로 과보 받는 것은 물론, 부처님들께서 그윽한 소리로 법을 밝게 설하여 중생을 깨우쳐 주시는 것까지 보여주시는가?" 라고 읊고 있습니다. 나아가 온갖 보살들의 공양과 수행과정이며, 부처님 열반 후 사리에 공양하고, 무수한 탑묘로 국토를 꾸미니 높이가 5천 유순(由旬 : 거리 단위로 약 8~9km)에, 가로 세로는 각 2천 유순이더라는 등등의 놀라운 체험을 실토하며, "어인 연고로 이토록 장엄한 광명을 놓으시는 것이며, 무슨 미묘한 법을 설하시려는 것인지? 또는 수기를 주시려는 것인지? 도대체 무엇을 설하시려는 것인지? 바라옵건대 부디 저희들의 의심을 풀어주십사!"라며, 거의 애원에 가까운 질문을 하고 있는 것입니다.

다겁천(多劫天) 전후생 우주의 진리를 깨달은 부처님의 입장으로서는 기적이랄 것도 없는, 중생들의 주의를 환기시키기 위한 퍼포먼스일 뿐이지만, 중생의 마음 근기로는 경악할 수밖에 없는 경천동지의 신묘한 상황에 직면하게 된 대중들의 놀라움이야 짐작하고도 남음이 있지 않겠습니까? 약 500만 년 전 공통조상이던 침팬지에서 떨어져나와 최초의 인류로 진화한 오스트랄로 피테쿠스에게 만약 500만 년 후인 지금의 원자핵 실험으로 폭발하는 광경을 보여준다면 어떤 반응을 보일까요? 인류가 불을 사용한 것은 전기 구석기시대 후반쯤으로 보고 있는데요, 고작 70만 년이 채 되지 않은 극히 짧은 과거의 일입니다. 불교에서는 1겁을 43억 2천만 년 정도로 보고 있으니 지구 탄생 45억년이라 할 때 태양계는 겨우 1겁 정도의 나이가 되는 셈인데요. 먼 과거를 예로 들어 비교할 일이 무에 있겠습니까?

우리나라에 전기가 들어온 것은 1887년인데, 첫 점등을 밝힌 곳은 경복궁 내 건천궁에서였습니다. 1887년(고종 24년) 어느 봄날 경복궁 내 건청궁에 상궁과 백관들이 북적거렸다고 하지요. '마귀불'이 들어오는 것을 구경하기 위해서였다고 하는데, "궁내 연못 향원지 가운데서 물 끓는 소리가 들리더니 천둥소리와 함께 주위가 대낮같이 밝아지더라."라고 전하고 있습니다. 그때 현장에 있었던 궁인인 안상궁이 일기체로 남긴 생생한 상황을 좀 더 알아볼까요?

> "건청궁 앞 연못에 설치된 쇳덩이를 서양인이 움직였는데, 연못의 물을 빨아올려 물 끓는 소리와 우레와 같은 굉음이 났더라. 얼마 뒤 가지 모양의 유리에서 휘황찬란한 불빛이 대낮같이 밝아지니 모두가 놀라움을 금치 못하였더라."

전등에 담배를 갖다 대고 빨아보아도 불이 붙지 않고, 바람이 불어도 꺼지지 않으니 마귀불이라 불렀던 시대의 무지야 가벼운 웃음으로 치부할 수 있겠지만, 인류의 문명이 이리도 발달한 작금에까지 야훼의 창조론을 믿으며, 영생과 천당의 환상패키지 미망에 빠진 기독교의 무명은 이제, 인류를 향해 다시 깨어날 때가 되지 않았나, 저만의 생각을 가져봅니다. 칠흑 같은 광야에 있는 중생에게 섶과 불씨를 쥐어 주어도 그 불씨 하나 당길 줄 몰라, 영원한 암흑 속을 방황하는 중생들이지만 스위치 버튼 하나 누를 줄 아는 지혜만 있으면 한방에 어둠을 밝힐 수 있는 것과 같이, 저마다 지니고 있는 불성의 심지에 광명의 횃불을 밝히라는 것이 바로 법화경의 정신인 것입니다.

지난 세월 공포의 대상이던 그 많던 귀신과 도깨비불은 다 어디로 갔을까요? 전기가 없던 시절, 비라도 내리는 밤중에 마을 한켠에 있던 상여집 앞을 지나간다거나, 측간이라도 가야 할 상황에 처하면, 웬 놈의 귀신과 도깨비 이야기는 성별, 급수별로 그리도 많았던지 혼자서는 오금이 저려 발길이 떨어지지 않았던 기억 정도는 지금의 기성세대들이라면 대부분 지니고 있을 터입니다. 요즘이야 상여집이 어디 있을 것이며, 전기 들어오지 않는 시골도 없고, 변소에도 전등 없는 집이 없으니, 귀신과 도깨비도 집단폐사를 할 수밖에 없었던 게 아닙니까? 무지와 무명(無明) 때문이지요. 옛날 귀신들은 시계도 없는데 어떻게 밤 12시를 그렇게 정확히 알았던지, 그 시각만 되면 없던 바람이 저절로 불어와 촛불이 꺼지고, 한결 같이 소복에 샴푸 안한 머리칼을 풀고 원수를 찾아올 수 있었을까 궁금하지 않습니까? 원래부터 귀신과 도깨비는 없었던 것입니다. 칠흑 같은 마장의 어둠이 환영의 허상을 만들었던 것이고, 허구에 대한 집단의 믿음이 귀신과 도깨비를 양산하게 된 것이었지요.

이렇듯 알고 나면 아주 쉬운 일인데요, 내 마음속에 지혜의 횃불을 밝혀두기만 하면 무명은 없습니다. 우리가 몰랐던 것을 알게 되고, 불성의 교화로 열반에 이르는 것 자체가 기적인 것입니다. 기적이 뭐 별것이겠습니까? 전기를 발명한 사람이 기적을 만든 게 아니라, 그 전기의 쓰임새를 궁구하여 더 나은 인류의 삶에 이바지한 자비심이 기적을 만든 것처럼, 부처님이 기적을 만든 것이 아니라 그 가르침을 본받아 중생구제를 실천하는 우리들의 자비행이 기적을 만드는 것이라는 발상의 전환을 가져야 합니다. 이처럼 안타깝고 어리석은 것이 무명이긴 하지만 법화경의 가르침을 믿고 따르기만 하면 성불에 이른다는 희망의 메시지를 〈제1 서품〉은 전하고 있습니다. 드디어 문수사리보살이 여러 대중들에게 말합니다.

> "선남자(善男子)들이여! 내가 생각건대 세존께서 이제 큰 법을 설하시며, 큰 법 비를 내리시며, 큰 법소라를 부시며, 큰 법 북을 치시며, 큰 법의 뜻을 연설하실 것입니다. 선남자들이여! 나는 과거 여러 부처님들의 이러한 상서를 보았는데, 이 광명을 놓으시고는 큰 법을 바로 설하셨습니다. 그러므로 지금 부처님께서 광명을 놓으심도 그와 같아서, 중생들로 하여금 일체 세간에서 믿기 어려운 법을 듣고 알게 하시려고 이런 상서를 나타내신 줄 아십시오."

영어로 직역하면 "As far as I think." 즉 '내가 생각하기로는'으로 시작이 되는군요. 이미 이러한 여러 부처님의 상서와 광명을 보아왔고, 무엇을 위해 어떤 기적을 보이며, 어떤 법을 설해 왔음을 알고 있는 선지식 문수사리보살의 흔들림 없는 경지가 정말 우뚝해 보이지 않습니까? 눈 밝은 사람이 장님을 인도하듯 부처님이 저렇게 하시는 건 난신지법(難信之法) 즉 중생들로 하여금 일체 세간에서 믿기 어려운 법을 듣고 알게 하려고 이런 상서를 나타내신 줄 알라며 명쾌한 답으로 안내하는 것입니다.

중요 용어해설

❶ 미륵보살(彌勒菩薩) : 미트라(mitra)에서 파생한 마이트리야(Maitreya)를 음역한 보살명칭. 자애로움의 대명사이기 때문에 미륵보살은 흔히 자씨(慈氏)보살로 불리기도 함. 미륵보살은 부처님 입멸 뒤 56억7000만 년이 되는 때, 즉 인간의 수명이 8만 세가 될 때 이 사바세계에 강림하여 화림원(華林園) 안의 용화수 아래서 성불하고 3회의 설법으로 272억 인을 교화한다고 전함.

❷ 실견피불국계장엄(悉見彼佛國界莊嚴) : 실(悉)은 모두라는 뜻으로, "부처님 세

계의 장엄을 모두 보게 하여 주는가?" 의문형으로 해석함

❸ 여아유촌(如我惟忖) : 내가(문수보살) 생각하기에는 이러함. '촌(忖)'은 헤아린
다는 뜻

❹ 난신지법(難信之法) : 중생들로서는 믿기 어려운 법

❺ 고현사서(故現斯瑞) : 그래서 이런 상서를 낸다는 뜻

❀ |5| 문수보살이 미륵에게 부처님의 연원을 설하다

단락	구분	원문 및 한글 번역
11	한문 원전	"諸善男子! 如過去無量無邊 不可思議**阿僧祇劫** 爾時有佛 號**日月燈明如來** 應供 正遍知 明行足 善逝 世間解 無上士 調御丈夫 天人師 佛世尊. 演說正法 初善中善後善 其義深遠 其語巧妙 純一無雜 具足淸白 梵行之相 爲求聲聞者 說應**四諦法** 度生老病死 **究竟涅槃** 爲求**辟支佛者** 說應**十二因緣法** 爲諸菩薩 說應**六波羅蜜** 令得阿耨多羅三藐三菩提 成一切種智."
	한글 읽기	"제선남자! 여과거무량무변 불가사의**아승기겁** 이시유불 호**일월등명여래** 응공 정변지 명행족 선서 세간해 무상사 조어장부 천인사 불세존. 연설정법 초선중선후선 기이심원 기어교묘 순일무잡 구족청백 범행지상 위구성문자 설응**사제법** 도생노병사 **구경열반** 위구**벽지불자** 설응**십이인연법** 위제보살 설응**육바라밀** 영득아뇩다라삼먁삼보리 성일체종지."
	한글 풀이	"여러 선남자들이여! 과거 한량없고 가없는 불가사의한 아승기겁에, 그때 부처님께서 계셨으니, 그 명호는 일월등명여래, 응공, 정변지, 명행족, 선서, 세간해, 무상사, 조어장부, 천인사, 불세존이었습니다. 바른 법을 연설하시니, 처음이나 중간, 그리고 끝도 잘 하셨으며, 그 뜻은 매우 깊고 그 말씀은 아름답고도 묘하였고, 순일하여 잡됨이 없었으며, 맑고 깨끗한 범행의 모습을 구족하였으므로, 성문을 구하는 이에게는 4제법을 설하시어 나고, 늙고, 병들고, 죽는 것을 벗어나서 마침내 열반케 하시고, 벽지불을 구하는 이에게는 12인연법을 잘 설하시고, 보살을 위해서는 6바라밀을 잘 설하시어 아뇩다라삼먁삼보리를 얻어 일체종지를 이루게 하셨습니다."
12	한문 원전	"次復有佛 亦名日月燈明. 次復有佛 亦名日月燈明. 如是二萬佛 皆同一字 號日月燈明 又同一姓 姓**頗羅墮**. 彌勒, 當知. 初佛後佛 皆同一字 名日月燈明 十號具足 所可說法 初中後善."
	한글 읽기	"차부유불 역명일월등명. 차부유불 역명일월등명. 여시이만불 개동일자 호일월등명 우동일성 성**파라타**. 미륵, 당지. 초불후불 개동일자 명일월등명 십호구족 소가설법 초중후선."

12	한글 풀이	"그다음에 부처님께서 계셨으니, 이름이 또한 일월등명이고, 다음에 또 부처님께서 계셨으니 이름이 또한 일월등명이며, 이렇게 2만의 부처님이 모두 한 글자 일월등명이라 이름하였으며, 또한 성도 똑같아서 모두 파라타였습니다. 미륵보살이여! 마땅히 아십시오. 처음 부처님이나 나중 부처님 모두 다 같이 명호가 일월등명이고 십호를 다 갖추셨으며, 설하신 법도 처음과 중간과 마지막이 모두 훌륭하였습니다."
13	한문 원전	"其最後佛 未出家時 有八王子 一名有意 二名善意 三名無量意 四名寶意 五名增意 六名除疑意 七名嚮意 八名法意. 是八王子威德自在 各領四天下. 是諸王子 聞父出家 得阿耨多羅三藐三菩提 **悉捨王位 亦隨出家** 發大乘意 常修梵行 皆爲法師 已於千萬佛所 殖諸善本."
	한글 읽기	"기최후불 미출가시 유팔왕자 일명유의 이명선의 삼명무량의 사명보의 오명증의 육명제의의 칠명향의 팔명법의. 시팔왕자위덕자재 각령사천하, 시제왕자 문부출가 득아뇩다라삼먁삼보리 **실사왕위 역수출가** 발대승의 상수범행 개위법사 이어천만불소 식제선본."
	한글 풀이	"그 최후의 부처님께서 출가하시기 전에 여덟 왕자가 있었으니, 첫째 이름은 유의이고, 둘째는 신의이며, 셋째는 무량의이고, 넷째는 보의이며, 다섯째는 증의이고, 여섯째는 제의의이며, 일곱째는 향의이고, 여덟째는 법의였었습니다. 이 여덟 왕자는 위엄과 덕망으로 각각 사천하를 다스렸는데, 아버지께서 출가하시어 아뇩다라삼먁삼보리를 얻으셨다는 말을 듣고 모두 다 왕위를 버리고 아버지를 따라서 출가하여 대승의 뜻을 일으키고, 항상 범행을 닦아 모두 법사가 되었으며, 천만 부처님의 처소에서 온갖 선행의 근본을 심었습니다."
	중요용어	❶ 아승기겁(阿僧祇劫) ❷ 일월등명여래(日月燈明如來) ❸ 여래십호(如來十號) ❹ 사제법(四諦法) ❺ 구경열반(究竟涅槃) ❻ 벽지불자(辟支佛者) ❼ 십이인연법(十二因緣法) ❽ 육바라밀(六波羅蜜) ❾ 파라타(頗羅墮) ❿ 실사왕위 역수출가(悉捨王位 亦隨出家)

  드디어 문수보살은 아승기겁 과거세에 있었던, 육신이 아닌 진신(眞身)으로서의 법신 부처님에 대해 미륵과 대중들에게 설명하는데, 부처님은 과연 어떤 분이셨으며, 어떤 법을 설하셨고, 얼마나 많은 부처님이 출현하셨는지를 설한 뒤 미륵에게 이를 '마땅히 알라'고 당부하고 있습니다. 우선 아승기겁을 살펴보겠습니다. 아승기겁은 다른 이름으로 '무량겁(無量劫)이라고도 하는데요, 헤아릴 수 없는 오랜 시간을 이르는 불교 용어입니다. 아승기겁은 무한한 숫자를 뜻하는 '아승기'와 시간을 뜻하는 '겁'이 결합 된, [숫자 아승기 + 시간 겁 = 아승기겁]이 되어 계산할 수 없을 정도로 무한히 긴 시간을 의미합니다.

구체적인 산술적 숫자가 있기는 하지만 경전마다 다른 견해가 많은데, 굳이 어렵게 산술적인 계산을 한다면 아승기는 10^{56}이며, 겁은 앞에서 기술한 것처럼 43억 2천 만 년이니, 계산을 한다는 것 자체가 의미가 없을 듯하군요. 단순히 생각하여, **'그런 짧지 않은 시간을 부처님께서 윤회의 법륜을 굴려 오늘의 우리에게까지 법화경을 설하시고 있는 것이구나, 그러니 오늘 내가 공부하는 법화경의 지혜도 아승기겁 이후 중생들의 정신을 구성하는 유전자의 줄기세포가 될 수도 있겠구나.'** 하는 법화의 묘법 정신을 새겨 나가야 하겠습니다. 그러므로 아승기겁 전과 지금의 '나' 그리고 아승기겁 후의 '나'가 법화경의 진리로 하나의 '나'가 되어야 한다는 것입니다. 현상적 삶은 고작 100년 안쪽으로 유한 하지만 법화경으로써 하나가 된 진리 자체의 '나'는 영원한 것이 아니겠습니까?

그러한 아승기겁 전에 부처님이 계셨으니 그 명호가 일월등명여래, 응공, 정변지, 명행족, 선서, 세간해, 무상사, 조어장부, 천인사, 불세존이셨다는 겁니다. 세간의 명망 있는 사람들도 출생 신고시의 이름 외에 자(字)가 있고, 아호(雅號)가 있기는 하지만 부처님은 참으로 많은 명호를 지니셨군요. 원래 부처님의 명호는 '여래 10호'라 하여 『불설십호경(佛說十號經)』등의 경전에서 전하고 있거니와 여래10호에 대하여서는 중요용어 해설에서 다루기로 하고, 여기서는 일월등명여래에 주목해 주시기 바랍니다.

'일월등명여래(日月燈明如來)'란 글자 그대로 해와 달이 등불처럼 밝아 어둠을 물리치듯, 지혜의 빛이 무명(無明)을 물리친다는 뜻으로 일월등명여래라 부른 것입니다. 일월등명여래는 시공을 초월한 부처의 법신 자체를 이르는 명호인데요, 해와 달은 만물을 고루 비추고도 대가를 바람이 없고, 달은 하나지만 천 개의 강을 비춘다 하여 '월인천강(月印千江)'이라 하니 부처님이 백억 세계에 화신(化身) 하시어 중생을 교화함이 이와 같으니 해와 달은 곧 부처의 본체라는 뜻이 됩니다.

부처님이 입멸 당시 '자등명(自燈明) 법등명(法燈明)'하라고 하신 열반게를 다시 한번 상기해 보시기 바랍니다. 모든 번뇌의 출발은 무명, 그러니까 빛이 없는 암흑의 미망 때문이라 부처님이 진단하셨던 거지요. 이러한 일월등명불이 계속하여 2만이 출현하였으며, 최후의 일월등명불이 묘광보살에게 법화경을 설하였고, 묘광보살은 또 미륵보살을 포함한 팔백 대중에게 법화경을 설하게 됩니다. 부처님의 설법은 당연히 바른 법을 연설하셨으니, 처음이나 중간, 그리고 끝은 물론, 그 뜻은 매우 깊고 그 말씀은 아름답고도 묘하였으며, 순일하여 잡됨이 없었고, 맑고 깨끗한 범행의 모습을 구족하셨다는 겁니다.

여기서는 처음, 중간, 끝 그러니까 원전에 나오는 초선(初善), 중선(中善), 후선(後善)의 의미를 살펴보아야 합니다. 부처님의 설법은 최초설법이나, 중간설법 그리고 최후설법이 한결같으니 정법, 상법, 말법시대의 부처님이 다르지 않다는 뜻이기도 합니다. 그러면서도 대중의 근기에 따라 맞춤식 교육으로 설법하셨으니 곧, **성문**(聲聞-불법을 듣고 아라한이 되고자 하는 불제자)**에게는 4제법을, 벽지불**(辟支佛-홀로 자신의 깨달음만을 구하는 수행자, 독각(獨覺)·연각(緣覺)으로 해석함)**에게는 12연기법을, 보살에게는 6바라밀을** 잘 설하시어 아뇩다라삼먁삼보리를 얻어 일체종지를 이루게 하셨다는 것입니다. 일체종지(一切種智)란 범어로는 sarvajña-jñāna인데, 일체 만법(萬法)을 낱낱이 다 아는 지혜로서 부처님의 지혜 경지를 이릅니다. 그러면 여기서는 복습을 겸해 4제법과 12연기법, 6바라밀에 대해서 간략하게 설명한 뒤 본문 해설을 이어나가도록 하겠습니다.

◆ **4제법(4諦法)** : 인생의 모든 이치를 고락의 원인과 결과에 따라 설명한 네 가지 진리. 4진제(4眞諦) 또는 4성제(4聖諦)라고도 함.
- **고제(苦諦)** ➜ 세상 모든 것은 무명을 원인으로 하여 고통이 따른다는 진리
- **집제(集諦)** ➜ 괴로움이 일어나는 원인은 몹시 탐내어 집착하는 갈애(渴愛)라는 진리
- **멸제(滅諦)** ➜ 고통의 원인인 번뇌를 멸하여 청정무구한 해탈의 경지에 들어가는 진리
- **도제(道諦)** ➜ 열반에 도달하는 원인으로서의 수행방법에 관한 진리–팔정도를 제시함

‣ 고제, 집제 = 무명과 미혹을 원인으로 생겨난 것이기 때문에 유루법(有漏法)

‣ 멸제, 도제 = 깨달음의 결과로 생겨난 것이기 때문에 무루법(無漏法)

✦ 12연기법(12緣起法) : 인생살이의 과정을 12가지 의존관계의 연결고리로 밝혀 미혹된 삶의 근원을 직시하여, 깨달음의 세계로 나가라는 가르침

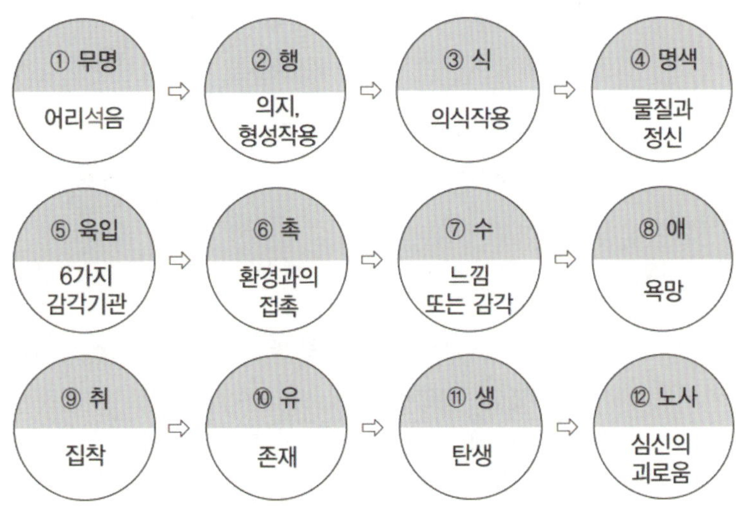

<12연기법의 유전(流轉)>

✦ 6바라밀(6波羅蜜) : 생사의 고해를 건너 피안의 세계인 열반의 세계에 이르는 실천수행법

• 보시(布施) : 자비로써 널리 사랑하고 베풂

• 지계(持戒) : 부처님의 계율을 잘 지키는 것

• 인욕(忍辱) : 온갖 모욕과 번뇌는 물론 마음을 즐겁게 하는 유혹도 참는 것

• 정진(精進) : 부지런히 수행하고 진리를 향해 꾸준히 나아가는 것

• 선정(禪靜) : 마음을 고요하게 하여 망념과 사념과 허영심과 분별심을 버리는 것

• 반야(般若) : 삿된 지식이 아닌, 참 지혜를 얻는 것. 다른 다섯 가지 바라밀의 바탕이 됨

이처럼 다양한 교수법으로 마침내는 일체종지를 얻게 하여 아뇩다라삼먁
삼보리를 이루게 하셨다는 것인데, 그러한 부처님이 2만이었고 모두의 이름
이 일월등명불이었으며, 성(姓) 또한 모두 같은 파라타(頗羅墮)였다는 것입니
다. 파라타는 고유명사로 쓰였습니다만 그 뜻은 빨리 성취한다는 뜻으로, 근
기가 훌륭하여 깨닫고, 사유함이 남보다 뛰어나다는 의미를 지닙니다. 한결
같이 일월등명불이시니 미륵보살은 마땅히 알라고 주문하고 있는 것입니다.
이 최후의 일월등명불에게 아들이 여덟이 있었는데, 각각 사천하를 다스리는
왕들이었습니다. 그런데 이 아들들도 일월등명불인 아버지를 따라 출가하여
대승의 큰 뜻을 세우고, 맑고 깨끗한 범행을 닦아 천만 부처님의 처소에서 온
갖 선행의 근본을 심었다는 것입니다.

중요 용어해설

❶ 아승기겁(阿僧祇劫) : 이루 헤아릴 수 없이 많은 수라는 뜻의 한자어. 구체적 수
치로는 10^{56}. 항하사의 만 배, 100조의 네제곱. [숫자 아승기 + 시간 겁 = 아승기
겁]이 되어 계산할 수 없을 정도로 무한히 긴 시간을 의미함. '기(祇)'는 '땅귀신
기'와 '지(祗)'의 '공경할 지'와 글자가 비슷하게 생겨서 '아승지'로 잘못 쓰는 경
우가 있는데, asaṃkhya의 음역어이므로 "기"로 표기함.

❷ 일월등명여래(日月燈明如來) : 부처님의 광명이 해와 달 같고 땅에서는 등불과
같아서 일월등명여래라 함.

❸ 여래십호(如來十號) : 부처님을 달리 부르는 열 가지 명칭.

　• 여래(如來) : 산스크리트어의 '타타가타'를 번역한 말로 직역하면 '진여(眞如)
　　에서 오는 분'이라는 뜻.

　• 응공(應供) : 깨달음을 얻었기에 마땅히 공양을 받아야될 분.

　• 정변지(正遍知) : 산스크리트어의 삼먁삼보리로 정등각자(正等覺者)와 같은
　　말, 우주 만물의 모든 이치를 완전하고 바르게 최상승 깨달음을 얻은 분.

　• 명행족(明行足) : 깨달음의 지혜와 실천을 함께 갖추신 분.

　• 선서(善逝) : 고통스런 생사윤회의 강을 건너 잘 가신 분.

- 세간해(世間解) : 이 세상을 완전하게 이해하신 분.

- 무상사(無上士) : 산스크리트어의 아뇩다라, 그 어떤 것보다 위에 계시는 분.

- 조어장부(調御丈夫) : 대자대비의 마음으로 중생을 깨달음으로 인도하는 분.

- 천인사(天人師) : 하늘의 신과 중생의 스승인 분.

- 불세존(佛世尊) : 불 + 세존이라는 두 가지 명칭이 함께 쓰인 경우로, 불은 깨달은 분 그리고 세존은 중생의 존경을 한 몸에 받는 분이란 뜻이니 곧 부처님을 말함.

❹ 사제법(四諦法) : 인생의 모든 이치를 고락의 원인과 결과에 따라 설명한 네 가지 진리. (고제苦諦, 집제集諦, 멸제滅諦, 도제道諦)

❺ 구경열반(究竟涅槃) : 궁극적 열반에 듦.

❻ 벽지불자(辟支佛者) : 홀로 깨달음을 구하는 자란 뜻. 독각(獨覺)·연각(緣覺)이라고도 함.

❼ 십이인연법(十二因緣法) : 인생살이의 과정을 12가지 의존관계의 연결고리로 밝혀 미혹된 삶의 근원을 직시하여, 깨달음의 세계로 나가라는 가르침.

❽ 육바라밀(六波羅蜜) : 생사고해를 건너 피안의 세계인 열반의 세계에 이르는 실천수행법. 즉, 보시, 지계, 인욕, 정진, 선정, 반야를 이름.

❾ 파라타(頗羅墮) : 2만 일월등명불의 같은 성(姓)으로 빨리 성취한다는 뜻.

❿ 실사왕위 역수출가(悉捨王位 亦隨出家) : 일월등명불의 아들 여덟 왕자들이 왕위를 버리고 아버지를 따라 출가함.

❀ |6| 부처님이 '무량의'를 설하고 삼매에 들자 육종진동 등 상서가 펼쳐지다

단락	구분	원문 및 한글 번역
14	한문 원전	"是時 日月燈明佛 說大乘經 名'無量義' 教菩薩法 佛所護念. 說是經已 即於大衆中 **結加趺坐** 入於無量義處三昧 身心不動. 是時 天雨曼陁羅華 摩訶曼陁羅華 曼殊沙華 摩訶曼殊沙華 而散佛上 及諸大衆 普佛世界 六種震動."
	한글 읽기	"시시 일월등명불 설대승경 명'무량의' 교보살법 불소호념. 설시경이 즉어대중중 **결가부좌** 입어무량의처삼매 심신부동. 시시 천우만다라화 마하만다라화 만수사화 마하만수사화 이산불상 급제대중 보불세계 육종진동."

14	한글 풀이	"이때에 일월등명불께서 대승경을 설하시니 그 이름이 '무량의'라 보살을 가르치는 법이고, 부처님께서 옹호하고 보살피시는 것이었습니다. 이 경을 설하시고는 대중 가운데서 결가부좌하시고 무량의처삼매에 드시니 몸과 마음이 흔들리지 않으셨습니다. 이때 하늘에서 흰 연꽃과 큰 흰 연꽃, 붉은 연꽃과 큰 붉은 연꽃이 부처님과 대중들 위로 비 오듯 내렸고, 드넓은 부처님의 세계가 여섯 가지로 진동을 하였습니다."
15	한문 원전	"爾時 會中比丘比丘尼 優婆塞 優婆夷 **天 龍 夜叉** 乾闥婆 阿修羅 迦樓羅 緊那羅 **摩睺羅伽** 人 非人 及諸小王 **轉輪聖王**等 是諸大衆 得未曾有 歡喜合掌 一心觀佛."
	한글 읽기	"이시 회중비구비구니 우바새 우바이 **천 용 야차** 건달바 아수라 가루라 긴나라 **마후라가** 인 비인 급제소왕 **전륜성왕**등 시제대중 득미증유 환희합장 일심관불"
	한글 풀이	"그러자 법회에 모인 비구비구니, 우바새, 우바이, 천, 용, 야차, 건달바, 아수라, 가루라, 긴나라, 마후라가와 사람과 사람 아닌 것, 여러 작은 왕과 전륜성왕 등 여러 대중들이 일찍이 경험하지 못한 것을 얻음에 기뻐하며 합장하고 일심으로 부처님을 우러러보았습니다."
16	한문 원전	"爾時 如來放眉間白毫相光 照東方萬八千佛土 **靡不周遍** 如今所見是諸佛土. 彌勒 當知 爾時 會中有二十億菩薩樂欲聽法 是諸菩薩 見此光明 普照佛土 得未曾有 欲知此光所爲因緣."
	한글 읽기	"이시 여래방미간백호상광 조동방팔만천불토 **미부주변** 여금소견시제불토. 미륵 당지 이시 회중유이십억보살낙욕청법 시제보살 견차광염 보조불토 득미증유 욕지차광소위인연."
	한글 풀이	"그때 여래께서 미간의 백호상으로 광명을 놓아 동방의 1만 8천 불국토를 비추시어 두루 미치지 않은 곳이 없었으니 지금 보는 이 불국토들과 같았습니다. 미륵보살은 마땅히 아십시오. 그때 모인 이들 중에 법 듣기를 좋아하는 20억 보살이 있었으니 이 보살들도 지금과 같은 광명이 불국토에 두루 비추는 걸 보고 미증유의 뜻밖이라 생각하여 광명의 인연을 알고자 하였습니다."
중요용어		❶ 결가부좌(結跏趺坐)　❷ 천 용 야챠(天 龍 夜叉)　❸ 마후라가(摩睺羅伽) ❹ 전륜성왕(轉輪聖王)　❺ 미부주변(靡不周遍)

과거세에 부처님이 '무량의'를 설한 뒤 무량의처삼매에 들자, 하늘에서 흰 연꽃과 큰 흰 연꽃, 붉은 연꽃과 큰 붉은 연꽃이 부처님과 대중들 위로 비 오듯 내렸고, 드넓은 부처님의 세계가 여섯 가지로 진동을 하였던 전지적관찰자 시점의 문수보살의 묘사가 이어집니다. 앞에서도 살펴보았습니다만, 문

수보살은 지혜를 상징하는 대승불교의 대표 보살이 아닙니까? 사물의 도리나 선악의 분별을 가능케 하는 지혜는 자비와 더불어 불교의 양 날개에 해당하여, 통상 반야로 표현하면서 마하반야 즉 큰 지혜를 으뜸으로 삼고 있음은 잘 아실 것입니다. 그래서 부처님의 제자로는 지혜 제일 사리불이 등장하고, 보살로는 문수사리보살이 등장하게 되거니와 법화경의 〈제1 서품〉에 지혜를 상징하는 문수사리보살이 등장하고, 말미 〈제28 보현보살권발품〉에는 행(行)을 상징하는 보현보살이 등장하는 것은 당연한 이치라 하겠습니다. 그러니 부처님의 지혜를 증득하고, 나아가 신행(信行)으로 깨달음을 얻어 완전한 열반에 이르라는 우회적 가르침을 법화경은 밝히고 있는 것입니다.

법화경은 이처럼 믿음과 행함을 지고의 가치로 채택하고 있는 만큼 중생들의 원만성취가 그대로 이루어지는 무량한 가피가 녹아 있는 경전이라 이해해 주시기 바랍니다. 바른 지혜로 사물의 이치와 도리를 꿰뚫어 보고, 바른 믿음으로 무소의 뿔처럼 우뚝하게 나아간다면 칠흑 같은 암흑의 광야도 두려울 게 없습니다. 인간의 대뇌 회로는 생각하는 쪽으로 인지하고, 반복적 암시와 자극에 동화해 버리는 습관의 메커니즘이란 건 이미 밝혀진 과학이 아닙니까?

어쩌면 공산주의가 이러한 인간의 대뇌 메커니즘을 가장 잘 이용해 먹는 집단이라 할 수 있겠고, 지구촌의 많은 사이비 종교들이 이러한 인간존재의 약점을 이용해 집단으로부터 교주의 이권을 챙겨먹는 악마들이 아니겠습니까? 그러니 어떤 종교나 이념을 선택할 때도 그 본질을 지혜로써 꿰뚫어 보아서 알고 믿어야 하고, 맹목적 믿음에 경도되지 않도록 늘 깨어있는 진리의 문을 열어두어야 합니다. **법화경이 위대한 경전인 것은 맹목적 믿음을 강요하는 것이 아니라, 스스로의 참된 지혜로 지견(智見)을 내어 믿음에 다가가라는 가르침 때문**인 거지요.

사리불의 지혜가 인간적 지혜라면, 문수보살의 지혜는 대 우주적인 원만 지혜를 상징한다고 보아 부처님의 진여 자체가 지혜라 할 때, 부처님은 곧 문수와 동격이라 할 수 있을 것입니다. 그때의 부처님이 설한 경이 바로 모든 보살을 가르치는 '무량의'였고 부처님이 옹호하여 보살피는(불소호념 佛所護念) 경전으로, 법화삼부경의 하나인 '무량의경'이었다고 문수보살은 설명합니다. 이 경을 설한 뒤 부처님은 결가부좌를 하시고 무량의처삼매에 드셨다는 겁니다.

결가부좌와 무량의처삼매란 용어는 모두들 들어보셨겠지만 결가부좌란 오른발을 왼쪽 허벅지 위에 얹은 다음 왼발을 오른 허벅지 위에 얹어 앉는 자세로 불교에서는 불좌(佛座), 여래좌(如來座)라고 부르기도 하고, 다른 말로는 길상좌(吉祥坐), 항마좌(降魔坐)라고도 하지요. 어떤 생각에 몰두하거나 선 수행에 몰입되어 있는 스님을 가부좌를 틀고 앉았다고들 표현하지 않습니까? 대표적인 결가부좌를 표현한 불상의 예가 석굴암 본존불입니다.

<석굴암 본존불-고 한석홍 선생 기증사진>

가부좌는 인도의 요가 전통에서 비롯된 것으로 몸을 안정시키고, 인체의 기혈이 독맥과 임맥을 타고 순조롭게 흐를 수 있어 호흡과 명상을 자재롭게 할 수 있기 때문에 삼매(三昧)에 들기에 가장 용이한 자세가 되는 것인데요. 이

자세로 무량의처삼매에 드시고 심신이 흔들리지 않았다는 것입니다. 무량의처삼매란 끝 간 곳 없이 걸림 없는 무아의 경지로, 제행의 실상이 스러져 공함을 직면한 상태라 보면 되겠습니다. 불교에서의 가장 이상적 경지에 이른 것을 말하는데, 부처님이 무량의처삼매에 들자, 하늘에서 흰 연꽃과 큰 흰 연꽃, 붉은 연꽃과 큰 붉은 연꽃이 부처님과 대중들 위로 비 오듯 내렸고, 드넓은 부처님의 세계가 여섯 가지로 진동을 하는 육종진동이 일어납니다.

식전 공개행사의 절정에 다다른 느낌이 들 수밖에 없는데요. 이러한 전대미문의 기적을 본 법회에 모인 비구·비구니, 우바새·우바이, 천, 용, 야차, 건달바, 아수라, 가루라, 긴나라, 마후라가와 사람과 사람 아닌 것, 여러 작은 왕과 전륜성왕 등 여러 대중들이 일찍이 경험하지 못한 것을 얻음에 기뻐하며 합장하고, 일심으로 부처님을 우러러보았다고 문수보살이 전하고 있군요. 그러한 경지라면 어느 누가 우러러보지 않겠습니까만, 이들 중에는 인간 외에도 천, 용, 야차, 건달바, 아수라, 가루라, 긴나라, 마후라도 등장하는데, 이들을 묶어 팔부중, 천룡팔부, 팔부천룡, 팔부신장 등 다양한 이름으로 부릅니다.

이들 중 특히 우리들의 귀에 익숙한 아수라는, 그야말로 아수라장을 뜻한다고 보면 되는데, 항상 시기심이 많아 싸움을 좋아하여 제석천과 늘 다투는 신중이지요. 또한 건달바도 세간에 직업도 없이 유흥과 잡기를 즐기는 자를 건달이라 하는 것처럼, 불교에서의 건달바 또한 제석천의 아악(雅樂)을 담당하는 신중으로 보고 있으니 이들 명칭이 불교에서 전승된 것이라 할 수 있겠군요. 이들은 불교 이전 인도의 주류 종교인 바라문교와 힌두교의 신과 신화, 초자연적인 존재들을 흡수한 것인데, 불교 교리상 이들 팔부신중 또한 깨달음을 얻지 못한 중생의 하나로, 불법에 귀의한 호법신으로 보며 부처의 교화 대상으로 삼고 있습니다.

❶ 결가부좌(結跏趺坐) : 오른발을 왼쪽 허벅지 위에 얹은 다음 왼발을 오른 허벅지 위에 얹어 앉는 자세로 불교에서는 불좌(佛座), 여래좌(如來座)라고 부르기도 하고, 다른 말로는 길상좌(吉祥坐), 항마좌(降魔坐)라고도 함.

❷❸ 천 용 야차, 마후라가(摩睺羅伽) : 인도신화에 나오는 팔부신중의 하나.

❹ 전륜성왕(轉輪聖王) : 인도신화에 나오는 통치의 수레바퀴를 굴려, 세계를 통일·지배하는 이상적인 제왕.

❺ 미부주변(靡不周遍) : 두루 미치지 않은 곳이 없음.

❀ |7| 문수보살이 일월등명불께서 묘법연화경을 설하신 인연을 밝힘

단락	구분	원문 및 한글 번역
17	한문 원전	"時有菩薩 名曰**妙光** 有八百弟子. 是時 日月燈明佛 從三昧起 因妙光菩薩 說大乘經 名妙法蓮華 教菩薩法 佛所護念. **六十小劫** 不起于座 時 會聽者 亦坐一處 六十小劫 身心不動 聽佛所說 謂如食頃. 是時 衆中無有一人 若身若心 而生懈惓. 日月燈明佛 於六十小劫 說是經已 即**於梵 魔 沙門 婆羅門** 及天 人 阿修羅 衆中 而宣此言." '如來於今日中夜 當入**無餘涅槃**.'
	한글 읽기	"시유보살 명왈묘광 유팔백제자 시시 일월등명불 종삼매기 인묘광보살 설대승경 명묘법연화 교보살법 불소호념. **육십소겁** 불기우좌 시 회청자 역좌일처 육십소겁 신심부동 청불소설 위여식경. 시시 중중무유일인 약신약심 이생해권. 일월등명불 어육십소겁 설시경이 즉**어범 마 사문 바라문** 급천 인 아수라 중중 이선차언." '여래어금일중야 당입**무여열반**.'

<table>
<tr><td rowspan="2">17</td><td>한글
풀이</td><td>"그때 이름이 묘광이라는 보살이 8백 제자를 데리고 있었는데, 일월등명불께서 삼매에서 일어나 묘광보살을 인연하여 대승경을 설하셨으니 경의 이름이 묘법연화경이었는데, 보살을 가르치는 법이며, 부처님께서 호념하시는 것이었습니다. 60소겁 동안 자리에서 일어나지 않고 앉아 계셨으니 그때 모인 청중 역시 한 곳에 앉아 60소겁 동안 신심이 움직이지 않은 채 부처님의 설법을 들었는데, 그 시간을 마치 밥 한 끼 먹는 동안과 같이 생각하여 한 사람도 신심이 지루함과 싫증을 내는 이가 없었습니다. 일월등명불께서 60소겁 동안 이 경을 설하신 후 곧 범천과 귀신과 사문과 바라문과 하늘과 사람과 아수라들 가운데서 여래께서는 이렇게 말씀하셨습니다." '나는 오늘 밤중으로 무여열반에 들리라.'</td></tr>
<tr><td>중요용어</td><td>❶ 묘광보살(妙光菩薩) ❷ 육십소겁(六十小劫) ❸ 범천(梵天)
❹ 마(魔) ❺ 사문바라문(沙門婆羅門) ❻ 무여열반(無餘涅槃)</td></tr>
</table>

만수사꽃과 만다라꽃이 부처님과 대중들 위로 비 오듯 내리고, 드넓은 부처님의 세계가 여섯 가지로 진동을 하는 육종진동에 이어, 여래께서 미간의 백호상으로 광명을 놓아 동방의 1만 8천 불국토를 비추시니 두루 미치지 않은 곳이 없었던 신이한 기적이 다시 두 번째의 앵콜로드쇼로 펼쳐지고 있습니다. 앞선 이벤트에서도 무량의를 설하시고 결가부좌 후 무량의처삼매에 드시자 기적이 펼쳐졌고, 이번에도 무량의를 설하신 후 무량의처삼매에 들자 같은 기적이 우주를 진동시킵니다.

두 번의 설법 주체가 여래와 일월등명불로 경전에서는 달리 표현하고 있지만 진리의 법신으로서, 같은 여래가 일인칭 주어가 됩니다. 앞서 일월등명불에 대해 공부해 보았듯이, 부처님의 광명이 하늘에서는 해와 달과 같고, 땅에서는 등불과 같아 온누리 중생을 비춘다는 뜻으로 일월등명불이었으며, 과거세에 2만의 일월등명불이 있었으니 똑같은 성과 이름으로 세상에 나타나 법화경을 설하였다고 되어 있습니다. 이 법화경의 서설(序說)에 해당하는 무량의를 본분 설법에 앞서 꼭 설하셨으니 그 이유는 무량의가 뜻하는 바와 같이 한량 없이 크고 넓은 마음으로 근본을 확고히 해 두라는, 몸풀기를 주문하신 걸로 보면 되겠습니다.

이제 〈제1 서품〉도 막바지를 향하는 시점에 8백 제자를 거느린 묘광이라는 보살이 있었고, 일월등명불께서는 그를 인연하여 대승경을 설하셨으니 그 경이 묘법연화경임을 밝히고 있습니다. 묘광이 곧 문수보살이니 이는 문수보살이 들었던 묘법연화경의 설법을 이르는 것입니다. 60소겁 동안을 신심(身心)의 미동도 없이 부처와 묘광의 제자 8백 청중이 한 끼 밥을 먹는 동안과 같이 생각했었다고 하는데, 숨소리도 들리지 않을 듯한 집중이 느껴지네요. 60소겁이란 여러 가지 설이 있는데요, 범어로는 antara-kalpa라 하고. 8만 세에서 1백 년에 한 살씩 감해 10세에 이르고, 다시 10세에서 1백 년에 한 살씩 늘어가 8만 세가 되는 기간이라는 설이 있지만 60소겁이니, 80소겁, 20억 보살이니 등을 계량적 숫자로 이해하는 것은 법화경의 지혜를 내 것으로 만드는 데 큰 의미가 없음은 잘 아시리라 믿습니다.

일찍이 일월등명불에게는 여덟 왕자가 있었고, 묘광보살은 일월등명불의 세계에서 수행하던 보살이었습니다. 일월등명불이 열반에 들자, 여덟 왕자는 모두 묘광보살을 스승으로 삼았으며, 묘광보살에게서 법화경 설법을 듣고, 한량없는 백천 만 억 부처님께 공양하여 불도를 모두 이루었으니, 맨 나중에 성불한 이의 이름이 연등(燃燈)이었던 것입니다. 이 팔백 제자 중에는 구명(求命)이 등장하는데 구명이 미륵이고, 묘광보살이 지금의 문수보살이 됩니다.

우리 중생들의 견해로 보면 무슨 족보가 이렇게 복잡하냐! 하시겠지만, 중생구제에 있어서는 부처로서의 성불(成佛)세계도 있어야 하고, 중생들과 함께 생활하면서 일상에서 제도하는 현세의 불도도 있어야 하기 때문에 법화경의 법맥(法脈)도 이렇게 복잡해진 것이로구나, 정도로 생각하시기 바랍니다. 하지만 중요한 것은 일월등명불, 부처, 여래, 묘광, 모든 보살, 중생이 하나의 부처라는 일체즉불이 아니겠습니까? 60소겁을 한결 같이 묘법연화경을 설하신 여래께서는 범천과 귀신과 사문과 바라문과 하늘과 사람과 아수라들 가운데서 이렇게 말씀하셨습니다.

지금까지는 부처님이 무량의를 설하시고 삼매에 들자 온갖 상서러운 경이 가 일어나고 천지가 진동하는 등의 문수보살의 간접화법에 의한 상황묘사가 이어진 데 반해 드디어 부처님의 직접화법이 등장합니다. 범천과 귀신과 사문과 바라문과 하늘과 사람과 아수라 등 모든 대중을 향해 비장한 선언을 하시는데요. 여기서는 무여열반을 잘 이해하셔야 합니다. 열반이란 불어서 끈다는 뜻의 범어 니르바나에서 온 것으로, 온갖 번뇌를 여의고 수행에 의해 진리를 체득하여 미혹과 집착을 끊고 일체의 속박에서 해탈한 최고의 경지를 이르는 것임은 잘 아실 것입니다. 그런데 우리들은 열반이라 하면 곧 소멸과 죽음의 현상적 경계로 이해하는 경우가 많지 않습니까? 그러나 그 열반에도 유여열반과 무여열반이 있고 이 둘은 엄격히 보면 상당히 다른 개념의 경계가 있는데요. 즉 유여열반이란 번뇌는 완전히 소멸되었지만 아직 미세한 괴로움이 남아 있는 상태로, 육신이 남아 있는 경지의 열반인데 반해, 무여열반은 번뇌의 소멸은 물론 생사에도 머물지 않고 열반에도 머물지 않는 완전한 경지의 열반이라 하겠습니다. 그런데도 불구하고 불교적 공사상에서 보았을 때는 무와 유, 윤회나 열반을 어떤 특별한 경계로 생각하는 것 자체가 결국 미혹일 뿐이며, 또 다른 분별의 싹이 될 뿐입니다. 불교에서 보는 현상적 관점의 죽음이란 살아있는 동안 쌓여왔던 인과적 상호관계의 연결고리가 끊어진 것일 뿐, 나로 인해 퍼져나갈 수많은 업식의 파장은 계속하여 우주공간에 항존하게 된다고 봅니다. 따라서 죽음이란 몸과 의식이 흩어지는 것일 뿐 없어지는 것은 아닙니다. 그러니 무여열반이란 없어지는 것 자체에도 얽매이지 않는 우주 진리의 본래 자리로 돌아간 걸 뜻하는 것이라 할 수 있습니다. 낙엽은 스스로 제 몸을 소멸시키지만 잎은 영원한 것 같이 말입니다.

❶ 묘광보살(妙光菩薩) : 일월등명불의 세계에서 수행하던 보살. 문수보살의 전생 보살

❷ 육십소겁(六十小劫) : 여러 설이 있으나 8만 세에서 1백 년에 한 살씩 감해 10세에 이르고, 다시 10세에서 1백 년에 한 살씩 늘어가 8만 세가 되는 기간

❸ 범천(梵天) : 제석천과 함께 부처를 양옆에서 모시는 불법의 수호신. 청정(淸靜), 적정(寂靜) 등으로 번역함. 범천은 인도 고대 신화에 나오는 만유의 근원인 브라흐마를 신격화한 우주의 창조신으로서, 유지의 신 비슈누, 파괴의 신 시바와 함께 3대신으로 불림.

❹ 마(魔) : 마귀를 줄인 말로 여기서는 귀신이란 뜻으로 쓰임

❺ 사문·바라문((沙門·婆羅門) : 사문은 불문에 들어가 도를 닦는 사람. 바라문은 인도 카스트계급 중 가장 높은 계급인 승려를 이름

❻ 무여열반(無餘涅槃) : 번뇌의 소멸은 물론 생사에도 머물지 않고 열반에도 머물지 않는 완전한 경지의 열반

|8| 부처님께서 덕장보살에게 수기를 주신 뒤 무여열반에 드시다

단락	구분	원문 및 한글 번역
18	한문 원전	"時有菩薩 名曰**德藏**. 日月燈明佛 卽**授其**記 告諸比丘." '是德藏菩薩 次當作佛 號曰淨身多陁阿伽度 阿羅訶 三藐三佛陁.' "佛授記已 便於中夜 入無餘涅槃. 佛滅度後 妙光菩薩 持妙法蓮華經 滿八十小劫 爲人演說 日月燈明佛八子 皆師妙光. 妙光教化 令其堅固阿耨多羅三藐三菩提. 是諸王子 供養無量百千萬億佛已 皆成佛道, 其最後成佛者 名曰**燃燈**."
	한글 읽기	"시유보살 명왈**덕장** 일월등명불 즉**수기**기 고제비구." '시덕장보살 차당작불 호왈정신다타아가타 아라하 삼먁삼불타.' "불수기이 변어중야 입무여열반. 불멸도후 묘광보살 지묘법연화경 만팔십소겁 위인연설 일월등명불팔자 개사 묘광. 묘광교화 영기견고아뇩다라삼먁삼보리. 시제왕자 공양무량백천만억불이 개성불도. 기최후성불자 명왈**연등**."
	한글 풀이	"그때 덕장이라는 보살이 있었는데 일월등명불께서 그에게 수기를 주시며 비구들에게 말씀하셨습니다." '이 덕장보살이 마땅히 부처가 되리니 호는 다타아가타 아라하 삼먁 삼불타라 하리라.' "부처님께서 수기를 주어 마치고 밤중에 무여열반에 드셨습니다. 부

18 한글 풀이

중요용어 ❶ 덕장보살(德藏菩薩) ❷ 수기(授記) ❸ 연등불(燃燈佛)

무여열반에 드실 것을 예언하신 부처님이 열반 직전 덕장보살(德藏菩薩)에게 수기를 주시며, 덕장이 마땅히 성불하리라는 예언과 함께 '다타아가도 아라하 삼먁삼불타'라는 호를 내리며 수기를 주십니다. 덕장보살에게 내리신 호의 뜻은 다름 아니라 **다타아가타**(청정 법신 여래) + **아라하**(응공) + **삼먁삼불타**(정변지)가 됩니다. 덕장보살은 부처님 25대 보살 중 한 분이신데, 공양받아 마땅한 정각(正覺)을 이룬 청정 여래라는 수기를 받은 것입니다.

잘 아시다시피 수기(授記)란 부처님이 제자에게 미래의 깨달음의 증득에 대하여, 장차 어떻게 될 것이라며 미리 지시하는 예언과 약속으로, 법화경에는 수많은 보살, 불자가 수기를 받기 때문에 법화경을 수기경이라고도 한다고 전술한 걸 기억하실 겁니다. 덕장보살에게 수기를 주시고는 무여열반에 드셨는데, 이후 묘광보살이 80소겁 동안을 묘법연화경을 지니고 사람들을 위하여 연설하였고, 일월등명불의 여덟 왕자들도 묘광보살의 제자가 되었으며, 이들을 교화하여 이들의 아뇩다라삼먁삼보리를 견고하게 하였다고 문수보살은 술회하고 있는데, 결국 묘광보살 자신의 과거세를 미륵에게 피력하고 있는 것이 됩니다.

80소겁 동안을 연설했다니 결코 짧은 시간이 아닌데, 덕분에 오늘날 우리들도 갖가지 훌륭한 출판매체들을 통하여 쉽고 편하게 법화경을 마음껏 공부할 수 있으니 어떻게 감사를 드려야 할지 모르겠군요. 묘광보살에게서 묘법연화경을 듣고 백천만억 부처님께 공양하여, 불도를 이룬 이들 중에서 마지막으로 성불한 분이 바로 연등불이었던 것입니다. 연등불에 얽힌 '연등불수기'에 대한 불교설화는 들어본 기억이 있을 겁니다.

오랜 과거 전전세에 석가모니 부처님이 불도를 닦던 청년 보살(유동보살 儒童菩薩)일 때 스스로 부처가 되겠다는 서원을 세웠었는데, 어느 날 연등불이 오신다는 소식을 듣고 기다리다가 7송이 연꽃을 연등불께 공양을 하였더랬지요. 연등불은 이를 미소로써 받으시고는 "너는 미래세에 석가모니불이라는 부처가 될 것이니라."라며 수기를 주셨다고 하지요. 다른 설로는 미처 공양물을 구하지 못한 석가모니 부처님이 진흙길에 자신의 머리카락(또는 자신의 몸)을 깔아 밟고 지나가시게 했다고도 하는데요. 이 설화가 바로 '연등불수기(燃燈佛授記)'로 불교에서 보살이란 개념이 생긴 연원으로 보고 있습니다.

연등불은 한자로 등촉을 밝힌다는 연등(燃燈)인데, 이 부처가 일월등명불의 여덟 왕자 중 막내인 '법의'라고, 용수보살의 『대지도론(大智度論)』에서 전하고 있습니다. 등광불(燈光佛), 보광불(普光佛), 정광불(定光佛) 등의 다름 이름으로 불리기도 하며, 범어로는 디팜가라(Dipaṃkara)로 부르는데, 음역하여 제화갈라(提華竭羅)라고 합니다. **불교에서는 연등불을 과거불로, 석가모니불을 현재불, 미래의 부처를 미륵으로 하여 삼세의 부처를 대표**하는 걸로 보고 있지요. 문수보살은 그러한 아득한 과거세에 부처님에게 수기를 내린 연등불의 연원을 지혜로써 다 알고 법화회좌에서 왜 부처님이 무량의를 설하시며, 어찌하여 이러한 광명과 신이한 기적을 나투시는지를 과거세의 증험을 들어 설명하는 것입니다.

그러니 일월등명불은 서력기원전 몇 년도의 부처이시고, 묘광보살의 주민등록번호와 생몰연대는 어떠하며, 일월등명불의 여덟 왕자 중 막내였던 연등불이 석가모니에게 수기를 내린 장소와 일시는 어떻게 되는지, 등을 저에게 물으시면 저도 도망을 가고 싶을 만큼 답변을 드리기가 곤란함을 느낍니다. 지금까지 밝혀진 우주의 크기는 빛의 속도로 450억년을 달려가야 닿을 수 있는 크기로 파악되고 있지만, 지금도 팽창을 계속하고 있는 우주는 빛의 속도보다 더 빨리 팽창하고 있어 우리들은 결코 우주의 끝을 볼 수가 없고, 다만 우주의 지평선만 볼 수 있게 되는 것입니다. 그러한 우주 속에서의 우리들이 살고 있는 지구라는 존재는 지구 전체 속의 먼지 한톨만도 못한 존재일 뿐입니다.

그러니 묘광보살이 80소겁 동안 묘법연화경을 설하고, 수 수 만억 아승기겁 전에 이미 일월등명불이 있었다는 부처님의 가르침으로 보면 육종진동이나, 삼세를 초월한 기적 같은 것은 기적도 아닌 이벤트 정도가 아니겠습니까? 다만 이런 구조로 이해하시면 좋을 듯하군요. **〈아승기겁 전 일월등명불 ➡ 묘광보살 ➡ 여덟 왕자와 연등불 ➡ 석가모니 ➡ 법화회좌에서의 증인으로써의 문수보살〉** 그러나 중요한 것은 일월등명불과 연등불이 무명을 밝히는 빛이고, 그 무명과 번뇌를 여의게 하기 위해 진리의 법신으로 이 땅에 오신 분이 부처님이 아니십니까? 또한 그 지혜의 근원보살이 문수(묘광)보살이니 이 모든 부처가 시공을 초월한 일불(一佛)일 뿐이라는 것이 묘법연화경의 근본 사상임을 다시 한번 상기해 주시기 바랍니다. 그러니 과거, 현재, 미래가 일시(一時)이고, 연등, 세존, 미륵 또한 일불(一佛)이 되는 거지요.

중요 용어해설

❶ 덕장보살(德藏菩薩) : 부처님 25대 보살 중 한 분이신데, 공양 받아 마땅한 정각(正覺)을 이룬 청정 여래라는 뜻의 '다타아가타 아라하 삼먁삼불타'라는 수기를 부처님이 열반 직전 내리심

❷ 수기(授記) : 글자의 뜻은 문서 또는 기록 등을 준다는 뜻인데, 부처님이 불보살, 제자들에게 미래의 깨달음의 증득에 대하여, 장차 어떻게 될 것이라며 미리 지시하는 예언과 약속

❸ 연등불(燃燈佛) : 석가모니의 전생에 수기를 준 부처. 산스크리트어로는 디캄파라(Dipaṃkara)로 부르는데, 이를 의역하여 정광(定光)여래·등광(燈光)여래·보광여래·정광(錠光)여래·연등여래라고도 하며, 음역하여 제화갈라·제원갈이라고도 함

단락	구분	원문 및 한글 번역
19	한문 원전	"八百弟子中 有一人 號曰**求名**. **貪著利養** 雖復讀誦衆經 而不通利 多所忘失 故號求名. 是人亦以種諸善根因緣故 得值無量百千萬億諸佛 供養恭敬 尊重讚歎. 彌勒! 當知. 爾時 妙光菩薩 **豈異人乎**? 我身是也 求名菩薩 汝身是也. 今見 此瑞 與本無異 是故惟忖 今日如來當說大乘經 名妙法蓮華 教菩薩法 佛所護念."
	한글 읽기	"팔백제자중 유일인 호왈**구명**. **탐착이양** 수부독송중경 이불통리 다소망실 고호구명. 시인역이종제선근인연고 득치무량백천만억제불 공양공경 존중찬탄. 미륵! 당지. 이시 묘광보살 **기이인호**? 아신시야 구명보살 여신시야. 금견 차서 여본무이 시고유촌 금일여래당설대승경 명묘법연화 교보살법 불소호념."
	한글 풀이	"묘광보살의 팔백 제자 중 구명이라는 이가 있었으니 욕심과 이익 불리기에 집착하였기에 비록 여러 경전을 읽고 외웠지만 도리를 깨닫지 못하고 잊어버리는 것이 많았으므로 그 이름을 구명이라 하였습니다. 이 사람도 역시 온갖 선근을 심은 인연으로 한량 없는 백천만억 부처님들을 만나 뵙고 공양하여 존경하며, 존중하고 찬탄하였습니다. 미륵보살은 아십시오. 그때의 묘광보살이 어찌 다른 사람이겠습니까? 내가 바로 그였으며 구명보살이 바로 당신이었습니다. 지금 이 상서를 보니 그때와 다르지 않으므로 가만히 생각해보니 오늘 여래께서는 대승경을 설할 것입니다. 이름은 묘법연화이며, 보살을 가르치는 법이며, 부처님께서 늘 잊지 않고 보살펴 주시는 바입니다."
중요용어		❶ 구명(求名) ❷ 탐착이양(貪著利養) ❸ 기이인호(豈異人乎)

이어서 나오는 문수사리보살이 과거세의 일월등명불과 법화경의 공덕을 찬탄하는 게송이 이어지지만 법화경 〈제1 서품〉은 여기가 마지막 단락이 됩니다. 여기서 다시 구명보살이 나오는군요. 앞서 미륵보살이 문수보살에게 부처님이 보이신 기적과 상서에 대해 궁금해하며 물었던 미륵의 전생을 설명 드리면서 구명보살을 언급했더랬지요. 공부도 잘하지 못하였을 뿐 아니라, 이익 탐하기만 좋아하고 경전을 공부해도 이해를 잘 하지도 못하여, 금방 또 잊어버리는 어쩌면 우리들 중생을 꼭 닮은 모습이었나 봅니다. 그러나 구명 보살은 다겁생의 전생에서 여러 가지 좋은 인연을 쌓았기 때문에 백천만 억

의 부처님을 공경, 공양할 수 있었다는 기술을 기억하실 겁니다.

이 점이 법화경 설법에 중요한 키가 되는 것이, 비록 현생의 중생들이 곤고한 처지에서 번민의 진흙밭을 헤매고 있으나, 억겁 전생에 쌓아놓은 잠들어 있던 선업의 종자에 한 생각 돌이켜 법화의 꽃술을 틔우기만 하면 모두가 미륵이고, 부처라는 우회적 상징을 지니고 있다고 하였습니다. 그러했던 구명보살이 다름아닌 지금의 미륵 당신이며, 그때의 묘광보살이 다름 아닌 지금의 나 문수보살이라며, '미륵이시여! 마땅히 알라.'고 말하는 것입니다. 그러한 먼먼 과거세의 일월등명불로부터 지금에 이르기까지의 인연과 경험으로 비추어 볼 때 지금의 이 상서는 그때와 다르지 않으므로, 필시 여래께서 오늘 묘법연화경을 설하시려 함이 분명하다고 문수보살은 전지적 관찰자 입장에서 확신을 하고 있는 것입니다.

이어서 이러한 뜻을 문수보살은 게송으로 거듭 대중들에게 설하게 되는데, 독자 여러분들은 〈제1 서품〉을 공부하시니 어떤 생각이 드시는지요? 앞서 서품의 성격을 식전 공개행사란 표현으로 설명을 드렸는데, 이제 드디어 본론인 법화경의 강설이 이루어질 직전에 와 있는 것입니다. 돌이켜보면 정말로 가슴 떨리는 감동의 이벤트였고, 신이하고도 충격적인 기적을 보았으며, 아승기겁 과거세의 일월등명불로부터 오늘의 법화회좌가 열리기까지의 인연이 결코 우연이 아니라 필연임도 알 수 있었습니다. 지금 이 책 해설서를 대하고 있는 저와 여러분의 인연 또한 일대사인연에 의해 하나로 맺어져 있음이 우연이 아님이 분명해진 것입니다.

우주 속에 편재된 모든 실상은 하나로 똑같습니다. 싯달타 부처님의 체세포를 구성하는 탄소 분자와 나의 탄소 분자, 부처님을 살상하려던 제바달타의 체세포가 다르지 않고, 안드로메다 성운을 감싸고 있는 가스층의 탄소 분자 또한 부처님과 나와 다르지 않은 똑같은 분자로 이루어져 있기 때문에 우주의 통일장이론인 일대사인연을 설하셨습니다. 죄악에 물들어 있는 그 자체가 곧 부처라 하시며, 묘법연화경을 설하시고자 서품에서 이러한 갖은 기적과 신이한 행적을 보이신 것입니다.

　서품이지만 전체 법화경 28품 중 차지하는 분량이 약 6%에 해당하는 장문(長文)으로, 왜 부처님이 이토록 확실한 몸풀기와 주의를 집중시키신 것인지 알 것 같기도 하군요. 어찌보면 법화경의 근본 사상을 가장 강하게 예측할 수 있는 품이기도 한데요, 사성제와 12인연법, 육바라밀이 제시되었고, 과거불(연등불), 현재불(석가모니불), 미래불(미륵불)이 총동원 되고 있기 때문입니다.

중요 용어해설

❶ 구명(求名) : 미륵보살이 전생에 문수보살의 제자로서 이익을 탐하고, 이름 내기를 좋아하며, 경전도 잘 이해하지 못해 구명이란 이름이 붙었으나, 백천만억의 부처님을 공경, 공양하여 미래불인 미륵이 됨

❷ 탐착이양(貪著利養) : 욕심과 이익을 불린다는 뜻

❸ 기이인호(豈異人乎) : '어찌 다른 사람일까?' '기(豈)'는 '어찌'라는 부사

묘법연화경 제2 방편품(方便品)

요약 및 대의

⇒ 법화경의 적문(迹門) 중 가장 주된 품에 해당

　＊ 부처님의 육성설법이 시작됨

⇒ 삼매에서 깨어나신 부처님이 사리불에게 부처의 도법을 설하고, 지견과 방편을 강조하심

⇒ 사리불에게 여래의 지혜를 찬탄하시며 10여시(如是)를 설하심

⇒ 전대미문의 설법에 대해 사리불이 의심하여 물음

⇒ 사리불이 거듭 물었으나 부처님은 이 법을 설하면 천, 인, 아수라 등이 놀라고 의심할 것이라며 재차 거절하심

⇒ 사리불이 세 번을 묻고, 부처님이 세 번을 거절하심 **(삼지삼청 三止三請)**

⇒ 마침내 부처님께서 설법하기로 사리불에게 약속하시자, 이때 오천 증상만인이 퇴석함 **(오천퇴석 五千退席)**

⇒ 모든 부처님은 오직 **일대사인연**으로 세상에 출현함을 설하심

⇒ 모든 부처님 세존은 오직 일대사인연으로 세상에 출현함을 거듭 설하시고, 오로지 **일불승**만 있을 뿐이라고 강조하심

🪷 |1| 사리불에게 부처의 도법을 설하고, 방편과 지견을 강조하심

단락	구분	원문 및 한글 번역
1	한문 원전	爾時 世尊 從三昧安詳而起 告**舍利弗**. "諸佛智慧甚深無量 **其智慧門** 難解難入 一切聲聞 辟支佛所不能知. **所以者何?** 佛曾親近百千萬億無數諸佛 盡行諸佛無量道法 勇猛精進 名稱普聞 成就甚深未曾有法 隨宜所說 意趣難解. 舍利弗, 吾從成佛已來 種種因緣 種種譬喩 廣演言教 無數方便 引導衆生 **令離諸著**. 所以者何? 如來方便 **知見波羅蜜** 皆已具足."
	한글 읽기	이시 세존 종삼매안상이기 고**사리불**. "제불지혜심심무량 **기지혜문** 난해난입 일체성문 벽지불소불능지. **소이자하?** 불증친근백천만억무수제불 진행제불무량도법 용맹정진 명칭보문 성취심심미증유법 수의소설 의취난해. 사리불, 오종성불이래 종종인연 종종비유 광연언교 무수방편 인도중생 **영리제착** 소이자하? 여래방편 **지견바라밀** 개이구족."
	한글 풀이	그때 세존께서 조용히 삼매에서 일어나시어 사리불에게 말씀하셨다. "여러 부처님의 지혜는 매우 깊어 한량이 없으며, 그 지혜의 문은 이해하기도 어렵고 또 들어가기도 어려워서 일체 성문이나 벽지불은 알 수 없느니라. 왜냐하면 부처는 일찍부터 백천만억 헤아릴 수 없는 부처님을 친근하여, 여러 부처님의 한량없는 도법을 행하고, 용맹하게 정진하여 그 이름이 널리 퍼졌으며, 매우 깊고 일찍이 없던 법을 성취하여, 마땅함을 따라 설했으므로 뜻을 알기 어려운 까닭이니라. 사리불아! 내가 성불한 뒤로 가지가지 인연과 가지가지 비유로써 널리 가르침을 폈으며, 무수한 방편으로 중생들을 인도하여 모든 집착을 여의도록 하였으니, 왜냐하면 그것은 여래가 방편과 지견으로 바라밀을 이미 다 구족한 까닭이니라."

　법화경을 내용과 사상 등으로 분류하면 적문과 본문으로 나눌 수 있는데, 〈제1 서품〉부터 〈제14 안락행품〉까지가 적문으로, 적문 중의 주된 요지는 본 〈방편품〉이 해당 된다는 설명을 앞 장 제1부, 제2장 '법화경의 성립과 구성' 편에서 설명 드린 바 있습니다. 따라서 본 품은 법화경의 전제 면모를 조망해 볼 수 있는 설법들로 이루어져 있고, 일대사인연이라는 법화경의 정신이 잘 나타나는, 법화경에서 부처님의 육성이 처음으로 나오는 아주 중요한 단락이라 하겠습니다.

　그러면 '방편'이란 과연 무엇을 말하며, 어떤 것을 이르는 것일까요? 어떤 일을 이루기 위한 방법 또는 어딘가를 가야 할 때 갈 수 있는 수단 등으로 설명은 할 수 있을 것 같은데, 막상 방편을 한마디로 정의하기에는 적절한 해석이 잘 떠오르지 않습니다. 사전적 정의에 의하면야 그때그때의 경우에 따라 편하고 쉽게 이용하는 수단과 방법이라 하겠습니다만, 불교에서 말하는 방편이라고 하면 일반적인 수단과 방법이 아니라, 중생구제를 위해 사용하는, 오묘하고 자비심 넘치는 행위로 확장되어야 하기 때문에 매우 포괄적인 의미를 지니고 있다 하겠습니다.

　이 우주 삼라만상이 운행하는 질서에는 방편 아님이 없습니다. 누구에게나 살아가는 방법이 있으니, 농부는 종자를 뿌려 싹을 틔우고 농작물을 생산하여 그것으로 삶의 방편으로 삼고, 장삿군은 보다 값싼 물건을 떼어와, 보다 비싼 값에 물건을 파는 것으로 삶의 방편으로 삼습니다. 그러나 농부는 씨앗을 뿌리고 김매어 가꾸는 방법은 알지만, 그 한 알의 씨앗이 어떻게 수십, 수백 개의 알곡이 되는지 또 땅속의 어떤 기운이 알곡을 영글게 하는지 등의 심오한 원리는 잘 알지 못합니다. 그럼에도 불구하고 세상의 창조원리는 모든 존재가 그들대로의 방편을 써서 살아가도록 준비되어 있습니다. 지구가 태양의 주위를 도는 것도 지구의 존재를 위한 방편인 것처럼 더할 것도, 덜 할 것도 없기 때문에 부증불감이요, 모든 것이 연원하여 일어나기 때문에 일대사인연이 되는 것이지요.

불교의 교법에서 방편을 쓰기는 하지만 방편이 불교의 본질은 아닙니다. 우리의 삶 자체도 궁극적 완성(성불)을 향해가는 방편의 전개일 수 있으나, 방편이 삶 자체는 아니잖습니까? 예로서 병이 깊은 사람이 뿌리 깊은 병의 근원을 다스리기 위해 때로는 독으로 양약을 삼을 때 그때의 독은 방편이 됩니다. 또한 죄를 짓고 감옥에 간 사람이 옥살이에서 죄를 크게 뉘우치고 환골탈태하여 참다운 삶을 살아가게 되면 그 사람에겐 감옥이 곧 방편이라 할 수 있습니다. 육식에 얽매어 의심하며, 믿지 못하는 자에게는 실상의 지견을 열어 보인다거나, 백번의 설법을 해주는 것보다 한 번의 신이한 기적을 나투는 것이 효과적이기 때문에 이렇듯 법화경에서 여섯 가지로 땅이 진동하고, 1만 8천 세계를 비춰주시는 등의 기적을 보이신 겁니다. 그러나 이러한 방편으로써의 기적이란 스스로 솔성을 맑혀 지혜로써 해탈 열반에 이르는 것을 궁극적 이상으로 삼는 불교의 본질은 결코 아닌 것이지요. 불법은 완성을 향해가는 그 과정 자체가 행복인 종교가 아니겠습니까?

하나님을 믿어 영생을 얻는다면 그것도 일종의 방편일 터입니다. 그런데 이 방편은 깨우치지 못한 사람이 쓰면 술수가 되고, 사술(邪術)이 되지만, 성인(聖人)이 사용하면 중생구제의 자비와 진리가 되는 것입니다. 방편이란 산스크리트어의 우파야(Upaya)로 표기하는데, 방(方)은 방법, 편(便)은 편리·편용(便用)의 뜻이며, 정직, 정사각형 등을 방(方)이라고 하니 진리에 접근시키는 방법이 곧 방편이라 하겠습니다. 중생제도를 목적으로 하는 대승불교에서는 이 방편을 중요시하여, 상대의 조건과 환경, 장소 등에 따라 갖가지 방편으로 설하게 되니 중생 근기 천만 가지라, 부처님의 방편을 천만 방편이라고도 하는 것이지요. 방편과 비유를 빼면 불교는 성립 자체가 불가능한 종교입니다. 방편을 '양(陽)'이라고 한다면, 비유는 '음(陰)'이라 할 수 있고, 지견은 이를 연결해주는 중성자라 기억해 두시면 좋을 듯하군요.

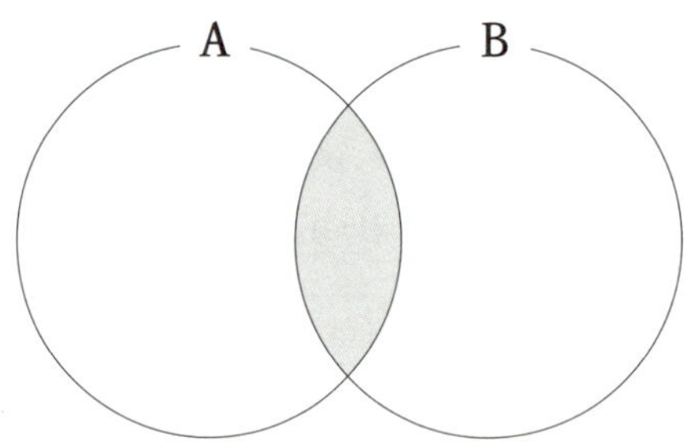

<A=방편(양), B=비유(음)이라 할 때 지견은 교집합(交集合) 'A∩B'가 됨>

이는 법화경에서 〈제2 방편품〉이 적문의 가장 핵심적인 설법으로 받아들여지는 이유이기도 합니다. 드디어 무량의처삼매에서 깨어나신 부처님이 사리불에게 당신이 체험한 깨달음의 경지와 한량없는 지혜의 깊이를 설하십니다. 왜 하필 부처님이 법화경을 설할 당시에 이미 입멸한 사리불일까요? 사리불의 명칭은 법화경 전체에서 95회나 언급되고, 방편품에서만도 51회나 등장하는데, 사리불은 부처님의 10대 제자 중 지혜 제일의 제자임은 잘 알고 계실 것입니다. 전술한 바와 같이 같은 지혜라도 문수보살의 지혜가 초자연적이고 우주적인 것이라면, 사리불의 지혜는 인간사의 지혜라 할 수 있겠습니다. 그러니 부처님이 사리불에게 이르는 것인데, 이런 말씀이시군요.

"여러 부처님의 지혜는 매우 깊고 한량이 없으니 그 지혜의 문은 이해하기도 어렵고 또 들어가기도 어려워서 일체 성문이나 벽지불은 알 수가 없느니라. 왜냐하면 부처는 일찍부터 백천만억 헤아릴 수 없는 부처님을 친근하여 여러 부처님의 한량없는 도법을 행하고, 용맹하게 정진하여 그 이름이 널리 퍼졌으며, 매우 깊고 일찍이 없던 법을 성취하여 마땅함을 따라 설했으므로 뜻을 알기 어려운 까닭이니라. 사리불아! 내가 성불한 뒤로 가지가지 인연과 가지가지 비유로써 널리 가르침을 폈으며, 무수한 방편으로 중생들을 인도하여 모든 집착을 여의도록 하였으니, 왜냐하면 그것은 여래가 방편과 지견으로 바라밀을 이미 다 구족한 까닭이니라.”

‘성문과 벽지불은 알 수 없다’란 말씀은 사제법과 십이인연법을 깨달은 이들이 모든 것을 다 깨달은 것 같은 착각의 경지에 머물러 있었기 때문인데, 너희들은 아직 미완성이며, 여래는 오직 일불승(一佛乘)의 법을 전할 뿐, 이승(二乘)이나, 삼승(三乘)의 법은 없다는, 차원 높은 말씀을 하시는 겁니다. 그리고 가지가지 인연과 비유, 무수한 방편과 지견바라밀로 중생을 인도하여 모든 집착을 여의도록 하셨다는 것인데, 지견바라밀이란 방편과 비유를 연결하여, 모든 사물을 실상 그대로 볼 수 있는 지혜와 무한한 능력으로서의 중생을 제도하는 수행법을 이르는 말입니다.

중요 용어해설

❶ 사리불(舍利弗) : 부처님의 십대제자 중의 한 사람으로 지혜 제일 사리자(舍利子)라고도 함. 일찍 깨달음을 얻어 대중의 신뢰와 존경을 받아 주로 교화 활동에 종사했는데, 부처님의 후계자로도 지목받았으나 부처님보다 먼저 입적하였음.

❷ 기지혜문(其智慧門) : ‘기(其)’는 지시대명사로, 한량없고 깊은 ‘그 지혜의 문’이라는 뜻

❸ 소이자하(所以者何) : 왜냐하면

❹ 영리제착(令離諸著) : 모든 집착을 여의도록 함. 착(著)은 착(着)과 같이 쓰임

❺ 지견바라밀(知見波羅蜜) : 모든 사물을 실상 그대로 볼 수 있는 지혜와 무한한 능력으로 중생을 제도하는 수행과 방편

단락	구분	원문 및 한글 번역
2	한문 원전	"舍利弗! 如來知見 廣大深遠 **無量無礙** 力**無所畏** 禪定 **解脫三昧** 深入無際 成就一切未曾有法. 舍利弗! 如來能種種分別 巧說諸法 言辭柔軟 悅可衆心. 舍利弗! 取要言之 無量無邊 未曾有法 佛悉成就. 止, 舍利弗! 不須復說. 所以者何? 佛所成就 第一希有 難解之法 唯佛與佛 乃能究盡 **諸法實相**. 所謂諸法 **如是相 如是性 如是體 如是力 如是作 如是因 如是緣 如是果 如是報 如是本末究竟 等**." 爾時 世尊欲重宣此義 而說偈言.
	한글 읽기	"사리불! 여래지견 광대심원 **무량무애** 역**무소외** 선정 **해탈삼매** 심입무제 성취일체미증유법. 사리불! 여래능종종분별 교설제법 언사유연 열가중심. 사리불! 취요언지 무량무변 미증유법 불실성취. 지, 사리불! 불수부설. 소이자하? 불소성취 제일희유 난해지법 유불여불 내능구진**제법실상**. 소위제법 **여시상 여시성 여시체 여시력 여시작 여시인 여시연 여시과 여시보 여시본말구경 등**." 이시 세존욕중선차의 이설게언.
	한글 풀이	"사리불아! 여래는 지견이 넓고 크며, 깊고 멀어서 무량(사무량심)과 무애(사무애변)와 힘(십력)과 무소외(사무소외)와 선정, 해탈 삼매에 깊이 들어, 온갖 미증유한 법을 성취하였느니라. 사리불아! 여래는 가지가지로 분별하여 공교롭게 모든 법을 설하니, 말이 부드러워 여러 사람의 마음을 기쁘게 하느니라. 사리불아! 중요한 점을 들어 말하면, 한량없고 가없는 미증유한 법을 부처는 모두 성취하였느니라. 그러나 그만두어라, 사리불아! 다시 말할 것이 없느니라. 왜냐하면 부처가 성취한 가장 희유하고 이해하기 어려운 법은, 오직 부처님들만이 모든 실상의 법을 다 알 수 있기 때문이니라. 이른바 여시상, 여시성, 여시체, 여시력, 여시작, 여시인, 여시연, 여시과, 여시보, 여시본말구경 등이니라." 세존께서 이 뜻을 거듭 펴시려고 게송으로 읊으셨다.
	중요용어	❶ 무량무애(無量無礙) ❷ 무소외(無所畏) ❸ 해탈삼매(解脫三昧) ❹ 제법실상(諸法實相) ❺ 십여시(十如是)

짧은 식견으로만 보면 부처님께서 계속하여 당신의 자랑을 사리불에게 늘어놓는 것으로 보이지만 선정, 해탈삼매가 아니면 이 심원한 실상의 경지를 구족하기 어려운 미증유의 법을 강조하시기 위한 부처님의 간절함을 느끼셔야 합니다. 본 단락에서 '**제법실상**(諸法實相)'이 나오는데, 이 말은 구마라집이 법화경을 번역하면서 처음으로 사용한 단어로서, 모든 사물의 진정한 모습을

꿰뚫어 보는 힘 또는 통찰력으로 해석할 수 있습니다. 다시 말하면 일체의 존재가 생하고 멸하는 관계 속에서 연기(緣起)로 맺어져 있는 인연의 법성(法性)이라는 말이 되는 것입니다. 우주 삼라만상에 인연 아닌 것이 어디에 있겠습니까만, 이 인연의 발현도 '인(因)'이 자신이 지닌 주체적이고 능동적인 것이라면, '연(緣)'은 객체적이고 피동적인 조건을 뜻한다는 것입니다.

내가 어둠을 밝힐 양초와 성냥을 갖추고 있어도(因), 비 오는 곳이나 바람이 부는 곳(緣)이면 촛불을 켤 수 없듯이 이들 조건을 극복할 수 있는 힘 즉, 제법 실상의 지견이 있어야 한다는 말씀입니다. **한량없고 가없는 미증유의 법을 성취하기 위해서는 지견이 넓고 크며, 깊고 멀어서 무량(四無量心)과 무애(四無礙辯)와 힘(十力)과 무소외(四無所畏)와 선정, 해탈 삼매에 깊이 들어야 한다는 말씀**인데, 우선 무량(無量), 무애(無礙)부터 살펴보기로 하겠습니다.

무량이란 다시 말해 정도를 헤아릴 수 없을 만큼 많다는 뜻이거니와 우리 말의 '가없다'와 동의어이기도 합니다. 한편 무애는 한마디로 막힘이 없고 장애가 없는 것을 말하니 한량없는 자비를 베풀어 일체의 집착을 여의었다는 말이 됩니다. 불교에서는 모든 중생에게 즐거움을 주고 괴로움과 미혹을 없애주는 네 가지의 자비심 즉, 사무량심인 **'자비희사(慈悲喜捨)'** 네 가지를 보살의 최고 실천 덕목으로 삼고 있음은 잘 아실 것입니다. 불교는 그야말로 자비와 지혜의 두 날개로 날아가는 종교가 아닙니까? 그래서 자비를 행함에는 끝이 없어야 하고(사무량심), 불보살의 걸림 없는 자유자재한 이해와 표현능력 네 가지(사무애변)와 설법하는 데는 두려움이 없고 자신 있게 할 수 있는(사무소외)의 경지를 성취해야 한다는 것이지요. 이 경지는 중생심으로 넘어서기가 부처님이 보시기에 참으로 어렵다는 말씀인데요, 사무량심과 사무애변, 사무소외를 알기 쉽게 정리해 봅니다.

사무량심(四無量心)

⇒ **자무량심**(慈無量心) : 모든 중생에게 즐거움을 베풀어 주는 마음가짐

⇒ **비무량심**(悲無量心) : 중생을 불쌍히 여기는 마음. 고통의 세계로부터 중생을 구해 내어 깨달음의 해탈락(解脫樂)을 주려는 마음가짐

⇒ **희무량심**(喜無量心) : 중생으로 하여금 고통을 여의고, 낙을 얻어 희열하게 하려는 마음

⇒ **사무량심**(捨無量心) : 탐욕이 없음을 근본으로 하여 모든 중생을 평등하게 보고 애 증에 대한 구별을 두지 않는 마음가짐

사무애변(四無礙辯)

⇒ **법무애**(法無礙) : 가르침에는 막힘이 없어야 함을 뜻함.

⇒ **의무애**(義無礙) : 8만 4천 법문을 통달하여, 가르침이 나타내는 뜻을 모두 이해함.

⇒ **사무애**(辭無礙) : 모든 언어를 통달하여 자재하며, 비유와 변화, 수사법의 활용에 막 힘 없음.

⇒ **요설무애**(樂說無碍) : 변무애지(辯無碍智)라고도 함. 앞의 세 가지 지혜로서 자재롭 게 설하여 중생을 즐겁고 유익하게 하는 것.

사무소외(四無所畏)

⇒ **정등각**무외(正等覺無畏) : 일체 법을 깨닫고 증득하여 두려워하지 않음.

⇒ **일체누진**무외(一切漏盡無畏) : 일체의 번뇌를 모두 끊었기 때문에 두려움이 없음.

⇒ **설장법**무외(說障法無畏) : 수행에 장애가 되는 것은 모두 설했기 때문에 두려움이 없음.

⇒ **설진고도**무외(說塵苦道無畏) : 미혹을 떠나는 수행 방법에 대해 설했기 때문에 두려 움이 없음. 설출도무외(說出道無畏)라고도 함.

알기 쉽게 정리한다고는 하였지만 솔직히 이것이 저것 같고, 이 말이 그 말 과 같아 문자에 얽매이면 깊은 뜻은 모르게 되니, 다만 한량없는 자비심의 무

량과 어디에도 걸리지 않는 무애심이 나를 자유롭게 하여, 두려움 없는 깨달음의 '나'로 이끄는 것이로구나, 정도로 이해해 두시기 바랍니다. 그러면 이 단락에서 아주 중요한 '십여시(十如是)'에 대해 살펴볼 차례가 되었군요. 솔직히 십여시란 용어는 수준 높은 경지의 불경을 공부하는 불자분이 아니면 평생 한 번 들을까, 말까 하는 용어이기는 합니다만, 불교의 존재론적 사상과 세계관을 모두 담고 있는 매우 심오한 이론이기 때문에 잠시 짚어보도록 하겠습니다. 문자 그대로 해석하면 **'열 가지의 이와 같이 옳은 것'**이란 뜻인데요, '여(如)'란 불변하는 진리 곧, 진여(眞如)가 되고, '시(是)'의 뜻은 '옳다', '바르다' 또는 '바로 잡다'란 뜻이니 영어의 'right'에 해당되어 '틀리다'의 반대가 됩니다. 우주의 모든 존재하고 생성되는 실상의 이치가 이 열 가지 범주에 속한다는 뜻인데, 우주 일체 만유(萬有)는 외적인 형상과 내면의 본성, 사물의 주체, 잠재된 힘과 작용, 직간접적인 원인과 결과, 궁극의 경지를 한꺼번에 모두 지니고 있다는 것입니다.

쉽게 이해가 잘 되질 않지요? 아인슈타인의 상대성이론을 꺼내 들면 좀은 쉬운 설명이 될 듯도 하군요. 즉, 에너지(力)는 질량(體, 本性) 곱하기 속도(因果)의 제곱(作用)에 비례하니 즉, $E=mc^2$이 되어 물질이 에너지가 되고, 에너지가 다시 물질이라는 개념이거니와 이 모든 작용과 인과가 같은 범주에 속한다는 뜻이 됩니다. 사실 산스크리트어 원전에는 십여시가 나오지 않고 비슷한 개념의 설법은 나오는데, 아마 구마리집이 번역 과정에서 직역하지 않고, 의역하여 삽입한 것으로 불교계에서는 보고 있습니다. 십여시에는 어떤 상호 작용과 인연, 과보가 있는지 아래에 정리해 둡니다. 낱낱의 개념을 이해하시기보다, 우주적 입장에서 보면 인과의 이치가 통일적 개념이 되는구나. 아하! 부처님이 이들의 이치를 중생들에게 전하려고 물리·철학적 방법을 동원하여 설명하셨구나. 정도로 알아두시기 바랍니다.

❶ **여시상(如是相)** : 외적 분별이 가능한 모든 본래의 형상.

❷ **여시성(如是性)** : 속에 있어 겉으로 나타나지 않는 모든 본래의 성질.

❸ **여시체(如是體)** : 상(相)과 성(性)을 다 갖춘 모든 형이상·하학적 그 자체.

❹ **여시력(如是力)** : 모든 것이 본래부터 가지고 있는 에너지(능력).

❺ **여시작(如是作)** : 모든 것이 본래부터 가지고 있는 작용.

❻ **여시인(如是因)** : 모든 것이 본래부터 갖추어져 있는 제일의 원인.

❼ **여시연(如是緣)** : 모든 것에 본래부터 갖추어져 있는 제이의 원인.

❽ **여시과(如是果)** : 제일 원인에 의해 생기는 결과.

❾ **여시보(如是報)** : 제이원인에 의해 생기는 결과.

❿ **여시본말구경등(如是本末究竟等)** : 이전의 아홉 가지는 상호 인연하여 작용하니, 모든 현상이 그대로의 형상·특성·본질·잠재력·작용·원인·조건·결과·과보(❶~❾) 등에 본말(本末)이 연원하는 바, 결국은 모두 평등하다는 뜻.

이렇게 정리하고 보니 부처님이 왜 그토록 사리불에게 "그만두어라, 사리불아! 다시 말할 것이 없느니라. 왜냐하면 부처가 성취한 가장 희유하고 이해하기 어려운 법은 오직 부처님들만이 모든 실상의 법을 다 알 수 있기 때문이니라."라고 저어하신 이유를 알 것 같지 않습니까? 정말 저러한 인과와 작용·반작용의 법칙이며, 에너지 통일장이론 같은 우주의 심층적 물리·철학은 깨달음과 거리가 먼 중생들에게는 오히려 혼란만 가중시킬 것인데, 이를 어린 중생들에게 설하시려니 얼마나 난감하셨을지 이해가 갈 듯하군요. 이제 부처님의 고심을 이해한 우리들인 만큼 또 앞으로 나아가 보도록 하겠습니다.

중요 용어해설

❶ 무량무애(無量無礙) : 무량은 헤아릴 수 없을 만큼 많다는 뜻. 무애는 막힘이 없고 장애가 없는 것. 즉 한량없는 자비를 베풀어 일체의 집착을 여의었다는 뜻

❷ 무소외(無所畏) : 수행을 통해 이룬 네 가지 두려움을 여의는 것

❸ 해탈삼매(解脫三昧) : 마음을 하나의 대상에 집중하여 니르바나에 이른 경지

❹ 제법실상(諸法實相) : 모든 현상의 있는 그대로의 참모습. 대립이나 차별을 떠난 실제 모습 또는 만유의 진정한 모습을 꿰뚫어보는 힘, 통찰력

❺ 십여시(十如是) : 우주의 모든 존재와 생성되는 실상의 이치가 열 가지 범주에 속한다는 이론

🪷 |3| 사리불이 부처님의 찬탄에 대해 의심하여 묻다

단락	구분	원문 및 한글 번역
3	한문 원전	爾時 大衆中 有諸聲聞 漏盡阿羅漢 阿若憍陳如等 千二百人 及發聲聞 辟支佛心 比丘 比丘尼 優婆塞 優婆夷 各作是念. '今者世尊 何故 **慇懃稱歎方便** 而作是言? 佛所得法 甚深難解 有所言說 意趣難知 一切聲聞 辟支佛 所不能及. 佛說一解脫義 我等亦得此法 到於涅槃 而今不知是義所趣.'
	한글 읽기	이시 대중중 유제성문 누진아라한 아야교진여등 천이백인 급발성문 벽지불심 비구 비구니 우바새 우바이 각작시념. '금자세존 하고 **은근칭탄방편** 이작시언? 불소득법 심심난해 유소언설 의취난지 일체성문 벽지불 소불능급. 불설일해탈의 아등역득차법 도어열반 이금부지시의소취.'
	한글 풀이	그때 대중 가운데 성문들과 번뇌가 다한 아라한인 아야교진여 등 1천 2백인과 성문, 벽지불의 마음을 낸 비구, 비구니, 우바새, 우바이들이 제각기 이런 생각을 하였다. '지금 세존께서 무슨 까닭으로 은근히 방편을 찬탄하시면서 이와 같이 말씀하시기를 부처님께서 얻으신 법은 매우 깊고 이해하기 어려워 말씀하신 뜻을 알기 어려우며, 일체의 성문과 벽지불은 미칠 수 없다고 하시는고? 부처님께서 하나뿐인 해탈의 뜻을 설하셨으며, 우리들도 역시 이 법을 얻어 열반에 이르렀는데, 이렇게 말씀하시니 그 뜻을 모르겠군.'
4	한문 원전	爾時 舍利弗知四衆心疑 自亦未了 而白佛言. "世尊! 何因何緣 慇懃稱歎 諸佛第一方便甚深微妙難解之法? 我自昔來 未曾從佛 聞如是說 今者四衆 **咸皆有疑**. 唯願世尊, **敷演斯事**. 世尊, 何故慇懃稱歎甚深微妙難解之法?" 爾時舍利弗 欲重宣此義而說偈言.
	한글 읽기	이시 사리불지사중심의 자역미료 이백불언. "세존! 하인하연 은근칭탄 제불제일방편심심미묘난해지법? 아자석래 미증종불 문여시설 금자사중 **함개유의**. 유원세존, **부연사사**. 세존. 하고은근칭탄심심미묘난해지법?" 이시사리불욕중선차의이설게언

<table>
<tr><td>4</td><td>한글
풀이</td><td>그때 사리불이 사부대중의 의심하는 마음을 알아차리고 자기도 또한 궁금하므로 부처님께 여쭈었다. "세존이시여! 무슨 인연으로 여러 부처님들의 으뜸 가는 방편과 매우 깊고 미묘하여, 이해하기 어려운 법을 은근히 찬탄하시는 것입니까? 이전에는 이런 설법을 들은 적이 없습니다. 지금 사부대중이 모두 궁금해 하고 있사온즉 바라옵건대 세존께서 이 일이 무슨 뜻인지 말씀해 주십시오. 세존께서는 무슨 연유로 매우 깊고 미묘하며, 이해하기 어려운 법이라며 은근히 찬탄하셨나이까?" 그때 사리불이 이 뜻을 거듭 펴려고 게송으로 아뢰었다.</td></tr>
<tr><td>중요용어</td><td colspan="2">❶ 은근칭탄방편(慇懃稱歎方便)　❷ 함개유의(咸皆有疑)
❸ 부연사사(敷演斯事)</td></tr>
</table>

　그렇습니다. 번뇌가 다했다는 아야교진여 등 1천 2백 아라한을 포함한 성문, 연각, 사부대중으로서는 부처님의 그러한 깊은 뜻을 의심 없이 받아들이기는 어려웠을 것입니다. 앞 단락에서도 부처님이 강조하신 것처럼, 미증유의 희유한 법인 만큼 여러 부처님의 지혜는 매우 깊어 한량이 없으며, 그 지혜의 문은 이해하기도 어렵고 또 들어가기도 어려워서 일체 성문이나 벽지불은 알 수 없다고 하셨잖습니까? 백천만억의 헤아릴 수 없는 부처님을 친근하고, 매우 깊고 일찍이 없던 법을 성취하여, 마땅함을 따라 설했으므로 뜻을 알기 어려운 까닭이라고 덧붙였었지요. 우주의 모든 물리·과학적 지견과 방편을 구족하여야만 얻을 수 있는 경지인데도 이들은 그들만의 편견으로 생각하는 겁니다. 자신들도 역시 이 법을 얻어 아라한에 이르렀는데, 이렇게 말씀하시니 그 뜻을 모르겠다고 말입니다. 처음 유단자가 되고 나면 세상에 무서울 게 없고, 모든 무술을 다 익힌 것 같은 우월감에 젖는 경우가 있는데, 지금 이 마치 그와 같은 경우라고나 할까요? 부처님의 깊은 뜻은 사제법이나 12인연법을 깨달은 너희들로서는 일불승의 부처가 되는 법은 깨닫지 못했다며, 너희들은 아직 미완성이라는 말씀입니다. 그러나 그들은 자신들도 알만큼은 아는데, 왜 부처님께서는 자꾸만 너희들은 알기 어렵다고만 하시는 건지, 시쳇말로 미치고 폴짝 뛸 일이 아닐 수 없었을 테지요. 부처님은 안내자일뿐 해결사가 아니기 때문에 중생들이 자칫 맹목적 믿음에 빠져 부처의 위신력으로

일거에 성불하려는 어리석음을 애초에 차단하시려는 부처님의 깊은 심려가 읽혀지는 부분이기도 합니다. 믿음은 무엇이 진실인지 알고 싶지 않다는 것을 의미합니다. '믿음은 거짓보다 더 위험한 진실의 적이다.'라고 말한 니체의 말이 떠오르는 부분이기도 합니다.

부처님 성도 이전 이 땅을 살다간 모든 중생들도 하나 같이 부처였었건만 자신이 부처임을 몰랐던 것입니다. 부처가 이 땅에 온 이유가 과거, 현재, 미래세의 모든 중생들로 하여금 부처의 지견을 열어 보이게 하고, 하나 같이 부처의 지견에 들게 하기 위함이니 이를 '일대사인연'이라 함은 이미 살펴보았습니다만, 그러나 부처님 입멸후 수천 년. 그토록 많은 제 스님, 불보살이 "네가 곧 부처"라고 외쳤건만 세상은 왜 갈수록 원한과 증오, 만인 대 만인의 투쟁의 아귀다툼이 난무하는 아수라장이 되어가는 걸까요? 그것은 억겁의 세월 쌓여온 업장의 굴레가 때 묻기 쉬운 중생의 영성을 가리기 때문인데요. 많이 더러워진 옷일수록 빨고 삶아 다시금 헹궈야하듯 법화경의 가르침대로 믿고 따르면 더디 가고 일찍 가는 차이는 있을지라도 마침내는 너와 내가 아닌 하나의 통일된 부처의 세계에서 만나게 된다는 것입니다.

따라서 법화경 수행공덕을 위해 이 책 장을 넘긴 독자 여러분들은 이미 부처가 되었습니다. 혹자는 말할 것입니다. "최선을 다했고 열심히 살아온 죄밖에 없는데, 사기꾼에게 당하고 빚만 진 채, 몸은 병들고, 사랑하는 사람마저 떠나갔는데 부처가 된들 내가 어찌하란 말인가?"라고 말할 수 있겠습니다. 그러나 한 생각만 돌이켜 생각을 바꿔보면 사기를 당한 원인에는 나의 욕심과 어리석음이 있었고, 몸에 병이 든 것은 더 큰 병에 들기 전에 몸을 돌봐 달라는 내 몸이 보내는 신호이며, 사랑하는 사람이 떠나간 것은 지금껏 사랑하며 곁에 머물러 준 것에는 감사할 줄 모르고 원망하는 마음만 키웠기 때문인 것입니다.

사랑은 사랑한 것으로 만족해야 하고, 몸이 아픈 것은 더 큰 아픔보다 다행이라는 감사한 마음을 가져야 하는데, 젊고 건강한 사람과의 비교분별심이 스스로 키운 상처임을 애써 외면하는 것이 아닐는지요? 모든 원인이 그림자가 형상을 따르듯 스스로 지어, 스스로 받은 자경자획일 뿐입니다. 누가 대신하여 가 줄 수 있는 길이 아닌 만큼, 이 순간에 자신을 가두었던 빗장 없는 스스로의 감옥에서 홀연히 걸어 나오면 되는 것입니다. 그 사기꾼이 알고 보면 나의 어리석음과 욕심의 질긴 끈을 끊도록 해준 선지식이며 스승이었고, 나를 떠난 사랑했던 사람은 나로 하여금 더 큰 사랑을 베풀라는 관세음보살의 방편이었던 셈입니다.

여기서 우리는 이전까지의 부처님의 설법과 부처가 되는 일대사인연을 강조한 법화경의 차원이 어마무시하게 차원이 다름을 알 수 있어야 합니다. 지금까지의 이승(성문, 연각)이나, 삼승(성문, 연각, 보살)을 위한 법은 궁극적으로 부처가 되는, 일승을 설하기 위한 방편이었다는 말씀인데요. 지붕에 올라가려면 층층으로 된 사다리라는 방편을 이용하듯, 생로병사의 고통을 여의게 하기 위한 사제법과 12인연설법은 마침내 부처가 되기 위한, 즉 일승으로 가게 하는 층층의 과정이었고 방편이었다는 것입니다. 다시 말해 그동안의 설법은 열매를 맺기 위한 꽃을 피우는 과정이었고, 법화경이야말로 완전한 열매라 하시는 겁니다.

여기에서 사리불이 나서게 됩니다. 사리불이 사부대중의 의심하는 마음을 알아차리고 자기도 또한 궁금하므로 부처님께 여쭈게 됩니다. **"세존이시여! 무슨 인연으로 여러 부처님들의 으뜸 가는 방편과 매우 깊고 미묘하여 이해하기 어려운 법을 은근히 찬탄하시는 것입니까? 이전에는 이런 설법을 들은 적이 없습니다. 지금 사부대중이 모두 궁금해 하고 있사온즉 바라옵건대 세존께서 이 일이 무슨 뜻인지 말씀해 주십시오. 세존께서는 무슨 연유로 매우 깊고 미묘하며 이해하기 어려운 법이라며 은근히 찬탄하셨나이까?"** 지혜 제일의 사리불 또한 전대미문의 설법을 듣고는 이처럼 간곡히 궁금증에 대해 여쭙고, 나아가 그 간곡한 심정을 게송으로 지어 부처님께 읊어 올립니다.

❶ 은근칭탄방편(慇懃稱歎方便) : 은근은 은근하고 은은한 모습이란 뜻으로, 은근히 방편을 칭찬한다는 뜻

❷ 함개유의(咸皆有疑) : 모두 의문을 가지고 있음

❸ 부연사사(敷演斯事) : '부(敷)'는 펴다는 뜻이지만 여기서는 쉽게 설명하라는 뜻

|4| 사리불이 거듭 묻고, 부처님이 다시 거절하시다

단락	구분	원문 및 한글 번역
5	한문 원전	爾時 佛告舍利弗 "止! 止! 不須復說. 若說是事 一切世間諸天及人 皆當驚疑." 舍利弗重白佛言, "世尊! 唯願說之 唯願說之. 所以者何 是會無數百千萬億阿僧祇衆生 曾見諸佛 **諸根猛利** 智慧明了 聞佛所說 則能敬信."
	한글 읽기	이시 불고사리불 "지! 지! 불수부설. 약설시사 일체세간제천급인 개당경의." 사리불중백불언. "세존! 유원설지 유원설지. 소이자하 시회무수백천만억아승지중생 회견제불 **제근맹리** 지혜명료 문불소설 즉능경신."
	한글 풀이	그때 부처님께서 사리불에게 말씀하셨다. "그만 두어라! 그만 두어라! 다시 말할 필요가 없느니라. 만약 이 일을 설한다면 온 세상 모든 하늘과 사람들이 모두 다 놀라고 의심할 것이니라." 다시 사리불이 부처님께 여쭈었다. "세존이시여! 원하옵건대 설명하여 주소서. 원하옵건대 설명하여 주소서. 왜냐하면 여기 모인 수없는 백천만억 아승기 중생들은 부처님을 뵈었기에 모든 근기가 뛰어나고 영리하며, 지혜가 밝고 분명하여 부처님의 말씀을 들으면 공경하고 믿을 것입니다."
6	한문 원전	爾時 舍利弗欲重宣此義 而說偈言. "法王無上尊! **唯說願勿慮** 是會無量衆 有能敬信者"
	한글 읽기	이시 사리불욕중선차의 이설게언. "법왕무상존! **유설원물려** 시회무량중 유능경신자."
	한글 풀이	그때 사리불이 이 뜻을 거듭 펴려고 게송으로 읊었다. **"법의 왕이시며 위없는 세존이시여! 원하옵건대 염려치 마시고 부디 말씀하여 주십시오. 여기 모인 모든 대중들은 유능하여, 공경하고 믿을 자들입니다."**
7	한문 원전	佛 復止. "舍利弗! 若說是事 一切世間 天 人 阿修羅 皆當驚疑 **增上慢比丘 將墜於大坑.**"
	한글 읽기	불 부지. "사리불! 약설시사 일체세간 천 인 아수라 개당경의 **증상만비구 장추어대갱.**"

<table>
<tr><td rowspan="2">7</td><td>한글
풀이</td><td>부처님께서 다시 제지하셨다. "사리불아! 만약 이 일을 말한다면 모든 세간의 하늘, 사람, 아수라들이 모두 놀라고 의심할 것이며, 증상만비구들은 장차 큰 구덩이에 빠질 것이니라."</td></tr>
<tr><td>중요용어</td><td>❶ 제근맹리(諸根猛利)　❷ 유설원물려(唯說願勿慮)　❸ 증상만(增上慢)
❹ 장추어대갱(將墜於大坑)</td></tr>
</table>

사리불이 게송으로까지 읊으며, 간곡하게 부처님께 그 연유를 설명해 달라고 거듭, 거듭 간청을 합니다. 그러나 부처님께서는 **"그만두어라. 그만두어라. 다시 말할 필요가 없느니라."**라며 단호히 거절을 하시는데, 그 이유가 만약 이 일을 설한다면 온 세상 모든 하늘과 사람들이 모두 다 놀라고 의심할 것이라고 하십니다. 그러면 여기서 독자 여러분도 의문이 생기실 겁니다. 앞에서는 부처님이 이르기를 **"여래는 가지가지로 분별하여 공교롭게 모든 법을 설하니, 말이 부드러워 여러 사람의 마음을 기쁘게 하며, 한량없고 가없는 미증유한 법을 부처는 모두 성취하였다."**고 찬탄하시어 대중들의 의문과 기대만 잔뜩 키워놓고는, 이제라 무슨 연유로 말할 수 없다고 하시네요. 부처님은 중생에게 아낌없이 주는 자비의 근본이거니와, 부처님은 가난하고 약하며, 무지한 자에게 더 많은 애정을 기울여 제도하셨고, 살인자와 악마도 굴복시켜 구제하신 분이 아닙니까? 속된 말로 표현하면 '주지 말 거면 자랑이나 말지.' 같은 불평도 나올 법한 상황이라 하겠습니다.

부처님이 설법을 망설인 경우는 부처님이 성도(成道)후 이 심오한 법을 과연 어떻게 펼칠 수 있을까? 설법을 할 것인가, 말 것인가를 고민할 때 범천이 설법을 권하는 '범천설법권청(梵天說法勸請)' 설화가 있습니다만, 이 방편품에서 사리불이 세 번을 청하고, 부처님이 세 번을 거절하였다고 하여, 이를 **'삼지삼청(三止三請)'**이라고 하는데, 이는 다른 경전에는 없는 법화경에만 나오는 사건이기도 합니다. 우리들의 일상사에도 이토록 세 번이나 간절한 청을 하는 경우는 드뭅니다. 삼국지에서 유비가 제갈량을 군사(軍師)로 모시기 위해 세

번을 찾아갔으나 제갈량이 세 번을 고사(固辭)하여 '삼고초려(三顧草廬)'란 고사
는 있지만요. 참! 저 역시도 과거에 외상술값을 받으러 온 주인을 세 번이나
피하고 돌려보낸 '삼래삼절(三來三絕)'의 흑역사가 있었네요.

그런데 부처님의 고민은 이런 겁니다. 부처에게나 통할 경지를 중생들에
게 설하자니 자칫 혼란만 가중시킬 수도 있고, 오히려 참뜻을 비방하고 왜곡
하여, 불신을 조장하는 꼴이 될 것 같으니 "에이! 안 되겠다. 말해도 알아듣지
못할 터, 말은 해서 무엇 하겠냐? 그러니 그만두는 게 오히려 낫겠다. 정성을
다해 초등학생에게 대학원의 과목을 가르친다고 해서 달라질 게 뭐 있겠노?"
뭐 이런 생각이신 거지요. 그러면서도 제법실상과 지견·방편을 강조하시며,
우주 만유의 존재와 현상이 불변의 조건으로 스스로 지니고 있는 열 가지 바
탕인 십여시에 대하여서만은 앞에서 살짝 맛뵈기 언급을 하셨습니다.

이에 사리불이 아예 스승에게 통사정을 합니다. "세존이시여! 세존이시여!
원하옵건대 설명하여 주소서. 원하옵건대 설명하여 주소서. 왜냐하면 여기
모인 수 없는 백천 만억 아승기 중생들은 부처님을 뵈었기에 모든 근기가 뛰
어나고 영리하며, 지혜가 밝고 분명하여 부처님의 말씀을 들으면 공경하고
믿을 것입니다." 거의 애원의 수준에서 나아가서는 게송으로 읊으며 간청합
니다. **"위없는 법왕이신 당신께서 제발 한 수 가르쳐주십사!"**라며 말입니다.
법왕이란 법문(法門)의 왕이란 뜻으로 여기서는 바로 부처님을 지칭하는데, 여
전히 부처님은 **"모든 세간의 하늘, 사람, 아수라들이 모두 놀라고 의심할 것
이며, 증상만비구들은 장차 큰 구덩이에 빠질 것이니라."**라며 저어하십니다.
여기서는 '증상만(增上慢)'에 대하여 잠시 살펴보도록 하겠습니다. 증상만이란
더할 '증(增)'에, 거만할 '만(慢)'으로 읽는데, 그러니 최고의 법과 깨달음을 얻
지 못했는데도 불구하고, 자신이 성취했다고 과대평가하거나, 교만하여 어리
석고 게으른 자를 지칭하는 말입니다. '증'은 더하는 것이고, '만'은 남을 소
홀히 여기는 교만심이니 곧 교만함을 더해가는, 이른바 '내가 낸데'하는 자가

당착의 전형적인 중생이라 하겠습니다.

　불교의 근본이 '하심(下心)'인데 겸손과는 애초에 작별하고, 교만과 아집으로 똘똘 뭉친 영혼의 어느 빈자리에 불법의 진리가 들어갈 수 있겠습니까? 여러분 주위에도 반드시 이런 사람 한둘은 있을 것입니다. 세상 진리를 다 깨우친 듯, 남의 말은 완전 개무시하고 만난 시간 내내 제 자랑을 하거나, 어디서 주워들었는지도 모를 세간의 카더라통신 몇 가지로 아는 체를 하다가 밥값도 안 내고 가는 그런 사람 말이지요. 이런 부류에게 미증유의 법화설법이 어디 가당키나 하겠습니까? 예로부터 그릇이 되지 않는 자에겐 법을 전하지 말라는 진리 때문에 부처님은 이렇게 설법을 망설이는 것입니다. 삿된 자에게 무술의 최고경지를 가르쳐주면 그것을 정의에 쓰지 않고 사람 죽이는 데 쓰기 십상이지 않겠습니까? 그러니 이들에게 이 법을 전하면 반드시 큰 구렁텅이에 빠진다는 말씀인 거지요.

중요 용어해설

❶ 제근맹리(諸根猛利) : 모든 근기가 뛰어나고 영리함. 여기서 '맹(猛)'은 뛰어나다로 읽힘

❷ 유설원물려(唯說願勿慮) : 오로지 걱정말고 설하여 달라는 뜻. '물(勿)'은 삼갈 '물'

❸ 증상만(增上慢) : 최고의 법과 깨달음을 얻지 못했는데도 불구하고, 자신이 성취했다고 과대평가하거나, 교만하여 어리석고, 게으른 자를 지칭하는 말

❹ 장추어대갱(將墜於大坑) : 글자 그대로, 장차 대갱(큰구렁텅이)에 빠지게 됨

🪷 |5| 사리불이 세 번을 거듭 묻고, 부처님은 또 다시 거절하시다(삼지삼청)

단락	구분	원문 및 한글 번역
8	한문 원전	爾時 世尊重說偈言. "止止不須說 **我法妙難思** 諸增上慢者 聞必不敬信."

8	한글 읽기	이시 세존중설게언. "지지불수설 **아법묘난사** 제증상만자 문필불경신."
	한글 풀이	그때 세존께서 거듭 게송으로 설하시었다. "그만두어라. 그만두어라. 굳이 말할 필요가 없느니라. 나의 법은 미묘하고 불가사의하여 증상만이들이 들으면 반드시 공경치 않고 믿지 않으리라."
9	한문 원전	爾時 舍利弗重白佛言. "世尊! 唯願說之 唯願說之. 今此會中 如我等比百千萬億 世世已曾 **從佛受化** 如此人等 必能敬信 **長夜安隱 多所饒益**." 爾時 舍利弗 欲重宣此義 而說偈言.
	한글 읽기	이시 사리불중백불언. "세존! 유원설지 유원설지. 금차회중 여 아등비백천만억 세세이증 **종불수화** 여차인등 필능경신 **장야안은 다소요익**." 이시 사리불 욕중선차의 이설게언.
	한글 풀이	그때 사리불이 다시 부처님께 아뢰었다. "세존이시여! 오로지 원하오니 설하여주옵소서. 설하여 주옵소거. 지금 여기 모여있는 저와 같은 백천만억 이들은 세세생생에 이미 부처님의 교화를 받았으니 이들은 반드시 믿고 공경하여, 긴긴밤에 편안하며 이익되는 바가 많을 것입니다." 그때 사리불이 그 뜻을 펴려고 거듭 게송으로 아뢰었다.
중요용어		❶ 아법묘난사(我法妙難思) ❷ 종불수화(從佛受化) ❸ 장야안은 다소요익(長夜安隱 多所饒益)

실은 부처님도 서품의 식전공개행사에 이어 삼매에서 깨어나시는 대로 과거의 설법처럼 곧바로 법회를 열어가실 수도 있었을 겁니다. 그러나 지금까지의 법화회좌에서 보이신 부처님의 신이한 기적과 무량 과거세로부터 시공을 아우르는 광대한 설법의 소개에서 보는 것처럼, 이토록 미증유의 법을 설함에 있어 자칫 교만하거나 불신을 가진 자가, 이 불가사의한 법을 듣는다면 공경치 않음은 물론, 놀라고 의심하거나, 훼손할 것을 심히 두려워하신 것입니다. 그래서 성조를 붙여 게송으로 읊으십니다. **"그만두어라. 그만두어라. 굳이 말할 필요가 없느니라. 나의 법은 미묘하고 불가사의하여 증상만이들이 들으면 반드시 공경치 않고 믿지 않으리라."**

이미 이들이 공경은 고사하고, 의심하며 훼손하여, 믿지 않을 것을 부처님은 꿰뚫고 있었던 거지요. 우리들의 일상에서도 이런 경우가 있겠지요? 좁은 비약적인 비교가 될지 모르겠으나, 가끔 원숭이를 구경거리로 데려다 놓고 약을 파는 약장사가 **"아이들은 가라! 아이들은 가라! 이거이 무엇이냐? 진시왕이 먹던 바로 그 정력제다 이기야!"** 아이들에게는 줘도 쓸 줄도 모르고, 오히려 독이 되듯, 증상만이들에게 미증유의 법화설법이 당치 않음을 미리 아신 겁니다.

땅만 파면 다이아몬드가 나오는 외딴섬의 원주민들에게 다이아몬드는 하등의 쓸모가 없는, 오히려 농사짓는 데 장애만 되는 애물단지가 되지 않겠습니까? 그것의 가치가 얼마가 되고, 귀중한 보물이라고 애써 설명한들 일상의 관념의 틀에 갇힌 사람들에게는 자칫하면 미친 사람 취급받기 십상일 듯도 하군요. 그와 같이 하루 벌어 하루 먹고 사는 하층민에게 "네가 곧 보살이고 부처니라!"라고 해도 "나는 보살도 일 없고, 부처도 필요 없응게 하루 일당이나 두둑이 쳐주시요!"라는 말 나오기 십상일 테지요.

스스로가 존귀한 우주적 가치를 지닌 부처임을 알고 모르고의 차이가 이토록 극명하게 자신의 귀천을 갈라 놓게 되는 것입니다. 앞 단락에서 잠시 살펴보았지만, 부처님이 설법을 망설인 일은 성도(成道) 후 최초의 녹야원 설법 직전에도 있었습니다. 부처님이 6년 고행 끝에 성불하셨으나, 이 심오한 진리를 업장의 때에 찌든 중생들에게 어떻게? 누구에게? 전할 것인가? 말 것인가? 깊이 고심하시자 범천이 그 뜻을 알고, **"이 세상에는 그 진리를 설한다면, 지혜를 얻게 될 중생들이 있을 것이며, 아직 때가 덜 묻은 중생들도 있습니다."**라며 간절히 권유하였으니 이 모티프가 '범천(梵天) 권청(勸請) 설법설화'이고, 마침내 설법을 하기로 결심한 부처님께서 이 세상 사람들에게 진리를 펴기 위해 반세기 가까운 설법 제도의 길에 나섰던 거지요.

이처럼 부처님도 애초엔 중생이었습니다. 부처님은 스승도 없이 독학으로 6년 세월을 고행 끝에 깨달으셨지만, 우리들은 선지식 부처님의 가르침만 따르면 한방에 내가 부처임을 깨닫고, 곧 성불하게 되니 우리가 부처님 이후의 세상에 태어난 것을 어찌 감사해 마지않을 수 있겠습니까? 어렵게 깨달은 최고의 진리를 오랜 업장의 때에 젖어 있는 중생들에게 가르쳐 주어도 쉽게 이해할 수 없을 것을 저어하셨던 것인데, 세상의 진리는 일상의 틀에 갇힌 고정관념의 시선으로는 받아들일 수 없기 때문에 열매에 해당하는 미증유의 최상승 법화설법을 망설이시는 것입니다. 그러나 우리의 사리불이 누굽니까? 지혜 제일 사리불답게 법과 진리 앞에서 불퇴전의 집요한 의지를 보입니다. 만약 사리불이 부처님께 두 번만 청하고 물러났었더라면 오늘날 법화경이 우리들에게 전달이나 되었을지 모르겠군요. 사리불이 아예 애원을 합니다. "지금 여기 모여있는 저와 같은 백천만억 이들은 세세생생에 이미 부처님의 교화를 받았으니 이들은 반드시 믿고 공경하여, 긴긴밤에 편안하며 이익되는 바가 많을 것입니다. 우리들은 세세생생 부처님의 교화를 받았잖습니까? 우찌 우리가 증상만이들과 같겠습니껴? 반드시 믿고 공경할 터이니 제발 설하여 주시이소."라고 합니다. "그렇게만 해주시면 장야안은 다소요익(長夜安隱 多所饒益)이겠습니다." 여기서 '장야(長夜)'는 긴밤이라 읽으면 안 되고, 어둡고 혼탁한 세상 또는 세간(世間)으로 읽어, 비록 장야(세간)에 있을지라도 안은(安隱)하고, 헤아릴 수 없는 이익이 있을 것으로 의역을 합니다. '요(饒)'는 넉넉하다. 배불리 먹다란 뜻을 지닙니다. 이에 사리불이 지금까지의 뜻을 펴서 게송으로 읊으며, 다시금 부처님께 설법을 간청드리게 됩니다.

중요 용어해설

❶ 아법묘난사(我法妙難思) : 부처님 당신이 자신의 법은 미묘하고 불가사의 하다고 하심

❷ 종불수화(從佛受化) : 부처님의 뜻을 따라 교화를 받음

❸ 장야안은 다소요익(長夜安隱 多所饒益) : 비록 세간에 있을지라도 안은(安隱)하고, 헤아릴 수 없는 이익이 있을 것임

🪷 |6| 마침내 부처님께서 설법하기로 사리불에게 약속하시다.
이때 오천 증상만이 퇴석함(오천 퇴석)

단락	구분	원문 및 한글 번역
10	한문 원전	爾時 世尊告舍利弗. "**汝已慇懃三請** 豈得不說? 汝今諦聽 善思念之. 吾當爲汝 分別解說." 說此語時 會中有比丘 比丘尼 優婆塞 優婆夷 五千人等 卽從座起 禮佛而退. 所以者何? **此輩罪根深重** 及增上慢 **未得謂得 未證謂證**. 有如此失 是以不住 世尊默然 而不制止.
	한글 읽기	이시 세존고사리불. "**여이은근삼청** 기득불설? 여금제청 선사념지. 오당위여 분별해설." 설차어시 회중유비구 비구니 우바새 우바이 오천인등 즉종좌기 예불이퇴. 소이자하? **차배죄근심중** 급증상만 **미득위득 미증위증**. 유여차실 시이부주 세존묵연 이불제지.
	한글 풀이	그러자 세존께서 사리불에게 말씀하셨다. "네가 간곡하게 세 번씩이나 청하였으니 어찌 설하지 않을 수 있겠느냐? 이제 너는 잘 살펴서 듣고, 생각하여 새기도록 하라. 내가 마땅히 너를 위해 분명히 설하리라." 이 말씀을 하실 때에 법회에 있던 비구, 비구니, 우바새, 우바이 등 5천 명이 자리에서 일어나 부처님께 예를 표하고 물러갔다. 왜냐하면 이들은 죄의 뿌리가 깊고, 무거울 뿐만 아니라, 증상만이 있는 자들로, 얻지도 못했으면서 얻었다 하며, 깨닫지도 못하였으면서도 깨달았다고 하는 허물이 있으므로, 머물지 않았으니 세존께서는 묵묵히 계시면서 이를 말리지 않으셨다.
11	한문 원전	爾時 佛告舍利弗, "我今此衆 無復枝葉 純有貞實. 舍利弗! 如是增上慢人 退亦佳矣. 汝今善聽 當爲汝說." 舍利弗言. "唯然 世尊! 願樂欲聞."
	한글 읽기	이시 불고사리불, "아금차중 무부지엽 순유정실. 사리불! 여시 증상만인 퇴역가의. 여금선청 당위여설." 사리불언. "유연 세존! 원요욕문."
	한글 풀이	그때 부처님이 사리불에게 말씀하셨다. "이제 여기 있는 대중은 지엽은 없고, 충실한 열매들만 남았도다. 사리불이여! 증상만의 사람들이 물러간 것은 오히려 잘 되었느니라. 이제 너희들은 잘 들어라. 내 마땅히 너희들을 위하여 설하리라." 사리불이 말씀드렸다. "그렇게 하겠습니다. 세존이시여! 원하옵건대 기꺼이 듣고자 합니다."
중요용어		❶ 여이은근삼청(汝已慇懃三請) ❷ 차배죄근심중(此輩罪根深重) ❸ 미득위득 미증위증(未得謂得 未證謂證)

드디어 부처님께서 설법을 약속하십니다. 세 번을 청하고, 세 번을 거절하셨다고 하여, '삼지삼청(三止三請)'이라고도 하는 이 구도야말로 법화경 중 적문(迹門)의 핵심인 방편품 가운데서도 가장 심오한 부처님의 뜻이 담긴 구절이

라 하겠습니다. 부처님께서 이렇게 세 번씩이나 거절을 하신 이유는 법화사상에 대한 청중의 간절함을 읽기 위함이고 또한 그러한 마음을 일으키게 하기 위한 부처님의 깊은 배려에 기인하는 것입니다. 교수법에도 몰입과 집중을 위한 다양한 방법이 있습니다만, 지금까지의 설법과는 차원이 다른 미증유의 최상승 법문인 법화경을 설함에 있어서의 대중의 자세가 어떠하여야 할지에 대한 각오를 주문하시는 걸로 보면 되겠습니다.

세 번을 거절하시면서 밝히신 바와 같이 **"이 진리를 설하면 사람들이 놀라고 의심을 품을 뿐 아니라 증상만의 사람들은 이를 믿지 않아 악도**(惡道)**에 떨어질 것이기 때문이다."**라며, 차라리 모르면 악도에는 떨어지지 않을 것이라는 부처님의 자비심 어린 배려였던 거지요. 앞으로 접할 것입니다만, 〈제10 법사품〉에서 부처님은 법화경을 독송하는 자를 비방하는 죄는 일겁 동안에 부처를 헐뜯고 욕하는 죄보다 무겁다고 설하시는데, 진리를 비방하고 의심하는 업이 얼마나 끔찍한가를 부처님은 이토록 경계하신 겁니다. 그런데 사리불은 증상만이 아닌 사람도 있으니 부처님께서 법을 설해 주십사고 세 번이나 애타게 청하게 되고, 세 번의 거절을 겪은 끝에 드디어 부처님의 설법을 약속받습니다. 사리불의 간곡한 간청은 있었지만 무엇보다 부처님께서는 대중들의 자세가 하나로 가다듬어진 걸 보시고 드디어 법을 막 설하려 하시는데, 이게 무슨 난데없는 이별의 블루스란 말입니까? 비구·비구니·우바새·우바이 가운데 5천여 명이 부처님의 설법 면전에서 자리를 일어나 부처님께 예배하고 나가버리는 해괴한 일이 벌어집니다. 이 장면이 불교역사에서 크게 다뤄지는 사건인, **법화경의 '오천기거**(五千起去)**' 또는 '오천퇴석**(五千退席)**'**이라고 합니다.

그들의 생각은 이런 겁니다. '보나마나 그동안 법문하신, 우리들도 다 통달하여 득도한 내용일 테지 뭐. 우리들도 공부가 깊어 도를 이루었는데, 반복되는 법문을 들을 필요가 뭐 있겠어. 산을 내려가서 곡차나 한잔 마셔야겠다.'

뭐 대충 이런 교만하고 아만(我慢)에 도취된 어리석은 생각들이었겠지요. 그들은 갖가지 죄업의 마장에 가려 알지 못하면서도 다 아는 척하고, 깨달음에 한참을 멀었는데도 스스로의 아만으로 깨달았다고 착각하는 그런 무리들이란 건 잘 아실 것입니다. 다시 말하면 죄업이 두터워 부처님의 법화경을 들을 근기 자체가 안 되었다는 걸 의미합니다.

이들 5천 증상만들이 참 딱한 것이 부처님이 법화경을 강설하신 때가 부처님 생애 70이 훌쩍 넘어 고도로 응축된 사상의 깊이로 법화경을 완성하셨고, 이전의 법문은 부처님 당신 스스로가 불완전하였다고 말씀하시며, 이것저것 제쳐두고 법화경이 최고라 말씀하지 않았습니까? 그러니 스스로 다 배웠다는 아만과 교만 때문에 전에 없던 황금의 법문을 놓치고 말았으니 안타까울 따름입니다. 저 역시도 그렇지만 대부분의 사람들은 정작 파도를 만드는 바람은 보지 못하고, 파도만을 보고는 바다를 보았다고 말하지 않습니까? 법화경의 가르침이 바로 그러한 실상의 진리를 가리키는 법인데, 그들 스스로 다 안다는 착각에 진리법문을 포기하였으니 어쩌겠습니까? 그때 조퇴하는 5천 증상만들을 묵묵히 바라보시던 부처님이 마침내 사리불에게 일갈하시는데,

"지금 물러간 5천 명은 마치 큰 나무의 자질구레한 가지나 잎과 같은 것이요, 지금 여기 남아 있는 너희들은 그러한 지엽(枝葉)이 아니고 모두 충실한 열매와 같은 믿음이 진실한 사람들이니라. 사리불아! 진실한 마음으로 가르침을 듣고자 하는 믿음이 강한 너희들은 들어라. 5천 명의 무리들이 물러간 것은 오히려 잘 되었느니라. 이제 내 너희들을 위해 참된 진리를 설하리라."

마치 껍데기와 알맹이라는 대립적 단어를 사용하여, 부정적이고 가식적인 것을 거부한 신동엽 시인의 시 「껍데기는 가라」에서처럼, 가식이 진실을 덮

는 건 진리가 아니란 거지요. 이런 생각도 해볼 수 있겠습니다. 자비의 화신 이신 부처님이니 만큼 어떤 신통력을 써서라도 그들을 법화 진리로 끌어들이는 것이 부처님의 참 중생사랑이 아니었나 하는 생각인데요. 부처님은 그들 5천명도 언젠가는 인연 따라 법을 구하게 될 것임을 아셨기 때문인데, 가는 사람을 붙잡는 것은 오히려 그들로 하여금 법화경을 비방케 할 뿐이니 때를 기다리며, 차라리 지금은 무지한 것이 비방하고 훼손하여, 악도에 떨어지는 것보다는 낫다는 생각이신데, 참말이지 부처님 대단하시지 않습니까? 5천명의 퇴석을 부처님이 말리지 않은 것도 그것은 길이 아님을 무언으로 설한 교훈이 될 수 있는 것이란 생각을 가져봅니다. 어쩌면 우리들이 곧 이런 증상만인이 아닐까 생각해보며, 부처님의 자비와 법화경의 무량한 공덕을 다시 한번 새겨보는 오늘이 되어야겠습니다.

중요 용어해설

❶ 여이은근삼청(汝已慇懃三請) : '여(汝)'는 대명사로서 상대가 평교간 이하일 때 그 사람을 가리키는 이인칭인데, 사리불 네가 은근(慇懃) 즉, 한결같이 절실히 세 번이나 청했다는 뜻

❷ 차배죄근심중(此輩罪根深重) : 이들 즉 증상만의 죄가 깊고 무겁다는 뜻

❸ 미득위득 미증위증(未得謂得 未證謂證) : 얻지도 못했으면서 얻었다하며, 깨닫지도 못하였으면서도 깨달았다고 하는 허물이 있음

❀ |7| 모든 부처님은 오직 일대사인연으로 세상에 출현함을 설하심

단락	구분	원문 및 한글 번역
12	한문 원전	佛告舍利弗. "如是妙法 諸佛如來 時乃說之 如**優曇鉢華** 時一現耳. 舍利弗! 汝等當信 佛之所說 言不虛妄. 舍利弗! 諸佛隨宜說法 意趣難解. 所以者何? 我以無數方便 種種因緣 譬喻言辭 演說諸法 是法非思量分別之所能解 唯有諸佛 乃能知之. 所以者何? 諸佛世尊 唯以**一大事因緣故** 出現於世."

12	**한글 읽기**	불고사리불. "여시묘법 제불여래 시내설지 여**우담발화** 시일현이. 사리불! 여등당신 불지소설 언불허망. 사리불! 제불수의설법 의취난해. 소이자하? 아이무수방편 종종인연 비유언사 연설제법 시법비사량분별지소능해 유유제불 내능지지. 소이자하? 제불세존 유이**일대사인연고** 출현어세."
	한글 풀이	부처님께서 사리불에게 말씀하셨다. "이처럼 미묘한 법은 모든 부처님 여래께서 때가 되어야 말씀하시니 마치 우담발화가 때가 되어야 한번 피는 것과 같느니라. 사리불아! 너희들은 마땅히 부처님이 설하시는 바를 믿을지니, 그 말씀은 허망하지 않느니라. 사리불아! 모든 부처님께서 그때에 따라 적절히 설법하시는데 그 뜻은 이해하기 어려우니라. 왜냐하면? 수없는 방편과 갖가지 인연과 비유언사로 모든 법을 설하시기 때문에 생각이나 분별로는 이해할 수 없음이니라. 오직 부처님들만이 알 수 있나니. 왜냐하면? 세존들께서는 오직 일대사인연으로 이 세상에 출현하시기 때문이니라."
13	**한문 원전**	"舍利弗! 云何名諸佛世尊 唯以一大事因緣故 出現於世? 諸佛世尊 欲令衆生 開佛知見 **使得清淨故** 出現於世, 欲示衆生 佛之知見故 出現於世, 欲令衆生 悟佛知見故 出現於世, 欲令衆生 入佛知見道故 出現於世. 舍利弗! 是爲諸佛 唯以一大事因緣故 出現於世."
	한글 읽기	"사리불! 운하명제불세존 유이일대사인연고 출현어세? 제불세존 욕령중생 개불지견 **사득청정고** 출현어세, 욕시중생 불지지견고 출현어세, 욕령중생 오불지견고 출현어세, 욕령중생 입불지견도고 출현어세. 사리불! 시위제불 유이일대사인연고 출현어세."
	한글 풀이	"사리불아! 어찌하여 모든 부처님 세존들께서 오직 일대사인연으로 이 세상에 출현하신다고 하냐면, 부처님 세존들께서는 중생들로 하여금 부처님의 지견을 열어 청정하게 하려고 이 세상에 출현하시며, 중생들에게 부처님의 지견을 보이려고 출현하시며, 중생으로 하여금 부처님의 지견을 깨닫게 하려고 출현하시며, 중생으로 하여금 부처님의 지견의 도에 들게 하려고 이 세상에 출현하시느니라. 사리불아! 이는 모든 부처님들께서는 오직 일대사인연 때문에 세상에 출현하시는 것이라 하느니라."
중요용어	❶ 우담발화(優曇鉢華) ❷ 일대사인연(一大事因緣) ❸ 사득청정고(使得清淨故)	

이제부터가 부처님의 법화경 강설의 본격적 시작이라고 보시면 됩니다. 법화경은 미묘한 법이기 때문에 아무 때나, 누구에게나 부처님이 설하시는 것이 아니고, 마치 우담발화가 한번 피는 것처럼 그때가 되어야 비로소 말씀하신다는군요. 전술하였지만 여러분도 우담발화, 우담화 또는 우담바라라고도 불리는 꽃에 대해서는 들어보셨을 겁니다. 불교에서 신성시하는 꽃으로 3천 년 만에 한 번 핀다는 속설을 지니며, 가끔 어느 불상에서 이 꽃이 피어났다

하여, 상서로운 길상의 극치로 회자되기도 하지요. 남지심 작가의 동명 소설이 1989년 영화화되어 불교와 인연이 없는 분들도 대부분 알고 있는 꽃인데, 식물학계에서는 식물도감에 올라오지도 못했기 때문에 꽃으로 보지 않고, 풀잠자리의 알로 파악하고 있습니다. 실제로 인도에는 무화과과에 속하는 우담화(ficus racemosa)가 있는데, 꽃을 안 피우는 무화과(無花果)인 만큼 꽃을 보기 어려운 특성상 그런 상징의 꽃이 되었을 것입니다. 그러니 굳이 그 신성한 꽃을 미시안의 눈으로 풀잠자리알이라 정의할 필요는 없을 듯하군요. 그때, 그곳에 비로소 인연이 닿아 피어나는 꽃일진대 그 자체로 경이롭고 신성한 꽃이 아닐는지요? 인공지능 AI로 우담바라꽃을 그려보았더니 AI는 아래 사진과 같은 꽃으로 연상하고 있더군요.

<AI가 인식하는 우담바라꽃>

마음의 눈인 심안(心眼)을 맑혀 감사한 일념으로 세상을 보면 모든 게 연꽃이요, 모두가 부처입니다. 심지어 자신이 지녀서 한탄하던 장애조차도 천상의 화원에서 인연 따라 내게 찾아온 한 마리 나비로 보일 것입니다. 시인 괴테가 읊었던 것처럼, 하늘엔 별이 있어 아름답고, 땅에는 꽃이 있어 아름다우며, 인간에게는 사랑의 본질인 불심이 있어 아름다운 것입니다. 물론 괴테는

불심이란 시어를 사용하진 않았지만요. **그러니 법화경의 첫 페이지를 연 여러분과 저는 이미 부처입니다. 우주 질량의 최고급원소가 만들어낸 가장 아름다운 걸작인 인간이 스스로 부처가 아니면 누가 부처이며, 무엇이 진리라 하겠습니까? 우리는 결코 하나님의 실수로 만들어진 피조물의 속죄양이 아닙니다. 앞으로 법화경을 연찬해 나가다 보면 부처님이 얼마나 인간을 사랑하셨으며, 신의 아들이 아닌 사람의 아들 부처로서, 인간에 대한 희망의 끈을 한 시도 놓으신 적이 없음을 여실히 알게 될 것입니다.**

우리가 법화경이 세상에 나오고 난 뒤에 태어난 것 그 자체가 하나의 축복이 아닐 수 없습니다. 아무튼 우담발화는 쉽게 볼 수 없는 꽃임은 분명한데, 부처님께서는 이토록 미묘한 법화경의 진리는 우담발화가 피듯, 그때가 되어야 비로소 설하는 법이라 하시는군요. **"사리불아! 너희들은 마땅히 부처님이 설하시는 바를 믿을지니 그 말씀은 허망하지 않느니라."** 부처님이 성취하신 모든 실상(實相)의 법은 언어와 분별을 초월하여 있기 때문에 이해하기 심히 어렵고 깨닫기는 더욱 어려운 법입니다. 자아가 고착되어 있어 교만심과 분별심이 습관화 되어 있는 중생들에게는 더더욱 지난한 일임은 당연한 것이라 하겠습니다.

부처님도 법화경을 설법하시면서 눈높이를 어디에 맞춰야 할지 많은 고심을 하셨을 겁니다. 대중의 근기 제각각이라, 누구의 수준에 초점을 맞출지 많은 고심 끝에 설법에 대한 믿음을 강조하셨습니다. 이미 살펴보았지만 법화경은 신앙 수준으로의 믿음이 중요하다 하였습니다. 일단 틀림없는 진리임을 믿게 되면 거짓되고 망령됨이 없어 어이없고, 허무한 생각 자체를 떨쳐버릴 수 있게 됩니다. 즉, 허망하지 않음을 알게 되니 부처님이 우려하시는 수없는 방편과 갖가지 인연 그리고 비유언사를 분별심으로 이해하려는 생각을 멸할 수 있는 것이지요. 그러면서 세존들께서는 오직 **'일대사인연(一大事因緣)'**으로 이 세상에 출현하시기 때문이라고 설하십니다.

이미 앞에서 몇 차례 일대사인연이 언급되었습니다만, 여기서는 일대사인연에 밑줄을 좍 긋고 잘 새겨보아야 합니다. 글자 그대로 직역하면 '한 가지 큰일의 인연'이 되겠으나, 일대사인연이란 우리 인생에 있어 가장 중요하여, 우주적 차원에서 절대적으로 중요하고, 의미 있는 최고로 큰일이라는 뜻으로 해석합니다. 그 진정한 뜻은 내가 누구인지를 알고, 세상만사의 인연법을 자유자재 이해하여 깨닫는 일이 가장 큰 대사라는 것입니다. 즉, 어리석은 중생이 환골탈태하여 부처가 되는 기적을 이루는 대사를 말하는 것이라 할 수 있겠습니다. 다시 말해 부처님 세존들께서는 중생들로 하여금 부처님의 지견을 열어 청정하게 하려고 이 세상에 출현하시며, 중생들에게 부처님의 지견을 보이려고 출현하시며, 중생으로 하여금 부처님의 지견을 깨닫게 하려고 출현하시며, 중생으로 하여금 부처님의 지견의 도에 들게 하려고 이 세상에 출현하시는 것이란 말씀입니다. 그러면서 사리불에게 이는 모든 부처님들께서는 오직 일대사인연 때문에 세상에 출현하시는 것이라고 하십니다. **부처님이 세상에 출현하신 목적이 곧 일대사인연으로, 중생들에게 부처님이 깨달으신 그 지견**(지혜)**을 열어**(열 개 開), **보이게 하고**(보일 시 示), **깨닫게 하고**(깨달을 오 悟), **그 지혜 속으로 들어가게**(들 입 入) **하려 하시는 것으로, 간단히 '개시오입**(開示悟入)**'으로 표현합니다.** 이를 위해 부처님이 이 땅에 오셨고, 그래서 모두가 부처가 될 수 있으며, 이것이 불교가 이 땅에 존재하는 목적이고 본질이 되는 것입니다.

중요 용어해설

❶ 우담발화(優曇鉢華) : 일명 우담바라라고도 하며, 불교에서는 3천년만에 한 번 피우는 꽃으로 받아들이고 있음. 오랜 인연이 닿아야 이루어짐을 뜻함

❷ 일대사인연(一大事因緣) : 우주적 차원에서 절대적으로 중요하고 의미 있는, 최고로 큰 일이라는 뜻으로 해석함 즉, 궁극적으로 부처가 되는 일

❸ 사득청정고(使得淸淨故) : '사(使)'는 사동사(使動詞)로 쓰여, '청정하게 하려고'로 읽음

단락	구분	원문 및 한글 번역
14	한문 원전	佛告舍利弗, "諸佛如來 但教化菩薩 諸有所作常爲一事 唯以佛之知見 **示悟衆生**. 舍利弗! 如來但以**一佛乘**故 爲衆生說法 **無有餘乘 若二若三**. 舍利弗! 一切十方諸佛法亦如是. 舍利弗! 過去諸佛 以無量無數方便 種種因緣 譬喻言辭 而爲衆生 演說諸法. 是法皆爲一佛乘故 是諸衆生 從諸佛聞法 究竟皆得一切種智."
	한글 읽기	불고 사리불. "제불여래 단교화보살 제유소작상위일사 유이불지지견 **시오중생**. 사리불! 여래단이**일불승**고 위중생설법 **무유여승 약이약삼**. 사리불! 일체시방제불법역여시. 사리불! 과거제불이무량무수방편 종종인연 비유언사 이위중생 연설제법. 시법개위일불승고. 시제중생 종제불 문법 구경개득일체종지."
	한글 풀이	부처님께서 사리불에게 말씀하셨다. "모든 부처 여래께서는 다만 보살을 교화하시기 때문에 하시는 일들도 항상 한가지 일을 위하는 것으로, 오직 부처님의 지견을 중생들에게 보여서 깨닫게 하는 것이니라. 사리불아! 여래께서는 다만 일불승으로 중생을 위하여 법을 설하실 뿐, 이승이나 삼승, 다른 승은 없느니라. 사리불아! 일체시방의 모든 부처님의 법 또한 역시 이와 같으니라. 사리불아! 과거의 여러 부처님들께서 한량없고, 수도 없는 방편과 가지가지 인연과 비유와 이야기로써 중생을 위하여 여러 가지 법을 설하셨는데, 이 법은 모두 일불승을 위한 것이었으므로, 중생들이 부처님을 따라 법을 듣고 마침내는 모두 일체종지를 얻었느니라."
15	한문 원전	"舍利弗! 未來諸佛 當出於世 亦以無量無數方便 種種因緣 譬喻言辭 而爲衆生 演說諸法. 是法皆爲一佛乘故 是諸衆生 從佛聞法 究竟皆得一切種智. 舍利弗! 現在十方無量百千萬億佛土中 諸佛世尊 **多所饒益安樂衆生**. 是諸佛 亦以無量無數方便 種種因緣 譬喻言辭 而爲衆生 演說諸法. 是法皆爲一佛乘故 是諸衆生 從佛聞法 究竟皆得一切種智."
	한글 읽기	"사리불! 미래제불 당출어세 역이무량무수방편 종종인연 비유언사 이위중생 연설제법. 시법개위일불승고 시제중생 종불문법 구경개득일체종지. 사리불! 현재시방무량백천만억불토중 제불세존 **다소요익안락중생**. 시제불 역이무량무수방편 종종인연 비유언사 이위중생 연설제법. 시법개위일불승고 시제 중생 종불문법 구경개득일체종지."
	한글 풀이	"사리불아! 미래의 부처님들께서도 세상에 출현하시면 역시 한량없고, 수없는 방편과 가지가지 인연과 비유와 이야기로 중생을 위하여 설법을 하시는데, 이 법도 모두 일불승을 위한 것이므로, 중생들이 부처님으로부터 법을 듣고 마침내는 모두 일체종지를 얻을 것이니라. 사리불아! 현재 시방의 한량없는 백천만억 불국토에 계시는 모든 부처님 세존께서도 중생들을 이익되게 하여, 편안하고 즐겁게 하시는데, 이 부처님들께서도 역

15	한글 풀이	시 한량없고 수없는 방편과 갖가지 인연과 비유와 이야기로써 중생들을 위하여 모든 법을 설하시느니라. 이 법도 모두 일불승을 위한 것이므로, 중생들이 부처님으로부터 법을 듣고 마침내는 일체의 지혜를 얻게 되느니라."
16	한문 원전	"舍利弗! 是諸佛但敎化菩薩 欲以佛之知見 示衆生故 欲以佛之知見 悟衆生故 欲令衆生 入佛之知見故. 舍利弗! 我今亦復如是 知諸衆生有種種欲 **深心所著** 隨其本性 以種種因緣 譬喩言辭 方便力而爲說法. 舍利弗! 如此皆爲得一佛乘 一切種智故. 舍利弗! 十方世界中 **尙無二乘 何況有三**?"
	한글 읽기	"사리불! 시제불단교화보살 욕이불지지견 시중생고 욕이불지지견 오중생고 욕령중생 입불지지견고. 사리불! 아금역부여시 지제중생유종종욕 **심심소착** 수기본성 이종종인연 비유언사 방편력이위설법. 사리불! 여차개위득일불승 일체종지고. 사리불! 시방세계중 **상무이승 하황유삼**?"
	한글 풀이	"사리불아! 부처님께서는 오직 보살만을 교화하시느니 이는 부처님의 지견을 중생들에게 보이려는 까닭이며, 부처님의 지견으로 중생들을 깨닫게 하시려는 것이며, 중생들로 하여금 부처님의 지견에 들게끔 하시려는 것이니라. 사리불아! 지금의 나 역시 그와 같아서 중생들이 갖가지 욕망에 깊이 집착해 있음을 알기 때문에 그 본래의 성품을 따라서 갖가지 인연과 비유와 이야기와 방편의 힘으로 법을 설하느니라. 사리불아! 이는 모두 일불승과 일체종지를 얻게 하기 위함이니 사리불아! 시방세계에는 이승도 없거니와 하물며 삼승이 어찌 있겠느냐?"
중요용어		❶ 시오중생(示悟衆生)　❷ 일불승(一佛乘) ❸ 무유여승 약이약삼(無有餘乘 若二若三) ❹ 다소요익안락중생(多所饒益安樂衆生)　❺ 심심소착(深心所著) ❻ 상무이승 하황유삼(尙無二乘 何況有三)

앞에서 일대사인연에 대한 정의와 성격에 대해 간략히 설명을 드렸습니다만, 일대사인연이란 것이 별것이 아닙니다. 죽자고 새벽 예배당에 눈길 미끄러져 가며 찾아가서, 아버지 하나님에게 죄를 사해 달라고 빌 것이 아니라, 내가 이 세상에 태어난 원리가 스스로 충만한 지혜와 자비임을 깨달아, 삿됨을 버리고 참을 추구하며, 이웃을 긍휼히 여기고, 주어진 사회적 책무에 최선을 다하면 그뿐인 것입니다. 부처님 전에 두 손 모으며 나를 낮추는 일이나, 주변 이웃과 동료들에게 따뜻한 말과 칭찬으로 평안한 마음을 갖도록 하는 것이나, 작은 친절 하나를 베푸는 것조차도 바로 부처가 되는 길로 이어져 있습니다. 그러니 외부에서 오는 거짓 믿음에도 속지 말고, 참을 가장한 삿된

믿음에도 속지 말아야 합니다. 부처와 예수의 가르침도 방편일 뿐 어찌 자성 (自性)이라 하겠습니까? 그래서 부처를 만나면 부처를 죽이고, 예수를 만나면 예수를 죽여야 한다는 것이 자신의 내면에 투영된 그릇된 믿음의 환영에 빠지지 말라는 조사들의 가르침인 것입니다. 니체가 말했듯, '진리는 존재하지 않는다.'란 말처럼, 무색성향미촉법, 즉 애초에 색도 소리도, 법까지도 없는 것이었으니까요.

부처님은 살인자든, 성직자든 인간에게는 아니, 모든 중생에게는 평등한 불성이 편재(遍在)되어 있음을 아셨고 그래서 그 지혜를 대중들에게 열어 보여서 깨닫게 하고자 함이 법화경의 일관된 가르침인 것입니다. 살인자든, 증상만이건, 누구든 언젠가는 부처가 되어야 하고 아니, 될 수밖에 없고, 시간의 차이만 있을 뿐 성불의 길은 필연이라 하셨습니다. 왜 사람들이 죄를 짓고, 도박과 마약, 쾌락에 삿된 욕망의 포로가 되며, 작은 것에 분노한 채 살상의 죄업의 늪에까지 빠지게 되는 것일까요? 그것은 오로지 자신의 존귀함을 몰라서인 것입니다.

138억년의 우주 역사 중에서 이 시대의 지구라는 행성에서 지금껏 태어났다가 죽고, 현재도 살아가고 있는 1,100억 명 중 한 사람으로 태어난 자신이, 이미 인증 받은 부처임을 몰랐던 거지요. 1,100억 명이라는 숫자는 미국 인구조회국(PRB)이 밝힌 지금까지 지구에서 인간의 형태로 태어나 살고 있거나, 죽은 모든 인류의 숫자이니, 나 자신은 1/1,100억의 확률로 태어난 존귀한 인과의 필연이 아니겠습니까? 그러면 혹자는 말할 것입니다. "찢어지게 가난한 기울어진 흙수저 집안에서 태어나 배우지도 못했지, 하루 벌어 하루 먹고 살기도 바쁘고, 일당벌이 못 하는 날엔 굶거나, 남의 집 담을 넘어야 할 판인데, 뭐? 내가 존귀하다고? 누구 복장 지르냐!" 그렇습니다. 바로 그 질린 복장이 곧 부처입니다. 원래 불상을 조성하면 복장유물로 얼마나 진귀한 경전과 불보물들이 많이 들어갑니까? 복장이 터질수록 복도 늘어나게 됩니다. 법화경의 가르침을 믿고 따르면, 기울어진 운동장이든 찢어진 천정이든, 내가 싫어도 복이 터지고, 성불은 덤으로 따라온다는 사실을 결코 잊지 마시기 바랍니다. 그 모든 것이 성불로 가는 유토피아의 통일장이론인 일대사인연인 것입니다. 그런데 이를 잘못 이해하면 나도 부처, 너도 부처, 부처도 부처이니 스님에게나, 보살에게 또는 이웃과 직장 상사에게도 마구 똑같이 대해도 된다는 아만에 빠질 수도 있습니다. 그래서 여기엔 방편을 법으로 삼는 방편지혜가 필요한 것이라 하였습니다.

본문 내용을 공부해 봅니다. **"모든 부처 여래께서는 다만 보살을 교화하시기 때문에 하시는 일들도 항상 한 가지 일을 위하는 것으로, 오직 부처님의 지견을 중생들에게 보여서 깨닫게 하는 것이니라. 사리불아! 여래께서는 다만 일불승으로 중생을 위하여 법을 설하실 뿐, 이승이나 삼승, 다른 승은 없느니라."** 그러니까 한가지 일을 위하는 것 즉, 모두가 차별 없는 일승(一乘)으로서의 부처인 줄 아는, 일대사인연의 지견을 중생들에게 보여서 깨닫게 하는 것이 모든 부처 여래의 근본 종지(宗旨)라는 것입니다. 금강경을 공부하신 독자님께서는 금강경 〈제31 지견불생분〉에는 지견을 내지 말라는 가르침이 있는데, 잠시 혼란이 올 수도 있겠습니다만 그 가르침은 이름뿐인 상에 집착하여 아상, 인상, 중생상, 수자상의 사상을 실상이라 착각하는 지견을 내지 말라는 말씀이었고, 본 방편품에서 지견을 열어 보이시는 것은 부처님의 절대 지혜임을 다시 한 번 상기해 주시기 바랍니다.

법화경에서 부처님께서는 다만 일불승으로 법을 설하셨고, 이 일불승이 다름 아닌 '모두가 하나의 부처'라는 가르침입니다. 그러면 이승(二乘)은 무엇일까요? 당연히 성문과 연각일 것이고, 삼승(三乘)은 이를 아우르는 보살을 의미하는데요, 이 1, 2, 3 원투쓰리가 없이 하나로 뭉쳐 그대로 부처란 것입니다. 제가 앞에서 통일장이론을 몇 번 언급했었습니다만, 부처님이 이 세상에 오신 이유도 너희가 모두 부처라는 지견을 열어 보여, 너와 나 할 것 없이 스스로 부처인 줄 알게 하는 한 방의 블루스였던 것입니다. 이 '승(乘)'이란 글자가 잘 아시는 것처럼, 배를 탄다고 할 때의 그 오를 '승(乘)'자로, 저 피안으로 건너가야 할 우리 중생들이 같은 배를 타고 노를 저어 피안의 불국토에 다다르자는 대승불교사상의 핵심이기도 하지요.

너와 나, 성문, 연각, 보살 등이 무늬와 색깔이 다른 것은 완성으로 가는 과정에 편의상 방편으로 설정해 놓은 것일 뿐입니다. 군복을 입었든, 교복을 입었든 또는 왕의 곤룡포를 입었든 그것은 편의상 사회적인 구분을 하기 위한 방편(수단)일 뿐, 옷이라는 방편이 사람이 될 수 없음과 같은 이치라 하겠습니다. 돌도 다루는 사람에 따라 걸림돌도 되고, 디딤돌이 되기도 하는 것처럼, 돌은 불변하는 고정의 실체가 없이 다만 그때그때 방편으로 쓰이게 되니 그 이름이 돌일 뿐인 것이지요. 이 일이삼승을 통일하여 궁극적으로 하나의 부처로 돌아가니 이를 **'회삼귀일**(會三歸一)'이라 하여 법화경의 근본정신이 됩니다. 따라서 어떤 경전이든 모든 부처님의 가르침은 결국엔 일불승으로 귀결되니, 법화경이 곧 불경의 완결판이 되는 것이지요.

부처님께서는 과거의 여러 부처님들께서 한량없고, 수도 없는 방편과 가지가지 인연과 비유와 이야기로써 중생을 위하여 여러 가지 법을 설하셨으니, 이 법은 모두 일불승을 위한 것이었다고 하십니다. 과거 부처님이 나오고, 이어서 미래 부처님 그리고 현재의 부처님이 등장하는데, 역시나 목적과 방법은 일불승을 위해 갖가지 방편과 비유를 들어 부처의 지견을 중생들로 하여금 듣게 하고 깨닫게 하여, 일체종지를 얻게 함이라 하셨네요. 방편과 비유에 대하여서는 〈방편품〉 첫머리에 방편과 비유의 교집합이 지견이 된다고 기술한 걸 기억하실 겁니다.

법화경에서는 모든 방편과 비유가 일불승을 위해 일대사인연으로 오신 부처님의 지견을 열어 보이게 하여, 깨닫게 하고, 그 지혜 속으로 들어가게 하여, 궁극적으로는 모두가 하나의 평등한 부처임을 밝히기 위해 존재한다는 것입니다. 〈방편품〉 말미 게송편에서 부처님은 **"단이일승도 교화제보살 무성문제자**(但以一乘道 敎化諸菩薩 無聲聞弟子)**"** 즉, **"오직 일승의 도로 보살들을 교화할 뿐 성문제자는 없느니라."**라고 선언하셨습니다. 그러니 '시방세계에 일불승 외에는 이승도 없거니와 하물며 삼승이 어찌 있을 것이냐?'고 사리불에게 설의법(設疑法)으로 강조하시고 있는 것입니다. 이제껏 삼승을 방편으로 설한 것은 때가 익지 않아서였으나, 이제 묘법연화경에서 때가 무르익었으니 다시 말해 '이승도 없는디 무신 삼승까지 있는 게 말이 되겠노? 기냥 마, 모두가 부처·보살인께 일불승뿐인기라.'라고 하신 거지요. 그러면서 **"제불세지사 수의방편사 무부제의혹 심생대환희 자지당작불**(諸佛世之師 隨宜方便事 無復諸疑惑 心生大歡喜 自知當作佛)**"** 즉, 모든 부처님께서 세상의 스승이 되어 마땅히 방편으로 하시는 일을 다 알았으니, 다시는 의심치 말고 크게 기뻐하는 마음을 내어 자신들도 장차 성불할 것이라는 걸 알라."고 하신 겁니다.

중요 용어해설

❶ 시오중생(示悟衆生) : 중생들에게 보여서 깨닫게 함

❷ 일불승(一佛乘) : 성문, 연각, 보살은 다만 방편일 뿐 궁극적으로는 일승으로 통일됨

❸ 무유여승약이약삼(無有餘乘 若二若三) : 다만 일불승 뿐 이승과 삼승은 없음

❹ 다소요익안락중생(多所饒益安樂衆生) : 이익되게 하여, 편안하고 즐겁게 함. '요(饒)'는 넉넉할 '요'인데, 앞 단락 | 5 |에서는 '장야안은 다소요익'이 나온 바 있음

❺ 심심소착(深心所著) : 욕망에 깊이 집착하는 마음

❻ 상무이승 하황유삼(尚無二乘 何況有三) : '이승조차 없는데, 어찌 삼승이 있겠느냐?'로 설의법(設疑法)의 문장

단락	구분	원문 및 한글 번역
17	한문 원전	"舍利弗! 諸佛出於**五濁惡世** 所謂劫濁, 煩惱濁, 衆生濁, 見濁, 命濁 如是 舍利弗!**劫濁亂時** 衆生垢重 **慳貪嫉妒** 成就諸不善根故 諸佛以方便力 於一佛乘 分別說三."
	한글 읽기	"사리불! 제불출어**오탁악세** 소위겁탁, 번뇌탁, 중생탁, 견탁, 명탁 여시 사리불! **겁탁난시** 중생 구중 **간탐질투** 성취제불선근고 제불이방편력 어일불승 분별설삼."
	한글 풀이	"사리불아! 부처님들께서는 오탁악세에 출현하시니, 오탁악세란 소위 겁탁, 번뇌탁, 중생탁, 견탁과 명탁이니라. 사리불아! 겁이 흐리고 어지러운 때에는 중생들의 번뇌와 업장이 무거워 인색하고 탐욕스러우며, 시기질투 하느니라. 온갖 나쁜 일을 저지르므로, 모든 부처님께서는 방편력으로 일불승에 분별하여 삼승을 설하는 것이니라."
18	한문 원전	"舍利弗! 若我弟子 自謂阿羅漢 辟支佛者 不聞不知 諸佛如來但教化菩薩事 此非佛弟子 非阿羅漢 非辟支佛. 又舍利弗. 是諸比丘 比丘尼 自謂 已得阿羅漢 是最後身 究竟涅槃 便不復志求阿耨多羅三藐三菩提 當知此輩 皆是增上慢人."
	한글 읽기	"사리불! 약아제자 자위아라한 벽지불자 불문부지 제불여래단교화보살사 차비불제자 비아라한 비벽지불. 우사리불. 시제비구 비구니 자위 이득아라한 시최후신 구경열반 편불부지구아뇩다라삼먁삼보리 당지차배 개시증상만인."
	한글 풀이	"사리불아! 만약 나의 제자로서 스스로 이르기를 아라한이나 벽지불이라 말하면서도, 모든 부처님께서 오직 보살만을 교화하신다는 것을 듣지도, 알지도 못하는 자는 부처님의 제자가 아니며, 아라한도, 벽지불도 아니니라. 그리고 사리불아! 비구와 비구니들이 스스로 말하기를 '아라한을 얻어 최후의 몸이 되었으니 마침내 열반에 이르겠지.'라고 생각하여 다시는 아뇩다라삼먁삼보리를 구할 뜻이 없다면 마땅히 알라. 이들은 모두 교만한 증상만인들이니라."
19	한문 원전	"所以者何? 若有比丘實得阿羅漢 若不信此法 無有是處. 除佛滅度後 **現前無佛**. 所以者何? 佛滅度後 如是等經 受持讀誦 解義者 是人難得. 若遇餘佛 於此法中 便得決了. 舍利弗! 汝等當一心信解 受持佛語 諸佛如來言無虛妄 無有餘乘 唯一佛乘." 爾時 世尊欲重宣此義 而說偈言.
	한글 읽기	"소이자하? 약유비구실득아라한 약불신차법 무유시처. 제불멸도후 **현전무불**. 소이자하? 불멸도후 여시등경 수지독송 해의자 시인난득. 약우여불 어차법중 변득결료. 사리불! 여등당일심신해 수지불어 제불여래언무허망 무유여승 유일불승." 이시 세존욕중선차의 이설게언.
	한글 풀이	"왜냐하면? 만약 비구가 실제로 아라한을 얻었다면 이 법을 믿지 않고서는 이런 경지에 있을 수 없기 때문이니라. 그러나 부처님께서 열반하신 후 부처님께서 계시지 않을 때는

중요용어 ❶ 오탁악세(五濁惡世) ❷ 겁탁난시(劫濁亂時) ❸ 간탐질투(慳貪嫉妒) ❹ 현전무불(現前無佛)

오탁악세부터 살펴보겠습니다. 글자 그대로 다섯 가지 나쁘고, 더러움이 가득한 세상이란 뜻인데, 세상의 나쁘고 더러운 걸 열거하라면 어디 다섯 가지 뿐이겠습니까만, 불교에서의 오탁악세는 시대와 인간 사이의 오염된 시대상과 생각 및 사상의 타락을 유형별로 체계화해 놓은 것이라 보면 되겠습니다. 즉, **겁탁**(劫濁: 시대의 타락함), **견탁**(見濁: 사상과 견해가 사악한 것), **번뇌탁**(煩惱濁: 탐. 진. 치로 마음이 오염된 것), **중생탁**(衆生濁: 공동체 생활에서의 몸과 마음이 더러워짐), **명탁**(命濁: 인간의 수명이 짧아지는 것) 등의 다섯 가지를 오탁악세라 하지요. 여기서 인간의 수명이 짧아진다는 명탁에 대하여서는 여러분들이 고개를 갸웃하시리라 생각합니다. '수명이 짧아진다?' 지금 인류는 눈부신 의과학의 발달로, 우리나라만 해도 20세기 후반부터 지금에 이르기까지 거의 1년마다 약 반년씩의 평균수명이 늘어났고, 학교에서 배운 문화인류학적 지식으로는 원시시대 인류의 평균수명은 고작 15~20세 전후(물론 평균)였다고 배웠는데 라며, 반론을 제시할 수도 있겠습니다. 그러나 『삼국유사』나, 『세종실록』 등의 기록에 보면 한민족의 시조 단군왕검의 수명이 각각 1,908세와 1,048세를 산 것으로 기록되어 있습니다. 물론 신화시대의 기록을 현재의 생물학적 수명으로 그대로 간주하기엔 어려움이 있습니다만, 동서양의 고대 기록을 보면 인간의 수명이 고목에 비유하듯 늘어난 걸 쉽게 볼 수 있습니다.

오탁악세에 대하여서는 축법호의 『정법화경』과 구마라집의 『묘법연화경』

에서 다소 차이를 보이는데, 큰 전개는 같습니다. 참고로 『정법화경』에서는 오탁을 진로(塵勞 심신을 괴롭히는 노여움이나 욕망(欲望 · 慾望) 따위의 망념(妄念), 흉포(凶暴), 사견(邪見), 수명단(壽命短), 겁예탁(劫穢濁)으로 기술하고 있어 묘법연화경이 좀 더 현대적 의미로 읽히는 것 같군요. 부처님이 입멸 전 예언하시기를 부처님 열반 후 1천년을 단위로 정법(正法)시대 1천년, 상법(像法)시대 1천 년이 오고, 이후 말법시대 1만년이 이어진다고 하신 3시설법을 들어보셨을 겁니다. 물론 경전마다 시기와 기준이 조금씩 다르기는 하나, 승속(僧俗)이 타락하여 극도로 개인주의화 되고, 투쟁과 시기·질투 그리고 경쟁의 살벌한 칼날 위를 살아가는 지금의 세상이 바로 말법시대가 도래한지 500년이 지난, 진정한 말세의 시대가 아니겠습니까? 마치 오늘의 우리들을 미리 내다보시고 이를 우려하신 것으로 보입니다.

"겁이 흐리고 어지러운 때에는 중생들의 번뇌와 업장이 무거워 인색하고 탐욕스러우며, 시기질투 하느니라. 온갖 나쁜 일을 저지르므로, 모든 부처님께서는 방편력으로 일불승에 분별하여 삼승을 설하는 것이니라."

라고 하십니다. 한번 생각해보도록 하겠습니다. 시대는 바야흐로 온갖 지식과 정보의 홍수랄 수밖에 없는 잡다한 소식통이 인터넷 공간을 타고 무차별 사람들의 뇌리에 저장되며, 익명성의 장막 뒤에 숨어 갖은 도덕적 타락이 만연하니, 본래의 맑고 명징한 인간의 불성을 겁탁(빼앗을 겁-劫) 하고 있잖습니까? 잘못되고 치우친 견해에 따른 사상과 이념에 경도되어, 선악의 가치판단 자체의 능력이 결여된 견탁의 세상임도 부정하지 못할 것입니다. 작은 것에 목숨을 걸며, 거대한 분노에 사로잡혀 극단적 투쟁과 시기·질투의 각축장인 간탐질투(慳貪嫉妬)하는 인간들을 교화하려니 어쩔 수 없이 일불승에 갈음하여 삼승을 방편으로 설하신다고 하신 겁니다. 이제는 방편에 대해 '아하! 그러니 온갖 나쁜 일을 하는 인간들에게 일불승을 바로 설한다고 될 일이 아니고 삼승, 아니 백승, 천승이라도 방편과 비유를 통해 지견을 설하실 수밖에 없었겠구나. 부처님 참 고생 많으셨구나!' 하는 믿음이 생기셨으리라 생각해 봅니다.

기독교는 말할 것도 없고, 법신인 절대 지혜의 부처님의 가르침 하나를 놓고도 수많은 불교 종파가 탄생하여, 별별 의식과 별별 방편을 가지니, 중생 근기 수천 가지인데 말해 뭣하겠습니까? 일불승이란 용어가 생소하지만, 쉽게 말하면 '하나 된 부처, 부처된 하나'를 이르는 것이라 기억하시면 됩니다. 주변에 보면 머릿속엔 찬바람만 몰아치고, 탐진치 삼독이 온몸과 영혼을 감싸고 있는데도, 부처 될 생각은 안 하고, 오직 눈앞의 이익과 사치, 명품과 허세로 남과의 경쟁에서 승리했다는 정신승리의 자만감에 도취 된 이웃을 어렵잖게 만날 수 있을 것입니다. 사고와 명상은 어디에 잡혀먹었는지, 신문방송이나, sns를 통한 잡다한 정보와 지식들이 세상 진리의 전부인 줄 아는 집단들은 또 오죽이나 많습니까? 그럴수록 지혜와는 담을 쌓고, 참 진리를 담을 그릇은 상대적으로 졸아 들었는데도, 스스로가 세상 진리를 다 깨우친 선지식인 줄 알아, 돌아오지 않는 증상만인이 되는 것입니다. '내가 낸데, 내가 아라한인데… 그러니 열반에 이를 것이야.'라고 하는 자는 뭐, 뻔한 것 아니겠습니까?

다시 한 번 〈방편품〉을 마치며, 부처님의 방편설법에 대하여 생각해 보겠습니다. 실체 없는 무상을, 상이 있는 인간들에게 인식시키기는 부처님이라 해도 실로 어려운 것이 아닐 수 없었을 겁니다. 그래서 갖가지 방편을 들어 설하시는데, 예를 들어보면 바닷가의 백사장에는 1개씩의 낱알 모래알이 모여 수천억 개의 모래알갱이가 있는데, 이것을 한 개씩 덜어내면 궁극에는 모래알 두 개가 남고, 그 하나를 더 덜어내면 모래알갱이 하나가 남게 될 것입니다. 그러면 1개 남은 모래알갱이만 있는 바닷가를 백사장이라 부를 수 있을까요? 아니면 2개의 모래알갱이가 있는 것부터를 백사장이라 부를 수 있을까요? 애초에 백사장이란 실체는 없었던 것입니다. 그래도 우리는 개념적인 모래알더미를 두고 백사장이라는 방편으로 이해하고 있는 것이 아닙니까? 생명체도 수태의 순간을 생명으로 보아야 할지, 아니면 수정체를 구성하는 그 전전의 물질 원소부터를 생명으로 보아야 할지, 그 경계도 없고 생명이라 부를 만한 실체도 없으니 방편으로 다만 그 이름을 '생명'이라 하는 것이지요.

한 생각만 바꾸면 이미 부처인 나를 발견할 수 있는데도, 온갖 쾌락과 시기 질투에만 탐닉하니 자신을 관(觀)하는 영혼의 시력이 퇴화되어 영원히 여래를 볼 수 없게 되는 것입니다. 하긴 한 생각 바꾸는 것이 지구를 들어 옮기는 것보다 어렵다는 말이 있습니다만, 사이비종교나 맹목적 집착에 빠져 옳고, 그름 자체의 선악 판단이 안 되는 주변인이 얼마나 많습니까? 그들이 법화경을 지니고, 이 일승의 원리 한 줄만이라도 읽어준다면 세상은 순간 불국토가 되리란 희망을 가져봅니다. **부처님을 만나려 헤매지 말고 내 안의 부처를 찾아 나서면 됩니다. 그 길은 결코 어려운 길이 아닙니다. 마땅히 법화경을 일심으로 믿고 이해하며, 부처님의 말씀을 잘 받아지니고, 모든 부처와 여래의 말씀은 허망하지 않음을 믿으면, 그 길이 곧 나 자신이 부처가 되는 일대사인연임을 스스로 알게 될 것이기 때문입니다.** 이어서 부처님이 이러한 뜻을 거듭 펴시려고 게송으로 읊으며, 적문의 주된 품 〈제2 방편품〉은 끝을 맺습니다.

중요 용어해설

❶ 오탁악세(五濁惡世) : 다섯 가지 나쁨과 더러움이 지배한 세상 즉, 겁탁(劫濁 : 시대의 타락함), 견탁(見濁 : 사상과 견해가 사악한 것), 번뇌탁(煩惱濁: 탐. 진. 치로 마음이 오염된 것), 중생탁(衆生濁 : 공동체 생활에서의 몸과 마음이 더러워짐), 명탁(命濁: 인간의 수명이 짧아지는 것)

❷ 겁탁난시(劫濁亂時) : '겁'이 흐리고 어지러운 때

❸ 간탐질투(慳貪嫉妬) : '간(慳)'은 아끼다, 인색하다는 뜻으로, 인색하며 탐착하고 시기, 질투함을 이름

❹ 현전무불(現前無佛) : 현전(現前)은 현재 눈앞에 나타나 있다는 의미임. 그러니 '현재 열반으로 부처님이 없다면'으로 읽음

묘법연화경 제3 비유품(譬喩品)

요약 및 대의

⇒ 〈제4 신해품〉과 함께 법화경 권 제2에 해당

⇒ 법화경 28품 중 본문이 가장 긴 품에 해당

⇒ 방편품에서의 사상적 기조와 강령적 설법과는 달리, 구체적 비유를 통한 상징적 깨달음을 주는 설법이 이어짐

⇒ 사리불이 크게 깨닫고 부처님의 말씀과 법으로 거듭남을 고백함

⇒ 부처님께서 본경을 『묘법연화경』이라 칭하시고, 사리불에게 화광여래를 수기하심

⇒ 석제환인, 범천 등이 공양드리자 만다라 꽃비가 내려옴. 부처님이 비유를 설하는 목적과 뜻을 밝히심

⇒ 삼승의 방편으로 어린 아들들을 불구덩이에서 구하는 **삼계화택의 비유**를 들어 색성향미촉에 탐착지 말고 불타는 집에서 빠져나오라 하심

⇒ 법화경을 믿고 널리 전할 것을 권하시고, 설법 대상과 자세, 공경한 태도 등을 게송으로 읊으심

단락	구분	원문 및 한글 번역
1	한문 원전	爾時 舍利弗踊躍歡喜 卽起合掌 瞻仰尊顔 而白佛言. "今從世尊 聞此法音 心懷勇躍 得未曾有. 所以者何? 我昔從佛 聞如是法 '見諸菩薩 授記作佛' 而我等 不豫斯事 甚自感傷失於如來無量知見. 世尊! 我常獨處山林樹下 若坐若行 每作 是念, 我等同入法性 云何如來以小乘法 而見濟度. **是我等咎 非世尊也**. 所以者 何? 若我等待說所因 成就阿耨多羅三藐三菩提者 必以大乘 而得度脫 然我等不 解方便 隨宜所說 初聞佛法 遇便信受 思惟取證. 世尊! 我從昔來 終日竟夜每自 剋責 而今從佛聞所未聞 未曾有法 斷諸疑悔 身意泰然 快得安隱. 今日乃知眞 是佛子 **從佛口生 從法化生 得佛法分**." 爾時 舍利弗欲重宣此義 而說偈言.
	한글 읽기	이시 사리불용약환희 즉기합장 첨앙존안 이백불언. "금종세존 문차법음 심 회용약 득미증유. 소이자하? 아석종불 문여시법 견제보살 수기작불 이아등 불예사사 심자감상실어여래무량지견. 세존! 아상독처산림수하 약좌약행 매작 시념, 아등동입법성 운하여래이소승법 이견제도. **시아등구 비세존야**. 소이자 하? 약아등대설소인 성취아녹다라삼먁삼보리자 필이대승 이득도탈 연아등불 해방편 수의소설 초문불법 우변신수 사유취증. 세존! 아종석래 종일경야매자 극책 이금종불문소미문 미증유법 단제의회 신의봉연 쾌득안은. 금일내지진 시불자 **종불구생 종법화생 득불법분**." 이시 사리불욕중선차의 이설게언.
	한글 풀이	그때 사리불이 뛸 듯이 기뻐하며 일어나 합장하고, 부처님의 존안을 우러러보며 말씀드렸다. "지금 세존으로부터 이 설법을 듣고 마음이 뛸 듯이 기쁘며 미증유의 법을 얻었습니다. 왜냐하면? 제가 옛적에 부처님으로부터 '보살들은 수기를 받아 성불할 것이다'라는 법문을 들었으나, 저희들은 이에 참여치 못해 여래의 한량없는 지견을 잃었노라고 심히 마음 아팠습니다. 세존이시여! 저는 항상 숲속이나 나무 아래 홀로 지내면서 앉거나 거닐 때도 저희들도 똑같은 법성에 들었는데, 어찌하여 여래께서는 소승법으로 제도하시는가를 늘 생각하곤 했습니다. 이는 저희들의 허물일분 세존의 허물은 아닙니다. 왜냐하면? 만약 저희들도 아녹다라삼먁삼보리를 성취하는 인연이 되는 말씀을 기다렸다면 반드시 대승으로써 제도하여 해탈케 하셨을 것이기 때문입니다. 저희들은 방편으로 수의설법 하시는 것을 이해하지 못하고 처음 불법을 듣자 곧 믿고 받아들이며 깨달음을 얻었다고 생각하였습니다. 세존이시여! 제가 예로부터 지금껏 밤낮으로 늘 스스로를 심하게 꾸짖었는데, 지금 부처님으로부터 듣지 못했던 미증유한 법을 듣고는 모든 의심과 후회를 끊고, 몸과 마음이 태연하여 좋고 편안함을 얻게 되어 오늘에야 비로소 참되고 바른 불자임을 알았습니다. 부처님의 입으로부터 생겨났으며, 법으로부터 화생하여 부처님의 가르침을 얻게 되었습니다." 이에 사리불이 이 뜻을 거듭 펴려고 게송으로 말씀드렸다.
	중요용어	❶ 시아등구 비세존야(是我等咎 非世尊也) ❷ 종불구생 종법화생(從佛口生 從法化生) ❸ 득불법분(得佛法分)

지금까지 공부한 〈제2 방편품〉은 적문(迹門)의 주된 품으로서, 부처님의 육성 설법이 시작되면서, 기존의 설법과는 파격적으로 다른 사상의 전개가 이어졌습니다. 따라서 사리불을 비롯한 대중의 당혹과 의문을 자아내면서 삼지삼청의 간곡한 설법청원이 이어졌고, 이에 5천 증상만인들이 퇴석을 하는 등 극적 긴장감이 높아만 갔었지요. 방편품이 부처님께서 법화경의 전체 사상의 기조와 일불승이라는 강령적 지향점을 밝힌 품이라면, 지금부터 이어지는 비유품은 방편품의 핵심사상들을 다양한 각도에서 쉽게 해설하여, 이해를 돕고자 비유적 설명을 교습한 품으로 이해하시면 되겠습니다. 따라서 독자 여러분들이 읽고 이해하기가 매우 부드러워진 내용을 접하게 될 것입니다. 지금까지의 다분히 철학적이며, 사상지향적 이론 강의에서 벗어나 풍부한 스토리텔링과 예화(例話)를 동원한 부처님의 명쾌한 비유적 교수법에서 우리는 중생들을 깨달음의 세계로 인도하기 위한 부처님의 애정 어린 중생 사랑을 느끼게 됩니다. 그 전개와 풍부한 스토리 구조가 벌써부터 설렘으로 다가오는 것 같지 않습니까?

비유품에서는 독자 여러분들도 너무나 잘 아시는 법화경의 7가지 비유 중의 하나인 **'불타는 집의 비유**(삼계화택-三界火宅의 비유)**'**를 비롯한 부자의 가난한 아들에 얽힌 설화인 **'장자**(壯者)**의 궁자**(窮子) **비유'** 같은, 수준 높은 고급 비유가 나오며, 중생들을 명징한 깨달음으로 인도하는 교과서적 전개가 펼쳐지게 됩니다. 법화경은 이미 독일을 비롯한 서구의 기독교문화권에서도 그 종교철학적 사상과 문학적 상징성으로 인해 수많은 연구가 이루어져 있고, 특히 독일의 마가레타 폰 보르직 박사 같은 분은 그의 저서 『영원한 보석』에서 법화경을 그리스도의 세계로 해독하며, 법화경의 비유품을 집중 연구하여, 서구 사회에 법화사상의 신선한 충격을 전하고 있습니다.

'비유(比喩)'란 견줄 '비(比)'자에, 깨우칠 '유(喩)'자를 쓰서 그야말로 깨우치도록 하기 위해 합당한 사실을 끌어와 견준다는 뜻이기도 한데요. 어떤 사물이나 현상을 설명할 때 직접 설명하기보다, 우회하여 어떤 사건이나 사물과 견주어 설명하면 매우 효과적인 학습효과를 볼 수 있는 것이지요. 각 비유의 전개와 사상적 교훈에 대해서는 앞으로 이어지는 단락에서 자세히 살펴보도록 하고, 본문 해설을 겸한 공부로 비유품의 서두를 열어보겠습니다. 방편품의 마지막 게송에서 부처님께서 읊으시기를 **"사리불아! 마땅히 알지니라. 부처님의 법은 만억의 방편으로 그때, 그때마다 적절히 설법**(수의설법-隨宜說法) **하시나니, 배워서 익히지 않는 자는 이 법을 깨달을 수 없느니라. 너희들은 이미 모든 부처님께서 세상의 스승이 되어 마땅히 방편으로 하시는 일을 다 알았으니, 다시는 여러 가지 의심치 말고 크게 기뻐하는 마음을 내어 자신들도 장차 성불할 것이라는 것을 알라."**고 하셨더랬지요. 이에 사리불은 지금까지 자신은 성문으로서 결코 보살의 경지를 넘어 스스로가 부처가 될 수는 없다는 소승의 경계에 머물러 있었는데, 이제는 확실히 자신도 부처가 될 수 있다는 미증유의 법을 얻게 되니, 뛸 듯이 기뻐하며 일어나 합장하고, 부처님의 존안을 우러러봅니다. 그러면서 그동안의 자만과 의구심 그리고 경솔함을 참회하게 됩니다. 실제로 사리불은 게송편에서 이렇게 고백한 바 있습니다. "처음에는 부처님의 말씀을 듣고 마음속으로 크게 놀라고 의심하기를 '아마도 마구니가 부처님이 되어 나의 마음을 혼란스럽게 하려는 게 아닐까?' 라는 생각까지도 하였었습니다."

이렇게 사리불이 각성의 경지에 다다를 수 있게 된 데에는 경천동지할 서품에서의 신이한 기적의 체험과 방편품에서의 '십여시(十如是) 설법' 등을 통해 지금껏 알지 못했던 자신의 정체성을 드디어 알게 되었기 때문인데요. 부처와 자신은 이원적 세계에 존재하는 다다를 수 없는 차별적 존재라고만 생각하던 사리불에게 의심치 말고, 장차 성불할 것임을 선언한 부처님의 가르침이 어찌 감동이 아닐 수 있었겠습니까? 부처님 생애 최초로 사리불에게 장차 부처가 될 것이라는 수기(授記)를 내린 순간이었던 것입니다.

법화경의 위대함이 바로 이 부분입니다. 법화경을 공연히 경전 중의 왕이라 하였겠습니까? 우리는 이미 부처로 태어났지만, 지금껏 자신이 부처임을 까맣게 몰랐던 것입니다. 이를 간파하신 부처님이 불지견을 열어 보여 일불승, 즉 **'하나로서의 부처, 부처로서의 하나'**를 천명하신 경전이 바로 묘법연화경인 것이지요. 자신이 곧 창조주인지도 모르고 일생을 절대자에게 의탁하여, 노예의 삶을 살다가 죽어서 천국엘 가면 무슨 소용이 있겠습니까? 천국잔치는 바로 이 순간, 내 자신이 잔치의 주인이 되어 많은 손님(중생)들에게 잔치떡을 베푼다는 자비희사의 정신을 가지면 됩니다. 불교에서는 수억겁 다겁생을 설하고 있으나, 현생도 어찌 될지 모르는데 어느 천년에 다음 생을 기다려 부처가 되겠습니까? 누구든 자신을 바로 보는 순간, 즉 '견성(見性)이면 성불(成佛)'이라는 게 바로 묘법연화경의 요체인 일불승의 정신이라 하겠습니다. 이렇듯 법화(法華)의 정신은 위대한 것입니다. 사리불은 비로소 참되고 바른 불자임을 알게 되었고, "부처님의 입으로부터 생겨났으며, 법으로부터 화생하여 부처님의 가르침을 얻게 되었습니다."라고 부처님께 아뢰는데, 여기서는 '종불구생(從佛口生)'과 '종법화생(從法化生)'에 잠시 주목해 주시기 바랍니다. 글자 그대로 풀이하면 '부처님의 입으로부터 태어났다.'와 '법으로부터 화생하였다.'가 되지만, 의역하면 '부처님의 가르침을 듣고 새롭게 태어났다.'란 뜻이며, '그 법을 통해서 깨달음으로 거듭 태어났다.'라는 뜻이 됩니다.

부처님의 말씀과 법은 우주의 진리와 맥을 같이 하니, 우주의 생생력(生生力 -Fertility)이 나를 거듭 태어나게 했다는 뜻이고, 따라서 득불법분(得佛法分), 즉 '불법의 일부분을 얻게 되었다.'로 읽으시면 됩니다. 법은 아무리 나누어도(分) 없어지거나 줄어들지 않으니, 세상에는 많고 많은 물질적 재물이 있고, 무형의 지적 재산이 있으나 그 으뜸은 법재(法財)라는 것입니다. 이에 사리불이 이 뜻을 거듭 펴려고 게송으로 읊게 됩니다.

❶ 시아등구 비세존야(是我等咎 非世尊也) : '구(咎)'는 '허물', '과실' 등의 뜻. 즉 우리들의 허물이지 결코 부처님의 허물이 아니란 뜻

❷ 종불구생 종법화생(從佛口生 從法化生) : 부처님의 가르침을 듣고 새롭게 태어났다란 뜻이며, 그 법을 통해서 깨달음으로 거듭 태어났다란 뜻

❸ 득불법분(得佛法分) : 불법의 일부분을 얻게 됨

|2| 부처님께서 본경을 『묘법연화경』이라 칭하시고, 사리불에게 화광여래를 수기하심 또한 화광여래는 12소겁 후 견만보살에게 화족안행을 수기 할 것이라 하심

단락	구분	원문 및 한글 번역
2	한문 원전	爾時 佛告舍利弗, "吾今於天 人 沙門 婆羅門等 大衆中說. 我昔曾 於二萬億佛 所 爲無上道故 常教化汝 汝亦長夜隨我受學. 我以方便 引導汝故 生我法中. 舍 利弗! 我昔教汝 志願佛道 汝今悉忘 而便自謂已得滅度. 我今還欲令汝憶念本願 所行道故 爲諸聲聞 說是大乘經. 名妙法蓮華 教菩薩法 佛所護念."
	한글 읽기	이시 불고사리불. "오금어천 인 사문 바라문등 대중중설. 아석증 어이만억불 소 위무상도고 상교화여 여역장야수아수학. 아이방편 인도여고 생아법중. 사 리불! 아석교여 지원불도 여금실망 이편자위이득멸도. 아금환욕령여억념본원 소행도고 위제성문 설시대승경. 명묘법연화 교보살법 불소호념."
	한글 풀이	그때 부처님께서 사리불에게 말씀하셨다. "나는 지금 하늘과 사람, 사문과 바라문 등의 대중 가운데서 설하노라. 나는 옛적에 2만억 부처님의 처소에서 위없는 도를 성취하도록 항상 너희를 교화하였고, 너희 또한 오랜 세월 나를 따르며 배웠느니라. 내가 방편으로 너희들을 인도하였으므로 나의 법 가운데서 태어났느니라. 사리불아! 나는 옛날에 너에게 부처님 되는 길에 뜻을 두도록 가르쳤는데, 너는 지금 모두 잊어버리고 스스로 이미 열반을 얻었다고 여기기에 내가 지금 너로 하여금 본래대로 돌이켜 발원하며, 행하던 도를 기억나게 해 주려고 또 성문들을 위하여 대승경을 설하는 것이니라. 경의 이름은 『묘법연화경』이며, 보살을 가르치는 법이며 부처님께서 호념하시는 바이라."
3	한문 원전	"舍利弗! 汝於未來世 過無量無邊不可思議劫 供養若干千萬億佛 奉持正法 具 足菩薩所行之道 當得作佛, 號曰 **華光如來** 應供 正遍知 明行足 善逝 世間解 無上士 調御丈夫 天人師 佛 世尊. **國名離垢** 其土平正 清淨嚴飾 安隱豐樂 天 人熾盛, 琉璃爲地 有八交道 黃金爲繩 以界其側 其傍各有七寶行樹 常有華菓. 華光如來 亦以三乘 教化衆生"

3	한글 읽기	"사리불! 여어미래세 과무량무변불가사의겁 공양약간천만억불 봉지정법 구족보살소행지도 당득작불, 호왈 **화광여래** 응공 정변지 명행족 선서 세간해 무상사 조어장부 천인사 불 세존. **국명이구** 기토평정 청정엄식 안은풍락 천인치성, 유리위지 유팔교도 황금위승 이계기측 기방각유칠보행수 상유화과 화광여래 역이삼승 교화중생."
	한글 풀이	"사리불아! 너는 미래세에 한량없고 가없으며, 불가사의한 겁을 지나 천만억 부처님께 공양하고, 정법을 받들어지녀 보살이 행하여야 할 도를 다 갖추고 부처님이 되리니 명호는 화광여래·응공·정변지·명행족·선서·세간해·무상사·조어장부·천인사·불세존이며, 나라의 이름은 이구인데 그 땅은 평평하고 바르며, 청정하게 꾸며져 편안하고, 즐거움이 가득하여 천인이 불같이 일어나리라. 유리로 땅이 되고 여덟 갈래의 길이 있으며 황금으로 줄을 만들어 길가의 경계를 삼고, 그 곁에는 각각 칠보로 된 나무가 줄지어 서 있으며, 항상 꽃과 열매가 있을 것이니라. 화광여래도 역시 삼승으로 중생을 교화하리라."
4	한문 원전	"舍利弗! 彼佛出時 雖非惡世 以本願故 說三乘法. 其劫名**大寶莊嚴**. 何故名曰 大寶莊嚴? 其國中以菩薩爲大寶故. 彼諸菩薩 **無量無邊 不可思議** 算數譬喩 所不能及 非佛智力 無能知者."
	한글 읽기	"사리불! 피불출시 수비악세 이본원고 설삼승법. 기겁명**대보장엄**. 하고명왈 대보장엄? 기국중 이보살위대보고. 피제보살 **무량무변 불가사의** 산수비유 소불능급 비불지력 무능지자."
	한글 풀이	"사리불아! 그 부처님이 나오실 때가 비록 나쁜 세상은 아니지만 본래의 서원 때문에 삼승법을 설하시느니라. 그 겁의 이름은 대보장엄이라 하는데, 어찌하여 대보장엄이라 하는가? 그 나라는 보살을 큰 보배로 삼기 때문이니라. 그 보살들은 한량없고 가없으며, 불가사의하고 셈이나 비유를 할 수가 없으니 부처님의 지혜의 힘이 아니고서는 알 수 있는 자가 없나니라."
5	한문 원전	"若欲行時 寶華承足 此諸菩薩 非初發意 皆久殖德本 於無量百千萬億佛所 淨修梵行 恒爲諸佛之所稱歎 常修佛慧 具大神通 善知一切諸法之門 質直無僞 志念堅固 如是菩薩 充滿其國. 舍利弗! 華光佛壽 十二小劫 除爲王子 未作佛時. 其國人民壽八小劫. 華光如來 過十二小劫 '授**堅滿菩薩**阿耨多羅三藐三菩提記 告諸比丘. 是堅滿菩薩 次當作佛 號曰**華足安行** 多陁阿伽度 阿羅訶 三藐三佛陁. 其佛國土 亦復如是.' 舍利弗! 是華光佛滅度之後 **正法住世** 三十二小劫 **像法住世** 亦三十二小劫." 爾時 世尊欲重宣此義 而說偈言.
	한글 읽기	"약욕행시 보화승족 차제보살 비초발의 개구식덕본 어무량백천만억불소 정수범행 항위제불지소칭탄 상수불혜 구대신통 선지일체제법지문 질직무위 지념견고 여시보살 충만기국. 사리불! 화광불수 십이소겁 제위왕자 미작불시. 기국인민수팔소겁. 화광여래 과십이소겁 '수**견만보살**아녹다라삼먁삼보리기 고제비구. 시견만보살 차당작불 호왈**화족안행** 다타아가도 아라하삼먁삼불타. 기불국토 역부여시.' 사리불! 시화광불멸도지후 **정법주세** 삼십이소겁 **상법주세** 역삼십이소겁." 이시 세존욕중선차의 이설게언.

　부처님의 오른팔 제자라는 지혜 제일 사리불도 부처님의 방편, 수의설법과 일불승의 가르침에 대해 많은 시행착오를 겪고서야 자신의 정체성에 비로소 눈을 뜨게 됩니다. 그러니 사부대중과 성문승의 경우 그들이 혼란스럽다 못해 오해하고 불신하는 일은 당연한 것이라 하겠습니다. 부처님께서도 그 점을 간파하셨기 때문에 오랜 세월 12연기와 사제법, 팔정도 같은 체급 다지기 설법을 해 오셨고, 방편을 통해 지견을 열어 보이고자 편의상 삼승법(三乘法)을 운위하셨으나, 말년설법인 법화경에 이르러서야 고통에 찬 중생 그대로가 부처라며, 오직 일대사인연과 일불승을 천명하신 겁니다. 이미 지난 세월부터 부처님은 사리불에게 부처님 되는 길에 뜻을 두도록 가르쳤는데, 사리불은 지금 모두 잊어버리고 스스로 이미 열반을 얻었다고 여기고 있었습니다. 소승의 한계이기도 한데요. 자신의 열반에 안주할 것이 아니라, 삼라만상의 제 중생의 성불을 궁극적 이상으로 삼는 대승은 그래서 위대한 정신이며, 그 정점에 법화경이 있는 것입니다. 따라서 부처님은 당신이 지금 너로 하여금 본래대로 돌이켜 발원하며, 행하던 도를 기억나게 해 주려고 또 성문들을 위하여 대승경을 설하는 것이라 하시며, 경의 이름은 『묘법연화경』이거니와 보살을 가르치는 법이며, 부처님께서 호념하시는 경전이라 하십니다.

드디어 『묘법연화경』을 언급하셨습니다. 앞에서 묘법연화경의 세계에 대해 많은 지면을 할애하여 살펴보았습니다만, 이 다섯 글자에 얽힌 이토록 묘한 가르침을 저의 재주로 어떻게 풀어내야 할지 아득할 뿐입니다. **불교는 종교이기 이전에 법성(法性)이며, 인간의 진여(眞如)에 호소하여, 본래부터 갖추고 태어난 '여래장성(如來藏性)'의 솔성으로, 인간해방을 부르짖는 이성적 철학이기도 합니다.** 인간을 구속할 수 있는 존재는 어디에도 없습니다. '불타는 집의 비유'에서처럼 사바세계의 불구덩이에 던져졌더라도 그것이 환란인 줄 알고 지혜의 방편으로 뛰쳐나오면 되는 것입니다. 비록 고난에 처하여서도 그것이 나의 지혜를 담금질 하여, 불성으로 거듭나게 하는 희망의 메시지란 걸 알게 되면 결코 인간은 절망하지 않게 됩니다. 우리들의 인생사에서는 많고 많은 풍파와 지진도 만나지만, 폭풍이 지나간 뜰에도 꽃은 피고, 지진에 갈라진 땅에서도 맑은 샘이 솟아나는 걸 우리들은 익히 보아왔지 않습니까? '인간은 설령 패배하는 일은 있어도, 결코 절망하지는 않는다.'고 말한 헤밍웨이의 명언이 생각나는군요. 인간이 여래의 솔성을 자각하지 못하고 사바의 환란에 던져졌던 것도 다만 무지일 뿐 원죄는 원래 없었습니다.

선악의 이중구조로 인간을 만든 창조주의 잘못조차도 우리는 불성(佛性)으로 용서할 줄 알아야 합니다. 인간은 피조물이 아니라, 우주의 통일장이론으로 설계된 가장 완벽한 부처이니 말입니다. 본 분단에서는 중요한 사건이 전개됩니다. 법화경을 일명 『수기경(授記經)』이라고도 하듯이, 사리불이 첫 번째로 부처님으로부터 미래세에 '화광여래(華光如來)'가 될 것이라는 수기를 받는 장면이 나옵니다. 역시 지혜 제일의 사리불인 만큼 맨 먼저 미래 부처의 증명서를 받은 것인데요. 그러면서 부처님의 열 가지 공덕상을 일컫는 이름인 여래십호(如來十號)를 열거하십니다. 진리의 체현자(體現者), 열반(涅槃)에 다다른 자를 뜻하는 이름의 '여래(如來, tathāgata)', 세상의 공양과 존경을 받을만한 자를 뜻하는 이름의 '응공(應供, 阿羅漢, arhat)' 등 열 가지인데 여래십호에 대하여서는 〈제1 서품〉의 'ㅣ6ㅣ 문수보살이 미륵에게 부처님의 연원을 설하다' 분단의 해설편을 참고해 주시기 바랍니다.

그 화광여래의 나라 이름은 '이구(離垢)'라 하고 화광여래도 역시 삼승으로 중생을 교화하게 될 것이라 하십니다. 왜 일승이 아니고 삼승이라 하셨을까요? 미래세에 여래가 될 화광여래나, 지금 설법을 하고 있는 부처님은 법신으로서의 동일격입니다. 부처님이 모든 중생을 열반에 들게 하시겠다며 서원을 세우고, 해오신 법이 삼승법이었습니다. 궁극적으로는 일승이지만, 중생의 근기 따라 방편으로 설해야 하기 때문에 편의상 삼승을 설했던 것이지요. 이구(離垢)란 나라는 어떤 나라일까요? 문자적 뜻은 더러움을 벗어났다는 뜻인데요. "그 땅은 평평하고 바르며, 청정하게 꾸며져 편안하고 즐거움이 가득하여 천인이 불같이 일어나리. 유리로 땅이 되고 여덟 갈래의 길이 있으며 황금으로 줄을 만들어 길가의 경계를 삼고, 그 곁에는 각각 칠보로 된 나무가 줄지어 서 있으며, 항상 꽃과 열매가 있을 것이니라."라고 설명하고 있으시네요. 기토평정(其土平正)한 땅이니 환경조건이 번뇌를 일으킬 일이 없는, 한마디로 생사번뇌를 멸한 불국토라고 보면 되겠습니다. AI가 상상하는 이 나라는 어떻게 생겼는지 참고로 그려보았습니다.

화광여래의 수명은 12소겁이며, 그 나라 백성의 수명은 8소겁이라 하셨네요. 앞에서도 60소겁 등, 겁에 대해 살펴보았듯이 겁이란 시간의 단위로 무한한 시간을 상징적으로 이르는 용어입니다. 사방 15km(1유순)나 되는 성안에 겨자씨를 가득 채우고 100년마다 겨자씨를 한알씩 꺼내는데, 그 씨앗을 모두 꺼내어도 채 1겁이 되지 않는다고 하니 제법 긴 시간인 건 맞는 것 같습니다. 그렇게 12소겁이 지나면 화광여래는 견만보살에게 아뇩다라삼먁삼보리의 수기를 주며, 모든 비구들에게 이렇게 말씀하리라 예언하십니다.

'이 견만보살이 다음에 부처가 되리니 명호는 화족안행·다타아가도·아라하·삼먁삼불타라 하며, 그 부처님의 나라도 역시 이와 같으니라'라고 말입니다. 이어지는 부처님의 말씀. "사리불아! 이 화광부처께서 열반하신 후 정법이 세상에 머물기는 32소겁이고, 상법이 세상에 머무는 시기 또한 32소겁이니라." 삼시설법(三時說法)에 대해서는 이미 앞에서 살펴보았습니다만, 다시 한번 의미를 새겨보겠습니다. 말법사상(末法思想)은 불교의 역사관 중의 하나로, 정법시대(正法時代)·상법시대(像法時代)·말법시대(末法時代)로 나누고, 정법 1,000년, 상법 1,000년이 지난 마지막 1만 년간을 말법시대로 봅니다. 따라서 불법은 부처님 사후 12,000년이 지나면 오랜 기간 불법은 세계에서 사라진다는 사상이기도 합니다만, 그 시간에 의미를 둘 필요는 없습니다. 지금 부처님이 설하시는 정법 32소겁만 해도 어떻게 헤아릴 수가 있겠습니까?

중요 용어해설

❶ 화광여래(華光如來) : 부처님이 법화경에서 처음으로 사리불에게 수기를 내린 명호. 법화의 꽃이 빛을 발한다는 뜻

❷ 국명이구(國名離垢) : 이구란 티끌 또는 더러움을 벗었다는 뜻으로, 생사번뇌를 벗어난 사람만이 태어난다는 불국토를 상징함

❸ 대보장엄(大寶莊嚴) : 보살을 큰 보배로 삼기 때문에 그 보살들은 한량없고 가없어서, 불가사의하고 셈이나 비유를 할 수가 없음을 표현한 말

❹ 무량무변(無量無邊) : 헤아릴 수 없고, 끝도 가늠할 수 없는 그야말로 무한의
경지

❺ 불가사의(不可思議) : 말로 표현하거나 마음으로 생각할 수 없는 오묘한 이치
또는 가르침을 뜻하며, 수의 단위 중 그 값이 무량대수보다 적은 수. 수리적으로
는 10^{64}

❻ 견만보살(堅滿菩薩) : 법화경에만 등장하는 보살로, 『정법화경』에서는 도연
화계(度蓮華界) 여래정각으로 견만보살의 불명을 표현하고 있음

❼ 화족안행(華足安行) : 연꽃과 같은 공덕을 성취하여 침착하고 편안하게 중생을
편히 제도하는 부처님으로 해석함

❽ 정법주세 상법주세(正法住世 像法住世) : 삼시설법 중 정법과 상법이 각각 머
무는 기간

❀ │3│ 제석천, 범천 등이 공양드리자

만다라 꽃비가 내려옴.

부처님이 비유를 설하는 목적과 뜻을 밝히심

단락	구분	원문 및 한글 번역
6	한문 원전	爾時 四部衆比丘 比丘尼 優婆塞 優婆夷 天 龍 夜叉 乾闥婆 阿修羅 迦樓羅 緊那羅 摩睺羅伽等大衆 見舍利弗於佛前 受阿耨多羅三藐三菩提記 心大歡喜 踊躍無量 各各脫身所著上衣 以供養佛. 釋提桓因 梵天王等與無數天子 亦以天妙衣 天曼陀羅華 摩訶曼陀羅華等 供養於佛 所散 天衣住虛空中 而自迴轉 諸天伎樂百千萬種 於虛空中 一時俱作 雨衆天華 而作是言. "佛昔於**波羅奈 初轉法輪** 今乃復轉無上最大法輪." 爾時 諸天子欲重宣此義 而說偈言.
	한글 읽기	이시 사부중비구 비구니 우바새 우바이 천 용 야차 건달바 아수라 가루라 긴나라 마후라가등대중 견사리불어불전 수아뇩다라삼먁삼보리기 심대환희 용약무량 각각탈신소착상의 이공양불. 석제환인 범천왕등여무수천자 역이천묘의 천만다라화 마하만다라화등 공양어불 소산 천의주허공중 이자회전 제천기악백천만종 어허공중 일시구작 우중천화 이작시언. "불석어**바라나 초전법륜** 금내부전무상최대법륜." 이시 제천자욕중선차의 이설게언.

6	한글 풀이	그때 사부대중인 비구, 비구니, 우바새, 우바이와 천, 용, 야차, 건달바, 아수라, 가루라, 긴나라, 마후라가 등의 모든 대중은 사리불이 부처님 앞에서 아뇩다라삼먁삼보리의 수기를 받는 것을 보고 마음이 크게 기뻐 한량없이 즐거워하며, 저마다 입고 있던 웃옷을 벗어 부처님께 공양하였다. 석제환인과 범천왕 등도 무수한 천자와 같이 역시 하늘나라의 묘한 옷과 하늘의 만다라꽃, 마하만다라꽃 등을 부처님께 공양하니 흩어진 하늘 옷이 허공 중에 머물며 저절로 돌고, 하늘의 백천만 가지 음악들이 허공 중에서 일시에 다 함께 울리며 하늘 꽃들이 비 오듯 내리는 가운데 이렇게 말씀하셨다. "부처님께서 옛적 바라나에서 처음으로 법륜을 굴리시더니 이제 다시 위없는 가장 큰 법륜을 굴리시네." 그때 제 천자들이 이 뜻을 거듭 펴려고 게송으로 읊었다.
7	한문 원전	爾時 舍利弗白佛言. "世尊! 我今無復疑悔 親於佛前 得受阿耨多羅三藐三菩提記. 是諸**千二百心自在者** 昔住學地 佛常教化 言 我法能離生老病死 究竟涅槃. 是學無學人 亦各自以離**我見及有無見**等 謂得涅槃 而今於世尊前 聞所未聞 皆墮疑惑. **善哉** 世尊! 願爲四衆 說其因緣 令離疑悔."
	한글 읽기	이시 사리불백불언. "세존! 아금무부의회 친어불전 득수아뇩다라삼먁삼보리기. 시제**천이백심자재자** 석주학지 불상교화 언 아법능리생노병사 구경열반. 시학무학인 역각자이리**아견급유무견**등 위득열반 이금어세존전 문소미문 개타의혹. **선재** 세존! 원위사중 설기인연 영리의회."
	한글 풀이	그때 사리불이 부처님께 말씀드렸다. "세존이시여! 저는 이제 다시는 의심과 후회가 없을 것이며, 직접 부처님 앞에서 아뇩다라삼먁삼보리의 수기를 받았습니다. 마음이 자재해진 이 1천 2백인들이 옛적에 배우는 위치에 있을 때 부처님께서 항상 교화하시기를 '나의 법은 생노병사를 능히 떠나며 마침내 열반에 이르느니라.'고 하셨습니다. 여기 배우는 사람이거나, 다 배운 사람도 각각 아견과 유견, 무견 등을 떠나 열반을 얻었다고 생각했는데, 지금 세존 앞에서 듣지 못하였던 말씀을 듣고 모두들 의혹에 빠졌습니다. 거룩하신 세존이시여!원하옵건대 사부대중을 위하여 그 인연을 말씀하셔서 의심과 후회에서 벗어나게 하여 주십시오."
8	한문 원전	爾時 佛告舍利弗. "我先不言? 諸佛世尊 以種種因緣 譬喩言辭 方便說法 皆爲阿耨多羅三藐三菩提耶 是諸所說 皆爲化菩薩故. 然舍利弗! **今當復以譬喩 更明此義** 諸有智者 以譬喩得解."
	한글 읽기	이시 불고사리불. "아선불언? 제불세존 이종종인연 비유언사 방편설법 개위아뇩다라삼먁삼보리야 시제소설 개위화보살고. 연사리불! **금당부이비유 갱명차의** 제유지자 이비유득해."
	한글 풀이	그때 부처님이 사리불에게 말씀하셨다. "내가 앞서 말하지 않았더냐? 여러 부처님 세존들께서 갖가지 인연과 비유와 이야기를 하며, 방편으로 설법하는 것은 모두 아뇩다라삼먁삼보리를 위하는 것이며, 이렇게 하신 말씀들은 모두 보살을 교화하기 위한 것이니라. 그래서 사리불아! 이제 다시 비유로써 이 뜻을 한 번 더 밝히리니, 지혜 있는 자들은 이 비유로써 이해할 수 있으리라."

임석해 있던 사부대중인 비구, 비구니, 우바새, 우바이와 천, 용, 야차, 건달바, 아수라, 가루라, 긴나라, 마후라가 등의 모든 대중들은 사리불이 부처님 앞에서 아뇩다라삼먁삼보리의 수기를 받는 것을 보고 마음이 크게 기뻐 한량없이 즐거워합니다. 그러면서 저마다의 웃옷을 벗어 부처님께 공양하였다고 하네요. 이상하지 않습니까? 우리나라에서라면 웃통을 벗는다는 것은 한 판 붙겠다든지 아니면 배 째라 식의 막 가자는 행동일 법한데, 불교의 전통에는 장로나 존자(尊者)를 뵐 때는 오른쪽 어깨를 드러내 존경을 표하는 의식이 있었습니다. 살을 드러낸다는 것은 자신을 한없이 낮추고 상대를 온몸으로 공경한다는 뜻이 담긴 행동으로 판단하는 것이 전통불교의 자세이기도 하지요.

금강경 〈제2 선현기청분〉에 보면, 장로 수보리가 부처님께 법을 청하면서 "편단우견 우슬착지 합장공경(偏袒右肩 右膝着地 合掌恭敬)" 즉, 오른쪽 어깨를 드러내어 오른쪽 무릎을 바닥에 꿇고 합장 공경하였다는 묘사가 나옵니다. 또한 법화경 〈제4 신해품〉에도 같은 내용이 나오는데, 사리불에게 수기를 내리신 부처님에 대한 최고의 예이자, 부러움의 표시로도 보입니다. 천, 용, 야차, 건달바, 아수라, 가루라, 긴나라, 마후라가 등은 앞 서품에서 살펴본 것처럼, 우리 현상계에 존재하는 인격체가 아니고, 상상의 세계 속에 나오는 비인격적 존재인데, 불교는 삼라만상의 과거·현재·미래는 물론, 유·무형의 존재들까지도 교화의 대상으로 삼기 때문임은 잘 아시리라 믿습니다.

또한 석제환인과 범천왕 등도 무수한 천자와 같이 역시 하늘나라의 묘한 옷과 하늘의 만다라꽃, 마하만다라꽃 등을 부처님께 공양하니 흩어진 하늘옷이 허공 중에 머물며 저절로 돌고, 하늘의 백천 만 가지 음악들이 허공 중에서 일시에 다 함께 울리며, 하늘 꽃들이 비 오듯 내렸다고 하는군요. 이미 아시다시피 석제환인은 일명 제석천(帝釋天)이라고도 하는데, 불교의 세계관에 의하면 세계의 중앙에 수미산(須彌山)이 있고, 그 정상에 도리천이라는 하늘이 있으니 제석천은 그곳에서 사천왕(四天王)과 주위의 32천왕(天王)을 통솔한다고 되어 있습니다. 제석천은 불법을 수호하고 불법에 귀의하는 사람들을 보호하며, 아수라(阿修羅)의 군대를 정벌하기도 하는데, 그의 무기가 인다라망(因陀羅網) 또는 인드라망이라고 하지요.

단군신화에는 단군의 할아버지를 묘사할 때 환인(桓因)이라고 표기하였고, **이 '환(桓)'의 뜻은 절대적으로 큰 '한' 곧 한울 → 하늘을 의미하는 것입니다.** 우리의 아득한 조상님께서도 부처님의 법화회좌에 참석하셨다는 사실은 서품에서 살펴본 바 있었지요. 범천(梵天)은 인도 신화에 나오는 브라흐마의 다른 이름인데 유지(維持)의 신 비슈누, 파괴의 신 시바와 함께 브라만교의 3대 신으로, 창조의 영역을 담당하는 신으로 알려져 있습니다. 석제환인과 범천왕 그리고 무수한 천자도 하늘나라의 묘한 옷과 하늘의 만다라꽃, 마하만다라꽃 등을 부처님께 공양하니 흩어진 하늘 옷이 허공 중에 머물며 저절로 돌고, 하늘의 백천 만 가지 음악들이 허공 중에서 일시에 다 함께 울리며 하늘 꽃들이 비 오듯 내렸다고 하는군요. 역시 하늘나라에서도 옷은 착용자의 대리 인격을 상징하는 것으로, 절대적으로 부처님을 경배한다는 뜻이 담겨 있습니다.

만다라꽃과 마하만다라꽃이 꽃비로 내리는 광경은 한마디로 장관일 것이라는 표현밖에 할 수가 없겠지요? 그러한 꽃비가 내리는 가운데 부처님께서 이렇게 말씀하십니다. "부처님께서 옛적 바라나에서 처음으로 법륜을 굴리시더니 이제 다시 위없는 가장 큰 법륜을 굴리시네." 법륜이란 진리의 수레바퀴로 세상을 다스린다는 뜻을 지니는데, 인도신화에서는 통치의 수레바퀴를 굴려, 세계를 통일·지배하는 이상적인 제왕을 전륜성왕이라 부릅니다. 여기서

바라나는 부처님이 성도(成道) 후 처음으로 다섯 비구를 상대로 팔정도와 사성 제를 최초로 설법하던 장소로, 중부 인도 파라나국(派羅奈國) 북쪽 성 밖에 있던 동산인데, 우리에게는 녹야원으로 잘 알려진 곳입니다. 탄생지 룸비니, 성도지 부다가야, 열반지 쿠시나가르와 함께 불교의 4대성지로 꼽히는 곳인데, 참고로 위치의 개념을 지도로 그려 아래에 남깁니다.

사리불은 부처님으로부터 수기를 받은 이후 의심과 후회로부터 완전히 벗어나게 됩니다. 자신이 부처가 될 것이라는 보증서를 받았는데 무슨 미혹됨이 남을 수 있겠습니까? 이처럼 우리도 스스로 부처가 되면 되는 것입니다. 수기를 받지 못했다구요? 앞으로 나올 〈제8 오백 제자수기품〉에서처럼 부처님은 모두에게 성불의 수기를 내리십니다. 법화경에서 부처님은 죄업에 물든 중생 그대로가 부처라고 하셨고, **'자업**(自業) **수기요, 자득**(自得) **수기'**라 하셨으니 이미 우리가 부처인데 무슨 수기가 필요하며, 보증이 중요하겠습니까? 그렇지만 사리불은 다시 부처님께 아룁니다. 내용은 이렇습니다.

"저야 그렇다 치고 여기 있는 제자 1천 2백인(부처님의 제자 1,250인을 백단위로 줄여서 부름)은 당신의 가르침대로 생로병사를 떠나 아견과 유견, 무견을 여의고 열반을 얻었다고 생각하고 있었는데, 이들이 열반을 얻었노라고 착각하고 있다고 하시니, 듣지 못하였던 말씀을 듣고는 모두들 의혹에 빠져 있다 아입니까? 그러니 원하옵건대 사부대중들을 위하여 그 인연을 말씀하셔서 의심과 후회에서 벗어나게 해 주시이소." 어리둥절해 있는 1천 2백인의 마음을 읽고 사리불이 총대 메고 물은 것인데요. 사리불에게 부처님은 설명하십니다. "내가 앞서 말하지 않았더냐? 여러 부처님 세존들께서 갖가지 인연과 비유와 이야기를 하며, 방편으로 설법하는 것은 모두 아뇩다라삼먁삼보리를 위하는 것이며, 이렇게 하신 말씀들은 모두 보살을 교화하기 위한 것이니라."라고 하시며, 비유로써 이 뜻을 한 번 더 밝힐 것이니, 지혜 있는 자들은 이 비유로써 이해할 수 있을 것이라 전망하시며, 곧 불타는 집의 비유를 들어 설하게 됩니다.

중요 용어해설

❶ 바라나(波羅奈) : 부처님의 최초 설법지인 녹야원을 이름

❷ 초전법륜(初轉法輪) : 최초로 법을 전함. 법륜이란 진리의 수레바퀴로 세상을 다스림

❸ 천이백심자재자(千二百心自在者) : 자재자란 생로병사를 초월한 아라한이라는 뜻

❹ 아견 유견 무견(我見 有見 無見)

  ▶ 아견 : 나에게 변하지 않는 고유한 실체가 있다고 집착하는 그릇된 견해

  ▶ 유견 : 존재하는 모든 것은 실체가 있으며, 그 실체는 늘 변하지 않는다고 집착하는 생각,

  ▶ 무견 : 이 세상의 일체가 실체로서 존재하지 않고 일체가 무(無)라고 주장하는 견해

❺ 선재(善哉) : 산스크리트어 sādhu로, 상대방의 말에 대한 칭찬이나 찬성을 나타내는 말이지만, 여기서는 거룩하신, 훌륭하신 등으로 읽음

❀ |4| 삼계화택의 비유를 설하시다

'화택(火宅)의 비유'로 너무나 잘 알려져 법화경의 일곱 가지 비유 중 압권으로 꼽히는 이 설화는 그 비유의 상징성과 명징한 교훈으로 인하여, 불교 신자시라면 누구나 그 서사의 구조는 잘 알고 있으리라 믿습니다. 따라서 본 분단은 원문의 대역 해석보다는 본문과 게송 중에서 중요한 비유의 핵심을 중심으로 설명형식의 전개를 해 나가도록 하겠습니다. '삼계(三界) 화택의 비유'라고도 하는 이 비유를 대하게 되면 다시 한번 부처님의 반박 불가의 탁월한 교수법에 무릎을 치게 됩니다. 삼계란 두 말 할 것 없이 욕(욕계), 색(물질계), 무색(정신계)의 삼계를 말하고, 불교의 세계관이 지향하는 교화의 모든 대상이기도 합니다. 당연히 비유의 궁극 목적은 중생 성불에 있으며, 불지견(佛知見)을 열어 보여주기 위한 방편으로, 청자(聽者)의 근기에 맞는 환경과 소재가 다양하게 동원되고 있습니다. 먼저 '불타는 집의 비유'에서 부처님이 예화로 든 설화의 이야기를 요약해 봅니다.

「어느 나라의 한 고을에 한량없는 재물과 하인들을 거느린 늙은 장자가 있었다. 그의 집은 크고 넓었으나 문은 하나뿐이고 좁았으며, 식구는 많아 수백 명이 살고 있었다. 담장과 벽, 기둥뿌리와 대들보는 썩고 기울어졌는데, 문득 사방에 불이 일어나 집을 태우기 시작했다. 장자는 불길에서 빠져나왔지만, 집 안에는 장자의 여러 어린 아들이 있었고, 이들은 놀이에 빠져 두려움도 모른 채, 빠져나올 생각조차 않고 있어 장자는 크게 두려운 나머지 아이들을 구해내고자 큰 소리로 외쳤다. "얘들아! 집에 불이 났으니 빨리 나오너라!" 그러나 아이들은 즐거움에 빠져서 놀라지도 무서워하지도 않았으니 끝내 빠져나오려는 마음도 없었고 또한 불이 어떤 무서운 것인지 조차도 모른 채 서로 뛰어놀며 아버지를 쳐다보기만 할 뿐이었다. 이에 장자는 어떻게든 아이들을 구해내기 위한 방편을 쓰기로 하고, 아이들이 오래전부터 좋아하는 기이한 장난감으로 유혹하면 나오리라 생각하고, "얘들아! 너희들이 갖고 싶어 하던 양이 끄는 수레와 사슴이 끄는 수레, 소가 끄는 수레가 지금 문밖에 있으니 빨리 나와서 즐겁게 놀아라!"고 외쳤다. 그제서야 아이들은 원하던 것을 얻고자 다투어 불타는 집에서 뛰쳐나오게 되고 그리하여 구제 받게 된다. 장자는 크게 안심하고 기뻐하였다. 이에 장자는 온갖 보배와 방울과 영락으로 장식한 큰 수레를 많은 하인들로 하여금 호위케 하고, 흰 소(대백우 大白牛)가 끄는 수레를 똑같이 나누어주었다.」

개략적 스토리는 위와 같습니다만 단순히 불난 집에서 아이들을 유인해 살려낸다는 재난 구호 차원이 아니라, 불타서 없어지는 덧없는 사바의 수렁으로부터 열반의 세계인 피안의 연꽃세상으로 인도하고자 하시는 부처님의 가피를 교훈적 비유로 나타낸 가슴 벅찬 비유라 하겠습니다. 말할 것도 없이 여

기에서 말하는 장자는 중생들의 자비의 화신인 부처님이고, 아이들은 미혹하고 어리석은 우리들 중생입니다. 낡은 서까래는 불에 타 무너져 내리고, 온 삼계의 세상이 잿더미가 되어가지요, 그런데도 욕망과 환락에 집착하며, 불나비가 불을 찾아 날갯짓하듯, 유일한 탈출구(해탈)로 빠져나오라고 해도, 막무가내로 신나는 달밤인 아이들을 구하는 일이 얼마나 어려웠겠습니까? 그때는 어떻게 한다? 119를 부를까요? 그 당시 왕사성에 119가 있었는지는 모르겠습니다만, 119가 출동해서 오는 동안에 아이들은 모두 불에 타 죽고 말 것입니다.

그때 우리들의 슈퍼맨 아버지 부처님은 기막힌 방편으로 드라이브를 겁니다. 민간에서도 아이들이 쓴 약을 안 먹을 때 단골로 써먹는 메뉴가 있지요. '이 약 먹으면 꿀 사탕 줄게.' 아닙니까? 부처님은 아이들이 갖고 싶어 하는 수레를, 그것도 세 가지씩이나 취향별 메뉴대로 아이들에게 제시를 합니다. "양이 끄는 수레, 사슴이 끄는 수레, 소가 끄는 수레가 문밖에 있으니 빨리 불타는 집에서 나와서 가지고 싶은 대로 가져라!"라고 말이지요. 수레가 무엇에 쓰는 것이던가요? 사람이 타는(승 乘) 것이지요. 이 세 가지 수레가 삼승을 비유한다는 건 잘 아시리라 믿습니다.

양이 끄는 수레는 성문승(聲聞乘)으로, 중생 근기 일천하니 배우고, 듣는(성 聲) 체험을 통해 진리를 받아들이는 수행단계인데요, 양이라는 짐승이 의심이 많아 자기 확신이 부족한 걸 상징한다고 보면 되겠습니다. 아직 불의 위험을 체험하지 못했으니 불을 알기를 이웃집 춘심이 정도로 알고 있으니 뛰쳐나오라고 해도 '아 몰랑! 지금 신나는데 한 판 더 해야 돼.'가 되는 거지요. 우리 중생들도 죽어봐야 죽는 줄 아는 사람들 참 많지요?

사슴이 끄는 수레는 연각승(緣覺乘) 또는 벽지불(辟支佛)을 상징하는데, 부처의 가르침에 의하지 않고 스승도 없이 스스로 깨달은 소승적 깨달음을 상징하고 있습니다. 마치 사슴이라는 짐승이 고독을 즐기며 숲속에 유유자적하는 것 같으나, 두려움이 많고 상위의 천적으로부터 자유롭지 못한 것처럼, 연각 승 또한 자신만의 해탈을 구하는 존재로, 중생의 일체 제도라는 보살과(菩薩果)는 증득하지 못한 것과 같습니다.

소가 끄는 수레는 보살승입니다. 우주의 연기적 질서를 깨치고 그 궁극적으로 제행이 공함을 체득한 단계로, 소는 묵묵히 주인(중생)을 위해 온갖 헌신을 다하는 것과 같습니다. 궁극적으로는 양이나 사슴 같은 작은 수레(소승)가 아니라, 흰 소가 끄는 중생구제의 대승보살도, 즉 일불승을 강조한 것이라 하겠습니다. 실제로 부처님은 "내가 이 수레(대백우가 끄는 대승의 수레)를 온 나라에 두루 나누어 주어도 오히려 모자랄 판에 하물며 자식들에게야 아낄 게 무엇이 있겠는가?"라며, 짐짓 설의법(設疑法)을 통해 수보리에게 강조하고 있는 것입니다. 〈비유품〉 중 '화택의 비유'는 법화경의 일곱 가지 비유의 전개양상을 가늠해 볼 수 있는 표본과 같은 비유이기 때문에 삼계화택 비유의 상징체계를 도표로 분석하여 공부해 보도록 하겠습니다.

〈삼계화택 비유의 상징체계〉

비유의 대상	상징의 대상	인식구조
큰 장자	부처님, 중생의 아버지	인적 방편
크고 넓은 집	어리석음이 가득한 사바세상	공간적 방편
좁고 하나뿐인 문	해탈로 통하는 진리의 작은 문	〃
수많은 식구	유·무정의 많은 생명	인적 방편
낡고 썩은 누각과 기둥	번지르르한 허구의 세상	환경적 방편
타오르는 큰불에 타는 집	욕망이 타오르는 현상적 삼계	〃
장자의 많은 아들	제 중생	인적 방편
놀이에만 빠진 아이들	부처님의 가르침에 귀의할 중생	〃
불타는 집에서 빠져나오라는 외침	깨어나라는 부처님의 가르침	설법 방편

아이들을 유인하는 수레의 제시	통하지 않는 근기에 맞는 방편	〃
양이 끄는 수레	성문승	〃
사슴이 끄는 수레	연각승(벽지불)	〃
소가 끄는 수레	보살승(일불승)	〃
대백우(大白牛)가 끄는 큰 수레	모든 중생을 태울 대승의 큰 수레	불교의 이상향

위의 표에서 삼계의 불타는 욕망의 세상과 중생을 구제하는 부처님의 방편이 어떻게 비유와 상징으로 승화되었는지를 알아보았습니다. 독자 여러분께서는 혹 이러한 의문을 가져보시지 않으셨는지요? 이를테면 "부처님(장자)은 엄청난 힘과 신통력을 겸비한 분이라, 얼마든지 위험에 처한 아이들을 몸소 구해낼 수도 있었을 텐데, 어찌하여 이런 방편을 꼭 쓰시는 걸까?" 너무나 시의적절한 의문입니다만, 불타오르는 삼계의 구렁텅이 속에서도 팔고삼독(생로병사, 희구애비 및 탐진치)의 번뇌를 알지 못하고, 환락의 즐거움에 취한 어린 중생들을 문밖으로 공간적 이동만 시켜준다고 번뇌를 놓을 수 있겠습니까? 타력에 의해 피동적으로 붙들려 나오다 보면 혹은 재미난 놀이에 대한 집착으로 나가지 않겠다는 생떼를 써서 다칠 수도 있거니와, 설령 안전하게 나왔다 해도 돌아가고 싶은 미련이 생길 수도 있는 거지요. 그래서 부처님은 이러한 경로를 통하고 일·이승의 겁을 거쳐 오직 일불승일 뿐인 부처의 길로 인도하려는 것입니다.

방편의 힘으로 일불승에서 분별하여 삼승을 설하시는 것이라 하셨잖습니까? 사랑하는 자식이라면 끼니마다 물고기를 잡아서 입에 넣어 줄 것이 아니라, 물고기 잡는 방법을 가르쳐주는 게 진정한 사랑일 테니까요. 삼계화택의 비유에서 가리키는 진리는 어리석음이 가득한 번지르르한 허상의 불타는 집에서 뛰쳐나오라는 말씀입니다. 색성향미촉(色聲鄕味觸)에 탐닉하게 되면 마침내는 끊임없이 타오르는 불길은 세상을 태우고, 자기 자신까지도 태우고 말 것이기 때문입니다. 그러나 인간의 욕망구조는 작은 것으론 만족할 수 없고, 큰 것은 이루기가 어려운 탓에, 가진 자와 힘 있는 자를 스스로가 비교하여 기울어진 운동장이라 탓하며, 불평등의 원한으로 늘 상대적 빈곤과 박탈감에 허우적거리게 됩니다.

황금이 소낙비처럼 내 앞마당에 쏟아져 내린다 한들 나 한 사람의 욕망조차도 다 채울 수 없고, 천하 절세의 미녀를 항공모함으로 가득 실어다 안겨주어도 더 아름다운 여인은 없나를 찾게 되는 것이 우리들 중생이 생래적으로 지니고 있는 탐욕의 민낯이 아닙니까? 더욱이 현대인들은 물질의 풍요가 가져다 준 육신의 편리함을 넘어 끊임없이 새로운 즐거움을 찾아 스스로를 불태우며, 온갖 쾌락과 불륜의 칼날 위에서 죽음과의 살사댄스를 추고 있는 것입니다. 그래서 부처님은 비록 절망의 아비규환 속이라 해도 여기 문이 있다고 외치시며, 절망과 어리석음을 버리고 불타는 삼계의 집에서 빨리 뛰쳐 나오라고 하십니다.

우리들 역시 어떠한 곤경에 처하더라도 결코 절망하지 말고, 영원으로 가는 진리의 문턱을 넘어서야 합니다. 곧 생사를 여의고, 대자유의 해탈로 가는 진리의 하나뿐인 좁은 문이 바로 우리들이 사는 삼계의 사바세계 속에 있다는 것입니다. 성경에서도 좁은 문을 이르기를 "좁은 문으로 들어가기를 힘쓰라. 내가 너희에게 이르노니 들어가기를 구하여도 못하는 자가 많으리라." 〈누가복음 13:24〉 "멸망으로 인도하는 문은 크고 그 길이 넓어 들어가는 자 많고, 생명으로 인도하는 문은 좁고 협착하여 찾는 이가 적음이니라. 〈마태복음 7:13〉"라고 기록하고 있지만, 누구에게나 열려 있는 좁은 문은 쉽게 보이는 문이 아닙니다. 나를 버려야 비로소 보이는 문이기 때문인데요. 그 문은 인간의 육식(六識)이란 게, 보다 감각적인 자극에 반응하여 끊임없는 희로애락이 발생하며, 그 현상세계의 범주내에서만 존재의 양상을 받아들일 뿐이고,

스스로의 마음속에 열려 있는 좁은 문의 존재를 보기에는 인간의 의식구조가 너무나 어리석게 짜여 있기 때문입니다.

하나뿐이란 것 자체가 나를 버려야만 얻을 수 있는 것을 뜻합니다. 인간사 모든 고통은 결국 '나(我)'라는 아집에서 발생하는 것으로서, '나'라는 실체가 없다면 고통받을 '나' 또한 없어지는 것이 아니겠습니까? 단순히 현상적 존재의 소멸이 아니라, '나'가 없어짐으로 해서 그로 인해 살아나는 자신을 발견할 수 있어야 합니다. 그것이 바로 자비의 원천이 되는 것입니다. 중생의 아버지로서 어린 아들들을 구해낸 부처님이 이번에는 사리불에게 묻습니다.

"사리불! 어의운하 시장자등여제자 진보대거영유허망부?(舍利弗! 於汝意云何? 是長者等與諸子珍寶大車 寧有虛妄不?)**"** 즉, **"사리불아! 너의 생각은 어떠하냐? 이 장자가 자식들에게 진기하고 큰 보물 수레를 똑같이 나눠 준 것이 설마 허망하다고 할 수 있겠느냐?"**라고 말입니다. 당연한 것을 왜 물으셨을까요? 사리불의 답을 이끌어 내기 위해서인데, 사리불이 답을 드립니다. **"부처님도 참 별말씀을 다 하십니다요. 불구덩이에서 목숨만 건져준 것만 해도 어딘데, 작은 수레 하나조차 주지 않았어도 허망하지 않겠거늘, 방편으로 자식들을 이롭게 하려고 큰 수레를 똑같이 주셨으니 일러 무엇 하겠습니까?"**

대충 이런 말씀이 되는군요. 그렇습니다. 양, 사슴, 소가 끄는 수레를 주겠다는 약속을 어기고, 잘 꾸며진 일불승의 대백우가 이끄는 보물 수레를 준 것을 어찌 거짓이라 할 것이며, 허망하다 할 수 있겠습니까? 삼계의 불타는 집은 생로병사의 4고와 욕망과 번뇌가 거대한 불길처럼 이글거리는 환란의 세상이며, 육도윤회의 끊임없는 고통이 그칠 줄 모르는 불구덩이의 세계인데도, 육욕의 쾌락에 탐닉하여 무지하므로 두려움도, 싫어함도 없는 세상입니다. 그래서 부처님은 아주 작심을 하고 말씀하십니다.

"여등 막득낙주 삼계화택 물탐추폐 색성향미촉야. 약탐착생애 즉위소소

(汝等 莫得樂住 三界火宅 勿貪麤弊 色聲香味觸也. 若貪著生愛 則爲所燒)"

풀이하면,

"너희들은 삼계의 불타는 집에서 머무르는 것을 좋아하지 말라. 추하고 변

변찮은 빛과 소리와 향기와 맛과 촉감에도 욕심내지 말아라. 만약 욕심내

고 집착하여 아기는 마음을 내면 곧 불에 타게 되리라."

그렇습니다. 우리들을 불타는 집에 가둔 것은 애초에 아무것도 없었습니
다. 스스로 아상(我相)의 노예가 되어 일시적 환란의 감옥에 스스로 갇힌 것 뿐
이었습니다. 보잘 것 없는 명예와 탐욕, 작은 자존심 때문에 거대한 분노의
불구덩이에 빠졌던 나를, 나에게서 벗어나게 하는 것도 오직 나 자신입니다.
하나뿐인 좁은 문은 누구도 찾아줄 수가 없습니다. 실체 없어 '공(空)'인 나와
홀연히 결별하고, 진리의 좁은 문턱을 넘어서기만 하면, 대자유의 해탈로 이
끌고 갈 부처님표 보물 수레가 기다리고 있음을 한시도 잊지 말고, 법화경의
정신대로 하루하루 승화된 삶을 살아야 하겠습니다. 자찬의 말 같지만 『행복
보다 진한 행복, 법화경』이란 이 책의 타이틀이 좀 그럴 듯하게 와 닿지 않습
니까? 본 비유품에서 부처님이 게송으로 읊으신 법화경의 당부 말씀에 대해
잠시 살펴보고 〈제4 신해품〉으로 나아가겠습니다.

「여사리불! 아차법인 위욕이익 세간고설

재소유방 물망선전. 약유문자 수희정수

당지시인 아비발치 약유신수 차경법자

시인이증 견과거불 공경공양 역문시법

약인유능 신여소설 즉위견아 역견어여

급비구중 병제보살. 사법화경 위심지설

천식문지 미혹불해」

「汝舍利弗! 我此法印 爲欲利益 世間故說

在所遊方 勿妄宣傳 若有聞者 隨喜頂受

當知是人 阿鞞跋致 若有信受 此經法者

是人已曾 見過去佛 恭敬供養 亦聞是法

若人有能 信汝所說 則爲見我 亦見於汝

及比丘僧 幷諸菩薩 斯法華經 爲深智說

淺識聞之 迷惑不解」

「사리불아! 내가 설한 이 법인은 세간을 이롭게 하려고 설하는 것이니 가는 곳마다 망령되이 선전하지 말라. 만약에 어떤 사람이 이 법을 듣고 따라 기뻐하며, 받들어 지니면 마땅히 알아라. 이 사람은 아비발치(불퇴전 보살)이니라. 만일 이 경의 가르침을 믿고 받아들이는 자가 있으면 이 사람은 이미 과거의 부처님을 뵙고, 공경·공양하였으며 이 법도 들었느니라. 만약 어떤 사람이 그 스스로 설하는 바를 믿으면 곧 나를 보는 것이 되고 또 너와 비구승과 보살들을 보는 것이 되느니라. 이 법화경은 지혜가 깊은 이를 위해 설하는 것이므로, 식견이 얕은 사람이 들으면 흐리고 어두워져 이해하지 못하리라.」

요약 및 대의

⇒ 수보리 등 제자가 사리불의 수기 받음을 보고 크게 기뻐하며, 그동안의 소승에 안주한 나약함을 크게 뉘우침

⇒ 법화경 일곱 가지 비유 중 두 번째 비유 '장자(長者)의 궁자(窮子) 비유'를 제자들이 부처님께 아룀

⇒ 제자들이 대승의 마음을 내어 법왕의 보배를 얻었음을 고백함

|1| 수보리 등 제자가 사리불의 수기 받음을 보고 크게 기뻐하며, 그동안 소승에 안주한 나약함을 크게 뉘우침. '장자의 궁자'비유를 아룀

단락	구분	원문 및 한글 번역
1	한문 원전	爾時 **慧命須菩提 摩訶迦旃延 摩訶迦葉 摩訶目犍連** 從佛所聞未曾有法 世尊授舍利弗 阿耨多羅三藐三菩提記 發希有心 歡喜踊躍 卽從座起 整衣服 偏袒右肩 右膝著地 一心合掌 曲躬恭敬 瞻仰尊顏 而白佛言.
	한글 읽기	이시 **혜명수보리 마하가전연 마하가섭 마하목건련** 종불소문미증유법 세존수사리불 아뇩다라삼먁삼보리기 발희유심 환희용약 즉종좌기 정의복 편단우견 우슬착지 일심합장 곡궁공경 첨앙존안 이백불언.
	한글 풀이	이때 혜명수보리와 마하가전연, 마하가섭, 마하목건련이 부처님으로부터 미증유한 법문과 아뇩다라삼먁삼보리의 수기를 사리불에게 주시는 걸 보고, 더할 수 없는 마음으로 뛸 듯이 기뻐하며, 자리에서 일어나 의복을 단정히 하여 오른쪽 어깨를 드러내고, 오른쪽 무릎을 땅에 댄 채 일심으로 합장하여 허리 굽혀 공경하며, 부처님의 존안을 우러러보며 여쭈었다.
2	한문 원전	"我等居僧之首 年竝朽邁 自謂已得涅槃 無所堪任 不復進求阿耨多羅三藐三菩提. 世尊 往昔說法旣久 我時在座 身體疲懈 但念**空 無相 無作**, 於菩薩法 遊戲神通 淨佛國土 成就衆生 心不喜樂. 所以者何? 世尊 令我等 出於三界 得涅槃證. 又今我等年已朽邁 於佛敎化菩薩 阿耨多羅三藐三菩提 不生一念好樂之心. 我等今於佛前 聞授聲聞阿耨多羅三藐三菩提記 心甚歡喜 得未曾有. 不謂於今 忽然得聞希有之法 深自慶幸 獲大善利 **無量珍寶 不求自得**."

	한글 읽기	"아등거승지수 연병후매 자위이득열반 무소감임 불부진구아뇩다라삼먁삼보리. 세존 왕석설법기구 아시재좌 신체피해 단념**공 무상 무작**, 어보살법 유희 신통 정불국토 성취중생 심불희락. 소이자하? 세존 영아등 출어삼계 득열반 증. 우금아등연이후매 어불교화보살 아뇩다라삼먁삼보리 불생일념호락지심. 아등금어불전 문수성문아뇩다라삼먁삼보리기 심심환희 득미증유. 불위어금 홀연득문희유지법 심지경행 획대선리 **무량진보 불구자득**."
2	한글 풀이	"저희들은 승단의 지도자로 있으면서 늙고 쇠약해져 더 이상 할 일이 없다고 스스로 생각하여, 다시 나아가 아뇩다라삼먁삼보리를 구하려고 노력하지 않았습니다. 세존께서 옛적에 법을 설하실 때도 우리들은 그 자리에 있었는데, 몸이 피곤하고 게을러서 단지 공하고 모양이 없고, 지을 것이 없다는 것만 생각하였지, 보살법인 신통에 즐거워하는 것과 부처님 국토를 깨끗이 하는 것, 중생을 성취시키는 것에는 기뻐하거나 즐거운 마음이 없었습니다. 왜냐하면? 세존께서 저희들로 하여금 삼계에서 벗어나 열반의 깨달음을 얻게 하였기 때문입니다. 또 저희들이 늙고 쇠약해져서 부처님께서 보살을 교화하시는 아뇩다라삼먁삼보리에 대하여는 한 생각도 좋아하거나 기뻐하는 마음을 내지 않았기 때문입니다. 저희들은 지금 부처님 앞에서 성문들에게 아뇩다라삼먁삼보리의 수기를 주시는 걸 들으니 마음이 매우 기쁜데 이제껏 없던 일입니다. 생각지도 못했는데 지금 뜻밖에 희유한 법을 듣고, 크고 좋은 이익을 얻으니, 매우 기쁘고 다행스러우며, 헤아릴 수 없는 보배를 구하지 않았음에도 저절로 얻은 것과 같습니다."
중요용어		❶ 혜명수보리(慧命須菩提) ❷ 마하가전연(摩訶迦旃延) ❸ 마하가섭(摩訶迦葉) ❹ 마하목건련(摩訶目犍連) ❺ 공무상무작(空無相無作) ❻ 무량진보 불구자득(無量珍寶 不求自得)

〈제4 신해품〉은 내용상 크게 세 단락으로 나눌 수 있습니다. 혜명수보리와 마하가전연, 마하가섭, 마하목건련 등의 제자들이 부처님께서 사리불에게 아뇩다라삼먁삼보리의 수기 주시는 것을 보고 찬탄하여 공경하면서, 그동안 자신들이 열반을 얻은 것이라 스스로 생각하여, 아뇩다라삼먁삼보리를 구하려고 하지 않은 채, 안일하고 게으른 타성(惰性)을 참회하는 부분이 첫 단락입니다. 이어서 이들이 그러한 뜻을 분명히 하기 위해 '장자의 궁자(窮子)' 비유를 부처님께 말씀드리는 비유의 예화 부분이 둘째 그리고 자신들을 빈곤한 아들에 비유하여, 소승에 안주했던 어리석음을 깨닫는 참회하는 부분을 셋째로 나눌 수 있습니다.

이들은 그동안의 수행으로, 공하고 모양이 없으며, 지을 것이 없다는 것만 생각하였지, 보살법이나 부처님 국토를 깨끗이 하는 것, 중생을 성취시키는 것에는 기뻐하거나 즐거운 마음을 내지 않았던 소승적 깨달음에 안주한 것을 참회하고 있는 겁니다. 본 신해품은 본래 내가 지니고 있는 불성을 찾지 못해 고통 속을 방황하는 중생들을 부처님이 본래의 불성을 찾게 해 주는 과정을 보여줍니다. 따라서 이들 제자들도 중생들을 교화·성취시키는 것이야말로 참된 보살도이거늘 자신들만의 아라한과 증득에 만족하고 있었던 어리석음을 뉘우치게 됩니다. 또한 자신들이 늙고 쇠약해져서 부처님께서 보살을 교화하시는 아뇩다라삼먁삼보리에 대하여는 한 생각도 좋아하거나 기뻐하는 마음을 내지 않았다고 참회하고 있습니다.

그런데 아뇩다라삼먁삼보리의 수기를 주시는 걸 들으니 마음이 매우 기쁘고, 이제껏 없던 일이라며 환희심을 내고 있군요. 그렇습니다. 생각지도 못했는데 지금 뜻밖에 희유한 법을 들어 크고 좋은 이익을 얻으니, 매우 기쁘고 다행스러웠을 것입니다. 마치 장자의 가난한 아들이 뜻밖의 헤아릴 수 없는 보배를, 구하지 않았음에도 저절로 얻은 것과 같이 말이지요. **신해품은 글자 그대로 추호의 의심도 생기지 않는 확실한 신념**(信)**으로, 완전히 이해하고 의혹이 풀려**(解)**, 믿음으로써 모든 것이 해결된다는 뜻**(信 + 解)**이기도 합니다.**

우리가 종교를 믿든지, 믿지 않든지를 떠나 믿음이란 우리의 일상을 지탱해 주는 삶의 철학이 아닐 수 없습니다. 내일이 온다는 확실한 믿음을 지니고 있기에, 우리들은 오늘을 열심히 살고, 내일을 위해 준비를 하는 것이 아니겠습니까? 여기에는 어떠한 의혹도 있을 수 없는 것처럼, 불법의 진리는 그 자체로 불변하는 확고한 신념이기 때문에 의심의 여지가 없는 것임을 강조한 부분이라 생각하시면 되겠습니다. 신해의 반대말은 '불신(不信)'이나 '오해(誤解)'가 아닌, 모든 고통과 번뇌의 씨앗인 '무명(無明)'이란 것도 알아 두시기 바랍니다. 혜명수보리와 마하가전연, 마하가섭, 마하목건련 등은 이제 완전한 신해(信解)에 이른 것입니다.

이들이 과연 무엇을 신해했다는 말일까요? 이미 언급 되었지만 중생에게는 한결같은 불성이 함장 되어 있고, 누구나 부처가 될 수 있는 성불의 종자(種子)를 지니고 있으니 갖가지 방편으로 교화하여, 스스로의 불성을 깨달아 마침내는 부처가 된다는 개위득불(皆爲得佛)과 일불승의 가르침을 신해한 거지요. 지금까지의 이들의 생각은 '부처는 아무나 하나?'라며, 애초에 소승에 만족하고, 부처 되는 길은 넘어설 수 없는 다른 차원의 경계라며 포기를 한 상태였습니다. 그런데 법화경을 통해서 우리들도 모두 부처가 된다는 메시지를 받았으니 이 어찌 기쁘고 또 기쁘지 아니하겠습니까? 법화경을 경전 중의 '왕중왕(王中王)', 속칭으로는 '경전의 끝판왕'이라 부르는 이유가 여기에 있습니다. 이 책 머리말에서 이미 언급되었지만 〈제10 법사품〉에서 부처님은 아주 작심을 하시고 법화경의 위상에 대해 강조하십니다.

"약왕금고여. 아소설제경 이어차경중 법화최제일(藥王今告汝. 我所說諸經 而於此經中 法華最第一)**"** 즉, **"약왕이여 이제 내가 너에게 말하노라. 내가 설한 여러 경전 그 가운데 『법화경』이 가장 제일이니라."** 그러니 속된 말로 표현하면 **"닥치고! 법화경!"**이란 말씀입니다. 그러시면서 **"아소설경전무량천만억 이설, 금설, 당설, 이어기중 차법화경최위난신난해**(我所說經典無量千萬億 已說, 今說, 當說, 而於其中 此法華經最爲難信難解)**"** 해설하면 **"내가 설하는 경전은 한량없어 천만억으로 이미 설하기도 하였고, 지금도 설하며, 앞으로도 설하겠지만, 이『묘법연화경』이 가장 믿기 어렵고 이해하기도 어려우니라."**라고 하셨습니다.

부처님은 설법생애 전반을 이 법화경에 걸었었고, 억조 중생을 법화의 진리로 인도해 최후의 1인까지 성불시키고야 말겠다는, 인류사에 전무후무한 최고의 프로젝트를 이 법화경을 통해서 구현하고자 하셨던 것입니다. 따라서 법화경의 제목만이라도 대할 수 있는 사람은 반드시 전생에 큰 복을 지은 크나큰 공덕이 있는 사람이라 하겠습니다.

일이삼승을 방편으로 설해오셨지만 이제는 드디어 때가 무르익은 것입니다. 그래서 법화경은 부처님의 과거 설법인 삼승의 방편에서 결국은 하나, 일불승으로 귀결된다는 '회삼귀일(會三歸一)'을 일관된 주제로 삼고 있습니다. 그러면 여기서 법화경의 주옥같은 일곱 가지 비유의 제2탄인 '장자의 궁자'편의 구조와 비유적 상징에 대해 알아보도록 하겠습니다. 완전 신해를 이룬 4명의 제자 이들이 누구입니까? 지혜제일의 해공수보리, 설법제일 마하가전연, 두타(頭陀) 제일의 마하가섭, 신통 제일의 마하목건련 등 부처님의 전공분야별 기라성 같은 제자들인데요. 그중 마하가섭이 이들의 대표자로 부처님께 비유 발표를 합니다. 아마 요즘 유행하는 파워포인트가 아니고, 면전에서 발표하는 세미나식 발표였겠지요? "세존이시여! 저희들이 지금 비유를 들어 지금 이 뜻을 분명하게 말씀드리겠습니다."고 운을 뗀 '장자의 궁자(窮子)'의 설화의 얼개는 매우 드라마틱 하기까지 한데 스토리는 다음과 같습니다.

「어려서 집을 가출하여 아버지(장자)와 이별한 채 타국에서 수십 년을 살아오느라 가난에 찌든 궁색한 사람이 있었다. 그의 아버지는 아들(窮子)을 잊지 못해 슬퍼하며 사방으로 찾아보았지만, 아들을 만날 수 없어 언젠가 아들이 돌아올 날을 기다리며 정착하여 살았는데, 그는 헤아릴 수 없이 많은 재물과 큰 저택에서 많은 하인을 거느리고 있었다. 아들은 오랜 유랑 끝에 우연히 아버지가 사는 마을에 접어들게 되었고, 마침 아버지의 큰 저택 앞을 지나가게 되었는데, 혹 그 집에서 잡일이라도 할 수 없을까 하여 집 안을 기웃거렸다. 마치 국왕처럼 보이는 사람이 수많은 시종들의 시중을 받으며 근엄하게 앉아있는 것이 아닌가. 순간 아들은 자신의 초라한 몰골을 생각하고는 공연히 잡혀서 강제 노역이라도 당할지도 모른다는 두려움을 느꼈고, 자신은 역시 살아온 대로 빈민가를 전전해야 하나보다고 생각하기에 이른다. 그런데 장자는 문밖에 서성이던 허기져 보이는 사내가 한시도 잊지 못한 자신의 아들임을 한눈에 알 수 있었다. 곧바로 하인들로 하여금 그를 데려오라 하였는데, 이러한 아버지의 뜻을 알 리 없던 가난한 아들은 잡혀가면 죽을지도 모른다는 생각에 도망을 치다가 붙잡히자, 이젠 죽었다는 공포심 때문에 기절해 버린다. 이 광경을 지켜본 장자는 강제로 데려와서는 될 일이 아니라는 판단으로, 사람들을 시켜 은밀히 지켜보게만 하다가 얼마의 시간이 흐른 후 궁자의 눈높이에 맞을 만한 처지의 사람을 방편으로 보내 아들의 일자리를 제안한다. '더러운 곳의 오물을 치우는 일이지만 품삯을 두 배를 줄 터이니 자신을 따라가자.'고 유인하여 집안으로 데려 오는 데 마침내 성공하였다. 아들의 몰골을 몰래 관찰한 장자는 오탁악세에 찌들은 아들이 너무나 불쌍하게 느껴졌다. 이에 얼마 뒤 장자도 초라한 옷으로 갈아입고 아들에게 접근하여, 경계심을 풀게 하고는 따뜻한 격려의 말과 보살핌으로 조금씩 친해진 뒤 그를 양자로 삼을 수 있게 되니 이 또한 장자(부처님)의 방편이었다. 가난했던 아들은 그런 대우에 대해 매우 기쁘게 생각하면서도, 한편으로는 자신이 비천한 신분이라는 고착된 생각을 버리지 못한다. 그런 아들의 생각을 아는 장자는 그에게 단계별로 중책을 맡겼고 결국은 자신의 모든 재산을 총괄하는 관리인으로 삼았다. 아들은 성실하게 일하여 자신의 소임을 다하였지만, 항상 자신은 미천한 신분이라는 자격지심을 버리진 못한다. 그러나 세월이 흐르면서 궁자의 비굴한 마음도 차츰 사라지게 되었고, 자신의 임종이 가까워진 것을 알게 된 장자는 국왕을 비롯하여, 고관과 많은 인사를 초대하여 이들 앞에 자신의 아들을 소개하기에 이른다. '여기 있는 이 관리인이 바로 나의 친아들입니다. 나의 모든 재산은 이 아들의 것입니다.'라고 발표하였다. 그제서야 궁자는 비로소 장자가 자신의 친아버지였음과 많은 재산도 모두 자신의 것임

이미 아셨겠지만 장자는 부처님을 상징하고, 방랑하는 가난한 아들은 우리들 중생의 모습 그대로입니다. 욕망과 환락, 시기와 질투, 온갖 부패와 타락이 만연한 이 세상은 집 나간 아들이 방황하는 고해의 세상이며, 남루한 궁자는 피폐(疲弊)하고 고뇌에 찌든 중생들의 비유적 상징이라 하겠습니다. 가출을 했다는 것은 곧, 참된 아버지의 사랑과 진리의 가르침을 외면한 채, 한 끼니 동냥으로 배를 채우고 잠을 자며, 그것으로 일신의 안일을 삼는, 욕망의 거지가 된 그릇된 중생들의 생각과 행동을 의미하고 있습니다. 왕의 침실처럼 잘 가꾸어진 현실세계의 무대 위에서 곤고한 피에로의 배역을 맡은 것이 우리 중생들이 살아가는 현상적 삶의 모습이 아니겠습니까?

우리들 스스로가, 부처님의 DNA를 온전히 물려받은 부처님의 친아들로서, 거룩한 존재이면서 불성이 깃든 부처인데도 불구하고, 무명과 업연의 마장에 가려 깨닫지 못한 탓에 부처의 집에서 가출, 고통의 세계를 방황한다는 것입니다. 그러나 인간에게는 고향으로 돌아가려는 귀소본능이 있듯, 방황하던 아들도 마침내는 부처의 집(부처의 세계)으로 돌아가려는 불성의 심지가 있어 세월이 흘러서야 고향으로 돌아와 장자의 집 안을 기웃거리게 됩니다.

앞에서 소승에 만족하여 부처되는 길은 멀기만 하다며 포기했던 혜명수보리 등 여러 제자들의 참회와도 맥이 닿아있는, 정곡을 찌르는 비유가 아닐 수 없습니다. 이 비유는, 연어가 태어난 하천으로 다시 돌아와 알을 낳는 모천회귀(母川回歸)의 본능이 있는 것처럼, 중생들도 타국(큰 바다)를 떠돌다가도 언젠가는 자신이 태어난 부처의 집으로 회귀를 한다고 보는 것입니다.

성경 〈누가복음 제15장〉에도 '돌아온 탕아'의 비유가 있는데, 스토리는 다소 차이가 나지만 모티프와 주제는 '장자의 궁자'를 패러디한 비유란 생각이 들만치 비슷한 전개를 보이고 있지요. 이 비유에서 '가출'은 자신이 태어난 그 자리가 곧 꽃자리이며, 아낌없이 주는 아버지가 있는 진여의 터전인 줄도 모르고, 스스로 방황의 가시밭길을 헤매는 중생의 어리석음으로 비정할 수가 있겠습니다. 봄을 찾아 종일토록 산속을 헤매고 다녔지만, 봄은 정녕 황혼녘에 돌아온 자신의 집 안에 있더라는 시가 있잖습니까?

'화택의 비유'와 '장자의 궁자 비유' 모두 집이 공통으로 등장하고 있습니다만, 첫 번째 비유에서의 집은 뛰쳐나와야 하는 집이고, 두 번째 비유에서의 집은 돌아와야 할 집이란 건데요. 결국 부처님의 가르침은 이런 겁니다. 삼계의 불타는 집은 우리들의 집이 아니니, 이 세상을 우리들의 집으로 착각하지 말 것이며, 세상 밖의 엄청난 보배_(부처의 진리)가 있는 집이야말로 부처의 집이란 것을 분명히 설하고 있습니다. 지금 우리가 살고 있는 오늘날의 사회현실은 어떠합니까? 분명 내가 좋아하고, 내가 잘 할 수 있는 일이 있을 터인데, 오로지 세상이 인정하고 남이 부러워하는, 내키지 않는 일에 고귀한 일생을 허비하며, 내집이 아닌 남의 집에서, 남을 위해 살아가는 사람들이 얼마나 많습니까?

우리가 세상에 온 것 자체가 가난한 아들처럼 길을 잃은 것이고, 불타는 집에서의 삶이나 타국에서의 삶과 같은 오탁악세의 현상적 삶은 잠시 스쳐가는 이슬과 같은 것일 뿐, 영원한 나의 집은 해탈에 이르는 열반의 집이란 것입니다. 우리는 스스로 어리석어 내가 곧 부처라는, 아즉불_(我卽佛)을 몰랐기 때문에 고통과 방황에 휘둘리게 되는 데, 꽃이 지고 난 후에야 봄인 줄 아는 우리 중생들의 모든 어리석음의 원인은 무명_(無明)에 기인합니다. 부처님께서도 12인연법을 설하시면서 인생의 모든 고_(苦)의 원인은 무명, 즉 어리석음으로 진단하시지 않았습니까? 이 무명으로부터 의식작용과 감각, 욕망, 집착 등이 생겨 무시로 인간의 갈등구조에 잠재적 인자로 작용하게 됩니다.

어느 순간이라도 홀연히 지혜로워져 무명의 뿌리만 잘라낸다면 마음은 깨끗한 즐거움에 잠겨 감로의 기쁨을 맛볼 수 있다고 하셨습니다. 장자의 아들이 오랜 세월을 방황하고 친아버지를 만나게 되었으나 장자는 이 사실을 함구한 채 여러 단계별 실무 경력을 쌓게 하여 비로소 궁자가 자신의 친아들이라 사실을 밝히고, 전 재산을 물려주는 구도는 진리의 길에 이르는 길은 여러 수행경로와 방편을 겪어서 이루어진다는 비유로 볼 수 있습니다. 가난한 아들로 하여금 똥거름 치우는 일을 하게 한 것도, 고정된 관념과 편견이라는 집착의 부스러기들을 말끔히 닦아내어서 그 자리를 청정한 지혜의 거울로 삼는다는 가르침을 상징한다 하겠습니다. 그를 안심시키기 위해 비슷한 행색을 한 하인들을 보내거나, 장자 자신도 궁자의 아들이 편한 마음을 가질 수 있게 눈높이에 맞는 복색과 은근한 위로로 아들을 위무하는 설화에서 우리는 무한한 부처님의 중생 사랑을 느낄 수 있어야 합니다.

이처럼 아낌없이 주는 부처님의 중생 사랑 속에 법화경과 인연 맺은 우리 (궁자)들이지만, 설화에서의 아들처럼, 자신의 비천함을 되돌아보며 자격지심을 갖는 것 또한 의심과 미혹에 휘둘리기 쉬운 인간정신의 나약함 때문이라 할 것입니다. 따라서 '장자의 궁자'에서의 가르침은 굳건한 믿음으로 완전히 의혹을 풀어내야 하니 믿을 '신(信)'에, 풀 '해(解)'가 되어 〈제4 신해품〉을 강조하는 상징적 배경이 되는 것입니다. 이제까지의 부처님의 가르침에 대해 잘못된 믿음과 곡해로부터 깨어나, 올바른 믿음으로써 불신을 푼다는 뜻으로 새겨두시면 되겠습니다. 비유와 뜻하는 가르침이 너무도 명징하여 누구라도 쉽게 그 교훈적 의도를 쉽게 읽을 수 있는 설화인 만큼, 일목요연하게 비유와 상징의 뜻을 다시 한번 짚어보기 위해 도표로 정리해 두고 다음 단락으로 나아가도록 하겠습니다.

〈장자의 궁자 비유의 상징적 대상과 교훈적 요소〉

비유의 대상	상징의 대상	교훈적 요소
어릴 때 아버지를 떠나 가출	어리석은 중생	무명에 쌓여 본심을 잃음
한량없는 재물을 지닌 장자	부처님의 지혜·공덕이 무한함	아낌없이 주는 부처님의 자비
아들을 찾는 아버지	떠난 아들이지만 끝까지 찾음	미혹에 빠진 중생을 끝까지 구제
곤궁하게 방황하는 아들	불성을 잃어 방황하는 중생	사바의 세계는 곧 고통의 세상
우연히 살던 고향으로 돌아옴	본래 불성이 있어 제 자리로 옴	인연이 닿으면 결국 돌아오게 됨
아버지의 큰집을 보고 겁을 먹음	자신이 부처임을 생각도 못함	문앞에 왔지만 제 집인 줄 모름
단번에 친아들임을 안 장자	부처의 한량없는 지혜·공덕	자식을 사랑으로 안는 부처
궁자의 수준에 맞는 의복치장	중생을 불법에 들기 위한 방편	중생의 모습으로 오시는 부처
오물 청소부터 시키는 장자	탐진치 번뇌를 소멸시키는 수행	어리석은 마음부터 청소함
장자가 본 궁자의 몰골	생로병사에 시달리는 중생	부처가 이를 긍휼히 여겨 구제
양자가 되고도 자격지심 남음	세속의 번뇌가 남음	아직 대승의 경지에 닿지 못함
친자임을 밝히고 전 재산을 줌	단계별 수행으로 부처의 길에 듦	결국 부처와 내가 하나가 됨

중요 용어해설

❶ 혜명수보리(慧命須菩提) : 부처님의 10대 제자 중 '공(空)'의 이치를 완전히 체득하여, 지혜로써 '명(命)'을 삼는다는 뜻으로 혜명수보리(慧命須菩提)라 부르며, 해공제일(解空第一)의 제자로 불림

❷ 마하가전연(摩訶迦旃延) : 부처님의 10대 제자 중 사물을 아주 자세하게 잘 설명한다 하여 논의(論議)제일 가전연으로 불림

❸ 마하가섭(摩訶迦葉) : 부처님의 10대 제자 중 세속적 욕망을 떨쳐버리는, 두타행(頭陀行)에 제일이라 하여 두타제일 마하가섭으로 불림

❹ 마하목건련(摩訶目犍連) : 부처님의 10대 제자 중 신통(神通)한 능력이 제일이라 하여 신통제일 마하목건련으로 불리는데, 도술을 부린다기보다 미혹을 없이 하여 자유로워진다는 뜻

❺ 공무상무작(空無相無作) : 소승이 추구하는 해탈의 세 가지 관문으로 첫째, 제

행만물은 일시적 인연으로 일어나 없어지므로 고정된 실체가 없으므로, 자성(自性)이 없으니 공(空)이며 둘째, 제행만물은 끊임없이 생장소멸하니 영원한 게 없으므로 무상(無相)이며 셋째, 그러므로 생멸변화를 초월하여야 함으로 무작(無作)이라함

❻ 무량진보 불구자득(無量珍寶 不求自得) : 한량없는 보물을 구하지 않았는데도 저절로 얻음을 말하는데, 소승에 안주하던 네 명의 제자가 수행을 통해 자신들도 부처가 될 수 있다는 가르침을 뜻밖에 받게 되니 얻을 생각조차 못했던 보물(부처)를 얻은 것과 같다는 뜻

💮 |2| 제자들이 대승의 마음을 내어 법왕의 보배를 얻었음을 고백함

단락	구분	원문 및 한글 번역
3	한문 원전	"世尊! 大富長者 則是如來 我等皆似佛子. 如來常說 我等爲子. 世尊! 我等以 **三苦故** 於生死中 受諸熱惱 迷惑無知 樂著小法. 今日世尊 令我等思惟 **蠲除諸法戲論之糞**. 我等於中 勤加精進 得至涅槃一日之價 旣得此已 心大歡喜 自以爲足 而便自謂 '於佛法中 勤精進故 所得弘多'."
	한글 읽기	"세존! 대부장자 즉시여래 아등개사불자. 여래상설 아등위자. 세존! 아등이 **삼고고** 어생사중 수제열뇌 미혹무지 낙착소법. 금일세존 영아등사유 **견제제법희론지분**. 아등어중 근가정진 득지열반일일지가 기득차이 심대환희 자이위족 이변자위 '어불법중 근정진고 소득홍다'."
	한글 풀이	"세존이시여! 큰 부자인 장자는 바로 여래이시고, 저희들은 모든 부처님의 아들과 같아 부처님께서는 항상 저희들을 아들이라 하시었습니다. 세존이시여! 저희들이 세 가지 괴로움으로 인하여 나고 죽는 가운데서 여러 뜨거운 고통을 받으며, 마음이 흐리고 아는 것이 없어서 소승법만을 좋아하였습니다. 오늘 세존께서 저희들로 하여금 깊이 생각하여 모든 법의 희롱거리인 더러움을 버리도록 하시었고, 저희들은 그 가운데서 부지런히 정진하여 열반에 이르게 하는 하루 품삯을 얻었는데, 이것을 얻고 크게 기뻐하며 스스로 만족하여, '불법 가운데서 부지런히 정진하여 얻은 것이 크고 많다.'고 하였습니다."
4	한문 원전	"然 世尊先知我等 **心著弊欲樂** 於小法 便見縱捨 不爲分別 '汝等當有如來知見寶藏之分', 世尊以方便力 說如來智慧, 我等從佛 得涅槃一日之價 以爲大得 於此大乘 無有志求."
	한글 읽기	"연 세존선지아등 **심착폐욕락**어소법 편견종사 불위분별 '여등당유여래지견보장지분', 세존이방편력 설여래지혜, 아등종불 득열반일일지가 이위대득 어차대승 무유지구."

4	한글 풀이	"그러나 세존께서는 저희들의 마음이 변변치 못하여 소승법에 탐착하여 기뻐하는 줄을 아시었음에도 내버려 두시고, '너희들도 마땅히 여래의 지견인 보배 창고의 지분이 있느니라'고 분별하여 주시지 않고, 세존께서 다만 방편으로써 여래의 지혜를 말씀하셨으나, 저희들이 부처님을 따라 열반의 하루 품삯을 겨우 받고는, 소득이 컸다고 만족하여 대승을 구하려는 뜻은 아예 가지지 않았습니다."
5	한문 원전	"我等又因如來智慧 爲諸菩薩開示演說 而自於此 無有志願. 所以者何? 佛知我等 心樂小法 以方便力 **隨我等說** 而我等不知眞是佛子."
	한글 읽기	"아등우인여래지혜 이제보살개시연설 이자어차 무유지원. 소이자하? 불지아등 심락소법 이방편력 **수아등설** 이아등부지진시불자."
	한글 풀이	"저희들은 또 여래의 지혜를 보살들에게 연설하여 주면서도 스스로가 이것에 대해 원하는 뜻이 없었습니다. 왜냐하면? 부처님께서 저희들이 소승법을 좋아하는 것을 아시고 방편의 힘으로 저희들에게 맞게 설법하셨는데, 저희들은 진정한 부처님의 아들임을 알지 못했기 때문입니다."
6	한문 원전	"今我等方知 世尊於佛智慧 無所悋惜. 所以者何? 我等昔來眞是佛子 而但樂小法. 若我等有樂大之心 佛則爲我說大乘法. 於此經中 唯說一乘 而昔於菩薩前 **毀呰聲聞樂小法者**. 然佛實以大乘敎化. 是故我等說 本無心有所悕求 今法王大寶 自然而至 如佛子 所應得者 皆已得之." 爾時 摩訶迦葉 欲重宣此義 而說偈言.
	한글 읽기	"금아등방지 세존어불지혜 무소린석. 소이자하? 아등석래진시불자 이단락소법. 약아등유락대지심 불즉위아설대승법. 어차경중 유설일승 이석어보살전 **훼자성문락소법자**. 연불실이대승교화. 시고아등설 본무심유소희구 금법왕대보 자연이지 여불자 소응득자 개이득지." 이시 마하가섭 욕중선차의 이설게언.
	한글 풀이	"지금에야 세존께서 불지혜에 대하여 인색하지 않음을 알게 되었습니다. 왜냐하면? 저희들이 예전부터 진정한 부처님의 아들이지었지만 소승법을 좋아하였으니, 만약에 저희들에게 대승법을 좋아하는 마음이 있었다면 부처님께서 곧바로 저희들을 위하여 대승법을 설하셨을 것이기 때문입니다. 이 경 가운데서 오직 일승을 설하시고 엣적 보살들 앞에서 성문들이 소승을 좋아한다고 꾸짖고 나무라셨습니다. 이처럼 부처님께서는 실제로 대승으로서 교화하셨던 것입니다. 이리하여 저희들은 본래에는 바라는 마음이 없었음에도, 지금 법왕의 큰 보배가 저절로 임하였으니 부처님의 아들로서 마땅히 얻어야 할 것을 모두 얻게 되었습니다." 그때에 마하가섭이 이 뜻을 거듭 펼치려고 게송으로 읊었다.

중요용어	❶ 삼고고(三苦故) ❷ 견제제법(蠲除諸法) ❸ 희론지분(戱論之糞) ❹ 심착폐욕락(心著弊欲樂) ❺ 수아등설(隨我等說) ❻ 무소린석(無所悋惜) ❼ 훼자성문락소법자(毀呰聲聞樂小法者)

장자의 아들이 타국을 전전하다 우여곡절 끝에 아버지의 집으로 돌아오게

되었고, 장자는 아들에게 더럽고 천한 일부터 시작하여, 마침내는 자신의 전 재산을 총괄하는 관리인과 양아들의 위치에 올려놓는다는 것은 삼승의 수행을 쌓고 나서야 일승의 부처의 길로 들어서게 된다는 경로와 과정을 보여주고 있습니다. 삼승의 과정을 거치기는 하지만 결국은 부처가 되어야 하고, 부처가 될 수밖에 없는, 부처와 내가 하나(불아일체 佛我一體)라는 미증유의 가르침을 접한 수보리를 비롯한 제자들은 적잖이 충격을 받게 됩니다. 그러면서 소승에 안주했던 자신들의 나약함을 반성하게 되고, 부처님의 방편 설법에 대해 가졌던 그간의 편견에서도 벗어나게 되지요.

거듭 강조 드리지만 '장자의 궁자비유'에서의 가장 귀중한 가르침은, 우리 인간이 스스로 비천하고 미혹한 존재라는 자멸감을 버리고, 내재된 불성의 거룩함을 발견하여, 내가 부처의 아들이며, 내가 곧 부처라는 진실에 눈을 뜨라는 것입니다. 인간에게 원죄란 있을 수 없습니다. 수 억겁을 윤회해 오는 동안 자신의 불성을 알지 못하여, 업장의 사슬을 끊지 못하였을 뿐, 이제라 내가 부처임을 일거에 깨달아 부처처럼 생각하고, 부처처럼 마음을 내면 되는 것입니다.

무한한 어버이의 사랑을 받으면서도 자신이 부처님의 친아들임을 알지 못한 궁자처럼, 제자들도 세 가지 괴로움으로 인하여 나고, 죽는 가운데서 여러 뜨거운 고통을 받으며, 마음이 흐리고 아는 것이 없어서 소승법만을 좋아하였다고 부처님께 실토하고 있는 것입니다. 여기서는 세 가지 괴로움 삼고(三苦)에 대해 간략히 살펴보도록 하겠습니다. 불교에서는 인생의 근본 고통으로 생로병사의 사고(四苦)를 설하고 있음은 잘 아실 것입니다. 사고가 태어남을 인자로 하여 발생하는 본질적 고통이라면, 삼고는 인간의 육식(六識)이 현실적 인식에 대해 느끼는 상황적 고통이라 하겠습니다.

➜ 고고(苦苦) : 달갑잖은 대상에서 느끼는 괴로움

➜ 행고(行苦) : 세상의 무상한 변화를 보고 느끼는 괴로움

➜ 괴고(壞苦) : 좋아하고 아끼는 것이 사라져 가는 것을 보고 느끼는 괴로움

위의 세 가지 고통을 잘 들여다보면 우리들이 살아가면서 느끼고 받는 괴로움의 정체는 모두 이 범주 내에 속해 있음을 알 수 있습니다. 원하는 것은 우리 곁에 결코 오래 머물지 않고, 기쁨과 즐거움은 고통의 시간보다 반드시 짧게 마련입니다. 인간의 치명적 약점은 일신이 편안해지면, 힘들었던 고통의 시간을 쉬 망각하고, 안락과 즐거움이 당연한 자신의 몫이라 착각하는 안일한 속성에 있다 하겠습니다. 신발이 발에 맞지 않으면 모든 신경이 불편한 발에 집중되어, 신발끈을 느슨하게 풀거나, 양말을 겹으로 신는 등, 발을 위한 갖은 노력을 기울이지만, 신발이 발에 잘 맞으면 발의 존재 자체를 잊고 지나게 됩니다. 이것이 우리들 인생의 방정식이고 한계인 것이지요. 부처님께서는 세상 밖의 집, 본래의 진여의 집으로 돌아가라고 설하시지만, 세상 밖의 집은 어디에 있을까요? 불법이 있는 절일까요? 아니면 산중의 토굴일까요? 먹고 사는 문제와 가정, 일터와 명예, 재물 등 사회적 책무를 일거에 버리고 입산을 하라는 말씀이 아닙니다.

인생을 살아가다 보면 죽음보다 더한 고통의 날들이 반드시 찾아오게 마련입니다. 사랑하는 사람으로부터 실연을 당하거나, 아끼는 사람과의 생사별, 사업이 부도가 나 가정이 풍비박산이 났을 때 절에 가서 108배, 천배, 만 배의 절을 하며 간절히 기도한다 해도 부처님이 사랑하는 사람을 돌려주시거나, 죽었던 사람을 살려줄 수도 없으며, 날아간 돈을 돌려줄 수도 없습니다. 고통에 직면하면 회피하지 말고 고통의 본질을 직시하여, 현재의 고통이 애초부터 있던 실체가 아니란 점을 분명히 깨닫고, 지나온 본래의 자리로 되돌아갔다고 생각하면 본전이 됩니다. 떠나간 애인이나 권력과 명예, 사라진 돈

이 애초에 내 것일 리 없으며, 잠시 인연 따라 맡아둔 것이라 생각하면 그뿐입니다. 고통은 원래 없었던 것입니다.

혹자는 말할 것입니다. 그러면 사회적 동물로서 또 욕망을 지닌 인간으로서 인생의 의미는 무엇이냐고 말이지요. 그래서 불교를 단편적으로 혹평하는 부류 중에는 이러한 비실재(非實在)를 들어, 불교를 허무주의의 종교 또는 현실도피의 종교란 멍에를 씌우곤 하지만, 여기서 **확실한 것은 더 이상 방황과 인생의 고통에서 허덕이지 말고, 태어난 본래의 내 집 곧 불성의 집으로 돌아가라는 말씀인 거지요. 학업, 직장, 가정과 재물, 명예를 포기하라는 말씀이 아니라, 부처의 큰 마음을 내어 어디에 머물거나 어떤 일을 하더라도, 거기에 걸리지 않는 보살도와 자비의 정신으로 자유롭게 살라는 말씀입니다.**

장자의 아들도 마침내 친아들이 되어 불성을 되찾고, 바라지도 않던 보배를 얻었듯이 대승경전으로써의 법화경의 참 교훈이 바로 여기에 있는 것입니다. 이리하여 일심으로 큰마음을 내는 법을 이들 제자들도 깨닫게 되어 대승을 구하려는 큰 뜻을 가지게 됩니다. 소중한 것을 잃었을 때보다, 그것을 잃었다가 되찾은 기쁨과 비교한다면 어떤 게 더 클 것인가는 굳이 설명이 필요 없을 것입니다. 수 천 년 전의 부처님의 제자들이 깨달은 진리를, 오늘날 이토록 인류의 문명이 성숙된 이 시대의 우리들이 깨우치지 못할 리 없습니다. "이리하여 저희들은 본래에는 바라는 마음이 없었음에도, 지금 법왕의 큰 보배가 저절로 임하였으니 부처님의 아들로서 마땅히 얻어야 할 것을 모두 얻게 되었습니다."라며 환희에 찬 고백을 하게 됩니다. 바로 우리들의 이야기입니다.

중요 용어해설

❶ 삼고고(三苦故) : 인간의 육식(六識)이 현실적 인식에 대해 느끼는 상황적 고통, 즉 고고(苦苦), 행고(行苦), 괴고(壞苦)를 말함

❷ 견제제법(蠲除諸法) : '견(蠲)'은 맑히다, 버린다는 뜻으로 희론지분을 버린다
는 뜻

❸ 희론지분(戲論之糞) : 법의 희롱거리인 더러움

❹ 심착폐욕락(心著弊欲樂) : 마음이 고착되어 크게 기뻐하며 만족함

❺ 수아등설(隨我等說) : 방편으로 제자들에게 맞춤식 설법을 하셨다는 말

❻ 무소린석(無所恡惜) : 아까워 하거나 인색함이 없었다는 뜻

❼ 훼자성문락소법자(毀呰聲聞樂小法者) : '훼(毀)'는 '상처를 입히다', '자(呰)'는
'헐뜯다' 곧 성문들이 소승을 좋아한다고 꾸짖고 나무람

⇒ 〈제6 수기품〉, 〈제7 화성유품〉과 함께 법화경 권 제3에 해당

⇒ 여래의 진실공덕을 잘 말한 가섭을 칭찬하시고, 여래의 설법이 결코 허망하지 않음을 강조하심

⇒ 삼초이목(三草二木)의 비유를 설하심

⇒ 부처님이 한결같이 중생을 이익되게 하는 법을 설하심

|1| 부처님이 가섭을 칭찬하시며, 여래가 설하는 것은 허망하지 않다고 하심

단락	구분	원문 및 한글 번역
1	한문원전	爾時 世尊告摩訶迦葉 及諸大弟子. "善哉 善哉! 迦葉! 善說如來眞實功德 誠如所言. 如來復有 **無量無邊阿僧祇功德** 汝等若於無量億劫 說不能盡."
	한글읽기	이시 세존고마하가섭 급제대제자. "선재 선재! 가섭! 선설여래 진실공덕 성여소언. 여래부유 **무량무변아승기공덕** 여등약어무량억겁 설불능진."
	한글풀이	그때 세존께서 마하가섭과 여러 큰 제자들에게 말씀하셨다. "착하고도 착하도다. 가섭아! 여래의 진실한 공덕을 잘 말하였다. 실제로 네가 말한 바와 같으니라. 여래는 한량없이 가없는 아승기 공덕이 있나니 너희들이 샐 수 없는 억겁 동안 말한다 해도 다 하지는 못할 것이니라."
2	한문원전	"迦葉! 當知如來是諸法之王 若有所說 皆不虛也. 於一切法 以智方便 而演說之 其所說法 **皆悉到於一切智地**. 如來觀知一切 **諸法之所歸趣** 亦知一切衆生 深心所行 通達無礙 又於諸法究盡明了 示諸衆生 一切智慧."
	한글읽기	"가섭! 당지여래제법지왕 약유소설 개불허야. 어일체법 이지방편 이연설지 기소설법 **개실도어일체지지**. 여래관지일체 **제법지소귀취** 역여일체중생 심심소행 통달무애 우어제법구진명료 시제중생 일체지혜."

<table>
<tr><td rowspan="1">2</td><td>한글
풀이</td><td>"가섭아! 마땅히 알아라. 여래는 모든 법의 왕이니 설하는 것은 허망하지 않느니라. 일체의 법에 대하여 방편으로 설하였으며, 그 설한 법은 모든 걸 다 아는, 일체지지의 지위에 이르느니라. 여래는 모든 법이 나아가 이루어지는 형편을 살펴, 일체중생이 마음 깊이 행하고자 하는 바를 통달하여 걸림이 없으며, 모든 법에 대하여 남김없이 명료하게 알아서 모든 중생에게 온갖 지혜를 보이느니라."</td></tr>
<tr><td colspan="2">중요용어</td><td>❶ 무량무변아승기공덕(量無邊阿僧祇功德)　❷ 개실도어일체지지(皆悉到於一切智地)
❸ 제법지소귀취(諸法之所歸趣)</td></tr>
</table>

본 약초유품은 법화경의 일곱 가지 비유 중 세 번째 비유인 '삼초(三草) 이목(二木)의 비유'가 나오는 법화경 권 제3의 첫 번째 품입니다. 이들의 비유와 상징적 교훈에 대하여서는 곧이어 설명 드리도록 하고, 지난 신해품 말미에서 마하가섭이 '장자의 궁자 비유'를 총정리 하여 게송으로 부처님께 아뢴 내용 끝부분을 잠시 인용해 보도록 하겠습니다.

諸佛希有 無量無邊 不可思議 大神通力 (제불희유 무량무변 불가사의 대신통력)
* 희유하신 부처님의 한량없고 가없으며, 불가사의한 큰 신통과

無漏無爲 諸法之王 能爲下劣 忍于斯事 (무루무위 제법지왕 능위하열 인우사사)
* 무루·무위 법왕께서 하렬한 중생 위해 이런 일 참으시고

取相凡夫 隨宜爲說 諸佛於法 得最自在 (취상범부 수의위설 제불어법 득최자재)
* 상(相)도 많은 범부에게 마땅하게 설하셨네. 모든 부처님들 자재한 법 얻으시고

知諸衆生 種種欲樂 及其志力 隨所堪任 (지제중생 종종욕락 급기지력 수소감임)
* 중생들의 갖가지 욕락 골고루 살피시어, 그 뜻과 힘과 감당하는 정도에 따라

以無量喩 而爲說法 隨諸衆生 宿世善根 (이무량유 이위설법 수제중생 숙세선근)
* 한량없는 비유로써 이들을 설법하셨네. 중생들 전생에 지은 저마다의 선근 따라

又知成熟 未成熟者 種種籌量 分別知已 (우지성숙 미성숙자 종종주량 분별지이)
＊ 또한 성숙과 미성숙자 갖가지로 헤아려 분별하여 아시니

於一乘道 隨宜說三 (어일승도 수의설삼)
＊ 일불승을 설하시려 삼승을 설하셨네.

장자가 가난한 아들에게 여러 경로와 절차를 거쳐 마침내 친아들임을 밝히고, 많은 재물을 물려주었듯이 부처님이 처음부터 일승도를 설하시지 않고, 삼승을 설한 이유를 이들 제자들이 이제야 깨닫고 미증유의 가르침을 얻었다며 환희심을 냈던 것인데요. 소승에 안주하여 보살법과 신통을 즐거워하지 않았고, 자신들의 존재를 비천하다 생각하였으니, 부처의 친아들이라는 진실을 깨우칠 수가 없었던 겁니다. 그러면서 '화택의 비유'와 '장자의 궁자 비유'를 통해 어리석고 교만했던 자신들의 어리석음을 뉘우치고는 부처님의 가르침에 대한 잘못된 믿음과 오해를 푼 계기가 된 것이 문자 그대로 〈제4 신해품〉이었음은 이미 살펴본 바와 같습니다.

이에 마하가섭을 비롯한 제자들이 부처님의 비유와 방편설법에 단체로 큰 감동을 먹고는, 중생들의 갖가지 욕락을 골고루 살피시어, 그 뜻과 힘과 감당하는 정도에 따라 한량없는 비유로써 설법해 주심에 감사와 찬탄을 올리는 장면이 위의 게송인 것입니다. 이처럼 사람은 스스로 진리에 눈을 뜨기는 정말로 어려운 일입니다. 이들에게 부처님의 법화경의 가르침이 없었다면 그야말로 자신의 해탈에만 집착하여, 아라한과를 얻었노라며 소승에 만족하는 반쪽의 수행이 되기 십상이었겠지요. 이에 부처님은 얼마나 제자들이 대견스러웠겠습니까? 제자들이 그간의 편견을 버리고 믿고 깨달아 가는 모습을 보는 스승의 기쁜 마음은 굳이 표현할 필요가 없을 것 같습니다.

그래서 **"착하고도 착하도다. 가섭아! 여래의 진실한 공덕을 잘 말하였다. 실제로 네가 말한 바와 같으니라. 여래는 한량없이 가없는 아승기 공덕이 있**

나니 너희들이 셀 수 없는 억겁 동안 말한다 해도 다 하지는 못할 것이니라."
라며 제자들을 위무하십니다. 그러면서 **"여래는 모든 법의 왕이니 여래가 설하는 것은 결코 허망하지 않느니라."**라고 하셨습니다. 만약 이 법화경의 창대한 대승적 요소를 초기 불법 전도시절부터 일승으로 설하셨다고 해도, 미혹과 의심에 찬 대중들이 믿고(信), 이해(解) 하는 것은 사실상 불가능하였을 것입니다. 그러므로 일체지지의 지위에 이르는 과정으로 부처님은 일체의 법을 방편으로 설하였노라고 밝히신 거지요.

이처럼 부처님의 교법엔 방편을 쓰지만 방편이 불교의 본질은 아닙니다. 우리의 삶 자체가 궁극적 완성(성불)을 향해가는 방편의 전개일 수는 있습니다. 예로서 병이 깊은 사람이 뿌리 깊은 병의 근원을 다스리기 위해 때로는 독으로 양약을 삼을 때 그때의 독은 방편이 될 것입니다. 또는 죄를 짓고 감옥에 간 사람이 옥살이에서 죄를 크게 뉘우치고 환골탈태하여 참다운 삶을 살아가게 되면 그 사람에겐 감옥이 곧 방편이 되기도 합니다. 때로는 의심하여 믿지 못하는 자에게 실상의 지견을 열어 보이기 위해서는 백번의 설법보다 한 번의 신이한 기적을 나투는 것이 효과적이기 때문에 이렇듯 법화경에서 여섯 가지로 땅이 진동하고, 1만8천 세계를 비춰주시는 등의 기적을 보이시지만, 결코 기적이나 방편이 솔성을 맑혀 지혜로써 해탈 열반에 이르는 것이 궁극의 이상인 불교의 본질은 결코 아닌 것입니다.

삼승을 설한 것은 방편법이고, 일승을 설한 것은 실상법이 되는 것인데요. 그런데 이 삼승의 불교 공부는 깊이 들어가면 '오승문(五乘聞)'으로 정리되는데 즉, 인천승(人天乘), 성문승(聲聞乘), 연각승(緣覺乘), 보살승(菩薩乘), 일불승(一佛乘)의 오승으로 확장된다는 정도만 알아두시기 바랍니다. 실은 강을 건너 피안에 이르면 뗏목을 버려야 하듯, 궁극적으로 부처가 되고 나면 일체의 부처법이 무슨 필요가 있겠습니까? 만법이 하나로 돌아가니 그 하나가 '일대사인연(一大事因緣)'이며, 방편적 설법은 일불승으로 돌아가니 '회삼귀일(會三歸一)'

이 되는 것입니다. 모든 법에 대하여 남김없이 명료하게 알아서 모든 중생에게 온갖 지혜를 보이신 것도 결국은 법화경에서의 통일장이론을 펼쳐 보이고자 함이었던 겁니다. 결국은 부처가 되는 길밖엔 없으니 말입니다. 그러면 약초유품에서 부처님은 어떤 비유로써 중생들의 잠들어 있던 불성의 심지에 불을 붙이실는지 '삼초이목(三草二木)의 비유'를 공부해 보도록 하겠습니다.

중요 용어해설

❶ 무량변아승기공덕(量無邊阿僧祇功德) : 줄여서 아승기로도 읽음. 무량은 한량없다는 뜻이니, 한량없이 헤아릴 수 없을 만큼의 공덕이라는 뜻

❷ 개실도어 일체지지(皆悉到於一切智地) : 모든 걸 다 아는, 일체지지의 지위에 이른다는 뜻

❸ 제법지소귀취(諸法之所歸趣) : '귀취'는 돌아가 이룬다는 뜻. 즉 모든 법이 나아가 이루어지는 형편

🪷 |2| '삼초(三草) 이목(二木)의 비유'를 설하시다

단락	구분	원문 및 한글 번역
3	한문 원전	"迦葉! 譬如三千大千世界 山川谿谷 土地所生卉木 叢林及諸藥草 種類若干 名色各異. **密雲彌布** 遍覆三千大千世界 **一時等澍 其澤普洽** 卉木叢林及諸藥草 小根 小莖 小枝 小葉 中根 中莖 中枝 中葉 大根 大莖 大枝 大葉 諸樹大小 隨上中下 各有所受. 一雲所雨 稱其種性 而得生長 華菓敷實 雖一地所生 **一雨所潤** 而諸草木 各有差別."
	한글 읽기	"가섭! 비여삼천대천세계 산천계곡 토지소생훼목 총림급제약초 종류약간 명색각이. **밀운미포** 변부삼천대천세계 **일시등주 기택보흡** 훼목총림급제약초 소근 소경 소지 소엽 중근 중경 중지 중엽 대근 대경 대지 대엽 제수대소 수상중하 각유소수. 일운소우 칭기종성 이득생장 화과부실 수일지소생 **일우소윤** 이제초목 각유차별."
	한글 풀이	"가섭아! 비유하자면 삼천대천세계의 산과 내와 골짜기와 땅 위에 나는 모든 초목이나 숲, 그리고 약초는 많지만 각각 그 이름과 모양이 다르니라. 먹구름이 가득히 퍼져 삼천대천세계를 두루 덮고, 일시에 큰비가 고루 내려 흡족하면, 모든 초목이나 숲과 약초들

3	한글 풀이	의 작은 뿌리, 작은 줄기, 작은 가지, 작은 잎과 중간 뿌리, 중간 줄기, 중간 가지, 중간 잎과, 큰 뿌리, 큰 줄기, 큰 가지, 큰 잎이며 여러 나무의 크고 작은 것들이 상·중·하를 따라서 제각기 비를 받느니라. 한 구름에서 내리는 비로 그들의 종류와 성질을 따라서 자라며, 꽃이 피고 열매를 맺나니, 비록 한 땅에서 나는 것이며 같은 비에 젖는 것이지만, 여러 가지 풀과 나무가 저마다 차별이 있느니라."
4	한문 원전	"迦葉! 當知. 如來亦復如是 出現於世 如大雲起 以大音聲 普遍世界天人 阿修羅 如彼大雲 遍覆三千大千國土."
	한글 읽기	"가섭! 당지. 여래역부여시 출현어세 여대운기 이대음성 보편세계천인 아수라 여피대운 변부삼천대천국토."
	한글 풀이	"가섭아! 마땅히 알라. 여래도 그와 같아서 세상에 출현함은 큰 구름이 일어나는 것과 같고, 큰 음성으로 온 세계의 하늘과 사람과 아수라에게 두루 들리게 하는 것은, 저 큰 구름이 삼천대천국토를 두루 덮는 것과 같으니라."
중요용어		❶ 밀운미포(密雲彌布)　❷ 일시등주 기택보흡(一時等澍 其澤普洽) ❸ 훼목총림급제약초(卉木叢林及諸藥草)　❹ 일우소윤(一雨所潤)

　약초 유품의 비유에는 특별한 서사(敍事)의 사건 전개는 없습니다. 우리들은 이미 앞의 두 비유의 예화에서 배웠듯이 어떤 대상과 사건이 무엇을 상징하며, 어떤 교훈을 지니는가를 알 수 있게 되었습니다. 이 비유에 나오는 환경적 요소는 크게 비와 초목, 산과 내와 골짜기 그리고 삼천대천세계로 나눌 수 있겠습니다. 풀포기 하나에서부터 삼천대천세계로의 모든 자연환경과 우주 전체를 아우르는 것으로 구성되어 있는데요. 이미 감을 잡으셨겠지만, 온 대지를 고루 적셔주는 비는 부처님의 자비와 법을 상징하고, 발에 밟히는 작은 초목으로부터 아름드리 거목에 이르기까지, 다양한 생명의 모습은 천층만층 제각각인 중생 근기의 또 다른 얼굴을 상징하고 있습니다. 그리고 산과 내와 골짜기에서 삼천대천세계로 이어지는 환경적 인자는 시방세계의 온 우주 법계를 지칭하는 부처님의 비유 대상인 거지요.

　법화경의 일곱 가지 비유 중 세 번째인 본 '삼초이목(三草二木)의 비유'에서 삼초(三草)는 상초(上草)·중초(中草)·하초(下草)의 세 가지 약초를 이르고, 이목(二木)은 대수(大樹)·소수(小樹)의 두 가지 나무를 뜻하는 것입니다. 삼초는 다름아닌 중생의 근기를 이르는 비유인데 하근기, 중근기, 상근기를 이름이며, 이목의 작은 나무는 작은 그늘을 만들기 때문에 적은 사람을 이롭게 한다는 소승에 닿아있음을 알 수 있습니다. 우주 실상의 좋은 기운을 받기 위해서는 그만한 그릇이 있어야 한다는 가르침이기도 합니다. 또한 큰 나무는 큰 그늘을 만들어 많은 사람을 시원하게 하니 이는 대승의 상징인 것입니다.

비유의 주제는, 풀이나 약초와 나무가 크기는 달라도 비가 오면 다 같이 혜택을 입고 자라듯이 근기가 저마다 다른 중생이라 해도 똑같이 부처의 가르침을 받아 깨달을 수 있다는 단순한 가르침이지만, 거기에는 부처님의 무한한 자비와 중생을 깨달음으로 인도하려는 아낌없는 사랑이 관통하고 있음을 알아야겠습니다. 이 비유는 인간사의 사건이나 갈등 구조없이 자연의 순환질서를 비유적 교훈으로 채택하셨다는 점에서 소재와 비유의 흐름이 매우 시적(詩的)인 전개를 보여준다는 특징도 읽을 수 있겠습니다.

부처님은 설법 생애 기간 중 우주법계의 생명의 실상과 진리의 법을 설파해 오셨습니다. 그러나 받아들이는 중생들의 근기는 천인천색이요 만인만색으로, 외형적 생김은 물론 느낌과 생각, 성품과 욕망의 관점 등 모든 게 다르기 때문에 이들을 결정짓는 것은 업장의 경중이고, 생물학적으로는 이기적 유전자임을 아셨던 거지요. 그래서 12연기법에서 **"무명 → 행 → 식 → 명색 → 육입 → 촉 → 수 → 애 → 취 → 유 → 생 → 노사"**의 전 과정을 통해 중생이 어떻게 생물학적 유전을 하는지를 너무나 명료하게 설명하시지 않았습니까?

그런데 20세기에 들어 리처드 도킨슨은 그의 저서 『이기적 유전자』에서 "유전자는 유전자 자체를 유지하려는 목적 때문에 원래 이기적일 수밖에 없으며, 그러한 이기적 유전자의 자기 복제를 통해 생물의 몸을 빌려 현재에 이르게 되었다."고 주장하여 전 세계에 충격을 주었다는 평가를 받고 있는데, 그건 이천 오백 년 전에 이미 부처님이 설하셨던 거지요. 이처럼 부처님이 중생을 초목에 비유한 것은 생물학적 차원에서나, 불교적 관점에서 볼 때 그야 말로 시쳇말로 '신의 한 수'가 아닐 수 없습니다. 한 구름에서 내리는 비를 맞 아도 초목은 그들의 종류와 성질을 따라서 자라며, 꽃이 피고 열매를 맺으니 비록 한 땅에서 나는 것이고 같은 비에 젖는 것이지만, 여러 가지 풀과 나무 가 저마다 차별이 있다고 하십니다. 명징한 비유가 아닐 수 없습니다.

　같은 밥을 먹어도 희대의 사깃꾼에게는 남을 사기 치기 위한 삿된 궁리를 하는 에너지가 되고, 성인(聖人)이 먹으면 중생을 구하기 위한 자비심의 원천 이 되듯이, 독초는 내리는 비를, 독을 만드는 데 쓰고, 약초는 사람을 살리는 양약을 만드는 원천으로 삼게 되는 것이지요. 같은 계곡의 물을 마셔도 젖소 는 그 물로 우유를 민들고, 독사는 독을 만들어내지 않습니까? 이 비유에서 약초는 부처님의 법에 의해 업장을 맑혀 중생을 이롭게 하는 보살도로 비정 (比定)되고 있습니다. 부처님은 독사의 독도 필요한 것이라 하셨고, 우주법계 의 삼라만물(森羅萬物)은 모두가 실상으로써 평등하다 하셨습니다. 이것이 있 음에 저것이 있고, 그것을 있게 하는 고정된 실체는 없으니 제법이 공(空)으로 귀결되어, 공을 근원으로 하는 실상만이 존재할 뿐이므로, 만유(萬有)가 평등하다는 제법실상을 가리키신 겁니다.

　초목에도 작은 뿌리, 중간 뿌리, 큰 뿌리, 작은 가지, 큰 가지, 작은 잎, 큰 잎 등등으로 모양을 달리하나, 그 근원에서는 차별이 없으니 부처님이 설법을 하심에 있어 중생 근기에 따른 갖가지 설법을 하심에는 외형적 차이는 있을 것이나, 중생을 해탈케 하려는 자비심의 원천으로서의 설법의 근원은 평등한 것이라 하겠습니다. 대중소의 뿌리가 있듯, 일승, 이승, 삼승이 있으나 궁극에는 일불승뿐이라는 가르침도 깔려있군요. 삼초이목이라 하셨으나 우주법계에 존재하는 모든 생명체를 아우르는 말씀이고, 그 생명체는 궁극적으로 연기(緣起)를 바탕으로 하여, 하나의 공성(空性)으로 존재하기 때문에 서로의 가치를 존중하라는 가르침이기도 합니다.

　잘 나고 못 나고, 있고 없음을 떠나 법우(法雨)를 맞은 약초는 똑같이 중생을 이롭게 하는 효과를 지닌다는 뜻이기도 한데요, 이처럼 약초유품에서 부처님은 중생이 인생을 살아가는데 있어 어떻게 살아가야 하는가에 대한 길(道)을 제시하고 있습니다. 우리들은 인생을 살아가면서 하루에도 수없이 좌절하고 갈등하며, 무한한 스트레스를 받고 살아가지만, 그것이 이 우주의 공성이라는 차원에서 보면 얼마나 보잘 것 없는 것인가를 인정하지 않을 수 없습니다. 식물들도 지능을 지니고 있다는 사실은 과학적 진실이지만, 초목이 자신들의 성품과 존재에 대해 어떤 우주적 가치를 지니는지를 생각하지 않듯, 인간들도 자신이 지니고 있는 불성과 천지간에 하나뿐인 자신의 위대함을 알지 못하고, 알려고도 하지 않으니, 부처님도 이들 중생을 교화시키기가 얼마나 지난한 일이었겠습니까?

　구름이 모여 대지에 고루 비(법우 法雨-진리의 법)를 뿌려주지만 구름이 그 대가를 바라지 않듯, 부처님이 밝은 지혜로 각각의 사람들에게 맞춤식 설법을 통해 고통을 여의게 하여, 성불의 길을 가게 하시는 것도 무한한 중생 사랑의 자비심이라 할 것입니다. 그래서 부처님이 가섭에게 이르십니다 **"가섭아! 마**

땅히 알라. 여래도 그와 같아서 세상에 출현함은 큰 구름이 일어나는 것과 같고, 큰 음성으로 온 세계의 하늘과 사람과 아수라에게 두루 들리게 하는 것은, 저 큰 구름이 삼천대천국토를 두루 덮는 것과 같으니라."라고 말이지요. 이런 사자후(獅子吼)를 힘들이지 않고 무임으로 들을 수 있는 우리 법화 제자들이야 말로 정녕 행복한 존재가 아닐는지요?

중요 용어해설

❶ 밀운미포(密雲彌布) : '미(彌)'는 널리 또는 두루란 뜻으로, 짙은 구름이 널리 덮인다는 뜻

❷ 일시등주 기택보흡(一時等澍 其澤普洽) : '주(澍)'는 단비란 뜻. 일시에 단비가 고루 내려 흡족하고 윤택함

❸ 훼목총림급제약초(卉木叢林及諸藥草) : '훼(卉)'는 풀 또는 초목. 모든 초목이나 숲과 약초들을 뜻함

❹ 일우소윤(一雨所潤) : 일우(一雨), 하나의 비 즉, 같은 비에 젖음

🌸 |3| 부처님이 한결같이 중생을 이익되게 하시다

단락	구분	원문 및 한글 번역
5	한문원전	於大衆中 而唱是言. "我是如來 應供 正遍知 明行足 善逝 世間解 無上士 調御丈夫 天人師 佛世尊. 未度者令度 未解者令解 未安者令安 未涅槃者令得涅槃 今世後世如實知之. 我是一切知者 一切見者 知道者 開道者 說道者. 汝等天人 阿修羅衆 **皆應到此** 爲聽法故. 爾時 無數千萬億種衆生 來至佛所而聽法."
	한글읽기	어대중중 이창시언. "아시여래 응공 정변지 명행족 선서 세간해 무상사 조어장부 천인사 불세존. 미도자영도 미해자영해 미안자영안 미열반자영득열반 금세후세여실지지. 아시일체지자 일체견자 지도자 개도자 설도자. 여등천인 아수라중 **개응도차** 위청법고. 이시 무수천만억종중생 내지불소이청법."
	한글풀이	대중 가운데서 이와 같이 말씀하셨다. "나는 곧 여래·응공·정변지·명행족·선서·세간해·무상사·조어장부·천인사·불세존이니라. 제도 받지 못한 이를 제도하며, 이해하지 못한 이를 이해시키고, 이를 편안하게 하며, 열반에 이르지 못한 이를 열반에 이르게 하

5	한글 풀이	여, 지금 세상과 오는 세상을 사실대로 알리느니라. 나는 곧 일체를 아는 자이며, 일체를 보는 자이며, 도를 알고 도를 여는 자이며, 도를 설하는 자이니, 너희 하늘과 사람과 아수라들은 모두 이곳으로 와야 할 것이니라. 왜냐하면 법을 들어야 하기 때문이니라. 그때에 셀 수 없는 천 만억 종류의 중생이 부처님 계신 곳으로 와서 법을 들었느니라."
6	한문 원전	"如來于時 觀是衆生 諸根利鈍 精進懈怠 隨其所堪 而爲說法種種無量 皆令歡喜 快得善利. 是諸衆生聞是法已 **現世安隱 後生善處** 以道受樂 亦得聞法 旣聞法已 離諸障礙 於諸法中 任力所能 漸得入道. 如彼大雲 雨於一切 卉木叢林及諸藥草 如其種性 **具足蒙潤** 各得生長."
	한글 읽기	"여래우시 관시중생 제근리둔 정진해태 수기소감 이위설법종종무량 개령환희 쾌득선리. 시제중생문시법이 **현세안은 후생선처** 이도수락 역득문법 기문법이 이제장애 어제법중 임력소능 점득입도. 여피대운 우어일체 훼목총림급제약초 여기종성 **구족몽윤** 각득생장."
	한글 풀이	"여래는 이때에 중생들의 근기가 영리한지, 우둔한지, 정진을 잘하는지, 정진에 게으르지 않는지를 살펴서 그들이 감당할 수 있는 정도로 법을 설하시되 갖가지로 한량없이 하시니 모두를 기쁘게 하였으며, 좋은 이익을 얻게 하셨느니라. 이 중생들이 법을 듣고 현세에서 편안하고, 후세에서는 좋은 곳에 태어나서 도를 통해 즐거움 받으며, 역시 법을 듣게 되어 모든 장애를 떠나게 되니, 모든 법 가운데서 힘의 능력에 따라 점점 도에 들어가게 되느니라. 저 큰 구름이 일체의 풀과 나무와 숲과 모든 약초에 비를 내리면 그 종류와 성질에 따라 흡족하게 머금고 제각각 나고 자라는 것과 같느니라."
7	한문 원전	"如來說法 **一相一味** 所謂解脫相, 離相, 滅相 究竟至於一切種智. 其有衆生 聞如來法 若持讀誦 如說修行 所得功德 不自覺知. 所以者何? 唯有如來 知此衆生 **種相體性** 念何事 思何事 修何事 云何念 云何思 云何修 以何法念 以何法思 以何法修 以何法 得何法 衆生住於種種之地 唯有如來如實見之 明了無礙 如彼卉木 叢林諸藥草等 而不自知 **上中下性**."
	한글 읽기	"여래설법 **일상일미** 소위해탈상, 이상, 멸상 구경지어일체종지. 기유중생 문여래법 약지독송 여설수행 소득공덕 부자각지. 소이자하? 유유여래 지차중생 **종상체성** 염하사 사하사 수하사 운하념 운하사 운하수 이하법념 이하법사 이하법수 이하법 득하법 중생주어종종지지 유유여래여실견지 명료무애 여피훼목 총림제약초등 이부자지 **상중하성**."
	한글 풀이	"여래의 설법은 한 모습이고 한 맛이니, 소위 해탈의 모습이며, 여의는 모습이며, 멸하는 모습이므로 마침내는 일체종지에 이르게 하느니라. 중생들이 여래의 법을 듣고 만약 받아 지니고, 읽고 외우며, 설한대로 수행하면 그 얻는 공덕을 스스로는 알지 못하고 깨닫지도 못할 것이니, 왜냐하면? 오직 여래만이 이 중생의 종류와 형상과 본성과 성품과 어떤 일을 염원하고 어떤 일을 생각하는지, 어떤 일을 닦으며 어떻게 염원하는지, 어떻게 생각하며 어떻게 닦는지, 어떤 법으로 염원하고 어떤 법으로 생각하며, 어떤 법으로

7	**한글 풀이**	닦고 어떤 법으로 어떤 법을 얻는지를 알기 때문이니라. 중생이 머무는 온갖 처지를 오직 여래만이 실제대로 보고, 분명히 알아서 걸림이 없으므로, 마치 저 풀과 나무와 모든 약초들이 스스로는 상중하의 성품을 알지 못하는 것과 같으니라."
8	**한문 원전**	"如來知是一相一味之法. 所謂解脫相, 離相, 滅相 究竟涅槃 常寂滅相 **終歸於空**. 佛知是已 觀衆生心欲 而將護之. 是故不卽爲說一切種智. 汝等迦葉! 甚爲希有 能知如來 **隨宜說法** 能信能受. 所以者何? 諸佛世尊 隨宜說法 難解難知."
	한글 읽기	"여래지시일상일미지법. 소위해탈상, 이상, 멸상 구경열반 상적멸상 **종귀어공**. 불지시이 관중생심욕 이장호지. 시고부즉위설일체종지. 여등가섭! 심위희유 능지여래 **수의설법** 능신능수. 소이자하? 제불세존 수의설법 난해난지."
	한글 풀이	"여래는 이 한 모습과 한 맛의 법을 아느니라. 소위 해탈의 모습이며, 여의는 모습이고, 멸하는 모습이며, 결국은 열반인 항상 적멸한 모습이며, 마침내는 공으로 돌아가는 것이느니라. 부처님께서는 이것을 알고서 중생의 마음과 욕망을 마음으로 보시고 보호해 주려고 하셨느니라. 그러므로 일체종지를 곧바로 설하지 않은 것이니라. 가섭아! 너희들은 매우 희유하여 여래의 수의설법을 알아 믿고 받아들이는구나. 왜냐하면? 부처님들의 수의설법은 이해하기 어렵고, 알기도 어렵기 때문이니라."
중요용어		❶ 개응도차(皆應到此)　❷ 현세안은 후생선처(現世安隱 後生善處) ❸ 구족몽윤(具足蒙潤)　❹ 일상일미(一相一味)　❺ 종상체성(種相體性) ❻ 상중하성(上中下性)　❼ 종귀어공(終歸於空)　❽ 수의설법(隨宜說法)

"나는 곧 여래·응공·정변지·명행족·선서·세간해·무상사·조어장부·천인사·불세존이니라." 여래십호(如來＋號)에 대해 말씀하셨군요. 여래십호에 대하여서는 이 책 〈제1 서품〉"｜6｜**문수보살이 미륵에게 부처님의 연원을 설하다**"편에서 이미 설명드렸으므로 여기서는 "제도 받지 못한 이를 제도하며, 이해하지 못한 이를 이해시키고, 이를 편안하게 하며, 열반에 이르지 못한 이를 열반에 이르게 하여, 지금 세상과 오는 세상을 사실대로 알리느니라."라고 하신 가르침에 대해 공부해 보도록 하겠습니다. 불자의 궁극적 목적은 삼보(三寶)에 귀의하여 미래의 성불에 있음은 두 번 말하면 실없는 사람이 될 터이지요. 그런데 이를 위한 실천적 방안으로는 무엇을 맹세합니까? 아시는 바와 같이 바로 사홍서원(四弘誓願)입니다. 수행으로 성불의 길에 이르게 하는 이정표라고 할 수 있겠는데요. 불교의식이나 법회의 마지막에는 이 사홍서원을 낭송하고

마친다는 건 잘 아실 것입니다. 모든 보살의 공통된 서원이라 하여 총원(總願)이라고도 하지요. 복습을 겸해 사홍서원을 다시 한번 정리해 보겠습니다.

- 중생무변서원도 (衆生無邊誓願度)
  ⇒ **중생이 가없어도 모두를 다 제도하여 피안에 이르게 하겠다는 맹세**
- 번뇌무진서원단 (煩惱無盡誓願斷)
  ⇒ **번뇌가 끝없다 해도 모두가 끊고야 말겠다는 맹세**
- 법문무량서원학 (法門無量誓願學)
  ⇒ **법문이 한량없다 해도 기필코 다 배우겠다는 맹세**
- 불도무상서원성 (佛道無上誓願成)
  ⇒ **불도가 위없이 높다 해도 마침내 이루고야 말겠다는 맹세**

자세히 보면 자신의 성불은 물론, 중생을 반드시 제도하겠다는 자리이타(自利利他)의 비장한 각오가 느껴지지 않습니까? 부처님이 이를 설하십니다. 제도받지 못한 이와 열반에 이르지 못한 이를 열반에 이르게 하여, '금세후세여실지지(今世後世如實知之)' 즉, 지금 세상과 오는 세상을 사실대로 알린다고 말입니다. 이는 곧 인간해방의 선언에 다름이 아닙니다. 그러면서 **"나는 곧 일체를 아는 자이며, 일체를 보는 자이며, 도를 알고 도를 여는 자이며, 도를 설하는 자이니, 너희 하늘과 사람과 아수라들은 모두 이곳으로 와야 할 것이니라. 왜냐하면 법을 들어야 하기 때문이니라."**라고 하십니다. 그러나 보살도의 완성을 위한 사홍서원의 실천이, 부족함과 분별심으로 물든 우리 중생들의 견지에서는 자리이타를 헌신적으로 완수하는 일이야말로 사즉생(死卽生)의 필사적인 서원 없이는 불가능한 지난한 일이 아닐 수 없습니다. 그래서 부처님처럼 일체를 알아 일체를 보고, 도를 알고 도를 열어, 설할 줄 알아야 하므로 법을 듣기 위해 이곳으로 오라고 하시는 겁니다.

중생들의 근기 너무나 다양하여, 하나의 법으로 중생들의 눈과 귀를 열어

일심으로 다가오게 하는 것은 한 자루의 촛불로 일생 동안 광야를 비추려는 부질없는 노력과 같음을 아신 부처님이시기에, "여래는 이때에 중생들의 근기가 영리한지, 우둔한지, 정진을 잘하는지, 정진에 게으르지 않는 지를 살펴서 그들이 감당할 수 있는 정도로 법을 설하시되 갖가지로 한량없이 하시니 모두를 기쁘게 하였으며, 좋은 이익을 얻게 하셨느니라."라고 하십니다. 마치 초목과 모든 약초들이 스스로는 상중하의 성품을 알지 못하는 것과 같으니, 눈높이 교육과 맞춤식 교육을 통해 중생들의 눈과 귀를 열어 일심으로 다가오게 하시겠다는 거지요.

부처님은 이러한 한 모습(일상 一相)과 한 맛(일미 一味)의 법을 아시기 때문에 결국은 열반인 항상 적멸한 모습으로, 마침내는 공으로 돌아가는 것이라 하셨습니다. 부처님께서는 이것을 알고서 중생의 마음과 욕망을 마음으로 보시고 보호해 주려고 하셨기 때문에 일체종지를 곧바로 설하지 않은 것입니다. 영재에게는 영재에 맞는 수준의 공부를 시키고, 덧셈 뺄셈도 못 하는 학생에게는 숫자 공부부터 시키는 건 당연한 교수법이 아니겠습니까? 부처님의 교수법을 보면 근기가 아주 낮은 사람에게는 기본적인 선행(善行)에 해당하는 '십선법(十善法)'을 설하시는데, 첫째 불살생(不殺生)으로부터 열 번째 불사견(不邪見)까지 열 개의 악을 멀리하라는 가르침으로, 천수경에는 이들 열 가지 악에 대해 참회하는 '십악참회(十惡懺悔)' 법문이 나오지요. 십선법을 일목요연하게 정리하여 애래에 도표로 남깁니다. 십선법을 살펴보면 우리가 살아가는 데 필요한 지극히 평범한 도덕률인데도, 자재롭게 이를 실천하기는 결코 쉬운 일들이 아닌 것 같습니다. 경쟁과 이익을 추구하는 것이 덕목인 이익사회를 살아가다 보면 자신도 모르게 거짓말을 하거나, 시비·구설에 얽매일 수밖에 없겠지만, 하나에서부터 시작하여 이 십선법을 생활화 한다면 마음은 절로 깨끗한 즐거움에 잠겨 감로의 기쁨을 맛보게 될 것입니다.

〈착하게 사는 열 가지 방법-십선법〉

순번	십선법	내용	지향점	해당 3업
1	불살생(不殺生)	살아있는 생명을 죽이지 말라	생명에 대한 자비 실천	신업 (身業)
2	불투도(不偸盜)	남의 것을 훔치지 말라	정당한 노력으로 얻어라	
3	불사음(不邪婬)	삿된 음행을 하지 말라	성을 도구화하지 말 것	
4	불망어(不妄語)	거짓말을 하지 말라	항상 진실을 말하고 정직하라	구업 (口業)
5	불양설(不兩舌)	이간질 하지 말라	이해와 신뢰로 늘 화합하라	
6	불악구(不惡口)	천하고 악한 말을 하지 말라	부드러운 말로 남을 배려하라	
7	불기어(不綺語)	아첨하는 말을 하지 말라	현혹시켜 이득을 취하지 말라	
8	불탐욕(不貪慾)	헛된 욕망을 갖지 말라	성실한 노력으로 이루라	의업 (意業)
9	불진에(不瞋恚)	성내지 말라	잘못은 뉘우치고 참회하라	
10	불사견(不邪見)	삿된 소견을 갖지 말라	큰마음과 지혜로 세상을 보라	

부처님은 듣고 이해하는 수준이 갖춰진 사람에게는 사제법과 12인연법을, 근기가 우수한 자에게는 육바라밀을 설하셨습니다. 그래서 "중생들이 법을 듣고 현세에서 편안하고, 후세에서는 좋은 곳에 태어나서 도를 통해 즐거움 받으며, 역시 법을 듣게 되어 모든 장애를 떠나게 되니, 모든 법 가운데서 힘의 능력에 따라 점점 도에 들어가게 된다."고 하신 겁니다. 그러니 세상을 순리대로 살면 현세가 안은하고, 그러면 당연히 내생에는 좋은 곳에 태어날 수밖에 없을 것입니다. 우리 인생도 삼세인과는 그림자가 형상을 따르듯 너무나 질서 정연하게 따라가게 됩니다. 무심코 내뱉는 한마디가 남의 가슴에는 비수로 꽂힐 수도 있고, 작은 악행 하나도 우주라는 필름에 그대로 각인된다는 걸 우리들은 잊지 말아야 하겠습니다. 누구든지 법에 의지하여 장애를 여의면 도에 들게 된다는 보편타당의 진리의 말씀이 아닐 수 없습니다.

숲에도 아름드리나무에서부터 작디작은 초목에 이르기까지 천태만상의 식물군이 있지만, 저 큰 구름이 일체의 풀과 나무와 숲과 모든 약초에 비를 내리면 그 종류와 성질에 따라 흡족하게 머금고, 제각각 나고 자라는 것과 같은 이치라는 가르침인 것입니다. 이어서 부처님께서 이러한 뜻을 거듭 펴시기 위해 게송으로 읊으시며 제5 약초유품을 끝을 맺습니다.

중요 용어해설

❶ 개응도차(皆應到此) : 모두 이곳으로 와야 한다는 뜻 즉, 하늘과 사람과 아수라들은 모두 이곳으로 와 법을 들어야 하기 때문임.

❷ 현세안은 후생선처(現世安隱 後生善處) : 현세는 평안하고 후세에는 좋은 곳에 태어남

❸ 구족몽윤(具足蒙潤) : 흡족하게 머금은 상태

❹ 일상일미(一相一味) : 직역하면 한 모습이고, 한 맛이란 뜻. 즉 여래의 설법은 해탈의 모습이며, 여의는 모습이며, 멸하는 모습이므로 마침내는 일체종지에 이르게 함

❺ 종상체성(種相體性) : 중생마다의 종류와 형상과 본성과 성품

❻ 상중하성(上中下性) : 초목들이 자신의 성품의 상중하를 모르는 것을 중생에 비유하심

❼ 종귀어공(終歸於空) : 궁극에는 '공'으로 돌아감

❽ 수의설법(隨宜說法) : 부처님의 교수법을 일컫는 용어로, 때에 따라 적절히 가르침을 폄

⇒ 부처님이 마하가섭에게 광명여래의 수기를 내리시다.

⇒ 수보리, 가전연, 목건련이 게송으로 부처님께 수기를 주실 것을 간원함

⇒ 이어 부처님께서 수보리, 가전연, 목건련에게도 차례로 수기를 내리심

|1| 부처님이 마하가섭에게 광명여래의 수기를 내리시다.

단락	구분	원문 및 한글 번역
1	한문 원전	爾時 世尊說是偈已 告諸大衆唱如是言. "我此弟子摩訶迦葉 於未來世 當得奉覲三百萬億諸佛世尊 供養恭敬 尊重讚歎 廣宣諸佛無量大法 於最後身 得成爲佛. 名曰**光明如來** 應供 正遍知 明行足 善逝 世間解 無上士 調御丈夫 天人師 佛世尊. 國名光德 劫名大莊嚴."
	한글 읽기	이시 세존설시게이 고제대중창여시언. "아차제자마하가섭 어미래세 당득봉근삼백만억제불세존 공양공경 존중찬탄 광선제불무량대법 어최후신 득성위불. 명왈**광명여래** 응공 정변지 명행족 선서 세간해 무상사 조어장부 천인사 불세존. 국명광덕 겁명대장엄."
	한글 풀이	그때 세존께서 게송을 마치신 후 대중들에게 이렇게 말씀하셨다. "나의 제자 마하가섭은 미래세에 3백만억 부처님들을 받들어 뵙고 공양·공경하며, 존중하고 찬탄하며, 여러 부처님들의 헤아릴 수 없는 큰 법을 널리 펼치다가 최후의 몸으로 부처님이 되리라. 명호는 광명여래 ·응공·정변지·명행족·선서·세간해·무상사·조어장부·천인사·불세존이며, 나라 이름은 광덕이고 겁의 이름은 대장엄이니라."
2	한문 원전	"佛壽十二小劫 正法住世 二十小劫 像法亦住二十小劫. 國界嚴飾 **無諸穢惡 瓦礫荊棘** 便利不淨. 其土平正 無有高下 坑坎堆阜 琉璃爲地 寶樹行列 黃金爲繩 以界道側 散諸寶華 周遍淸淨. 其國菩薩無量千億 諸聲聞衆 亦復無數 無有魔事 雖有魔及魔民 皆護佛法." 爾時 世尊欲重宣此義 而說偈言.
	한글 읽기	"불수십이소겁 정법주세 이십소겁 상법역주이십소겁. 국계엄식 **무제예오 와력형극** 변리부정. 기토평정 무유고하 갱감퇴부, 유리위지 보수행렬 황금위승 이계도측 산제보화 주변청정. 기국보살무량천억 제성문중 역부무수 무유마사 수유마급마민 개호불법." 이시 세존욕중선차의 이설게언.

<table>
<tr><td rowspan="2">2</td><td>한글
풀이</td><td>"부처님의 수명은 12소겁이고 20소겁동안 정법이 세상에 머무르며, 상법 또한 20소겁을 머무를 것이니라. 아름답게 꾸며진 나라라 더럽고 악한 것이 없으며, 기와와 자갈, 가시덤불 같은 깨끗하지 못한 것들도 없으니 그 땅은 평평하고 반듯하여, 높고 낮음과 빠지는 구덩이와 흙무더기도 없느니라. 땅은 유리로 되고 보배나무가 줄지어 섰으며, 황금으로 줄을 만들어 길가의 경계를 삼고 보배화들이 활짝 피어 두루 청정하리라. 그 나라에는 보살이 한량없어 천억이고, 성문 대중들도 헤아릴 수 없으며, 마(魔)가 하는 일이 없고, 비록 마와 마의 무리가 있더라도 모두 다 불법을 보호할 것이니라." 그때 세존께서 이 뜻을 거듭 펴시려고 게송으로 읊으셨다.</td></tr>
</table>

중요용어	❶ 광명여래(光明如來)　❷ 무제예오(無諸穢惡)　❸ 와력형극(瓦礫荊棘)

법화경을 일명 '수기경(授記經)'이라 함은 이미 여러 번 언급 하였습니다만, 수기란 그야말로 준다는 뜻의 줄 '수(授)'를 뜻하는데 무엇을 준다? 바로 기록을 준다는 뜻이고, 무슨 기록을 준다? 곧 부처님이 제자에게 내생에 성불(成佛)하리라는 예언기(豫言記)를 준다는 말씀입니다. 수기는 범어의 '브야카라나(vyakarana)'를 의역(意譯)한 용어인데, 경전에서는 수결(授決), 기설(記說) 등으로 다양하게 사용되기도 합니다. 수기를 우리 일상생활의 쉬운 용어로 표현하자면 부처님이 발행한 성불 보증수표 정도가 될 듯한데요. 여타 경전에는 죽은 자의 재생에 대한 수기가 많이 나오지만, 법화경에 나오는 수기는 그야말로 깨달음에 대한 예언만 나오고 있습니다.

〈제3 비유품〉에서 이미 부처님이 사리불에게 "사리불아! 너는 미래세에 한량없고 가없으며, 불가사의한 겁을 지나 천만억 부처님께 공양하고, 정법을 받들어지녀 보살이 행하여야 할 도를 다 갖추고 부처님이 되리니 명호는 화광여래가 되리라."라며 수기하신 부분이 기억나실 겁니다. 사리불도 처음엔 부처님의 일불승 설법에 마음속으로 크게 놀라고 의심하여, 혼란스러워하지 않았습니까?

이에 부처님께서는 방편품의 마지막 게송에서 부처님께서 읊으시기를 **"사리불아! 마땅히 알지니라. 부처님의 법은 만억의 방편으로 그때 그때마다 적절히 설법**(수의설법-隨宜說法) **하시나니, 배워서 익히지 않는 자는 이 법을 깨달**

을 수 없느니라. 너희들은 이미 모든 부처님께서 세상의 스승이 되어 마땅히 방편으로 하시는 일을 다 알았으니, 다시는 여러 가지 의심치 말고 크게 기뻐하는 마음을 내어 자신들도 장차 성불할 것이라는 걸 알라."고 하셨더랬지요. 경천동지할 서품에서의 신이한 기적의 체험과 방편품에서의 '십여시(十如是)' 설법 등을 통해 지금껏 알지 못했던 자신이 곧 부처라는 정체성을 드디어 알게 되었기 때문인데요. 부처와 자신은 이원적 세계에 존재하는 다다를 수 없는 차별적 존재라고만 생각하던 사리불에게 의심치 말고, 장차 성불할 것임을 선언한 부처님의 가르침이 어찌 감동이 아닐 수 있었겠습니까?

부처님 생애 최초로 사리불에게 장차 부처가 될 것이라는 수기를 내린 순간이었음을 기억하실 겁니다. 드디어 사리불 자신이 진정한 부처님의 자식임을 자각하게 되었고, 자신 이외의 성문들을 위해 진리를 가르쳐 달라고 간청을 하였더랬지요. 이에 따라 전개된 비유설법이 '화택의 비유'와 '장자의 궁자 비유'였던 것입니다. 이 비유들은 무한한 부처님의 자비를 여실히 나타내며, 현실을 살아가는 중생들의 빈한한 생각을 부처의 반열로 끌어올리는 미증유의 가르침으로 나타나게 되었고, 이 가르침으로 인해 마하가섭, 수보리, 마하가전연, 마하목건련 등도 진실한 깨달음을 얻게 되지요. 나아가 〈제5 약초유품〉의 '삼초이목의 비유'에 이르러 이들이 완전히 바른 깨달음을 얻었음을 아신 부처님께서는 마침내 이들에게도 수기를 주시게 됩니다.

그러니 수기는 아무에게나 주어지는 것이 아니고 철저한 검증을 거치고, 추호의 불법수호에 의심의 여지가 없을 때 주어지게 되는 거지요. 학교교육도 전 교과과정을 거치고, 졸업시험에 합격하여야 졸업장을 주는 것처럼 말입니다. 혹시 이 책을 읽고 있는 독자분 중에는 '에이! 기왕에 태어날 거면 나도 그 당시 태어났더라면 부처님으로부터 수기를 받아 부처가 될 수 있었을 텐데…' 하시는 분은 없겠지만, 결코 그런 생각을 할 필요가 없는 것이, 이미 우리들은 『묘법연화경』의 묘법의 문을 연 순간 이미 부처의 자식이 되었고,

부처와 한 몸인 일불승으로의 성불을 이루었기 때문이라 하겠습니다.

추호라도 의심하는 삿된 마음을 여의고 진정한 부처님의 자식으로, 아뇩다라삼먁삼보리를 구하겠다는 믿음과 행(行)을 구하면 그만입니다. 앞으로 전개될 헤아릴 수 없는 수기의 장면들은 우리들을 더욱 그런 경지로 이끌게 될 것인데, 사리불에 이어 두번째로 마하가섭에게는 '광명여래(光明如來)'라는 명호의 수기를 내리십니다. 부처님이 수기를 내리실 때는 집단에 단체로 내리기도 하고, 개별적으로 수기를 주시기도 하는데, 일반적으로 수기를 내릴 때에는 수기 받는 자의 명호와 국토의 이름 그리고 그 시대의 상황 및 국토의 특징적인 상(相)을 밝히게 됩니다. 마하가섭에게는 '광명여래(光明如來)'라는 불명의 명호를 내리시면서, 사리불에서처럼 응공·정변지·명행족 등 여래 10호의 명호를 같이 수기하십니다.

광명이란 세상의 어둠을 물리쳐 밝은 빛을 나툰다는 뜻이며, 나라 이름 또한 어질고 큰 빛이란 의미의 '광덕(光德)'을 내리셨으니 마하가섭 생애 최고의 날이 아니었을까 싶네요. 마하가섭에게는 출가 전 '받다 까삘라니(Bhaddā Kapilani)'라는 아내가 있었는데, 출가하여 부처님께 귀의하고 아라한과를 성취하여, 비구니 십대제자 중의 한 사람이 되었다고 하지요. 그런데 축법호가 번역한 『정법화경』에는 마하가섭의 불명은 대광명여래(大光明如來)로, 나라 이름은 밝음이 다시 돌아온다는 뜻의 환명(還明)을, 겁명은 넓고 크다는 뜻의 홍대(弘大)로 번역하고 있는데, 모두가 광명을 그 뜻으로 하고 있음을 알 수 있습니다. 한편 그 시대의 이름은 '대장엄(大莊嚴)'이라 하십니다. 대장엄이란 글자 그대로 큰 장엄을 이르는 것인데요, 말할 것도 없이 좋고 아름다운 것으로 국토를 꾸미고, 꽃과 향 등을 부처님께 올려 장식하는 걸 말합니다.

장엄은 우리들 일상이어야 합니다. 가족을 챙기고 이웃을 사랑하며, 나라와 세상을 위하는 일체의 선근행위가 모두 장엄인 것이지요. 이 부처님의 수명은 12소겁이고 20소겁동안 정법이 세상에 머무르며, 상법 또한 20소겁을 머무를 것이라 예언하시는데, 정법은 부처님의 법이 변질되지 않고 본래의 불법이 계승되는 걸 말하고, 상법은 불법이 변질되어 진리보다는 형식에 매달려 탑사나 불사에 열중하는 시기를 이릅니다. 국토의 상(相)은 아름답게 꾸며진 나라라서 더럽고 악한 것이 없으며, 기와와 자갈, 가시덤불과 오물 같은 깨끗하지 못한 것들도 없으니 그 땅은 평평하고 반듯하여, 높고 낮음과 빠지는 구덩이와 흙무더기도 없는 나라로 명명하십니다. 한마디로 생사의 걸림이 없고, 마(魔)와 마의 무리조차 불법을 보호하는, 시공의 경계가 사라진 보화(寶華)의 나라에서 광명의 부처가 된다는 뜻인데, 이 뜻을 부처님께서는 모든 비구들에게 거듭 펴시려고 게송으로 읊으시게 됩니다.

<table>
<tr><td align="center">중요 용어해설</td></tr>
</table>

❶ 광명여래(光明如來) : 마하가섭에게 부처님이 수기를 내리신 불명. 지혜의 광명으로 어둠을 물리치고 불법으로 중생을 교화한다는 뜻

❷ 무제예오(無諸穢惡) : '예(穢)'는 더러움, 곧 모든 더러움과 죄악이 없음

❸ 와력형극(瓦礫荊棘) : 기와와 자갈과 가시덤불이란 말인데, 의역하면 걸림과 장애가 없다는 뜻

❀ |2| 이어 부처님께서 수보리, 마하가전연, 마하목건련에게도 수기를 내리시다

[1] 수보리에게 수기를 내리심

단락	구분	원문 및 한글 번역
3	한문 원전	爾時 大目犍連 須菩提 摩訶迦栴延等 **皆悉悚慄** 一心合掌 瞻仰尊顔 目不暫捨 卽共同聲 而說偈言. 爾時 世尊知諸大弟子 心之所念 告諸比丘. "是須菩提 於當來世 **奉覲三百萬億那由他佛** 供養恭敬 尊重讚歎 常修梵行 具菩薩道 於最後身 得成爲佛. 號曰**名相如來** 應供 正遍知 明行足 善逝 世間解 無上士 調御丈夫 天人師 佛 世尊. 劫名有寶 國名寶生. 其土平正 玻璃爲地 寶樹莊嚴 無諸丘坑 沙礫 荊棘 便利之穢 寶華覆地 周遍淸淨. 其土人民 皆處寶臺 珍妙樓閣 聲聞弟子 無量無邊算數譬喩 所不能知 諸菩薩衆 無數千萬億那由他. 佛壽十二小劫 正法住世二十小劫 像法亦住二十小劫. 其佛常處虛空 爲衆說法 **度脫無量菩薩** 及聲聞衆."

	한글 읽기	이시 대목건련 수보리 마하가전연등 **개실송율** 일심합장 첨안존안 목불잠사 즉공동성 이설게언. 이시 세존지제대제자 심지소념 고제비구. "시수보리 어당래세 **봉근삼백만억나유타불** 공양공경 존중찬탄 상수범행 구보살도 어최후신 득성위불. 호왈**명상여래** 응공 정변지 명행족 선서 세간해 무상사 조어장부 천인사 불세존. 겁명유보 국명보생. 시토평정 파리위지 보수장엄 무제구갱 사력 형극 변리지예 보화부지 주변청정. 기토인민 개처보대 진묘루각 성문제자 무량무변 산수비유 소불능지 재보살중 무수천만억나유타. 불수십이소겁 정법주세이십소겁 상법역주이십소겁. 기불상처허공 위중설법 **도탈무량보살** 급성문중."
3	한글 풀이	그때 대목건련과 수보리와 마하가전연 등이 모두 송구스러워하며, 일심으로 합장하고 부처님의 존안을 우러러보며 눈을 잠시도 떼지 않고, 다 같이 소리내어 게송으로 읊었다. 그때 세존께서 여러 큰 제자들이 염원하는 바를 알고 비구들에게 말씀하셨다. "이 수보리는 오는 세상에 3백만억 나유타의 부처님을 받들어 뵙고 공양 공경하며, 존중하고 찬탄하며 항상 범행을 닦아 보살의 도를 갖추고, 최후의 몸으로 성불하리라. 명호는 명상여래·응공·정변지·명행족·선서·세간해·무상사·조어장부·천인사·불세존이며, 겁의 이름은 유보이고, 나라 이름은 보생이니라. 그 나라는 평평하고 반듯하며, 땅이 수정으로 이루어지고 보배나무로 꾸며져 있으며, 언덕과 구덩이와 모래와 자갈과 가시덤불과 똥오줌 등 더러운 것이 없을 뿐 아니라, 보배 꽃이 땅을 덮어 두루두루 맑고 깨끗하리라. 그 나라의 백성들은 모두 다 보배로 된 집과 진귀하고 좋은 누각에서 살며, 성문 제자는 한량없고 가없어서 산수나 비유로는 알 수가 없고, 보살 대중들도 헤아릴 수 없는 천만억 나유타이니라. 부처님의 수명은 12소겁이고 정법이 세상에 머물기는 20소겁이며, 상법도 20소겁을 머무느니라. 그 부처님께서는 항상 허공에 계시며, 대중을 위해 설법하시고, 헤아릴 수 없는 보살과 성문들을 제도하여 해탈케 하시느니라."
	중요용어	❶ 개실송율(皆悉悚慄) ❷ 봉근삼백만억나유타불(奉覲三百萬億那由他佛) ❸ 명상여래(名相如來) ❹ 도탈무량보살(度脫無量菩薩)

[2] 마하가전연에게 수기를 내리심

단락	구분	원문 및 한글 번역
4	한문 원전	爾時 世尊復告諸比丘衆. "我今語汝, 是大迦旃延 於當來世 以諸供具 供養奉事 八千億佛 恭敬尊重 諸佛滅後 各起塔廟 高千由旬, 縱廣正等 五百由旬. 皆以金 銀 琉璃 硨磲 馬瑙 眞珠 玫瑰 七寶合成, 衆華 瓔珞 塗香 末香 燒香 **繒蓋幢幡** 供養塔廟, 過是已後 當復供養二萬億佛 亦復如是, 供養是諸佛已 具菩薩道 當得作佛 號曰**閻浮那提金光如來** 應供 正遍知 明行足 善逝 世間解 無上士 調御丈夫 天人師 佛 世尊. 其土平正 頗梨爲地 寶樹莊嚴 黃金爲繩 以界道側 妙華覆地 周遍淸淨 見者歡喜 無四惡道 地獄餓鬼 畜生 阿修羅道 多有天人 諸聲聞衆 及諸菩薩 無量萬億莊嚴其國. 佛壽十二小劫 正法住世二十小劫 像法亦住二十小劫."

	한글 읽기	이시 세존부고제비구중 "아금어여. 시대가전연 어당래세 이제공구 공양봉사 팔천억불 공경존중 제불멸후 각기탑묘 고천유순, 종횡정등 오백유순. 개이금은 유리 차거 마노 진주 매괴 칠보합성, 중화 영락 도향 말향 소향 **증개당번** 공양탑묘, 과시이후 당부공양이만억불 역부여시, 공양시제불이 구보살도 당득작불 호왈 **염부나제금광여래** 응공 정변지 명행족 선서 세간해 무상사 조어장부 천인사 불세존. 기토평정 파리위지 보수장엄 황금위승 이계도측 묘화부지 주변청정 견자환희 사무악도 지옥아귀 축생 아수라도 다유천인 제성문중 급제보살 무량만억 장엄기토. 불수이십소겁 정법주세이십소겁 상법역주이십소겁."
4	한글 풀이	그때 세존께서 또다시 여러 비구대중들에게 말씀하셨다. "내가 지금 너희들에게 말하노라. 여기 대가전연은 오는 세상에서 여러 가지 공양물로 8천억 부처님을 공양하며 받들고, 공경하고 존중하다가 부처님들께서 열반하신 후에는 각각 탑을 세우는데, 높이는 1천 유순이고, 가로 세로는 똑같이 5백 유순이니라. 금, 은, 유리, 차거, 마노, 진주, 매괴 등 칠보로 만들고, 여러 가지 꽃과 영락과 바르는 향, 가루 향, 사르는 향과 비단 가리개와 깃발들을 탑에 공양하며, 다시 2만억 부처님께 역시 이와 같이 하고, 이 부처님들께 공양을 다한 후 보살도를 갖추어 부처님이 되는데, 명호는 염부나제금광여래·응공·정변지·명행족·선서·세간해·무상사·조어장부·천인사·불세존이니라. 그 나라는 평평하고 반듯하며, 수정으로 땅이 이루어지고, 보배나무로 아름답게 꾸며져 황금으로 만든 줄로 경계를 삼느니라. 아름다운 꽃으로 땅을 덮어 두루 맑고 깨끗하니 보는 사람이 기뻐하며, 네 가지 악도인 지옥, 아귀, 축생, 아수라의 길이 없어 하늘과 사람이 많으며, 헤아릴 수 없는 만억의 성문과 보살들이 그 나라를 장엄하리라. 부처님의 수명은 12소겁이고, 정법이 세상에 머물기는 20소겁이며, 상법 또한 20소겁이니라."
	중요용어	❺ 증개당번(繒蓋幢幡)　❻ 염부나제금광여래(閻浮那提金光如來) ❼ 무사악도(無四惡道)

[3] 대목건련에게도 수기를 내리심

단락	구분	원문 및 한글 번역
5	한문 원전	爾時 世尊復告大衆. "我今語汝 是大目犍連 當以種種供具 供養八千諸佛 恭敬尊重, 諸佛滅後 各起塔廟 高千由旬 縱廣正等 五百由旬 皆以金銀 琉璃 硨磲 馬瑙 眞珠 玫瑰 七寶合成 衆華 瓔珞 塗香 末香 燒香 繒蓋幢幡 以用供養. 過是已後 當復供養二百萬億諸佛 亦復如是 當得成佛. 號曰 **多摩羅跋栴檀香如來** 應供 正遍知 明行足 善逝 世間解 無上士 調御丈夫 天人師 佛世尊. 劫名喜滿 國名意樂. 其土平正 頗梨爲地 寶樹莊嚴 散眞珠華 周遍淸淨 見者歡喜 多諸天人 菩薩聲聞 其數無量. 佛壽二十四小劫 正法住世四十小劫 像法亦住四十小劫."

이시 세존부고대중. "아금어여 시대목건련 당이종종공구 공양팔천제불 공경존중, 제불멸후 각기탑묘 고천유순 종횡정등 오백유순 개이금은 유리 차거 마노 진주 매괴 칠보합성 중화 영락 도향 말향 소향 증개당번 이용공양. 과시이후 당부공양이백만억제불 역부여시 당득성불. 호왈 **다마라발전단향여래** 응공 정변지 명행족 선서 세간해 무상사 조어장부 천인사 불세존. 겁명희만 국명의락. 기토평정 파리위지 보수장엄 산진주화 주변청정 견자환희 다제천인 보살성문 기수무량. 불수이십사소겁 정법주세사십소겁 상법역주사십소겁."

5

그때 세존께서 또다시 여러 비구대중들에게 말씀하셨다. "내가 지금 너희들에게 말하노라. 여기 대목건련도 여러 가지 공양물로 8천의 부처님을 공양하며 받들고, 공경하고 존중하다가 부처님들께서 열반하신 후에는 각각 탑을 세우는데, 높이는 1천 유순이고, 가로 세로는 똑같이 5백 유순이니라. 금, 은, 유리, 차거, 마노, 진주, 매괴 등 칠보로 만들고, 여러 가지 꽃과 영락과 바르는 향, 가루 향, 사르는 향과 비단 가리개와 깃발들을 공양하리라. 이렇게 공양을 다하고는 다시 2백만억 부처님께 역시 이와 같이 공양한 후 성불하리라. 명호는 다마라발전단향여래·응공·정변지·명행족·선서·세간해·무상사·조어장부 천인사·불세존이니라. 겁의 이름은 희만이고, 나라의 이름은 의락이며, 그 나라는 평평하고 반듯하여, 수정으로 땅이 이루어지고, 보배나무로 아름답게 꾸며졌으며, 진주 꽃이 활짝 피고, 두루 청정하여 보는 이를 기쁘게 하고, 천인과 사람이 많으며, 보살과 성문의 수가 한량없느니라. 부처님의 수명은 24소겁이고, 정법이 세상에 머물기는 40소겁이며, 상법 또한 40소겁이니라."

이제 사리불에 이어 마하가섭까지 수기를 받기에 이르자, 대목건련과 수보리, 마하가전연 등이 모두 송구스러워하며, 일심으로 합장하고 부처님의 존안을 우러러보며 눈을 잠시도 떼지 않고, 다 같이 소리내어 게송으로 읊기에 이릅니다. 게송의 주된 내용은 자신들의 깊은 마음을 부처님께서 헤아려 수기를 주신다면 감로수를 뿌려 뜨거움을 없애고 시원함을 얻는 것과 같을 것이라고 아룁니다. 그러면서 그간의 소승(小乘)의 허물만을 생각하느라 어떻게 하면 부처님의 위없는 지혜를 얻는지 몰랐으나, 이제는 의심과 두려움을 여의게 되었으니 자신들에게도 부처님께서 수기를 주십사 간곡히 청원하고 있는 것입니다. 좀 더 쉽게 시쳇말로 표현한다면 "선생님! 왜 저 친구만 합격증을 주고 우리들은 우째서 안 주시는 겁니껴? 우리도 이제 가르쳐 주신대로 공부를 했으니께 우리들도 합격증을 주이소." 정도가 되겠습니다.

본문에 나오는 '개실송율(皆悉悚慄)'은 '모두들 송구스러워한다'로 번역하였습니다만, 글자의 뜻대로 '두려워하다.' 또는 '당황해 하다.'로 읽으면 무난할 듯하군요. 수기는 기독교의 세례의식 같은 종교적 의식이 아니라 불교에서는 시공을 초월한 보편적 자비·구제의 방편으로 봄이 타당하다 하겠습니다. 심지어 비유품에서 화광여래의 수기를 받은 사리불이 12소겁을 지나 견만보살에게 아뇩다라삼먁삼보리의 수기를 주어 불명을 화족안행(華足安行)으로 삼는, 그러니까 미래세에 또 미래세까지를 예언하는 수기가 이어지고 있으니까요.

'인즉불(人卽佛)' 즉 사람이 곧 부처이기 때문에 누구나 보살행을 닦으면 성불할 수 있다는, 인류 구원의 희망적 메시지로서, 법화경에 와서야 그 성불의 문을 활짝 열어주시지 않았습니까? 부파불교에서의 5백생을 수행하지 않으면 성불할 수 없다고 한 차별적 성불에서 보편적 성불로, 전 인류를 대상으로 하고 있다는 점이 법화경의 위대한 종지임을 꼭 기억해 두시기 바랍니다. 아무리 닦아도 인간의 굴레를 벗어날 수 없다면, 이 법화경이 무슨 소용이며, 불법은 또 무슨 운명의 지랄 블루스란 말입니까? 법화경과 인연 맺은 우리는 반드시 부처가 되어야 하고, 부처가 될 수밖에 없는 운명을 지니고 태어난 거지요.

성불한 부처님이 사는 세상은 더럽고 오염된 것이 없으며, 기울어짐이 없는 모든 장애와 번민이 사라진 청정국토인데요. 이러한 이상향의 세계는 기독교에서는 하늘나라로 비정되어 영생으로 승화되지만, 불교에서는 불국정토라 해도 결국에는 불수(佛壽)와 법주(法住)가 있어 언젠가는 다함이 있기 때문에 상주불변하는 영원한 세계는 없고, 다만 그 인연과 조건따라 생멸을 반복한다는 무상우주관(無常宇宙觀)을 채택하고 있음을 알 수 있습니다.

온갖 향과 보배로운 수목, 희귀한 칠보들이 장엄하는 그야말로 유토피아의 세상으로, 악(惡)도 없고, 마(魔)도 없는 세상이긴 하지만, 분명한 것은 항존하는 불멸의 세계는 어디에도 없다는 것입니다. **세계 혹은 우주는 성장(成)·지**

숙(住)·무너짐(壞)·사라짐(空)의 '성주괴공' 네 단계를 주기적으로 반복하는데, 이들 각 4단계를 소겁(小劫)이라 하고, 이들 네개의 겁이 모여 대겁(大劫)이 된다고 보는 설도 있습니다.

본문 공부로 들어가 봅니다. 마침내 부처님께서는 수보리와 가전연, 목건련에게 까지 차례대로 수기를 내리십니다. 수기를 받은 각 제자가 성불했을 때의 이름인 불명(佛名)과 시대의 이름인 겁명(劫名), 나라 이름과 그 세상의 대략적 모습인 토상(土相), 성불한 부처의 수명, 정법이나 상법이 지속되는 기간인 법주(法住) 그리고 부처님이 어떻게 교화할 것이라는 불화(佛化) 등을 예언하게 됩니다.

앞서 비유품에서 기술하였지만 성불한 부처의 수명과 법이 머무는 시간을 보면 보통 수십 겁으로 밝히고 있는데, 몇 가지 설이 있으니 1겁이란 힌두교에서는 43억 2천만년이라고도 하고, 『잡아함경(雜阿含經)』에서는 사방과 상하로 1유순(由旬 : 약 15km)이나 되는 성(城) 안에 겨자씨를 가득 채우고 100년마다 겨자씨 한 알씩을 꺼내서 겨자씨 전부를 다 꺼내는 정도의 시간으로 보기도 합니다. 현실적 인식으로는 부처님이 출현하여 열반에 들때까지의 한 세상을 1겁으로 보기도합니다만, 굳이 우리 중생들의 시간 개념으로 계측할 필요는 없겠습니다.

현대물리학이 밝혀놓은 우주와 시간의 역사는 138억년으로 보고 있습니다만, 불교에서는 이러한 우주생성의 긴 시간조차도 찰라로 보며, 그 이전 수억겁의 허막한 세월부터 불성은 이미 우주에 편재하고 있었다고 보는 것이 불교의 우주관입니다. 138억년을 불교의 겁으로 수치적 계산을 해보면 고작 4겁에 못 미치는 시간이 아닙니까?

법화경에서는 품의 제목에 수기가 직접 언급된 품만 해도 〈제6 수기품〉, 〈제8 오백제자수기품〉, 〈제9 수학무학인기품〉 등 세 개나 되는데, 앞으로 집단으로 수기가 주어지는 경우를 포함하여 수많은 보살이 수기를 받게 될 것입니다. 지금까지 수기를 받은 제자들의 불명, 국명, 겁명, 토상 등을 일목요연하게 도표로 정리해 두면 좀 더 수기에 대한 입체적 감각을 익힐 수 있을 것 같아 아래에 도표로 남깁니다.

〈다섯 제자가 받은 수기의 내용〉

불제자 (佛弟子)	명호 (名號)	겁명 (迲名)	국호 (國號)	토상 (土相)	불 수명 (佛 壽命)	법주기간 (法住其間) 정법/상법	교화방법 (敎化方法)
사리불 (舍利弗)	화광여래 (華光如來)	대보장엄 (大寶莊嚴)	이구 (離垢)	기토평정 (其土平正)	12소겁	32/32소겁	삼승교화 (三乘敎化)
마하가섭 (摩訶迦葉)	광명여래 (光明如來)	대장엄 (大莊嚴)	광덕 (光德)	불구무악 (不垢無惡)	12소겁	20/20소겁	–
수보리 (須菩提)	명상여래 (名相如來)	유보 (有寶)	보생 (寶生)	"	12소겁	20/20소겁	제도해탈 (制度解脫)
가전연 (迦旃延)	염부나제 금광여래 (閻浮那提 金光如來)	–	–	사무악도 (無四惡道)	12소겁	20/20소겁	–
목건련 (目犍連)	다마라발전 단향여래 (多摩羅跋旃 檀香如來)	희만 (喜滿)	의락 (意樂)	기토평정 (其土平正)	24소겁	40/40소겁	–

위의 다섯 제자 외에 법화경에서는 헤아릴 수 없는 보살, 제자들이 수기를 받게 됩니다. 특히 부처님의 10대 제자는 석굴암의 본존불을 둘러 싼 원형벽면에, 수기를 받은 순서대로 좌우에 배치되어 있음을 볼 때 법화신앙이 신라 불교에 얼마나 지대한 영향을 미쳤는지를 알 수 있게 합니다. 석굴암의 원형 석굴 입구는 4천왕이 지키고 있고, 그 뒤로는 좌우에 제석천과 범천이, 그 뒤에 사리불과 목건련, 가섭과 수보리, 부루나와 가전연 순으로 법화경에서 수

기를 받은 순서를 지켜 좌우로 봉안되어 있습니다. 요즘은 석굴암 내부관람은 유물의 보존을 위해 유리벽 밖에서만 가능하지만, 초파일 하루는 개방을 한다 하니 관람할 기회가 있으시다면 꼭 법화경의 수기품을 상기하면서 관람해 보시는 것도 법화신행의 자부심을 높이는 방편이 될 것입니다.

중요 용어해설

❶ 개실송율(皆悉悚慄) : 송율의 뜻은 모두 두렵고 당황한다는 뜻인데, 송구하다로 읽음

❷ 봉근삼백만억나유타불(奉覲三百萬億那由他佛) : '근(覲)'은 뵙는다는 뜻, 삼백억나유타부처님을 뵙고 받들었다는 말

❸ 명상여래(名相如來) : 수보리에게 부처님이 수기를 내리신 불명

❹ 도탈무량보살(度脫無量菩薩) : 헤아릴 수 없는 보살과 성문들을 제도하여 해탈케 함

❺ 증개당번(繒蓋幢幡) : '증(繒)'은 비단, '당(幢)'은 휘장, '번(幡)'은 깃발

❻ 염부나제금광여래(閻浮那提金光如來) : 마하가전연에게 부처님이 수기를 내리신 불명

❼ 무사악도(無四惡道) : 네 가지 악도가 없음 즉, 지옥, 아귀, 축생, 아수라가 없음

❽ 다마라발전단향여래(多摩羅跋栴檀香如來) : 목건련에게 부처님이 수기를 내리신 불명

요약 및 대의

⇒ 전반부는 대통지승여래로부터 연원한 석가모니부처님과 중생과의 인연을 설하심

⇒ 대통지승여래의 아들 16왕자의 출가와 묘법연화경의 인연을 설하심

⇒ 16왕자 중 16번째 왕자가 사바세계를 교화하는 석가모니 부처님 자신이라 하심

⇒ 후반부는 화성보처의 비유로, 먼저 삼승의 가르침으로 제도하시고, 나중에 일불승의 가르침으로 깨달음의 길로 인도하심

⇒ 마법의 성이라 할 수 있는 화성보처의 비유를 들어 여행(수행)에 지친 대중들에게 새로운 희망과 용기를 주고 1불승에 분별하여 3승을 설하신다 함

|1| 부처님이 대통지승여래의 아승기 전생과 열반에 대해 설하시다

단락	구분	원문 및 한글 번역
1	한문 원전	佛告諸比丘. "乃往過去無量無邊不可思議 阿僧祇劫 爾時 有佛名**大通智勝如來** 應供 正遍知 明行足 善逝 世間解 無上士 調御丈夫 天人師 佛世尊, 其國名好成 劫名大相. 諸比丘! 彼佛滅度已來 甚大久遠 譬如三千大千世界 所有地種 假使有人 磨以爲墨 過於東方千國土 乃下一點大如微塵 又過千國土 復下一點 如是展轉盡地種墨 於汝等意云何? 是諸國土 若算師 若算師弟子 能得邊際 知其數不?" "不也, 世尊!"
	한글 읽기	불고제비구. "내왕과거무량무변불가사의 아승기겁 이시 유불명**대통지승여래** 응공 정변지 명행족 선서 세간해 무상사 조어장부 천인사 불세존, 기국명호성 겁명대상. 제비구! 피불멸도이래 심대구원 비여삼천대천세계 소유지종 가사유인 마이위묵 과어동방천국토 내하일점대여미진 우과천국토 부하일점 여시전전진지종묵 어여등의운하? 시제국토 약산사 약산사제자 능득변제 지기부수?" "불야 세존!"
	한글 풀이	부처님께서 비구들에게 말씀하셨다. "지나간 옛적 한량없고 가없으며, 불가사의한 아승기겁 전에 부처님께서 계셨는데, 명호는 대통지승여래·응공·정변지·명행족·선서·세간해·무상사·조어장부·천인사·불세존이었고 나라의 이름은 호성이며, 겁의 이름은 대상이

<table>
<tr><td rowspan="1">1</td><td>한글
풀이</td><td>었느니라. 비구들아! 그 부처님 열반하신 지가 아주 오래인데 비유하자면, 어떤 사람이 삼천대천세계의 모든 땅을 갈아 먹물로 만들어서, 동방으로 1천 국토를 지나면서 아주 작은 먹 한 점을 떨어뜨리고 또 1천 국토를 지나면서 다시 한 점을 떨어뜨리며, 이와 같이 되풀이하여 땅덩어리를 갈았던 먹이 다하도록 갔다면, 너희들의 생각은 어떠하냐? 이 국토들을 셈을 잘하는 사람이나 그의 제자들이라하여도 그 끝을 알 수 있겠느냐?" "알 수가 없을 것입니다. 세존이시여!"</td></tr>
<tr><td rowspan="3">2</td><td>한문
원전</td><td>"諸比丘! 是人所經國土 若點不點 盡末爲塵 一塵一劫 彼佛滅度已來 復過是數 無量無邊百千萬億阿僧祇劫. 我以如來知見力故 觀彼久遠 猶若今日."</td></tr>
<tr><td>한글
읽기</td><td>"제비구! 시인소경국토 약점부점 진말위진 일진일겁 피불멸도이래 부과시수 무량무변백천만억아승기겁. 아이여래지견력고 관피구원 유약금일."</td></tr>
<tr><td>한글
풀이</td><td>"비구들아! 이 사람이 지나간 나라들로서 점을 떨어뜨렸거나 떨어뜨리지 않았거나, 모두를 다시 티끌로 만들어서 한 티끌을 1겁으로만 치더라도 그 부처님께서 열반하신 지는 이 수보다도 더 오래인 한량없고, 그지없는 백천만억 아승기겁이니라. 나는 여래의 지견력으로 그 멀고도 오래된 일을 마치 오늘 일어난 일처럼 보느니라."</td></tr>
<tr><td>중요용어</td><td colspan="2">❶ 대통지승여래(大通智勝如來)　❷ 진말위진(盡末爲塵)
❸ 유약금일(猶若今日)</td></tr>
</table>

직전 〈제6 수기품〉에서 마하목건련에게 다마라발전단향의 수기를 내리신 뒤 부처님께서는 다음과 같이 게송으로 읊으셨습니다.

"我諸弟子 威德具足 其數五百 皆當授記

於未來世 咸得成佛 我及汝等 宿世因緣

吾今當說 汝等善聽."

"아제제자 위덕구족 기수오백 개당수기

어미래세 함득성불 아급여등 숙세인과

오금당설 여등선청."

즉, "내가 위엄과 덕망을 다 갖춘 5백 제자들 모두에게 수기를 주리라. 그러니 미래세에는 모두 다 부처님이 될 것이니라. 나와 너희들의 지난 세상 인연을 내가 너희들에게 지금 말할 터이니 잘 들어보아라."에 이어 본 〈제7 화성유품〉이 시작되면서 아승기겁 전생 인연설법이 이어집니다. 화성유품은 〈제3 비유품〉에 이어 두 번째로 본문이 긴 단락인데요. 법화경의 일곱 가지 비유 중, '화택의 비유', '장자의 궁자 비유'와 '삼초 이목의 비유'에 이어 네 번째 비유인 '화성의 비유'가 전개되는 중요한 품이기도 합니다.

본 품은 크게 전후반부로 나눌 수 있는데, 전반부는 대통지승여래(大通智勝如來)로부터 비롯된 석가모니불과 보살, 중생과의 인연을 밝혔고, 후반부는 '화성보처(化城寶處)의 비유'를 들어 처음엔 삼승으로 설하여 중생을 구제하고, 나중에 일불승의 가르침으로 깨달음의 길로 인도함을 밝힙니다. 먼저 부처님께서 지난 세상의 인연을 설하시면서 아승기겁 전 대통지승여래가 계셨다고 말씀하시면서 국호는 호성(好成)이며, 겁명은 대상(大相)이라 밝히십니다.

대통지승여래는 법화경에서는 처음으로 언급되는 부처님이지만, 석가모니 부처님과 법화경 설법의 전생 인연이 담긴 매우 중요한 부처님이기 때문에 여기서는 대통지승여래에 대해 잘 공부해 두셔야 합니다. 본 화성유품의 주된 핵심이 곧 대통지승여래와 그의 16왕자 그리고 그들이 보살 시절 함께 수행하던 무수한 대중들과의 과거 전생의 인연담(因緣譚)에 대한 내용이거니와, 석가모니 부처님의 3세 인과를 다룬 본생담(本生譚)을 담은 품이기도 하고, 더욱 중요한 것은 16왕자 중 한 분이 바로 석가모니 부처님이라는 것입니다.

실제로 산스크리트어본 『법화경』에서는 본품을 〈숙세(宿世)의 인연(因緣)품〉으로 기록하고 있는데, 묘법연화경에서 한역하면서 〈화성유품〉으로 붙인 것은 후반부에 나오는 '화성보처의 비유'를 제목으로 삼은 때문입니다. 대통지승여래의 아버지는 전륜성왕으로, 자신의 신분도 왕자였었는데, 10소겁에 걸쳐 끊임없이 부처님을 공경하고 아뇩다라삼먁삼보리를 구하는 수행을 통해 불법을 체득하였습니다. 출가 전 대통지승여래에게는 16명의 왕자들이 있었고, 그 첫째 아들이 지혜의 축적이라는 뜻의 '지적(智積)'이었습니다. 이

16이라는 숫자는 많은 상징성을 지니고 있습니다. 4방 8방 16방의 방위에서 16명 왕자는 성불하게 되니 오랜 세월을 수많은 부처님을 공양하고, 묘법연화경을 설하여 중생을 교화하는 인연이었던 겁니다.

10소겁이란 5백생을 수행하여 마침내 성불했다는 부처님의 전생담(前生譚)과 비견할 수 있는 구도로 흡사한데, 대통지승여래가 성불을 이루자 그 아들도 모두 부귀영화를 버리고 출가하여, 그 부처님으로부터 법화경의 가르침을 받고 마침내 모두 불도를 이루게 됩니다. 이 구도는 부처님이 야소다라라비인 아내와 아들 라후라를 버리고 출가하는 '유성출가(逾城出家)'를 패러디한 불경 편집자의 의도가 읽히는 부분이기도 한데요. 대통지승여래의 아버지인 전륜성왕이 대통지승여래가 있는 곳으로 와서 귀의한다든지, 열여섯 왕자가 출가하여 불도를 이룬다는 등의 전개는 마치 석가모니 세존의 부왕 정반왕이 부처님에게로 와서 귀의한 것이나, 아들 라후라가 부처님의 인도로 출가하여 불교교단 최초로 사미계(沙彌戒)를 받는 등의 3세대 출가구도와 매우 흡사한 담론으로 이루어져 있기 때문입니다.

본 품에서 부처님은 대통지승여래의 수명을 540만억 나유타겁이라고 밝히시고 있습니다만, 살펴본 바와 같이 백천만억 아승기 나유타겁의 전후생으로 연결된 부처님과의 인연임을 감안할 때, 대통지승여래를 인격불(人格佛)의 고유명사로 볼 것이 아니라, 석가모니 부처님의 진여법성(眞如法性)이 진리의 표상(表相)으로 나타난 상징불이라 할 수 있겠습니다. 대통이란 곧, 우주의 큰 도(道)와 통하는 원리인 대통의 법칙을 이르기 때문에 우주공간에 충만하여 어디에든 모두 통한다는 뜻이기도 합니다. 그러니 나 자신도 우주의 원리, 법칙대로 살아간다면 마침내는 아뇩다라삼먁삼보리를 이루고, 내가 곧 대통지승불이 된다는 것이지요. 그러면 본문에서 부처님이 설하신 대통지승여래의 과거 인연설법을 살펴보도록 하겠습니다.

먼저 부처님께서 대통지승여래의 열반의 역사에 대해 설하십니다. 이 부처님이 열반한 지는 아주 오래이니 비유하자면, 어떤 사람이 삼천대천세계의 모든 땅을 갈아 먹물로 만들어서, 동방으로 1천 국토를 지나면서 아주 작은 먹 한 점을 떨어뜨리고 또 1천 국토를 지나면서 다시 한 점을 떨어트리며, 이렇게 되풀이하여 땅덩어리를 갈았던 먹이 다하도록 갔다면, 이 국토들을 아무리 셈을 잘하는 사람이나 그의 제자들이라 하여도 그 끝을 알 수 있겠느냐? 고 묻습니다. 우주의 시공간 전체를 아우르는 말씀인데요.

　수학 못 하는 저는 첫 문장의 말씀만 들어도 머리에 쥐가 날듯한데, 제자 비구들인들 그 끝을 어찌 알겠습니까? 부처님도 참! 그냥 '까마득 × 아득 × 까까마득' 정도로 이해해 두시면 되겠습니다. 여기서 1천 국토라 함은 1명의 왕이 통치하는 국토가 1천개가 아니라, 우주공간에는 1개의 은하에만 수 천 억 개(제임스웹 망원경의 활약으로 그 수는 점점 늘어나고 있음)의 별이 있듯이, 1국토 하나 하나가 우주상의 1개의 항성이고, 행성으로 보면 좋을 듯하군요. 그런데 그 부처님께서 열반하신 지는 이 수보다도 더 오래인 한량없고, 그지없는 백천 만억 아승기겁이라 하시며. 여래의 지견력으로 그 멀고도 오래된 일을 마치 유약금일(猶若今日), 그러니까 '오늘 일어난 일처럼 보느니라.'고 하십니다.

중요 용어해설

❶ 대통지승여래(大通智勝如來) : 큰(大) 신통력(通)과 수승한 지혜(智勝)로 중생을 제도하는 부처님이라는 뜻으로, 석가모니 부처님의 진여법성(眞如法性)의 상징불이라 할 수 있음. 대통이란 곧, 우주의 큰 도(道)와 원리, 법칙을 이르기 때문에 우주공간에 충만하여 어디에든 모두 통함. 나 자신도 우주의 원리, 법칙대로 살아간다면 마침내 아뇩다라삼먁삼보리를 이루어 내가 곧 대통지승불이 되는 것임

❷ 진말위진(盡末爲塵) : 모두 다 티끌로 만든다는 뜻

❸ 유약금일(猶若今日) : '유(猶)'는 '마치'라는 뜻의 부사로 쓰여 '마치 오늘 일처럼'이란 뜻

단락	구분	원문 및 한글 번역
3	한문 원전	佛告諸比丘, "大通智勝佛壽 五百四十萬億那由他劫. 其佛 本坐道場 破魔軍已 垂得阿耨多羅三藐三菩提 而諸佛法 不現在前 如是一小劫 乃至十小劫 結加趺 坐 身心不動 而諸佛法 猶不在前."
	한글 읽기	불고제비구. "대통지승불수 오백사십만억나유타겁. 기불 본좌도량 파마군이 수득아뇩다라삼먁삼보리 이제불법 불현재전 여시일소겁 내지십소겁 결가부 좌 심신부동 이제불법 유불재전."
	한글 풀이	부처님께서 비구들에게 말씀하셨다. "대통지승부처님의 수명은 540만억 나유타겁이니라. 그 부처님께서 처음 도량에 계시어 마군들을 물리치시고 아뇩다라삼먁삼보리를 얻으려 하나, 모든 부처님의 법이 앞에 나타나지 아니하므로, 1소겁으로부터 10소겁 동안을 가부좌를 틀고 앉아 몸과 마음을 움직이지 아니하였으나, 역시 부처님의 법은 아직 나타나지 아니하였느니라."
4	한문 원전	"爾時 忉利諸天 先爲彼佛 於菩提樹下 敷師子座 高一由旬. 佛於此座 當得阿 耨多羅三藐三菩提. 適坐此座 時諸梵天王 雨衆天華 面百由旬 香風時來 吹去 萎華 更雨新者 如是不絶滿十小劫 供養於佛 乃至滅度 常雨此華 四王諸天 爲 供養佛 常擊天鼓 其餘諸天作天伎樂 滿十小劫 至于滅度 亦復如是."
	한글 읽기	"이시 도리제천 선위피불 어보살수하 부사자좌 고일유순. 불어차좌 당득아 뇩다라삼먁삼보리. 적좌차좌 시제범천왕 우중천화 면백유순 향풍시래 취거 위화 갱우신자 여시부절만십소겁 공양어불 내지멸도 상우차화 사왕제천 위 공양불 상격천고 기여제천작천기악 만십소겁 지우멸도 역부여시."
	한글 풀이	"그때 도리천인들이 먼저 그 부처님을 위하여 보리수 아래에 1유순 높이의 사자좌를 마련하였으니, 부처님께서 여기에 앉으셔서 아뇩다라삼먁삼보리를 얻으실 수 있도록 하기 위함이었느니라. 부처님께서 이 사자좌에 앉으시고, 장차 아뇩다라삼먁삼보리를 얻고자 하시어 부처님께서 그 자리에 앉으시나니, 때맞춰 모든 범천왕이 갖가지의 하늘 꽃을 비로 내리는데, 면적이 일백 유순이었느니라. 때에 향기로운 바람이 불어왔나니, 시든 꽃들은 날아가고, 다시 새로운 꽃비가 내렸더니라. 이와 같이 만으로 십소겁의 세월 동안 그치지 않고, 부처님께 공양하였나니, 멸도에 이르실 때까지 항상 이러한 꽃비가 내렸느니라. 모든 사천왕이 부처님께 공양하기 위하여, 항상 하늘 북을 치고, 다른 하늘 사람들도 하늘 풍악을 울렸나니, 만으로 십소겁의 세월 동안 멸도에 이를 때까지 또한 다시 이와 같았도다."
5	한문 원전	"諸比丘! 大通智勝佛 過十小劫 諸佛之法 乃現在前 成阿耨多羅三藐三菩提."
	한글 읽기	"제비구! 대통지승불 과십소겁 제불지법 내현재전 성아뇩다라삼먁삼보리."

5	한글 풀이	"여러 비구들아! 대통지승부처님께서는 10소겁이 지나서야 부처님의 법이 그 앞에 나타나게 되어 아뇩다라삼먁삼보리를 이루셨느니라."
6	한문 원전	"其佛未出家時 有十六子 其第一者 名曰智積. 諸子各有種種珍異玩好之具. 聞父得成阿耨多羅三藐三菩提 皆捨所珍 **往詣佛所** 諸母涕泣 而隨送之."
	한글 읽기	"기불미출가시 유십육자 기제일자 명왈지적. 제자각유종종진이완호지구. 문부득성아뇩다라삼먁삼보리 개사소진 **왕예불소** 제모체읍 이수송지."
	한글 풀이	"그 부처님께서 아직 출가하시기 전에 열여섯 명의 아들이 있었으니, 첫째 아들의 이름은 지적(智積)인데, 모든 아들들은 저마다 갖가지 보배롭고 기이한 장난감들을 가지고 있었느니라. 아버지가 아뇩다라삼먁삼보리를 얻었다는 말을 듣고, 그 보배로운 기구들을 다 버리고 부처님 계신 곳에 찾아가니, 그 어머니는 눈물을 흘리며 떠나 보내었느니라."
7	한문 원전	"其祖轉輪聖王 與一百大臣 及餘百千萬億人民 皆共圍繞 隨至道場. 咸欲親近 大通智勝如來 供養恭敬 尊重讚歎. 到已**頭面禮足 繞佛畢已** 一心合掌 瞻仰世尊 以偈頌曰."
	한글 읽기	"기조전륜성왕 여일백대신 급여백천만억인민 개공위요 수지도량. 함욕친근 대통지승여래 공양공경 존중찬탄. 도이**두면례족 요불필이** 일심합장 첨앙세존 이게송왈."
	한글 풀이	"그의 할아버지인 전륜성왕은 1백 대신과 백천만억 백성들에게 둘러싸여 도량에 나가 대통지승여래를 다 같이 친근하고 공양·공경하며 존중·찬탄하려고 머리 숙여 발에 예배한 뒤, 부처님을 돌고는 일심으로 합장하고, 세존의 존안을 우러르보면서 게송으로 말하였느니라."
중요용어		❶ 도리제천(忉利諸天) ❷ 부사자좌(敷師子座) ❸ 제범천왕(諸梵天王) ❹ 왕예불소(往詣佛所) ❺ 두면족례(頭面禮足) ❻ 요불필이(繞佛畢已)

　대통지승불은 상상도 불허하는 아득한 옛날에 계셨고, 그 수명은 540만억 나유타겁이라 설하시는군요. 이 설법은 그런 구체적 시공을 뜻하시는 게 아니라 부처는 본래부터 존재한다는 뜻으로, 시방세상 우주법계가 부처 아님이 없으므로, 부처는 어떤 인연에 의해 부처가 되는 것이 아니라, 애초에 모두가 부처라는 뜻으로 읽으시면 됩니다. 다시 말해 이미 온 우주가 불성의 조건으로 충만해 있다는 것입니다. 그러나 우리는 어떻습니까? 내 안에 충만해 있는 불성을 깨달아서 찾기만 하면 되는 것을, 중생 근기 어리석어 밖에서 찾으려

고 하니 성불의 길은 저만치 달아나게 되는 것입니다. 업은 아이 3년을 찾는다는 속세간의 말이 있습니다만, 꽃 속에 있으면서도 봄인 줄을 모르고, 꽃을 찾아 온종일을 헤매는 것이 우리들 중생의 무명이 아닙니까?

중도실상의 경지에서 깨달은 눈으로 꽃을 보면 거기에는 꽃은 없고, 꽃을 꽃이라 할 만한 실체도 없게 되어, 다만 꽃이라는 이름만 남게 되니, 마음이 그대로 자유로워 꽃도 되고, 봄날도 되는 것입니다. 그러나 현상계에서 6식으로 최적화된 중생들의 근기로는 한 방에 일불승에 이를 수 없으므로, 여러 겁의 경로와 방편을 거쳐야만 다다를 수 있는 것인데요. 대통지승여래 또한 1소겁으로부터 10소겁 동안을 가부좌를 틀고 앉아 몸과 마음을 움직이지 아니하였으나, 역시 부처님의 법은 아직 나타나지 아니하였으니, 부처님께서 '너희들도 조급할 이유가 없다.'고 설하시는 거라 보면 됩니다.

대통지승불은 이미 과거에 부처님이 되셨지만 이렇게 교화의 방편으로 10소겁의 경계를 설하는 것입니다. 대통지승불과 부처님이 아버지와 자식으로 이어져 있듯이, 우리들 중생 또한 부처님과 부자지간으로 맺어져 있으니, 성불에 대한 추호의 의심도 없이 16왕자가 묘법연화경을 듣고 설한 것처럼, 법화경을 믿고 수지·독송·서사·해설하며, 일심으로 부처님을 공경·공양하라는 말씀에 다름 아니라 하겠습니다.

도리제천이 사자좌(獅子座)를 사역(使役)하여 대통지승불의 아뇩다라삼먁삼보리를 얻는데 동참하였다거나 범천, 사천왕 등 천인들이 몰려와 하늘 꽃비를 뿌리며, 북을 치고 기악를 연주하며, 공양드리는 일 등이 부처님의 출현 자체가 큰 잔치와 같은 것이거니와 법화경을 배운다는 자체로 이미 큰 잔치에 초대장을 받고 동참한 것임을 선언한 것으로 읽어 두시기 바랍니다. 앞 장에서도 여러 번 살펴보았듯이 이 법화경의 설법은 생사를 초월한 해탈의 경계이므로, 수없이 많은 천인, 인간, 비인간이 하나 되어 법화 잔치에 동참한다는 구조로서, 속박에서 벗어나 걸림 없는 피안으로 훨훨 날아오르라는 인간해방의 지침서가 곧 법화경이었음을 다시 한번 상기해 봅니다. 부처님의 설법이 이어집니다.

「그 부처님(대통지승불)께서 아직 출가하시기 전에 열여섯 명의 아들이 있었으니, 첫째 아들의 이름은 지적(智積)인데, 모든 아들들은 저마다 갖가지 보배롭고 기이한 장난감들을 가지고 있었느니라. 아버지가 아뇩다라삼먁삼보리를 얻었다는 말을 듣고, 그 보배로운 기구들을 다 버리고 부처님 계신 곳에 찾아가니, 그 어머니는 눈물을 흘리며 떠나보내었느니라.」

어디서 본 듯한 장면이란 생각이 들지 않습니까? 그렇습니다. 부처님이 카필라국의 왕궁을 떠나 출가하는 장면은 경전마다 조금씩 차이가 나지만, 보장된 부귀와 왕자라는 영화를 일거에 버리고, 무소의 뿔처럼 홀로 가는 부처님과 남겨진 가족들의 비탄 같은 점은 대체로 일치하고 있습니다. 장남인 지적(智積)을 포함한 16 왕자들이 기이한 장난감이나 보배로운 기구들을 버렸다 함도 보장된 부귀영화를 버린 것으로 읽으시면 되겠습니다. 이들 16왕자는 대통지승불이 오랜 수행으로 깨달음을 얻고 부처가 되어 중생들을 구제한다는 소식을 듣고, 자신들도 일약 출가를 결심하는데 그들의 어머니는 눈물로 아들들을 떠나보냅니다.

부처님의 출가에 즈음하여서도 부왕인 정반왕과 갓난 아기인 라후라를 출산한 직후였던 야소다라비의 비탄은 여러 경전과 설화를 통해 그 슬픔이 어떠했는지는 우리들이 익히 알고 있지 않습니까? 〈제1 서품〉에서도 일월등명불의 여덟 왕자들 모두 묘광보살을 스승으로 삼았고, 묘광보살도 이들을 교화하여 이들의 아뇩다라삼먁삼보리를 견고하게 하였다고 설하신 걸 기억하실 텐데요.

이들 16왕자도 모두 오랜 생에 걸쳐 수많은 부처님을 공양하면서 묘법연화경을 설하여, 많은 중생을 교화하였다고 대통지승불이 밝히신 것처럼, 나중에 모두 16방위에서 각각 성불하게 되는데, 이 중 동방에서 부처가 되신 분이 아촉불로서, 분노를 가라앉히고 마음을 진정시키는 역할을 하는 부처이며, 서방세계에서 무량수불이 되신 부처님이 아미타불입니다. 그리고 16번째 왕자가 마침내 석가모니불이 되어 사바세계에서 성불하여 중생을 교화하게 되는데, 대통지승불의 부왕인 전륜성왕도 대통지승불에게로 와 경배하고 부처님께 귀의하게 되지요.

왕자들이 출가하여 수행하던 사미(沙彌)시절 그들이 법화경을 설하여 제도한 무수한 중생들도 다겁생을 이어오는 동안 다시 그의 가르침을 받고 수행을 하게 됩니다. 지금 석가모니불 앞에 있는 성문들과 대중들도 모두 과거 이러한 깊은 인연으로 인해서 지금 이곳에서 법화경 설법을 듣고 있는 것인데, 그들이 다름 아니라 21세기인 지금 법화경을 공부하고 있는 바로 우리들 자신의 이야기인 것입니다. 이처럼 화성유품에서는 대통지승여래와 16왕자 그리고 그들이 보살, 사미시절 함께 수행하던 무수한 대중들과의 과거 전생의 인연담에 대한 내용이 전반부의 주를 이루고 있습니다. 이어지는 다음 단락에서는 전륜성왕과 범천왕, 16왕자 등이 법을 청하는 묘사로 이어지는데 본문을 기술한 뒤 그 설법의 대의를 요약해서 설명토록 하겠습니다.

중요 용어해설

❶ 도리제천(忉利諸天) : '도리'는 삼십삼천의 '삼삼'을 의역한 용어인데, 불교에서 보는 세계의 중심이라는 수미산의 정상에 있고, 제석천(인드라)이 주석하고 있으며, 욕계 하늘세계 중 제2천에 해당함

❷ 부사자좌(敷師子座) : '부(敷)'는 펴다는 뜻으로 사자좌를 마련하였다는 뜻

❸ 제범천왕(諸梵天王) : 범어의 브라흐마(Brahmā)를 음역한 발음인데, 불교 이전의 인도 바라문교에서 가장 존중되던 신으로 '대범천' '범천왕' '범왕' 등으로도 불림. 색계 18천 중 초선삼천(色界初禪三天)의 세계에 거주하는 신

④ 왕예불소(往詣佛所) : '예(詣)'는 '이르다'는 뜻의 동사. 부처님 처소에 이르다는 뜻

⑤ 두면족례(頭面禮足) : 머리 숙여 발에 예배함

⑥ 요불필이(繞佛畢已) : '요(繞)'는 감싸다, 두르다는 뜻. '부처님 주변을 돌며'로 읽음

|3| 대통지승여래 성불 당시 오백만억 불세계와 범천궁까지 육종진동하고, 대광명이 충만했음을 설하시자, 범천왕들이 꽃과 궁전을 바쳐 예배하며, 열반의 길을 열어주시라 청함

단락	구분	원문 및 한글 번역
8	한문 원전	"爾時 十六王子 偈讚佛已 勸請世尊 **轉於法輪** 咸作是言. '世尊說法多所安隱 憐愍饒益諸天人民.' 重說偈言." 佛告諸比丘. "大通智勝佛 得阿耨多羅三藐三菩提 時十方各五百萬億諸佛世界 六種震動 其國中間 幽冥之處 日月威光所不能照 而皆大明 其中衆生 各得相見 咸作是言. '此中云何 忽生衆生?' 又其國界諸天宮殿 乃至梵宮 六種震動 **大光普照遍滿世界** 勝諸天光."
	한글 읽기	"이시 십육왕자 게찬불이 권청세존전어법륜 함작시언. '세존설법다소안은 연민요익제천인민.' 중설게언." 불고 제비구. "대통지승불 득아뇩다라삼먁삼보리 시시방각 오백만업제불세계 육종진동 기국중간 유명지처 일월위광소불능조 이개대명 기중중생 각득상견 함작시언. '차중운하 홀생중생?' 우기국계제천궁전 내지범궁 육종진동 **대광보조편만세계** 승제천광."
	한글 풀이	"그때 열여섯 왕자들은 게송으로 부처님 찬탄하는 게송이 끝나자, 세존께 법륜 굴려 주시기를 간청하여 다 함께 이렇게 여쭈었느니라. '세존이시여! 세존께서 설법하시면 저희들이 편안함이 많사오니, 저희들을 불쌍히 여기시어 여러 하늘과 사람들을 이익되게 하옵소서!' 하며 게송으로 말하였느니라." 부처님께서 비구들에게 말씀하셨다. "대통지승여래께서 아뇩다라삼먁삼보리를 얻으셨을 때 시방의 각 5백만억 부처님 세계가 여섯 가지로 진동하고, 그 나라 가운데 위엄 있는 해나 달도 능히 비추지 못하던 어두운 골짜기까지 큰 광명이 비치거늘, 중생들이 놀라 각기 서로 보며 말하였느니라. '어찌하여 이 같은 일이 홀연히 생겨났는가?'라고 하였느니라. 또한 그 나라의 모든 하늘의 궁전과 범천의 궁전까지 여섯 가지로 진동하며, 큰 광명이 널리 비쳐 세계가 두루 차니, 모든 하늘의 광명보다 밝았느니라."
9	한문 원전	"爾時 東方五百萬億 諸國土中 梵天宮殿 光明照曜 倍於常明. 諸梵天王 各作是念, '今者宮殿 光明昔所未有 以何因緣 而現此相?' 是時 諸梵天王 卽各相詣 共議此事. 時彼衆中 有一大梵天王 名救一切. 爲諸梵衆 而說偈言."

	한글 읽기	"이시 동방오백만억 제국토중 범천궁전 광명조요 배어상명. 제범천왕 각작시념. '금자궁전 광명석소미유 이하인연 이현차상?' 시시 제범천왕 즉각상예 공의차사. 시피중중 유일대범천왕 명구일체. 위제범중 이설게언."
9	한글 풀이	"그때 동방의 5백만억 모든 국토 가운데 있는 범천의 궁전을 광명이 비추는데, 다른 때보다 배나 더 밝았으므로, 여러 범천왕들이 생각하였느니라. '지금 궁전에 비치는 광명은 예전에는 없던 것인데, 어떤 인연으로 이런 모습이 나타나는가?'라며 곧바로 모여서 이 일을 함께 논의하였느니라. 이때 그 대중 가운데 이름이 '구일체'라는 대범천왕이 범천의 무리를 위하여 게송으로 읊었느니라."
	한문 원전	"爾時 五百萬億國土 諸梵天王 與宮殿俱 **各以衣裓盛諸天華** 共詣西方 推尋是相. 見大通智勝如來 處于道場菩提樹下 坐師子座 諸天 龍王 乾闥婆 緊那羅 摩睺羅伽 人非人等 恭敬圍繞 及見十六王子請佛轉法輪 卽時 諸梵天王頭面禮佛 **繞百千帀** 卽以天華 而散佛上 其所散華 如須彌山."
10	한글 읽기	"이시 오백만억국토 제범천왕 여궁전구 **각이의극성제천화** 공예서방 추심시상. 견대통지승여래 처우도량보리수하 좌사자좌 제천 용왕 건달바 긴나라 마후라가 인비인등 공경위요 급견십육왕자청불전법륜 즉시 제범천왕두면예불 **요백천잡** 즉이천화 이산불상 기소산화 여수미산."
	한글 풀이	"그러자 5백만억국토의 범천왕들이, 궁전과 갖가지 하늘 꽃을 가득 담은 그릇을 가지고 함께 서방으로 나아가서 이 상서를 찾다가 대통지승여래께서 도량의 보리수 아래 사자좌에 앉아 계심과, 여러 하늘과 용왕·건달바·긴나라·마후라가 등 사람인 듯, 아닌 듯한 것들이 공경하여 둘러서 있는 것과, 열여섯 왕자들이 부처님께 법륜 굴려 주시기를 청함을 보고, 범천왕들도 머리 숙여 부처님께 예배하고, 부처님 주위를 백천 번이나 돌며 하늘 꽃을 부처님 위에 뿌리니, 그 흩은 꽃이 수미산과 같았느니라."
	한문 원전	"幷以供養佛菩提樹 其菩提樹 高十由旬. 華供養已 各以宮殿奉上彼佛 而作是言. '唯見哀愍 饒益我等 所獻宮殿 願垂納受.' 時諸梵天王 卽於佛前 一心同聲 以偈頌曰. 爾時 諸梵天王 偈讚佛已 各作是言; '唯願世尊! 轉於法輪 度脫衆生 開涅槃道.' 時 諸梵天王 一心同聲 而說偈言"
11	한글 읽기	"병이공양불보리수 기보리수 고십유순. 화공양이 각이궁전봉상피불 이작시언. '유견애민 요익아등 소헌궁전 원수납수.' 시제범천왕 즉어불전 일심동성 이게송왈. 이시 제범천왕 게찬불이 각작시언. '유원세존! 전어법륜 도탈중생 개열반도.' 시 제범천왕 일심동성 이설게언."
	한글 풀이	"그리고 부처님의 보리수에도 공양을 하니 보리수의 높이가 10유순이나 되었느니라. 꽃 공양을 하고나서 각자 궁전을 부처님께 받들어 올리며, '오직 불쌍히 여기시어 저희들을 이익 되게 하여 주시고, 바치는 궁전을 원컨대 부디 받아 주십시오.' 하고서 범천왕들이 부처님 앞에서 한마음으로 다함께 소리내어 게송으로 읊었느니라. 그때 범천왕들이 게송으로 부처님을 찬탄하고는 각자 이런 말씀을 드렸느니라. '오직 원하옵건대 세존이시여! 법륜을 굴리어 중생들을 제도하시고 열반의 길을 열어주십시오.' 그리고는 다시 범천왕들은 한마음, 한 목소리로 게송으로 읊었느니라."

앞 분단 7단락 말미에서 16왕자들의 할아버지인 전륜성왕이 1백 대신 및 백천만억 백성들과 함께 대통지승여래를 따라가서 머리를 조아려 예배한 후 일심으로 합장하여 부처님을 우러러 게송으로 읊었습니다. **"10소겁을 움직이지 않으시고 마침내 영원한 열반을 얻어 무루법(無漏法)에 머무시게 된 부처님께 다함께 머리숙여 귀의하고자 합니다."**라며 경배를 올렸었지요. '무루'란 직역하면 새어나감이 없다는 말인데, 번뇌의 더러움에 물들지 않은 마음의 경지나 또는 그러한 세계로서, 번뇌와 망상이 완전소멸된 상태를 이른다고 하였습니다. 그러니까 포괄적으로는 분별을 일으키지 않는 청정한 마음의 상태라 할 수 있겠습니다.

고집멸도(苦集滅道)의 사성제(四聖諦) 가운데 깨달음의 결과인 멸제(滅諦)와 도제(道諦)에 해당하는 모든 현상이긴 하지만, 여기서는 깨달음의 최고 경지인 부처님의 절대적 열반을 칭송하는 뜻으로 쓰였습니다. 이에 16왕자들도 세존께서 법륜을 굴려 주시기를 간곡히 청하며, 천인과 사람들을 가엾이 여겨 설법으로 이익되게 해달라며 게송으로 아뢰게 됩니다. 이들 왕자들의 설법 간청은 우선 개인의 편안함이 많아지는 것에 머물지 않고, 천인과 사람 그러니까 세상의 이익과 안락을 위해서라는 점을 분명히 하고 있습니다. 혼자만의 깨달음, 즉 소승적 깨달음을 떠나, 모든 천(天)과 인(人)을 법의 경지에 들게 하면 온 우주 법계가 다 편안해지는 것이기 때문입니다. 일체중생을 남김없이 제도하는 종교가 불교이고, 그 길을 가는 일대사인연의 일승법이 법화경의 가르침이니까요. 법륜(法輪)이란 직역하면 법의 수레바퀴를 말하는데, 법을 타인에게 전하는 일 곧, 법의 바퀴를 굴려 전한다는 뜻으로, 굴릴 '전(轉)'을 써서 '전법륜(轉法輪)'으로 불리게 되었고, 불교의 교리와 진리 자체를 뜻하는 표현으로, 부처님의 덕과 길상을 나타내는 글자인 '만(卍)'과 함께 불교의 상징적 키워드가 되어 있습니다.

부처님께서 비구들에게 말씀하신 내용을 옮겨봅니다. **"대통지승여래께서 아뇩다라삼먁삼보리를 얻으셨을 때 시방의 각 5백만억 부처님 세계가 여섯 가지로 진동하고, 그 나라 가운데 위엄 있는 해나 달도 능히 비추지 못하던 어두운 골짜기까지 큰 광명이 비치거늘, 중생들이 놀라 각기 서로 보며 말하였느니라. '어찌하여 이 같은 일이 홀연히 생겨났는가?'라고 하였느니라."** 그러니까 대통지승여래께서 무상정등정각을 얻으셨을 당시를 설명하시는데, 5백만억 부처님의 세계가 육종으로 진동하고 큰 광명이 어두운 골짜기를 일일이 비추니 '어찌하여 이 같은 일이 홀연히 생겨났는가?'라며 중생들이 놀랐었다고 당시 상황을 전하고 있습니다.

<도리사 팔정도 조형탑 사진>

육종진동은 〈제1 서품〉에서 부처님이 『무량의경』을 설하신 뒤 무량의처삼매에 들자, 만다라 꽃비가 내리고 부처님의 세계가 여섯 가지로 진동했었음이 기억나실 겁니다. 여기서는 나아가 그 나라의 모든 하늘의 궁전과 범천의 궁전까지도 여섯 가지로 진동하며, 큰 광명이 널리 비쳐 세계가 두루 차니, 모든 하늘의 광명보다 밝았다고 설하시는군요. 즉, 글자 그대로 '대광보조편

만세계(大光普照遍滿世界)'라는 말씀입니다. 불교는 무명(어둠)을 버리고, 광명을 밝히는 종교임은 재언의 여지가 없겠습니다만, 그냥 광명이 아니라 온 세계를 두루 비추는 절대적 광명이 충만해 있다는 뜻으로 읽으시면 됩니다.

거듭 강조 드리지만 기적도 하나의 방편입니다. 달을 보라고 손가락으로 가리키니 달은 보지 않고, 가리키는 손가락만 보는 중생들에게 "봐라! 저기 달 속에 옥토끼가 절구질을 하는 게 보이지 않느냐?"처럼, 깜짝 놀랄 교육적 집중을 노리는 장치라 생각하셔도 좋습니다. 앞에서도 여러번 언급하였습니다만, 법화경에서 무수히 전개되는 초월적 기적과 계측 불가의 수천만억 아승기 과거와 미래세 그리고 우주의 크기를 능가하는 국토를 설하시는 부처님의 설법을 우리 중생들의 평면적 사고와 학교교육에 고착된 수학적, 과학적 지식으로 분석하고 평가해서는 아니됩니다.

다원우주를 채택하는 불교의 시공간 개념은 과거, 현재, 미래가 하나의 점으로 긴밀히 이어져 있다고 보며, 하나의 티끌 속에도 온 우주가 다 들어 있다는, 통일장의 세계관을 견지하는 사상이 아닙니까? 그러니 대통지승여래와 16왕자와의 전생담 또한 과거에 그 부처님과 16보살사미가 함께 수행한 인연으로, 다시 이생에서도 함께 태어나 수행한다는 내용이며, 그 인연은 아승기겁 미래로도 연결된다고 보는 것입니다. 그러니 그때의 16왕자나 보살, 제 대중이 남이 아닌 바로 지금의 우리들이라는 믿음을 가지셔야 합니다.

우리는 살아가면서 너무나 소중한 인연을 애써 무시하며 살아가는 것은 아닌지, 늘 깨어 있는 자신을 돌아보아야 합니다. 오늘도 나의 자존심을 송두리째 발가벗겨 놓은 직장 상사나, 요즘들어 부쩍 남편 알기를 투명인간 취급하며, 나날이 자신의 체중을 헤비급을 향해 수직상승 시키면서 먹고 자고, 자고 먹는, 차라리 눈을 감고 싶은 마누라에다가, 정말이지 볼때마다 주먹부터 날리고 싶은 꼴보기 싫은 거래처의 대머리 박사장x, 그래도 먹고 살려니 만나서 허리를 굽힐 수밖에 없는 처절한 군상들 등등. 이러한 만남 모두가 천만억

나유타겁 이전에 내 스스로가 만든 인연의 조건 결합이 아니었겠습니까? 이런 생각을 가지게 되면, 나를 괴롭히는 것들이 오히려 나를 담금질 하는 스승 아닌 것이 없다는, 부처님의 진실법문을 그대로 실천하는 이상적 법화행자로서 우리는 거듭날 수 있습니다.

스승을 존경하고 경배하는 것은 당연한 일일 터, 오늘은 퇴근하여 귀가하면 무엇보다 먼저 아내부터 이렇게 경배를 해 주시기 바랍니다. "당신은 시집올때보다 지금이 더 예쁘고 아름다워! 몸매는 수양버들보다도 더 갸날픈 것 같아 아까워 만질 수가 없네!" 오늘밤 응급실까지만 실려가지 않아도 법사행 포교는 대성공이 아니겠습니까?

다시 본문 공부를 해보도록 하겠습니다. 범천 궁전도 예외 없이 평소보다 배나 밝았기 때문에 범천왕들도 설왕설래 하는데, 이름이 '구일체(救一切)'라는 대범천왕이 무리를 대표해 '이것이 무슨 인연인가? 대덕천(大德天)이 나신 것인가? 부처님께서 세상에 오신 것인가?'라며 게송으로 읊습니다. 범천(梵天)은 앞에서 잠시 살펴본 것처럼, 범어의 브라흐마(Brahmā)를 음역한 발음인데, 불교 이전의 인도 바라문교에서 가장 존중되던 신으로 '대범천' '범천왕' '범왕' 등으로도 불립니다. 색계 18천 중 색계초선삼천(色界初禪三天)의 세계에 거주하는 신으로, 인도 고대 신화에는 우주의 창조신으로 꼽히기도 하지요.

범천은 부처님에 귀의하여 부처님이 세상에 오실 때마다 가장 먼저 부처님에게 설법을 청하며, 항상 설법의 자리에 참석하여 법을 듣고, 또 제석천과 함께 불법을 수호하는 역할을 맡고 있습니다. 부처님이 깨달음 직후 그토록 신묘한 불법을 중생들에게 전할지, 말지를 망설일 때도 범천이 설법을 권청했다는 "범천설법권청설화"가 있었지요. 그러한 5백만억 국토의 범천왕들이, 궁전과 갖가지 하늘 꽃을 가득 담은 그릇을 가지고 함께 서방으로 나아가서 이 상서를 찾다가 대통지승여래께서 도량의 보리수 아래 사자좌에 앉아 계심을 보게 됩니다. 그리고 열여섯 왕자들이 부처님께 법륜 굴려주시기를 청하는 것도 보고는 범천왕들도 머리 숙여 부처님께 예배하고, 부처님 주위를 백천 번이나 돌며 하늘 꽃을 부처님 위에 뿌리니, 그 흩은 꽃이 수미산과 같았었노라고 부처님이 설하십니다.

또한 보리수에도 공양을 하니 보리수의 높이가 10유순(1유순은 하루 동안 행군하는 거리로 통상 10km 정도로 봄)이나 되었다고 하시네요. 여기에서 범천왕들이 꽃을 공양하고, 궁전을 부처님께 받들어 올렸다는 뜻은, 꽃을 피우기 위해 인고의 세월을 견딘다고 해서 수행을 뜻하며 장엄, 찬탄을 상징하고, 궁전을 바친다는 뜻은 장엄한 부처님의 불국토를 건설하겠다는 발심 의지로 이해하여 주시기 바랍니다. 이들 범천왕들이 한목소리로, 법륜을 굴리어 중생들을 제도하시고 열반의 길을 열어주십사고 부처님께 게송으로 아뢰게 됩니다. 다음 장부터는 주로 범천왕, 천, 인비인 등이 부처님을 찬탄하여 경배와 공양을 올리고, 설법을 간청하며 서원을 세우는 등의 서사가 부처님이 반복하여 설하시는 내용으로 이어집니다. 따라서 원문을 연속으로 이어서 기술한 뒤 해설편에서 조금씩 다른 부분과 요점을 정리해 드리도록 하겠습니다.

중요 용어해설

❶ 전어법륜(轉於法輪) : '전(轉)'은 굴린 전으로, 법의 바퀴를 굴린다는 뜻.

❷ 대광보조편만세계(大光普照遍滿世界) : 큰 광명이 널리비쳐 세계가 두루 차니, 모든 하늘의 광명보다 밝았다는 뜻

❸ 각이의극성제천화(各以衣裓盛諸天華) : '극(裓)' 자는 '옷자락 극'인데, 여기서는 갖가지 하늘꽃을 가득 담은 꽃바구니로 읽음

❹ 요백천잡(繞百千帀) : '잡(帀)'은 '빙 두르다'는 뜻, 부처님 주위를 백천번 돌며 공경함

🪷 |4| 범천왕, 천, 인비인 등이 부처님을 찬탄하여 경배와 공양을 올리고 설법을 간청하며 서원을 세움

단락	구분	원문 및 한글 번역
12	한문 원전	"爾時 大通智勝如來 默然許之. 又諸比丘! 東南方五百萬億國土 諸大梵王 各自見宮殿光明照曜 昔所未有 歡喜踊躍 生希有心 即各相詣 共議此事. 時彼衆中 有一大梵天王 名曰大悲 爲諸梵衆 而說偈言."
	한글 읽기	"이시 대통지승여래 묵연허지. 우제비구! 동남방오백만억국토 제대범왕 각자견궁전광명조요 석소미유 환희용약 생희유심 즉각상예 공의차사 시피중중 유일대범천왕 명왈대비 위제범중 이설게언."
	한글 풀이	"그때 대통지승여래께서 묵묵히 허락하셨느니라. 그리고 비구들아! 동남방 5백만억 국토의 대범천왕들도 각자 자기의 궁전에 광명이 비치는 것을 보고 전에 없던 일이라 뛸 듯이 기뻤으나 이상히 생각하여 이 일을 다 같이 논의하였는데, 그 대중 가운데 대비라는 대범천왕이 있다가 범천의 무리들을 위하여 게송으로 밝혔느니라."
13	한문 원전	"爾時 五百萬億諸梵天王 與宮殿俱 各以衣裓盛諸天華 **共詣西北方推尋是相**. 見大通智勝如來處于道場菩提樹下 坐師子座 諸天 龍王 乾闥婆 緊那羅 摩睺羅伽 人非人等 恭敬圍繞 及見十六王子請佛轉法輪. 時 諸梵天王 頭面禮佛 繞百千帀 即以天華 而散佛上 所散之華 如須彌山. 并以供養佛菩提樹. 華供養已 各以宮殿 奉上彼佛 而作是言 '唯見哀愍 饒益我等 所獻宮殿 願垂納受.' 爾時 諸梵天王 即於佛前 一心同聲 以偈頌曰."
	한글 읽기	"이시 5백만억제범천대왕 여궁전구 각이의극성제천화 **공예서북방추심시상**. 견대통지승여래처우도량보리수하 좌사자좌 제천 용왕 건달바 긴나라 마후라가 인비인등 공경위요 급견16왕자청불전법륜. 시 제범천왕 두면예불 요백천잡 즉이천화 이산불상 소산지화 여수미산. 병이공양불보리수. 화공양이 각이궁전 봉상피불 이작시언. '유견애민 요익아등 소헌궁전 원수납수.' 이시 제범천대왕 즉어불전 일심동성 이게송왈."
	한글 풀이	"그리고는 5백만억 범천왕들은 궁전과 함께 바구니에 하늘 꽃을 가득 담아서 함께 서북방으로 나아가 이 모습을 자세히 찾다가 대통지승여래가 도량의 보리수 아래 사자좌에 앉아 계셨고, 여러 천인과 용왕, 건달바와 긴나라, 마후라가와 사람과 사람 아닌 이들이 공경하며 둘러서서 모시고 있는 것과 16왕자가 부처님께 법륜을 굴려 주실 것을 청하고 있는 것을 보게 되자, 머리를 조아려 부처님께 예배하고 주위를 백천번을 돌며, 하늘 꽃을 부처님 위에 뿌리니 뿌려진 꽃이 수미산과 같았느니라. 부처님의 보리수에도 꽃 공양을 한 후 각자의 궁전을 부처님께 받들어 올리며 이렇게 말씀 드렸느니라. '저희를 오직 불쌍히 여기시어 이익 되게 하시고 바치는 궁전을 원하옵건대 부디 받아주십시오.' 그리고 나자 범천왕들이 곧바로 부처님 앞에서 한마음으로 다 함께 소리내어 게송으로 아뢰었느니라."

14	한문 원전	"爾時 諸梵天王 偈讚佛已 各作是言. '唯願世尊! 哀愍一切 轉於法輪 **度脫衆生**.' 時 諸梵天王 一心同聲 而說偈言."
	한글 읽기	"이시 제범천왕 게찬불이 각작시언 '유원세존! 애민일체 전어법륜 **도탈중생**.' 시 제대범천왕 일심동성 이설게언."
	한글 풀이	"그때 게송으로 부처님을 찬탄하기를 마친 대범천들이 이르기를 '오직 원하옵건대 세존이시여! 일체를 불쌍히 여기시어 법륜을 굴려주시고 중생을 제도하여 해탈케 하여 주십시오.' 하니 범천왕들이 한마음으로 다 함께 소리내어 게송으로 아뢰었느니라."
15	한문 원전	"爾時 大通智勝如來 默然許之. 又諸比丘! 南方五百萬億國土 諸大梵王 各自見宮殿光明照曜 昔所未有 歡喜踊躍 生希有心 即各相詣 共議此事. '以何因緣 我等宮殿 有此光曜?' 而 彼衆中 有一大梵天王 名曰妙法 爲諸梵衆 而說偈言."
	한글 읽기	"이시 대통지승여래 묵연허지. 우제비구! 남방오백만억국토 제대범왕 각자견궁전광명조요 석소미유 환희용약 생희유심 즉각상예 공의차사. '이하인연 아등궁전 유차광요?' 이 피중중 유일대범천왕 명왈묘법 위제범중 이설게언."
	한글 풀이	"그때 대통지승여래께서는 묵묵히 허락하셨느니라. 또 비구들아! 남방으로 오백만억 국토의 대범천왕들이 제각기 자기의 궁전에 광명이 비치는 것을 보고 예전에 없던 일이라 뛸 듯이 기뻐하며, 희유한 마음을 내어 서로 모여 의논하기를 '어떠한 인연으로 우리들의 궁전에 이런 광명이 비치는가?'라 하였느니라. 그 대중 가운데 '묘법'이라는 대범천왕이 있다가 범천의 무리를 위해 게송으로 아뢰었느니라."
16	한문 원전	"爾時 五百萬億諸梵天王 與宮殿俱 各以衣裓盛諸天華 共詣北方推尋是相, 見大通智勝如來處于道場菩提樹下 坐師子座 諸天 龍王 乾闥婆 緊那羅 摩睺羅伽 人非人等 恭敬圍繞 及見十六王子請佛轉法輪."
	한글 읽기	"이시 오백만억제범천대왕 여궁전구 각이의극성제천화 공예북방추심시상, 견대통지승여래처우도량보리수하 좌사자좌 제천 용왕 건달바 긴나라 마후라가 인비인등 공경위요 급견십육왕자청불전법륜."
	한글 풀이	"그래서 5백만억 범천왕들은 다 함께 궁전과 바구니에 하늘 꽃을 가득 담아 북방으로 나아가서 이 모습을 자세히 찾다가, 대통지승여래가 도량의 보리수 아래 사자좌에 앉아 계시고, 여러 천인과 용왕, 건달바와 긴나라, 마후라가와 사람, 사람 아닌 것들이 공경하며, 빙 둘러 서 있는 것과 16왕자가 부처님께 법륜을 굴려 주실 것을 청하는 것을 보았느니라."
17	한문 원전	"時 諸梵天王 頭面禮佛 繞百千帀 即以天華 而散佛上 所散之華 如須彌山. 并以供養佛菩提樹 華供養已 各以宮殿 奉上彼佛 而作是言. '唯見哀愍 饒益我等 所獻宮殿 願垂納受.' 爾時 諸梵天王 即於佛前 一心同聲 以偈頌曰."
	한글 읽기	"시 제범천왕 두면예불 요백천잡 즉이천화 이산불상 소산지화 여수미산. 병이공양불보리수 화공양이 각이궁전 봉상피불 이작시언. '유원애민 요익아등 소헌궁전 원수납수.' 이시 제범천왕 즉불어전일심동성 이게송왈."

17	**한글 풀이**	"이때 범천왕들이 머리를 조아려 부처님께 예배하고 주위를 백천번 돌며, 바로 하늘 꽃을 부처님 위에 뿌리니 그 꽃이 수미산 같았느니라. 아울러 부처님의 보리수에도 공양하고, 꽃 공양을 마친 후에 각자 궁전을 부처님께 받들어 올리며 이렇게 말씀 드렸느니라. '오직 저희들을 불쌍히 여기시어 이롭게 하시고, 바치는 궁전을 원하옵건대 부디 받아주십시오.' 그리고는 범천왕들이 부처님 앞에서 한마음으로 다 같이 소리내어 게송으로 아뢰었느니라."
18	**한문 원전**	"爾時 諸梵天王 偈讚佛已 各作是言. '唯願世尊! 轉於法輪 令一切世閒 諸天, 魔, 梵, 沙門, 婆羅門 **皆獲安隱 而得度脫.**' 時 諸梵天王 一心同聲 以偈頌曰."
	한글 읽기	"이시 제범천왕 게찬불이 각작시언. '유원세존! 전어법륜 영일체세간 제천, 마, 범, 사문, 바라문 **개획안은 이득도탈.**' 시 제범천왕일심동성 이게송왈."
	한글 풀이	"이때 범천왕들이 게송으로 부처님을 찬탄한 후 제각기 말씀 올렸느니라. '오직 원하옵건대 세존이시여! 법륜을 굴리시어 일체 세간의 모든 천인과 마, 범천과 사문, 바라문들로 하여금 모두 편안함을 얻어 해탈케 하여 주십시오.'라며 한마음, 한목소리로 게송으로 아뢰었느니라."
19	**한문 원전**	"爾時 大通智勝如來 默然許之. 西南方乃至下方 亦復如是. 爾時 上方五百萬億國土 諸大梵王 **皆悉自睹所止宮殿** 光明威曜 昔所未有 歡喜踊躍 生希有心 卽各相詣共議此事. '以何因緣 我等宮殿 有斯光明?' 時 彼衆中 有一大梵天王 名曰尸棄 爲諸梵衆 而說偈言."
	한글 읽기	"이시 대통지승여래 묵연허지. 서남방내지하방 역부여시. 이시 상방오백만억 국토 제대범왕 **개실자도소지궁전** 광명위요 석소미유 환희용약 생희유심 즉 각상예공의차사. '이하인연 아등궁전 유사광명?' 시 피중중 유일대범천왕 명 왈시기 위제범중 이설게언."
	한글 풀이	"그때 대통지승여래께서 묵묵히 허락하셨으니, 서남방과 하방까지도 역시 이와 같았느니라. 또 상방으로 5백만억 국토의 대범천왕들도 모두 다 궁전에 찬란한 광명이 머물러 있음을 보고는 예전에 없던 일이라 뛸 듯이 기뻐하였으나, 이상하게 여겨 곧바로 모여서 이 일을 논의하였느니라. '어떤 인연으로 우리들의 궁전에 이런 광명이 있는 것인가?' 그때 대중 가운데 이름이 '시기'라는 대범천왕이 있다가 범천의 무리들을 위하여 게송으로 읊었느니라."
20	**한문 원전**	"爾時 五百萬億諸梵天王 與宮殿俱 各以衣裓盛諸天華 共詣下方 推尋是相, 見大通智勝如來 處于道場菩提樹下 坐師子座 諸天 龍王 乾闥婆 緊那羅 摩睺羅伽 人非人等 恭敬圍繞 及見十六王子 請佛轉法輪. 時 諸梵天王 頭面禮佛 繞百千帀 卽以天華 而散佛上 所散之花 如須彌山. 幷以供養 佛菩提樹 花供養已 各以宮殿 奉上彼佛 而作是言. '唯見哀愍 饒益我等 所獻宮殿 願垂納受.' 時 諸梵天王 卽於佛前 一心同聲 以偈頌曰."

	한글 읽기	"이시 오백만억제범천왕 여궁전구 각이의극성제천화 공예하방 추심시상, 견 대통지승여래 처우도량보리수하 좌사자좌 제천 용왕 건달바 긴나라 마후라 가 인비인등 공경위요 급견십육왕자 청불전법륜. 시 제범천왕 두면예불 요 백천잡 즉이천화 이산불상 소산지화 여수미산. 병이공양 불보리수 화공양이 각이궁전 봉상피불 이작시언. '유견애민 요익아등 소헌궁전 원수납수.' 시 제범천왕 즉어불전 일심동성 이게송왈."
20	한글 풀이	"이때 오백만억 범천왕들이 궁전과 함께 바구니에 하늘 꽃을 가득히 담아 모두 하방으로 나아가 이 모습을 자세히 찾다가, 대통지승여래께서 도량의 보리수 아래 사자좌에 앉아 계시는데, 여러 하늘과 용왕, 건달바와 긴나라와 마후라가, 사람과 사람 아닌 이들이 공경하며 둘러서 있는 것과 또 16왕자가 부처님께 법륜을 굴려 주실 것을 청하는 것을 보았느니라. 따라서 제범천왕들은 머리를 조아려 부처님께 예배하고, 주위를 백천 번을 돌며 하늘 꽃을 부처님 위에 뿌리니 뿌려진 꽃이 수미산과 같았느니라. 아울러 부처님의 보리수에도 공양을 하였으니, 꽃 공양을 다하고 각자 궁전을 부처님께 받들어 올리며, '저희들을 오직 불쌍히 여기시어 이익 되게 하시고, 바치는 궁전을 원하옵건대 부디 받아 주십시오.'라며, 부처님 앞에서 일심으로 다 같이 소리 내어 게송으로 아뢰었느니라."
	한문 원전	"爾時 五百萬億諸梵天王 偈讚佛已 各白佛言. '唯願世尊! 轉於法輪 **多所安隱 多所度脫**.' 時 諸梵天王 而說偈言."
21	한글 읽기	"이시 오백만억제범천왕 게찬불이 각백불언. '유원세존! 전어법륜 **다소안은 다소도탈**.' 시 제범천왕 이설게언."
	한글 풀이	"이때 5백만억 범천왕들이 게송으로 찬탄한 후 제각기 '오직 원하옵건대 세존이시여! 법륜을 굴려주십시오. 평안함이 많고, 제도 받아 해탈함이 많을 것입니다.'라며, 다시 범천왕들은 게송으로 아뢰었느니라."
중요용어		❶ 공예서북방추심시상(共詣西北方推尋是相)　❷ 도탈중생(度脫衆生) ❸ 개획안은 이득도탈(皆獲安隱 而得度脫) ❹ 개실자도소지궁전(皆悉自睹所止宮殿) ❺ 다소안은 다소도탈(多所安隱 多所度脫)

이번 장의 각 단락을 빈번히 장식하는 키워드를 살펴보도록 하겠습니다. **「오백만억, 대범천왕, 대통지승여래, 16왕자, 광명 환희, 궁전과 천화(天華)의 공양, 부처님 찬탄, 여수미산, 애민일체 청불전법륜, 천 인비인 등, 해탈 편안, 설법 간청」** 등의 단어가 일정한 문장의 틀 속에서 반복적으로 여러 번을 등장하고 있습니다. 본 화성유품에서만 대통지승여래께 설법 간청이 다섯 번

이나 이어지는데, 16왕자가 한 번을, 범천왕이 네 번을 청하고 있거니와 이들 범천왕의 이름은 '구일체(救一切)', '대비(大悲)', '묘법(妙法)', '시기(尸棄)' 등으로 한결같이 전법륜을 청하고 있습니다. 간단히 요약하면 범천왕들이 자신의 궁전에 비치는 전에 없던 광명에 용약환희심을 내어 부처님을 찬탄하여 예배하며, 궁전과 하늘 꽃을 공양하니 그 꽃이 수미산과 같았고, 일심으로 한목소리를 내어 부처님께 법륜을 굴려 주시어 불쌍한 일체세간을 해탈케 하여 편안히 하여 주십사, 간청하는 서사를 부처님이 술회하는 형식으로 전달하신 설법이라 하겠습니다.

여기서는 좀은 의문을 가지셔야 합니다. 이토록 지극정성 한목소리를 내어 부처님을 찬탄·예배하며, 하늘 꽃과 궁전을 공양 올리면서 자신들과 천, 인비인, 용왕, 건달바, 긴나라, 마후라가 등을 가엾이 여기시어 법륜을 굴려 주십사 하며, 여러 차례에 걸쳐 동어반복(同語反覆)으로 간청을 하게 하신 부처님의 의도에 대해서인데요. 중생 자비의 원천이신 부처님이시라면 이들이 설령 법을 청하지 않았더라도 제도와 계도를 해 주심이 마땅할 터란 생각을 해볼 수 있지 않겠습니까? 청을 받지 않고도 법륜을 굴리시면 안 되는 걸까? 꼭 이토록 수차례에 걸쳐 애원에 가까운 간청을 받고서야 법륜을 굴리셔야 했을까? 하는 자연스런 의문이 드는군요.

그런데 잠시 돌이켜 보면 〈제2 방편품〉에서 사리불이 세 번을 청하고, 부처님이 세 번을 거절한 삼지삼청이 생각나실 겁니다. 중생 근기 다양하여 심오한 불법을 일방적으로 펼치는 것을 심히 저어하셨던 때문인데요. 어떻게든 법은 받을 수 있는 법기(法器)와 정성 및 자세가 갖추어져야 한다는 뜻에서 이런 서사를 반복하신 걸로 이해하여 주시면 되겠습니다. 적절한 비유가 될지는 모르겠습니다만, 노력 없이 떨어진 과일의 단맛에 길이 들면, 땀 흘리는 노동의 신선함보다 과보의 열매에만 탐착하는 것이 중생심이 아니겠습니까?

한비자(韓非子)의 『오두편(五蠹篇)』에는 '수주대토(守株待兎)'라는 고사가 있습니다. 어느 날 밭을 갈던 농부가 자신의 밭을 가로질러 달려가던 토끼 한 마리가 나무 그루터기에 부딪쳐 그만 죽고 맙니다. 힘들이지 않고 토끼를 잡게 된 농부는 앞으로는 밭갈이도 하지 않은 채 나무 그루터기를 지키고 앉아, 토끼가 달려와 부딪치기만을 기다린다는, 노력하지 않고 요행을 바라는 어리석음을 빗댄 고사인데요. 하물며 뼈를 깎는 발심으로 수행하여야 이룰지, 말지 알 수 없는 해탈의 길에서이겠습니까? 얻고자 함이 있다면 그에 상응하는 정당한 노력과 발심이 있어야 하고, 운과 요행을 바라는 기회적인 자세로는 어쩌다 한두 번은 이룰 수 있을 것이나, 그 길은 길이 아님은 말할 필요가 없을 것입니다.

세간에 보면 자신의 인생사나, 성공운 등을 역술원에 의지하는 경우가 적지 않습니다. 심지어는 복권의 당첨 예상번호를 과학적·수리적으로 분석하여 맞히게 해 준다며, 회비를 받고 회원을 모집하는 걸 보았습니다. 그 번호를 맞힐 초능력이 있다면 자신이 매주 1등에 당첨되면 그깟 회비 핥아먹는 일에 비교할 일이겠습니까? 성경에도 '구하라! 얻을 것이요. 두드리라! 열릴 것이다.'라는 가르침이 있는 것처럼, 불법도 지극한 발심과 헌신적 공양을 바친 자에게만 성불의 길을 열어줍니다. 아무리 네 속에 부처가 있다고 해도, 왜 부처가 되어야 하는지, 어떻게 부처가 되는지를 깨달으려 하지 않는 자에게는, 이토록 쉽게 부처 되는 길을 설한 법화경도 돼지의 목에 걸린 진주 목걸이가 될 뿐입니다.

범천왕은 기꺼이 자신들의 궁전을 바치며, 지극정성 법륜을 굴려 주시라며 간청했고, 16왕자들도 자신들이 아끼는 장난감을 버리고, 일심으로 부처님께 귀의한 발심이 있었기 때문에 부처님은 곧이어 3전 12항(뒤에 설명이 나옵니다)의 최상승 법문을 설하시게 됩니다. 또한 이들은 자신들만의 해탈이 아닌, 일체세간을 불쌍히 여겨, '개획안은 이득도탈(皆獲安隱 而得度脫)' 해 달라고 발원하고 있습니다. 즉, '법륜을 굴리시어 일체 세간의 모든 천인과 마, 범천과 사문, 바라문들로 하여금 모두 편안함을 얻어 해탈케 하여 주십시오.'라며, 지극한 대승적 차원의 서원을 빌고 있는 것입니다.

이처럼 부처님이 여러 경로를 거쳐 부처가 될 수 있는 몸집을 키워주시는 것 또한 설법의 한 방편입니다. 짐짓 삼지삼청의 방편을 통하여, 중생들을 연화장의 세계로 한 걸음 가까이 오게 하신 것처럼 범천, 16왕자들이 자재로운 일심으로 발심케 하여, 그 어디에도 흔들림 없는 열반의 길을 갈 수 있게 배려하는 부처님의 설법과 기적의 나투심 모두가 묘수(妙手)이며, 오묘한 법의 진리를 스스로 체득케 하는 묘법연화경의 요체인 것입니다. 즉 묘법이란 다름 아닌 참삶을 살아가는 인생의 방편을 이릅니다. 우리의 인생사도 최고의 것을 성취하기 위해서는 내가 아끼는 명예나 재물, 사랑과 권력 같은 귀한 것도 기꺼이 버릴 줄 알아야 한다는 말씀에 다름 아닙니다.

인간이 누릴 수 있는 행복의 항아리는 철저한 한계효용의 법칙 속에서 총량규제의 엄격한 통제의 흙으로 빚어져 있습니다. 항아리의 크기는 다를 수 있겠지만, 하나를 채우려면 반드시 하나를 비워야 한다는 불변의 진리는 공통의 칩으로 밀봉되어 있는 것이니까요. 나라를 기울게 할 만큼의 아름다운 절세미녀도, 들어갔던 숨이 나오지 않으면 곧 죽음이요, 그 순간 모골이 송연한 송장으로 바뀌어 섬뜩한 소름을 돋게 하지 않습니까? 영원할 것 같던 권력과 재물의 어디에도 나의 이름표 몇 자 달 수 있는 삔침 하나 꽂혀 있지 않습니다.

아름다움과 추함, 부귀와 빈천, 사랑과 미움 등은 단어의 발음만 다를 뿐 사실은 동전의 양면처럼, 같은 동의어에 해당합니다. 조건과 연기(緣起)로만 이루어져 실체 없는 뜬구름 같은 인생사에서 우리가 이 간단한 진리만 깨닫고 살아간다면 이미 그 삶은 부처의 삶인 것입니다. 본 화성유품의 이번 단락의 게송에서는 불자 여러분들이 사찰에서 관음시식이나 천도재 등 모든 기도의 회향식 마지막 부분에 항상 외우는 중요한 구절이 있어 아래에 전문과 설명을 다시 한번 소개해 드린 뒤 대통지승여래께서 범천왕과 16왕자들의 간청대로 법을 설하시는 장으로 나아가도록 하겠습니다.

원이차공덕(願以此功德) : 원하옵건대 이 공덕이

보급어일체(普及於一切) : 널리 일체세간에 퍼져

아등여중생(我等與衆生) : 저희와 모든 중생들이

개공성불도(皆共成佛道) : 모두 다 성불케 하사이다

중요 용어해설

❶ 공예서북방추심시상(共詣西北方推尋是相) : 범천왕들이 함께 서북방으로 나아가 자신들의 궁전에 찬란하게 비치는 상서를 찾음

❷ 도탈중생(度脫衆生) : 중생의 해탈을 위해 제도함

❸ 개획안은 이득도탈(皆獲安隱 而得度脫) : 모두 다 편안함을 얻고 해탈함

❹ 개실자도소지궁전(皆悉自睹所止宮殿) : 모두 다 궁전에 비치는 광명을 봄. '도(睹)'는 분별의 뜻

❺ 다소안은 다소도탈(多所安隱 多所度脫) : 평안함이 많고, 제도 받아 해탈함이 많을 것

|5| 마침내 대통지승여래께서 시방 모든 범천왕과 16왕자의 청을 받아들여 3전 12항의 법륜을 굴리시다.

단락	구분	원문 및 한글 번역
22	한문 원전	"爾時 大通智勝如來 受十方諸梵天王 及十六王子請, 即時**三轉十二行法輪**, 若沙門 婆羅門 若天 魔 梵及餘世間 所不能轉. 謂是苦, 是苦集, 是苦滅, 是苦滅道 及**廣說十二因緣法**."
	한글 읽기	"이시 대통지승여래 수시방제범천왕 급십육왕자청, 즉시삼전십이항법륜, 약사문 바라문 약천 마 범급여세간 소불능전. 위시고, 시고집, 시고멸, 시고멸도 급**광설십이인연법**."

22	한글 풀이	"그때 대통지승여래께서 시방의 모든 범천왕과 16왕자의 청을 받아들여, 3전 12항의 법륜을 굴리셨으니, 사문이나 바라문, 하늘과 마, 범천과 아울러 세간의 누구도 굴릴 수 없는 것이었느니라. 이것이 괴로움의 원인이며, 이것이 괴로움의 소멸이며, 이것이 괴로움을 멸하는 길이라 하셨고 또 12인연을 자세히 설하셨느니라."
23	한문 원전	"無明緣行 行緣識 識緣名色 名色緣六入 六入緣觸 觸緣受 受緣愛 愛緣取 取緣有 有緣生 生緣老死憂悲苦惱. 無明滅則行滅 行滅則識滅 識滅則名色滅 名色滅則六入滅 六入滅則觸滅 觸滅則受滅 受滅則愛滅 愛滅則取滅 取滅則有滅 有滅則生滅 生滅則老死憂悲苦惱滅."
	한글 읽기	"무명연행 행연식 식연명색 명생연육입 육입연촉 촉연수 수연애 애연취 취연유 유연생 생연노사우비고뇌. 무명멸즉행멸 행명즉식멸 식멸즉명색멸 명색멸즉육입 육입멸즉촉멸 촉멸즉수멸 수멸즉애멸 애멸즉취멸 취멸즉유멸 유멸즉생멸 생멸즉노사우비고뇌멸."
	한글 풀이	"무명은 행을 인연하고, 행은 식을 인연하며, 식은 명색을 인연하고, 명색은 육입을 인연하며, 육입은 촉을 인연하고, 촉은 수를 인연하며, 수는 애를 인연하고, 애는 취를 인연하며, 취는 유를 인연하고, 유는 생을 인연하며, 생은 노사우비고뇌를 인연하느니라. 무명이 멸하면 행이 멸하고, 행이 멸한즉 식이 멸하며, 식이 멸하면 명색이 멸하고, 명색이 멸하면 육입이 멸하며, 육입이 멸하면 촉이 멸하고, 촉이 멸한즉 수가 멸하며, 수가 멸하면 애가 멸하고, 애가 멸하면 취가 멸하며, 취가 멸하면 유가 멸하고, 유가 멸하면 생이 멸하며, 생이 멸한즉 노사우비고뇌가 멸하느니라."
24	한문 원전	"佛於天人大衆之中 說是法時, 六百萬億那由他人 以不受**一切法**故 而於諸漏 心得解脫 皆得深妙禪定 **三明 六通** 具**八解脫**. 第二 第三 第四說法時 千萬億恒河沙那由他等衆生 亦以不受一切法故 而於諸漏 心得解脫. 從是已後 諸聲聞衆 無量無邊 不可稱數."
	한글 읽기	"불어천인대중지중 설시법시, 육백만억나유타인 이불수**일체법**고 이어제루 심득해탈 개득심묘선정 **삼명 육통** 구**팔해탈**. 제이 제삼 제사설법시 천만억항하사나유타등중생 역이불수일체법고 이어제루 이어해탈. 종시이후 제성문중 무량무변 불가칭수."
	한글 풀이	"부처님께서 천인과 대중 가운데서 이 법을 설하실 때, 6백만억나유타 사람들이 일체 세간법의 영향을 받지 아니한 까닭으로, 모든 번뇌를 벗어나서 마음의 해탈을 얻었고, 모두 깊고 미묘한 선정과 3명 6통을 얻어 8해탈을 갖추었느니라. 두 번째와 세 번째와 네 번째 법을 설하실 때도 천만억 갠지스강의 모래 같은 나유타 중생들이 또한 일체 세간법의 영향을 받지 아니한 까닭에 모든 번뇌를 벗어나서 마음의 해탈을 얻었으며, 그 후로 여러 성문, 대중들도 한량없고 가없어 그 수를 헤아릴 수 없었느니라."
25	한문 원전	"爾時 十六王子 皆以童子出家 而爲**沙彌**, 諸根通利 智慧明了 已曾供養百千萬億諸佛 淨修梵行 求阿耨多羅三藐三菩提 俱白佛言." '世尊! 是諸無量千萬億大德聲聞 皆已成就. 世尊! 亦當爲我等 說阿耨多羅三藐三菩提法. 我等聞已 皆共修學. 世尊! 我等志願如來知見. 深心所念 佛自證知.'

<table>
<tr><td rowspan="3">25</td><td>한글
읽기</td><td>"이시 십육왕자 개이동자출가 이위 사미, 제근통리 지혜명료 이증공양백천만억제불 정수범행 구아뇩다라삼먁삼보리 구백불언." '세존! 시제무량천만억대덕 성문 개이성취. 세존! 역당위아등 설아뇩다라삼먁삼보리법. 아등문이 개공수학. 세존! 아등지원여래지견. 심심소념 불자증지.'</td></tr>
<tr><td>한글
풀이</td><td>"그때 열여섯 왕자들은 다 어린 동자로서 출가하여 사미가 되었으니, 근기가 다 영리하고 그 지혜가 명료하며, 일찍이 백천만억 여러 부처님께 공양하였으며, 청정한 범행을 닦아 아뇩다라삼먁삼보리를 구하려고 부처님께 함께 여쭈었느니라." '세존이시여! 이 한량없는 천만억 대덕의 성문들이 이미 다 성취하였습니다. 세존이시여! 저희들을 위하여 마땅히 아뇩다라삼먁삼보리의 법을 설하여 주옵소서. 저희들이 듣고 다 같이 닦고 배우겠습니다. 세존이시여! 저희들이 간절한 마음으로 여래의 지견(知見)을 원하옵니다. 마음 깊이 염원하는 바를 부처님께서는 스스로 증득하시어 아시리이다.'</td></tr>
<tr><td>중요용어</td><td>❶ 삼전십이항법륜(三轉十二行法輪)　❷ 광설십이인연법(廣說十二因緣法)
❸ 일체법(一切法)　❹ 삼명 육통 팔해탈(三明 六通 具八解脫)　❺ 사미(沙彌)</td></tr>
</table>

드디어 대통지승여래께서 시방세계의 모든 범천왕과 16왕자의 설법 간청을 받아들여, 사문이나 바라문과 하늘, 마와 범천은 물론 세상의 어느 누구도 굴릴 수 없는 법륜을 굴리시는데, 그 설법이 3전 12항이었다고 하십니다. 먼저 '3전 12항'(三轉 十二行 - 한자로는 행으로 표기하지만 통상 항으로 읽음)에 대하여 설명드리는 게 순서일 것 같군요. 불경 공부를 하시다 보면 이러한 생소한 용어에 막힘이 생기고, 어렵다는 생각에 흥미가 사라지는 경우도 더러 있었으리란 생각이 듭니다. 이럴 땐 어렵게 생각하시지 말고, 그냥 밑줄만 그어두고 건너뛰는 것도 방법이지만, 단순히 글자의 뜻만 생각해 보시면 됩니다.

'3전이라!' '전(轉)'은 굴릴 '전'이니 '아하! 세 번을 굴리셨구나.'라고 생각하시면 되고, '12항이라!' 그러니 '12항목을 설하신 것인가 보다.' 정도로 이해하시면 됩니다. 부처님이 고집멸도 사성제 법문를 하실 적에 그 사성제를 삼전(세 번씩)으로 하셨으니, 4성제 × 3번 = 12항이라 3전 12항 법문이라고도 하는데, 그 자세한 내용들은 스님이나, 불교학자가 아닌 이상 모두 기억할 수도 없고, 암기할 필요도 없는 것입니다만, 불교에서 12라는 숫자라면 독자 여러분 대다수는 12연기 또는 12인연법을 연상 하셨으리라 믿습니다. 그럴습니다. 지금부터 부처님께서는 사제법과 12인연법 등 불교이론의 엑기스인 토털 설법을 진행하십니다.

이미 이 책 〈제1 서품〉 '**제|6| 문수보살이 미륵에게 부처님의 연원을 설하다.**'에서 4제법(4성제)과 12연기법에 대하여 도표와 요약을 통해 설명드렸지만 사성제, 팔정도, 12연기법, 6바라밀 등은 불교의 존재론적 본질과 함께 실천적 수행방식을 규정한 불법의 헌법 강령과 같은 것이라 하겠습니다.

인간이라는 굴레를 지고 태어난 이상 무명을 근원으로 하는 고통은 삶의 본질이며, 그 고통을 일어나게 하는 원인은 탐내어 집착하는 갈애(渴愛) 때문이니 이를 고집(苦集)이라 하고, 무명과 미혹이 원인이 되어 생겨났으므로, 오염에 때 묻고 번뇌가 있다 하여 유루법(有漏法)이라 하였습니다. 또한 고통의 원인인 번뇌를 멸하면 청정무구한 해탈의 경지에 들게 되고, 괴로움을 없애는 길이 있으니 번뇌가 없다 하여, 이를 멸도(滅道)라 하며, 무루법(無漏法)이라 한다는 앞 장의 설명이 기억나실 겁니다.

이어 부처님께서는 12인연법을 설하시는데, 행(行)을 인연하여 일어나는,
「**무명으로부터 행 → 식 → 명색 → 육입 → 촉 → 수 → 애 → 취 → 유 → 생 → 노사우비고뇌(老死憂悲苦惱滅)**」가 필연적 인과로 연기(緣起)하므로, 이들 12가지 생멸의 인연을 12연기법 또는 12인연법이라 설하시고 있는데, 자세한 것은 〈제1 서품〉의 도표와 설명을 참조하시기 바랍니다. 연(緣)이 없다면 기(起)도 있을 수 없으니, 아니 땐 굴뚝에 연기 날 리 없듯, 원인인 인(因)이 없다면, 마땅히 결과인 과(果)도 없다는, 너무너무 쉬우면서도 명쾌한 가르침이 아닐 수 없습니다. 그러니 무명의 연원만 끊어버리면 단계별 12가지 인연은 자동으로 멸하게 되고, 노사우비고뇌의 인연도 오토메틱으로 끊어지게 될 것입니다.

직전의 '인(因)'만 끊어버리면 '과(果)'에 해당하는 다음 단계의 새로운 인연은 발생치 않게 되니, 이를 단계별로 멸해 나간다면 마침내는 무명의 싹도 잘라버릴 수 있을 것입니다. 이를 불교에서는 돌이킬 '환(還)'자를 써서 '환멸연

기(還滅緣起)'라 하고, 그 반대로 12연기가 연원하여 일어나는 연기를 '유전연기(流轉緣起)'라 한다는 것도 참고로 알아 두시기 바랍니다. 일찍이 부처님께서는 고통의 원인을 무명과, 좋은 것에 대한 애착과 욕망, 이렇게 크게 두 가지로 원인을 꼽으셨습니다. 다시 말하면 어리석음과 애욕 때문이란 거지요. 애욕이란 것이 마치 성난 장님이 모는 마차와 같아서 아무 곳으로나 돌진하는 위험한 의지처인데도, 그 한때의 짜릿함과 달콤함 때문에 그것이 영원하리라는 희망고문 속에 자신을 속이고 세상을 태우지 않습니까?

사랑의 순수함을 너무 폄훼하는 건지도 모르겠습니다만, 인간이 하는 사랑에 완전한 것이 어디에 있더이까? '영원히 사랑해!', '너만을 사랑해!', '죽도록 사랑해!'라며 핏발 선 사랑을 맹세한 커플치고 한날, 한 시에 손잡고 저승의 문턱 넘어가는 걸 저는 아직 단 한 번도 보질 못했습니다. 검은 머리 파뿌리 될 때까지 부부의 연을 맺겠다며 혼인한 쌍의 둘 중 하나는 이혼을 하고, 그 나머지 중 반은 또 잠재적 이혼 쌍이며, 그 나머지 중 또 반은 부부가 어느 방에서 잠을 자는지도 모르고 산다는 게 작금의 현실이니 더 일러 무엇 하겠습니까?

논지가 좀은 다초점으로 흐른 것 같아 불교의 근본교리에 대해 짚어보렵니다. 여러 불자님들께서는 불교의 4대 성지의 하나로 꼽히는 녹야원(鹿野苑-인도의 사르나트 지방)에서 부처님이 예전에 같이 고행을 하던 다섯 비구를 상대로 4성제와 8정도 등을 최초로 설하신 '초전법륜'을 들어보셨을 겁니다. 부처님이 성도후 처음으로 법을 설하셨다 하여 초전(初轉)이라 하고, 두 번째는 대승보살을 위하여 반야경을 설한 법륜을 이전(二轉), 세 번째 전법륜은 유식(唯識)사상을 드러낸 『해심밀경』의 설법, 이렇게 세 설법을 통상 삼전법륜(三轉法輪)으로 보는데, 이번 장에서의 3전은 부처님이 4성제를 설하시면서 이해를 돕기 위해 3단계로 나누어 교설한 방법을 뜻하는 것입니다. 그러니까, ❶시전(示轉), ❷권전(勸轉), ❸증전(證轉) 이렇게 3전인 바, 아래 3전의 내용은 참고만 하시기 바랍니다.

◆ **시전(示轉)** : 이것이 바로 **고(苦)·집(集)·멸(滅)·도(道)**라고 나타내 보이신 것 ⇒ **정의**

◆ **권전(勸轉)** : 고(苦)는 알아야 하고, 집(集)은 끊어야 하며, 멸(滅)은 증득(證得) 해야 하고, 도(道)는 닦아야 한다고 권하신 것 ⇒ **권수행(勸修行)**

◆ **증전(證轉)** : 스스로 고(苦)를 알아 집(集)을 끊고, 멸(滅)을 증득하기 위해 도(道)를 닦는 것을 보여, 다른 사람들로 하여금 깨닫도록 밝히신 것 ⇒ **증험(證驗)**

또한 12인연법에 대해 『증일아함경』을 보면 부처님께서 아난에게 "아난아, 나는 이 12인연설을 **세 번**(삼전 三轉) 굴렸고, 그렇게 했을 때 곧 도를 깨달았느니라. 이런 사실로도 12인연법은 매우 심오하고, 심오한 것으로서 보통 사람이 능히 밝혀 펼 수 있는 것이 아님을 알 수 있느니라."라는 말씀이 있으니, 이토록 반복, 강조하시는 부처님의 참뜻을 알 수 있을 것 같습니다. 이 12인연설법이야말로 생사윤회를 넘나드는 중생들이 벗어나지 못하는 미혹과 번뇌의 원인을 정신과 육신의 과학적 과정으로 밝히신 인류 최초의 인생사용 설명서가 아닐까 생각해 봅니다. 그러나 5감(시각, 청각, 후각, 미각, 촉각)과 6식(안의 비설신의)의 지배를 받는 인간이 저 12단계별 인연의 고리를 홀연히 끊는다는 건 지구를 들어 옮기는 일만큼 어려운 일이 아닐 수 없습니다.

무명을 여의기 위한 참선과 기도 중에도 무시로 떠오르는 것이 아름다운 이성(異性)에 대한 욕망과 잃어버린 재산이나 명예와 부귀, 나를 배신한 원수에 대한 복수의 환영 등이 꼬리를 물고 나타나게 됩니다. 이들의 망상은 잊고자 하면 더욱 또렷이 나타나는 악마적 속성을 지니고 있습니다. 그것은 전전생과 현생에서 의식적·무의식적으로 훈습(熏習)되어 제8식인 아뢰야식에 저장된 업식(業識)의 장애로서, 이 8식은 6식과 제7식(말나식)의 상위에 존재하면서 이들 세계를 오가는 정신과 영혼의 간섭작용을 하기 때문인데요. 이미 자신이 쌓은 업장에 기인하는 것인 만큼, 의식으로 대결하여 회피할 수도 없는 존재이기 때문에 차라리 인정을 하고, 내면을 직시한 뒤 스스로 그 실체 없음을 관(觀)하면 그것은 의식의 부스러기에 지나지 않는 그림자임을 알게 된다고 하였습니다.

죄를 지으면 참회하되 다시는 죄를 짓지 않겠다는 발심이 중요한 것처럼, 죄도 참회도 내가 하는 것이 아닙니까? 그러니 죄의 종자를 업식의 사이트인 아뢰야식에 애초에 심지 않는 게 중요한 것이지요. 불교의 위대한 점은 이처럼, 태어남으로써 영원한 죄인과 노예가 되는 것이 아니라, 저마다의 지닌 업장의 굴레를 남이 아닌, 자신에게 애초부터 함장되어 있는 불성의 진리로써 잘라내어 영원한 열반의 해탈을 누리게 하는 데 있습니다. 누구나 내재 되어 있었지만 아무도 알지 못한 채 잠자고 있던 진여불성을 향해 깨어나라는 가르침이 바로 법화경인 것입니다.

인간을 인간답게, 저 높은 진리의 세계로 오라는 초대권이 바로 법화경인 만큼 여러분과 저는 이미 진리의 문턱은 넘어섰다고 볼 수 있지 않겠습니까? **법화경을 인연으로 우리는 영원히 부처님과 하나가 될 수 있고, 무한한 미래 세에도 내가 붙들었던 법화경의 진리와 하나될 것인즉, 법의 인자(因子)로 남을 진여(眞如)의 '나'라는 존재를 생각해 보면, 보잘 것 없는 인생사 희비애락에 웃고 분노하며, 거대한 증오심에 정신줄을 놓고 살았던 속세간의 일들이 아득한 꿈속의 꿈만 같이 여겨질 것입니다. 그리하여 우리는 삶에 있으면서도 삶의 그림자에 걸리지 않고, 죽음에 직면하여서도 죽음에 물들지 않은 채, 이승의 문턱 피리 불면서, 그물에 걸리지 않고, 바람처럼 홀로 가고 있는 우뚝한 자아를 발견하게 될 것입니다.** 그것을 이루게 해 주는 경전이 바로 법화경입니다. 다시 본문으로 들어가 봅니다.

"부처님께서 천인과 대중 가운데서 이 법을 설하실 때, 6백만억 나유타 사람들이 일체 세간법의 영향을 받지 아니한 까닭으로, 모든 번뇌를 벗어나서 마음의 해탈을 얻었고, 모두 깊고 미묘한 선정과 3명 6통을 얻어 8해탈을 갖추었느니라."

여기서는 우선 '일체세간법(一切世間法)'에 주목해 주시기 바랍니다. 원문은 '일체법고(一切法故)'로 표기되었지만 뜻으로는 일체세간법으로 읽는 게 의미 전달이 더 쉬운데, 쉽게 말해 인간의 몸과 마음이 느끼고, 행하는 모든 의식과 무의식의 세계 전체를 아우르는 경계를 뜻한다보면 되겠습니다. 앞 〈제1 서품〉에서 부처님이 일만팔천세계에 광명을 비추실 때 그 18,000세계가 12처, 18계, 10계, 100계 및 10여시의 조합임을 설명 드린 부분이 기억나실 겁니다. 바로 이 세계가 인간세상의 현상적 공간구도이면서, 시공간을 수렴하는 세간의 모든 존재방식인데, 불교가 인식하는 기본적인 세계관이기도 합니다.

우리가 사는 세상을 세계 또는 세간(世間)이라고 부르는 이유는 세(世)는 공간을 말하며, 간(間)은 시간을 말하기 때문인데요. 주관과 객관을 막론하고 일체 제 현상과 만물은 시간과 공간 속에 포함됩니다. 그러한 세간법에 영양을 받지 않았다는 것은 시공의 걸림과 윤회의 굴레를 벗어났다는 말씀인데, 그야말로 모든 번뇌를 벗어나서 마음의 해탈을 얻었고, 모두 깊고 미묘한 선정과 3명 6통을 얻어 8해탈을 갖춘 상태에 이르렀다는 말씀입니다. 그것도 몇몇 보살이나 사문에 한정하지 않고, 6백만억나유타 사람들 모두라 하셨으니 우리들도 반드시 거기에 포함되어 있을 것입니다. 앞으로 중생 모두에게도 수기를 내리시게 될 터이니 이것이 일체성불이 아니겠습니까?

이쯤에서는 3명 6통과 8해탈에 대하여 잠시 살펴본 뒤, 다음 단락으로 나아가도록 하겠습니다. 글자 그대로 해석하면 세 가지 밝음과 여섯 가지 신통, 여덟 가지 해탈·선정이 되는데, 뜻 또한 그와 같습니다. 6신통이란 말은 누구나 한 번쯤은 들어보셨을 것입니다만, 불교 수행을 통해 얻어지는 3가지 밝은 지혜와 6가지 초자연적, 초인간적 능력을 일컫는 불교 용어로, 다음과 같은 신통력을 이릅니다.

6신통명(六神通名)	초월적 능력	삼명(三明)
❶ 신족통(神足通)	자유로이 원하는 곳에 나타날 수 있음	
❷ 천안통(天眼通)	자타의 미래의 운명과 상태를 알 수 있음	① **천안명(天眼明)**
❸ 천이통(天耳通)	보통인이 듣지 못하는 소리를 들을 수 있음	
❹ 타심통(他心通)	타인의 마음을 꿰뚫어 볼 수 있는 능력	
❺ 숙명통(宿命通)	자타의 과거세의 운명과 상태를 알 수 있음	② **숙명명(宿命明)**
❻ 누진통(漏盡通)	현세의 번뇌를 모두 끊어 깨달음에 이름	③ **누진명(漏盡明)**

정말 슈퍼맨이나, 구름을 콜택시 부르듯 불러타고 다니는 신선의 경지에서나 가능할 것 같은, 중생들의 생각으로는 부럽고도 부러운 능력입니다만, 불교에서는 설령 정법으로 이 경지를 체득했다고 해도 이와 같은 신통을 함부로 나타내는 것을 엄격히 계율로 금하고 있습니다. 여기에 빠지면 진정한 무상정각에 이르러야 하는 불법의 본래의 전말이 전도되어, 한낱 환상 같은 재주를 깨달음으로 착각하는 온갖 장애와 마장의 벽에 갇히기 때문인데요. 역사적으로도 보면 외도(外道)에 빠지거나, 주문이나 귀신의 힘을 빌려 이러한 능력에 이른 예는 얼마든지 있었고, 정법 수행 중에도 마장에 빠져 사도(邪道)의 길을 간 스님들도 적지 않습니다.

이들 초능력은 불교 수행을 통해 얻어지는 무애·자재한 경지이기는 하지만 여섯 번째 6신통인 누진통만은 아라한 이상 부처의 경지에 올라야만 다다를 수 있는 능력으로 봅니다. 이 육신통 중에서도 천안·숙명·누진의 셋을 특히 삼명이라고 하는데, 삼명은 아라한의 경우에 삼명이라 하고, 부처님의 경우에는 삼달(三達)이라 달리 부르게 됩니다. 한편 팔해탈(八解脫)은 다른 말로 팔배사(八背捨)라고도 하는데, 번뇌의 속박에서 벗어나는 여덟 가지 선정(禪定)의 단계별 수련 과정을 제시한 것으로, 마음속에 있는 빛깔이나 모양에 대한 생각을 버리기 위해, 바깥 대상의 빛깔이나 모양에 대하여 부정관(不淨觀)을 닦는, 즉 그 대상이 청정하지 못하다는 관법(觀法)인 ⑴ 내유색상관외색해탈(內有色想觀外色解脫)과 ⑵ 내무색상관외색해탈(內無色想觀外色解脫) 즉, 마음속에 빛깔이나 모양에 대한 생각은 없지만 그 상태를 유지하기 위해 부정관(不淨觀)을 계속 닦는 등의 여덟 가지 해탈로 가는 선정의 과정이 있다는 정도로만 알아두시기 바랍니다.

중요 용어해설

❶ 삼전십이항법륜(三轉十二行法輪) : 부처님이 사성제를 설하시면서 시(示)·권(勸)·증(證)으로 각 세 번을 설하였다하여 삼전십이항이라함

❷ 광설십이인연법(廣說十二因緣法) : 12인연법을 널리 설함을 의미함

❸ 일체법(一切法) : 시공간을 포함한 일체의 세간-'세'는 공간, '간'은 시간

❹ 삼명 육통 팔해탈(三明 六通 具八解脫)

✦ 삼명(三明) : 천안명, 숙명명, 누진명

✦ 육통(六通) : 신족, 천안, 천이, 타심, 숙명, 누진

✦ 팔해탈(八解脫) : 8가지 선정의 힘을 의지하여 색(色 물질)과 무색(無色 마음과 마음작용)에 대한 탐욕, 한계 또는 속박을 버리는 것, 즉, 색과 무색에 대한 탐욕, 한계 또는 속박으로부터 해탈하는 것을 뜻함

❺ 사미(沙彌) : 출가를 하여 10계를 받은 아직 미성년의 불자

|6| 16보살의 성불과 시방국토에서 법을 설함을 밝히시고, 석가모니부처님은 사바세계에서 아녹다라삼먁삼보리를 이루었음을 설하심

단락	구분	원문 및 한글 번역
26	한문 원전	"爾時 轉輪聖王所將衆中 八萬億人 見十六王子出家 亦求出家 王卽聽許. 爾時 彼佛受沙彌請 過二萬劫已 乃於四衆之中 說是大乘經 名妙法蓮華. 敎菩薩法 佛所護念. 說是經已 十六沙彌 爲阿耨多羅三藐三菩提故 皆共受持 **諷誦通利**. 說是經時 十六菩薩沙彌 皆悉信受 聲聞衆中 亦有信解 其餘衆生 千萬億種 皆生疑惑."
	한글 읽기	"이시 전륜성왕소장중중 팔만억인 견십육왕자출가 역구출가 왕즉청허. 이시 피불수사미청 과이만겁이 내어사중지중 설시대승경 명묘법연화. 교보살법 불소호념. 설시경이 십육사미 위아녹다라삼먁삼보리고 개공수지 **풍송통리**. 설시경시 십육보살사미 개실신수 성문중중 역유신해 기여중생 천만억종 개생의혹."
	한글 풀이	"그때 전륜성왕이 데리고 온 대중 가운데 8만억의 사람이 16왕자께서 출가하는 것을 보고는 역시 출가하기를 원하므로 왕이 듣고 즉시 허락하였느니라. 그때 그 부처님께서는 사미들의 청을 받고 2만겁이 지나서야 사부대중 가운데에서 대승경을 설하시었는데, 이름은 묘법연화경이고, 보살을 가르치는 법이며, 부처님께서 호념하시는 바이었느니라. 이 경을 설하시자 16사미는 아녹다라삼먁삼보리를 위하여 다 함께 받아 지니고 읽고 외워서 통달하였느니라. 이 경을 설하실 때 16보살 사미들은 모두 다 믿고 받아들였으며, 성문 대중 가운데서도 역시 믿고 이해하는 자가 있었으나 그밖의 천만억 중생들은 모두 다 의심하였느니라."
27	한문 원전	"佛說是經於八千劫 未曾休廢 說此經已 卽入靜室 住於禪定八萬四千劫. 是時 十六菩薩沙彌 知佛入室 寂然禪定 各昇法座 亦於八萬四千劫 爲四部衆 廣說分別妙法華經. 一一皆度 六百萬億那由他恒河沙等衆生 **示敎利喜** 令發阿耨多羅三藐三菩提心."
	한글 읽기	"불설시경어팔천겁 미증휴폐 설차경이 즉입정실 주어선정팔만사천겁. 시시 십육보살사미 지불입실 적연선정 각승법좌 역어팔만사천겁 위사부중 광설분별묘법연화경. 일일개도 육백만억나유타항하사등중생 **시교리희** 영발아녹다라삼먁삼막삼보리."
	한글 풀이	"부처님께서 8천겁 동안 쉬나 그만두지 않고 이 경을 설하시고, 이 경을 다 설하신 후 바로 고요한 방에 들어가시어 8만 4천겁 동안 선정에 머무르셨는데 이때 16보살 사미는 부처님께서 방에 들어가셔서 선정에 드셨음을 알고, 각자 법좌에 올라가 8만 4천겁 동안 사부대중을 위하여 묘법연화경을 널리 분별하여 설하였으며 모두 다 6백만억 나

27	한글 풀이	유타 항하사 같은 중생들을 제도히였는데, 보여주고 가르쳐서 이롭고 기쁘게 하였으며, 아뇩다라삼먁삼보리의 마음을 내게 하였느니라."

28	한문 원전	"大通智勝佛 過八萬四千劫已 從三昧起 往詣法座 安詳而坐 普告大衆. 是十六菩薩沙彌 甚爲希有 諸根通利 智慧明了 已曾供養無量千萬億數諸佛 於諸佛所 常修梵行 受持佛智 開示衆生 令入其中. 汝等皆當 **數數親近** 而供養之. 所以者何? 若聲聞辟支佛及諸菩薩 能信是十六菩薩所說經法 受持不毁者 是人皆當得 阿耨多羅三藐三菩提 如來之慧."
	한글 읽기	"대통지승불 과팔만사천겁이 종삼매기 왕예법좌 안상이좌 보고대중. '시십육보살사미 심위희유 제근통리 지혜명료 이증공양무량천만억수제불 어제불소 상수범행 수지불지 개시중생 영입기중. 여등개당 **삭삭친근** 이공양지.' 소이자하? 약성문벽지불급제보살 능신시십육보살소설경법 수지불훼자 시인개당득 아뇩다라삼먁삼보리 여래지혜."
	한글 풀이	"대통지승부처님께서 8만 4천겁이 지나자 삼매에서 일어나 법좌에 나아가 편안하게 앉으셔서 널리 대중에게 말씀하셨느니라. '이 16보살 사미들은 매우 희유하고 근기가 뛰어나며, 지혜가 총명하여 한량없는 천만억 부처님을 공양하고 부처님 처소에서 항상 범행을 닦고, 부처님의 지혜를 받아 지니고 중생들을 가르쳐 그 가운데로 들어가게 하니 너희들은 모두 다 수시로 가까이 하여 모시고 공양하라.' 왜냐하면 만약에 성문이나 벽지불과 보살들로서 이 16보살이 설하는 경전의 가르침을 믿고 받아들여 지니며, 헐뜯지 않는 자들은 모두 다 아뇩다라삼먁삼보리인 여래의 지혜를 얻을 것이기 때문이니라."

29	한문 원전	佛告諸比丘. "是十六菩薩 常樂說是妙法蓮華經 一一菩薩所化 六百萬億那由他 恒河沙等衆生 世世所生與菩薩俱 從其聞法 悉皆信解. 以此因緣 得值四百萬億 諸佛世尊 于今不盡. 諸比丘! 我今語汝. 彼佛弟子十六沙彌 今皆得阿耨多羅三藐三菩提 於十方國土 現在說法 有無量百千萬億菩薩 聲聞 以爲眷屬."
	한글 읽기	불고제비구. "시십육보살 상락설시묘법연화경 일일보살소화 육백만억나유타 항하사등중생 세세소생여보살구 종기문법 개실신해. 이차인연 득치사백만억 제불세존 우금불진. 제비구! 아금어여. 피불제자십육사미 금개득아뇩다라삼먁삼보리 어시방국토 현재설법 유무량백천만억보살 성문 이위권속."
	한글 풀이	부처님께서 여러 비구들에게 말씀하셨다. "이 16보살은 항상 이 묘법연화경을 즐겁게 설하여 보살들마다 교화한 6백만억 나유타 항하사 같은 중생들은 세세생생 보살과 함께 나며, 그들로부터 법을 들으며 모두 믿고 이해하느니라. 이런 인연으로 4만억 부처님들을 만나게 되는데 지금도 다하지 않았느니라. 비구들아! 내가 지금 너희들에게 말하노니 그 부처님의 제자인 16사미들은 지금 모두 아욕다라삼먁삼보리를 얻고 시방의 국토에서 법을 설하고 있는데, 한량없는 백천만억 성문들이 권속으로 있느니라."

30	한문 원전	"其二沙彌 東方作佛 一名阿閦 在歡喜國 二名須彌頂. 東南方二佛 一名師子音 二名師子相 南方二佛 一名虛空住 二名常滅 西南方二佛 一名帝相 二名梵相. 西方二佛 一名阿彌陁 二名度一切世閒苦惱 西北方二佛 一名多摩羅跋栴檀香神通 二名須彌相. 北方二佛 一名雲自在 二名雲自在王. 東北方佛 名壞一切世閒怖畏 第十六 我釋迦牟尼佛 **於娑婆國土** 成阿耨多羅三藐三菩提."
	한글 읽기	"기이사미 동방작불 일명아축 재환희국 이명수미정. 동남방이불 일명사자음 이명사자상 남방이불 일명허공주 이명상멸 서남방이불 일명제상 이명범상. 서방이불 일명아미타 이명도일체세간고뇌 서북방이불 일명다마라발전단향신통 이명수미상. 북방이불 일명운자재 이명운자재왕. 동북방불 명괴일체세간포외 제십육 아석가모니불 **어사바국토** 성아녹다라삼먁삼보리."
	한글 풀이	"그들 중 두 사미는 동방의 부처님이 되셨으니 첫째의 이름은 아축이고 환희국에 계시며, 둘째의 이름은 수미정이니라. 동남방의 두 부처님은 첫째는 사자음이고, 둘째는 사자상이며, 남방의 두 부처님은 첫째가 허공주이고 둘째는 상멸이며, 서남방의 두 부처님은 첫째는 제상이고 둘째는 범상이니라. 서방의 두 부처님은 첫째는 아미타, 둘째는 도일체세간고뇌이며, 서북방의 두 부처님은 첫째 다마라발전단향신통이고, 둘째는 수미상이니라. 북방의 두 부처님은 일명 운자재이고 둘째는 운자재왕이니라. 동북방 부처님의 이름은 괴일체세간포외이고, 열여섯 번째가 나 석가모니불인데 사바세계에서 아녹다라삼먁삼보리를 이루었느니라."
31	한문 원전	"諸比丘! 我等爲沙彌時 各各教化 無量百千萬億恒河沙等衆生 從我聞法 爲阿耨多羅三藐三菩提. 此諸衆生于今 有住聲聞地者 我常教化阿耨多羅三藐三菩提. 是諸人等 應以是法 漸入佛道. 所以者何? 如來智慧 難信難解."
	한글 읽기	"제비구! 아등위사미시 각각교화 무량백천만억항하사등중생 종아문법 위아녹다라삼먁삼보리. 차제중생우금 유주성문지자 아상교화아녹다라삼먁삼보리. 시제인등 응이시법 점입불도 소이자하? 여래지혜 난신난해."
	한글 풀이	"여러 비구들아! 우리들이 사미로 있을 때에 각각 한량없는 백천만억 항하사의 중생들을 교화하였나니 우리들로부터 법을 들은 것은 아녹다라삼먁삼보리를 위한 것이었노라. 이들은 지금 성문의 지위에 머물고 있는 자들인데 내가 항상 아녹다라삼먁삼보리로 교화하였으므로 이 사람들도 당연히 이 법으로써 차츰 불도에 들어가게 되느니라. 왜냐하면 여래의 지혜는 믿기 어려우며 이해하기 어렵기 때문이니라."
32	한문 원전	"爾時 所化無量恒河沙等衆生者 汝等諸比丘 及我滅度後 未來世中 聲聞弟子是也. 我滅度後 復有弟子 不聞是經 不知不覺菩薩所行 自於所得功德 生滅度想 當入涅槃 我於餘國作佛 更有異名 **是人雖生滅度之想** 入於涅槃 而於彼土 求佛智慧 得聞是經. 唯以佛乘 而得滅度 更無餘乘. 除諸如來 方便說法."

<table>
<tr><td rowspan="2">32</td><td>한글
읽기</td><td>"이시 소화무량항하사등중생자 여등제비구 급아멸도후 미래세중 성문제자시야. 아멸도후 부유제자 불문시경 부지불각보살소행 자어소득공덕 생멸도상 당입열반 아어여국작불 갱유이명 시인수생멸도지상 입어열반 이어피토 구불지혜 득문시경. 유이불승 이득멸도 갱무여승. 제제여래 방편설법."</td></tr>
<tr><td>한글
풀이</td><td>"그때 교화한 한량없는 항하 모래 같은 중생들은 바로 너희들 비구와 내가 멸도한 후 미래의 세상에 날 성문 제자들이니라. 내가 멸도한 후 어떤 제자가 있어 이 경을 듣지도 못하고, 보살이 행할 도리를 알지도 못하고 깨닫지도 못한 채, 스스로 얻은 공덕으로 멸도하였다는 생각을 내어 마땅히 열반에 든다는 말을 하면, 내가 다른 나라에서 이름을 달리하여 성불하리니, 이 사람이 비록 멸도하였다는 생각을 내어 열반에 들었으나, 그 국토에서 부처님의 지혜를 다시 구하여 이 경을 얻어들으리라. 그러므로 오직 불승으로써 멸도를 얻을 뿐 그 밖에 다른 승은 없는 것이지만, 다만 여러 부처님들께서 방편으로 설한 법은 제외되느니라."</td></tr>
<tr><td rowspan="4">33</td><td>한문
원전</td><td>"諸比丘! 若如來自知涅槃時到 衆又淸淨 信解堅固 了達空法 深入禪定 便集諸菩薩 及聲聞衆 爲說是經. 世閒無有二乘 而得滅度 唯一佛乘 得滅度耳. 比丘! 當知 如來方便 深入衆生之性 知其志樂小法 深著五欲 爲是等故 說於涅槃 是人若聞 則便信受."</td></tr>
<tr><td>한글
읽기</td><td>"제비구! 약여래자지열반시도 중우청정 신해견고 요달공법 심입선정 편집제보살 급성문중 위설시경. 세간무유이승 이득멸도 유일불승 득멸도이. 비구! 당지 여래방편 심입중생지성 지기지락소법 심착오욕 위시등고 설어열반 시인약문 즉변신수."</td></tr>
<tr><td>한글
풀이</td><td>"여러 비구들아! 만일 여래께서 열반하실 때에 이르러 대중들이 청정하여 믿고 이해함이 견고하며, 공법(空法)을 깨달아서 선정에 깊이 든 것을 알면, 곧 여러 보살들과 성문들을 모아 놓고 그들을 위하여 이 경을 설하리니, 세간에 2승으로 얻는 멸도는 없고 다만 1불승만으로 멸도를 얻을 수 있느니라. 비구들아! 마땅히 알라. 여래께서는 방편으로 중생의 성품까지 깊이 들어가 그 뜻이 소승법을 즐겨 하며, 5욕에 깊이 집착하여 있는 것을 알고, 이들을 위하여 열반법을 설하는 바, 이런 사람이 들으면 곧 믿고 받아들이느니라."</td></tr>
<tr><td>중요용어</td><td>❶ 풍송통리(諷誦通利)　❷ 시교리희(示敎利喜)　❸ 삭삭친근(數數親近)
❹ 어사바국토(於娑婆國土)　❺ 시인수생멸도지상(是人雖生滅度之想)
❻ 지기지락소법(知其志樂小法)</td></tr>
</table>

부처님께서도 밝히신 것처럼 "내가 혹 있는 이야기를 하고, 혹은 없는 이야기도 하며, 혹은 나의 이야기를 하기도 하고, 때로 남의 이야기도 한다."라고 하신 것은 어떻게 해서라도 더 많은 중생들을 교화시켜 깨달음에 이르게 하고자 한 부처님의 눈물겨운 중생 사랑이 송이송이 방편의 꽃으로 피어난 것

이라 할 수 있습니다. 지금까지의 법화경 설법에서만도 계측 불가의 수많은 보살, 아라한, 성문, 연각이 출연하였는가 하면 범천, 마, 천, 인비인은 물론, 많은 비유를 인생무대에 비추어 상징을 통해 중생 스스로 정답을 찾게 하는 신묘한 설법 도구를 구사하셨습니다. 그리고 법화경을 통해서 부처님의 설법 인연으로 만나게 되는 두 분의 아주 위대한 부처님이 등장하셨는데, 바로 일월등명부처님과 대통지승부처님임은 잘 아실 것입니다. **문자 그대로 일월등명불은 일**(日)**+월**(月)**+등명**(燈明 : 해와 달이 없을 때도 세상을 밝혀 주는 빛) **+ 부처가 되어 온 세상을 비추는 광명의 부처님이며, 대통지승부처님은 대통**(大通 : 크게 통하는) **+ 지승**(智勝 : 지혜가 수승한 분) **+ 부처**가 되어 광대무변한 지혜를 가지신 부처님이란 뜻입니다.

　화성유품의 전반부는 대통지승여래와 부처님과의 인연설법이며, 후반부는 방편으로 지었다가 허무는 화성에 대한 설법, 이렇게 크게 두 부분으로 나눌 수 있음은 이미 살펴본 바와 같습니다. 그러면 여기서는 이들 두 분 부처님에 대해서 잠시 살펴보고 다음으로 나아가도록 하겠습니다. 우리 현대인들은 오랜 문명의 세계질서 속에서 살아오면서 인간적 상상력과 신화(神話)에 대한 집단적 외경심이 사라진 삶을 살아가게 되었습니다. 분초를 다투는 세상을 살아가면서 모든 것을 분석하고 계산하여, 수치화하고 검증하는 팩트가 시대의 철학이 되어버린지 오래입니다.

　저의 어린 시절만 해도 할머니가 들려주던 '옛날 옛날 한 옛날에~~~'로 시작되는 이야기의 세계는 그 자체로써 현실과 상상의 세계를 넘나드는 판타지의 무대였고, 주인공의 삶과 자신의 꿈이 싱크로 되는 감동어린 교육의 장이 되기도 하였습니다. 그 이야기 속 주인공이 역사적 실존인물이냐? 아니냐? 또는 어느 시대에 태어났으며, 생몰연대는 어떻게 되는가? 따위는 아무런 문제가 될 수 없었던 것처럼, 대통지승부처님은 불가사의한 아승기겁 전의 부처님이라고 설하신 부처님의 과거인연 설법에 대해 '아승기 × 불가사의' 등으로 수치 분석을 하여, 실존 여부를 가릴 필요도 없다는 것입니다. 중요한 것은 그 부처님을 통해 우리가 어떤 감동을 받고, 어떤 깨달음에 가까이 가느냐 하는 것이 아니겠습니까?

계측불가의 까마득한 과거세에 계셨던 대통지승불의 16왕자 중 열여섯 번째 왕자가 사바세계를 교화하는 석가모니 부처님이시고, 우리들이 부처님의 반야의 적장자임을 고려한다면 대통지승여래는 우리에게도 할아버지가 된다는 사실입니다. 비록 오늘의 삶이 곤고하다고 해도, 우리가 이러한 거룩한 인연을 지닌 채 21세기의 이 땅에 태어나 부처님의 최상승 설법인 법화경을 읽고 공부할 수 있다는 것 자체가 기적에 가까운 행운임을 말해 무엇 하겠습니까?

지난 전전생 내가 지은 업보 탓에 지옥에 떨어질 인연이라 해도, 오늘 하루 법화경 한 글자, 한 문장이라도 읽고 보는 겁니다. 설령 지옥에 갈 업보라 해도, '갈 때 되면 가면 되지.' 하는 각오로 중요한 오늘 하루를 법화정신으로 살면 됩니다. 어차피 한 시각 앞도 모르는 인생에서 죽음 다음에야 올 지옥까지 생각해서 무엇 하겠습니까? 그냥 의심 없이 닥치고 법화경! 법화경을 읽고 수지하며, 연호하고 보는 겁니다.

법화경과 관련하여 이런 불교설화도 있습니다. 깊은 산속 홀로 수행하며 법화경을 주야장창 독송하는 스님 곁에 언제나 꿩 한 마리가 날아와 그 독경을 끝까지 듣곤 하더니, 그 꿩도 세월이 흘러 병들어 죽게 되었답니다. 그런데 그 꿩이 스님을 가까이 하고 법화경을 들은 공덕으로, 죽어 다음 생에는 사람 몸을 받아 크게 깨우친 보살이 되었다는 설화인데요. 계측불가의 법화경의 공덕을 칭탄함에 있어, 천학비재한 저의 해설이 전혀 독자 여러분들의 법화지식의 욕구충족에는 어필하진 못할 것입니다만, 중요한 것은 다만 부처님의 묘법으로 연화장의 세계를 향해 더딘 걸음이지만 가까이 간다는 각오는 변함없을 것임을 강조드릴 뿐입니다.

본 장에서는 부처님이 묘법연화경을 설하시자 16사미가 아뇩다라삼먁삼보리를 위하여 다 함께 지니고, 읽고 외워서 통달하였는데, 성문 대중 가운데는 믿고 이해하는 자 있었으나 천만억 중생은 모두 의심하였다고 설하십니다. 그만큼 여래의 지혜는 '난신난해(難信難解)' 하기 때문인즉, 여래의 지혜는 믿기 어려우며 이해하기 어렵기 때문이라는 것입니다. 이해하지 못하고 믿지 않는 데서 그치지 않고, 훼손·비방할까 걱정인데요. 법화경 전편에서 부처님의 이러한 저어하심이 자주 나오게 됩니다. 우리 현대인들은 어떠합니까? 불편한 진실보다는 유리한 상상의 편에 서서 극단의 비방과 폄훼로 진리를 외면하고, 진영 논리의 편에서 상대를 공격하며, 자신의 몸을 숨기고 있는 것은 아닌지 돌아볼 필요가 있을 것 같습니다.

　부처님께서 대통지승불과 16왕자의 묘법연화경 인연으로 인해 시방세계의 4유 8방마다 각 2명의 왕자가 법을 설하시는데, 16보살들의 명호를 밝히시고 오직 일승으로만 멸도를 얻을 뿐, 다른 승은 없으되, 다만 여러 부처님께서 방편으로 설한 법은 제외된다고 하십니다. 부처님의 육성설법 구절을 인용해 봅니다.

"여러 비구들아! 만일 여래께서 열반하실 때에 이르러 대중들이 청정하여 믿고 이해함이 견고하며, 공법(空法)을 깨달아서 선정에 깊이 든 것을 알면, 곧 여러 보살들과 성문들을 모아 놓고 그들을 위하여 이 경을 설하리니, 세간에 2승으로 얻는 멸도는 없고, 다만 1불승만으로 멸도를 얻을 수 있느니라. 비구들아! 마땅히 알라. 여래께서는 방편으로 중생의 성품까지 깊이 들어가 그 뜻이 소승법을 즐겨하며, 5욕에 깊이 집착하여 있는 것을 알고, 이들을 위하여 열반법을 설하는 바, 이런 사람이 들으면 곧 믿고 받아들이느니라."

　앞에서도 무수히 방편과 지견 및 비유에 대해 설명해 드렸지만, 묘법이 방편이며, 방편이 곧 묘법인 것입니다. 그래서 이승과 삼승으로 방편을 삼되, 오직 일대사인연으로 가는 일승만이 있을 뿐이라고 하신 거지요. 16보살은 이 묘법연화경을 즐겁게 설하여 각 6백만억 나유타 항하사 중생들을 교화하였고, 이러한 인연으로 4만억 부처님들을 만나게 되는데, 이 인연은 우리들에게로 이어져 지금도 계속되고 있음은 당연한 것이라 하겠습니다. 그러니 시공을 초월한 불국토에서 법화의 꽃으로 피어난 법신이라 이해하시면 좋겠습니다. 시방국토란 아시다시피 동서남북의 4방과 동남·서남·동북·서북의 8방 그리고 상하를 합쳐 10방 즉, 전체 공간세계를 가리키는 불교용어인데, 이 16보살들이 시방국토 8방위을 각기 두분이서 맡아 법을 설하고 있으니 그 불명(佛名)과 관장하는 방위는 다음과 같다고 하십니다.

〈16왕자의 국토〉

8방위	부처님 명호와 성격			
	제1부처님		제2부처님	
	명호	성격	명호	성격
동방	아촉(阿閦)	흔들리지 않음	수미정(首彌頂)	성자 중의 성자
동남방	사자음(獅子音)	최고의 가르침	사자상(獅子相)	부처님의 가르침
남방	허공주(虛空住)	허공처럼 걸림 없음	상멸(常滅)	완전한 열반
서남방	제상(帝相)	인드라의 표지	범상(梵相)	범천의 표지
서방	아미타(阿彌陀)	영원한 시간	도일체세간고뇌(度一切世間苦惱)	일체 고뇌를 제도함
서북방	다마라발전단향신통(多摩羅跋栴檀香神通)	향기로운 신통력	수미상(首彌相)	수미산 같은 웅장함
북방	운자재(雲自在)	구름처럼 퍼지는 등불	운자재왕(雲自在王)	구름처럼 퍼지는 등불의 으뜸
동북방	괴일체세간포외(壞一切世間怖畏)	모든 공포와 두려움을 소멸시킴	석가모니불(釋迦牟尼佛)	사바세계에서 아뇩다라 삼먁삼보리를 이룸

위 표의 부처님 성격에서 보는 것처럼, 그 명호는 고유명사라기보다, 자재한 부처님의 위엄을 나타내고, 제도(制度)하시는 직능별 명칭이 포괄적 명호로 쓰였음을 알 수 있습니다. 편의상 사바세계를 제도하시는 석가모니 부처님을 동북방 제2부처님으로 분류하였으나, 16부처님의 업무분장이 구체적으로 나눠진 것은 아닙니다. 16번째 석가모니 부처님이 16왕자 전부를 의미하기도 하고, 다른 15왕자 전부가 석가모니 부처님일 수도 있다는 것입니다.

불교사에 입각하여 좀 더 합리적 추론을 해본다면 재가불자 중심의 대승불교운동이 넓은 인도 대륙 곳곳에서 왕성하게 전개되는 동안, 기존의 부파불교와의 정통성 확보를 위한 경쟁과 갈등이 생겨났을 것입니다. 이러한 다양한 사상과 문화적 차이를 극복하고자 한 대승불교 운동가들은 법화경에서, 이처럼 많은 16보살을 등장시켜 소승과 대승의 다양성을 아우르고자 하였습니다. 나아가 대통지승부처님을 통해 불교의 통일성을 지향한 노력은 이들 왕자의 출가와 성불로 이어지며, 석가모니부처님을 사바세계에서 무상정등각을 이룬 부처로 승화시킨 것이 아닌가 생각해 볼 수 있겠습니다.

중요 용어해설

❶ 풍송통리(諷誦通利) : 읽고 외워서 통달함. '풍(諷)'은 외우다는 뜻

❷ 시교리희(示敎利喜) : 법화경 포교에 있어 시교리희는 시전(示轉)을 통해서 법화경의 가르침을 보여주고, 교육을 통해 이해시키고, 이익(利益)을 통해 열반의 행복을 누리게 하고, 수희(隨喜)를 통해 신구의 삼업행을 닦는 법사행

❸ 삭삭친근(數數親近) : 한자 '수(數)'로 쓰지만, 삭삭(자주자주)으로 읽음

❹ 어사바국토(於娑婆國土) : 16왕자 중 마지막 왕자가 다스린 국토인 사바세계를 말함

❺ 시인수생멸도지상(是人雖生滅度之想) : 이 사람이 비록 멸도 하였다는 생각을 내어 열반에 들었을지라도

❼ 지기지락소법(知其志樂小法) : 소승법에 안주하고 있는 상태

🪷 |7| 화성보처의 비유를 설하시고, 일불승에 분별하여, 삼승을 설한다 하심

단락	구분	원문 및 한글 번역
34	한문 원전	"譬如五百由旬 **險難惡道 曠絶無人** 怖畏之處 若有多衆 欲過此道 至珍寶處 有一導師. 聰慧明達 善知險道 通塞之相 將導衆人 欲過此難. 所將人衆中路懈退 白導師言. '我等疲極 而復怖畏 不能復進 前路猶遠 今欲退還.' 導師多諸方便 而作是念 '此等可愍.'"
	한글 읽기	"비여오백유순 **험난악도 광절무인** 포외지처 약유다중 욕과차도 지진보처 유일도사. 총혜명달 선지험도 통색지상 장도중인 욕과차난 소장인중중로해퇴 백도사언. '아등피극 이부포외 불능부진 전로유원 금욕퇴환.' 도사다제방편 이작시념 '차등가민.'"
	한글 풀이	"비유하면, 5백 유순이나 되는 험난하고 사나운 길에 인적마저 끊어져 무섭고 두려운 곳을 많은 대중들이 이 길을 지나서 진귀한 보물이 있는 곳에 가려 할 때 한 도사가 있었느니라, 그 도사는 지혜가 총명하고 밝게 통달하여, 그 험난한 길의 통하고 막힌 모양까지 잘 알고 있어 여러 사람들을 거느리고 인도하여, 그 험난하고 사나운 길을 통과하려고 하였느니라. 그런데 그 거느린 바의 사람들이 중도에서 피로함과 게으름이 생겨 도사에게 말하였느니라. '우리들은 극도로 피로하고 겁이 나고 두려워서 능히 나아갈 수도 없으며, 앞길이 아직 머니 되돌아가려 합니다.' 그러자 도사는 방편이 많으므로 이런 생각을 하였느니라. '이 사람들은 참으로 불쌍하구나.'"
35	한문 원전	"'云何捨大珍寶 而欲退還?' 作是念已 以方便力 於險道中 過三百由旬 化作一城 告衆人言. '汝等勿怖 莫得退還. 今此大城可於中止 隨意所作. 若入是城 快得安隱 若能前至寶所 亦可得去.' 是時 疲極之衆心大歡喜 歎未曾有 '我等今者 免斯惡道 快得安隱.' 於是衆人前入化城 生已度想 生安隱想. 爾時 導師知此人衆 旣得止息 無復疲惓 卽滅化城 語衆人言. '汝等去來 寶處在近. 向者大城 **我所化作 爲止息耳.**'"
	한글 읽기	"'운하사대진보 이욕퇴환?' 작시념이 이방편력 어험도중 과삼백유순 화작일성 고중인언. '여등물포 막득퇴환 금차대성가어중지 수의소작. 약입시성 쾌득안은 약능전지보소 역가득거.' 시시 피극지중심대환희 환미증유 '아등금자 면사악도 쾌득안은.' 어시중인전입화성 생이도상 생안은상. 이시 도사지차인중 기득지식 무부피권 즉멸화성 어중인언. '여등거래 보처재근. 향자대성 **아소화작 위지식이.**'"
	한글 풀이	"'왜 많고 진귀한 보물을 버리고 되돌아가려고 하는가?' 그런 생각을 하고는 곧 방편을 써서 험난한 그 길 3백 유순을 지난 도중에 한 성을 변화시켜 만들고, 여러 사람들에게 말하였느니라. '그대들은 두려워 말고 되돌아가지도 말라. 이제 이 큰 성에 들어가서 자기 마음대로 할지니, 만일 이 성에 들어가면 즐겁고 안은하며, 또한 앞에 있는 보물 있"

| 35 | 한글
풀이 | 는 곳에 가려고 하면 능히 갈 수 있느니라.'라고 하였느니라. 그때 극도로 피로해진 사람들은 마음으로 크게 환희하여 이것은 일찍이 없던 일이라 찬탄하고, '우리들은 이제 사나운 길을 면하여 즐겁고 안온함을 얻은 것이라'고 생각하였느니라. 이 모든 사람들이 앞에 있는 변화로 된 성에 들어가 이미 제도 되었다는 생각에. 이제 안온하여 피로함을 풀고 휴식 얻은 것을 알게 된 도사는 곧 변화로 된 성을 다시 없애고, 여러 사람들에게 말하였느니라. '그대들은 따라오라. 보물 있는 곳이 가까우니라. 앞에 있던 큰 성은 그대들을 휴식하게 하려고 내가 변화로 만들었던 것이니라.'" |

36	한문 원전	"諸比丘! 如來亦復如是. 今爲汝等 作大導師 知諸生死煩惱惡道 險難長遠 應去應度. 若衆生 但聞一佛乘者 則不欲見佛 不欲親近 便作是念 '佛道長遠 久受懃苦 乃可得成.'"
	한글 읽기	"제비구! 여래역부여시. 금의여등 작대도사 지제생사번뇌악도 험난장원 응거응도. 약중생 단문일불승자 즉불욕불견 불욕친근 변작시념 '불도장엄 구수근고 내가득성.'"
	한글 풀이	"여러 비구들아! 여래도 또한 이와 같이 이제 너희들을 위하여 큰 도사가 되어서, 모든 것은 나고 죽고, 번뇌하는 악도의 험난하며, 길고 먼 것을 여의게 하며 제도할 바를 아느니라. 만약 중생들이 1불승만을 듣게 되면, 부처님을 만나 뵈려 아니하며, 또 친근하려는 마음도 없어 생각하기를 '부처님의 도는 매우 멀고 멀어서 오래도록 부지런히 고행을 닦아야만 필경에 성취하게 되는구나.'라고 생각하느니라."

37	한문 원전	"佛知是心 怯弱下劣 以方便力 而於中道 爲止息故 **說二涅槃 若衆生住於二地** 如來爾時 卽便爲說, '汝等所作未辦 汝所住地 近於佛慧 當觀察籌量. 所得涅槃 非眞實也. 但是如來方便之力 於一佛乘 分別說三.' 如彼導師 爲止息故 化作大城 旣知息已 而告之言, '寶處在近 此城非實 我化作耳.'" 爾時 世尊欲重宣此義 而說偈言.
	한글 읽기	"불지시심 겁약하열 이방편력 이어중도 위지식고 **설이열반. 약중생주어이지** 여래미시 즉변위설 '여등소작미변 여소주지 근어불혜 당관찰주량. 소득열반 비진실야. 단시여래방편지력 어일불승 분별설삼.' 여피도사 위지식고 화작대성 기지식이 이고지언, '보처재근 차성비실 아화작이.'" 이시 세존욕중선차의 이설게언.
	한글 풀이	"그러므로, 부처님께서는 그 마음이 약하고 졸렬함을 아시고 방편의 힘으로써 쉬게하기 위하여 중도에 두 가지 열반을 설하시느니라. 만약 중생이 두 지위에 머무르면 여래는 이때 그들을 위해 설하기를, '너희들은 할 바를 아직 다하지 못하였노라. 너희가 머물러 있는 경지는 부처님의 지혜에 가까우나, 마땅히 관찰하고 헤아려 볼지니라. 너희들이 얻은 열반은 진실된 것이 아니라, 다만 여래가 방편의 힘으로 1불승을 분별하여 3승을 설한 것이니라.' 마치 도사가 휴식을 시키기 위하여 큰 성을 변화로 만들었다가 휴식이 다 된 줄을 알고 말하기를, '보물이 있는 곳이 가까우니라. 이 성은 진실이 아니며 내가 변화로 만들었노라'고 하는 말과 같으니라." 그때 세존께서 그 뜻을 거듭 펴시려고 게송으로 읊으셨다.

지금까지 우리들은 '화택의 비유'와 '장자의 궁자 비유' 그리고 '삼초이목의 비유'를 통해 부처님과 불법이 비유하는 상징과 작용에 대해 어느 정도는 알 수 있게 되었습니다. 그리고 화성유품에 이르러서는 과거세에서의 부처님과 보살, 중생들의 인연을 대통지승여래와 16왕자들이 출가·성불하여 시방국토를 교화하신다는 설법을 통해 불제자들에게 현생에서의 수행을 독려하며, 미래세에 성불의 확신을 가지게 하시는 부처님의 뜻도 알게 되었습니다.

그 16왕자 중 16번째 석가모니불께서 사바세계를 교화하고 계시다는 설법에서는 우리 모두는 세세년년 부처님과 하나의 인연으로 맺어져 있어 불생불멸하며, 언젠가는 모든 중생은 부처가 된다는 가슴 떨리는 교훈을 새기게도 되었습니다. 그래서 그 진리를 깨닫게 하는 길은 오직 묘법연화경 뿐임을 설하시고, 욕망에 집착하여 스스로 괴로움에 사로잡힌 중생들의 미혹과 불안을 제거하기 위해 비유를 들어 설명하시는데, 이 비유가 바로 '화성보처(化城寶處)의 비유' 또는 줄여서 '화성유(化城喩)'라고 부릅니다. 그러면 우선 '화성(化城)'이란 어떤 것이며, 어떤 상황의 전개인지에 대해 살펴보도록 하겠습니다. 글자의 뜻으로 보면 '성으로 변화한다.' 또는 '성이 된다.' 등이 되겠습니다만, 여기서의 화성이란 인간이 의식, 무의식중에 쌓아놓은 경험과 지식의 덩어리라고 보면 되겠습니다.

경험과 지식은 살아가는 데 있어서 기술과 방편이 되어 생업과 출세의 자산이 되기도 하지만, 한편으로는 이것이 집착으로 작용하여 장애와 번민의 바탕이 되기도 합니다. 원숭이는 나무에서 떨어져 죽고, 칼잡이는 결국 칼에 맞아 죽는 것처럼, 이 지식을 중도실상의 지혜에서 바로 보지 못하고, 지식만이 축적된 도구로 전락하게 되면 마치 그물에 걸린 새처럼, 허물 수 없는 거대한 성(城)에 스스로 갇힌 죄수로 전락하게 됩니다.

우리 주변을 둘러봐도 안 해도 될 일을 하고서 후회하고, 평생을 돈! 돈! 돈! 돈만 쫓다가 한 푼 써보지도 못한 채 졸지에 세상을 하직하고, 처자식들은 그 물려받은 재산으로 흥청망청하다가 얼마 못가 거리에 나앉는, 어찌보면 금수자가 독수저가 된 이웃을 어렵잖게 만날 수 있습니다. 이러한 유족들을 저승에서 내려다보며, 후회의 눈물을 흘리는 영혼이 참 많을 것 같지 않습니까? 또는 권력의 칼날 위를 춤제비가 무도장을 주름잡듯 그칠 것 없던 정치인이 꼬리곰탕 사식 한 그릇 넣어줄 사람이 없어 푸른 수의로 때늦은 눈물을 닦는 사람들도 많을 것입니다. 17세기 일본의 대표적 유학자 나카에 도주의 명언을 인용해 봅니다. "감옥 바깥에 있는 또 다른 감옥은 세계를 집어넣을 만큼 넓다. 그 사방의 벽이 명예, 이익, 욕망에의 집착이다. 서글프게도 많은 사람들이 그 속에 갇혀 끊임없이 신음하고 있다."

그런 것이 모두 다 자비·지혜가 없어 스스로가 만든 감옥에 스스로가 갇히는, 집착의 장애에 기인하는 것이기 때문에 한 자리 마음가짐에 변화를 주면, 한방에 그 환란의 성(城)을 허물어 내고 스스로 뛰쳐나올 수 있으니 이것이 곧 실상으로의 변화인 화성(化城)이란 것입니다. 본 화성유품의 비유는 법화경의 7가지 비유 중 4번째 비유인데, 앞의 원문 대역 도표에서도 소개한 것처럼, 비유의 얼개를 정리하면 이러합니다.

「어느 나라에 매우 깊고 험한 길이 있었는데, 5백 유순이나 되는 험난하고 사나운 길에 인적마저 끊어져 무섭고 두려운 곳을 많은 대중들이 이 길을 지나서 진귀한 보물이 있는 곳으로 가려고 한다. 그 일행 가운데는 지혜가 총명하고 밝게 통달하여, 그 험난한 길의 통하고 막힌 모양까지 잘 알고 있는 안내자가 있었으니 여러 사람들을 거느리고 인도하여, 그 험난하고 사나운 길을 통과하려고 하였다. 그런데 그 거느린 바의 사람들이 중도에서 피로함과 게으름이 생겨 안내자에게 말한다. '우리들은 극도로 피로하고 겁이 나고 두려워서 능히 나아갈 수도 없으며, 앞길이 아직 머니 되돌아가려 합니다.' 그러자 안내자는 방편으로 이런 생각을 하게 되는데, '이 사람들은 참으로 불쌍하구나. 왜 많고 진귀한 보물을 버리고 되돌아가려고 하는가?' 그런 생각을 하고는 곧 방편을 써서 험난한 그 길 3백 유순을 지난 도중에 한 성을 변화시켜 만들고, 여러 사람들에게 말하였다. '그대들은 두려워 말고 되돌아가지도 말라. 이제 이 큰 성에 들어가서 자기 마음대로 할지니, 만일 이 성에 들어가면 즐겁고 안은하며, 또한 앞에 있는 보물 있는 곳에 가려고 하면 능히 갈 수 있느니라.'라고 독려하게 된다. 그때 극도로 피로해진 사람들은 마음으로 크게 환희하여 이것은 일찍이 없던 일이라 찬탄하고, '우리들은 이제 사나운 길을 면하여 즐겁고 안온함을 얻은 것이다'라고 생각하였다. 이 모든 사람들이 앞에 있는 변화로 된 성에 들어가 휴식을 취하자, 안내자는 이제 이들이 안온하여 피로함을 풀고 휴식을 얻은 것을 알고는 곧 변화로 된 성을 다시 없애고, 여러 사람들에게 말하였다. '그대들은 따라오라! 이제 보물 있는 곳이 가까우니라. 앞에 있던 큰 성은 그대들을 휴식하게 하려고 내가 변화로 만들었던 것이니라.'라며 격려하여 마침내는 순조롭게 목적지에 도착하여 그 보물을 손에 넣게 된다.」

이 비유가 상징하는 목적과 교훈은 너무나 간명하여 이미 여러분들께서도 부처님이 어떤 가르침을 펼치시고자 함임을 아셨을 것입니다. 그렇습니다. 이 비유도 오로지 외길 일불승과 비록 거짓이지만 중생들을 깨우치기 위한 도구로서의 방편은 그 또한 진리라는 것입니다. '화택의 비유'에서 장자가 아이들을 화마에서 건져내기 위해 짐짓 거짓으로 여기 희귀한 수레가 있다는 방편으로 유도해 내는 것과 다를 바 없다 하겠는데, 아이들을 살려낸 것만 해도 어디인데, 장자는 더 큰 세 가지 수레를 주어 삼승으로 일승을 설하지 않았습니까?

이 비유에서 멀고 험한 길이란 말 할 것도 없이 우리네 인생의 여정을 말하는 것으로, 갖은 고난과 괴로움을 숙명으로 안고 그 길을 갈 수밖에 없는 삶의 가시밭길이라 하겠습니다. 그 길에서 우리는 때로는 좌절하고, 때로는 희망의 불씨를 키워가면서 인생의 보물이 있는 목적지를 향해가지만, 고난과 괴로움은 무시로 찾아와 중도에 포기하게 만드는 유혹의 불청객이 되어 앞길을 가로막습니다. 인간의 속성은 게으르고 편협하여, 노력과 힘든 것은 멀리하려 하고, 시험에 들면 부딪쳐 타파하기보다는 시련에 굴복하여 좌절하고 포기하는 나약함으로 유혹에 넘어가기 쉽습니다.

쉽게 벌고, 편하게 이루고자 도박이며 사기에, 심지어 도둑질과 강도질까지 난무하는 오늘의 이 세상 길이 바로 화성보처의 비유가 말하는 거칠고, 험난한 길인 것입니다. 이러한 나약한 인간들에게 부처님은 거짓이라도 희망봉의 안테나를 높여 모두를 그 안으로 불러들입니다. 비록 이승과 삼승에 해당하는 중간의 오아시스긴 하지만 중생들을 방편으로라도 쉬게 하여, 새로운 일불승의 보물이 가득한 부처의 세계로 인도 하시려는 부처님의 창조적 가피가 가슴에 와닿는 비유라 하겠습니다.

달리 비교해 보면 이 거짓의 휴식처는 톨게이트(일불승의 아뇩다라삼먁삼보리)를 통과하지 못한 중간의 휴게소일 뿐이어서, 피로에 지친 중생들을 근본 고통에서 일단 벗어나게 하기 위한 소승적 깨달음을 선사하신 부처님의 배려로 보면 될 터입니다. 그곳은 최종 목적지 500유순에서 200유순이나 덜 미친 곳이기 때문에 거기에 안주하지 말라는 가르침이기도 합니다. 여기서 화성보처의 비유와 상징을 표로 정리해 둡니다.

〈화성보처의 비유가 상징하는 대상과 교훈〉

비유의 실체	비유와 상징의 대상	교훈적 가르침
보배가 있는 곳 (500유순의 거리)	대승의 일불승 (아뇩다라삼먁삼보리)	멀지만 가야 할 해탈의 길
거칠고 험난한 길	고난의 인생길	험하지만 길이 있음
보배가 있는 곳으로 가는 무리	깨달음을 구하는 중생	안내에 따르면 누구라도 이를 수 있음
무리의 안내자	부처님	모든 길을 알고 갖가지 방편으로 인도하시는 분
300유순의 거리에 만든 거짓의 성	소승적 깨달음	최종 목적지가 아닌 다만 방편의 성임. 완전 열반의 종착지를 향해 나아갈 것

＊ **총괄적 교훈** : 중생들의 근기를 살펴 단계별로 성불의 길로 인도하시니, 부처는 특별한 존재란 생각을 벗어나, 누구나 부처가 될 수 있다는 다짐으로써, 거짓으로 지어진 화성(化城)을 스스로 타파하라는 가르침

잘 아시겠지만 부처님이 이렇듯 갖은 비유를 끌어와 대중들의 호기심과 발심의 동기를 유발시키는 이유는 만약 중생들에게 일불승만을 바로 설명하게 되면, 부처님을 만나 뵈려 아니하며, 또 친근하려는 마음도 생기지 않기 때문인데요. 인수분해 정도를 배우는 학생에게 바로 미분적분을 가르치는 것과 같다고나 할까요? 그렇게 되면 지레 난해함에 겁먹고 학문적 성취 욕구를 잃어버릴 수도 있는 것처럼, 부처님도 이를 간파하신 거지요. 바로 1불승을 설하시게 되면 이런 생각을 할 수밖에 없다는 것 아닙니까? '에공! 부처님의 도는 매우 멀고 멀어서 오래도록 부지런히 고행을 닦아야만 필경

에 성취하게 되는 것이구나. 그러니 나 같은 하근기 주제에 그 길을 어찌 갈 수 있겠어. 아무래도 이쯤에서 내려가야 할까봐!'라고 생각하기 십상이라는 겁니다.

철저한 단계별 눈높이 교수법을 고심하시는 건데요. 오늘날의 우리나라 교육현실을 돌아보게도 하네요. '무조건 외워라! 다음 중 맞는 것 하나와, 틀린 것 하나를 골라라!'와 같은, 아이들을 완전히 야바위꾼 만드는 교육이라 하면 지나친 혹평이 되려나요? 부처님은 제자들에게 법을 설함에 있어, 상중하 근기에 따라 같은 내용이라도 세 번을 교차, 반복하여 강의를 하셨는데, 이를 **삼주설법**(三周說法)이라고 전해집니다. 즉, 상근기 제자에게는 제법실상의 이치를 직접 설하는 법설(法說)을, 중근기 제자에게는 비유를 들어 설하는 비유설법을 그리고 하근기 제자에게는 인연과 관계를 통해 이치를 깨닫게 하는 인연설법을 구사 하셨습니다. 그러므로, 부처님께서는 그들의 마음이 약하고 졸렬함을 아시고, 방편의 힘으로써 쉬게 하기 위하여 중도에 두 가지 열반을 설하십니다. 즉 이승과 삼승인데요. 만약 중생이 두 지위에 머무르면 여래는 이때 그들을 위해 설하기를, '너희들은 할 바를 아직 다하지 못하였노라. 너희가 머물러 있는 경지는 부처님의 지혜에 가깝기는 하지만, 마땅히 관찰하고 헤아려 보라!'고 하시네요.

갈 길이 아직 남았는데, 중간의 만들어진 허상의 성에서 안주하고 만족하는 것이야말로, '가다가 아니 가면 아니간만 못하다.'는 격언이 무색할 일이 아니겠습니까? 그 단계에서 얻은 열반은 진실된 것이 아니라, 다만 여래가 방편의 힘으로 1불승을 분별하여 3승을 설한 것인 만큼, 마치 안내자가 무리를 휴식시키기 위하여 큰 성을 변화(化城)로 만들었던 것일 뿐이라 하시는군요. 무리들이 휴식이 다 된 줄을 아신 부처님은 다시 성을 허문 뒤, 이 성은 진실이 아니며 내가 변화로 만들었던 것이니 다시 힘을 내어 저 높은 보배가 있는 곳으로 모두들 나를 따르라고 하신 겁니다.

부처님이 거짓으로 성을 지었다 허물었지만, 결국 그 화성(化城)을 뛰쳐나와서 진리의 보물이 있는 일승의 해탈처로 가는 것은 우리들 자신이어야 합니다. 비록 한때의 좌절에 절망하였더라도 부처님의 아들로서 저 높은 곳을 향해가는 구도의 느린 걸음은 부처님도 대신해 줄 수 없는 것이 아니겠습니까? 이처럼 방편이란 진리를 깨우치기 위한 수단일 뿐이지만, 수단이 없으면 진실 또한 밝혀줄 수 없는 것이어서, 적문의 주된 품인 방편품에서 부처님이 그토록 방편과 지견을 강조하신 이유를 알 수 있을 것 같지 않습니까?

중요 용어해설

❶ 험난악도 광절무인(險難惡道 曠絶無人) : 험난하고 사나운 길에 인적마저 끊어져 무섭고 두려운 곳

❷ 아소화작 위지식이(我所化作 爲止息耳) : 휴식을 위해 허위로 만듦을 밝힘

❸ 설이열반(說二涅槃) : 일반적으로 두 가지 열반이라 하면 무여열반과 유여열반을 일컫는 것이지만, 여기서는 아라한의 열반과 연각의 열반 두 가지로 봄이 타당함

❹ 약중생주어이지(若衆生住於二地) : 중생이 삼승과 이승에 머무는 것을 말함

묘법연화경 제8 오백제자수기품(五百弟子授記品)

(요약 및 대의)

⇒ 본 품부터 〈제13 권지품〉까지 묘법연화경 권 제4에 해당

⇒ 세존께서 부루나의 선근과 설법을 칭탄하시고, 법명(法明)여래의 수기를 내리심

⇒ 법명여래가 장엄할 나라의 이름은 선정(善淨)이며, 겁의 이름은 보명(寶明)이라 하심

⇒ 천이백 아라한에게 보명(普明)여래의 수기를 내리시고, 오백 아라한에게도 같은 보명여래의 수기를 내리심

⇒ 오백 아라한을 대표하여 아야교진여가 "의리계주"의 비유를 사뢰며, 수기 내리심에 환희하여 서원을 돈독히 함

|1| 세존께서 부루나 제자를 칭찬하시며 법명여래의 수기를 내리시다

단락	구분	원문 및 한글 번역
1	한문 원전	爾時 **富樓那彌多羅尼子** 從佛聞是智慧方便 隨宜說法, 又聞授諸大弟子 阿耨多羅三藐三菩提記, 復聞宿世因緣之事 復聞諸佛有大自在神通之力 得未曾有 心淨踊躍 卽從座起 到於佛前 頭面禮足 却住一面 瞻仰尊顏 目不暫捨 而作是念. '世尊甚奇特 所爲希有 隨順世間若干種性 以方便知見 而爲說法 拔出衆生 處處貪著 我等於佛功德 言不能宣. 唯佛世尊 能知我等深心本願.'
	한글 읽기	이시 **부루나미다라니자** 종불문시지혜방편 수의설법, 우문수대제자 아뇩다라삼먁삼보리기, 부문숙세인연지사 후문제불유대자재신통력 득미증유 심정용약 즉종좌기 도어불전 두면예족 각주일면 첨앙존안 목불잠사 이작시념. '세존심기특 소위희유 수순세간약간종성 이방편지견 이위설법 발출중생 처처탐착 아등어불공덕 언불능선. 유불세존 능지아등심심본원.'
	한글 풀이	그때 부루나미다라니자(富樓那彌多羅尼子)는 부처님께서 이 지혜의 방편으로 중생 근기 따라 수의설법 하심을 듣고, 또 여러 큰 제자들에게 아뇩다라삼먁삼보리를 수기하시는 것과 지난 세상 인연의 일과 또한 여러 부처님들이 자유로운 큰 신통력이 있음을 들었다. 그래서 미증유를 얻어 마음이 청정하고, 뛸 듯이 기뻐하며 자리에서 일어나 부처님께 머리 숙여 예배하고, 한쪽으로 물러나 부처님의 존안을 우러러보되, 눈을 잠시도 깜박이지 않고 생각하였다. '세존께서는 매우 특별하시고, 하시는 일이 또한 희유하시어 세간의 여러 가지 종성에 따라 방편과 지견으로써 법을 설하시어 중생이 집착하는 곳을 떠나게 해 주시니, 우리들은 그 부처님의 공덕을 말로 다 할 수가 없구나. 오직 부처님 세존만이 우리들의 깊은 마음속 본래의 바라는 바를 아시리라.'
2	한문 원전	爾時 佛告諸比丘, "汝等見是富樓那彌多羅尼子不? 我常稱其於說法人中 最爲第一 亦常歎其種種功德. 精勤護持 助宣我法 能於四衆 示教利喜 具足解釋佛之正法 而大饒益同梵行者 自捨如來 無能盡其言論之辯. 汝等勿謂富樓那 但能護持 助宣我法. 亦於過去九十億諸佛所 護持助宣佛之正法 於彼說法人中亦最第一."

<table>
<tr><td></td><td>한글
읽기</td><td>이시 불고제비구. "여등견시부루나미다라니자부? 아상칭기어설법인중 최위제일 녁상탄기종종공덕. 정근호지 조선아법 능어사중 시교리희 구족해석불지정법 이대요익동범행자 자사여래 무능진기언론지변. 여등물위부루나 단능호지 조선아법. 역어과거구십억제불소 호지조선불지정법 어피설법인중역최제일."</td></tr>
<tr><td>2</td><td>한글
풀이</td><td>이때 부처님께서 여러 비구들에게 말씀하셨다. "너희들은 이 부루나미다라니자를 보았느냐? 나는 항상 설법하는 사람 가운데서 그가 제일이라 칭찬했으며, 온갖 그의 공덕을 찬탄하였느니라. 부지런히 정진하여 나의 법을 받들며, 펴는 것을 도왔고, 사부대중을 가르쳐 이롭고 기쁘게 하며, 부처님의 바른 법을 일일이 해석하여 같은 범행자를 크게 이익되게 하였으니 여래를 제외하고는 그가 말로 논의하는 능력을 따를 자가 없느니라. 그러나 너희들은 부루나가 단지 나의 법만 잘 지니고 펴는 것을 도운다고 생각지 말라. 과거 90억 부처님들 처소에서도 부처님의 정법을 잘 지니고 펴는 것을 도왔으며, 설법하는 사람 중에 가장 으뜸이었느니라."</td></tr>
<tr><td rowspan="3">3</td><td>한문
원전</td><td>"又於諸佛所說空法 明了通達 得四無礙智 常能審諦清淨說法 無有疑惑 具足菩薩神通之力 隨其壽命 常修梵行. 彼佛世人 咸皆謂之 實是聲聞. 而富樓那以斯方便 饒益無量百千衆生 又化無量阿僧祇人 令立阿耨多羅三藐三菩提 爲淨佛土故 常作佛事 教化衆生. 諸比丘! 富樓那亦於七佛說法人中 而得第一 今於我所說法人中 亦爲第一 於賢劫中 當來諸佛說法人中 亦復第一 而皆護持助宣佛法. 亦於未來 護持助宣無量無邊諸佛之法 教化饒益無量衆生 令立阿耨多羅三藐三菩提. 爲淨佛土故 常勤精進 教化衆生 漸漸具足菩薩之道 過無量阿僧祇劫 當於此土 得阿耨多羅三藐三菩提."</td></tr>
<tr><td>한글
읽기</td><td>"우어제불소설공법 명료통달 득사무애지 상능심체청정설법 무유의혹 구족보살신통지력 수기수명 상수범행. 후불세인 함개위지 실시성문. 이부루나이사방편 요익무량백천중생 우화무량아승기인 영립아뇩다라삼먁삼보리 위정불토고 상작불사 교화중생. 제비구! 부루나역어칠불설법인중 이득제일 금어아소설법인중 역위제일 어현겁중 당래제불설법인중 역부제일 이개호지조선불법. 역어미래 호지조선무량무변제불지법 교화요익무량중생 영립아녁다라삼먁삼보리. 위정불토고 상근정진 교화중생 점점구족보살지도 과무량아승기겁 당어차토 아뇩다라삼먁삼보리."</td></tr>
<tr><td>한글
풀이</td><td>"또 부처님께서 설하신 공법에도 밝게 통달하여 4무애지를 얻어 항상 잘 살피어 청정하게 법을 설하되 의혹됨이 없으며, 보살의 신통력을 다 갖추어 그 수명을 따라 항상 범행을 닦았으므로, 그 부처님의 세상 사람들은 이는 참다운 성문이라고 다 말하였느니라. 부루나는 이런 방편으로써 한량없는 백천 중생을 이익되게 하며, 또 한량없는 아승기의 사람들을 교화하여 아뇩다라삼먁삼보리에 이르도록 하되 부처님의 국토를 청정하게 하려고 항상 불사를 하고 중생을 교화하였느니라. 여러 비구들아! 부루나는 또 과거의 일곱 부처님께서 계신 곳에서 설법하는 사람 가운데서도 제일이었으며, 지금 내가 있는 곳</td></tr>
</table>

3	한글 풀이	에서 설법하는 사람 가운데서도 또한 제일이고, 현겁 중 앞으로 올 여러 부처님들께서 계신 곳에서 설법하는 사람 가운데서도 또한 제일로서, 부처님의 법을 다 받들어 가지고 도와 선설하느니라. 또 미래에도 한량없고 가없는 많은 부처님들의 법을 받들어 가지고 도와 선설하고, 한량없는 중생을 교화하여 이익되게 하며, 아뇩다라삼먁삼보리에 이르게 하지만, 부처님의 국토를 청정하게 하기 위하여 부지런히 항상 정진하고, 중생을 교화하여 보살의 도를 점점 갖추어, 한량없는 아승기겁을 지나 이 땅에서 아뇩다라삼먁삼보리를 얻으리라."
4	한문 원전	"號曰 **法明如來** 應供 正遍知 明行足 善逝 世間解 無上士 調御丈夫 天人師 佛世尊. 其佛以恒河沙等三千大千世界 爲一佛土. 七寶爲地 地平如掌 **無有山陵 谿澗溝壑** 七寶臺觀 充滿其中. 諸天宮殿 近處虛空 **人天交接 兩得相見** 無諸惡道 亦無女人 一切衆生 皆以化生 無有婬欲 得大神通 身出光明 飛行自在 志念堅固 精進智慧 普皆金色 三十二相而自莊嚴."
	한글 읽기	"호왈 **법명여래** 응공 정변지 명행족 선서 세간해 무상사 조어장부 천인사 불세존. 기불이항하사등산천대천세계 위일불토. 칠보위지 지평여장 **무유산릉 계간구학** 칠보대관 충만기중 제천궁전 근처허공 **인천교접 양득상견** 무제악도 역무여인 일체중생 개이화생 무유음욕 득대신통 신출광명 비행자재 지념견고 정진지혜 보개금색 삼십이상자장엄."
	한글 풀이	"명호는 법명여래·응공·정변지·명행족·선서·세간해·무상사·조어장부·천인사·불세존이니라. 그 부처님께서는 항하의 모래알 같은 삼천대천세계를 하나의 불국토로 만드느니라. 칠보로 된 땅은 손바닥 같이 평평하고, 산과 언덕 냇물과 계곡이 없으며, 칠보로 된 망루들이 그 속에 가득하리라. 하늘의 궁전들이 허공에 가까이 있어 사람과 하늘이 서로 사귀며 만날 수 있고, 어떠한 악도 없고 여인도 없으며, 일체중생이 다 화생(化生)하므로 음욕이 없느니라. 또한 큰 신통을 얻어 몸에서 밝은 광명이 나고 공중을 자유로이 날아들며, 뜻과 생각이 견고하고 정진하여 널리 황금색의 32상을 스스로 다 장엄하느니라."
5	한문 원전	"其國衆生 常以二食 **一者法喜食 二者禪悅食**. 有無量阿僧祇千萬億那由他 諸菩薩衆 得大神通四無礙智 善能教化衆生之類 其聲聞衆 **筭數挍計** 所不能知 皆得具足六通 三明及八解脫. 其佛國土 有如是等無量功德 莊嚴成就. 劫名寶明 國名善淨 其佛壽命無量阿僧祇劫 法住甚久. 佛滅度後 起七寶塔 遍滿其國." 爾時 世尊欲重宣此義 而說偈言.
	한글 읽기	"기국중생 상이이식 **일자법희식 이자선열식**. 유무량아승기천만억나유타 제보살중 득대신통사무애지 선능교화중생지류 기성문중 **산수교계** 소불능지 개득구족육통 삼명급팔해탈. 기불국토 유여시등무량공덕 장엄성취. 겁명보명 국명선정 기불수명무량아승기겁 법주심구. 불멸도후 기칠보탑 변만기국." 이시 세존욕중선차의 이설게언.

<table>
<tr><td rowspan="2">5</td><td>한글
풀이</td><td>"그 나라 중생은 항상 두 가지로 음식을 삼으니, 첫째는 법을 듣고 기뻐하는 법희식이요, 둘째는 선정에 들어 기뻐하는 선열식이니라. 한량없는 아승기 천만억 나유타의 많은 보살 대중이 있어, 그들도 큰 신통과 4무애지를 얻어 중생들을 교화하며, 그 나라의 성문 대중도 숫자로 헤아릴 수 없으나, 모두 6통(通)과 3명(明)과 8해탈(解脫)을 얻어 구족였느니라, 그 부처님의 국토는 이와 같이 한량없는 공덕으로 장엄하게 이루어지며, 그 겁의 이름은 보명(寶明)이고, 나라의 이름은 선정(善淨)으로, 부처님의 수명은 한량없는 아승기겁이며 법이 세상에 아주 오래 머물고, 그 부처님 열반하신 뒤에는 그 나라 가득히 7보탑을 세우는데 그 나라에 가득하리라." 그때 세존께서 이 뜻을 거듭 펴시려고 게송으로 읊으셨다.</td></tr>
<tr><td>중요용어</td><td>❶ 부루나미다라니자(富樓那彌多羅尼子)　❷ 득사무애지(得四無礙智)
❸ 상능심체청정설법(常能審諦淸淨說法)　❹ 칠불(七佛)　❺ 현겁(賢劫)
❻ 법명여래(法明如來)　❼ 무유산릉 계간구학(無有山陵 谿澗溝壑)
❽ 인천교접 양득상견(人天交接 兩得相見)
❾ 일자법희식 이자선열식(一者法喜食 二者禪悅食)　❿ 산수교계(算數校計)</td></tr>
</table>

　법화경의 근본 종지가 일체중생의 성불에 있고, 이승과 삼승의 방편은 있으나 마침내는 일불승으로 아뇩다라삼먁삼보리를 증득하여, 억조 중생이 모두 부처가 되는 통일, 융합의 가르침의 대장정이라는 걸 우리는 잘 알고 있습니다. 그 과정에서 부처님이 증험으로 대중에게 내보이신 미션의 수행이 앞의 비유품과 수기품에서 사리불, 마하가섭, 수보리, 가전연과 목건련 등에게 성불의 보증수표인 수기를 내리심으로 나타났었고, 이제 본 품에서는 부루나를 위시하여 더 많은 제자들에게 집단으로, 단체 수기를 내리려 하십니다. 그것도 무려 1,200 아라한을 대상으로 말입니다. '대기업도 수표를 남발하다 보면 부도가 나던데…' 하시는 독자님은 없겠지만요. 부처님은 이들 하나하나의 근기를 다양한 방편을 통해 선정으로 꿰뚫고 계시고, 마침내는 모든 중생이 성불을 할 수밖에 없도록 코디가 되어 있는, 우주의 제법실상을 모두 알고 하시는 발급이니 전혀 걱정하실 필요가 없습니다. 그러니 우리들도 시간의 문제이지 반드시 성불할 수밖에 없다는 법화경의 진리 하나만은 믿어 의심치 말아야겠습니다.

본 품의 제목은 〈오백제자 수기품〉이라고 하였습다만, 실은 〈천이백 제자 수기품〉이라 하는 편이 더 사실에 부합된다 하겠는데요. 다음 장에서 설명드리겠지만, 부루나존자가 법명(法明)여래의 수기를 받는 것을 본 나머지 아라한들이 그 자리에서 부루나 존자를 부러워하자, 제자들의 마음을 알아보신 부처님은 그들 나머지 아라한 모두에게도 똑같이 수기를 내리시니, 천이백 제자 중 부루나존자가 먼저 수기를 받고 나머지 아라한들이 다 수기를 받았기 때문에 정확한 숫자는 천이백 제자가 됩니다.

수기는 기독교의 세례나, 천주교에서 행하는 영세(領洗)의식 또는 불교에서 계(戒)를 받는 수계(受戒)의식에서처럼, 신자가 종교적 계율에 서약하는 행위가 아니라, 부처님의 권능으로 미래 성불의 보증을 받는다는 점에서, 모든 인류에게 보편적으로 내재된 불성에 호소하여, 스스로 일불승의 아뇩다라삼먁삼보리를 이루게 하는 불교의 자율·통일융합사상의 발현이라 하겠습니다. 그러면 부처님이 수기를 내리실 수 있는 근거는 무엇일까요? 그것은 생명에 대한 찬연한 빛이 우리들 누구에게나 있음을 부처님께서 꿰뚫어 보신 때문인데요. 그 빛이야말로 우주 존재의 본질과 합치하는 성불의 인자(因子)요, 영원히 꺼지지 않는 지혜의 횃불이기 때문입니다.

무명을 밝히는 진리의 불빛과 내 안에 타오르는 생명의 빛이 파동과 입자로 전혀 같은 것인 만큼, 진리의 불빛이 꺼지지 않는 한 우리들은 언젠가 반드시 성불할 수밖에 없는 존재라는 것입니다. 우리가 비록 사바세계에서 살아가며, 갖은 고통과 번민에 찌든 노예라고 해도 우리가 쉽게 삶과 성불의 길을 포기할 수 없는 이유가 여기에 있습니다. 짧지 않은 인생길을 살아가다 보면 수없는 좌절과 고난, 심지어 죽음보다 더한 고통 또한 자신의 의지와는 전혀 무관하게 찾아오게 마련입니다. 그러나 그 고통과 번민 또한 어둠의 빛이긴 하지만, 거기에도 엄숙한 우주의 질서인 빛이 나름대로의 파장을 지니고 나를 찾아온 것이란 진리를 받아들여야 합니다.

피할 수 없으면 즐기라는 말처럼, 어쩔 수 없다면 그 고통의 빛에 나의 파장을 동조시키면 됩니다. 영원한 밝음도 없고, 영원한 어둠도 없다는 것입니다. 생명이 경각에 달려 있거나, 삶 자체가 나락으로 떨어질 위기에 처한 분이 저의 이런 논지를 읽으신다면, '누굴 복장 지르는 거냐! 네 놈이 내 지경 한번 되어 봐라! 그런 심봉사 자장가 부르는 소리가 나오겠냐?' 하시겠지만, 어쩌겠습니까? 마가레트 밋첼의 장편소설 『바람과 함께 사라지다』의 끝 장면이 생각납니다. "After all, tomorrow is another day." "내일은 내일의 해가 뜬다." 그러니 할 수 있는 최선을 다할 뿐, 내일 일을 미리 걱정할 필요가 없다는 말이 되는데 뜨는 해, 지는 해가 모두 내 안의 생명의 빛과 다르지 않다는 것만 기억하면 될 터입니다. '과거심불가득, 현재심 불가득, 미래심 불가득'이라 하셨잖습니까?

본문으로 들어가 봅니다. 부처님은 설법제일인 부루나존자의 다겁생래(多怯生來) 공덕을 칭탄하십니다. 부루나존자는 과거 90억 부처님의 처소에서 불법을 지키고 능변으로 설법해서, 무량아승기의 사람들을 교화하여 아뇩다라삼먁삼보리심을 일으키게 했다고 하시면서, 부루나존자는 과거와 마찬가지로, 미래에도 설법제일로 불법을 펼 것이며, 무량아승기겁이 지난 후에 법명여래(法明如來)라는 이름으로 성불할 것이라고 수기를 내리십니다. 부처님의 10대 제자 중 한 사람인 부루나의 본명은 부루나미다라니자인데, 미다라니자는 부루나가 미다라니자의 아들인 때문입니다. 교살라국(憍薩羅國) 사람이며, 인도 카스터 계급의 최고위층인 바라문(婆羅門) 가문의 출신으로, 부처님이 성도하여 녹야원에서 설법하심을 듣고 부처님께 귀의한 제자인데, 대중을 스피치로 끌어들여 이해시키고, 소통하는 변재(辯才)가 뛰어나서 설법 제일 부루나란 별칭이 붙은 제자이기도 합니다.

또한 부처님께서 설하신 공법(空法)에도 밝게 통달하여, 4무애지를 얻어 항상 잘 살피어 청정하게 법을 설하되 의혹됨이 없었으며, 보살의 신통력을 다 갖추어 그 수명(受命)을 따라 항상 범행을 닦았으므로, 그 부처님의 세상 사람들은 부루나를 참다운 성문이라고 모두 말하였다고 찬탄하십니다. 부루나에게 법명여래란 명호를 내리신 것은 설법 제일인 부루나인 만큼, 법과 언설에 막힘이 없어서 무명의 어둠까지를 법의 광명으로 활연히 밝힌다는 의도로 읽을 수 있습니다. 여기서는 4무애지에 대해 잠시 살펴보도록 하겠습니다.

✦ **사무애지**(四無礙智)
   ❶ **법무애해**(法無礙解) : 가르침을 표현한 글귀나 문장을 막힘없이 명료하게 이해하고 말함.
   ❷ **의무애해**(義無礙解) : 글이나 문장으로 표현된 가르침의 의미를 막힘없이 명료하게 이해하고 말함.
   ❸ **사무애해**(詞無礙解) : 여러 가지 언어를 막힘없이 명료하게 이해하고 말함.
   ❹ **변무애해**(辯無礙解) : 바른 이치에 따라 막힘없이 가르침을 설함.

〈제2 방편품〉에서 살펴본 사무애변과 비슷한 내용들로 이루어져 있지만, 모두가 타인을 이해시키고 설법하는데 갖추어야 할 능력과 소양을 이르거니와 번지르르한 말솜씨와는 다른 것임을 알 수 있습니다. 그런 부루나가 수기를 받고, 항하의 모래알 같은 삼천대천세계를 하나의 불국토로 만들게 된다고 하십니다.

"칠보로 된 그 땅은 손바닥같이 평평하고, 산과 언덕 냇물과 계곡이 없으며, 칠보로 된 망루들이 그 속에 가득하리라. 하늘의 궁전들이 허공에 가까이 있어 사람과 하늘이 서로 사귀며 만날 수 있고, 어떠한 악도 없고 여인도 없으며, 일체중생이 다 화생(化生)하므로 음욕이 없느니라. 또한 큰 신통을 얻어 몸에서 밝은 광명이 나고 공중을 자유로이 날아들며, 뜻과 생각이 견고하고 정진하여, 널리 황금색의 32상을 스스로 다 장엄하느니라."

여기서는 '무제악도 역무여인(無諸惡道 亦無女人)'에 잠시 주목할 필요가 있겠습니다. 풀이하면 '어떠한 악도 없으며, 여인 또한 없다.'는 말인데, 언뜻 보면 여인을 악과 대등절(對等節)로 규정한 '악=여인'으로 읽을 수도 있어 우리나라 여성가족부 관계자가 이 법화경을 공부하면 불교 자체를 배척하는 정책적 반발이 일어나지 않을까 하는 걱정마저 드는군요. 하지만 부처님의 설법 요지는 만악(萬惡)의 근원은 애욕과 욕정에 기반한 것이므로, 법명여래가 임할 국토에는 애초에 악의 무리 자체가 없다는 말씀이라 기억해 두시면 좋겠습니다.

어찌보면 애욕은 우리 인생의 거의 대부분을 차지하는 근원적 욕망이긴 하지만, 때로는 사랑이란 이름으로 둔갑하여, 나와 세상을 태우는 화마(火魔)가 되기도 하잖습니까? 사랑을 하지 말라는 말이 아니고, 창공을 나는 새가 흔적을 남기지 않듯 그리고 부루나가 임할 불국토에서처럼, 사람과 하늘이 서로 만나 사귀며, 일체중생이 음욕이 없어 다 화생(化生)하는 것과 같이, 사랑을 하되 사랑에 얽매이지 않는 사랑이야말로 진정한 사랑의 진면목이 아닐까하는 생각을 가져봅니다.

그 나라의 중생은 항상 두 가지로 음식을 삼으니, 첫째는 법을 듣고 기뻐하는 법희식(法喜食)이요, 둘째는 선정에 들어 기뻐하는 선열식(禪悅食)이라 하시네요. 대부분의 독자분들께서는 처음 들어보는 식사메뉴일 것 같은데요. 법희식과 선열식은 선근(善根)을 기르는 오식(五食)의 다섯 가지 법식(法食)인, 그러니까 염식(念食), 법희식, 선열식, 원식(願食), 해탈식(解脫食) 중의 각 하나를 이르는데, 우리들이 에너지를 위해 섭취하는 육신을 위한 식사 메뉴가 아니라, 법과 선정(禪定)에 들어 무상정등각으로 가는데 필요한 진리의 에너지원이라 알아두시면 되겠습니다.

❶ 부루나미다라니자(富樓那彌多羅尼子) : 설법 제일 부루나의 본명. 미다라니자는 부루나가 미다라니자의 아들인 때문

❷ 득사무애지(得四無礙智) : 막힘없이 명료하게 이해하고 말하는 네 가지 능력을 얻음

❸ 상능심체청정설법(常能審諦淸淨說法) : 항상 잘 살피어 청정하게 법을 설함

❹ 칠불(七佛) : 석가모니 이전 출현한 부처로, 비바시불(毘婆尸佛)·시기불(尸棄佛)·비사부불(毘舍浮佛)·구류손불(拘留孫佛)·구나함불(拘那含佛)·가섭불(迦葉佛)·석가모니불(釋迦牟尼佛) 일곱이지만, 석가모니 이전 부처님은 여섯 부처가 됨

❺ 현겁(賢劫) : 겁(劫)이란 천지가 한번 개벽한 후부터 다음 개벽할 때까지의 기간. 겁에는 과거겁(住劫)과 현재겁(賢劫), 미래겁(星宿劫)의 세 종류가 있음. 이 중 현겁은 현재의 겁으로 세상이 성(成)·주(住)·괴(壞)·공(空)의 4기를 일주하는 데 걸리는 시간인데, 이 기간에 1천불이 나타난다고 함.

❻ 법명여래(法明如來) : 부루나존자가 부처님으로 수기를 받은 명호

❼ 무유산릉 계간구학(無有山陵 谿澗溝壑) : 산과 언덕 보또랑, 냇물과 계곡이 없음

❽ 인천교접 양득상견(人天交接 兩得相見) : 사람과 하늘이 서로 사귀며 만날 수 있음

❾ 일자법희식 이자선열식(一者法喜食 二者禪悅食) : 다섯 가지 법식(法食)의 하나. 즉 염식(念食), 법희식, 선열식, 원식(願食), 해탈식(解脫食)

❿ 산수교계(算數校計) : 숫자로서는 헤아릴 수 없음

단락	구분	원문 및 한글 번역
6	한문 원전	爾時 **千二百阿羅漢** 心自在者 作是念. ‘我等歡喜 得未曾有. 若世尊各見授記 如餘大弟子者 不亦快乎!’ 佛知此等 心之所念 告摩訶迦葉. “是千二百阿羅漢 我今當現前次第 與授阿耨多羅三藐三菩提記. 於此衆中 我大弟子 憍陳如比丘 當供養六萬二千億佛 然後得成爲佛 號曰 **普明如來** 應供 正遍知 明行足 善逝 世間解 無上士 調御丈夫 天人師 佛世尊. 其 **五百阿羅漢** 優樓頻螺迦葉 伽耶迦葉 那提迦葉 迦留陀夷 優陀夷 阿㝹樓馱 離婆多 劫賓那 薄拘羅 周陀 莎伽陀 等 皆當得阿耨多羅三藐三菩提 盡同一號 名曰普明.” 爾時 世尊欲重宣此義 而說偈言.
	한글 읽기	이시 **천이백아라한** 심자재자 작시념. ‘아등환희 득미증유. 약세존각견수기 여여대제자자 불역쾌호!’ 불지차등 심지소념 고마하가섭. “시천이백아라한 아금당현전차제 여수아녹다라삼먁삼보리기. 어차중중 아대제자 교진여비구 당공양육만이천억불 연후득성위불 호왈 **보명여래** 응공 정변지 명행복 선서 세간해 무상사 조어장부 천인사 불세존. 기**오백아라한** 우루빈나가섭 가야가섭 나제가섭 가류타이 우타이 아누루타 이바다 겁빈나 박구라 주타 사가타 등 개당득아녹다라삼먁삼보리 진동일호 명왈보명.” 이시 세존욕중선차의 이설게언.
	한글 풀이	그때 1천2백의 마음이 자재한 아라한들은 이렇게 생각하였다. ‘우리들은 지금 일찍이 없었던 기쁨을 얻었도다. 만일 세존께서 다른 큰 제자들처럼 우리에게도 수기를 주시면 얼마나 기쁘겠는가!’ 이때 부처님께서는 그들의 마음과 생각하는 바를 아시고 마하가섭에게 말씀하셨다. “이 1천 2백의 아라한들에게도 지금 내 앞에서 아녹다라삼먁삼보리의 수기를 차례대로 주리라. 이 가운데 있는 내 큰 제자 교진여비구는 앞으로 6만 2천억의 많은 부처님들을 공양한 뒤에 성불할지니, 그 이름은 보명여래·응공·정변지·명행족·선서·세간해·무상사·조어장부·천인사·불세존이리라. 또 5백의 아라한인 우루빈라가섭·가야가섭·나제가섭·가류타이·우타이·아누루타·리바다·겁빈나·박구라·주타·사가타 등도 반드시 아녹다라삼먁삼보리를 모두 얻으리니, 그 이름 또한 모두 보명이리라.” 그때 세존께서 이 뜻을 거듭 펴려고 게송으로 읊으셨다.
7	한문 원전	爾時 五百阿羅漢於佛前 得受記已 歡喜踊躍 卽從座起 到於佛前 頭面禮足 悔過自責. “世尊! 我等常作是念 自謂已得究竟滅度 今乃知之 如無智者. 所以者何? 我等應得如來智慧 而便自以小智爲足.”

	한글 읽기	이시 오백아라한어불전 득수기이 환희용약 즉종좌기 도어불전 두면예족 회과자책. "세존! 아등상작시념 자위이득구경멸도 금내지지 여무지자. 소이자하? 아등응득여래지혜 이편자이소지위족."
7	**한글 풀이**	그때 5백 아라한은 부처님 앞에서 수기를 받고 그 마음이 환희하여 뛸 듯이 기뻐하며 자리에서 일어나 부처님께 머리 숙여 예배하고, 자기들의 잘못을 뉘우치고 자책하여 말하였다. "세존이시여! 저희들은 항상 이런 생각을 하였습니다. 저희들도 구경의 열반을 얻었노라 했더니, 이제 알고 보니 지혜없는 사람과 같았습니다. 왜냐하면? 저희들이 얻어야 할 것은 여래의 지혜이거늘, 다만 작은 지혜를 얻고 스스로 만족했기 때문입니다."
	한문 원전	"世尊! 譬如有人 至親友家 醉酒而臥. 是時 親友官事當行 以無價寶珠 繫其衣裏 與之而去. 其人醉臥 都不覺知 起已遊行 到於他國. 爲衣食故 勤力求索 甚大艱難 若少有所得 便以爲足. 於後親友會遇 見之而作是言, **咄哉丈夫**! 何爲衣食乃至如是? 我昔欲令汝得安樂 五欲自恣 於某年日月 以無價寶珠 繫汝衣裏 今故現在 而汝不知 勤苦憂惱 以求自活 甚爲癡也. 汝今可以此寶 貿易所須 常可如意 無所乏短.'"
	한글 읽기	"세존! 비여유인 지친우가 취주이와. 시시 친우관사당행 이무가보주 계기의리 여지이거. 기인취와 도불각지 기이유행 도어타국. 위의식소 근력구색 심대간난 약소유소득 편이위족. 어후친우회우 견지이작시언. **돌재장부**! 하위의식내지여시? 아석욕령여득안락 오욕자자 어모년일월 이무가보주 계여의리 금고현재 이여부지 근고우뇌 이구자활 심위치야. 여금가이차보 무역소수 상가여의 무소핍단.'"
8	**한글 풀이**	"세존이시여, 비유하면 어떤 사람이 친구의 집을 찾아가 술이 취하여 누웠는데, 그때 그 집 친구는 볼일이 있어 집을 나가면서 값도 모를 보배 구슬을 그의 옷 속에 꿰매어 두고 갔지만, 술이 취한 친구는 그것도 알지 못하고, 잠에서 깨어 일어나 멀리 다른 나라에까지 이르렀습니다. 그곳에서 의식을 해결하느라 무척 많은 고생을 하면서 조그만 소득이 있으면 그것으로 만족하며 살았습니다. 그 후 다시 친구를 만나게 되었는데, 친구가 그를 만나보고 말하였습니다. '이 못난 위인아! 어찌하여 의식 때문에 이렇게 구차하게 사는가? 내가 옛날 너에게 안락하고 5욕을 즐기도록, 모년 모일월 어느 날 네가 찾아왔을 때, 값도 모를 보배 구슬을 너의 옷 속에 넣어주었으니, 지금도 그대로 있을 것이다. 너는 그것도 모르고 의식을 구하기 위해 고생하고 번뇌하며 구차하게 살고 있으니, 참으로 어리석구나. 자네가 이제 이 보물로써 소용되는 것들을 사들인다면, 항상 뜻과 같이 되어 부족함이 없으리라.'"
9	**한문 원전**	"佛亦如是 爲菩薩時 教化我等令發一切智心 而尋廢忘 不知不覺 旣得阿羅漢道 自謂滅度 資生艱難 得少爲足 一切智願 猶在不失. 今者世尊 覺悟我等 作如是言. '諸比丘! 汝等所得 非究竟滅. 我久令汝等 種佛善根 以方便故 示涅槃相 而汝謂爲實得滅度.' 世尊! 我今乃知實是菩薩 得受阿耨多羅三藐三菩提記. 以是因緣 甚大歡喜 得未曾有." 爾時 阿若憍陳如等 欲重宣此義 而說偈言.

<table>
<tr><td rowspan="3">9</td><td>한글
읽기</td><td>"불역여시 위보살시 교화아등영발일체지심 이심폐망 부지불각 기득아라한도 자위멸도 자생간난 득소위족 일체종지 유재불실. 금자세존 각오아등 작여시언. '제비구! 여등소득 비구경멸. 아구령여등 종불선근 이방편고 시열반상 이여위위실득멸도.' 세존! 아금내지실시보살 득아뇩다라삼먁삼보리기. 이시인연 심대환희 득미증유." 이시 아야교진여등 욕중선차의 이설게언.</td></tr>
<tr><td>한글
풀이</td><td>"부처님께서도 이와 같아 보살로 계실 때에, 저희들을 교화하시어 일체지의 마음을 내도록 하셨지만, 그것을 잊어 알지도 깨닫지도 못하고, 이미 아라한도를 얻은 것을 멸도라고 생각하였나이다. 살아감이 어렵고 가난하여, 작은 것만 얻어도 만족하게 생각하였으나, 일체지를 바라는 마음은 아직 잃지 아니하였습니다. 지금 세존께서 저희들을 깨닫게 하시려고 말씀하셨습니다. '여러 비구들아! 너희들이 지금 얻은 것은 구경의 열반이 아니니라. 내가 오랫동안 너희들로 하여금 부처님의 선근을 심도록 하였고, 방편으로써 열반의 모양을 보였으나, 너희들은 그것으로 진실한 멸도를 얻었다고 하노라.' 세존이시여! 이제서야 저희들은 보살로서 아뇩다라삼먁삼보리의 수기를 받을 수 있음을 알았으며, 이런 인연으로 마음이 매우 환희하며 미증유를 얻었습니다." 이때 아야교진여 등이 이 뜻을 거듭 펴려고 게송으로 읊었다.</td></tr>
<tr><td>중요용어</td><td>❶ 천이백아라한(千二百阿羅漢)　❷ 보명여래(普明如來)
❸ 오백아라한(五百阿羅漢)　❹ 돌재장부(咄哉丈夫)</td></tr>
</table>

앞 단락 [1~5]에서는 설법 제일 부루나에게 법명여래의 수기를 내리심에 있어 부처님이 부루나 존자에 대하여 칭탄하심과 그의 국토 및 법상(法相) 등에 대하여 살펴보았습니다. 본 장에서는 법화경의 일곱 가지 비유 중 다섯 번째 비유인 '의리계주(衣裏繫珠)의 비유'가 소개되는 아주 중요한 설법이 펼쳐지게 됩니다. 우리가 살아가면서 행복을 쟁취하는 데 있어 불법의 지혜가 얼마나 소중한 재산이며, 그 길에서 스스로의 깨달음이 어떻게 나의 인생의 행로를 바꾸어 주는가를 알게 해주는 교과서적 가르침이 전개될 것입니다. 그러면서 우리들 스스로가 무릎을 치며, 이제껏 모른 채로 자신이 애초부터 지니고 있던 보석 같은 가치를 새삼 깨닫게 되는 감동 벅찬 환희심에 젖게 되리란 확신도 가져봅니다.

먼저 본문의 순서대로 1,200아라한과 아야교진여 외 500아라한의 수기 내리심부터 공부해 보도록 하겠습니다. 오백제자 중 녹야원에서부터 초전법륜

설법을 듣고 아라한이 된 아야교진여를 부처님은 특별히 당신의 큰 제자라고 밝히시며, 그에게 대표로 보명여래(普明如來)를 수기하시고, 교진여 비구를 포함 1,200제자 모두에게도 보명여래라 하리라고 말씀하십니다. 또한 이들 중 5백의 아라한인 「우루빈라가섭·가야가섭·나제가섭·가류타이·우타이·아누루타·리바다·겁빈나·박구라·주타·사가타」 등에게도 그 이름이 모두 보명이라 하리라고 하셨기 때문에 〈오백제자수기품〉으로 전해지게 된 것입니다. 그러니 1,200아라한 + 500아라한 하여 1,700아라한이 아니고, 500아라한을 포함한 1,200아라한이 됩니다. 여기서도 500 또는 1,200을 숫자 원, 투, 쓰리, 포… 이렇게 하여 오백 번째라는 뜻으로 이해하시지 말고, 불법의 키워드인 오온(五蘊), 오욕(五慾) 등과 12인연설법 등이 확장된 이미지의 숫자로 받아들일 필요가 있겠습니다.

수기를 내리시게 된 동기는, 부루나가 부처님으로부터 법명여래의 수기 받음을 보고, 1,200아라한들이 다음과 같이 생각하며 환희심을 냈던 때문인데요. '우리들은 지금 일찍이 없었던 기쁨을 얻었도다. 만일 세존께서 다른 큰 제자들처럼 우리에게도 수기를 주시면 얼마나 기쁘겠는가!'라고 생각하는 제자들의 뜻을 부처님이 꿰뚫어 보신 거지요. 따라서 교진여 비구를 대표로 무려 1,200에 이르는 제자에게 단체로 수기를 내리시니 그 명호가 모두 보명여래인 것입니다.

모두에게 같은 이름의 보명여래라! 분별심에 길들여진 우리 중생들로서는 피아 구분도 되지 않는 단체 수기가 무슨 의미가 있느냐고 생각할 수 있겠습니다만, 고유명사가 아니라 어둠을 능히 밝히라는, 부처님의 당부가 담긴 직능 명호라 생각하시면 됩니다. 보명(普明)이란 글자의 뜻 자체가 널리 두루 밝힌다는 뜻이니 앞에서 말씀드린 것처럼, 우리 모두가 어둠을 밝히는 빛의 화신으로서, 차별없는 빛에 의한 파동과 입자로 인해 일치된 성불의 종자인 만큼, 80억 현생 인류는 물론 미래세에 올 억조 중생 모두가 다름아닌 보명여래인 것입니다.

그러니 우리들 또한 무명의 세상을 밝히는 보명여래가 된다는 것이 아니겠습니까? 생물학적 역사공부를 좀 해볼까요? 현생인류의 생물학적 조상은 약 5억여 년전 캄브리아기에 출현한 최초의 척삭(脊索)동물인 피카이아(몸길이 약 4cm정도의 지렁이처럼 생긴 동물)로 보고 있습니다. 이 시기에 지구의 전체적 기온이 상승하였고, 해수면도 상승하여 다양한 생명체의 발현과 해양생물의 화석이 쏟아지게 되는데, 학계에서는 이를 가리켜 캄브리아기 대폭발(Cambrian explosion) 또는 생물학적 빅뱅이라고도 합니다.

이 피카이아는 눈을 가지지는 못했었지만, 빛을 감지하는 감광세포(感光細胞)가 있었기 때문에 인간의 눈으로의 기적적인 진화를 시작할 수 있었습니다. 5억 년에 걸친 진화의 결과 인간은 수만 광년 동안 우주공간을 날아온 태초의 빛을 물리적 특성으로 분석하여, 우주의 탄생비밀을 하나씩 벗겨나가고 있으며, 지금도 우주는 팽창을 계속하고 있다는 팽창우주이론을 정립하게 된 것이지요. 이로써 인간이 창조주에 의해 급조된 피조물이 아니라 138억 년 전 초기, 우주가 높은 온도와 밀도에서 대폭발을 일으키고, 점차 온도가 낮아지면서 수소와 헬륨 등의 원소들이 반응하여 물질의 역사가 시작되고, 현생인류로의 진화의 단초가 되었다는 점도 알 수 있게 된 것입니다.

태양계에 존재하는 원소는 수소, 헬륨, 리튬, 베릴륨, 불소, 탄소 등 118종이 지금까지 인류가 발견해 낸 원소의 전부입니다. 그중에서도 24종은 실험실에서 인공적으로 만든 것이기 때문에 천연적으로 존재하는 원소는 94종뿐으로서, 자연계에 존재하는 모든 물질의 원소는 이들 중 하나 또는 여러 개로 구성된 복합체이거니와 인간도 예외일 수가 없습니다. 저 먼 안드로메다 은하 가운데의 별의 성분과 내 육신의 구성 성분이 별개의 성분이 아니고 똑같은 물질 원소로 구성되어 있을 뿐입니다.

심심산골의 골짜기를 적시는 물이 큰 강물과 바닷물이 되기도 하고, 다시

증발하여 수증기가 되었다가 내 집 앞마당에 내리는 빗물이 되기도 하는 것처럼, 나를 구성하는 원소가 부처님의 원소와 다를 리 없습니다. 다만 부처님과 내가 다른 것은 우주의 제법실상을 바로 보고, 일불승으로의 무상정등각을 이루었느냐. 이루지 못했느냐의 차이일 뿐, 무명에 둘러쌓였던 어둠을 떨쳐내고, 나 하나 우뚝 깨우치면 내가 바로 부처인 것입니다. 그러니 내가 곧 우주고, 우주가 바로 나라는 것이지요. 약 7만 글자에 달하는 법화경의 요지 또한 바로 이 우주의 성불 역사를 가리키는 것일 뿐입니다. 그래서 나 하나 맑아지면 온 우주가 다 맑아지는 것이 되고, 세상이 불국토가 되면 내가 성불하는 것이 되며, 내가 성불하면 나를 둘러싸고 있는 세상 또한 불국토가 되는 것입니다.

부처와 나, 세상이 이렇게 광명의 인자로 하나 되어 있으니 무슨 언설이 더 필요하겠습니까? 불자님들이라면 잘 아시겠지만 이들 아라한에 대하여서는 사찰의 조석예불 때 성인(聖人)의 반열에서 기리게 되는데요. 부처님과 부처님의 가르침 그리고 대지문수사리보살, 대행보현보살, 대비관세음보살, 대원본존 지장보살님께 차례로 절하며, 지극한 마음으로 귀의할 것을 발원한 뒤, 다섯 번째 절을 올릴 때, 부처님의 10대 제자와 16성(聖), 5백 아라한들 및 자비로운 무량한 성인들께 지극한 마음으로 귀의하겠다는 서원을 세우게 됩니다.

"至心歸命禮 靈山當時 受佛付囑

　十大弟子 十六聖 五百聖 獨修聖 乃至

　千二百 諸大阿羅漢 無量慈悲聖衆"

"지심귀명례 영산당시 수불부촉

　십대제자 십육성 오백성 독수성 내지

　천이백 제대아라한 무량자비성중" 풀이하면,

우리나라의 웬만한 사찰에는 16성인을 모신 나한전이 있고, 5백 아라한을 모신 나한전(응진전이라고도 함)도 하동 쌍계사, 송광사, 선운사와 범어사, 마곡사, 통도사 등을 비롯한 대부분의 큰 사찰에서 모시고 있지요. 소승불교의 최고의 이상향인 아라한은 이처럼 대승불교에서도 존경받는 성인이라는 점도 알려드리며, '의리계주의 비유'에서 좀 더 심화된 공부를 이어가도록 하겠습니다.

<강화 보문사의 아라한상-출처 네이버 이미지>

'의리계주의 비유'는 부처님으로부터 수기를 받은 제자들이 기뻐서 환희용약하자, 아야교진여가 제자들을 대표하여, 자신들의 그간의 과오를 비유로 들어 부처님께 아뢴 것인데요. 이를테면, 부처님이 보살 시절에 "누구에게나 불성이 잠들어 있으니 수행하여 부처님의 깨달음을 얻어라." 하신 가르침에

도 불구하고, 자신들은 깊은 잠에 취해 있어 참뜻을 알지 못한 채 소승적 깨달음을 열반이라 속단했지만, 이제야 부처님께서 자신들의 눈을 뜨게 해 주셨으니 명실공히 보살이 되었음에, 마음이 매우 환희하며 미증유를 얻었다고 간증을 하게 됩니다.

의리계주(衣裏繫珠)의 한자 뜻은 '의리'는 옷의 속 부분을 말하고, '계주'는 구슬을 매단다는 뜻이 되어 구슬을 옷 속에 꿰맨다는 뜻이 됩니다. 옛날 먼 길을 떠나는 자식에게 어머니가 걱정하며, 노잣돈을 옷 속에 복대를 하여 채여 보내듯, 부처님의 전생 보살인 친구가 술이 취해 잠든 친구의 속옷에 값을 매길 수 없는 귀중한 구슬(일승의 실상과 불성의 참된 지혜)을 꿰매어 준다는 비유입니다. '의리계주의 비유'의 내용은 본문 한글 대역 도표 앞 단락 [8]에서 이미 소개된 것처럼, 비교적 간단한 이야기 구조로 되어 있습니다. 하지만 본 비유가 상징하는 교훈의 깊이는 매우 심오하면서도 뚜렷하여, 누구나 스토리가 지니고 있는 상징의 의미에서 고개를 끄덕이게 되는, 아주 쉽고도 명징한 비유라 하겠습니다.

물론 비유가 상징하는 내용에 대하여서는 다양한 의미 부여와 해석이 가능할 것입니다만, 중요한 것은 우리들이 늘 지니고 있으면서도 몰랐던 보석 같은 불성의 빛을 찾아낸다는 것입니다. 현실세계도 그렇습니다만, 세상에서 가장 불쌍한 사람은 정말로 가난해서 거지가 된 사람보다, 쌓아놓은 재물이 넘쳐나는 데도 쓸 줄을 몰라 거지가 된 부자(富者) 거지가 아니겠습니까? 주변에 보면 현찰 알부자에 많은 부동산 임대 수입까지, 누가 봐도 알부자 소리 들을 만한 사람이 '놀면 돈만 쓰게 된다.'며 적잖은 나이에도 뼈 빠지게 일하면서 자기 먹는 것도 아까워하는 위인 한둘은 보셨을 겁니다. 우리의 정신세계도 이와 같습니다. 내게는 본래부터 지닌 불성의 보석이 있어 나는 이미 부자인데도, 스스로 그 사실을 모르니 늘 상대적 박탈감과 빈천의 그림자 속에서 사바세계를 전전하게 되는 것이지요.

‘장자의 가난한 아들’ 비유에서도 가난한 아들(중생)은 자신의 친아버지가 이루 헤아릴 수 없는 재산과 하인을 거느린 대부호 장자(長者)인 줄도 모르고, 타국을 전전하며 비렁뱅이의 삶을 살아오지 않았습니까? 앞의 비유에서는 장자가 여러 경로를 거쳐 그 재산이 모두 가난한 아들의 몫임을 밝혀주었듯, 본 비유에서도 여전히 가난을 벗어나지 못한 친구에게 부처로 비정된 친구는 크게 꾸짖으며 일갈하게 됩니다.

“돌재장부야!(咄哉丈夫!)” 즉 “이 못난 위인아!” 돌(咄)은 꾸짖다는 동사인데, 마치 ‘정신 차려 이 친구야!’라며 죽비 한 방을 때리는 것과 같다 하겠습니다. **법화경은 이처럼 종교적 교리라기보다는, 무명에 가려진 나의 참 자아를 깨닫게 하여, 대 자유의 삶을 살아가게 하는 지혜를 밝힌 참살이 교과서란 생각**이 들지 않습니까? 그러면 의리계주의 비유가 상징하는 대상과 교훈적 의미를 일목요연하게 표로 정리하여, 복습을 겸한 뒤에 다음 품으로 나아가도록 하겠습니다. 당연한 말씀입니다만, 독자 여러분께서도 다양한 의미와 상징성의 부여를 해 보시는 것도 좋겠습니다.

다시 한번 강조해 드리지만 이 비유에서 우리들이 반드시 알아야 할 것은 우리들은 이미 구제되어 있다는 것입니다. 우리는 우주의 원소와 불성으로 원래 하나가 되어 있었기 때문에 이미 부처인데도, 이 제법실상을 알지 못하기 때문에 진귀한 보물을 몸에 지니고도 그것을 쓸 줄도 모르고, 비유 속의 술취해 잠들었던 사람처럼, 고뇌와 번민 속에서 인생을 방황하는 자신을 돌아보아야 한다는 점입니다.

비유의 대상	상징적 의미	교훈적 가르침
어떤 사람	성문, 연각의 이승에 고착된 자	회삼귀일로 통일될 뿐
부자 친구	부처님	진리로써의 부처
술	오욕 : 재, 색, 식, 명예, 수면욕	욕망으로부터 자유로움 삶
술에 취함	미혹과 무명에 싸인 우매한 중생	무명을 타파하여 업장을 맑힘
옷 속의 보배	갖추어진 진여 불성과 깨달음의 지혜	일승의 실상으로 멸도에 이름
옷 속에 꿰매어 줌	인욕으로 선근을 감싸라는 당부	탐진치를 맑혀 성불에 이름
보배를 준 것도 모름	무명이 두터워 대승의 가르침을 모름	무명을 타파하여 일승에 이름
타국을 전전	의식주에 급급, 눈앞의 즐거움만 추구	대승의 가르침으로 번뇌를 벗어남
어리석음을 꾸짖음	고착된 집착을 질책	집착에서 벗어나 자유로워짐
구슬을 팔아 풍족한 삶을 누림	곧 수기를 받아 부처가 됨	누구나 성불에 이르게 됨

중요 용어해설

❶ 천이백아라한(千二百阿羅漢) : 소승불교의 최고 과위인 아라한과를 증득한 1,200명

❷ 보명여래(普明如來) : 천이백아라한이 수기를 받은 명호로, 넓게 비추는 여래란 뜻

❸ 오백아라한(五百阿羅漢) : 살적(殺賊)·응공(應供)·응진(應眞)으로도 불림. 우리나라에서는 석가모니의 10대 제자를 비롯하여 16나한, 오백나한을 나한신앙의 대상으로 삼음

❹ 돌재장부(咄哉丈夫) : '돌(咄)'은 꾸짖다는 동사. '이 못난 장부야!'란 뜻

묘법연화경 제9 수학무학인기품(授學無學人記品)

요약 및 대의

⇒ 아난과 라후라가 1,200아라한이 단체 수기 받음을 보고, 자신들도 수기를 간청함

⇒ 부처님이 아난에게 산해혜자재통왕여래(山海慧自在通王如來)의 명호를 수기하심

⇒ 임석한 8천 보살이 성문들에게 단체 수기 주심에 의구심을 가짐

⇒ 이에 부처님께서 공왕불처소에서 아난과 같이 수행하던 인연을 설하심

⇒ 라후라에게 도칠보화여래(蹈七寶華如來)의 명호를 수기하심

⇒ 부처님이 학무학인 2천인에게 단체로 보상여래(寶相如來)의 수기를 내리심

🪷 |1| 아난과 라후라외 2천인 학무학인에게도 수기를 내리심

단락	구분	원문 및 한글 번역
1	한문 원전	爾時 阿難 羅睺羅 而作是念 '我等每自思惟 設得受記 不亦快乎!' 卽從座起 到於佛前 頭面禮足 俱白佛言 "世尊! 我等於此 **亦應有分** 唯有如來我等所歸. 又我等爲一切世間天人阿修羅 所見知識. 阿難常爲侍者 護持法藏 羅睺羅是佛之子. 若佛見授阿耨多羅三藐三菩提記者 我願旣滿衆望亦足." 爾時 **學無學聲聞** 弟子二千人 皆從座起 偏袒右肩 到於佛前 一心合掌 瞻仰世尊 如阿難 羅睺羅 所願 住立一面.
	한글 읽기	이시 아난 라후라 이작시념. '아등매자사유 설득수기 불역쾌호!' 즉종좌기 도어불전 두면예족 구백불언. "세존! 아등어차 **역응유분** 유유여래아등소귀. 우아등위일체세간천인아수라 소견지식. 아난상위시자 호지법장 라후라시불지자. 약불견수아뇩다라삼막삼보리기자 아원기만중만역족." 이시 **학무학성문** 제자이천인 개종좌기 편단우견 도어불전 일심합장 첨앙세존 여아난 라후라 소원 주립일면.
	한글 풀이	그때 아난과 라후라가 생각하기를 '우리도 수기를 받는다면 얼마나 좋을까!' 하며 자리에서 일어나 부처님 앞으로 나아가 머리 숙여 발에다 예배하고 부처님께 말씀드렸다. "세존이시여! 저희들도 수기에 대한 마땅한 분수가 있을 것이옵니다. 오직 여래만이 저희가

1	한글풀이	귀의할 곳입니다. 또 일체 세간의 천, 인, 아수라들은 저희를 잘 알고 있습니다. 아난은 늘 시자로서 법장을 수호하며, 라후라는 부처님의 아들입니다. 만약 부처님께서 아뇩다라삼먁삼보리의 수기를 주신다면 저희의 소원이 다 이루어질 것이며, 중생들의 희망도 이루어질 것입니다." 그때 더 배울 것이 남았거나, 수행을 마쳐 더 배울 것이 없는 성문 제자 2천인이 모두 자리에서 일어나 오른쪽 어깨를 드러내고 부처님 앞으로 나아가 일심으로 합장하고 세존을 우러러보며, 아난과 라후라와 같이 소원하며 한쪽에 서 있었다.
2	한문원전	爾時 佛告阿難. "汝於來世 當得作佛 號**山海慧自在通王如來** 應供 正遍知 明行足 善逝 世間解 無上士 調御丈夫 天人師 佛世尊. 當供養六十二億諸佛 護持法藏 然後得阿耨多羅三藐三菩提 教化二十千萬億恒河沙諸菩薩等 令成阿耨多羅三藐三菩提. 國名**常立勝幡** 其土清淨 琉璃爲地. 劫名**妙音遍滿** 其佛壽命 無量千萬億阿僧祇劫."
	한글읽기	이시 불고아난. "여어래세 당득작불 호**산해혜자재통왕여래** 응공 정변지 명행족 선서 세간해 무상사 조어장부 천인사 불세존. 당공양육십이억제불 호지법장 연후아뇩다라삼먁삼보리 교화이십천만억항하사제보살등 영성아뇩다라삼먁삼보리. 국명**상립승번** 기토청정 유리위지. 겁명**묘음변만** 기불수명 무량천만억아승기겁."
	한글풀이	그때 부처님께서 아난에게 말씀하셨다. "너는 오는 세상에 부처님이 되리니 명호는 산해혜자재통왕여래 응공, 정변지, 명행족, 선서, 세간해, 무상사, 조어장부, 천인사, 불세존이니라. 62억 제 부처님을 공양하고 법장을 수호한 후에 아뇩다라삼먁삼보리를 얻어, 20천만억 항하사 같은 제보살들을 교화하여, 아뇩다라삼먁삼보리를 이루게 할 것이니라. 나라의 이름은 상립승번이며, 국토는 청정하고 땅은 유리로 이루어지니라. 겁의 이름은 묘음변만이고, 그 부처님의 수명은 한량없는 천만억 아승기겁이느니라."
3	한문원전	"若人於千萬億無量阿僧祇劫中 算數校計 不能得知. 正法住世倍於壽命 像法住世 復倍正法. 阿難! 是山海慧自在通王佛 爲十方無量千萬億恒河沙等諸佛如來 所共讚歎 稱其功德." 爾時 世尊欲重宣此義 而說偈言.
	한글읽기	"약인어천만억무량아승기겁중 산수교계 불능득지. 정법주세배어수명 상법주세 부배정법. 아난! 시산해혜자재통왕불 위시방무량천만억항하사등제불여래 소공찬탄 칭기공덕." 이시 세존욕중선차의 이설게언.
	한글풀이	"어떤 사람이 한량없는 천만억 아승기겁 동안 그 수를 헤아려도 알 수가 없느니라. 정법이 세상에 머물기는 수명의 배나 되며, 상법이 머무르기는 정법의 배가 되느니라. 아난아! 이 산해혜자재통왕부처님은 시방의 한량없는 천만억 항하사 같은 부처님 여래들이 다 같이 찬탄하고 그 공덕을 말씀하실 것이니라." 이때 세존께서 이 뜻을 거듭 펴시려고 게송으로 읊으셨다.

4	한문 원전	爾時 會中新發意菩薩八千人 咸作是念. '我等尚不聞諸大菩薩 得如是記, 有何因緣 而諸聲聞得如是決?' 爾時 世尊知諸菩薩心之所念 而告之曰. "諸善男子! 我與阿難等 於**空王佛所** 同時發阿耨多羅三藐三菩提心 阿難 常樂多聞 我常勤精進. 是故 我已得成阿耨多羅三藐三菩提 而阿難護持我法 亦護將來諸佛法藏 教化成就諸菩薩衆. 其本願如是 故獲斯記." 阿難面於佛前 自聞授記 及國土莊嚴 所願具足 心大歡喜 得未曾有. 即時憶念過去無量千萬億諸佛法藏 通達無礙 如今所聞 亦識本願. 爾時 阿難而說偈言.
	한글 읽기	이시 회중신발의보살팔천인 함작시념. '아등상불문제대보살 득여시기, 유하인연 이제성문득여시결?' 이시 세존지제보살심지소념 이고지왈. "제선남자! 아여아난등 어**공왕불소** 동시발아녁다라삼먁삼보리심 아난 상락다문 아상근정진. 시고 아이득성아뇩다라삼먁삼보리 이아난호지아법 역호장래제불법장 교화성취제보살중. 기본원여시 고획사기." 아난면어불전 자문수기 급국토장엄 소원구족 심대환희 득미증유. 즉시억념과거무량천만억제불법장 통달무애 여금소문 역식본원. 이시 아난이설게언.
	한글 풀이	그때 모인 가운데서 새로 발심한 보살 팔천인은 이런 생각을 하였다. '우리는 이제까지 대보살들도 수기를 받았다는 말을 듣지 못하였는데, 어떠한 인연으로 성문들이 이와 같은 결정을 받는가?' 그때 세존께서 보살들의 마음속 생각하는 바를 아시고 이렇게 말씀하셨다. "선남자들이여! 나는 아난과 함께 공왕부처님의 처소에서 똑같이 아뇩다라삼먁삼보리의 발심을 했는데, 아난은 언제나 많이 듣기를 좋아하였고, 나는 항상 부지런히 정진하였느니라. 그리하여 나는 아뇩다라삼먁삼보리를 이루었지만, 아난은 나의 법을 수호하고 장차 오실 부처님들의 법장도 수호하며, 많은 보살들을 교화하여 성취하게 할 것이니라. 그의 본래 서원이 이러하니 이 수기를 받는 것이니라." 아난이 부처님 앞에서 수기를 받으며, 국토가 잘 꾸며지는 것 등을 직접 들으니 소원이 이루어져서 매우 기뻐하며 미증유를 얻게 되었다. 이에 곧바로 과거 한량없는 천만억 제부처님들의 법장을 방금 들은 것처럼 조금도 막힘없이 기억해 냈고, 본래의 서원도 알게 되었다. 이에 아난이 계송으로 말하였다.
중요용어		❶ 역응유분(亦應有分) ❷ 학무학성문(學無學聲聞) ❸ 산해혜자재통왕여래(山海慧自在通王如來) ❹ 상립승번(常立勝幡) ❺ 묘음변만(妙音遍滿) ❻ 공왕불(空王佛)

앞 〈오백제자 수기품〉에서 1,200 제자가 단체로 수기를 받았음에도 부처님의 최측근이라 할 수 있는 4촌 아난과 친아들 라후라는 아직 수기를 받지 못하는, 본인들로서는 매우 의기소침하고 어떻게 생각하면 대열에서 소외된 듯한 기분도 들만한 상황이 발생됐다고 볼 수 있겠습니다. 그래서 아난과 라후라가 생각하기를 '우리도 수기를 받는다면 얼마나 좋을까!' 하며 자리에서

일어나 부처님 앞으로 나아가 머리 숙여 발에다 예배하고 부처님께 말씀드립니다. "세존이시여! 저희들도 수기에 대한 마땅한 분수가 있을 것이옵니다. 오직 여래만이 저희가 귀의할 곳입니다. 또 일체 세간의 천, 인, 아수라들은 저희를 잘 알고 있습니다. 아난은 늘 시자로서 법장을 수호하며, 라후라는 부처님의 아들입니다. 만약 부처님께서 아뇩다라삼먁삼보리의 수기를 주신다면 저희의 소원이 다 이루어질 것이며, 중생들의 희망도 이루어질 것입니다." 라며 청원을 드립니다.

좀은 시쳇말로 쉽게 말하자면 '우리들도 불법을 닦아온 몫이 있고 우리도 할 만큼 했는데, 우리가 저들보다 못하다는 말씀입니까? 천, 인, 아수라들도 저희를 선지식으로 본받고 있다 아입니까? 그러니 우리도 지분이 있는데 어찌하여 우리들은 빼고 수기를 주시는 겁니껴?' 그러자 학무학인(學無學人) 성문 제자 2천 명도 이때다 싶어 부처님을 우러러보며 자신들에게도 수기 내리실 것을 똑같이 소원합니다. 학무학인이란 아직 배우고 있거나(학인 學人), 다 배워서 더 배울 것이 없는(무학인 無學人) 제자를 이릅니다.

사실 다문 제일인 아난과 밀행 제일로 불리는 라후라가 1,200 제자보다 깨달음이 늦어 수기를 이들보다 늦게 내리신 걸로 보이지는 않는데요. 이 부분에서는 부처님도 생각하시는 바가 있었을 겁니다. 바로 이들은 혈족이며, 부자지간이라는 점 때문이 아니었나 하는 생각을 해 봅니다. 굳이 비유를 해 본다면 가령 부처님이 담임으로 있는 학급에 아난과 라후라도 같이 있어 학생들의 석차를 매긴다 할 때, 담임선생님이 자신의 아들과 4촌 동생을 1, 2등에 앉힐 수는 없을 것 같긴 합니다만, 수기의 선후가 무에 그리 중요한 일이겠습니까?

어떤 법화경 해설서에 보면 부루나, 아난, 라후라, 교진여 등은 제자의 근기가 하근기에 해당하여 수기가 늦어진 것이란 설명도 있으나, 어차피 일대사인연으로 궁극의 모든 중생이 하나 되어, 성불케 되는 이 융합적 불법의 진리 앞에 그 순서의 분별은 논의의 대상이 될 수 없을 것입니다. 그러자 곧 부처님께서 아난에게 수기를 내리십니다. "너는 오는 세상에 부처님이 되리니 명호는 산해혜자재통왕여래이니라. 62억 제 부처님을 공양하고 법장을 수호한 후에 아뇩다라삼먁삼보리를 얻어, 20천만억 항하사 같은 제보살들을 교화하여, 아뇩다라삼먁삼보리를 이루게 할 것이니라. 나라의 이름은 상립승번이며, 국토는 청정하고 땅은 유리로 이루어지니라. 겁의 이름은 묘음변만이고, 그 부처님의 수명은 한량없는 천만억 아승기겁이니라."

산해혜자재통왕여래라! 한번 들어서는 따라 부르기조차 힘들 만큼 긴 명호를 내리셨군요. 다음과 같이 띄워서 읽으면 쉽게 뜻을 파악할 수 있습니다. 산해(山海) + 혜(慧) + 자재(自在) + 통왕(通王) + 여래(如來) 그러니까 '산과 바다처럼, 깊은 지혜가 스스로 통하는 부처'가 되라는 뜻이 되네요. 부처님이 명호를 내리시는 이유는 이름이 담고 있는 뜻과 같이 이제부터는 부처의 법으로 살아가라는 의미가 담겨져 있습니다. 이미 수많은 제자가 수기를 받고 명호를 받았거니와 그 명호들을 다시 한번 새겨보면 글자마다 깊은 뜻이 담겨 있음을 알게 되고, 부처님이 얼마나 제자들을 사랑하며, 이들에 대한 기대가 컸던지를 다시 한 번 실감하게 됩니다.

아난은 산해혜자재통왕불이 되어 62억 제 부처님을 공양하고 법장을 수호한 후에 아뇩다라삼먁삼보리를 얻어, 20천만억 항하사 같은 제보살들을 교화하여, 아뇩다라삼먁삼보리를 이루는 것으로 되어 있습니다. 62억 제 부처님이라! 이는 62억 명의 구체적 부처님을 공양한다는 뜻이 아니라, 세계인류 전체의 인구를 내다 보시고는 그 모든 사람 하나하나가 모두 부처님이니 공양의 대상이라는 예언이라 보시면 됩니다. 나라의 이름은 상립승번이며, 겁의 이름은 묘음변만이라 하셨는데, 상립승번과 묘음변만에 대해 잠시 짚고 넘어가도록 하겠습니다. 상립승번의 '번(幡)'은 깃발을 의미합니다. 깃발의 존재가 어떤 의미이겠습니까? 여러 사람을 하나로 묶고, 따르게 하는 표상과 같은 것이기에 나라에는 국기(國旗)가 있고, 군대에는 군기(軍旗), 학교에는 교기(敎旗)가 있는 것이지요. 그러니 다문 제일인 아난이 실상의 원리를 쫓아 진리의 깃발을 휘날려 모두를 따르게 하라는 부처님의 당부가 담긴 하교(下敎)라 할 수 있겠습니다. 즉, 상립승번은 우주의 실상 진리를 바로 받들라는 말씀이며, 묘음변만 또한 부처님의 묘법의 가르침이 온 천하에 울려 퍼져서, 모두가 부처가 되라는 가르침인 것입니다.

그런데 여기서 또 문제가 발생합니다. 그것은 법회에 모인 새로 발심한 보살 팔천인들의 의뭉스런 생각 때문인데요. 이들이 이런 생각을 한다는 겁니다. '우리는 이제까지 대보살들도 수기를 받았다는 말을 듣지 못하였는데, 어떠한 인연으로 성문들이 이와 같은 결정을 받는가?' 다시 말하면 지금껏 고단수의 대보살들도 수기 받는 걸 보질 못했는데, 아직 입단한 지도 오래지 않은 수련생 성문들까지도 이런 은혜를 입다니! 이건 부처님께서 대단히 잘못하시는 거 아냐? 뭐 이런 생각들인 거지요. 그러나 우리의 부처님이 어떤 분이십니까? 이미 이들의 생각하는 바를 읽으시고, 아난과 부처님이 공왕불 처소에서 같이 정진하였던 전생의 도반이었음을 밝히며, 아난이 법장을 수호하고, 많은 보살들을 교화한 결과, 그 본래의 서원으로 인하여 이 수기를 받는 것이라 설명하십니다.

다만 아난과 부처님은 수행하는 방법이 달랐었는데요. 아난은 부처님의 가르침을 많이 들어 그것을 기억해서 지혜가 많은 사람이 되고자 했고, 부처님은 오로지 정진하고 실행함에 노력한 결과 부처님 당신이 먼저 아뇩다라삼먁삼보리를 이룰 수 있었다고 하시는군요. 중요한 것은 부처님도 전생(前生)에는 아난이나 다른 도반처럼, 수행정진하는 평범한 도반이었다는 점입니다. 애초부터 하늘의 뜻에 따라 완성된 부처로 태어난 것이 아니라, 이처럼 과정과 경로를 거쳐 부처로 거듭나셨다는 뜻이니, 법화경을 인연으로 불법을 닦아가는 우리들 또한 부처가 될 수밖에 없다는 것이지요.

여기서 강조하시는 뜻은 신행(信行)의 기본자세를 말씀함인데, 불교에서는 수행에 있어 잊어서는 안 될 가장 중요한 덕목으로 삼혜(三慧)를 강조하고 있습니다. **삼혜란「❶듣고(聞) ❷생각하고(思) ❸실천함(修)」**을 이르는데, 이들 삼요소는 마치 삼각대의 다리 한쪽과 같아 어느 하나라도 없으면 바로 설 수 없는 신행의 기본 덕목과 같은 것이라 하겠습니다. 너무나 당연한 교과서 같은 주문이기는 한데, 사실 이 삼혜를 균형 있게 실천적 삶으로 우리들이 행하기는 결코 쉬운 일이 아닙니다.

아난은 뛰어난 기억력 덕분에 많이 듣고 저장하는 학습능력이 있어 다문 제일이라는 별칭이 붙었겠지만, 많이 듣고 배워, 지식이 넘친다고 해서 깨달음에 이르는 건 아니잖습니까? 우리들 주변에도 보면 박사학위를 몇 개나 갖춰다고 하는 사람 중에도 기본 인성 자체가 글러먹은 위인도 적잖이 보이고, 내가 낸데, 하는 지식에 경도된 학자나 스님도 접할 수 있습니다. 깊은 사색과 명상으로 꾸준히 **'나는 누구인가? 어디에서 와서 어디로 가는가?'**를 늘 참구하고, 그 사상적 기반 위에 선근공덕을 쌓는 실천적 자비행이 뒤따라야 함은 입 아픈 소리가 아니겠습니까? 여기서 나오는 공왕불은 특정 고유명사가 아닌 부처님을 높여 부르는 또 다른 이름으로, 공(空) 가운데서 으뜸인 왕 즉, 우주법계에 공성(空性)으로 작용하는 법신(法身)을 이르는 부처라 할 수 있습니다. 그러니 부처님의 수행 자체가 공왕불 수행인 것입니다.

중요 용어해설

❶ 역응유분(亦應有分) : 아난과 라후라가 자신들도 수기를 받을 만한 분수기 있다는 뜻

❷ 학무학성문(學無學聲聞) : 배움이 다하였거나, 배울 것이 남은 성문

❸ 산해혜자재통왕여래(山海慧自在通王如來) : 산과 바다처럼, 깊은 지혜가 스스로 통하는 부처

❹ 상립승번(常立勝幡) : 우주의 실상 진리를 바로 받들라는 뜻

❺ 묘음변만(妙音遍滿) : 부처님의 묘법의 가르침이 온 천하에 울려 퍼짐

❻ 공왕불(空王佛) : 공(空) 가운데서 으뜸인 왕 즉, 우주법계에 공성(空性)으로 작
용하는 법신(法身)

❀ |2| 라후라도 도칠보화여래의 수기를 받다

단락	구분	원문 및 한글 번역
5	한문 원전	爾時 佛告羅睺羅. "汝於來世 當得作佛 號蹈七寶華如來 應供 正遍知 明行足 善逝 世間解 無上士 調御丈夫 天人師 佛世尊. 當供養十世界微塵等數 諸佛如來 常爲諸佛而作長子 猶如今也. 是蹈七寶華佛 國土莊嚴 壽命劫數 所化弟子 正法 像法 亦如山海慧自在通王如來無異. 亦爲此佛 而作長子, 過是已後 當得 阿耨多羅三藐三菩提." 爾時 世尊欲重宣此義 而說偈言.
	한글 읽기	이시 불고라후라. "여어래세 당득작불 호**도칠보화여래** 응공 정변지 명행족 선서 세간해 무상사 조어장부 천인사 불세존. 당공양십세계미진등수 제불여래 상위제불이작장자 유여금야. 시도칠보화불 국토장엄 수명겁수 소화제자 정법 상법 역여산해혜자재통왕여래무이. 역위차불 이작장자, 과시이후 당득 아뇩다라삼먁삼보리." 이시 세존욕중선차의 이설게언.

<table>
<tr><td>5</td><td>한글
풀이</td><td>그때 부처님께서 라후라에게도 말씀하셨다. "너도 오는 세상에 마땅히 부처님이 되리니 명호는 도칠보화여래 응공 정변지 명행족 선서 세간해 무상사 조어장부 천인사 불세존이라 하리라. 마땅히 열 세계의 티끌 수와 같은 부처님 여래들을 공양하면서 항상 여러 부처님의 장자가 되리니 지금과 같을 것이니라. 이 도칠보화부처님의 국토가 장엄하는 것과 수명의 겁과 수, 교화하는 제자와 정법 상법은 산해혜자재통왕여래와 다르지 아니하니라. 역시 이 부처님의 맏아들이 되리니 이렇게 한 후에 아뇩다라삼먁삼보리를 얻을 것이니라." 이때 세존께서 이 뜻을 거듭 펴시려고 게송으로 읊으셨다.</td></tr>
<tr><td rowspan="3">6</td><td>한문
원전</td><td>爾時 世尊見學無學二千人 其意柔軟 寂然淸淨 一心觀佛 佛告阿難. "汝見是學無學二千人不?" "唯然已見." "阿難! 是諸人等 當供養五十世界微塵數諸佛如來 恭敬尊重護持法藏 末後同時於十方國 各得成佛. 皆同一號 名曰**寶相如來** 應供 正遍知 明行足 善逝 世間解 無上士 調御丈夫 天人師 佛世尊. 壽命一劫 國土莊嚴 聲聞菩薩 正法像法 皆悉同等." 爾時 世尊欲重宣此義 而說偈言. 爾時 學無學二千人 聞佛授記 歡喜踊躍 而說偈言.</td></tr>
<tr><td>한글
읽기</td><td>이시 세존견학무학이천인 기의유연 적연청정 일심관불 불고아난. "여견시학무학이천인부?" "유연이견." "아난! 시제인등 당공양오십세계미진수제불여래 공경존중호지법장 말후동시어시방국 각득성불. 개동일호 명왈 **보상여래** 응공 정변지 명행족 선서 세간해 무상사 조어장부 천인사 불세존. 수명일겁 국토장엄 성문보살 정법상법 개실동등." 이시 세존욕중선차의 이설게언. 이시 학무학이천인 문불수기 환희용약 이설게언.</td></tr>
<tr><td>한글
풀이</td><td>그때 세존께서 학무학 2천인을 보시매 그들의 생각이 부드러우며, 고요하고 청정하여, 일심으로 부처님을 보고 있으므로 아난에게 말씀하셨다. "너는 이 학무학인 2천인을 보고 있느냐?" "예, 보고 있나이다." "아난아! 이 사람들은 50세계의 티끌 수 같은 부처님 여래들을 공양하고 공경존중하며, 법장을 수호하다가 맨 나중에 동시에 시방의 나라에서 각각 성불하리니, 명호는 모두 다 같이 보상여래 응공 정변지 명행족 선서 세간해 무상사 조어장부 천인사 불세존이라 하니라. 수명은 1겁이고 국토가 잘 꾸며지는 것과 성문과 보살과 정법 및 상법은 모두 다 같으니라." 세존께서 이 뜻을 거듭 펼치려 게송으로 읊으셨다. 그때 학무학인 2천인이 부처님께서 수기 주시는 것을 듣고 뛸 듯이 기뻐하며 게송으로 아뢰었다.</td></tr>
<tr><td>중요용어</td><td colspan="2">❶ 도칠보화여래(蹈七寶華如來) ❷ 보상여래(寶相如來)</td></tr>
</table>

나아가 부처님은 라후라에게도 수기를 내리시는데, 명호는 도칠보화여래(蹈七寶華如來)로, 응공 정변지 명행족 선서 세간해 무상사 조어장부 천인사 불세존이라 하리라 하시고, 마땅히 열 세계의 티끌 수와 같은 부처님 여래들을 공양하면서 항상 여러 부처님의 장자가 되리라 수기하셨습니다. 도칠보화여래의 '도(蹈)'는 '밟다' 또는 '지키다' 등의 뜻을 지니는데, 일곱 가지 보배로 된

붉은 연꽃을 밟고 넘어가는 분이란 뜻으로, 일부 번역에서는 밟을 '답(踏)'을 써서 '답칠보화여래'로 옮긴 경전도 있습니다. 여기서 밟는다는 뜻의 원초적 의미를 한번 생각해 보도록 하겠습니다.

부처님이 룸비니 동산에서 어머니 마야부인의 오른쪽 옆구리에서 탄생하시어 처음으로 탄생게를 읊으시며, 일곱 걸음을 떼어놓을 때마다 연꽃이 피어나지 않았습니까? 그때의 도칠(蹈七) 즉, 일곱 걸음 발자국을 자신의 아들에게 원형상징으로 이어준 것이라 하겠고, 그 보화가 바로 연꽃이므로, 묘법의 정신으로 잘 수행하라는 당부가 담긴 명호인 것입니다. 도칠보화부처님의 국토가 장엄하는 것과 수명의 겁과 수, 교화하는 제자와 정법, 상법은 산해혜자재통왕여래와 다르지 아니하며, 역시 이 부처님의 맏아들이 되리니 이렇게 한 후에 아뇩다라삼먁삼보리를 얻을 것이라고 예언하셨네요. 이어 부처님은 게송으로 이를 다음과 같이 읊으십니다.

我爲太子時 羅睺爲長子 我今成佛道 受法爲法子

(아위태자시 라후위장자 아금성불도 수법위법자)

於未來世中 見無量億佛 皆爲其長子 一心求佛道

(어미래세중 견무량억불 개위기장자 일심구불도)

羅睺羅密行 唯我能知之 現爲我長子 以示諸衆生

(라후라밀행 유아능지지 현위아장자 이시제중생)

無量億千萬 功德不可數 安住於佛法 以求無上道.

(무량억천만 공덕불가수 안주어불법 이구무상도)

"내가 태자로 있을 때 맏아들인 라후라가, 내가 불도를 이루니 법을 받아 법의 아들이 되었으니 미래 세상에서 한량없는 억의 부처님들을 뵙게 되며, 그때마다 그 부처님의 맏아들이 되어 일심으로 불도를 구하느니라. 라후라의 밀행은 오직 나 혼자만이 아니니라. 나의 맏아들이 되어서 중생들에게 보이는 한량없는 천만억의 공덕은 헤아릴 수 없으며, 불법에 편안히 머무르며 위없는 공덕을 구하느니라."

아들 라후라의 밀행(密行)을 강조하시는군요. 밀행이란 알고 있고, 생각하는 바를 겉으로 드러내지 않은 채 참고, 수행한다는 뜻으로, 현명한 지혜를 갖추고도 짐짓 어리석은 체하며, 중생에 가까이 가 교화한다는 뜻도 담고 있습니다. 사실 이 밀행이 어렵고도 어려운 것이, 웬만한 수행의 경지로는 실천이 어려운 것이거니와 무술의 최고수가 실력을 감추고, 완전 초짜의 행보를 하는 것과 같다고나 할까요? 이에 적합한 고사로 '난득호도(難得糊塗)'란 사자성어가 생각나는군요. 호도(糊塗)는 풀칠을 한다는 말인데, 풀칠을 하면 바탕이 안 보이는 것처럼, 똑똑함을 감추고 바보처럼 보이는 것은 어려운 일(難得)이라는 겁니다. 그만큼 세상의 어떤 멸시에도 굳건히 참고, 인욕으로 정진하며, 중생을 교화할 수 있는 근기가 라후라에게 있음을 알아보신 거지요.

라후라는 현생에서의 부처님의 장자이지만, 세세생생 억의 부처님마다 장자로 태어난다는 가르침은 오늘의 우리들에게 그대로 통하는 가르침이라 하겠는데, 우리들 자신이 곧 부처님의 맏아들, 아니 우리가 곧 부처라는 것입니다. 때로는 세상살이에 시달리고 팍팍한 생활고에 지친 나머지, 늘 부처님처럼 살아야지 했던 발심이 흐트러지기도 하고, 사랑하는 사람과 가족까지도 일시적인 원망과 미움의 대상으로 떠오르더라도, 법화경의 정신을 마주한 우리들은 이미 부처일 수밖에 없습니다. 그래서 **세상의 사람을 두 부류로 나누라고 한다면, 법화경의 정신을 믿고 실천하여 부처가 되는 부류와, 영원한 번뇌의 굴레에서 욕망의 노예로 살아가는 다른 부류로 나눌 수 있을 것입니다.**

법화경에 우리들 이름인 대한민국의 김아무개, 이아무개 등의 이름이 오르지 않았다 뿐이지, 우리들도 이때 이미 성불의 수기를 받았던 것임을 알아야겠습니다. 이 사실은 이어지는 2천명 제자에게 단체로 같은 명호의 보상여래 (寶相如來)의 수기를 내리시는 것에서도 명확해집니다. 뜻은 보배와 같은 모양의 여래란 말씀인데, 세상 어느 작명가가 2천명에게 같은 이름을 지어준답니까? 이는 달리 말하면 '닥치고! 너희들 모두 다 부처다.'란 말씀입니다.

그러면 반문하실 수 있습니다. '도대체 악인도 부처요, 성인도 부처, 배우거나 배우지 못한 자도 부처라면 부처와 중생의 경계는 무엇이냐?'라고 말이지요. 그렇습니다. 그 경계 없음이 부처란 겁니다. 수천만 명을 살상으로 이끈 전쟁광 히틀러에게도 마지막 애인 에바 브라운에게 쏟은 지고한 사랑이 있었던 것처럼, 인간에게는 누구나 생래적인 불성이 갖추어져 있으니, 작은 불씨라도 키워나가면 언젠가는 광명의 불씨가 되어 이 세상을 불국토로 바꾼다는 우회적 가르침이라 이해해 두시기 바랍니다. 한마디의 참된 말이 천 가지의 거짓말을 이기게 됩니다. 이 진리를 실천하는 우리가 어찌 부처가 아닐 수 있겠습니까?

중요 용어해설

❶ 도칠보화여래(蹈七寶華如來) : 부처님이 탄생시 연꽃을 밟고 가셨듯이, 묘법의 정신으로 잘 수행하라는 당부가 담긴 명호

❷ 보상여래(寶相如來) : 보상은 불상의 장엄한 모습 혹은 보배로운 존재의 여래라는 뜻

묘법연화경 제10 법사품(法師品)

요약 및 대의

⇒ 법화경의 한 게송이나 한 구절만이라도 듣고, 수희일념 하는 자에게는 모두 아뇩다라삼먁삼보리의 수기를 내리실 거라 약속하심

⇒ 법화경을 독송하는 자를 비방하는 죄는 일겁 동안 부처를 헐뜯고 욕하는 죄보다 무겁다고 설하심

⇒ 부처님이 설한 경전 중 법화경이 최고요, 으뜸이라 직접 밝히심

⇒ 법화경은 부처님들의 비밀스럽고 중요한 법장인 만큼 함부로 전하지 말라 하심

⇒ 법화경의 수지, 독송, 서사의 공덕을 거듭 찬탄하심

⇒ 착정의 비유를 설하시고 법화경을 설하는 법화행자의 홍법삼궤의 규칙을 설하심

|1| 부처님께서 법화경을 일념으로 수희(隨喜) 하는 자, 수기를 주신다 함

단락	구분	원문 및 한글 번역
1	한문 원전	爾時 世尊 **因藥王菩薩** 告八萬大士. "藥王! 汝見是大衆中 無量諸天 龍王 夜叉 乾闥婆 阿修羅 迦樓羅 緊那羅 摩睺羅伽 人與非人 及比丘 比丘尼 優婆塞 優婆夷 求聲聞者 求辟支佛者 求佛道者 如是等類. 咸於佛前 聞妙法華經 一偈一句 乃至 **一念隨喜者** 我皆與授記 當得阿耨多羅三藐三菩提." 佛告藥王. "又如來滅度之後 若有人聞妙法華經 乃至一偈一句 一念隨喜者 我亦與授阿耨多羅三藐三菩提記"
	한글 읽기	이시 세존 **인약왕보살** 고팔만대사. "약왕! 여견시대중중 무량제천 용왕 야차 건달바 아수라 가루라 긴나라 마후라가 인여비인 급비구 비구니 우바새 우바이 구성문자 구벽지불자 구불도자 여시등류 함어불전 문묘법화경 일게일구 내지 **일념수희자** 아개여수기 당득아뇩다라삼먁삼보리." 불고약왕. "우여래멸도지후 약유인문묘법화경 내지일게일구일념수희자 아역여수아뇩다라삼먁삼보리기."
	한글 풀이	그때 세존께서 약왕보살로 인한 8만의 마하살들에게 이르셨다. "약왕이여! 너는 이 대중 가운데 있는 한량없는 하늘과 용왕과 야차 건달바와 아수라와 가루라와 긴나라와 마후라가와 사람과 사람 아닌 것과 비구와 비구니, 우바새와 우바이로서 성문을 구하는

<table>
<tr><td rowspan="2">1</td><td>한글
풀이</td><td>자와 벽지불을 구하는 자와 불도를 구하는 자를 보아라. 이와 같은 무리들이 다 함께 부처님 앞에서 묘법연화경의 한 게송이나 한 구절을 듣고, 한 생각으로라도 따라 기뻐하는 자에게는 내가 모두 수기를 주어 아뇩다라삼먁삼보리를 얻게 할 것이니라." 부처님께서 약왕에게 말씀하셨다. "또 여래가 열반한 후에라도 어떤 사람이 묘법연화경의 한 게송이나 한 구절이라도 듣고 한결같은 마음으로 따라 기뻐하면, 내가 역시 아뇩다라삼먁삼보리의 수기를 줄 것이니라."</td></tr>
</table>

<table>
<tr><td rowspan="3">2</td><td>한문
원전</td><td>"若復有人 受持讀誦 解說書寫妙法華經 乃至一偈 於此經卷 敬視如佛 種種供養 華香 瓔珞, 末香, 塗香, 燒香, 繪蓋, 幢幡, 衣服, 伎樂 乃至合掌恭敬, 藥王 當知. 是諸人等 已曾供養十萬億佛 於諸佛所 成就大願 愍衆生故 生此人間. 藥王! 若有人問 '何等衆生 於未來世 當得作佛?' 應示是諸人等 於未來世 必得作佛."</td></tr>
<tr><td>한글
읽기</td><td>"약부유인 수지독송 해설서사묘법화경 내지일게 어차경권 경시지불 종종공양 화향 영락, 말향, 도향, 소향, 증개, 의복, 기악 내지합장공경, 약왕 당지. 시제인등 이증공양십만억불 어제불소 성취대원 민중생고 생차인간. 약왕! 약유인간 '하등중생 어미래세 당득작불?' 응시시제인등 어미래세 필득작불."</td></tr>
<tr><td>한글
풀이</td><td>"만약에 또 어떤 사람이 묘법연화경의 한 게송만이라도 받아 지니고 읽고 외우며, 해설하여 옮겨 쓰고, 이 경전을 부처님 같이 공경하며, 갖가지 꽃과 영락과 가루 향, 바르는 향, 사르는 향과 비단 가리개와 깃발과 의복과 음악으로 공양하며, 합장으로 공경한다면, 약왕이여 마땅히 알라. 이런 사람들은 이미 10만억 부처님을 공양하였고, 부처님 처소에서 큰 서원을 이루었지만 중생을 불쌍히 여겨 인간의 세상에 태어난 것이니라. 약왕아! 만약에 어떤 사람이 있어 '어떤 중생들이 오는 세상에서 부처가 됩니까?'하고 묻는다면 이런 사람들이 오는 세상에 반드시 부처님이 된다고 하라."</td></tr>
</table>

<table>
<tr><td rowspan="3">3</td><td>한문
원전</td><td>"何以故? 若善男子善女人 於法華經 乃至一句 受持讀誦 解說書寫 種種供養經卷 華香 瓔珞 末香 塗香 燒香 繪蓋 幢幡 衣服 伎樂 合掌恭敬, 是人一切世間 所應瞻奉 應以如來供養 而供養之. 當知 此人是大菩薩. 成就阿耨多羅三藐三菩提. 哀愍衆生 願生此間 廣演分別妙法華經 何況盡能受持 種種供養者?"</td></tr>
<tr><td>한글
읽기</td><td>"하이고? 약선남자선여인 어법화경 내지일구 수지독송 해설서사 종종공양경권 화향 영락 말향 도향 소향 증개 당번 의복 기악 합장공경, 시인일체세간 소응첨봉 응이여래공양 이공양지. 당지 차인시대보살. 성취아뇩다라삼먁삼보리. 애민중생 원생차간 광연분별묘법화경 하황진능수지 종종공양자?"</td></tr>
<tr><td>한글
풀이</td><td>"왜냐하면? 선남자 선여인이 법화경의 한 구절이라도 받아 지니고 읽고 외우며, 해설하고 옮겨 쓰고, 갖가지로 경전에 공양하기를 꽃과 향과 영락과 가루 향, 바르는 향, 사르는 향과 비단 가리개, 깃발, 의복, 음악 등으로 합장공경하면, 이 사람을 일체 세간이 우러러보고 받들며, 여래에게 공양하듯이 공양할 것이기 때문이니라. 마땅히 알라. 이 사람은 대보살이니라. 아뇩다라삼먁삼보리를 이루었지만 중생들을 불쌍히 여겨 이 세상에 나기를 원하여 묘법화경을 널리 설하는 것인데, 하물며 다 받아들여 잘 지니고 가지가지로 공양하는 사람이야 말해 무엇하겠느냐?"</td></tr>
</table>

	한문 원전	"藥王! 當知. 是人自捨清淨業報 於我滅度後 愍衆生故 生於惡世 廣演此經. 若是善男子善女人 我滅度後 能竊爲一人 說法華經 乃至一句 當知, 是人則**如來使** 如來所遣 行如來事, 何況於大衆中 廣爲人說?"	
4	한글 읽기	"약왕! 당지. 시인자사청정업보 어아멸도후 민중생고 생어악세 광연차경. 약선남자선여인 아멸도후 능절위일인 설법화경 내지일구 당지. 시인즉**여래사** 여래소유 행여래사, 하황어대중중 광위인설?"	
	한글 풀이	"약왕이여! 마땅히 알라. 이런 사람은 청정한 업의 보답을 스스로 버리고 내가 열반한 후에 중생을 불쌍히 여기는 까닭으로 악한 세상에 나서 이 경을 널리 설하는 것이니라. 만약 선남자 선여인이 내가 열반한 후에 가만히 한 사람에게라도 법화경의 한 구절만이라도 설한다면 마땅히 알라. 이 사람은 여래의 심부름꾼으로 여래가 보내어서 여래의 일을 하는 자인데, 하물며 대중 가운데서 사람들을 위하여 널리 설하는 것이야 말해서 무얼 하겠느냐?"	
	한문 원전	"藥王! 若有惡人 以不善心 於一劫中 現於佛前 常毀罵佛 其罪尚輕, 若人以一惡言 毀呰在家出家 讀誦法華經者 其罪甚重."	
5	한글 읽기	"약왕! 약유악인 이불선심 어일겁중 현어불전 상훼매불 기죄상경, 약인이일악언 훼자재가출가 독송법화경자 기죄심중."	
	한글 풀이	"약왕이여! 만약 악한 사람이 좋지 못한 마음으로 일겁 동안 내내 부처님 앞에서 부처님을 헐뜯으며 욕한다 해도 그 죄는 오히려 가벼운데, 어떤 사람이 한 마디지만 악한 말로, 집에 있거나 출가를 하였거나 간에 법화경을 읽고 외우는 자를 헐뜯거나 비방하면 그 죄는 매우 무거우니라."	
중요용어	❶ 약왕보살(藥王菩薩)　❷ 일념수희자(一念隨喜者) ❸ 소응첨봉(所應瞻奉)　❹ 여래사(如來使)		

　법사품의 주된 내용은 법사의 원력(願力)과 홍포(弘布)의 자세, 법신 사리에 대한 숭배, 법화경을 설할 때의 세 가지 마음가짐인 홍법삼궤(弘法三軌) 그리고 '고원착정(高原鑿井)의 비유' 등, 이렇게 네 가지로 크게 요약할 수 있습니다. 법사(法師)란 본래 출가하여 수행하는 사문(沙門)으로, 재가불자와는 구분된 스님을 지칭하는 제한적 의미로 알려져 왔습니다. 그런데 본 품에서는 출가자뿐이 아니라, 법화경을 **수지**(受持), **독**(讀), **송**(誦), **서사**(書寫), **해설**(解說)하는 사람은 누구라도 법사라고 강조하고 있습니다. 이를 법화경을 신행(信行)하고 홍포하는 다섯 법사라 하여 오법사(五法師) 또는 오종법사(五種法師)라 부릅니다. 본

품은 이러한 법사들의 마음가짐과 부처님 멸도 후 말세에 임할 법사들은 어떤 각오로 법을 설해야 하는지 그리고 바르게 법을 설하는 자에게는 어떠한 공덕과 보살핌이 있는지에 대하여 부처님이 약왕에게 하교하는 형식으로 전개되고 있습니다.

앞의 〈제9 수학무학인기품〉까지는 사리불, 마하가섭, 수보리, 가전연, 목건련, 부루나, 아난, 라후라, 오백제자, 학무학 2천인 등 성문 제자에게 수기를 주어 성불을 예표(豫表) 하셨지만, 지금부터는 2인칭 설법 대상이 포괄적 보살로 바뀌게 됩니다. 따라서 성문, 연각, 보살의 구분은 원래 없는 것이며, 오직 일승을 밝히려 삼승을 설한다는 것입니다. 본 품에서는 아주 중요한 부처님의 설법 구절이 나오는데요, 바로 첫 번 게송 말미에 **"藥王今告汝 我所說 諸經 而於此經中 法華最第一**(약왕금고여 아소설제경 이어차중 법화최일)**" 그러니까 풀이 하면 "약왕이여! 이제 너에게 말하노니, 내가 설한 경전들 가운데 이 법화경이 최고니라."**라며 아주 작심을 하고 강조하신 겁니다. 부처님이 설한 경전이 많고도 많은데, 이것저것 제쳐놓고 그냥 닥치고 법화경이 최고라는 말씀입니다. 다른 경전이 허접하거나, 수준이 낮다는 말씀이 아니고, 지금까지의 설법과는 근본 궤를 달리하는 법화경의 사상이야말로 억만의 중생을 모두 부처의 반열로 수기하는 미증유의 가르침이란 거지요.

그러면 본문의 주된 내용을 요약하면서 법사품에서 부처님이 강조하신 가르침을 새겨보도록 하겠습니다. 먼저 부처님이 약왕보살로 인한 팔만대사에게 말씀하시는데, 여기서는 약왕보살에 대하여 잠시 주목해 주시기 바랍니다. 법화경 〈제23 약왕보살본사품〉에서 약왕보살의 고행과 중생 구제의 원력에 대해서 다시 자세히 공부하게 될 것입니다만, 약왕보살은 본래 중생의 몸과 마음에 생기는 병을 없애 주겠다는 서원을 세운 보살로서 약사여래와 같은 역할을 하는 보살을 이릅니다. 『유마경』에 나오는 비사사여래가 곧 약왕여래인데요.

'약왕보살로 인하여 팔만대사에게 말씀하셨다.'는 뜻은 법사는 마땅히 약왕보살처럼 중생을 구제하는 힘을 길러야 한다는 뜻이며, 팔만대사는 8만의 구체적 숫자가 아니고 부처가 되고자 하는 수많은 대보살과 팔부신중을 망라하는 모든 중생으로 확장하여 읽으시면 되겠습니다. 그러니 '인약왕보살(因藥王菩薩)'이란 표현은 약왕보살로 인한, 즉 약왕보살처럼 고행과 난행을 통해서 지극한 경지에 이르고자 하는 자(者)만이 실상의 소리를 들을 수 있다는 간곡한 당부가 담긴 말씀이기도 하지요.

'하루 벌어 하루 먹고살기 바쁜데, 실상의 소리는 무슨 놈의 10년 묵은 똥물에 파도치는 소리냐!!'해서는 아니 됩니다. 하루 품삯을 받는 일용직이든, 남의 농장에 고용된 머슴이든 간에, 거기에도 엄연한 실상의 진리가 존재하기 마련입니다. '내가 먹고 살자니 어쩔 수 없이 네 놈 밭에서 일은 한다만, 에공! 이놈의 팔자야!'라며, 죽지 못해 일하는 사람에게는 농장의 그 보배로운 곡식과 작물들도 죽음의 메뚜기 떼 같은 환란으로 보이게 마련이지만, 내가 가꾸는 이 농작물이 나와 내 처자식은 물론, 주인집과 세상을 먹여 살리는 귀중한 알곡이 된다는 생각을 하면서 일하는 일꾼에게는 그 생각 자체가 실상의 진리가 되는 것입니다. 부처님은 말씀하십니다.

"이와 같은 무리들이 다 함께 부처님 앞에서 묘법연화경의 한 게송이나 한 구절을 듣고, 한 생각으로라도 따라 기뻐하는 자에게는 내가 모두 수기를 주어 아뇩다라삼먁삼보리를 얻게 할 것이니라." 부처님께서 약왕에게 말씀하셨다. "또 여래가 열반한 후에라도 어떤 사람이 묘법연화경의 한 게송이나 한 구절이라도 듣고 한결같은 마음으로 따라 기뻐하면, 내가 역시 아뇩다라삼먁삼보리의 수기를 줄 것이니라."

법화경의 한 구절, 한 게송만이라도 듣고, 따라 기뻐하는 자, 글자 그대로 '일념수희자(一念隨喜者)'에게는 모두 수기를 주어 최고의 깨달음인 무상정등각을 얻게 할 것이라 하시네요. 중요한 것은 한순간에 기뻐하고 잊는 게 아니라, 큰 마음을 내어 묘법연화의 정신으로 기필코 성불하겠다는 발심이 중요한 것인데요. 그러니 우리들도 법화경의 전체를 일거에 관통하지는 못하더라도 일념으로 지견을 내어 믿고, 깨닫겠다는 자세로 수지, 독, 송, 서사, 해설을 생활화하여야 하겠습니다. 비록 시작은 '한 구절, 한 게송, 한 생각'이었지만, 법화경을 공양하고 그 신행으로 쌓은 법사 공덕이야말로 이루 헤아릴 수 없이 창울할 것임은 말해 무엇 하겠습니까? 이 점을 부처님께서는 불멸 후 말세인 지금의 우리들에게 미리 당부하셨던 것입니다. 설법은 이어집니다.

> "오종법사로서 이 경전을 부처님 같이 공경하며, 갖가지 꽃과 영락과 가루향, 바르는 향, 사르는 향과 비단 가리개와 깃발과 의복과 음악으로 공양한 사람들은 이미 10만억 부처님을 공양하였고, 부처님 처소에서 큰 서원을 이루었지만 중생을 불쌍히 여겨 인간의 세상에 태어난 것이니라. 약왕아! 만약에 어떤 사람이 있어 '어떤 중생들이 오는 세상에서 부처가 됩니까?'하고 묻는다면 이런 사람들이 오는 세상에 반드시 부처님이 된다고 하라."

여기서도 10만억 부처님은 구체적 숫자 10만억이 아닌 시방세계의 모든 부처님을 공양하였다로 읽으시면 좋겠습니다. 그가 바로 오는 세상에 부처님이 되고, 그는 다름 아닌 오늘의 우리들인 것임을 부처님이 밝히신 겁니다. 여러분은 어떤 전율이 느껴지는지요? **이미 우리는 전전생에 앞서 10만억 부처님을 공양하였고, 대보살로 부처님 처소에서 성불을 이루었었지만, 중생을 불쌍히 여겨 이 세상에 다시 태어나 법화경을 수지(受持), 독(讀), 송(誦), 서사(書**

寫), 해설(解說) 하고 있는 것이 아니겠습니까? 그러니 법사의 삶은 업력(業力)에 의해 피동적으로 태어난 삶이 아니라, 이처럼 중생을 긍휼히 여겼기 때문에 자신의 할 일을 하기 위해 자신의 희망과 원력(願力)으로, 스스로 태어난 자율적 존재란 것입니다.

비록 오늘의 나의 삶이 곤고하고, 인간적 배신과 세상의 냉대로 인해 피폐해졌더라도 수 억겁 전의 나 김갑돌은 이미 부처였었고, 지금의 나도 부처이건만 중생을 불쌍히 여겨 인간 세상에 태어나 부처님의 심부름꾼으로써, 오종법사의 본분을 다하고 있다 생각하시면 됩니다. 매우 중요한 가르침인데요. 나부터가 먼저 '내가 전생의 부처였고, 지금 생도 부처이며, 다음 생에도 부처로 태어날 수밖에 없는 존재이구나!'라고 믿으며, 큰 마음을 내어 생각하고 행동한다면 결코 작은 것에 분노하거나, 까짓 나를 알아주지 않는 이웃과 세상을 향해 원망하는 성냄의 발심은 결코 자리할 수 없게 될 것입니다.

이처럼 법화경을 관통하고 있는 진리의 법은 창대한 것인 만큼, 일겁 내내 부처님 앞에서 부처님을 헐뜯으며 욕을 한다 해도 그 죄는 오히려 가벼울 것이나, 어떤 사람이 한 마디라도 악한 말로, 법화경을 읽고 외우는 자를 헐뜯거나 비방하면 그 죄는 매우 무겁다고 설하신 것입니다. 이처럼 부처님이 칭탄한 법화경을 공부하고 있는 저와 독자 여러분은 부처님의 역사(役事)를 대신하는 사역꾼인 화신불(化身佛)이거늘 어찌 부처가 아니 될 수 있을 것입니까?

중요 용어해설

❶ 약왕보살(藥王菩薩) : 중생의 몸과 마음에 생기는 병을 없애 주겠다는 서원을 세운 보살. 일체중생희견보살과 같음.

❷ 일념수희자(一念隨喜者) : 법화경과 인연하여 일심으로 기뻐하는 자

❸ 소응첨봉(所應瞻奉) : 우러러보고 받들음

❹ 여래사(如來使) : 여래의 사역꾼, 법사를 말함

❀ |2| 법화경은 비밀스러운 중요 법장이니, 망령되이 전하지 말라고 하심

단락	구분	원문 및 한글 번역
6	한문 원전	"藥王! 其有讀誦法華經者 當知, 是人 以佛莊嚴 而自莊嚴 則爲如來肩所荷擔 其所至方 應隨向禮 一心合掌 恭敬供養 尊重讚歎 華香 瓔珞 末香 塗香 燒香 繪蓋 幢幡 衣服 餚饌 作諸伎樂 人中上供 而供養之 應持天寶 而以散之 天上 寶聚 應以奉獻. 所以者何? 是人歡喜說法 **須臾聞之** 即得究竟阿耨多羅三藐三 菩提故." 爾時 世尊欲重宣此義 而說偈言.
	한글 읽기	"약왕이여! 기유독송법화경자 당지. 시인 이불장엄 이자장업 즉위여래견소하담 기소지방 응수향례 일심합장 공경공양 존중찬탄 화향 영락 말향 도향 소향 증개 당번 의복 효찬 작제기악 인중상공 이공양지 응지천보 이이산지 천상 보취 응이봉헌. 소이자하? 시인환희설법 **수유문지** 즉득구경아뇩다라삼먁삼 보리고." 이시 세존욕중선차이 이설게송.
	한글 풀이	"약왕이여! 법화경을 읽고 외우는 자 있다면 마땅히 알라. 이 사람은 부처님의 장엄으로 스스로 장엄한 것이며, 곧 여래가 어깨로 짊어진 것이니 그가 가는 곳을 마땅히 따라가 서 예배할 것이며, 일심으로 합장하고 공경·공양, 존중 찬탄하되 꽃과 향, 영락과 가루 향, 바르는 향과 사르는 향, 비단 가리개, 깃발, 의복, 음식과 반찬과 갖가지 음악을 연 주할 것이며, 사람 중에서 세일 좋은 것으로 공양할 것이며, 하늘의 보배를 가져다 흩어 야 할 것이고, 하늘의 보배 무더기를 받들어 올려야 하느니라. 왜냐하면? 이 사람이 기 쁘게 설법하는 것을 잠깐만이라도 들으면 곧 구경의 경지인 아뇩다라삼먁삼보리를 얻 기 때문이니라." 세존께서 이 뜻을 거듭 펼치시려고 게송으로 읊으셨다.

7	한문 원전	爾時 佛復告藥王菩薩摩訶薩. "我所說經典 無量千萬億 已說 今說 當說, 而於 其中 此法華經 最爲難信難解. 藥王! 此經是諸佛秘要之藏 不可分布 妄授與人. 諸佛世尊之所守護 從昔已來 未曾顯說 而此經者. 如來現在 猶多怨嫉 況滅度後? 藥王! 當知. 如來滅後 其能書持 讀誦 供養 爲他人說者 如來則爲 以衣覆之 又 爲他方 現在諸佛之所護念."
	한글 읽기	이시 불부고약왕보살마하살. "아소설경전 무량천만억 이설 금설 당설, 이어 기중 차법화경 최위난신난해. 약왕! 차경시제불비요지장 불가분포 망수여인. 제불세존지소수호 종석이래 미증현설 이차경자. 여래현재 유다원질 황멸도후? 약왕! 당지. 여래멸후 기능서지 독송 공양 위타인설자 여래즉위 이의부지 우 위타방 현재제불지소호념."
	한글 풀이	다시 부처님께서 약왕보살마하살에게 말씀하셨다. "내가 설하는 경전은 한량 없는 천만억이니 설한 것과 설하고 있는 것, 설해야할 것이 있는데, 그중에서 이 법화경이 가장 믿기 어렵고 이해하기가 어려우니라. 약왕아! 이 경은 부처님들의 비밀스럽고 중요한 법장이니, 부질없이 선포하여 망령되이 사람들에게 전하지 말라. 모든 부처님, 세존들이 수호하는 것으로서, 옛적부터 한 번도 드러나게 말하지 않았느니라. 이 경전은 여래가 현재 있는데도 불구하고 원망과 질시가 많거든, 하물며 열반한 뒤에야 어떠할 것이냐? 약왕아! 마땅히 알라. 여래가 열반 후 만일 쓰고 받아 지니며, 읽고 외우며 공양하고 다른 사람을 위해 설하는 자가 있으면 여래가 곧 옷으로 덮어주시고, 또 다른 곳에 현재 계시는 부처님들께서도 돌보아 주실 것이니라."
8	한문 원전	"是人有大信力 及志願力 諸善根力 當知. 是人與如來共宿 則爲如來手摩其頭. 藥王! 在在處處 若說若讀 若誦若書 若經卷所住處 皆應起七寶塔 極令高廣嚴 飾 不須復安**舍利**. 所以者何? 此中已有如來全身. 此塔應以一切華 香 瓔珞 繪 蓋 幢幡 伎樂 歌頌 供養恭敬 尊重讚歎. 若有人得見此塔 禮拜供養 當知, 是等 皆近阿耨多羅三藐三菩提."
	한글 읽기	"시인유대신력 급지원력 제선근력 당지. 시인여여래공숙 즉위여래수마기두. 약왕! 재재처처 약설약독 약송약서 약경권소재처 개응기칠보탑 극령고도광엄 식 불수부안**사리**. 소이자하? 차중이유여래전신. 차탑응이일체화 향 영락 증 개 당번 기악 가송 공양공경 존중찬탄. 약유인득견차탑 예배공양 당지. 시등 개근아뇩다라삼먁삼보리."
	한글 풀이	"이 사람은 큰 신심의 힘과 굳은 의지의 원력으로 선근의 힘이 있으니 마땅히 알라. 이 사람은 여래와 함께 머물게 될 것이며, 여래가 손으로 그의 머리를 쓰다듬어 줄 것이니라. 약왕이여! 어느 곳이든 설하거나 읽거나, 외우거나 쓰거나, 경전이 있는 곳에는 모두 다 칠보탑을 세워 지극히 높고 넓게 하며 아름답게 꾸미되, 사리를 모실 필요는 없느니라. 왜냐하면? 이 속에는 이미 여래의 온몸이 있기 때문이니라. 이 탑에 일체의 꽃과 향과 영락과 비단가리개와 깃발과 음악과 노래로 공양·공경하고, 존중·찬탄하라. 만일 어떤 사람이 이 탑을 보고 예배하고 공양하면 마땅히 알라. 이들은 모두 아뇩다라삼먁 삼보리에 가까워진 것이니라."

<table>
<tr><td rowspan="3">9</td><td>한문
원전</td><td>"藥王! 多有人在家出家 行菩薩道 若不能得見聞 讀誦 書持 供養是法華經者 當知是人 未善行菩薩道. 若有得聞 是經典者 乃能善行菩薩之道. 其有衆生 求佛道者 若見若聞是法華經 聞已信解受持者 當知是人得近阿耨多羅三藐三菩提."</td></tr>
<tr><td>한글
읽기</td><td>"약왕! 다유인재가출가 행보살도 약불능득견문 독송 서지 공양시법화경자 당지시인 미선행보살도. 약유득문 시경전자 내능선행보살지도. 기유중생 구불도자 약견약문시법화경 문이신해수지자 당지시인득근 아욕다라삼먁삼보리."</td></tr>
<tr><td>한글
풀이</td><td>"약왕아! 많은 사람들이 집에 있거나 출가하였거나 보살도를 행하되, 이 법화경을 보고 듣고 읽고 외우고 쓰고 지녀 공양하지 않는다면 마땅히 알라. 이 사람은 보살도를 잘 행하지 못하는 사람이니라. 이 경전을 들은 자라면 비로소 보살의 도를 잘 행할 수 있느니라. 중생으로서 불도를 구하는 자가 이 법화경을 보기도 하고 듣기도 하는데, 듣고서 이해하여 받아들여 지니는 자는 마땅히 알라. 이 사람은 아뇩다라삼먁삼보리에 가까워진 사람이니라."</td></tr>
<tr><td colspan="2">중요용어</td><td>❶ 수유문지(須臾聞之)　　❷ 사리(舍利)</td></tr>
</table>

법화경을 읽고 외우는 자는 부처님의 장엄으로 스스로 장엄한 것이며, 곧 여래가 어깨로 짊어진 것이라 하셨네요. 곧, 부처님이 업고 가시겠단 겁니다. 정말 여타 경전에서 보기 어려운 파격적 혜택을 주시는 거네요. 그러니 그가 바로 부처이니 그를 따라가서 예배하라 하십니다. 갖가지 향과 비단가리개며 의복, 음식, 음악, 하늘의 보배 등으로 공양해야 할지니, 이 사람이 기쁘게 설법하는 것을 잠깐만이라도 들으면 곧 구경(究竟)의 경지인 아뇩다라삼먁삼보리를 얻기 때문이라는 것입니다. 경전에서 자주 언급되는 꽃, 향, 영락, 보배 등의 공양물을 바치라는 말씀은 결코 진귀하고 값진 보화를 올리라는 말씀이 아니라, 마음속의 삼독(三毒)과 번뇌 망상을 깡그리 부처님께 바쳐서 소멸시키라는 뜻으로 읽힙니다.

불자님이라면 초파일 부처님께 올리는 육법공양에 대해 잘 아실 것입니다. 육법공양은 향, 등, 차, 꽃, 과일, 쌀 등의 여섯 가지 공양물을 올리는 의식인데, 꽃은 아름다운 겉모습에 취하여 실상을 제대로 보지 못하는 것을 경계하라는 뜻이며, 향 또한 향기로운 냄새에 취하여 사물의 판단을 흐리게 하는 것을 경계하라는 등, 6근을 청정하게 하여, 허상에 집착하지 말고, 나를 우대하는 아상을 내려놓으라는 뜻이 아닙니까? 그리고 꽃과 향, 영락과 가루 향, 바르는 향과 사르는 향, 비단 가리개, 깃발, 의복, 갖가지 음악 등의 열 가지 공양물인 십종공양을 언급하셨습니다. 법화경을 읽고 외우는 자 마땅히 그런 공양을 받을 자격이 있음은 물론, 부처님이 한 몸처럼 업고 가시겠다는 것이고, 이 사람이 기쁘게 설법하는 것을 잠깐만이라도 들으면 곧 구경의 경지인 아뇩다라삼먁삼보리를 얻는다고 하십니다.

그런데 이 고귀한 설법은 아무 때나 들을 수 있는 mp3파일이 아니고, 설한 것과 설하고 있는 것, 설해야 할 것 중에서 이 법화경이 가장 믿기 어렵고 이해하기가 어려운 부처님들의 비밀스럽고 중요한 법장인 만큼, 부질없이 선포하여 망령되이 사람들에게 전하지 말라고 하십니다. 왜냐하면 그만큼 믿기 어렵고 비밀스런 법장인 바, 부처님이 현존하심에도 원망, 질시가 많을 수밖에 없는 일일진대, 부처님 열반 후에는 이런 풍조가 만연할 것이라는 우려 때문인 거지요. 그러면서 여래가 열반 후 만일 쓰고 받아 지니며, 읽고 외우며 공양하고, 다른 사람을 위해 설하는 자가 있으면 여래가 곧 옷으로 덮어주시고, 또 다른 곳에 현재 계시는 부처님들께서도 돌보아 주실 것이라 강조하셨습니다.

여기서는 여래의 옷을 주목할 필요가 있겠습니다. 여래의 옷이란 곧, 부처님의 자비와 인욕의 상징으로, 이 옷으로 덮어준다는 말씀은 부처님이 그러한 마음으로 이들을 장엄해 준다는 뜻인데요. 부처의 대리자인 법화경의 법사는 이러한 마음가짐으로 실상의 지혜를 전하여야 하고, 그런 만큼 다른 곳에 있는 부처님들 또한 호념(보호하고 살펴줌)해 준다는 것입니다. 이처럼 진실로 부처의 사역자가 되어 법화경을 설하는 공덕은 이루 헤아릴 수 없으며, 특히 여래 멸도 후에 이러한 선근을 쌓는 공덕은 말할 필요조차 없다는 말씀 아니겠습니까?

바로 지금이 말법의 시대이고, 법화경의 찬연한 정신으로, 날로 피폐해 가는 인류의 내면에 번갯불 같은 지혜의 섬광을 밝힐 때인 것임을 2,500여 년

전에 부처님이 예견하신 겁니다. 바로 그 과업을 수행해야 할 부처님의 대리자가 바로 지금 이 책을 쓰고, 읽고 있는 저와 여러분들이란 거지요. 그래서 법화경의 법사들은 여래의 처소에서 함께 머물게 되며, 여래께서 손으로 쓰다듬어 주실 것입니다. 여래의 처소에 함께 머문다는 뜻은 일승(一乘)의 경지에 이르러 여래와 같은 위치에 있게 됨을 뜻하며, 머리를 쓰다듬는 '수마기두(手摩其頭)'는 부처님이 너를 믿고 법화경을 맡긴다는 뜻으로, 멸도 후에도 이 경을 널리 펼치라는 의미를 담고 있습니다.

기독교에서 말하는 사역꾼은 일반적으로 하느님의 사자(使者)를 의미하여 천사(Angel)로 표시합니다만, 법화경에서는 자신의 원력으로 세상을 긍휼히 여겨, 스스로의 의지로 이 땅에 온 능동적 원력(願力)의 법사를 이릅니다. 그래서 법사는 자신의 의지대로 세상에 와서 법을 설하지만, 오히려 방해하고 훼방하는 무리도 만나게 됩니다. 그럴 때 여래의 손이 그의 머리를 어루만져 보호해 준다는 말씀입니다. 불교에서는 '마정수기(摩頂授記)'라는 의식이 있는데, 마정수기는 부처님이나 대 아라한이 제자의 정수리를 만져서 미래에 증득할 과보를 예언적으로 수기하는 것을 말한다는 것도 참고로 알아두시기 바랍니다. 본문을 잠시 인용해 봅니다.

"약왕이여! 어느 곳이든 설하거나 읽거나, 외우거나 쓰거나, 경전이 있는 곳에는 모두 다 칠보탑을 세워 지극히 높고 넓게 하며 아름답게 꾸미되, 사리를 모실 필요는 없느니라. 왜냐하면? 이 속에는 이미 여래의 온몸이 있기 때문이니라. 이 탑에 일체의 꽃과 향과 영락과 비단가리개와 깃발과 음악과 노래로 공양·공경하고, 존중·찬탄하라. 만일 어떤 사람이 이 탑을 보고 예배하고 공양하면 마땅히 알라. 이들은 모두 아뇩다라삼먁삼보리에 가까워진 것이니라."

칠보탑이 등장하였습니다. 칠보탑은 이미 〈제1 서품〉과 〈제8 오백제자수기품〉 등에서 언급된 바 있습니다만, 칠보탑을 현실에서 쉽게 비교하여 본다면 불국사의 다보탑을 연상하시면 됩니다. 글자 그대로 일곱 가지 보배로 장식된 탑이란 뜻인데, 법사품의 바로 다음 품인 견보탑품에 근거하여 건립된, 그야말로 법화사상의 메카가 바로 불국사의 다보탑인 거지요. 다보여래가 보살 시절에 '누군가 법화경을 설하는 자가 있으면 그곳에 많은 보배로 장식된 탑을 신통원력(神通願力)으로 나타나게 하여 그 일을 찬양하리라' 하고 서원하였는데, 석가모니가 법화경을 설하자 바로 앞에 칠보로 장식된 탑이 땅 위 허공에 높이 솟았으니 이것이 다보탑이란 것입니다.

이 탑에는 여래의 온몸이 이미 있기 때문에 사리를 모실 필요가 없다고 하시네요. 그렇습니다. 다보여래가 석가여래를 다보탑 안의 자리 반쪽을 비워 나란히 앉도록 했기 때문인데요, 이는 마치 세존께서 비사리(毘舍離)에 있는 다자탑(多子塔)에서 설법 도중 가섭이 오자, 당신의 자리 반쪽을 내어주며 가섭을 앉게 했다는, '다자탑전반분좌(多子塔前半分座)'의 '삼처전심(三處傳心)'의 전법(傳法) 장면을 떠오르게도 하는 설법이라 하겠습니다.

다보여래는 물론 인격적 실존불은 아닙니다만, 다보불(多寶佛), 다보세존(多寶世尊) 등이라고도 하고, 동방보정(東方寶淨)세계의 교주를 이릅니다. 본원력(本願力)으로 말미암아 입멸 후에 전신사리(全身舍利)가 되어 여러 부처가 법화경을 말씀하실 때마다 땅에서 솟아 나와 이처럼 다보탑(多寶塔)을 드러내어 이 경전이 진실된 것임을 증명합니다. 이로써 석가모니의 법화경 설법이 시방세계에 울려퍼지자, 땅에서는 다보여래가 이를 증명하기 위해 지상으로 다보탑을 솟아올렸다는 것이니, 불국사의 석가탑과 다보탑은 천지가 조응(調應)한 신묘한 법화의 상징이 된 것입니다.

그러니 법화경이야말로 여래의 전신(全身)이 온전히 살아 있는 법신사리라 할 수밖에 없고, 이미 여래의 법신사리가 좌임하여 있다고 보는 것이지요. 사리(舍利)가 무엇이겠습니까? 사리란 용어는 원래는 산스크리트어에서 시신(Śarīra)을 가리키는 말로, 고승이나 여래의 시신을 높여 부르고자 사리란 소리로 음차한 표현이었으나, 통상 사리라고 하면, 여래나 고승대덕의 시신을 다비(茶毘)하고 나온 영롱한 구슬 같은 결정체를 이르는 말이 되었습니다. 다비한 유골에서 사리가 출토되는 현상은 아직 과학적으로 밝혀진 바는 없습니다만, 칼슘이나 뼈의 성분이 장작의 성분과 특정온도에서 반응하여 굳어진 결정체가 아닌가 추측하고 있을 뿐입니다.

한편 일반인 중에도 사리가 나오는 예도 있기 때문에 사리의 출토 여부를 수행과 법력의 지표로 받아들이는 풍조는 본받을 만한 불자의 자세는 아닌 것 같습니다. 우리나라에도 부처님의 진신사리를 모신 5대적멸보궁이 있으나, 요즘은 의외로 많은 사찰에서 부처님의 사리를 봉안하여 법회를 연다는 소식을 종종 들은 것 같군요. 저의 짧은 소견으로는 사리를 통하여 여래와 대덕의 자취를 기리고 예배하면 그뿐, 맹목적 숭배와 신비주의에 빠지는 분별심은 그리 바람직한 불교문화는 아니라는 생각이 드는군요.

아무튼 이 탑은 칠보로 비유된 법화경의 지혜와 복덕이 장엄되어 있으니, 누구든 와서 이 보물을 꺼내어 내 것으로 만들라는 뜻이기도 합니다. 불자님들이 탑돌이를 할 때 보통 일곱 바퀴를 도는 이유도 나의 칠보를 확인하는 과정이기도 하고, 언제든 부처님의 보탑 속에는 이렇듯 우주의 보물로 가득하니 그것을 내 것으로 하여, 실상의 진리를 증득해 가라는 말씀이기도 합니다. 우리가 그동안 모르고 지내왔지만 이처럼 법화경의 진리는 시공을 초월하여 우리 곁에 와 있음을 알아가는 것도 법화경 공부의 또 다른 즐거움이라 하겠습니다.

|3| '고원천착의 비유'를 설하시고, 법화행자의 홍법삼궤를 설명하심

단락	구분	원문 및 한글 번역
10	한문 원전	"藥王! 譬如有人 渴乏須水 於彼**高原穿鑿**求之 猶見乾土 知水尚遠, 施功不已 轉見濕土 遂漸至泥 其心決定 知水必近. 菩薩亦復如是 若未聞未解未能修習 是法華經者 當知是人去阿耨多羅三藐三菩提尚遠. 若得聞解思惟修習 必知得近 阿耨多羅三藐三菩提."
	한글 읽기	"약왕! 비여유인 갈핍수수 어피고원천착구지 유견건토 지수상원, 시공불이 전견습토 수점지니 기심결정 지수필근. 보살역부여시 약미문미해미능수습 시법화경자 당지시인거아녹다라삼먁삼보리상원. 약득문해사유수습 필지득근 아녹다라삼먁삼보리."
	한글 풀이	"약왕이여! 비유하자면 어떤 사람이 목이 말라 언덕 위에서 구덩이를 파서 물을 구하려 하는데, 마른 흙만 나오면 물은 여전히 멀리 있는 것으로 알고, 계속 파내려 가다가 젖은 흙이 보이고 진흙이 나오면 반드시 물이 가까이 있음을 알게 됨과 같으니라. 보살 역시 이와 같아서 이 법화경을 듣지 못하고 이해하지 못하여, 닦고 익히지 않으면 이런 사람은 아직 아녹다라삼먁삼보리에 가는 것이 멀었음을 알아야 하느니라. 만약 듣고 이해하여, 생각하고 닦고 익히면 반드시 아녹다라삼먁삼보리에 가까워진 것으로 알라."
11	한문 원전	"所以者何? 一切菩薩阿耨多羅三藐三菩提 皆屬此經. 此經開方便門 示眞實相. 是法華經藏 深固幽遠 無人能到 今佛敎化 成就菩薩 而爲開示. 藥王! 若有菩薩 聞是法華經 驚疑怖畏 當知是爲新發意菩薩, 若聲聞人聞是經 驚疑怖畏 當知是 爲增上慢者."
	한글 읽기	"소이자하? 일체보살아녹다라삼먁삼보리 개속차경. 차경개방편문 시진실상. 시법화경장 심고유원 무인능도 금불교화 성취보살 이위개시. 약왕! 약유보살 문시법화경 경의포외 당지시위신발의보살, 약성문인문시경 경의포외 당지시 위증상만인."
	한글 풀이	"왜냐하면? 일체 보살의 아녹다라삼먁삼보리가 모두 다 이 경에 속하기 때문이니라. 이 경은 방편의 문을 열어 진실한 실상을 보이느니라. 이 법화경은 깊고 굳으며, 그윽하고 멀어서 다다를 수 있는 사람이 없나니, 이에 부처님께서 보살들을 교화하여 성취시키고자 열어 보이시는 것이니라. 약왕이여! 만약에 보살이 이 법화경을 듣고 놀라거나, 의심하고 두려워하며 무서워하면, 이 사람은 새로 발심한 보살임을 알아야 하지만, 성문으로서 이 경을 듣고 놀라거나 의심하고, 두려워하며 무서워하면, 마땅히 교만한 자임을 알라."

<table>
<tr><td rowspan="3">12</td><td>한문
원전</td><td>"藥王! 若有善男子善女人 如來滅後 欲爲四衆 說是法華經者 云何應說? 是善男子善女人 入如來室 著如來衣 坐如來座 爾乃應爲四衆 廣說斯經. 如來室者 一切衆生中 大慈悲心是 如來衣者 柔和忍辱心是 如來座者 一切法空是. 安住是中然後 以不懈怠心 爲諸菩薩及四衆 廣說是法華經."</td></tr>
<tr><td>한글
읽기</td><td>"약왕! 약유선남자선여인 여래멸후 욕위사중 설시법화경자 운하응설? 시선남자선여인 입여래실 착여래의 좌여래좌 이내응위사중 광설사경. 여래실자 일체중생중 대자비심시 여래의자 유화인욕심시 여래좌자 일체법공시. 안주시중연후 이불해태심 위제보살급사중 광설시법화경."</td></tr>
<tr><td>한글
풀이</td><td>"약왕이여! 만약 선남자 선여인이 여래가 열반한 후 사부대중을 위하여 이 법화경을 설하고자 하는 사람은 응당 어떻게 설해야 하는가? 이 선남자 선여인이 여래의 방에 들어가서 여래의 옷을 입고, 여래의 자리에 앉아서 사부대중을 위하여 이 경을 널리 설해야 하느니라. 여래의 방이란 일체 중생에 대한 대 자비심이고, 여래의 옷이라 함은 부드럽고 온화하여 욕된 것을 참는 것이며, 여래의 자리라 함은 모든 법은 공하다는 것이라. 이 가운데 편안히 머무른 다음 게으르지 않은 마음으로 보살들과 사부대중을 위하여 이 법화경을 널리 설하여야 하느니라."</td></tr>
<tr><td rowspan="3">13</td><td>한문
원전</td><td>"藥王! 我於餘國遣化人 爲其集聽法衆 亦遣化比丘 比丘尼 優婆塞 優婆夷 聽其說法, 是諸化人 聞法信受 隨順不逆. 若說法者 在空閑處 我時廣遣 天 龍 鬼神 乾闥婆 阿修羅等 聽其說法. 我雖在異國 時時令說法者 得見我身 若於此經 忘失句逗 我還爲說 令得具足." 爾時 世尊欲重宣此義 而說偈言.</td></tr>
<tr><td>한글
읽기</td><td>"약왕! 아어여국견화인 위기집청법중 역견화비구 비구니 우바새 우바이 청기설법, 시제화인 문법신수 수순불역. 약설법자 재공한처 아시광견 천 용 귀신 건달바 아수라등 청기설법. 아수재이국 시시영설법자 득견아신 약어차경 망실구두 아환위설 영득구족." 이시 세존욕중선차의 이설게언.</td></tr>
<tr><td>한글
풀이</td><td>"약왕아! 내가 다른 나라에서 신통력으로 나타낸 사람을 보내어 그를 위하여 법을 들을 무리들을 모이게 하고, 또 신통력으로 나타낸 비구, 비구니, 우바새, 우바이들을 보내어 그가 설법하는 것을 듣게 하는데, 신통으로 나타낸 이런 사람들은 법을 듣고 믿으며, 받아들여 잘 따르며 거스르지를 않느니라. 만약 설법하는 사람이 고요하고 한적한 곳에 있으면, 내가 바로 천, 용, 귀신, 건달바, 아수라 등을 보내어 그가 설법하는 것을 듣게 하리라. 내가 비록 다른 나라에 있더라도 때때로 설법하는 사람으로 하여금 나의 몸을 볼 수 있게 하며, 이 경의 구절을 잃어버렸거나 머뭇거리면, 내가 돌아와서 그를 위해 설함으로써 완전하게 하여 주느니라." 그때에 세존께서 이 뜻을 거듭 펴시려고 게송으로 읊으셨다.</td></tr>
<tr><td>중요용어</td><td colspan="2">❶ 고원천착(高原穿鑿)
❷ 입여래실 착여래의 좌여래좌(入如來室 著如來衣 坐如來座)</td></tr>
</table>

법화경의 일곱 가지 비유(법화 칠유-法華 七喩)에는 들어가지 않지만, '고원천착

(高原穿鑿)의 비유'가 나오는 중요한 단락입니다. '고원착정비유(高原鑿井譬喩)' 또는 '고원천정유(高原泉井喩)'라고도 불리는 이 설법은 목마른 사람이 고원에서 우물을 판다는 비유로, 법화경을 듣고 이해하며, 익히고 닦아 아뇩다라삼먁삼보리로 가는 과정을, 샘을 파는 공정에 견주어 설하신 명쾌한 비유라 하겠습니다. 통상 물은 낮은 곳으로 흐르니 당연히 우물을 파도 저지대나, 하천 높이보다 높지 않은 곳을 파기 마련이지만, 아뇩다라삼먁삼보리에 이르는 것이 마치 고원에서 물을 구하는 것처럼, 쉼 없이 꾸준히 노력해야만이 다다를 수 있다는 당부를 이렇게 비유를 들어 설명하시는 겁니다.

고원준령은 고통의 사바세계이며, 목마른 자는 어리석은 중생일 것입니다. 그러한 고통에 처한 중생이라 해도 구하겠다는 일념으로 꾸준히 나아가다 보면, 처음엔 마른 흙만 나오다가도 언젠가는 물기를 머금은 젖은 흙이 나오게 되고, 마침내는 진흙층을 만나게 되나니 반드시 물이 가까이 있음을 알게 되는 이치와 같다고 하시네요. 이렇게 또 법화경의 수행, 증득 과정을 설하심에 있어 우물을 파는 비유를 들어 족집게 명강의를 해 주시는 부처님을 도대체 어떻게 칭송해야 할지 모르겠습니다. 설법의 목적과 상징이 너무나 명쾌한 비유이므로 굳이 부연 설명드릴 필요가 없겠습니다만, 정리하는 차원에서 다음에 도표를 만들어 남깁니다.

〈고원 천착의 비유와 상징〉

비유의 대상	비유의 상징	비유의 목적
높은 곳(고원)	고통 속 중생의 현실	중생에게는 불성이 함장됨
샘을 팜	번뇌를 멸하려는 발심	궁극적 아뇩다라삼먁삼보리의 길
샘을 파는 사람	법화경을 모르는 하근기(성문)	꾸준한 정진
마른 흙	소승적 깨달음	삼승의 경지
젖은 흙	방편과 지혜	일승으로 귀일

진흙	대승적 깨달음	법화경의 지혜
물을 구함	부처님의 지혜	마침내 무상정등각을 이룸

고원 천착의 비유는 법사품 중에서도 매우 중요한 가르침으로, 법화경을 전하는 법사는 중생을 교화할 때 마치 이러한 착정의 과정처럼, 중생의 근기에 따라 여러 방편과 경로를 거쳐 닦게 하고, 꾸준히 노력하게 하라는 상징적 가르침을 비유로 나타내신 것이라 하겠습니다. 마른 흙과 젖은 흙 그리고 진흙의 과정과 같이 법화경을 듣고 이해하며, 닦고 익히는 보살은 성불의 경지로 다가서고 있음을 알 수 있다는 것입니다.

모든 현상이 그렇겠습니다만, 우리가 배가 고파 밥을 먹을 때도 첫 숟가락에 배부를 수 없고 심하게 고프다고, 한 그릇을 한 숟가락에 뚝딱 먹을 수도 없는 것처럼, 성불에 이르는 것도 법화경을 잘 듣고, 보살도를 실천해 나가면서 마침내 아뇩다라삼먁삼보리에 이르러야 한다는 것입니다. 목이 마려우면 물을 마셔야 하는데, 법화경을 듣고 행하지 못하면 왜 물이 필요한 줄도 모르는 것과 같은 이치라 하겠습니다. 법화경은 일체 보살의 아뇩다라삼먁삼보리가 모두 다 속하기 때문에 이 경은 방편의 문을 열어 진실한 실상을 보인다고 강조하십니다. 다시 한번 법화경은 깊고 굳은 진여실상에 이르게 하는, 부처님의 최상승 경전임을 상기해 두시기 바랍니다. 중요한 설법 본문 일부를 인용해 봅니다.

"약왕이여! 만약 선남자 선여인이 여래가 열반한 후 사부대중을 위하여 이 법화경을 설하고자 하는 사람은 응당 어떻게 설해야 하는가? 이 선남자 선여인이 여래의 방에 들어가서 여래의 옷을 입고, 여래의 자리에 앉아서 사부대중을 위하여 이 경을 널리 설해야 하느니라. 여래의 방이란 일체 중생에 대한 대 자비심이고, 여래의 옷이라 함은 부드럽고 온화하여 욕된 것을

　　참는 것이며, 여래의 자리라 함은 모든 법은 공하다는 것이라. 이 가운데

　　편안히 머무른 다음 게으르지 않은 마음으로 보살들과 사부대중을 위하여

　　이 법화경을 널리 설하여야 하느니라."

　법화경을 널리 펴는 자나, 법화경에 의지하여 수행하는 법화행자들이 어떠한 자세와 마음가짐을 가져야 하는지에 대해 아주 구체적이며, 상세한 원칙까지를 열거하며 설하시고 있습니다. 이를 법화경을 널리 알릴 때의 세 가지 마음가짐의 규칙이라는 뜻에서 **'홍법삼궤**(弘法 三軌)**' 또는 '홍교 삼궤**(弘敎 三軌)**'** 라고도 하는데, 본문에서도 말씀하셨지만 중요한 부분이라 다시 한번 기술해 봅니다.

　여래가 열반한 후 사부대중을 위하여 이 법화경을 설하고자 하는 사람은 응당 어떻게 설해야 하는가 하면, **❶ 여래의 방에 들어가서, ❷ 여래의 옷을 입고, ❸ 여래의 자리에 앉아서 사부대중을 위하여 이 경을 널리 설해야한다** 고 하십니다. 왜 그런가 하면 여래의 사역꾼으로서 여래의 위신에 입각하여 법화경을 설하여야 하기 때문인데요. **첫째**, 여래의 방은 당연히 여래의 대자비심을 바탕으로 설하라는 가르침으로서 아무런 조건도 없는 무연자비(無緣慈悲)를 실천하는 것이 여래의 집으로 들어가는 첫 번째 조건이라는 것입니다. 왜 여래의 방을 자비심의 상징으로 보셨을까요? 그것은 시방세계의 근본이 자비심의 원천이기 때문이지요.

　〈요한복음 3:15〉에 "하나님이 세상을 이처럼 사랑하사 독생자를 주셨으니 이는 저를 믿는 자마다 멸망치 않고 영생을 얻게 하려 하심이니라"에서처럼, 세상은 사랑이며, 믿는 자마다 구원 받을 수 있다는 구절이 있지만, 부처님은 아예 세상 자체를 자비심의 다른 이름으로 보셨고, 믿는 자만이 아니라, 모두가 부처이니 여래의 방에서 법화경을 설하는 자, 곧 부처라 하신 겁니다. 조건적 자비와 거짓 자비에 결코 속아서는 아니 됩니다. 물에 빠진 사람 건져놓

으면 보따리 내놓으라는 게 간악한 인간사 현실이고, 베풂이 계속되면 권리인 줄 아는 것이 간사한 인지상정의 현주소이긴 하지만 그래도 당할 때 당하더라도 물에 빠진 사람은 건져놓고 볼 일이 아닙니까?

물에 빠진 사람에게 "내가 너 건져줄 테니 나중에 보따리 내놓으란 말 하기 없기다!" 따위로 다짐받을 시간이 어디 있겠습니까? 유행가 가락에 "당신을 향한 나의 사랑은 무조건 무조건이야~~~♬"하는 가사처럼 무조건적 자비심으로 법화경을 설하라는 말씀이십니다. **둘째**, 여래의 옷은 온화하며, 인욕하는 마음가짐입니다. 6바라밀 수행 중에도 참음이 얼마나 중요한 것인가는 금강경 〈제14 이상적멸분〉에서 온몸을 마디마디 잘리는 '할절신체(割絶身體)'의 고통을 참는 인욕바라밀의 전생 경험을 말씀하신 바 있습니다.

"수보리야! 내가 옛날 가리왕에게 몸을 베이고 찢기울 적에 내가 그때에 나라는 생각이 없었으며, 사람이라는 인상(人相)도 없었고, 중생이라는 생각이 없었으며, 오래 산다는 생각도 없었기 때문이니, 내가 옛적에 마디마디 사지를 찢기고 끊길 그때 만약 나에게 나라는 생각, 사람이라는 생각, 중생이라는 생각, 오래 산다는 생각이 있었다면 응당 성내고 원망하는 마음을 내었을 것이니라." 마땅히 일체의 상(相)을 버리고 아뇩다라삼먁삼보리를 일으키라는 말씀입니다. 우리들이 이러한 극한의 고통에 처할 일은 없겠습니다만, 주변을 둘러보면 이해가 얽힌 세상사에 초연한 사람이 얼마나 있더이까? 내 손톱 밑에 박힌 작은 가시 하나에 세상의 온갖 고통은 다 뒤집어쓴 양, 오만 절규를 쏟아내는 사람 어렵잖게 볼 수 있을 것입니다. 내 손톱 밑의 가시 하나가 타인의 팔뚝 하나 잘린 것보다 더 괴로운 게 인간의 분별상 아닙니까?

모름지기 법화행자들은 온화한 마음으로 갈등을 떠나 인욕하는 자세로 법화경을 설해야 한다는 것입니다. 역사적으로 살펴보면 대승불교가 전개되는 과정에서 기존의 부파교단으로부터의 많은 갈등이 있었고, 법화행자들은 많은 핍박도 받았을 것임을 쉽게 생각해 볼 수 있겠습니다. 이때 법화행자들이 대립을 떠나서 화해와 인욕을 선택했을 것이란 생각이 드는군요. 싸움은 반드시 거는 자와 받아들이는 자가 있어야 성립이 됩니다. 연잎이 비에 젖지만 받아들이지 않으니 그냥 흘러내릴 뿐이잖습니까? 세상사 이치도 이와 같습니다. 나를 비방하여 갖은 욕설을 퍼부어도 내가 받아들이지 않으면 그 욕은 그 사람의 것이 되니까요.

셋째, 여래의 자리란 일체 법공(法空)이라 해석하시면 좋겠습니다. 잘 아시는 것처럼 여래란 열반을 여(如)라 하고, 이를 알아 이해함을 래(来)라 이름하니, 열반을 바르게 깨달은 바 여래(如來)라 한다고 하였습니다. 바르게 깨닫는 그 자리가 곧 공(空)인데, 안이비설신의(眼耳鼻舌身意)의 육감을 인식할 수 있는 일체의 대상이 바로 법입니다. 그러니 법공이란 제행의 고정적 실체가 없으니 집착할 대상이 아니요, 분별의 대상도 아니라는 것이지요. 그러니 일체 법이 공이라는 자세로 대자비심을 구현하고, 부드럽고 온화하며, 인욕하는 마음으로 법화경을 설하는 자세가 **법화경의 홍법3궤**가 되는 것인데, 이것이 바로 법화행자의 '우리의 맹세 3조'가 되는 것입니다.

중요 용어해설

❶ 고원천착(高原穿鑿) : 법사가 중생을 교화할 때 마치 고원에서 샘을 파는 것처럼 행하라는 뜻

❷ 입여래실 착여래의 좌여래좌(入如來室 著如來衣 坐如來座) : 법화경을 홍포하는 세 가지 자세 즉, 자비, 인욕, 법공의 자세로 설하는 것을 뜻함

묘법연화경 제11 견보탑품(見寶塔品)

요약 및 대의

⇒ 다보불탑이 웅장한 위용으로 땅에서 솟아오르다

⇒ 탑신 속에서 다보불이 부처님의 법화경 설법을 찬탄하는 소리가 들려옴

⇒ 다보불의 친견을 원하는 대요설의 간청에 따라 부처님이 분신 부처님을 모이게 하심

⇒ 분신부처님들이 보탑의 문을 열어달라 간청하자 부처님은 허공에 솟아오르심

⇒ 마침내 부처님께서 칠보탑의 문을 열자, 일체 대중은 선정에 드신 다보여래를 친견하게 됨

⇒ 다보여래께서 자리를 반으로 나누어 부처님과 같이 앉자는 이불동석을 권청하심

⇒ 대중들도 공중에 머물고 싶다는 간청에 따라 부처님이 모두를 허공 중에 머물게 하심

⇒ 이때 부처님께서 지금이 바로 이 경을 설할 때라 하시며, 『묘법연화경』을 부촉(付囑)하려고 여기에 있노라고 하심

❁ |1| 다보불탑이 웅장한 위용으로 땅에서 솟아오르다

단락	구분	원문 및 한글 번역
1	한문 원전	爾時 佛前有七寶塔 高五百由旬 縱廣二百五十由旬 **從地踊出** 住在空中. 種種寶物 而莊校之 五千欄楯 **龕室千萬** 無數幢幡 以爲嚴飾 垂寶瓔珞 寶鈴萬億 而懸其上. 四面皆出 多摩羅跋栴檀之香 充遍世界 其諸幡蓋以 金銀 琉璃 車璖 馬腦 眞珠 玫瑰 七寶合成 高至四天王宮. 三十三天 雨天曼陁羅華 供養寶塔 餘諸天龍 夜叉 乾闥婆 阿修羅 迦樓羅 緊那羅 摩睺羅伽 人非人等 千萬億衆 以一切華 香 瓔珞 幡蓋 伎樂 供養寶塔 恭敬尊重讚歎.
	한글 읽기	이시 불전유칠보탑 고오백유순 종광이백오십유순 **종지용출** 주재공중. 종종보물 이장교지 오천난순 **감실천만** 무수당번 이위엄식 수보영락 보령만억 이현기상. 사면개출 다마라발전단지향 충변세계 기제번개이 금은 유리 차거 마노 진주 매괴 칠보합성 고지사천왕궁. 삼십삼천 우천만다라화 공양보탑 여제천용 야차 건달바 아수라 가루라 긴나라 마후라가 인비인등 천만억중 이일체화 향 영락 번개 기악 공양보탑 공경존중찬탄.

1	한글 풀이	그때 부처님 앞에 높이가 5백유순이고, 넓이가 250유순인 칠보탑이 땅에서 솟아올라 공중에 머물렀다. 갖가지 보물로 잘 꾸며졌으니 난간이 5천이고 감실이 천만이며, 수없는 깃발로 아름답게 꾸미고 보배로 된 영락을 드리웠으며, 만억이나 되는 보배 구슬을 그 위에 매달았다. 사면에서는 모두 다마라발전단의 향기가 나와 세계에 가득 차고, 깃발과 덮개들은 금은, 유리, 차거, 마노, 진주, 매괴 등의 칠보로 만들었는데, 높이가 사천왕의 궁전에 까지 닿았다. 33천은 하늘의 만다라 꽃을 비 오듯이 뿌려 보배탑에 공양하고, 다른 하늘과 용과 야차와 건달바, 아수라, 가루라, 긴나라, 마후라가, 인비인 등의 천만억 대중들은 모든 꽃과 향과 영락과 깃발과 덮개와 음악으로 보배탑에 공양하고 공경, 존중찬탄하였다.
2	한문 원전	爾時 寶塔中 出大音聲歎言. "善哉 善哉. 釋迦牟尼世尊! 能以**平等大慧** 教菩薩法 佛所護念 妙法華經 爲大衆說 如是如是. 釋迦牟尼世尊 如所說者 皆是眞實." 爾時 四衆見大寶塔 住在空中 又聞塔中 所出音聲 皆得法喜 怪未曾有 從座而起 恭敬合掌 却住一面.
	한글 읽기	이시 보탑중 출대음성탄언. "선재 선재! 석가모니세존! 능이**평등대혜** 교보살법불소호념 묘법화경 위대중설 여시여시. 석가모니세존 여소설자 개시진실." 이시 사중견대보탑 주재공중 우문탑중 소출음성 개득법희 괴미증유 종좌이기 공경합장 각주일면.
	한글 풀이	그때 보배탑 가운데에서 큰 음성으로 찬탄하였다. "거룩하고도 거룩하십니다. 석가모니세존이시여! 평등하고 큰 지혜로써 보살을 가르치는 법이며, 부처님께서 늘 마음에 두고 보호하시는 묘법화경을 대중들에게 설하시는데, 그렇습니다. 그렇습니다. 석가모니세존께서 말씀하신 것은 모두 다 진실합니다." 그때 사부대중은 큰 보배탑이 공중에 머물러 있는 것과 보배탑 가운데서 음성이 들리는 것을 듣고, 모두 다 법의 기쁨을 얻었으니 기이하고도 전에 없던 일이라 자리에서 일어나 합장 공경하며, 한쪽으로 물러나 있었다.
3	한문 원전	爾時 有菩薩摩訶薩 **名大樂說** 知一切世間 天人阿修羅等 心之所疑 而白佛言. "世尊! 以何因緣 有此寶塔 從地踊出 又於其中 發是音聲?" 爾時 佛告大樂說菩薩. "此寶塔中 有如來全身. 乃往過去 東方無量千萬億阿僧祇世界 **國名寶淨** 彼中有佛 **號曰多寶**. 其佛行菩薩道時 作大誓願, '若我成佛 滅度之後 於十方國土 有說法華經處 我之塔廟 爲聽是經故 踊現其前 爲作證明 讚言善哉.'"
	한글 읽기	이시 유보살마하살 **명대요설** 지일체세간 천인아수라등 심지소의 이백불언. "세존! 이하인연 유차보탑 종지용출 우어기중 발시음성?" 이시 불고대요설보살. "차보탑중 유여래전신. 내왕과거 동방무량천만억아승기세계 **국명보정** 피중유불 **호왈다보**. 기불행보살도시 작대서원, '약아성불 멸도지후 어시방국토 유설법화경처 아지탑묘 위청시경고 용현기전 위작증명 찬언선재'"
	한글 풀이	이때 대요설이라는 보살마하살이 일체 세간의 천, 인, 아수라들이 궁금해 하는 것을 알고 부처님께 말씀드렸다. "세존이시여! 어떤 인연으로 이 보배탑이 땅에서 솟아 나왔으며, 또 그 가운데서 이런 음성이 나오는 것입니까?" 그러자 부처님께서 대요설보살에게

3	한글 풀이	말씀하셨다. "이 보배탑 속에는 여래의 완전한 몸이 있느니라. 저 먼 과거에서 동방으로 한량없는 천만억 아승기세계를 지나서 보정이라는 나라가 있었는데, 그곳에 명호가 다보라는 부처님이 계셨느니라. 그 부처님께서 보살도를 행하실 때 크게 서원하시기를 '내가 만약에 성불하면 열반한 후에라도 법화경을 설하는 곳이 있으면, 시방의 어느 국토에라도 이 경을 듣기 위하여 나의 탑이 그 앞에서 솟아나서 증명을 하면서 거룩하시다고 찬탄하리라.' 하셨느니라."
4	한문 원전	"彼佛成道已 臨滅度時 於天人大衆中 告諸比丘. '我滅度後 欲供養我全身者 應起一大塔.' 其佛以神通願力 十方世界在在處處 若有說法華經者 彼之寶塔 皆踊出其前 全身在於塔中 '讚言善哉 善哉!' 大樂說! 今多寶如來塔 聞說法華經故 從地踊出 '讚言善哉 善哉!'"
	한글 읽기	"피불성도이 임멸도시 어천인대중중 고제비구. '아멸도후 욕공양아전신자 응기일대탑.' 기불이신통원력 시방세계재재처처 약유설법화경자 피지보탑 개용출기전 전신재어탑중 '찬언선재 선재!' 대요설! 금다보여래탑 문설법화경고 종지용출 '찬언선재 선재!'"
	한글 풀이	"그 부처님께서 도를 이루신 후 열반에 이르렀을 때 하늘과 사람의 대중 가운데서 비구들에게 이르시기를 '내가 열반한 후에 나의 몸에 공양을 하려는 자는 마땅히 큰 탑을 하나 세워라.'고 하셨느니라. 그 부처님께서는 신통한 원력으로 시방세계의 곳곳에 계시다가 법화경을 설하는 사람이 있으면 그 보배탑이 꼭 그 앞에 솟아오르고 몸이 그 탑 속에 있다가 '거룩하고도 거룩합니다!'라고 찬탄하시는 것이니라. 대요설아! 지금 다보여래의 탑은 법화경을 설하는 것을 들으려고 땅에서 솟아올라 '거룩하고도 거룩합니다!' 라고 하시는 것이니라."
중요용어		❶ 종지용출(從地踊出)　❷ 감실천만(龕室千萬)　❸ 평등대혜(平等大慧) ❹ 명대요설(名大樂說)　❺ 국명보정(國名寶淨)　❻ 호왈다보(號曰多寶)

〈제11 견보탑품〉은 글자 그대로 보배로운 탑을 친견(親見)한다는 뜻입니다. 즉, 다보탑을 친견한다는 말인데요. 부처님 앞에 높이가 5백유순이고, 넓이가 250유순인 칠보탑이 땅에서 솟아올라 공중에 머물렀다는 것입니다. 칠보탑은 〈제1 서품〉에서 「부처님께서 미간의 백호상으로 광명을 놓으시어 동방으로 1만8천 세계를 비추셨을 때, 여러 보살마하살들이 가지가지 인연과 가지가지 믿음과 갖가지 모습으로 보살도를 행하는 것을 볼 수 있었으며, (중략) 여러 부처님들이 반열반에 드시는 것을 볼 수 있었고, 모든 부처님들께서 반열반에 드신 뒤에 그 부처님의 사리들로 칠보탑을 세우는 것도 볼 수 있었

다.」는 본문에서 처음 등장한 것을 기억하실 것입니다.

본품은 〈다보탑 ➡ 다보불의 증명 ➡ 부처님의 분신 부처〉 등, 신이한 기적이 많이 등장하는 만큼 그 의미 전달이 매우 어려운 품이기도 한데요. 앞의 품 〈제10 법사품〉에서 부처님은 말세에 법화경의 가르침을 설하는 자가 가져야 할 바른 자세와 그 가르침을 설하는 사람이 받을 공덕에 대해 아주 작심을 하시고 강조하여 설하신 바 있는데, 바로 그 설법이 끝나자, 부처님 앞에 높이가 5백유순이고, 가로넓이가 250유순인 칠보탑이 순식간에 땅에서 솟아올라 공중에 머물렀다는 것입니다. 가로는 세로의 절반으로 균형을 의미하지만, 250유순, 500유순 등 유독 5의 배수가 돋보이는데요. 동서남북 4방에 중앙 5로, 흔들리지 않는 중심을 잡는다는 뜻이기도합니다.

여기서 우리는 이 탑을 물리적 공간의 구체적 장엄물이나, 기적의 소산이란 생각을 하여서는 아니 되고, 불성의 진리 자체를 중생들에게 방편으로 나타내 보이신 상징적 형상이 탑으로 승화된 것으로 보아야 하겠습니다. 1유순(由旬)은 9.6km, 12km 또는 15km라는 여러 가지 설이 있습니다만, 1유순은 통상 소달구지가 하루에 갈 수 있는 거리로 보는 견해가 많은 데, 10km로만 잡아도 500유순에, 가로가 250유순이라면 높이는 5,000km, 폭은 2,500km에 달하는 탑으로, 에베레스트산 수백 개를 더한 높이보다 큰 탑이란 말씀입니다. 이토록 한량없는 보탑의 창대한 수치는 인간내면의 무한한 가능성과 초월적 잠재력을 상징하는 것으로 볼 수 있습니다.

왜 부처님은 이처럼 거대한 장엄물을 설법의 장치로 준비하신 걸까요? 그것은 바로 헤아릴 수 없는 부처님의 인간에 대한 애정과 모두가 성스럽고, 그 자체로 부처인 인간의 불성을 이처럼 창대한 다보탑에 비유하신 때문이라 하겠습니다. 그러니 탑은 궁극적 불성을 상징하는 것으로, 형이하학적인 건축물과는 차원을 달리하는 성스러운 불교 장엄물의 하나입니다. 그러나 아무리 다보탑이 아름답고 성스럽다고 하나, 우리 인간이 본래부터 간직한 성스러운 불성과 아름다운 진여자성(眞如自性)을 넘어서 존재하는 것은 아닙니다. 우리 스스로가 존귀한 다보탑이고 아름다운 연꽃인데도, 사바의 진흙밭에 뿌리내린 채, 6식의 감각에 마비되었을 뿐, 법화경의 가르침대로 생각하고 말하며, 행동한다면 곧 연화장세계의 연꽃으로 피어나, 다보여래의 서원과 같이 다보탑으로 승화된다는 가르침이라 새겨 두시기 바랍니다. 본문 일부를 가져와 봅니다.

「爾時 佛前有七寶塔 高五百由旬 縱廣二百五十由旬 從地踊出 住在空中. 種種寶物 而莊挍之 五千欄楯 龕室千萬」

(이시 불전유칠보탑 고오백유순 종광이백오십유순 종지용출 주재공중. 종종보물 이장교지 오천난순 감실천만)

"그때 부처님 앞에 높이가 5백유순이고, 가로세로가 250유순인 칠보탑이 땅에서 솟아올라 공중에 머물렀다. 갖가지 보물로 잘 꾸며졌으니 난간이 5천이고 감실이 천만이며"

여기서는 '종지용출'을 주목하여 주시기 바랍니다. 뒤에 나오는 〈제15 종지용출품〉에서 다시 공부해 볼 것입니다만, 종지용출이란 글자 그대로 땅으로부터 솟아 나왔다는 말인데, 하늘에서 내려온 것이 아니라 땅에서 솟아올랐다는 점이 중요하다 하겠습니다. 상징적 의미로 보면, 땅은 인간의 내면적 현실세계라 할 수 있고, 하늘은 신본적(神本的) 이상세계라 할 수 있거니와 불도의 완성도 결국 인간의 내면에 잠재된 불성에 기인한다는 뜻이 됩니다. 즉, 깨달음이란 하늘에서 주는 것이 아니라, 나의 내면세계에 있다는 것입니다.

지옥이나 극락세계도 450억광년 우주의 어느 한구석에 '여기부터 극락!'이라는 간판을 걸어놓고 존재하는 것이 아니라, '나' 스스로가 짓고 허무는 것으로, 일체가 나의 유심조화(唯心造化)에서 비롯된 것이 아닙니까? 달마대사도 "천국과 지옥은 지리적, 공간적 위치가 아니라 깨어 있지 못한 자의 자리가 지옥이다."라 하였지요. 독자 여러분들께서는 구약성서 창세기에 나오는 바벨탑에 대해 들어보셨을 겁니다. 높고 거대한 탑을 쌓아 하늘에 닿으려 했던 인간들의 오만한 행동에 분노한 신은 본래 하나였던 언어를 여럿으로 분리하는 저주를 내립니다. 바벨탑 건설은 결국 혼돈 속에서 막을 내렸고, 탑을 세우고자 했던 인간들은 불신과 오해 속에 서로 다른 언어들과 함께 전 세계로 뿔뿔이 흩어지게 되지요.

그러나 법화경에 나오는 다보탑은 부처님의 진실한 가르침으로서의 진리의 첨탑(尖塔)인 것입니다. 법화경의 정신 자체가, 누구에게나 깃들어 있는 불성을 발견하여, 진여자성을 깨우치는 것이라 하였습니다. 탑이 상징하는 의미는 다양한 해석이 가능하겠습니다만, 탑은 무엇보다 균형과 조화를 기본으로 하여, 층층이 쌓아나가야 하는 총체적 수행의 결과물이라 할 수 있습니다. 시간이 과거에서 현재를 거쳐 미래로 나아가듯, 공간적 인자 또한 땅속에서 지상으로 그리고 공중으로 이어지는 것과 같이 불성도 이와 다르지 않다는 것입니다. 그러므로 보탑은 시공을 초월하여, 부처님의 가르침은 누구에게나 평등하며, 신실(信實)한 실상의 진리라는 상징을 나타내 보이는 거지요.

우리네 인생살이도 하루하루 탑을 쌓아가는 과정이라 할 수 있습니다. 과거, 현재, 미래가 하나의 인과로 이어져 있는 만큼, 현생에서 내가 보는 탑은 오늘 쌓아 올린 순간의 성과가 아니라, 전생의 공덕이 쌓아놓은 나의 업과를 보는 것인데요. 현실이 피폐하고 암울하다면 과거세의 공덕 없음을 뉘우치고, 미래세의 좋은 과보를 위해 오늘 하루하루의 보탑을 착실히 쌓아가야 합니다. 너무나 평범하고 보편적인 교훈이지만, 사람들은 현실에서 고난에 부딪힐 때마다 자신의 부덕을 탓하기보다는 원망할 대상을 찾기 바쁘고, 그러한 원망하는 마음을 도우면서 원한을 키우게 됩니다.

부처님이 설한 법화경의 진리는 제법실상으로서 그것 자체로 평등한 일체 법의 지혜이기 때문에 운 좋은 자라 하여 복을 받고, 복 없는 자가 화를 당하는 게 아닙니다. 당연히 그림자가 형상을 따르듯 죄도, 복도 내가 쌓아온 스스로의 공덕에 연유하는 것일 뿐이므로, 황당하고 억울한 일을 당하더라도 '내가 잘못 산 어제(전생) 때문에 이렇게 당연한 오늘(현생)의 대우를 받는 것이로구나.' 라고 생각하고, '이제라도 법화경의 제자가 되었으니 옳거니! 연꽃 같이 잘 생긴 내가, 부처인 내가, 참는 것이로구나.' 하는 마음가짐으로 살아가면 됩니다. 우선은 손해 보는 듯하지만 결국은 남는 장사가 바로 참는 장사니까요.

혹자는 이런 태클을 걸 수도 있겠네요. '네 놈이 직접 당해 봐도 공자님 오페라 하는 그런 소리 할 수 있겠냐? 살려 달라고 애걸복걸 하는 놈 가엾어서 집문서까지 잡혀서 살려주었더니, 은혜는 고사하고 제 놈은 승승장구 하면서도 한 푼도 돌려주지 않는 바람에 길바닥에 나앉았는데, 그 입장에서도 내가 부처란 말이 나오것냐? 이걸 그냥 확!' 아마도 그 사람에게는 집뿐만이 아니라 목숨까지도 빚진 업연이 있었을 터인데도, 법화경을 가까이 한 공덕으로 죽임까지는 면했으니 그나마 얼마나 감사해야 할 일이겠습니까? 삼세의 인과는 그물망처럼 얽혀져 있기 때문에 반드시 응보가 따르는 법일지니, 오늘을 잘살면 내일이 두려울 일이 없을 터입니다.

칠보탑의 높이는 5백유순이고, 넓이는 250유순이니 딱 1/2의 비율로 균형 잡힌 탑신이라 하겠습니다. 앞에서 잠시 언급하였지만 불교에서의 5라는 숫자는 대개 동서남북 4방에 중앙을 더하여 5로 보는 견해가 많습니다. 그래서 5백이 상징하는 것은 동서남북 중앙의 균형을 의미하기도 하며, 수행으로 쌓아놓은 공덕 자체로 볼 수도 있습니다. 또한 250은 5의 배수로, 안정되고 완전한 불성을 상징한다 하겠습니다. 온갖 보물과 깃발로 꾸며지고, 33천은 하늘의 만다라꽃을 비 오듯 뿌려 공양하니 다른 하늘과 용과 야차와 건달바, 아수라, 가루라, 긴나라, 마후라가, 인비인 등의 천만억 대중들은 모든 꽃과 향과 영락과 깃발과 덮개와 음악으로 보배탑에 공양하고 공경, 존중 찬탄하였다고 하셨네요. 정말 아름다운 탑이 아닐 수 없습니다. 그러나 우리들 인간의 내면에 불성으로 쌓을 수 있는 탑이야 더욱 아름답지 않겠습니까? 이제 탑 속에서 경천동지할 기적 같은 음성이 들려옵니다.

「그때 보배탑 가운데에서 큰 음성으로 찬탄하였다. "거룩하고도 거룩하십니다. 석가모니세존이시여! 평등하고 큰 지혜로써 보살을 가르치는 법이며, 부처님께서 늘 마음에 두고 보호하시는 묘법화경을 대중들에게 설하시는데, 그렇습니다. 그렇습니다. 석가모니세존께서 말씀하신 것은 모두 다 진실합니다."」

부처님의 법화경 설법을 찬탄하고, 평등의 큰 지혜로써 대중들을 설하시는 부처님의 말씀은 모두 다 진실하다고 큰소리로 증명하는 여래는 다보여래(多寶如來)이십니다. 다보여래는 불성의 진리 자체로서 법신불이며, 이때의 석가모니불은 중생의 설법 요청에 응하여 몸을 나투신 응신불이 됩니다. 쉽게 말하면 석가모니불이 법화경을 설하시자(입력 : Input), 다보여래가 그 설법이 틀림없다며 증명해 보이는(출력 : Output) 것입니다. 부처님의 설법만으로도 우리는 진리의 환희심에 젖을 판인데, 다보여래께서도 등판하시어, '맞습니다. 맞고요, 거룩하고도 거룩하십니다!'라며, 부처님의 묘법연화경 설법은 모두 다 진실하다고 찬탄하며 증명하시는군요. 그 장중하고 찬란한 보배탑이 공중에 머무르며, 그 속에서 다보여래의 큰 음성이 들려 부처님의 법화경 설법을 찬탄하는 상황에, 중생심으로서는 의문은 고사하고, 감히 아! 소리조차도 나올 수 없는 지경인데, 자유자재로 가르침을 설하는 보살인 대요설보살(大樂說菩薩)이 나섭니다.

"부처님이시여! 이거이 도대체 무신 인연이길래 보배탑이 땅에서 솟아오르며, 또 탑 속에서는 거룩한 음성까지 들리는 것입니껴?"

이에 부처님께서는 그 보탑 안에는 여래의 완전한 몸이 있다고 대요설보살에게 말씀 하십니다. 이때의 전신(全身)인 완전한 몸이라 하심은 '얼짱', '몸짱' 그런 뜻이 아니라, 법화경은 완전한 진리 자체이며, 진여의 본래적 모습이므로, 보탑에는 완전한 불성이 깃들어 있다는 말씀인 것입니다. 따라서 보배탑은 불성을 상징하며, 또한 석가모니 부처님과 다보여래 부처님과 더불어 이렇게 삼위일체가 진리의 화신으로 현현(顯現)한 완전한 몸이란 말씀이 되는 것이지요. 따라서 법화경은 모든 진리의 통합적 가르침이며, 모든 중생 또한 부처라는, 최고 진리의 일대사인연을 가르치는 경전이라 하겠습니다.

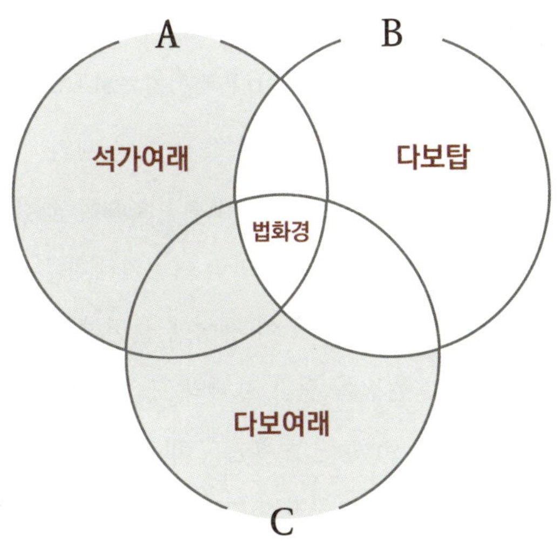

<진리의 통합으로써의 법화경>
<A=석가모니부처, B=다보탑, C=다보여래부처라 할 때,
법화경의 불성과 진리는 교집합 'A∩B∩C'가 됨>

위의 표에서처럼 법화경은 석가여래, 다보여래, 다보탑의 삼위일체를 공유하며, 아우르는 교집합이 되어 진리와 불성의 통합적 가르침이 됩니다. 부처님은 이어서 다보여래의 한량없는 과거세의 인연에 대해 들려주시면서, 다보여래가 보살도를 행할 때 어떤 서원을 세우셨던 지에 대해서 설하십니다.

"저 먼 과거에서 동방으로 한량없는 천만억 아승기세계를 지나서 보정이라는 나라가 있었는데, 그곳에 명호가 다보라는 부처님이 계셨느니라. 그 부처님께서 보살도를 행하실 때 크게 서원하시기를 '내가 만약에 성불하면 열반한 후에라도 법화경을 설하는 곳이 있으면, 시방의 어느 국토에라도 이 경을 듣기 위하여 나의 탑이 그 앞에서 솟아나서 증명을 하면서 거룩하시다고 찬탄하리라.'고 하셨느니라."

그렇습니다. 다보여래께서 서원하신 대로 부처님이 법화경을 설하는 이곳에 짜잔!!! 하며, 그것도 땅으로부터 솟아나셔서 거룩하시다는 찬탄으로 증명하고 있는 것입니다. 다보여래는 결국 보살도를 행할 때의 서원처럼, 법화경을 설하는 영산회좌에 보배탑으로 승화되어 현현(顯現)하신 겁니다. 다보여래는 저 먼 과거에서 동방으로 한량없는 천만억 아승기세계를 지나서 보정(寶淨)이라는 나라의 부처님이라 하셨지만, 이 세상에 출현하셨거나, 육신과 상호를 갖춘 부처님이 아니고, 완전한 진리 자체의 모습이 다보여래라 알아두시면 되겠습니다. 보정세계(寶淨世界)란 보배롭고 맑은 세계란 뜻으로, 보배 '보(寶)'에, 맑을 '정(淨)'자를 쓰는데, 공간적·지리적 국토가 아니라 어머니의 태내처럼, 생명의 근본 자리로서의 불성과 진리가 탄생되는, 보배롭고 청정한 세계란 뜻입니다. 어쩌면 그 세계야말로 불성의 청정심이 연꽃으로 피어나는 곳이 될 것입니다. 보배탑의 종지용출에 대한 부처님의 인연 배경 설법은 이어집니다.

"그 부처님께서 도를 이루신 후 열반에 이르렀을 때 하늘과 사람의 대중 가운데서 비구들에게 이르시기를 '내가 열반한 후에 나의 몸에 공양을 하려는 자는 마땅히 큰 탑을 하나 세워라.'고 하셨느니라. 그 부처님께서는 신통한 원력으로 시방세계의 곳곳에 계시다가 법화경을 설하는 사람이 있으면 그 보배탑이 꼭 그 앞에 솟아오르고 몸이 그 탑 속에 있다가 '거룩하고도 거룩합니다!'라고 찬탄하시는 것이니라. 대요설아! 지금 다보여래의 탑은 법화경을 설하는 것을 들으려고 땅에서 솟아올라 '거룩하고도 거룩합니다!'라고 하시는 것이니라."

다보여래께서는 열반에 이르러 자신에 공양하려는 자는 큰 탑을 하나 공양하라 하셨고, 그 탑 속에 계시다가 법화경을 설하는 자 있으면 보배탑으로 솟아올라 거룩하고도 거룩하다고 찬탄하는 것이란 말씀이네요. 이렇듯 법화경은 더할 것도, 뺄 것도 없이 완전한 진리이고 부처이며, 진여 불성을 통합한 최고의 경전임을 다시 한 번 실감하게 됩니다.

중요 용어해설

❶ 종지용출(從地踊出) : 글자 그대로 땅으로부터 솟아오름

❷ 감실천만(龕室千萬) : 탑신의 벽면에 작은 공간을 오목하게 내어 부처님을 모시는 공간

❸ 평등대혜(平等大慧) : 부처님께서 평등하고 큰 지혜로써 보살을 가르친다는 뜻

❹ 명대요설(名大樂說) : 막힘없이 설명을 잘 하고 언설에 능한 보살이란 뜻

❺ 국명보정(國名寶淨) : 보배롭고 깨끗한 국토

❻ 호왈다보(號曰多寶) : 종지용출하신 다보여래를 이름

단락	구분	원문 및 한글 번역
5	한문 원전	是時 大樂說菩薩 以如來神力故 白佛言. "世尊! 我等願欲見此佛身." 佛告大樂說菩薩摩訶薩. "是多寶佛 有深重願 '若我寶塔爲聽法華經故 出於諸佛前時 其有欲以我身 示四衆者 彼佛分身諸佛 在於十方世界說法 **盡還集一處** 然後 我身 乃出現耳.' 大樂說! 我分身諸佛 在於十方世界說法者 今應當集." 大樂說白佛言, "世尊! 我等亦願 欲見世尊分身諸佛 禮拜供養."
	한글 읽기	시시 대요설보살 이여래신력고 백불언. "세존! 아등원욕견차불신." 불고대요설보살마하살. "시다보불 유심중원 '약아보탑위청법화경고 출어제불전시 기유이아신 시사중자 피불분신제불 재어시방세계설법 **진환집일처** 연후 아신 내출현이.' 대요설! 아분신제불 재어시방세계설법자 금응당집." 대요설백불언, "세존! 아등역원 욕견세존분신제불 예배공양."
	한글 풀이	이때 대요설보살이 여래의 신통력을 입어 부처님께 말씀드렸다. "세존이시여! 저희들은 이 부처님의 몸을 보고 싶습니다." 부처님께서 대요설보살마하살에게 말씀하셨다. "이 다보부처님께서는 깊고도 중대한 서원이 있나니 '만일에 나의 보배탑이 법화경을 들으려고 부처님 앞에 나올 때에 나의 몸을 사부대중이 보려고 하면, 그 부처님의 분신으로서 시방세계에서 설법을 하고 계시는 부처님들께서 모두 다 되돌아와서 한 곳에 모였을 때라야 내 몸을 나타내리라.' 하는 것이었느니라. 그러니 대요설아! 나의 분신 부처님으로서 시방의 세계에서 법을 설하고 계시는 분들을 이제 모으겠노라." 대요설이 부처님께 여쭈었다. "세존이시여! 저희들은 세존의 분신이신 부처님들도 뵙고 예배공양하고 싶습니다."
6	한문 원전	爾時 佛放白毫一光 卽見東方五百萬億那由他恒河沙等 國土諸佛. 彼諸國土 皆以頗梨爲地 寶樹寶衣以爲莊嚴 無數千萬億菩薩充滿其中 **遍張寶幔 寶網羅上**. 彼國諸佛 以大妙音 而說諸法 及見無量千萬億菩薩 遍滿諸國 爲衆說法, 南西北方四維上下 白毫相光所照之處 亦復如是. 爾時 十方諸佛各告衆菩薩言. "善男子! 我今應往娑婆世界 釋迦牟尼佛所 幷供養多寶如來寶塔."
	한글 읽기	이시 불방백호일광 즉견동방오백만억나율항하사등 국토제불. 피제국토 개이파리위지 보수보의이위장엄 무수천만억보살충만기중 **변장보만 보망라상**. 피국제불 이대묘음 이설제법 급견무량천만억보살 변만제국 위중설법, 남서북방사유상하 백호상광소조지처 역부여시. 이시 시방제불각고중보살언. "선남자! 아금응왕사바세계 석가모니불소 병공양다보여래보탑."
	한글 풀이	이때에 부처님께서 백호상으로 한 줄기 빛을 놓으시니, 바로 동방의 5백만억 나유타 항하사 같은 국토의 모든 부처님들께서 보였다. 그 국토들은 모든 땅이 수정으로 되어 있고, 보배 나무와 보배 옷으로 아름답게 꾸며져 있으며, 수없는 천만 억 보살들이 그 속에 가득하고 보배 장막을 두루 치고 보배 그물을 덮었다. 그 나라의 부처님들께서 크고 묘한 음성으로 설법을 하고 계시는 것과 또 나라마다 가득한 한량없는 천만 억 보살들

6	한글 풀이	이 중생을 위하여 설법하는 것이 보였는데, 남서북방과 사유상하도 백호상의 광명이 비치는 곳이면 역시 이와 같았다. 그때 시방의 부처님들께서 각각의 보살들에게 말씀하셨다. "선남자들아! 나는 지금 마땅히 부처님께서 계시는 사바세계로 갈 것이며 또 다보여래의 보배탑에도 공양할 것이니라."
7	한문 원전	時 娑婆世界 卽變淸淨 琉璃爲地 寶樹莊嚴 黃金爲繩 以界八道 無諸聚落 村營城邑 大海 江河 山川 林藪 燒大寶香 曼陀羅華 遍布其地 以寶網幔 羅覆其上 懸諸寶鈴. 唯留此會衆 移諸天人 置於他土. 是時 諸佛各將一大菩薩 以爲侍者 至娑婆世界 各到寶樹下. 一一寶樹 高五百由旬 枝葉華菓 次第莊嚴. 諸寶樹下 皆有師子之座 高五由旬, 亦以大寶 而校飾之. 爾時 諸佛各於此座 結加趺坐. 如是展轉 遍滿三千大千世界 而於釋迦牟尼佛 一方所分之身 猶故未盡.
7	한글 읽기	시 사바세계 즉변청정 유리위지 보수장엄 항금위승 이계팔도 무제취락 촌영성읍 대해 강하 산천 임수 소대보향 만다라화 변폭기지 이보망만 나부기상 현제보령. 유류차회중 이제천인 치어타토. 시시 제불각장일대보살 이위시자 지사바세계 각도보수하. 일일보수 고오백유순 지엽화과 차제장엄. 제보수하 개유사자지좌 고오유순, 역이대보 이교식지. 이시 제불각어차좌 결가부좌. 여시전전 변만삼천대천세계 이어석가모니불 일방소분지신 유고미진.
7	한글 풀이	이때 사바세계는 청정하게 변하여 유리로 땅이 되고, 보배나무로 꾸며지며 황금으로 줄을 만들어 여덟 길의 경계를 하였고, 모든 부락과 마을, 도시와 큰 바다, 강, 하천, 산, 내와 숲이 없어지고, 큰 보배향이 피어오르며 만다라꽃이 그 땅에 두루 깔리고, 보배 그물과 장막이 그 위를 덮었으며 보배 방울이 걸리었다. 오직 이 법회의 대중만 남겨두고 천인들과 사람들을 다른 국토로 옮겨두었다. 이때 제 부처님들께서 각각 한 대보살을 시자로 삼아 거느리고 사바세계로 오시어 보배나무 아래에 이르렀다. 하나 하나의 보배나무는 높이는 5백유순이며, 가지와 잎, 꽃, 열매가 차례로 장엄되었다. 보배나무 아래마다 사자좌의 높이가 5유순이나 되고, 큰 보배로 잘 꾸며져 있는데, 부처님들께서 각각 이 자리에 결가부좌로 앉으셨다. 이와 같이 앉으셔서 삼천대천세계가 가득 찼으나, 석가모니 부처님의 한쪽 방위의 부처님들마저도 다 앉으시지 못하였다.
8	한문 원전	時 釋迦牟尼佛 欲容受所分身諸佛故 八方各更 變二百萬億那由他國 皆令淸淨. 無有地獄 餓鬼 畜生及阿修羅 又移諸天 人置於他土. 所化之國 亦以琉璃爲地 寶樹莊嚴 樹高五百由旬 枝葉華菓 次第嚴飾. 樹下皆有寶師子座 高五由旬 種種諸寶 以爲莊挍 亦無大海江河 及 **目眞鄰陁山** 摩訶目眞鄰陁山 **鐵圍山** 大鐵圍山 須彌山等 諸山王 通爲一佛國土 寶地平正 寶交露幔 遍覆其上 懸諸幡蓋 燒大寶香 諸天寶華 遍布其地.
8	한글 읽기	시 석가모니불 욕용수소분신제불고 팔방각경 변이백만억나유타국 개령청정. 무유지옥 아귀 축생급아수라 우이제천 인치어타토. 소화지국 역이유리위지 보수장엄 수고오백유순 지엽화과 차제엄식. 수하개유보사자좌 고오유순 종종제보 이위장교 역무대해강하 급 **목진린타산** 마하목진린타산 **철위산** 대철위산 수미산등 제산왕 통위일불국토 보지평정 보교로만 변부기산 현제번개 소대보향 제천보화 변포기지.

8	한글 풀이	이때 석가모니 부처님께서 분신 부처님들을 모두 모시려고 팔방으로 각각 2백만억 나유타의 나라를 다시 변화시켜 모두 다 청정하게 하시고 지옥, 아귀, 축생, 아수라가 없어지고, 천인들과 사람들을 다른 나라로 옮기시었다. 신통으로 변화된 나라는 역시 유리로 땅이 되고 보배나무로 꾸며졌으며, 나무의 높이가 5백유순인데, 가지와 잎과 꽃과 열매가 차례로 달려 아름답게 꾸며졌고, 나무 아래마다 보배의 사자좌가 있으니 높이가 5유순이고 가지가지 보물들로 잘 꾸며졌으며, 큰 바다와 강과 목진린타산과 마하목진린타산, 철위산, 대철위산, 수미산 등의 큰 산들 없이 하나의 불국토로 통일되니 보배로 된 땅은 평평하고 반듯하며, 보배로 만든 교로만이 그 위에 두루 덮였으며, 깃발과 덮개가 매달렸으며 큰 보배향이 타오르고, 하늘의 보배 꽃들이 그 땅에 두루 깔리었다.
9	한문 원전	釋迦牟尼佛 爲諸佛當來坐故 復於八方 各更變二百萬億那由他國 皆令淸淨 **無有地獄** 餓鬼畜生及阿修羅 又移諸天人 置於他土. 所化之國 亦以琉璃爲地 寶樹莊嚴 樹高五百由旬 枝葉華菓次第莊嚴 樹下皆有寶師子座 高五由旬 亦以大寶 而挍飾之. 亦無大海江河 及目眞鄰陁山 摩訶目眞鄰陁山 鐵圍山 大鐵圍山 須彌山等 諸山王 **通爲一佛國土** 寶地平正 寶交露幔 遍覆其上 懸諸幡蓋 燒大寶香 諸天寶華 遍布其地.
	한글 읽기	석가모니불 위제불당래좌고 부어팔방 각경변이백만억나유타국 개령청정 **무유지옥** 아귀축생급아수라 우이제천인 치어타토. 소화지국 역이유리위지 보수장엄 수고오백유순 지엽화과차제장엄 수하개유보사자좌 고오유순 역이대보 이교식지. 역무대해강하 급목진린타산 마하목진린타산 철위산 대철위산 수미산등 제산왕 **통위일불국토** 보지평정 보교로만 변부기상 현제번개 소대보향 제천보화 변포기지.
	한글 풀이	석가모니 부처님께서 부처님들이 오셔서 앉게 하시려고 다시 팔방으로 각각 2백만억 나유타의 나라를 바꾸어 모두 다 청정하게 하시고 지옥, 아귀, 축생, 아수라가 없어지니 천인들과 사람들을 다른 나라로 옮겨 놓으셨다. 변화된 나라들은 역시 유리로 땅이 되고 보배나무로 꾸며졌는데, 나무의 높이는 5백유순이고 가지와 잎, 꽃과 열매들이 차례로 꾸며졌으며, 나무 아래마다 보배의 사자좌가 있으니 높이가 5유순이나 되었고 역시 큰 보배로 잘 꾸며져 있었다. 또 큰 바다와 강과 목진린타산, 마하목진린타산, 철위산, 대철위산, 수미산 등의 큰 산들이 없어 하나의 불국토로 통일되었는데, 보배로 된 땅은 평평하고 반듯하며 보배로 된 교로만이 땅 위를 두루 덮었으며, 깃발과 덮개들이 매달려 있고, 큰 보배 향이 피어오르며 하늘의 보배 꽃들이 그 땅에 두루 깔려 있었다.
10	한문 원전	爾時 東方 釋迦牟尼佛所分之身 百千萬億那由他 恒河沙等 國土中諸佛 各各說法 來集於此. 如是次第 十方諸佛皆悉來集 坐於八方 爾時 一一方 四百萬億那由他國土諸佛如來 遍滿其中. 是時 諸佛各在寶樹下 坐師子座 皆遣侍者 問訊釋迦牟尼佛 **各齎寶華 滿掬而告之言**. "善男子! 汝往詣耆闍崛山 釋迦牟尼佛所 如我辭曰."

한글 읽기	이시 동방 석가모니불소분지신 백천만억나유타 항하사등 국토중제불 각각설법 내집어차. 여시차제 시방제불개실래집 좌어팔방 이시 일일방 사백만억나유타국토제불여래 변만기중. 시시 제불각재보수하 좌사자좌 개견시자 문신 석가모니불 **각재보화 만국이고지언**. "선남자! 여왕예기사굴산 석가모니불소 여아사왈."
한글 풀이	그때 석가모니 부처님의 분신으로, 동방의 백천만억 나유타 항하사 같은 국토에서 설법하시던 부처님들께서 이곳으로 모이셨다. 이와 같이 차례로 시방의 부처님들께서 모두 다 오셔서 팔방에 앉으시니, 방위마다 4백만억 나유타의 국토가 부처님 여래들로 가득하였다. 이때 부처님들께서 각자 보배나무 아래의 사자좌에 앉아계시면서 모두들 시자를 보내어 석가모니 부처님께 문안을 드리게 하였는데, 각각 보배 꽃을 골라 한 아름씩 쥐게 하고 이르시되, "선남자야! 너는 석가모니 부처님께서 계시는 기사굴산으로 가서 내가 말한 대로 하라."
중요용어	❶ 진환집일처(盡還集一處) ❷ 변장보만 보망라상(遍張寶幔 寶網羅上) ❸ 목진린타산(目眞鄰陁山) ❹ 철위산(鐵圍山) ❺ 무유지옥(無有地獄) ❻ 통위일불국토(通爲一佛國土) ❼ 각재보화 만국이고지언(各齎寶華 滿掬而告之言)

(10)

땅으로부터 웅장한 보배탑이 솟아올라 부처님의 법화경 설법을 찬탄 증명하는 가운데 탑 속 다보여래의 큰 음성을 듣고, 부처님으로부터 다보여래불의 서원이 오늘의 법화회좌에서 이루진 것을 안 대요설보살(막힘없이 자유자재로 가르침을 설하는 보살)은 다보여래의 법신을 부처님의 신통력으로 뵐 수 있게 해달라며 부처님께 간청하게 됩니다. 왜 뵙고 싶어 할까요? 당연히 예배하고 공양 올리고자 함인데요, 그런데 부처님께서 이르기를 다보 부처님께서는 깊고도 중대한 서원이 있었다고 하시면서 다보여래의 서원을 소개합니다. 다보여래는 다음과 같은 다짐을 하셨습니다. 다보여래의 서원입니다.

"만일에 나(다보여래)의 보배탑이 법화경을 들으려고 부처님 앞에 나올 때에 나의 몸을 사부대중이 보려고 하면, 그 부처님의 분신으로서 시방세계에서 설법을 하고 계시는 부처님들께서 모두 다 되돌아 와서 한 곳에 모였을 때라야 내 몸을 나타내리라."

부처님이 다보여래의 말씀을 전하는 간접화법 형식입니다만, 시방세계에서 설법하고 있는 모든 부처님들이 되돌아와서 한곳에 모였을 때라야 다보여래께서 몸을 나타내겠다는 서원이었음을 쉽게 알 수 있습니다. 그래서 부처님께서는 대요설보살의 청을 들어주고자 분신 부처님으로서 시방세계에서 법을 설하고 계시는 모든 분을 모이게 하겠노라고 약속하시고는 부처님께서 백호상으로 한 줄기 빛을 놓으시니, 바로 동방의 5백만억 나유타 항하사 같은 국토의 모든 부처님들이 보이게 됩니다. 쉽게 말하자면, 부처님이 동방의 5백만억 나유타 항하사 같은 국토의 모든 부처님들을 즉석 화상회의에 불러 모으신 겁니다.

우리들 중생심으로 보면 이처럼 5백만억 나유타 항하사 같은 국토와 보탑의 높이 자그마치 500유순에, 천만의 감실 등, 점점 더 계측 불가의 혼란만 오는 것 같은데요. 이러한 한량없는 수치는 인간내면의 무한한 잠재의식과 초월적 능력을 상징하는 것으로써, 우리들 자신이 곧 불성이요, 진리이며, 부처라는 믿음을 심어 주시기 위한 방편일 뿐임을 다시 한 번 상기해 주시기 바랍니다. 앞 단락에서 기술하였습니다만, 다보탑이 곧 '나'이고 진리이며, 법화경인 것입니다. 아무리 감실이 천만이며, 수없는 깃발로 아름답게 꾸미고 보배로 된 영락을 드리웠으며, 만억이나 되는 보배 구슬을 그 위에 매달았다 해도, 그것은 물질적 건축물의 개념이 아니라, 보배로운 불성의 다른 이름일 뿐입니다.

앞의 품 법사품에서도 불국사에 대해 잠시 살펴보았습니다만, 불국사 창건과 법화경 〈제11 견보탑품〉이 어떻게 연관되어 있는지를 잠시 공부해 보도록 하겠습니다. 대한민국 국민이라면 경주에 있는 불국사를 가보지 않은 사람은 없을 듯합니다. 거기서도 특히 대웅전과 자하문 사이에 동서로 마주 있는, 국보 20호와 국보 21호의 다보탑과 석가탑은 그 자태와 위용이 아름답다 못해 황홀하기까지 했던 경험도 있을 것입니다. 불국사는 과거, 현재, 미래의 부처님이 상주하는 정토를 추구하기 위한 신라인들의 이상적 정신세계가 잘 나타난 인류의 문화유산이기도 하지요. 불국사는 철저하게 법화경의 정신에 따라 지어졌습니다. 석가탑은 법화경을 설법하는 현재의 부처를 상징하고, 다보탑은 그 설법이 진실 됨을 증명하며, "거룩하고도 거룩하십니다. 석가모니세존이시여! 평등하고 큰 지혜로써 보살을 가르치는 법이며, 부처님께서 늘 마음에 두고 보호하시는 묘법화경을 대중들에게 설하시는데, 그렇습니다. 그렇습니다. 석가모니세존께서 말씀하신 것은 모두 다 진실합니다."라고 찬탄하셨음은 이미 살펴보았습니다.

다보탑은 일명 '다보여래상주증명탑'이라고도 하는데, 석가탑에 비해 매우 복잡한 구조입니다만, 과거의 세계인 땅으로부터 솟아올랐기 때문에 처음인 기단석 부분은 아집과 독선에 찬 4각형인데 반해, 수행과 정진으로 점차 위로 올라가면서는 옥개석(탑신 위에 설치한 지붕돌)이 팔각형으로, 또 나아가서 탑 상륜부는 원만성취를 이룬 원형을 보이고 있습니다. 이 상징은 누구나 법화경에 의지하여 수행하면 모두가 부처가 됨을 우회적으로 상징한 것이라 할 수 있습니다. '석가여래상주설법탑'이라 불리는 석가탑은 애절한 아사달과 아사녀의 전설이 전해지며 무영탑(無影塔)이란 이름으로, 현진건의 소설 『무영탑』으로 세상에 알려지기도 하였지요.

<불국사 다보탑과 석가탑>

분신 부처님들이 설법하고 있는 그 국토는 그야말로 보배로 꾸며지고, 수 없는 천만 억 보살들이 그 속에 가득하며, 보배 장막을 두루 치고 보배 그물을 덮은 곳인데요. 그때 시방의 부처님들께서 각각의 보살들에게 말씀하십니다.

이때 사바세계는 청정하게 변하여 유리로 땅이 되고, 보배나무로 꾸며지며, 황금으로 줄을 만들어 여덟 길의 경계를 하였고, 제 부처님들께서는 각각의 보살을 시자로 삼아 거느리고, 사바세계로 오시어 보배나무 아래에 이르러 결가부좌로 앉으시게 됩니다. 참 일사불란하게 움직이셨군요. 사실 아시는 것처럼 법신불, 화신불(응신불), 보신불이 다만 직능에 따라 역할의 의미만 달리할 뿐, 삼불이 궁극적 일체인 것처럼, 석가모니부처님이 다보여래 부처님이고, 분신 부처님이 또한 석가모니 부처님으로, 시방세계의 모든 부처님은 다 같은 하나의 부처님인 것입니다.

그러면 여기서 우리는 '왜 수많은 분신 부처님들을 굳이 사바세계 속 법화회좌로 일괄 소환해야 했을까?' 하는 자연스런 의문을 갖게 됩니다. 그것은 법화경이 절대적 완전한 진리의 통합체이기는 하지만, 끊임없는 미혹과 번민에 갈등하는 중생들로서는 '진리! 진리!' 외쳐봐야 그냥 언설에 지나지 않을 수 있으므로, 이렇게 부처님의 신통력을 방편으로, 낱개로 쪼개져 있는 진실의 퍼즐을 맞추어 보여줘야 하기 때문인데요. 이 우주에는 한량없는 진실의 부스러기들이 나름대로의 질서정연한 체계를 갖추고, 소우주상에서 존재의 다양성으로 군림하게 됩니다. 마치 지구만을 놓고 볼 때 지구가 공전하고 자전하는 것이 그것만으로 절대불변의 완전한 진리인 것처럼 보이지만, 태양계와 은하계 그리고 대우주로 확장된 메커니즘에서는 극히 한정된 부분적 시스템에 불과할 뿐입니다. 따라서 법화경이 완전하고 절대적 진리임을 증명하자면, 전 우주적인 진리의 조각을 모아 통합하지 않으면 아니 될 것입니다. 골짜기 물과 바닷물의 원소가 같은 H_2O로써 그 본성을 달리하지 않는 것처럼, 만 갈레 물길도 결국 바다에서 하나로 만나야하는 것과 같이, 모든 분신 부처님들도 법신인 다보여래로 통일되어야 한다는 것입니다.

이 점을 부처님께서는 심려하셨고, 다보여래께서는 자신의 분신 부처들, 즉 우주의 모든 실체적 진실을 하나로 통합하여, 총괄적 진리의 퍼즐이 하나로 맞춰지기 전에는 출현하지 않겠노라 하신 겁니다. 법화경의 위대함이 바로 여기에 있습니다. 그냥 **'묻지 마! 닥치고 믿어!'**가 아니고, 모든 진리의 실체를 증험케 한 뒤에 **'너희들이 보는 것처럼, 이러저러하여 위없는 진실이니 그러니까 믿어!'**라고 하신 때문인 겁니다. 여기서 우리는 이 우주에 충만한 불법의 지혜를, 시방세계에 부처님의 분신으로 가득 채워, 추호의 의심 없이 연화의 세계로 인도하시려는 부처님의 중생 사랑을 느낄 수 있습니다. 우주의 실체적 진실을 체득하지 못하는 중생에게 방편으로라도 깨닫게 하고자 나투신, 부처님의 신통과 기적은 허황된 요술이나 도술이 아니라, 지혜에 눈먼 중생들을 스스로 부처의 반열에 올려놓고자 하신 눈물겨운 부처님의 자비심이며, 광명을 담보하는 불은이 아닐 수 없습니다. 그러니 우리가 법화행자로서 이렇게 만난 인연이 얼마나 창대한 반야행인지를 잠시도 잊어서는 아니 되겠습니다.

그때 석가모니 부처님의 분신으로, 동방의 백천만억 나유타 항하사 같은 국토에서 설법하시던 부처님들께서 이곳 사바세계로 모이고, 이와 같이 차례로 시방의 부처님들께서 모두 다 오셔서 팔방에 앉으시니, 방위마다 4백만억 나유타의 국토가 부처님 여래들로 가득하였다고 하시네요. 이때 부처님들께서 각자 보배나무 아래의 사자좌에 앉아계시면서 모두들 시자를 보내어 석가모니 부처님께 문안을 드리게 하였는데, 각각 보배 꽃을 골라 한 아름씩 쥐게 하고 이르시되, "선남자야! 너는 석가모니 부처님께서 계시는 기사굴산으로 가서 내가 말한 대로 하라."고 이르셨습니다.

❶ 진환집일처(盡還集一處) : 모두 다 되돌아와서 한곳에 모임. 즉 부처님의 분신으로서 시방세계에서 설법을 하고 계시는 부처님들께서 모두 다 되돌아와서 한곳에 모였을 때라는 뜻

❷ 변장보만 보망라상(遍張寶幔 寶網羅上) : 보배 장막을 두루 치고 보배 그물을 덮음

❸ 목진린타산(目眞鄰陁山) : 목진린타라는 용왕의 이름을 딴 산

❹ 철위산(鐵圍山) : 일명 철륜위산(鐵輪圍山), 금강산(金剛山), 금강위산(金剛圍山)이라고도 함. 불교에서는 세상의 한 가운데에는 수미산이 있고, 9개의 산과 8개의 바다가 수미산을 둘러싸고 있다고 봄. 이를 구산팔해(九山八海)라 하는데, 이 중 가장 바깥쪽에 있는 산이 철위산임. 이 산은 철분이 많아서 햇빛을 받으면 붉게 보인다고 함. 바깥쪽은 우주의 끝이며, 어둡고 캄캄하여 무서운 암흑이 펼쳐진다고 봄

❺ 무유지옥(無有地獄) : 있는 지옥이 없으니 곧 지옥이 없어짐을 뜻함

❻ 통위일불국토(通爲一佛國土) : 하나의 불국토로 통일됨

❼ 만국이고지언(滿掬而告之言) : 각각 보배 꽃을 골라 한 아름씩 쥐게 하고 이르시기를

|3| 마침내 부처님께서 칠보탑의 문을 여시자,
일체 대중은 선정에 드신 다보여래를 친견하게 되고,
부처님은 지금이 법화경을 설할 때라 하심

단락	구분	원문 및 한글 번역
11	한문 원전	"'少病少惱 氣力安樂 及菩薩聲聞衆 悉安隱不?' 以此寶華 散佛供養 而作是言. **'彼某甲佛** 與欲開此寶塔.'" 諸佛遣使 亦復如是. 爾時 釋迦牟尼佛 見所分身佛 悉已來集 各各坐於 師子之座 皆聞諸佛 與欲同開寶塔 卽從座起 住虛空中 一切四衆 起立合掌 一心觀佛.
	한글 읽기	"'소병소뇌 기력안락 급보살성문중 실안은부?' 이차보화 산불공양 이작시언. **'피모갑불** 여욕개차보탑.'" 제불견사 역부여시. 이시 석가모니불 견소분신불 실이래집 각각좌어 사자지좌 개문제불 여욕동개보탑 즉종좌기 주허공중 일체사중 기립합장 일심관불.
	한글 풀이	"'어떠한 병도 없으시고. 작은 고달픔도 없으시며, 기력은 편안하시어 즐거우시며, 보살과 성문들도 모두 평안하십니까?'라고 한 후에 이 보배 꽃을 부처님께 흩어 공양하면서 '저 아무 부처님이 이 보배탑을 열어 달라고 하십니다.'" 또한 여러 부처님들도 각각 사자를 보내어 이렇게 하니 그때 석가모니불께서는 분신의 모든 부처님이 다 모여 각각 사자좌에 앉아 있는 것을 보고, 여러 부처님들이 다 이 다보탑을 열어주기 원하는 것을 듣고서 곧 자리에서 일어나 허공 가운데 머무르시므로, 모든 사부대중이 일어나 일심으로 합장하며 우러러보았다.
12	한문 원전	於是 釋迦牟尼佛 以右指開七寶塔戶 出大音聲 **如卻關鑰** 開大城門. 卽時 一切衆會皆見多寶如來 於寶塔中 坐師子座 全身不散如入禪定, 又聞其言 "善哉 善哉! 釋迦牟尼佛 快說是法華經 我爲聽是經故 而來至此." 爾時 四衆等見過去無量千萬億劫滅度佛 說如是言 歎未曾有 以天寶華聚 散多寶佛 及釋迦牟尼佛上.
	한글 읽기	어시 석가모니불 이우지개칠보탑호 출대음성 **여각관약** 개대성문. 즉시일체중회개견다보여래 어보탑중 좌사자좌 전신불산여입선정, 우문기언 "선재 선재! 석가모니불 쾌설시법화경 아위청시경고 이래지차." 이시 사중등견과거무량천만억겁멸도불 설여시언 탄미증유 이천보화취 산다보불 급석가모니불상.
	한글 풀이	이에 석가모니불께서 오른 손가락으로 7보탑의 문을 여시니, 큰 성문의 자물쇠가 풀리어 열리는 것과 같이 큰 소리가 났다. 그때 거기 모인 모든 대중들은 보배탑 안의 사자좌에 산란치 않으시고 선정에 드신 다보여래를 보며, 또 그의 음성을 들었다. "거룩하시고 거룩하시도다! 석가모니불께서 이 법화경을 쾌히 설하시니, 이 경을 듣기 위하여 이곳에 이르렀노라." 그때 사부대중들이 한량없는 천만억 겁의 오랜 과거에 멸도하신 부처님께서 이와 같이 말씀하시는 것을 듣고 미증유라 찬탄하며, 하늘의 보배 꽃을 다보불과 석가모니불 위에 흩었다.

<table>
<tr><td rowspan="3">13</td><td>한문
원전</td><td>爾時 多寶佛於寶塔中 **分半座** 與釋迦牟尼佛 而作是言. "釋迦牟尼佛! **可就此座**." 卽時釋迦牟尼佛 入其塔中 坐其半座 結加趺坐. 爾時 大衆見二如來 在七寶塔中 師子座上 結加趺坐 各作是念. '佛座高遠 唯願如來 以神通力 令我等輩 俱處虛空.' 卽時釋迦牟尼佛 以神通力 接諸大衆 皆在虛空. 聲以大音 普告四衆.</td></tr>
<tr><td>한글
읽기</td><td>이시 다보불어보탑중 **분반좌** 여석가모니불 이작시언. "석가모니불! **가취차좌**." 즉시석가모니불 입기탑중 좌기반좌 결가부좌. 이시 대중견이여래 재칠보탑중 사자좌상 결가부좌 각작시념. '불좌고원 유원여래 이신통력 영아등배 구처허공.' 즉시석가모니불 이신통력 접제대중 개재허공. 이대음성 보고사중.</td></tr>
<tr><td>한글
풀이</td><td>그때 보배탑 가운데 계신 다보불께서 자리를 반으로 나누어 석가모니불께 드리고 이렇게 말씀하셨다. "석가모니불이시여! 이 자리에 앉으소서." 그러자 곧 석가모니불께서 그 탑 가운데로 드시어 그 반으로 나눈 자리에 가부좌를 틀고 앉으셨다. 그때 대중들은 두 여래께서 7보탑 가운데 있는 사자좌에 가부좌를 틀고 앉으신 것을 보고 생각하기를 '부처님의 자리가 매우 높고 멀도다. 여래께 원하오니 신통력을 쓰시어 우리들로 하여금 허공에 머물도록 하여 주시옵소서' 하니, 곧 석가모니불께서 신통력을 나타내시어 대중들을 허공 가운데 모두 이끌어 올리시고, 큰 음성으로 사부대중에게 널리 말씀하셨다.</td></tr>
<tr><td rowspan="3">14</td><td>한문
원전</td><td>"誰能於此娑婆國土 廣說妙法華經? 今正是時 如來不久 當入涅槃. 佛欲以此妙法華經 付囑有在." 爾時 世尊欲重宣此義 而說偈言.</td></tr>
<tr><td>한글
읽기</td><td>"수능어차사바국토 광설묘법화경? 금정시시 여래불구 당입열반. 불욕이차묘법화경 부촉유재." 이시 세존욕중선차의 이설게언.</td></tr>
<tr><td>한글
풀이</td><td>"누가 능히 이 사바세계에서 『묘법연화경』을 널리 설하겠느냐? 지금이 바로 이 경을 설할 때이니라. 여래는 오래지 아니하여 열반에 들 것이니, 이 『묘법연화경』을 부촉(付囑)하려고 여기에 있느니라." 그때 세존께서 이 뜻을 거듭 펴시려고 게송으로 읊으셨다.</td></tr>
<tr><td>중요용어</td><td colspan="2">❶ 피모갑불(彼某甲佛)　❷ 여각관약(如卻關鑰)
❸ 분반좌(分半座)　❹ 가취차좌(可就此座)</td></tr>
</table>

　이윽고 분신 부처님과 사자(使者)들이 부처님께 안부를 여쭙고는 보배 꽃을 부처님께 흩어 공양하면서 '저 아무 부처님이 이 보배탑을 열어 달라고 하십니다.'라며, 부처님께 간청하게 됩니다. 이에 부처님께서는 분신의 모든 부처님들이 다 모여 각각 사자좌에 앉아 있는 것을 보고는 그 뜻을 살피시어 다보탑을 열어주기 위해 자리에서 일어나셔서 허공 가운데 머무르게

됩니다. 허공 가운데란 현실의 세계를 초월한 이상의 세계를 뜻하는 것이라 하겠습니다.

다보탑이 솟아오른 지하는 과거의 세계를, 땅 위의 탑신은 현상적이며 현재의 세계를, 그리고 지금 막 부처님이 부양하여 머무르시는 공중은 미래세를 의미하는 것인데요. **과거, 현재, 미래는 끊어져 있는 것이 아니라, 이처럼 유기적으로 환원한다는 것이 불교의 윤회반본 사상이기도 합니다. 지하, 지상, 공중이 하나이고, 무명세계와 사바세계 그리고 이상세계가 또한 하나이며, 악인, 중생, 부처가 또한 하나라는 진리를 우리는 바로 알고, 법화경의 지혜를 내 것으로 만들어 가는 오늘의 '나'가 곧 부처임을 잊어서는 아니 되겠습니다.**

드디어 부처님께서 오른 손가락으로 보탑의 문을 여십니다. 그러자 큰 성문의 자물쇠가 풀리어 열리는 것과 같은 큰 소리가 나면서 보탑의 문이 열리는데, 이제 믿기 힘든 미증유의 찬연한 광경이 펼쳐집니다. 보탑 속에서 산란치 않으신 채 선정에 드신 다보여래의 위용이 보이며, 또한 다보여래의 음성이 들려옵니다. 선정에 드신 채 미동도 하지 않는 장중한 모습은, 진리란 흔들림이 없이 영구불변하다는 상징적 의미도 담겨 있다 할 것입니다.

> "거룩하시고 거룩하시도다! 석가모니불께서 이 법화경을 쾌히 설하시니,
>
> 이 경을 듣기 위하여 이곳에 이르렀노라."

진리의 법신인 다보불이 설법을 듣겠다는 말씀은 법화경이 곧 진리이며, 다보불과 석가모니불이 일불이고, 보탑과 불성이 또한 하나라는 말씀에 다름 아닙니다. 법화경의 설법이 미증유이듯, 한량없는 천만억 겁의 오랜 과거에 멸도 하신 다보여래를 친견하는 것도 미증유요, 이와 같이 말씀하시는 걸 듣

는 것도 미증유라, 대중들은 충격을 넘어 한없는 공경심에 하늘의 보배 꽃을 다보불과 석가모니불 위에 흩뿌리게 됩니다. 향기로운 하늘의 보배 꽃이 두 분 부처님 위를 경배 드리듯 흩날리는 광경을 생각해 보는 것만으로도 우리는 축복받은 것이 아니겠습니까?

이제 곧 견보탑품의 하이라이트라고 할 수 있는 극적인 서스펜스 드라마가 펼쳐지게 됩니다. 탑 속의 중앙 사자좌에 앉아 부처님의 법화경 설법을 찬탄하신 다보여래께서 자리의 반을 내어놓으시면서 석가모니 부처님과 동석을 제안하는 파격적 이벤트가 전개되는데요. 이는 앞에서 살펴본 것처럼, 법신불(다보불)과 화신불(석가모니불)의 2불이 하나라 하여, 이불동체(二佛同體) 또는 이체동불(二體同佛)이라고도 합니다. 한 자리를 나누어 같이 앉는다는 분반좌(分半座)는 격을 동등하게 나눈다는 의미도 있는데, 여러분들께서는 부처님이 마하가섭에게 언설로 설하지 않고 무언의 설법으로 마음을 전했다는 부처님의 세 가지 '삼처전심(三處傳心)'에 대해서 들어보셨을 겁니다. 그 세 가지 삼처전심 중의 하나인 '다자탑전 분반좌(多子塔前 分半座)'는 다자탑 전 부처님의 설법에 남루한 차림으로 늦게 도착한 마하가섭에게 부처님이 당신의 곁에 같이 앉도록 자리를 내어주셨다는 설화가 아닙니까?

또한 부처님이 말없이 연꽃 한 송이를 들어 보이시자, 누구도 그 뜻을 알지 못하였는데, 마하가섭만이 그 뜻을 알고 무언의 미소를 지어 보였다는 '염화미소(拈華微笑)' 그리고 부처님의 열반을 지키지 못한 가섭이 뒤늦게 달려와 통곡하자, 부처님이 관 밖으로 두 발을 내밀어 마하가섭을 위무했다는 '사라수하 곽시쌍부(沙羅樹下 槨示雙趺)' 이렇게 부처님의 세 가지 삼처전심 고사는 불립문자와 교외별전의 선맥(禪脈)으로 이어지게 되지요. 부처님이 가섭에게 자리를 나누었다는 것은 '가섭이 나와 같이 선정에 머무르고 있으며, 나와 같이 번뇌가 다했으며, 나와 같이 지혜를 갖추었다'는 뜻이기도 합니다. 현상적 육신을 가졌던 석가모니 부처님과 진리의 법신인 다보여래 부처님이 하나라는 설법은 미혹에 잠긴 중생들의 고정관념을 깨기 위한 부처님의 고도의 교수법임은 믿어 의심할 여지가 없겠습니다.

그러자 곧 석가모니불께서 그 탑 가운데로 드시어 그 반으로 나눈 자리에 가부좌를 틀고 앉으십니다. 두 부처님이 한자리에 나란히 앉으셨다하여 이불병좌(二佛並坐)라고도 하는데, 대중들은 두 여래께서 7보탑 가운데 있는 사자좌에 가부좌를 틀고 앉으신 것을 보고 생각하기를 '부처님의 자리가 매우 높고 멀도다.'라고 생각하면서, 자신들도 허공에 머물도록 신통력을 써달라고 하지요.

<보물 제97호 충북 괴산군 연풍면 원풍리 소재 높이 12m의 마애이불병좌상으로, 다보여래와 석가여래가 동석한 법화경의 견보탑품을 형상화한 것으로 보고 있음, 우리나라에서는 매우 드문 예의 마애불임>

<통도사 벽화 견보탑품도. 다보여래와 석가여래의 이불병좌가 완벽하게 표현됨-통도사 영산전>

다시 말하면 '부처님! 우리들도 부처님 빽으로 우찌 좀 안 되겠습니껴?'라며 애원하는 거네요. 이에 곧 석가모니불께서는 신통력을 나타내시어 대중들을 허공 가운데 모두 이끌어 올리시게 됩니다. 이 허공에 들여 머문다는 '공중체류(空中滯留)'는 반드시 짚고 넘어가야 할 부분이 있습니다. 이 책 (제4장) 「대승경전으로서의 법화경의 위상」편에서 요한복음이 법화경을 패러디 내지는 표절이었다고 기술한 부분이 생각나실 겁니다.

구약은 예수 그리스도의 첫 번째 강림, 즉 초림(初臨)을 약속하였고, 신약의 『요한계시록』 22장은 세상 마지막 때에 있을 예수의 재림을 약속하고 있습니다. 요한계시록 22장은 성경 전체의 마지막 장으로서, 새 예루살렘에서의 영원한 생명과 예수님의 재림에 대한 확실한 약속이 담겨 있는데요. 세계의 말일에 사탄과 인간의 욕심으로 인해 부패한 세계를 심판하여 끝나고, 그리스도가 세상의 주권자로 통치하는 새로운 천년왕국 시대를 열게 되며, 그리고 천년왕국 시대 이후 최후의 심판인, 산 자와 죽은 자의 심판이 있게 되고, 그 이후 오게 될 영원한 하느님의 나라에 대한 내용을 담고 있습니다. 문제는 이 『요한계시록』에 그때가 언제인지, 구체적인 기록이 없다는 것인데, 이를 두고 후세의 많은 이단과 사탄이 종말론과 말세론을 자의적으로 해석하여, 자신이 메시아임을 자처하며, 오만 가지 뇌내망상과 희망고문으로 혹세무민하여 왔고, 지금도 세계 도처에서 계시록을 빌미로 교권의 확장과 치부의 수단으로 삼는 일단이 있는 게 사실입니다.

여러분께서도 잘 아시다시피 1992년 10월 28일. 다가올 미래를 준비한다는 다미선교회(교주 이장림. 76세. 이후 '이답게'로 개명)는 시한부종말론을 퍼뜨리며, 세계 종말의 날인 1992년 10월 28일 예수의 공중 재림 때, 예수님이 세상을 심판하기 위해서 땅에 재림하여, 구원받는 사람들을 공중으로 들어 올리게 한다는 휴거(携擧)를 주장하여, 나라를 혼란의 도가니로 몰아넣은 적이 있었습니다. 온 세계의 내외신이 초미의 관심을 보이며, 당일에는 국내 공중파방송들이 생중계를 했던, 그 당시 직장과 가족을 버리고, 퇴직금과 집 판 돈 다 갖다 바치며, 하늘나라로 들려올라 가려던 사람들, 지금도 이 땅에서 재림예수를 부르짖고 있는지 모르겠습니다.

인간이 선동과 최면에 순수하리만치 여리다고는 하나, 예수가 롤모델로 삼았던 부처님이 곧 '나'인데, 어찌 그리도 삿된 가스라이팅에 참혹하게 무너질 수가 있는 것인지… 법화경도 묵시의 내용을 담고 있으나, 어디에도 자의적 해석이 가능한 설법은 결코 찾아볼 수가 없습니다. **불교는 위없는 우주의 절대 진리와 완전한 다보탑신 같은 견고한 진리의 불성으로만 이루어진 종교이기 때문입니다. 종교는 과학을 설명할 수 있어야 하고, 과학은 그 종교를 설명할 수 있어야 비로소 인간해방의 종교가 된다고 저는 굳게 믿고 있습니다.** 자신들의 교권과 교리에 어긋난다하여, 무한우주와 다원세계의 사상적 개념을 전파했던 '지오르다노 브루노'를 1600년 화형에 처한 기독교가 아니었던가요? 그가 주장한 무한우주와 다원세계가 바로, 부처님이 이미 2천 년 전 법화경에서 수없이 설하신 동방 백천만억 나유타 항하사 국토와 삼천대천세계의 시방국토임을 우리들은 잘 알고 있습니다. 본문 내용으로 들어가 봅니다.

「곧 석가모니불께서 신통력을 나타내시어 대중들을 허공 가운데 모두 이끌어 올리시고, 큰 음성으로 사부대중에게 널리 말씀하셨다. "누가 능히 이 사바세계에서 『묘법연화경』을 널리 설하겠느냐? 지금이 바로 이 경을 설할 때이니라. 여래는 오래지 아니하여 열반에 들 것이니 이 『묘법연화경』을 부촉(付囑)하려고 여기에 있느니라."

심판의 결과에 따른 선택적 공중들림이 아니라, 대중 누구나 모두 부처이기 때문에 부처님은 신통력으로, 차별 없이 이상의 세계인 공중으로 이들을 인도하신 것입니다. 여기서는 신통력을 오해해서는 안 됩니다. 앞에서 서술한 것처럼, 우주에는 절대적 진리를 있게 하는 통일장의 에너지가 있으니, 그 깨달음을 얻은 부처님께서 십여시(十如是)가 있다는 점을 설하신 장면을 상기하시면 됩니다. 지금까지 수없이 강조되었지만, 법화경의 독송과 남을 위해 설해주는 공덕은 공덕이란 말로는 표현할 수 없을 만큼의 공덕이 있음은 익히 아실 것입니다. 특히 말세의 시대, 사바세계에서 지금이 바로 법화경을 설할 때입니다. 그러면 누가 설 한다? 바로 저와 여러분들인 것이지요. 견보탑품을 총 정리하는 마음으로, 본 품 게송편 말미 부처님께서 온 인류 중생들을 향해 외치신 법화경의 지혜와 공덕에 대해 다시 한 번 가슴 깊이 새겨본 뒤 다음 품으로 나아가도록 하겠습니다.

“能於來世 讀持此經 是眞佛子 住純善地

佛滅度後 能解其義 是諸天人 世閒之眼

於恐畏世 能須臾說 一切天人 皆應供養.”

“다음 세상에서 이 경을 읽고 지니면 이 사람은 참된 불자라서 순박하고

착한 마음의 경지에 머무르며, 부처님 멸도 후에 이 뜻을 이해하면

모든 하늘과 사람과 세상의 눈이 될 것이며, 두렵고 무서운 세상에서

잠시라도 설한다면 일체의 하늘과 사람이 모두 다 공양할 것이니라.”

중요 용어해설

❶ 피모갑불(彼某甲佛) : ‘어떤, 어떤 부처님께서’로 읽음

❷ 여각관약(如卻關鑰) : ‘각(卻)’은 물러나다의 뜻, ‘약(鑰)’은 빗장이라는 뜻으로 자물쇠가 풀리는 것 같다는 뜻

❸ 분반좌(分半座) : 자리를 반으로 나누어 줌. 다보여래가 석가여래에게 자리를 나누어 앉자고 함

❹ 가취차좌(可就此座) : 이 자리에 앉을 수 있다는 뜻. 즉 반분좌하여 앉게 함

묘법연화경 제12 제바달다품(提婆達多品)

⇒ 악인(제바달다)성불과 여인(8세 용녀)성불이 나오는 파격적 설법이 등장함

⇒ 제바달다가 부처님의 전생 스승이었음을 밝히시고, 제바달다는 천왕여래가 되리라 하심

⇒ 제바달다품의 위상·공덕을 설하시고, 지적보살과 문수보살을 만나게 하심

⇒ 문수사리가 8세 용녀의 위없는 깨달음과 불퇴전의 보리심을 간증(看證)하자, 지적보살은 여자가 잠깐 사이에 무상의 깨달음을 얻는 것은 믿을 수 없다고 함

⇒ 사리불도 깨끗지 못한 여자의 몸과 다섯 가지 여자의 장애를 근거로, 용녀의 성불에 강한 불신을 드러냄

⇒ 용녀가 신통력으로 남자로 변하여, 바른 깨달음을 이루는 것을 보여주고, 32상 80종호를 갖추어, 널리 시방세계의 중생을 위하여 신비스러운 법을 설하는 것을 보여줌

⇒ 사바세계의 보살과 성문, 천룡팔부와 인간과 인간 아닌 것들 모두 다 크게 기쁜 나머지 멀리서 공경·예배하였고, 한량없는 중생들이 도의 수기를 받음

⇒ 깨끗한 남쪽세계는 여섯 가지로 진동을 하고, 3천의 중생은 보리심을 일으켜 수기를 받으니, 지적보살과 사리불 및 일체의 중생이 묵묵히 믿고 받아들이게 됨

⇒ 구마라집본 외의 법화경은 본 품을 견보탑품에 포함시켜 28품이 아닌 27품으로 됨

단락	구분	원문 및 한글 번역
1	한문 원전	爾時 佛告諸菩薩 及天人四衆. "吾於過去無量劫中 求法華經 無有懈惓, 於多劫中 常作國王 發願求於無上菩提 心不退轉. 爲欲滿足六波羅蜜 勤行布施 **心無恪惜** 象馬七珍 國城妻子 奴婢僕從 頭目髓腦 身肉手足 不惜軀命."
1	한글 읽기	이시 불고제보살 급천인사중. "오어과거부량겁중 구법화경 무유해권, 어다겁중 상작국왕 발원구어무상보리 심불퇴전. 위욕만족육바라밀 근행포시 **심무린석** 상마칠진 국성처자 노비복종 두목수뇌 신육수족 불석구명."
1	한글 풀이	그때 부처님께서 보살들과 하늘과 사부대중들에게 말씀하셨다. "내가 과거 한량없는 겁 동안 법화경 구하기에 게으름이 없었으며, 여러 겁 동안 항상 국왕이 되었으나, 위없는 깨달음을 구하겠다는 마음으로 물러남이 없었느니라. 육바라밀을 완전히 수행하고자 아끼는 마음 없이 코끼리와 말과 칠보와 나라와 처자식, 남녀 하인, 머리와 눈과 골수와 뇌, 몸뚱이와 손발, 목숨까지도 아끼지 않았느니라."
2	한문 원전	"時 世人民壽命無量 爲於法故 捐捨國位 委政太子 擊鼓宣令 四方求法 '**誰能爲我 說大乘者**? 吾當終身供給走使.' 時 有仙人 來白王言. '我有大乘 名『妙法華經』. 若不違我 當爲宣說'. 王聞仙言 歡喜踊躍 卽隨仙人 供給所須 採菓汲水 拾薪設食 乃至以身而爲床座 身心無惓. 于時奉事 經於千歲 爲於法故 精勤給侍 令無所乏." 爾時 世尊欲重宣此義 而說偈言.
2	한글 읽기	"시 세인민수명무량 위어법고 연사국위 위정태자 격고선령 사방구법 '**수능위아 설대승자**? 오당종신공급주사.' 시 유선인 래백불언. '아유대승 명『묘법화경』. 약불위아 당위선설'. 왕문선언 한희용약 즉수선인 공급소수 채과급수 습신설식 내지이신이위상좌 심신무권. 우시봉사 경어천세 위어법고 정근급시 영무소핍." 이시 세존욕중선차의 이설게언.
2	한글 풀이	"당시의 사람들 수명이 한량없었으나 법을 위하였으므로, 국왕의 지위를 버리고 태자에게 나라를 다스리게 하고 북을 쳐서 사방으로 명을 내리며 법을 구하길 '누가 나를 위해 대승법을 설해주겠는가? 나의 몸이 다할 때까지 받들어 모시며 시중을 들리라.' 하니 어떤 선인이 왕이었던 내게로 와서는 '나에게 대승이 있습니다. 이름이 『묘법연화경』인데, 만약에 나의 뜻을 어기지 않는다면 설하여 드리겠습니다.' 하기에 그 말을 듣고 뛸 듯이 기뻐하며 바로 따라가서 필요한 것들을 구해드리면서 과일도 따고, 물도 긷고, 땔나무와 음식도 장만하여 드렸을 뿐 아니라, 심지어 몸으로 앉는 자리가 되어드렸으나 몸과 마음에 고달픔이 없었느니라. 그렇게 받들어 섬기기를 천 년이 지나도록 하였으나 법을 위하여 정성을 다해 모셨으며, 부족함이 없도록 하였느니라." 그때 세존께서 이 뜻을 거듭 펴시려고 게송으로 읊으셨다.

3	한문원전	佛告諸比丘. "爾時王者 則我身是 時仙人者 今提婆達多是. 由提婆達多 善知識故 令我具足 六波羅蜜 慈悲喜捨 三十二相 八十種好 紫磨金色 十力 四無所畏 **四攝法 十八不共神通道力** 成等正覺 廣度衆生 皆因提婆達多 善知識故."
	한글읽기	불고제비구. "이시왕자 즉아신시 시선인자 금제바달다시. 유제바달다 선지식고 영아구족 육바라밀 자비희사 삼십이상 팔십종호 자마금색 십력 사무소외 **사섭법 십팔불공신통도력** 성정등각 광도중생 개인제바달다 선지식고."
	한글풀이	부처님께서 비구들에게 말씀하셨다. "그때의 왕이 나의 이 몸이요, 그때의 선인이 지금의 제바달다이니라. 제바달다가 깨달음을 얻도록 이끌어 주는 좋은 스승이었으며, 나로 하여금 육바라밀과 자비희사와 32상 80종호와 자줏빛을 띠는 금색의 몸과 십력, 사무소외와 사섭법 그리고 18불공법과 신통도력을 갖추게 하여, 평등하고 바른 깨달음을 이루어 중생을 널리 제도하였는데, 모두 다 제바달다의 선지식을 인연하였기 때문이니라."
4	한문원전	"告諸四衆, 提婆達多 卻後過無量劫 當得成佛 號曰天王如來 應供 正遍知 明行足 善逝 世間解 無上士 調御丈夫 天人師 佛世尊. 世界名天道. 時 天王佛 住世二十中劫 廣爲衆生說於妙法 恒河沙衆生 得阿羅漢果 無量衆生發緣覺心 恒河沙衆生 發無上道心 **得無生忍** 至不退轉. 時 天王佛般涅槃後 正法住世二十中劫 全身舍利 起七寶塔 高六十由旬 縱廣四十由旬. 諸天人民 悉以雜華 抹香 燒香 塗香 衣服 瓔珞 幢幡 寶蓋 伎樂歌頌 禮拜供養七寶妙塔. 無量衆生 得阿羅漢果 無量衆生 悟辟支佛 不可思議衆生 發菩提心 至不退轉."
	한글읽기	"고제사중. 제바달다 각후과무량겁 당득성불 호왈천왕여래 응공 정변지 명행족 선서 세간해 무상사 조어장부 천인사 불세존. 세계명천도. 시 천왕불 주세이십중겁 광위중생설어묘법 항하사중생 득아라한과 무량중생발연각심 항하사중생 발심상도심 **득무생인** 지불퇴전. 시 천왕불반열반후 정법주세이십중겁 전신사리 기칠보탑 고육십유순 종횡사십유순. 제천인민 실이잡화 말향 소향 도향 의복 영락 당번 보개 기악가송 예배공양칠보묘탑. 무량중생 득아라한과 무량중생 오벽지불 불가사의중생 발보리심 지불퇴전."
	한글풀이	"사부대중들에게 말하노라. 제바달다는 헤아릴 수 없는 겁을 지나서 성불하리니 명호는 천왕여래, 응공, 정변지, 명행족, 선서, 세간해, 무상사, 조어장부, 천인사, 불세존이며 세계의 이름은 천도이니라. 천왕부처님께서는 20중겁 동안 세상에 머무르시며 중생을 위하여 묘법을 설하시므로, 항하사 같은 중생들이 아라한과를 얻으며, 한량없는 중생들이 연각의 마음을 내고, 항하사 같은 중생들이 위없는 도의 마음을 일으켜 무생법인을 얻어서 물러나지 않는 자리에 이를 것이니라. 천왕 부처님께서 열반에 드시면 정법이 20중겁 동안 세상에 머무를 것이고, 진신사리로 칠보탑을 세우는데 높이가 60유순이고, 가로 세로는 40유순이니라. 하늘과 사람들이 모두 다 온갖 꽃과 가루 향, 사르는 향, 바르는 향, 옷, 영락, 깃발, 비단덮개, 음악, 노래들로 아름다운 칠보탑에 예배하고 공양하리라. 한량없는 중생들이 아라한과를 얻으며, 한량없는 중생들이 벽지불을 깨닫고, 불가사의한 중생들이 보리심을 내어 물러나지 않는 지위에 이를 것이니라."

앞 〈견보탑품〉에서 다보탑이 지하에서부터 솟아올라 석가여래와 다보여래
가 반분좌 하시고, 이상의 세계인 공중으로 대중들을 끌어올려 머물게 하신
것은 탑신과 불성, 여래와 인간의 본성 그리고 지하(미혹의 세계), 지상(현실세계),
공중(이상세계)이 진리로써 통합된 하나의 깨달음의 세계에서 다시 만난다는 것
인데, 그 진여의 세계로 가는 지견과 방편의 노정(路程)이 곧 법화경임을 우리
는 알 수 있었습니다. 여기에서 나아가 진정한 깨달음에 이른 자 그가 곧 부
처이며, 누구든 자신의 불성을 자각하고 확신할 수만 있다면 그가 악인이든,
여인이든 또 배우지 못한 어른이든, 아이 할 것 없이 틀림없이 부처가 된다는
파격적 설법이 이어지는 부분이 본 품〈제12 제바달다품〉입니다.

「요약과 대의」 부분에서 잠시 살펴보았습니다만, 〈제바달다품〉을 두 파트
로 크게 나눠보면, 첫째가 악인성불(제바달다)이고, 둘째는 여인성불(8세 용녀)입
니다. 불자님이라면 제바달다에 대해서는 들어보신 기억이 있을 것입니다.
부처님의 4촌 동생으로, 출가하여 부처님의 제자가 되었으나. 부처님으로부
터 승단을 빼앗기 위해 갖은 중상, 비방과 모략을 서슴지 않았던 자였지요.
부처님께 승단을 물려줄 것을 청하여 거절당하자 500여 명의 비구를 규합하
여 승단을 이탈하기도 하였고 심지어 여러 번 부처님을 살해하려다 실패한,
한마디로 악마의 종합선물세트 같은 인물이 제바달다였습니다. 그런데 기가
막히는 것은 바로 지금부터의 부처님 설법인데요.

부처님이 한량없는 과거겁에 법화경을 구하기 위해 국왕의 지위를 포함하
여 모든 재물과 몸과 마음을 바치며, 대승법을 설해줄 선인을 찾았는데, 한
선인이 자신의 뜻을 어기지 않는다면 『묘법연화경』을 설하여 주겠다는 제안
을 받고. 부처님이 지극한 정성으로 받들어 섬기며, 시중을 들었다는 것입니

다. 부처님도 한량없는 무량겁 과거세에는 불법을 구하는 수메다(善慧)라는 청년 보살이었지만, 연등불로부터 수기를 받고 부처님이 되셨으니, 부처님이 선인으로부터 법화경의 설법을 들은 때가 기원전 몇 년도인지는 저도 알 수가 없네요. 그런데 그때의 묘법연화경을 설하여 주던 선인이 지금의 제바달다라고 하십니다. 우리들 중생심으로는 '이 무슨! 뇌세포가 지르박 춤추는 소리란 말인가?'하며 놀랄 '놀'자인데요. 부처님께서는 비장의 비하인드 스토리를 다음과 같이 말씀하십니다.

"제바달다가 깨달음을 얻도록 나를 이끌어 주는 좋은 스승이었으며, 나로하여금 육바라밀과 자비희사와 32상 80종호와 자줏빛을 띠는 금색의 몸과 십력, 사무소외와 사섭법 그리고 18불공법과 신통도력을 갖추게 하여, 평등하고 바른 깨달음을 이루어 중생을 널리 제도할 수 있게 하였는데, 모두 다 제바달다의 선지식을 인연하였기 때문이니라."라고 하시네요. 제바달다가 없었으면 오늘의 부처님도 없었다는 이야기가 되는데 그러면 여기서 한 가지 모순을 느끼셨으리라 믿습니다.

부처님께서 지금껏 일관 되게 설해 오신 바로는 법화경을 수지, 독송, 서사하는 공덕은 뭐다? 8백만억 나유타 항하사 같은 부처님께 공양하는 것보다 크다고 하셨고, 법화경의 한 게송이나 한 구절만이라도 듣고, 수희일념 하는 자에게는 모두 아뇩다라삼먁삼보리의 수기를 내리실 거라 약속하셨잖습니까? 뿐만 아니라 법화경을 독송하는 자를 비방하는 죄는 일겁 동안 부처를 헐뜯고 욕하는 죄보다 무겁다고 설하셨는데, 하물며 제바달다는 부처님의 전생 스승으로 법화경을 설하여, 부처님이 널리 중생을 제도할 수 있게 까지 한 공덕이 있을진대, 어쩌다가 현생에서는 부처님을 중상모략하고 살해하려는 음모까지 꾸미는 악인이 되어 등장한 걸까요?

제바달다에 대한 사후 평가는 불교계에서도 상당 부분 엇갈리는 점을 발견할 수 있습니다. 4세기말 중국 동진시대의 승려 법현이 인도를 순례하고 남긴 『불국기(佛國記:高僧法顯傳)』와 7세기초 당나라의 현장법사가 인도를 구법순례하고 남긴 『대당서역기(大唐西域記)』에는 제바달다에 대한 기록이 나옵니다. 법현은 동인도 지방 여행기에 "제바달다에게도 대중들이 있었으니 항상 과거 삼불(석가모니불 직전에 출현했던 세 부처님 즉, 가섭불, 구류손불, 구나함모니불을 말함)께만 공양을 올리고, 석가모니불께는 공양하지는 않았다."라고 전하고 있습니다. 한편 현장은 "이 나라에서는 사교와 정교를 아울러 믿는다. 가람 십여 곳에서는 이천여 명 스님들이 소승 정량부의 법을 배우고 있었다. 그들은 우유죽을 먹지 않았으며 제바달다의 유훈을 따랐다."라고 기록하고 있습니다. 이 말은 불멸후 천 년 이상을 제바달다의 무리들은 자신들만의 전통을 고수하며 제바달다를 교조(敎祖)로 신앙하고 있었다는 뜻이 되는데요, 간다라 석상에도 나오는 야생코끼리를 이용한 제바달다의 부처님 살해음모는 후대의 대승불교도들이 지어낸 극단적 스토리텔링이 아니었을까 저는 생각해 봅니다.

역사적으로도 제1인자와 제2인자는 사상과 배경 등에서 많은 부분 대척점에 있었고, 때로는 선의의 경쟁이 시기심으로 나타나기도 하였으니까요. 부처님이 제바달다로부터 많은 태클을 받았고 인간적 고뇌에 빠졌던 것은 역사적 사실로 보입니다. 이럴 경우 제1인자가 할 수 있는 행위의 유형에는 무엇이 있을까요? 극단적 대립으로 몰고 나가서 끝내 둘 중 한쪽만이 남는 투쟁의 방법과 용서하고 이해함으로써, 여유로운 승자로써의 아량과 관용의 미덕을 보이는 대승적 방법이 있을 것입니다.

부처님은 제바달다를 자신의 스승으로 삼고 미래세에 천왕여래를 수기함으로써 선도 악도, 그 경계가 없다는 불보살의 지혜를 선택하신 겁니다. 제바달다로 인하여 한량없는 중생들이 연각의 마음을 내고, 항하사 같은 중생들이 위없는 도의 마음을 일으켜 무생법인을 얻어서 물러나지 않는 자리에 이를 것이라 하셨는데, '무생법인'이란 글자 그대로 없을 '무(無)' 그러니까 생멸(生滅)이 없는 도리를 이름이고, 법인(法忍)은 참는 법이니 곧 '불생불멸하는 진여법성(眞如法性)을 알고 그 법에 머물러 흔들리지 않는다.'는 뜻이 되는군요. 이렇듯 법화경에서 제바달다는 악인의 연을 딛고 천왕여래로 거듭나게 되니 악인 성불이라는 법화의 정신을 여실히 보여주는 캐릭터로 자리매김 됩니다.

중요 용어해설

❶ 심무린석(心無悋惜) : 아끼거나, 아까워하는 마음이 없음

❷ 수능위아 설대승자(誰能爲我 說大乘者) : 설의법. 나를 위해 대승법을 설할 자 누구인가?

❸ 사섭법십팔불공신통도력(四攝法十八不共神通道力)

◆ 사섭법 : 보시섭(布施攝)·애어섭(愛語攝)·이행섭(利行攝)·동사섭(同事攝)

◆ 십팔불공신통도력 : 10력·4무소외·3염주·대비(大悲)의 열여덟 가지를 이름

❹ 득무생인(得無生忍) : 생멸이 없는 도리와 법인(法忍)은 참는 법이니 곧 '불생불멸하는 진여법성(眞如法性)'

❀ |2| 제바달다품을 권하시고,
지적보살과 문수보살을 만나게 하심

단락	구분	원문 및 한글 번역
5	한문 원전	佛告諸比丘, "未來世中 若有善男子善女人 聞妙法華經提婆達多品 淨心信敬 不生疑惑者 不墮地獄, 餓鬼, 畜生, 生十方佛前 所生之處 常聞此經. 若生人天 中 受勝妙樂 若在佛前 蓮華化生." 於時 下方多寶世尊 所從菩薩 **名曰智積** 白多 寶佛 當還本土, 釋迦牟尼佛告智積曰 "善男子 且待須臾. 此有菩薩 名文殊師 利 可與相見 論說妙法 可還本土."
	한글 읽기	불고제비구. "미래세중 약유선남자선여인 문묘법화경제바달다품 정심신경 불생의혹자 불타지옥, 아귀, 축생, 생시방불전 소생지처 상문차경. 약생인천 중 수승묘락 약재불전 연화화생." 어시 하방다보세존 소종보살 **명왈지적** 백다 보불 당환본토, 석가모니불고지적왈. "선남자 차대수유. 차유보살 명문수사 리 가여상견 논설묘법 가환본토."

5	한글 풀이	부처님께서 비구들에게 말씀하셨다. "다음 세상에서 만일 선남자 선여인으로서 묘법화경의 제바달다품을 듣고, 깨끗한 마음으로 믿고 공경하며, 의심을 내지 않는 자는 지옥, 아귀, 축생에 떨어지지 않고, 시방의 부처님 앞에 태어나게 되어 항상 이 경을 들으리라. 만약 사람이나 하늘에 나게 되면 가장 뛰어난 즐거움을 받을 것이며, 부처님 앞에 있게 되면 연꽃으로 화하여 태어날 것이니라." 이때 하방세계에서 다보불을 따라온 지적보살이 다보부처님께 본국으로 돌아가겠다는 말씀을 드리자, 석가모니 부처님이 지적보살에게 말씀하셨다. "선남자야! 잠시만 더 기다려라. 이곳에 문수사리라는 보살이 있으니 만나보고 묘법에 대하여 의견을 나눈 뒤에 본국으로 돌아가도 되리라."
6	한문 원전	爾時 文殊師利 坐千葉蓮華 大如車輪 俱來菩薩 亦坐寶蓮華 從於大海 娑竭羅龍宮 自然踊出 住虛空中 詣靈鷲山, 從蓮華下 至於佛所 頭面敬禮 二世尊足. 修敬已畢 往智積所 共相慰問 卻坐一面, 智積菩薩問文殊師利. "仁! 往龍宮所 化衆生 其數幾何?" 文殊師利言, "其數無量不可稱計 非口所宣 非心所測 且待須臾 自當有證."
	한글 읽기	이시 문수사리 좌천엽연화 대여차륜 구래보살 역좌보련화 어종대해 사갈라용궁 자녕용출 주허공중 예영축산, 종연화하 지어불소 두면예경 이세존족. 수경이필 왕지적소 공상위문 각좌일면, 지적보살문문수사리. "인! 왕용궁소 화중생 기수기하?" 문수사리언. "기수무량불가칭계 비구소선 비심소측 차대수유 자당유증."
	한글 풀이	그때 문수사리보살이 수레바퀴만큼 크고 꽃잎이 천 개나 되는 연꽃에 앉으니 함께 오는 보살들도 보배연꽃에 앉아 큰 바다의 사갈라용궁에서 솟아올라 허공중에 뜬 채로 영축산으로 와서는 연꽃에서 내려와 부처님 계신 곳으로 가서 두 부처님의 발에 예배하였다. 공경이 끝나자 지적보살이 있는 곳으로 가서 서로 문안하고 한쪽으로 물러나 앉았는데, 지적보살이 문수사리에게 물었다. "인자께서 용궁에 가셔서 교화하신 중생이 얼마입니까?" 문수사리가 말하였다. "그 수가 한량없고 헤아릴 수 없어서 말로는 할 수 없고, 마음으로도 헤아릴 수 없으니 잠시만 기다리면 직접 볼 수 있을 것입니다."
7	한문 원전	所言未竟 無數菩薩 坐寶蓮華 從海踊出 詣靈鷲山 住在虛空. 此諸菩薩 皆是文殊師利之所化度 具菩薩行 皆共論說六波羅蜜. 本聲聞人 在虛空中 說聲聞行 今皆修行大乘空義. 文殊師利謂智積曰, "於海教化 其事如是." 爾時 智積菩薩 以偈讚曰.
	한글 읽기	소언미경 무수보살 좌보련화 종해용출 예영축산 주재허공. 차제보살 개시문수사리지소화도 구보살행 개공논설육바라밀. 본성문인 재허공중 설성문행 금개수행대승공의. 문수사리위지적왈, "어해교화 기사여시." 이시 지적보살 이게찬왈.
	한글 풀이	말이 채 끝나기도 전에 수도 없는 보살들이 보배 연꽃에 앉은 채 바다에서 솟아올라 영축산으로 와서는 허공에 머물렀다. 이 보살들은 모두 문수사리가 교화하여 제도한 이들인데, 보살행을 갖추고 다 같이 육바라밀에 대하여 의논하고 문답하고 있었다. 본래는

7	한글 풀이	성문들이었으나 허공중에서 성문행을 말하다가, 지금은 모두 다 대승의 공한 이치를 수행하는 자들이었다. 문수사리가 지적에게 말하였다. "제가 바다에서 교화한 일이 이와 같습니다." 그러자 지적보살이 게송으로 찬탄하였다.
8	한문 원전	"大智德勇健 化度無量衆 今此諸大會 及我皆已見 演暢實相義 開闡一乘法 廣導諸衆生 令速成菩提." 文殊師利言. "我於海中 唯常宣說妙法華經." 智積問文殊師利言. "此經甚深微妙 諸經中寶 世所希有 頗有衆生 勤加精進 **修行此經 速得佛不?**"
	한글 읽기	"대지덕용건 화도무량중 금차제대회 급아개이견 연창실상의 개천일승법 광도제중생 영속성보리." 문수사리언. "아어해중 유상선설묘법화경." 지적문문수사리언. "차경심심미묘 제경중보 세소희유 파유중생 근가증진 **수행차경 속득불부?**"
	한글 풀이	"큰 지혜와 덕망과 굳센 용맹으로 한량없는 중생을 교화하여 제도하셨습니다. 지금 여기에 모인 대중들과 저는 모든 것을 다 보았습니다. 실상의 뜻을 말씀하시고, 일승의 법을 열어 밝히시어 중생을 널리 인도하여 깨달음을 빨리 이루게 하셨습니다." 문수사리가 말하였다. "저는 바다 속에서 항상 『묘법화경』만 설하였습니다."라고 하니 지적보살이 문수사리에게 물어 말하되, "이 경은 매우 깊고 미묘하여 모든 경전 중의 보배이며, 세상에는 드문 것입니다. 무릇 중생이 매우 부지런히 정진하고, 이 경에 따라 수행하여 부처님이 빨리 된 적이 있습니까?"
중요용어	❶ 명왈지적(名曰智積) ❷ 수행차경 속득불부(修行此經 速得佛不)	

부처님처럼 최고 경지의 깨달음에 도달하여 청정한 마음의 주인이 되고 나면, 깨달음의 경지에 따른 싫고 좋다거나, 선과 악이라는 경계가 허물어지고, 일체 우주 만물이 스승 아닌 것이 없어지기 때문에 선악이라는 요소 자체의 분별이 없어지게 되는 것입니다. 이미 앞의 품 〈제8 오백제자수기품(五百弟子授記品)〉과 〈제9 수학무학인기품(授學無學人記品)〉 등에서 헤아릴 수 없는 제자가 수기를 받아, 누구나 성불할 수 있다는 설법을 펴셨지만, 평등한 불성 앞에서 누구나 부처가 될 수 있다는 가르침은, 여전히 많은 대중들의 자발적 각성은 얻어내지 못했던 것 같습니다. 그래서 그들을 위해 부처님께서는 제바달다는 비록 죄업은 있지만, 불성의 평등은 그것에 구애받지 않기 때문에 대중을 교화하는 롤모델로 생각하셨고, 충격요법이라 할 수 있는 극적 반전을 위해 제바달다를 끌어와 악인성불을 대중들에게 각인시킨 것이라 보면 되겠습니다.

예수님에게도 은화 30냥에 자신을 팔아넘겨 죽음으로 몰아간 제자 가룟유다가 있었지만, 그런 악인 제자가 없었다면 사형 당할 일도 없었을 것이고, 그러면 부활할 수도 없었을 테니 기독교는 탄생조차 못하는 일이 벌어질 뻔하지 않았습니까? 그래서 '원수를 사랑하라!'는 인류의 사자후가 탄생하게 된 거지요. 본래 선과 악이 둘이 아니요, 깨달음의 경지에 따라 받아들이는 인식을 달리할 뿐입니다. 죄와 악은 본래 존재적 절대성을 지니지 않고, 그때그때 인간의 마음 따라 일어나는 마치 구름과 같은 것이어서 스스로의 실체적 자성(自性)이 없는 것이라 하셨습니다. 그래서 천수경에 **'죄무자성종심기**(罪無自性從心起) **심약멸시죄역망**(心若滅時罪亦忘)' 즉, '죄는 자성이 없이 마음 따라 일어나니, 마음이 멸하는 곳에 죄의 업장도 사라진다.'**고 하였습니다. 우리가 살아가면서 느끼는 고통과 쾌락, 행복과 불행 같은 대극적인 요소 또한 동전의 양면처럼, 정반합(正反合)을 통해 하나이면서 둘이고, 둘이면서 하나인 승화된 가치로 나아가게 되는 만큼, 악인도 감사한 마음으로 경배하라는 말씀입니다. 제바달다품을 대중들에게 권선하시는 부처님의 말씀을 옮겨봅니다.

> "다음 세상에서 만일 선남자 선여인으로서 묘법화경의 제바달다품을 듣고,
> 깨끗한 마음으로 믿고 공경하며, 의심을 내지 않는 자는 지옥, 아귀, 축생에
> 떨어지지 않고, 시방의 부처님 앞에 태어나게 되어 항상 이 경을 들으리라."

부처님이 설하신 '다음 세상의 선남자, 선여인'이 과연 누구일까요? 이 책의 저자 저 정영화와 바로 여러분들이십니다. 법화경 28품 중에서도 제바달다품은 악인성불이라는 대승불교의 진수를 여실히 나타내 보이는 중요한 품이기도 합니다. 짧지 않은 우리네 인생을 살아가다 보면 반드시 내게 죄짓는 자를 만나기 마련이고, 무슨 전생에 철천지 원수였기에 하나같이 비방하고 모략하며, 빚을 지게 하거나, 나를 못 잡아먹어서 안달인 인연도 만나게 마련

입니다. 우리는 이제 일대사인연으로 이 땅에 왔음을 알았고, 나 스스로가 부처가 되어가는 최상승 경전인 묘법연화경을 수지독송하는 인연을 만난 만큼, 내게 죄지은 자에게 일심으로 경배하고 은혜롭게 생각해야겠습니다.

나에게 괴로움을 주는 모든 인연이 나를 바른 길로 인도하려는, 내게 찾아온 행운의 공덕이라 생각하시고, 고통을 스승으로 삼아 받들어 모시면, 괴로움은 눈 녹듯 사라질 것입니다. 그게 참 쓰레기 분리수거처럼 쉽지는 않은 일입니다만, 쉬운 일이야 어느 누가 못하겠습니까? 우리도 부처님처럼 그냥 하면 됩니다. 법화경의 공덕이 절로 그렇게 만들어 준다고 믿으시고, '귀신은 뭐 하나! 저런 인간 좀 안 잡아가고!!!' 하는 인연이 있다면 당장 찾아가셔서 술도 사고, 밥도 사면서 헤어질 때는 '부처님! 적지만 시주 올리겠습니다.' 하며 용돈도 좀 넉넉히 집어주도록 합시다. 그러면 그 사람도 처음엔 '이 인간이 내가 신나게 괴롭혔더니 이제 드디어 미쳤나 보다.' 생각하며, '옳거니 앞으로는 좀 더 쉽게 이용해 먹을 수 있겠군!' 하다가도, 계속되면 그자가 결국 지게 마련입니다. 그는 혼자이고 이쪽은 천만억 제불보살과 법화 동도(同徒)가 함께하기 때문이지요.

많은 큰스님과 선지식께서 남이 나를 미워하고 핍박할 때 특히 이 제바달다품을 읽고 기도하면, 마장을 이기고 극복할 수 있는 힘이 생긴다고 가르치는 이유가 여기에 있습니다. 악을 악으로 갚지 않고 덕으로 갚으면 그것이 곧 성불로 가는 방편이 될 것입니다. 제바달다품을 듣고, 깨끗한 마음으로 믿고 공경하며, 의심을 내지 않는다면 지옥, 아귀, 축생의 3악도에는 떨어지고 싶어도 떨어지지 않는다는 말씀이니 노력에 비해 얼마나 가성비 좋은 공덕일 것입니까? 왜 그런가 하면 묘법연화경 글자 자체에 그런 3악도의 기파장을, 자석의 NS극처럼 밀어내는 영험한 에너지파가 있기 때문입니다. 그리고 죽어서는 시방의 부처님 앞에 태어나서 그때도 법화경을 듣게 된다고 하시니, 우리는 이제 '종신법화갱신보험'을 자동으로 가입하게 된 것입니다.

본문 공부를 다시 해 보도록 하겠습니다. 다보여래를 모시고 같이 온 지적보살이 악인 제바달다가 성불하는 것을 보고 많은 감동을 먹고는 이제 부처님의 성불이벤트가 끝난 걸로 알고 "이제 그만 본토로 돌아갈 때가 온 것 같으니 돌아갈까 합니다."라고 부처님께 아뢰자 부처님이 제지하시며 문수사리보살을 만나보고 가라 하십니다. 부처님께서는 또 하나의 극적 카드인 여인 성불을 준비해 두셨기 때문인데, 그러자 이내 짜잔!! 하며, 수레바퀴만큼 크고 꽃잎이 천 개나 되는 연꽃에 앉은 문수보살이 큰 바다의 사갈라용궁으로부터 솟아올라 허공중에 뜬 채로 영축산으로 와서는 연꽃에서 내려와 부처님 계신 곳으로 가서 두 부처님의 발에 예배한 후 지적보살과 면을 트게 됩니다.

서로 명함은 주고받지 않았겠지만, 지적보살이 문수사리에게 묻습니다. "인자께서 용궁에 가셔서 교화하신 중생이 얼마입니까?" 문수사리가 답변 대신 "그 수가 한량없고 헤아릴 수 없어서 말로는 할 수 없고, 마음으로도 헤아릴 수 없으니 잠시만 기다리면 직접 볼 수 있을 것입니다."라며, 자신이 교화한 수없는 보살들을 보배 연꽃에 앉힌 채 바다에서부터 솟구쳐 올려 영축산으로 와 허공에 머물게 합니다. 이들이 모두 다 대승의 공한 이치를 수행하는 자들이었으니, 문수사리가 지적에게 말합니다. "제가 바다에서 교화한 일이 이와 같습니다." 뭐, 백문이 불여일견 아니겠습니까?

이에 지적보살이 적잖이 놀란 나머지, "아이쿠! 잘 몰라 뵈었습니다. 정말 대단하십니다."는 뜻을 담아 게송으로 찬탄하지요. 문수사리보살은 뭐, 이쯤이야 하는 마음으로, "저는 바다 속에서 항상 『묘법화경』만 설하였습니다."라고 답합니다. 이에 지적보살이 "이 경은 매우 깊고 미묘하여 모든 경전 중의 보배이며, 세상에는 드문 것인데, 무릇 중생이 매우 부지런히 정진하고 이 경에 따라 수행하여 부처님이 빨리 된 적이 있습니까?" 즉, 이토록 심오하고 어려운 경전을 중생들이 깨우친다는 것에 지적보살은 의문이 생기고 믿을 수 없었던 거지요.

💮 |3| 사갈라 용왕의 딸 용녀가 성불하다

단락	구분	원문 및 한글 번역
9	한문 원전	文殊師利言. "有**娑竭羅龍王女** 年始八歲 智慧利根 善知衆生 諸根行業. 得陁羅尼 諸佛所說 甚深秘藏 悉能受持. 深入禪定 了達諸法. 於刹那頃 發菩提心 得不退轉 辯才無礙 慈念衆生 **猶如赤子** 功德具足 心念口演 微妙廣大 慈悲仁讓 志意和雅 能至菩提."
	한글 읽기	문수사리언. "유**사갈라용왕녀** 연시팔세 지혜이근 선지중생 제근행업. 득다라니 제불소설 심심비장 실능수지. 심입선정 요달제법. 어찰나경 발보리심 득불퇴전 변재무애 자념중생 **유여적자** 공덕구족 심념구연 미묘광대 자비인양 지의화아 능지보살,"
	한글 풀이	문수사리가 말하였다. "사갈라용왕에게 딸이 있는데, 나이는 이제 여덟 살이지만 지혜롭고 근기가 뛰어나서 중생들의 모든 근기와 행하는 업을 잘 알고 다라니를 얻어서, 부처님들이 설하신 매우 깊고 비밀스런 가르침을 모두 다 받아들여 잘 지니며, 선정에 깊

9	한글 풀이	이 들어 모든 법을 분명히 깨달았습니다. 찰나 사이에 보리심을 일으켜 물러나지 않는 자리를 얻었으며, 말하는 솜씨가 뛰어나 걸림이 없고, 중생 사랑과 생각함이 갓난아이를 대하는 것처럼 하며, 공덕을 갖추어서 마음으로 생각하고, 입으로 연설하는 것이 미묘하고 넓고 커서, 자비롭고 어질고 겸손하여, 뜻과 생각이 바르고 부드러워 깨달음에 이르렀습니다."
10	한문 원전	智積菩薩言. "我見釋迦如來 於無量劫 難行苦行 積功累德 求菩提道 未曾止息. 觀三千大千世界 乃至無有如芥子許 非是菩薩 捨身命處 爲衆生故. 然後乃得 成菩提道 不信此女 於須臾頃 便成正覺." 言論未訖 時龍王女 忽現於前 頭面 禮敬 却住一面 以偈讚曰.
	한글 읽기	지적보살언. "아견석가여래 어무량겁 난행고행 적공누덕 구보리도 미증지식. 관삼천대천세계 내지무유여개자허 비시보살 사신명처 위중생고. 연후내득 성보리도 불신차녀 어수유경 변성정각." 언론미흘 시용왕녀 홀현어전 두면 례경 각주일면 이게찬왈.
	한글 풀이	지적보살이 말하였다. "제가 석가여래를 뵈오니 한량없는 겁 동안 어렵고 괴로운 수행을 하시며 공덕을 쌓으시고, 보리의 도 구하기를 한 번도 그만두거나 쉬지 않으셨으며, 삼천대천세계를 살펴보니 겨자씨만한 곳에까지 보살일 때 중생을 위하여 목숨 버리지 않은 곳이 없었습니다. 그렇게 한 연후에야 보리의 도를 얻었는데, 그 여자가 잠깐 사이에 바른 깨달음을 이루었다는 것은 믿을 수가 없습니다." 말이 끝나기도 전에 용왕의 딸이 홀연히 앞에 나타나 머리 숙여 예배하고 공경한 후 한쪽으로 물러나 게송으로 찬탄하였다.
11	한문 원전	時 舍利弗 語龍女言. "汝謂不久 得無上道 是事難信. 所以者何? **女身垢穢 非是法器** 云何能得無上菩提? 佛道懸曠 經無量劫 勤苦積行 具修諸度然後乃成. 又女人身 **猶有五障** 一者 不得作梵天王, 二者 帝釋, 三者 魔王, 四者 轉輪聖王, 五者 佛身. 云何女身 速得成佛?"
	한글 읽기	시 사리불 어용녀언. "여위불구 득무상도 시사난신. 소이자하? **여신구예 비시법기** 운하능득무상보리? 불도현광 경무량겁 근고적행 구수제도연후내성. 우여인신 **유유오장** 일자 부득작범천왕, 이자 제석, 삼자 마왕, 사자 전륜성왕, 오자 불신. 운하여신 속득성불?"
	한글 풀이	이때 사리불이 용녀에게 말하였다. "그대가 얼마 되지 않은 사이에 위없는 도를 얻었다 하는데 믿기가 어렵구나. 왜냐하면? 여자의 몸은 때 묻고 깨끗하지 아니하나니 불법을 믿고 받아 지닐 만한 그릇이 아닌데, 어찌 위없는 깨달음을 얻었겠는가? 부처님의 도는 멀고도 넓어서, 한량없는 겁이 지나도록 부지런히 애쓰며 수행을 쌓고, 모든 법도를 닦아서 갖춘 후에야 이루는 것이니라. 또한 여자의 몸은 다섯 가지 장애가 있나니, 첫째 범천왕이 될 수 없고, 둘째 제석이 될 수 없으며, 셋째 마왕이고, 넷째 전륜성왕이며, 다섯째는 부처의 몸이니 어찌 여자의 몸으로 그렇게 빨리 성불할 수 있었겠느냐?"

12	한문 원전	爾時 龍女有一寶珠 價直三千大千世界 持以上佛 佛卽受之. 龍女謂智積菩薩 尊者舍利弗言 "我獻寶珠 世尊納受 **是事疾不**?" 答言 "甚疾." 女言 "以汝神力 觀我成佛 復速於此." 當時衆會皆見 龍女忽然之間變成男子 具菩薩行 卽往南 方無垢世界 坐寶蓮華 成等正覺. 三十二相 八十種好 普爲十方一切衆生 演說 妙法.
	한글 읽기	이시 용녀유일보주 가치삼천대천세계 지이상불 불즉수지. 용녀위지적보살 존자사리불언. "아헌보주 세존납수 **시사질부**?" 답언 "심질." 여언 "이여신력 관아성불 부속어차." 당시중회개견 용여홀연지간변성남자 구보살행 즉왕남 방무구세계 좌보련화 성등정각. 삼십이상 팔십종호 보위시방일체중생 연설 묘법.
	한글 풀이	그때 용녀에게 가치가 삼천대천세계나 되는 보배구슬이 하나 있었는데, 이것을 부처님 께 올리니, 부처님께서 바로 받으시기에 용녀가 지적과 문수사리에게 말했다. "제가 보 배구슬을 받들어 올리니 세존께서 받으심이 빠르지 않았습니까?" "매우 빨랐다." 용녀 가 말했다. "두 분의 신통력으로 제가 성불하는 것을 보십시오. 이보다 더 빠를 것입니 다." 이때 도량에 모인 대중들은 모두 다 용녀가 잠깐 사이 남자로 변하더니 보살행을 갖추고, 바로 남쪽의 깨끗한 세계로 가서 보배 연꽃에 앉아 평등하고 바른 깨달음을 이 루는 것을 보았다. 또한 32상 80종호를 갖추고, 널리 시방세계의 중생을 위하여 신비 스러운 법을 설하는 것을 보았다.
13	한문 원전	爾時 娑婆世界菩薩 聲聞 天龍八部 人與非人 皆遙見彼 龍女成佛 普爲時會人 天說法. 心大歡喜 悉遙敬禮. 無量衆生 聞法解悟 得不退轉 無量衆生 得受道 記. **無垢世界** 六反震動 娑婆世界三千衆生 住不退地 三千衆生 發菩提心而得 受記. 智積菩薩 及 舍利弗 一切衆會 默然信受.
	한글 읽기	이시 사바세계보살 성문 천룡팔부 인여비인 개요견피 용녀성불 보위시회인 천설법. 심대환희 실요경례. 무량중생 문법해오 득불퇴전 무량중생 득수도 기. **무구세계** 육반진동 사바세계삼천중생 주불퇴지 삼천중생 발보리심이득 수기. 지적보살 급 사리불 일체중회 묵연신수.
	한글 풀이	그때 사바세계의 보살과 성문, 천룡팔부와 인간과 인간 아닌 것들도 모두 다 멀리서 용 녀가 부처님이 되어 그곳에 모여 있는 사람과 하늘에게 설법하는 것을 보게 되었다. 그 러자 모두 다 크게 기뻐하여 멀리서 공경·예배하였으며, 한량없는 중생들이 법을 듣고 이해하고, 깨달아 물러나지 않는 지위를 얻었으며, 한량없는 중생들이 도의 수기를 받 았다. 깨끗한 남쪽세계는 여섯 가지로 진동을 하고, 사바세계의 3천 중생은 물러나지 않는 지위에 머무르게 되었으며, 3천의 중생은 보리심을 일으켜 수기를 받으니, 지적보 살과 사리불 및 일체 중생이 묵묵히 믿고 받아들였다.
중요용어		❶ 사갈라용왕녀(娑竭羅龍王女)　　❷ 유여적자(猶如赤子) ❸ 여신구예 비시법기(女身垢穢 非是法器)　　❹ 유유오장(猶有五障) ❺ 시사질부(是事疾不)　　❻ 무구세계 (無垢世界)

"이 경에 따라 수행하여 부처님이 빨리 된 적이 있습니까?"라는 지적보살의 물음에 문수사리는 이렇게 말합니다. "암요. 있고말고요. 사갈라용왕에게 딸이 있는데, 나이는 이제 여덟 살이지만 지혜롭고 근기가 뛰어나서 중생들의 모든 근기와 행하는 업을 잘 알고, 다라니를 얻어서 부처님들이 설하신 매우 깊고 비밀스런 가르침을 모두 다 받아들여 잘 지니며, 선정에 깊이 들어, 모든 법을 분명히 깨달았습니다. 찰나 사이에 보리심을 일으켜 물러나지 않는 자리를 얻었으며, 말하는 솜씨가 뛰어나 걸림이 없고, 중생 사랑과 생각함이 갓난아이를 대하는 것처럼 하며, 공덕을 갖추어서 마음으로 생각하고 입으로 연설하는 것이 미묘하고 넓고 크서, 자비롭고 어질고 겸손하여 뜻과 생각이 바르고 부드러워 깨달음에 이르렀습니다."

여덟 살 어린아이가 얼마나 신동이었기에 이토록 야무지게 행하고 깨우칠 수 있는지 저로서도 우선 의심이 가는데요. 좀 속된 말로 표현하면 문수보살이 뻥을 좀 쳐 부풀린 것이 아닌가 할 정도로 말입니다. 지금도 그런 잔재가 세계의 도처에 남아 있습니다만, 당시 인도 사회에서 여인과 어린이의 사회적 신분이란 아주 미천하였을 것입니다. 여인은 출가하여 수행자가 될 수도 없었던 것을 부처님의 평등사상은 자신의 이모이자, 자신을 키워준 양어머니이기도 한 마하파사파제에게 구족계(具足戒)를 주어 세계 최초의 비구니가 되게 하셨지요. 그러나 특히 여자 어린아이, 그것도 용왕의 딸이라는 비인간계(하층) 여성의 성불이라는 것은 상상을 초월하는 것이었을 터입니다.

불교 경전에는 용수보살이 용궁으로 가서 화엄경을 얻어왔다거나 용왕, 용궁 등이 자주 인용되는데, 이를 문자적 해석으로, 해저 몇 미터에 있는 세계가 용궁일까? 하는 등으로 보시지 말고, 의미 전달의 방편이라 생각해 주시기 바랍니다. 지적보살도 도무지 믿을 수 없는 터라 고개를 갸웃하며 묻습니다.

"제가 석가여래를 뵈오니 한량없는 겁 동안 어렵고 괴로운 수행을 하시며

공덕을 쌓으시고, 보리의 도 구하기를 한 번도 그만두거나 쉬지 않으셨으며, 삼천대천세계를 살펴보니 겨자씨만한 곳에까지 보살일 때 중생을 위하여 목숨 버리지 않은 곳이 없었습니다. 그렇게 한 연후에야 보리의 도를 얻었는데, 그 여자가 잠깐 사이에 바른 깨달음을 이루었다는 것은 믿을 수가 없습니다."

부처님도 한량없는 겁 동안을 괴로운 수행을 하시고, 끊임없는 보리의 도를 구한 연후에야 성불하셨는데, 여자아이가 그것도 잠깐 사이에 성불하였다니 턱도 아닌 말씀이란 거네요. 충분히 나올 법한 의구심이기는 하지만, 법화경의 위대함이 여기에 있습니다. 신분, 성별, 연령, 학식, 선악, 직업 등을 떠나 죄악에 갇힌 인간 그대로가 부처라는 점입니다. 법화경은 믿음의 경전입니다. 현상적인 차이는 있을 것이나, 본질적인 차별은 없는, 평등의 일대사인연으로 이 땅에 온 우리들이기에 반드시 성불해야 하고, 또한 성불할 수밖에 없다는 믿음이 중요한 것입니다.

악인성불, 여인성불도 있는 것처럼, 우리들이 사바세계인 진흙 밭에 구르고 있지만 그대로 우리는 모두 연꽃이라는 말씀인데요. **내가 부처임을 자각하는 순간 우리는 부처입니다. 부처가 뭐 별것이겠습니까? 번뇌의 굴레를 지니고 태어났지만, 나 스스로가 수수 천억분의 일이라는 존귀한 가치를 지니고 태어났음을 자각하고, 진흙 뻘에 뿌리내리고 있더라도 나의 내면에 내재된 연꽃 같은 숭고한 불성을 깨닫는 순간, 우리는 이미 부처가 된 것입니다.**

내가 부처란 엄연한 진리를 깨닫고 나면, 남을 사기치거나 괴롭히고, 이웃을 시기 중상하는 따위의 마구니 짓은 제발 하라고 사정사정, 통사정을 해도 할 수가 없게 됩니다. 지적보살의 믿을 수 없다는 말이 끝나기도 전에 이번에도 짜잔-! 하고 사갈라용왕의 딸이 나타나 예배드리고, "자신이 대승의 가르침을 밝혀 괴로운 중생들을 제도하여 해탈케 하겠습니다."라며 게송으로 찬탄합니다. 그런데 이번에는 지혜 제일이라는 사리불이 팔 걷고 나섭니다. "네가 짧은 시간에 위없는 도를 얻었다는데, 내는 몬 믿것다. 여자의 몸은 때 묻고 깨끗하지 아니하나니 불법을 믿고 받아 지닐 만한 그릇이 아닌데, 어찌 위없는 깨달음을 얻었겠는가?"

대한민국의 여성가족부에서 이 말을 들었다면 어땠을까요? 법화경을 금서 (禁書)로 관보에 등재하지나 않을지 걱정입니다. 당시 인도 사회의 여성에 대한 인식수준은 안 봐도 훤한 것 같지 않습니까? 자신들도 성스러운 어머니의 자궁을 통해 세상에 나왔건만, 사리불의 태클이 좀 심한 것 같군요. 그러면서 여자에게는 다섯 가지 장애가 있다며 조목조목 용녀의 성불을 반박합니다. "부처님의 도는 멀고도 넓어서, 한량없는 겁이 지나도록 부지런히 애쓰며 수행을 쌓고, 모든 법도를 닦아서 갖춘 후에야 이루는 것이니라. 또한 여자의 몸은 다섯 가지 장애가 있나니, 첫째 범천왕이 될 수 없고, 둘째 제석이 될 수 없으며, 셋째 마왕이고, 넷째 전륜성왕이며, 다섯째가 부처의 몸인데, 어찌 여자의 몸으로 그렇게 빨리 성불할 수 있었겠느냐?" 당시 여자가 결코 넘어설 수 없는 다섯 가지 장애라 하여 '유유오장(猶有五障)'이란 게 있었나 봅니다.

그런데 그중에서도 가장 어렵다는 부처의 몸 즉, 성불을 하였다니 의심이 아니라 쇼킹 자체였을 겁니다. 그러나 어린 용녀는 사리불의 반박은 아예 무시한 채로, 지니고 있던 보배 구슬을 부처님께 바칩니다. 그 구슬이 어떤 구슬인가 하면, 삼천대천세계보다 가치가 있는 구슬인데, 부처님이 그걸 덥석 받으십니다. 부처님과 용녀 사이에는 묵시적 동의가 있었을 것으로 보이는데, 용녀는 "그걸 바치는 일이 매우 빨랐지 않았느냐?"라며 지적보살과 사리불에게 자신의 성불은 이 구슬을 바치는 시간 보다 훨씬 빠를 것이라 선언한 뒤 신통력으로 순식간에 남자로 변하게 되지요. 그러면서 보살행을 갖추고, 바로 남쪽의 깨끗한 세계로 가서 보배 연꽃에 앉아 평등하고 바른 깨달음을 이루는 것을 보여주었고 또한 32상 80종호를 갖추고, 널리 시방세계의 중생을 위하여 신비스러운 법을 설하는 것을 보여주게 됩니다.

여기서 생각해 볼 부분은 제바달다는 세례의식 없이 죄업이 있는 몸 그대로 성불했는데, 용녀의 경우는 굳이 남자로 변한 뒤 성불했다는 점이라 하겠습니다. 당시 사회의 여자에 대한 고착된 인습을 법화경의 편찬자가 각색을 하여, 충격을 다소 완화하고자 한 의도가 아니었을까 생각해 봅니다. 아무튼 사바세계의 보살과 성문, 천룡팔부와 인간과 인간 아닌 것들도 모두 다 멀리서 용녀가 부처님이 되어 그곳에 모여 있는 사람과 하늘에게 설법하는 것을 보게 되지요. 그래서 모두 다 크게 기뻐하며 멀리서 공경·예배하였으며, 한량없는 중생들이 법을 듣고 이해하고, 깨달아 물러나지 않는 지위를 얻었으며, 한량없는 중생들이 도의 수기를 받게 됩니다. 깨끗한 남쪽세계는 여섯 가지로 진동을 하고, 사바세계의 3천 중생은 물러나지 않는 지위에 머무르게 되었으며, 3천의 중생은 보리심을 일으켜 수기를 받으니, 지적보살과 사리불 및 일체 중생이 단체로 입을 닫고, 용녀의 성불을 묵묵히 믿고 받아들이게 됩니다.

중요 용어해설

❶ 사갈라용왕녀(娑竭羅龍王女) : 팔대용왕의 하나로 바다의 용왕임, 사가라(娑伽羅)는 산스크리트어 sāgara의 음차, 그의 8살 딸이 성불함

❷ 유여적자(猶如赤子) : 적자는 갓난아기로 읽음. 곧 갓난아기처럼 대함.

❸ 여신구예 비시법기(女身垢穢 非是法器) : 여자의 몸은 때 묻고 깨끗하지 아니하므로, 불법을 믿고 받아 지닐 만한 그릇이 아니라는 뜻

❹ 유유오장(猶有五障) : 여자가 다다를 수 없는 다섯 장애, 즉 범천, 제석, 마왕, 전륜왕, 부처

❺ 시사질부(是事疾不) : 의문형 '빠르지 않았습니까?'

❻ 무구세계(無垢世界) : 사갈라 용왕의 여덟 살 딸이 남자로 변하여 성불하였다는 청정 세계

요약 및 대의

⇒ 약왕, 대요설, 오백 아라한, 팔천 성문 등이 법화경의 수지·독송과 설법을 서원함,

⇒ 마하파사파제 비구니가 '일체중생희견여래'의 수기를 받음

⇒ 야수다라 비구니도 '구족천만광상여래'의 수기를 받음

⇒ 비구니들이 환희하여 설법할 것을 발원함

⇒ 팔십 만억 나유타 보살들이 법화경의 수지·독송·설법할 것을 발원함

⇒ 모든 보살들이 인욕의 옷을 입고 법화경을 설하리라고 서원함

|1| 약왕보살, 대요설보살의 권속 2만 보살 등이 법화경의 수지·독송과 설법을 서원하고, 마하파사파제 비구니가 일체중생희견여래를, 야수다라 비구니는 구족천만광상여래의 수기를 받다

단락	구분	원문 및 한글 번역
1	한문 원전	爾時 藥王菩薩摩訶薩 及大樂說菩薩摩訶薩 與二萬菩薩眷屬俱 皆於佛前 作是誓言. "唯願, 世尊! 不以爲慮. 我等於佛滅後 當奉持讀誦說此經典. 後惡世衆生 善根轉少 多增上慢 貪利供養 增不善根 遠離解脫 雖難可敎化 我等當 起大忍力 讀誦此經 持說書寫 種種供養 不惜身命."
	한글 읽기	이시 약왕보살마하살 급대요설보살마하살 여이만보살권속구 개어불전 작시서언. "유언, 세존! 불이위려. 아등어불멸후 당봉지독송설차경. 후악세중생 선근전소 다증상만 탐리공양 증불선근 원리해탈 수난가교화 아등당 기대인력 독송차경 지설서사 종종공양 불석신명."
	한글 풀이	그때, 약왕보살마하살과 대요설보살마하살이 그들의 권속인 2만의 보살과 함께 부처님 앞에서 이렇게 맹세하여 말씀드렸다. "오직 원하옵건대 세존이시여! 염려치 마십시오. 저희들은 부처님이 열반하신 후에 이 경전을 받들어 지니고 읽고 외우며 설하겠습니다. 훗날 악세의 중생들이 선근이 점점 작아지고, 깨닫지 못하였으면서도 깨달은 척 교만한 마음이 많아지고, 자신의 이기적 욕망을 위하는 공양만 하고, 착하지 못한 업만

1	한글 풀이	더 지으며, 해탈과는 멀리 떨어져 있어 교화하기는 어렵겠지만, 참는 힘을 크게 내어 이 경전을 읽고 외우며, 지니고 해설하여 옮겨 쓰고 가지가지로 공양하여 목숨도 아끼지 않겠나이다."

2	한문 원전	爾時 衆中五百阿羅漢 得受記者 白佛言."世尊! 我等亦自誓願 於異國土 廣說此經."復有學無學八千人得受記者 從座而起 合掌向佛 作是誓言."世尊! 我等亦當於他國土 廣說此經. 所以者何? 是娑婆國中 人多弊惡 懷增上慢 功德淺薄 **瞋濁諂曲** 心不實故."爾時 佛姨母 摩訶波闍波提 比丘尼 與學無學比丘尼 六千人俱 從座而起 一心合掌 瞻仰尊顏 目不暫捨.
	한글 읽기	이시 중중오백아라한 득수기자 백불언. "세존! 아등역자서원 어이국토 광설차경." 부유학무학팔천인득수기자 종좌이기 합장향불 작시서언. "세존! 아등역당어타국토 광설차경. 소이자하? 시사바국중 인다패악 회증상만 공덕천박 **진탁첨곡** 심불실고." 이시 불이모 마하파사파제 비구니 여학무학비구니 육천인구 종좌이기 일심합장 첨앙존안 목불서사.
	한글 풀이	그때 대중 가운데 수기를 받은 5백의 아라한들이 부처님께 아뢰었다. "세존이시여! 저희들도 다른 세계에서 이 경을 널리 설할 것을 맹세하고 발원하옵니다." 또한 수기를 받은 학·무학인 8천인도 자리에서 일어나 부처님을 향해 합장하고 이렇게 맹세의 말씀을 드렸다. "세존이시여! 저희들도 역시 다른 세계에서 이 경을 널리 설하겠습니다. 왜냐하면? 이 사바세계에는 악한 자가 많은데 뛰어난 척하는 교만한 마음을 가지고, 공덕이 천박하여 성을 잘 내며, 세상을 흐리게 하고, 아첨으로 바르지 못하여 마음이 진실하지 못하기 때문입니다." 그때 부처님의 이모인하 마하파사파제 비구니와 학·무학의 6천인이 자리에서 일어나 일심으로 합장하고, 눈을 잠시도 떼지 않은 채 존안을 우러러보았다.

3	한문 원전	於時 世尊告**憍曇彌**, "何故憂色 而視如來? 汝心將無謂我 不說汝名 授阿耨多羅三藐三菩提記耶? 憍曇彌! 我先摠說一切聲聞 皆已授記 今汝欲知記者. 將來之世 當於六萬八千億諸佛法中 爲大法師 及六千學無學比丘尼 俱爲法師. 汝如是漸漸具菩薩道 當得作佛 號**一切衆生喜見如來**, 應供 正遍知 明行足 善逝 世間解 無上士 調御丈夫 天人師 佛世尊. 憍曇彌! 是一切衆生喜見佛 及六千菩薩 轉次授記 得阿耨多羅三藐三菩提."
	한글 읽기	이시 세존고**교담미**. "하고우색 이시여래? 여심장무위아 불설여명 수아뇩다라삼먁삼보리기야? 교담미! 아설총설일체성문 개이수기 금여욕지기자. 장래지세 당어육만팔천억제불법중 위대법사 급육천학무학비구니 구위법사. 여여시점점구보살도 당득작불 호**일체중생희견여래**, 응공 정변지 명행복 선서 세간해 무상사 조어장부 천인사 불세존. 교담미! 시일체중생희견불 급육천보살 전차수기 득아뇩다라삼먁삼보리."
	한글 풀이	그때 세존께서 교담미에게 말씀하셨다. "무슨 까닭으로 근심스런 얼굴로 여래를 보느냐? 그대의 이름을 말하지 않으니 아뇩다라삼먁삼보리의 수기를 주지 않을 것으로 생각하는구나. 교담미여! 내가 이미 일체의 성문들에게 모두 한꺼번에 수기를 하였는데,

<table>
<tr><td rowspan="1">3</td><td>한글
풀이</td><td>지금 그대가 알고자 하니 말하여 주겠노라. 그대는 장차 오는 세상에 6만 8천억 부처님들의 법 가운데서 큰 법사가 되는데, 6천의 학·무학 비구니도 함께 법사가 될 것이니라. 그대는 이와 같이 보살의 도를 차츰 갖추고 부처님이 되리니 명호는 일체중생희견여래, 응공 정변지 명행족 선서 세간해 무상사 조어장부 천인사 불세존이니라. 교담미여! 이 일체중생희견 부처님과 6천의 보살들은 차례로 돌아가며 수기를 주며, 아뇩다라삼먁삼보리를 얻을 것이니라.”</td></tr>
<tr><td rowspan="3">4</td><td>한문
원전</td><td>爾時 羅睺羅母 耶輸陀羅比丘尼 作是念. ‘世尊於授記中 獨不說我名.’ 佛告耶輸陀羅. “汝於來世 百千萬億諸佛法中 修菩薩行 爲大法師 漸具佛道 於善國中 當得作佛 號具足千萬光相如來 應供 正遍知 明行足 善逝 世間解 無上士 調御丈夫 天人師 佛世尊. 佛壽無量阿僧祇劫.”</td></tr>
<tr><td>한글
읽기</td><td>이시 라후라모 야수다라비구니 작시념. ‘세존어수기중 독불설아면.’ 불고야수다라. “여어래세 백천만억제불법중 수보살행 위대법사 점구불도 어선국중 당득작불 호구족천만광상여래 응공 정변지 명행족 선서 세간해 무상사 조어장부 천인사 불세존. 불수무량아승기겁.”</td></tr>
<tr><td>한글
풀이</td><td>그때 라후라의 어머니인 야수다라 비구니가 생각하기를 ‘세존께서 수기를 주시면서 유독 내 이름만 말씀하시지 않는구나.’ 부처님께서 야수다라 비구니에게 말씀하셨다. “그대도 오는 세상의 백천 만억 부처님들의 법 가운데에서 보살행을 닦고 큰 법사가 되어 점차 불도를 갖추고 좋은 나라에서 마땅히 부처님이 되리니, 명호는 구족천만광상여래, 응공 정변지 명행족 선서 세간해 무상사 조어장부 천인사 불세존이며, 부처님의 수명은 한량없는 아승기겁이니라.”</td></tr>
<tr><td>중요용어</td><td colspan="2">❶ 불석신명(不惜身命)　❷ 진탁첨곡(瞋濁諂曲)
❸ 교담미(憍曇彌)　❹ 일체중생희견여래(一切衆生喜見如來)
❺ 구족천만광상여래(具足千萬光相如來)</td></tr>
</table>

　본 품 〈제12 권지품〉은 ‘권(勸)’할 ‘권’ 자에, 지닐 ‘지(持)’ 자를 써서, 글자 그대로 권하고 지닌다는 뜻인데, 물어볼 것도 없이 법화경을 권하고 지닌다는 말입니다. 내용을 크게 나누어 보면 법화경의 수지를 맹세하는 것과 어떠한 어려움이 있더라도 법화경을 지니고, 널리 세상에 알려 펼치라는 당부와 권유로 이루어져 있음을 알 수 있습니다. 약왕보살, 대요설보살, 오백 아라한과 팔천 성문 등이 법화경의 수지독송과 설법을 서원하고, 마하파사파제 비구니가 일체중생희견여래를, 야수다라비구니는 구족천만광상여래의 수기를 받게 되지요.

부처님께서는 열반 직전까지도 말세 중생들의 선근이 점점 흐려지고, 깨닫지 못하였으면서도 깨달은 척 교만한 마음이 많아질 것과 자신의 이기적 욕망을 위하는 공양만 하여, 착하지 못한 업만 더 짓게 되면서, 해탈과는 멀리 떨어지는 것을 심대하게 걱정하셨습니다. 정확히 오늘날의 말법세상을 예견하신 것인데, 우리들의 주변을 둘러보면 부처님이 우려하신 현실이 그대로 세상을 지배하는 것이 아닌가 하는 생각이 들지 않습니까? 착하게 살면 반드시 손해를 보게 되고, 욕망과 교만, 거짓이 세상의 정의가 되고 있으니 말입니다. 깨치지도 못하고, 마음자락마저 오만에 빠진 함량 미달의 돌중도 가사 염의를 두르고, 부처의 명호를 팔아 호구와 치부를 하는 현실을 대할 때면 하루빨리 법화사상이 온 세상을 장엄하는 날이 와야겠다는 생각에 법화행자로서의 새로운 각오를 다지게 됩니다.

부처님께서는 열반에 이르러서까지 훗날의 중생들이 법화경을 통해 깨닫고 해탈할 것을 간곡히 주문하신 건데요. 그리하여 〈견보탑품〉 마지막에 **"누가 능히 이 사바세계에서 『묘법연화경』을 널리 설하겠느냐? 지금이 바로 이 경을 설할 때이니라. 여래는 오래지 아니하여 열반에 들 것이니, 이 『묘법연화경』을 부촉(付囑)하려고 여기에 있느니라."**라며, 유언의 당부를 하신 겁니다. 이에 따라 약왕보살마하살과 대요설보살마하살이 그들의 권속인 2만의 보살과 함께 부처님 앞에서 이렇게 맹세하여 말씀드립니다. "오직 원하옵건대 세존이시여! 염려치 마십시오. 저희들은 부처님이 열반하신 후에 이 경전을 받들어 지니고, 읽고 외우며 설하겠습니다. 훗날 악세의 중생들이 선근이 점점 흐려지고, 깨닫지 못하였으면서도 깨달은 척 교만한 마음이 많아지며, 자신의 이기적 욕망을 위하는 공양만 하고, 착하지 못한 업만 더 지으며, 해탈과는 멀리 떨어져 있어 교화하기는 어렵겠지만, 참는 힘을 크게 내어 이 경전을 읽고 외우며, 지니고 해설하여 옮겨 쓰고, 가지가지로 공양하여 목숨도 아끼지 않겠나이다."

목숨까지도 아끼지 않겠다는 맹세 즉, 불석신명(不惜身命) 하겠다는 말인데, 스승이 가장 걱정하시는 부분, 그러니까 후세 중생들에게 가장 절실한 핵심을 정확하게 짚어, 스승의 뜻을 따라 목숨을 기꺼이 버리겠다는 서원을 하는 것입니다. 죽지 않고는 죽을 수 없다는 각오가 바로 이럴 때 나와야하는 말이 아니겠습니까? 믿음이 없는 자에게 믿음의 굳건한 지혜를 전파한다는 것은 술 한 잔 권하듯, 아니면 말고 식이 아니라, 목숨까지도 내놓는 순교자적 절실함이 있어야 할 것이기 때문입니다. 법화경은 믿음의 경전이라 하였습니다. 시대와 신분, 학식과 성별을 불문하고, 깨끗한 믿음과 굳은 맹세로 법화경을 수지·독송하여, 남을 위해 설해준다면 그가 곧 부처이며, 부처님이 어느 국토, 어떤 세상에서라도 호념해 주신다는 뜻으로 읽으면 되겠습니다.

이미 8세 용녀의 성불로 여인성불 및 악인성불을 실증으로 보여주신 앞의 품 〈제바달다품〉에서 우리는 인류에 대한 무한한 사랑을 실천하신 부처님의 부촉을 익히 보았습니다. 이처럼 불교는 수 천 년 전, 인류의 자주·평등의 싹이 채 트이지도 않은 때에 이미 인간의 보편적 가치가 일대사인연으로 하나가 되어, 불성으로 동일하다는 인간해방의 횃불을 널리 밝힌 세계 최고(最古)의 종교가 되었던 것입니다. 불교신자분이시라면 부처님의 비범한 출생담에 대해서는 잘 알고 있으리라 믿습니다. 부처님의 친어머니 마야부인께서는 부처님 출생 후 7일 만에 입적하고, 이모인 마하파사파제에 의해 양육되니 실은 양어머니와 같은 분이었지요. 언니를 대신하여 정반왕의 아내가 되었다가 정반왕도 세상을 떠나자, 마하파사파제는 부처님의 부인이었던 야수다라비와 같이 출가하여 비구니가 되었는데, 대애도(大愛道)라고 번역하며. 석가족의 성(姓)인 교답미(喬答彌)·구담미(瞿曇彌)라 불리기도 합니다. 이들 비구니들이 아직 수기 받지 못함에 근심하고 있음을 아신 부처님이 차례로 일체중생희견여래와 구족천만광상여래의 수기를 내리며, 교담미에게는 장차 오는 세상에 6만 8천억 부처님들의 법 가운데서 큰 법사가 되리라고 예언하셨

습니다. 일체중생희견여래란 모든 중생이 만나면 기뻐하는 부처님이란 뜻
이며, 구족천만광상여래는 『정법화경』에서는 구족백천광당번(具足百千光幢幡)
여래로 번역하고 있습니다만, 그 뜻은 천만 가지 지혜의 빛을 완벽하게 갖춘
부처님이라는 의미입니다. 6만 8천억 부처님들의 법 가운데라 하신 6만 8천
도 숫자로 읽지 말고, '안이비설신의'의 6근 6식에, 말나식, 아뢰야식을 더한
8식으로 이해하면 되겠습니다. 불교의 궁극적 이상은 이들 6근과 6식 그리
고 8식 모두를 청정케 하여, 무엇에도 의지하지 않고 스스로 부처가 되는 것
이 아니겠습니까?

중요 용어해설

❶ 불석신명(不惜身命) : 아낄 '석(惜)'을 써서 목숨까지도 아끼지 않음

❷ 진탁첨곡(瞋濁諂曲) : 성을 잘 내며 '(진 瞋)', 세상을 흐리게 하고 '(탁 濁)', 아첨
하고 '(첨 諂)', 바르지 못함 '(곡 曲)'

❸ 교담미(憍曇彌) : 부처님의 이모 마하파사파제를 이름. 교답미(喬答彌)·구담미
(瞿曇彌)라고도 불림

❹ 일체중생희견여래(一切衆生喜見如來) : 모든 중생이 만나면 기뻐한다는 뜻으
로, 마하파사파제비구니가 수기를 받음

❺ 구족천만광상여래(具足千萬光相如來) : 천만 가지 지혜의 빛을 완벽하게 갖춘
부처님이라는 의미로, 야수다라비가 수기를 받음

🪷 |2| 비구니들이 설법을 서원하고, 팔십만억 나유타 보살들도 설법을 발원함

단락	구분	원문 및 한글 번역
5	한문 원전	爾時 摩訶波闍波提比丘尼 及耶輸陀羅比丘尼 幷其眷屬 皆大歡喜 得未曾有 卽於佛前 而說偈言. "世尊導師 安隱天人 我等聞記 心安具足." 諸比丘尼 說是偈已 白佛言. "世尊! 我等亦能 於他方國土 廣宣此經."

<table>
<tr><td rowspan="2">5</td><td>한글
읽기</td><td>이시 마하파사파제비구니 급야수다라비구니 병기권속 개대환희 득미증유 즉어불전 이설게언. "세존도사 안은천인 아등문기 심안구족." 제비구니 설시게이 백불언. "세존! 아등역능 어타방국토 광선차경."</td></tr>
<tr><td>한글
풀이</td><td>이때 마하파사파제 비구니와 야수다라 비구니는 그들의 권속과 함께 모두 다 기뻐하며 미증유를 얻었으므로, 부처님 앞에서 게송으로 아뢰었다. "세존께서는 도사이시며 하늘과 사람을 편안하게 하십니다. 저희들을 수기하시는 말씀을 듣고 마음이 매우 편안합니다." 비구니들이 이 게송을 마치고 부처님께 말씀 드렸다. "세존이시여! 저희들도 다른 세계에서 이 경을 널리 설하겠습니다."</td></tr>
<tr><td rowspan="3">6</td><td>한문
원전</td><td>爾時 世尊 視八十萬億那由他諸菩薩摩訶薩, 是諸菩薩 皆是阿惟越致 轉不退法輪 得諸陁羅尼 卽從座起 至於佛前 一心合掌 而作是念. '若世尊告勅我等 持說此經者 當如佛教 廣宣斯法.' 復作是念, '佛今嘿然 不見告勅 我當云何?' 時 諸菩薩敬順佛意 幷欲自滿本願 便於佛前 **作師子吼** 而發誓言. "世尊! 我等於如來滅後 周旋往返十方世界 能令衆生 書寫此經 受持讀誦 解說其義 如法修行 正憶念. 皆是佛之威力 唯願世尊, 在於他方 遙見守護." 卽時 諸菩薩俱同發聲 而說偈言.</td></tr>
<tr><td>한글
읽기</td><td>이시 세존 시팔십만억나유타제보살마하살, 시제보살 개시아유월치 전불퇴법륜 득제다라니 즉종좌기 지어불전 일심합장 이작시념. '약세존고발칙아등 지설차경자 당여불교 광선사법.' 부작시념, '불금묵연 불견고칙 아등운하?' 시 제보살경순불의 병욕자만본원 편어불전 **작사자후** 이발서원. "세존! 아등어여래멸후 주선왕반시방세계 능령중생 서사차경 수지독송 해설기의 여법수행 정억념. 개시불지위력 유원세존, 재어타방 요견수호." 즉시 제보살구동발성 이설게언.</td></tr>
<tr><td>한글
풀이</td><td>그때 세존께서 80만억 나유타의 보살마하살들을 바라보시니, 이 보살들은 모두 불퇴전의 보살들로서 물러나지 않는 법륜을 굴리며 온갖 다라니를 얻은 이들이었는데, 자리에서 일어나 부처님 앞에 이르러 일심으로 합장하며 생각하였다. '만일 세존께서 우리들에게 이 경을 지니고 설하라고 분부하시면 마땅히 부처님의 가르침대로 이 법을 널리 펴리라.' 다시 생각하기를 '부처님께서 지금 묵묵히 계시면서 분부가 없으시니 장차 우리는 어떻게 해야 할까?' 라는 생각을 하다가 부처님의 뜻을 공경하며 따르고, 또 본래의 서원을 이루고자 부처님 앞에서 사자후로 맹세의 말을 하였다. "세존이시여! 저희들도 여래께서 열반하신 후에 시방세계를 두루 다니면서 중생으로 하여금 이 경을 옮겨 쓰게 하고, 받아들여 지녀 읽고 외우며, 그 뜻을 해설하고 가르침대로 수행하며, 바르게 기억하고 생각하게 하겠습니다. 이것은 모두 다 부처님의 위대한 힘입니다. 오직 원하옵건대 세존께서는 다른 세계에 계시더라고 멀리서 지켜봐 주시고 보호하여 주십옵소서." 보살들이 다 함께 소리 내어 게송으로 읊었다.</td></tr>
<tr><td>중요용어</td><td colspan="2">❶ 작사자후(作獅子吼)</td></tr>
</table>

앞에서도 수없이 강조하였지만, 법화경은 불교경전이기에 앞서 인류 미래의 행복을 담보하는 예언서이며, 나약한 인간의 한계를 극복하고 궁극적 이상향인 부처의 반열에 들게 하는 깨달음과 지혜의 교과서입니다. 인불(人佛)이 하나라는 인즉불(人卽佛) 사상은 끝없는 갈등과 대립으로부터 인류를 해방시켜 항구적 평화에 이르게 하는, 21세기의 오늘에 가장 절실한 가르침이 아닐 수 없습니다. 불교를 믿으라는 말이 아닙니다. 굳이 법당을 찾아 천 배, 만 배 엎드려 절하지 않더라도 묘법연화경의 그 묘법을 꿰뚫어 관(觀)하고, 나의 근본이 이미 부처와 DNA로 하나가 되어 있다는 자각을 스스로 하면 됩니다.

지금 당장 부처님처럼, 자신을 죽이려고 까지 한 제바달다를 스승으로 삼으셨다는 가르침을 따라, 내 처자식을 거리로 내몬 원수 사기꾼 놈을 용서하기는 쉽지 않을 것입니다. 하나를 내어주면 백을 요구하는 것이 세상인심이고, 호의를 베풀면 권리로 착각하는 게 인간들의 속성이니까요. 그렇게 하면 시쳇말로 영원한 호구가 되어 일생을 질곡에 시달릴 것이라, 지레 손사래를 치실 터이지만 방법이 있습니다. 생각을 바꾸는 겁니다. 사기를 당했으면, 개천에 빠진 장님이 시냇물을 원망하듯 사기꾼을 욕할 게 아니라, 왜 내가 사기를 당했는지? 자신의 욕심이 스스로 화를 자초한 것이 아닌지를 반성하고, 그래도 다행히 몸은 다치지 않았고, 죽음도 면했으니 이 얼마나 행복하고 기쁜 일인가? 라며 자문해 보면 답이 나오게 됩니다. 내가 번 돈이든, 물려받은 돈이든 태어날 때 애초에 없었던 재물이 나갔으니 인생 대차대조표상에는 그냥 본전으로 기록되니 말입니다. 그리고 **지난 세월 나에게 죄 지은 자로 인하여, 핍박받고 고통받았던 억울함조차도 모두 오늘 이처럼, 법화행자로서 거듭나게 하시려는 부처님의 담금질이었다는 발상의 전환을 가져보시기 바랍니다.**

시인 괴테가 말했습니다. "괴로움이 남기고 간 것들을 맛보아라! 고통도 지나고 보면 달콤한 것이다." 즐거움은 괴로움의 그림자이고, 괴로움은 즐거움이 만든 허상의 결과물일 뿐입니다. 기쁨과 슬픔, 행복과 불행이란 것도 원래부터 실체가 있는 것이 아니라, 조건 따라 변하고 느끼는, 마음의 병적인 상태가 이들 결과를 유형화 하여 자신의 몫을 결정짓게 됩니다. 그러니 행복에도 속지 말고, 불행에도 속지 않는 큰 마음의 대덕심(大德心)을 지니셔야 합니다.

　이러한 능력이 결코 어려운 일이 아니라, 법화경을 읽고 외우고 쓰며, 법화정신을 생활에서 간단히 실천만 하면 절로 얻을 수 있게 코디가 되어 있다는 걸 믿으면 되는 것입니다. 그냥 맹목적으로 믿는 것이 아니라, 내가 부처임을 스스로 깨닫고, 세상 도처에 널린 사찰, 암자마다 법단에 모셔둔 나를 상징하는 불상에, 나와 수천만 신도들이 서로 예배하는 큰 뜻을 새기면 됩니다. 내가 나에게, 내가 불자들에게 또한 불자들이 나에게 경배한다고 생각하면 무엇이 두렵고 어려울 게 있겠습니까? 일체 만물이 부처이기 때문입니다. 말 못하는 식물도 빛이 있는 곳으로 가지를 내 뻗습니다. 그 빛이 희망이고 평화이며, 법화경이란 것입니다. 본문으로 들어가 봅니다.

　부처님이 내려주신 수기 때문에 고무된 비구니들이 부처님께 자신들도 다른 세계에서 이 경을 널리 설하겠다는 서원을 세웁니다. 여기서 다른 세계란 지정학적인 국토가 아니라, 부처님 열반 후의 미래세를 뜻하는 것입니다. 현상적 삶과는 관계없이 법화경을 수지·독송하고 말세에서도 항구적으로 이어질 서원을 다지는 것이라 하겠습니다. 한편 80만억 나유타 보살마하살들도, "이 경을 지니고 설하라고 분부하시면 마땅히 부처님의 가르침대로 이 법을 널리 펼치오리다."라고 서원합니다. 그러면서 부처님의 뜻을 공경하며 따르고, 또 본래의 서원을 이루고자 부처님 앞에서 사자후로 맹세의 말을 하게 됩니다.

"세존이시여! 저희들도 여래께서 열반하신 후에 시방세계를 두루 다니면서 중생으로 하여금 이 경을 옮겨 쓰게 하고, 받아들여 지녀서 읽고 외우며, 그 뜻을 해설하고 가르침대로 수행하며 바르게 기억하고 생각하게 하겠습니다. 이것은 모두 다 부처님의 위대한 힘입니다. 오직 원하옵건대 세존께서는 다른 세계에 계시더라고 멀리서 지켜봐 주시고 보호하여 주십옵소서"라며 굳건한 서원을 거듭 밝힙니다. 이처럼 〈권지품〉은 법화경을 지니고 권하며, 설법하리라는 맹세와 인욕으로 어려움을 이기고, 미래세에 사자후로 남기겠다는 서원으로 이루어져 있습니다.

중요 용어해설

❶ 작사자후(作獅子吼) : 부처님의 위엄 있는 설법을, 사자(獅子)가 울부짖으면 모든 짐승이 두려워하여 굴복하는 것에 비유하여 이르는 말

묘법연화경 제14 안락행품(安樂行品)

요약 및 대의

⇒ 본 품부터 〈제17 분별공덕품〉까지 묘법연화경 「권 제5」에 해당

⇒ 문수사리보살이 부처님께 미래의 악세에 법화경을 어떻게 설할 것인가를 여쭘

⇒ 이에 법화경을 설하는 자의 구체적 자세와 각오 그리고 수행의 방법을 밝히심.

⇒ 법화경의 존귀함을 거듭 강조하시고, 안락행을 성취한 공덕을 설하심

⇒ 법화경의 일곱 가지 비유 중 여섯 번째 비유 「계중명주의 비유」를 설하심

|1| 법화경을 설하는 자세와 각오 그리고 수행의 방법을 밝히시다

단락	구분	원문 및 한글 번역
1	한문 원전	爾時 文殊師利法王子菩薩摩訶薩 白佛言. "世尊! 是諸菩薩 甚爲難有 敬順佛故 發大誓願 於後惡世 護持讀說 是法華經. 世尊! 菩薩摩訶薩 於後惡世 云何能說 是經?" 佛告文殊師利. "若菩薩摩訶薩 於後惡世 欲說是經 **當安住四法**. 一者 安住菩薩行處 及親近處 能爲衆生演說是經. 文殊師利! 云何名菩薩摩訶薩行處? 若菩薩摩訶薩 住忍辱地 柔和善順 而不卒暴 心亦不驚. 又復於 **法無所行** 而觀 諸法如實相 亦不行不分別. 是名菩薩摩訶薩行處."
	한글 읽기	이시 문수사리법왕자보살마하살 백불언. "세존! 시제보살 심위난유 경순불고 발대서원 어후악세 호지독설 시법화경. 세존! 보살마하살 어후악세 운하능설 시경?" 불고문수사리. "약보살마하살 어후악세 욕설시경 **당안주사법**. 일자 안주보살행처 급친근처 능위중생연설시경. 문수사리! 운하명보살마하살행처? 약보살마하살 주인욕지 유화선순 이불졸포 심역불경. 우부어 **법무소행** 이관 제법여실상 역불행불분별. 시명보살마하살행처."
	한글 풀이	그때 문수사리법왕자보살마하살이 부처님께 여쭈었다. "세존이시여! 이런 보살들은 매우 드물게 있습니다. 부처님을 공경하고 따르는 까닭에 굳게 맹세하고 발원하여, 훗날 악세에서 이 법화경을 잘 지니며 설하려는 것입니다. 세존이시여! 보살마하살들이 훗날 악세에 어떻게 이 경을 설해야 하겠습니까?" 부처님께서 문수사리에게 말씀하셨다. "만약 보살마하살이 훗날 악세에 이 경을 설하려면, 마땅히 네 가지 법(몸, 입, 마음, 서원)에 편안히 머물러야 하느니라. 첫째 보살이 행하여야 할 바와 가까이 하여야 할 바에 편

1	한글 풀이	안히 머물러 중생을 위해 이 경을 설해야 하느니라. 문수사리야! 무엇을 보살마하살이 행하여야 할 바라 이름하냐면, 보살마하살은 욕된 것을 참는 경지에 머물러 부드럽고 온화하며, 착하고 순하여 성급하거나 포악하지 않고, 또 법(대상)에 대하여서도 행하는 바가 없이 온갖 법(사물)의 형상을 있는 그대로 보되, 역시 행함과 분별이 없어야 이를 이름하여 보살마하살이 행하여야 할 바라 하느니라."
2	한문 원전	"云何名菩薩摩訶薩 親近處? 菩薩摩訶薩 不親近國王 王子 大臣 官長. 不親近 **諸外道 梵志 尼犍子**等 及造世俗文筆 讚詠外書 及**路伽耶陁**, 逆路伽耶陁者, 亦不親近諸有兇戲 **相扠相撲及那羅**等 種種變現之戲."
	한글 읽기	"운하명보살마하살 친근처? 보살마하살 불친근국왕 왕자 대신 장관, 불친근 **제외도 범지 니건자**등 급조세속문필 찬영외서 급**로가야타**, 역로가야타자, 역불친근제유흉 **상차상박급나라**등 종종변현지희."
	한글 풀이	"무엇을 이름하여 보살마하살이 가까이 하여야 할 바라 하는가 하면, 보살마하살은 국왕이나 왕자, 대신이나 관원 같은 지위나 권력 가진 사람들을 가까이하지 말며, 외도인 범지(梵志-브라만교도)와 니건자(자이나교도)들은 물론, 세속의 글을 짓거나 쓰며, 외도의 책을 찬탄하여 읊조리는 자와 로가야타, 역로가야타자들을 가까이하지 말고 또한 흉한 놀이와 서로 잡고 치는 것을 하는 사람, 가지가지 변덕스런 짓을 하는 광대들을 가까이하지 말아야 하느니라."
3	한문 원전	"又不親近 **旃陁羅** 及畜猪羊鷄狗 **畋獵漁捕** 諸惡律儀. 如是人等 或時來者 則爲說法 無所悕望. 又不親近求聲聞 比丘 比丘尼 優婆塞 優婆夷 亦不問訊. 若於房中 若經行處 若在講堂中 不共住止. 或時來者 隨宜說法 無所悕求."
	한글 읽기	"우불친근**전다라** 급축저양계구 **전렵어포** 제악율의. 여시인등 혹시래자 즉위설법 무소희망. 우불친근구성문 비구 비구니 우바새 우바이 역불문신. 약어방중 약경행처 약재강당중 불공주지. 혹시래자 수의설법 무소희구."
	한글 풀이	"또 전다라(사성계급 중 천민)와 돼지, 양, 닭, 개 등을 기르는 자와 사냥, 물고기를 잡는 등의 거친 일을 하는 사람을 가까이하지 말며, 이런 사람이 혹시 오더라도 바로 설법은 해 주되 기대하거나 바라지는 말아야 하느니라. 또 성문을 구하는 비구, 비구니, 우바새, 우바이를 가까이 하거나 문안하지 말 것이며, 방에서나 가벼운 출입을 할 때나, 강당에 있게 되더라도 함께 있지 말지니라. 혹시 찾아오면 수의설법을 하되 무엇을 바라거나 구하지는 말아야 할지니라."
4	한문 원전	"文殊師利. 又菩薩摩訶薩 不應於女人身 取能生欲想相 而爲說法 亦不樂見, 若入他家 不與小女 處女 寡女等共語, 亦復不近 **五種不男**之人 以爲親厚. 不獨入他家 若有因緣 須獨入時 但一心念佛. 若爲女人說法 **不露齒笑 不現胸臆** 乃至爲法 猶不親厚 況復餘事? 不樂畜年少弟子 沙彌 小兒 亦不樂與同師, 常好坐禪 在於閑處 修攝其心. 文殊師利! 是名初親近處."

4	한글 읽기	"문수사리! 우보살마하살 불응어여인신 취응생욕상상 이위설법 역불락견. 약입타가 불여소녀 처녀 과녀등공어, 역부불근 **오종불남**지인 이위친후, 불독입타가 약유인연 수독입시 단일심염불. 약위여인설법 **불로치소 불현흉억** 내지 위법 유불친후 황부여사? 불락축생소제자 사미 소아 역부락여동사, 상호좌선 재어한처 수섭기심. 문수사리! 시명초친근처."
	한글 풀이	"문수사리야. 또 보살마하살은 당연히 여인의 몸에 욕망을 내는 마음으로 설법을 하지 말고, 보는 것도 좋아하지 말 것이며, 만약 남의 집에 들어가게 되더라도 소녀나 처녀나 과부들은 함께 말하지 말아야 하고, 또 오종불남인 사람과도 가깝고 깊이 친하지 말아야할 것이니라. 혼자서는 남의 집에 들어가지 말아야 하며, 만약 인연이 있어 혼자라도 들어가게 되면 일념으로 부처님만 생각해야 하느니라. 만약 여인을 위해 설법을 하게 되면, 이를 드러내거나 웃지 말 것이며, 가슴도 드러내지 말아야 할지니라. 법을 위해서라도 친하지 말아야할진대 다른 일이야 말 할 것이 있을 것이냐? 어린 제자나 사미, 어린아이 키우는 걸 좋아하지 말고 또 같은 스승을 함께 섬기기를 즐겨하지 말며, 항상 좌선하기를 좋아하고, 한적한 곳에서 그 마음을 닦고 거두어야 하느니라. 문수사리야! 이것을 첫째로 가까이 하여야 할 바라 이름하느니라."
5	한문 원전	"復次 菩薩摩訶薩 觀一切法空 如實相, 不顚倒 不動 不退 不轉, **如虛空無所有性** 一切語言道斷 不生 不出 不起. 無名 無相 實無所有 無量 無邊 無礙 無障, 但以因緣有 **從顚倒生** 故說 常樂觀如是法相 是名菩薩摩訶薩 第二親近處." 爾時 世尊欲重宣此義 而說偈言.
	한글 읽기	"부차 보살마하살 관일체공법 여실상. 부전도 부동 불퇴 부전, **여허공무소유성** 일체어언도단 불생 불출 불기, 무명 무상 실무소유 무량 무변 무애 무장, 단이인연유 **종전도생** 고설 상락관여시법상 시명보살마하살 제이친근처." 이시 세존욕중선차의 이설게언.
	한글 풀이	"그리고 보살마하살은 일체의 법은 텅 비어, 있는 그대로의 모습이며, 뒤바뀌지도 않고, 움직이지도 않으며, 물러나지도 않고, 옮겨지는 것도 아니며, 마치 허공과 같아서 성품이 있는 것이 아니요, 일체의 언어로써도 말할 수 있는 것도 아니며, 생기지도 않고, 나오는 것도 아니며, 일어나는 것도 아니니, 이름도 없고 모양도 없으며, 실로 있는 것도 아니어서 한량없고 가없으며, 걸림도 없고, 막힘도 없이 다만 인연으로 있게 되며, 뒤바뀐 생각을 따라 생겨나는 것이니라. 그러므로 말하건대 항상 이러한 법의 모양을 관하기를 좋아하면, 이것을 보살마하살이 둘째로 가까이 하여야 할 바라 이름 하느니라." 그때 세존께서 이 뜻을 거듭 펴시기 위해 게송으로 읊으셨다.
6	한문 원전	"又 文殊師利. 如來滅後 於末法中 欲說是經 應住安樂行. 若口宣說 若讀經時 不樂說人及經典過, 亦不輕慢諸餘法師 不說他人 好惡長短. 於聲聞人 亦不稱名 說其過惡 亦不稱名 讚歎其美, 又亦不生怨嫌之心. 善修如是安樂心故 諸有聽者 不逆其意 有所難問 不以小乘法答 但以大乘 而爲解說 令得一切種智." 爾時 世尊欲重宣此義 而說偈言.

6	**한글 읽기**	"우 문수사리. 여래멸후 어말법중 욕설시경 응주안락행. 약구선설 약독경시 불락설인급경전과, 역불경만제여법사 불설타인 호오장단. 어성문인 역불칭명 설기과오 역불칭명 찬탄기미, 우역불생원혐지심. 선수여시안락심고 제유청자 불역기의 유소난문 불이소승법답 단이대승 이위해설 영득일체종지." 이시 세존욕중선차의 이설게언.
	한글 풀이	"또한 문수사리야. 여래가 열반 후 말법의 세상에서 이 경을 설하고자 하면, 마땅히 안락한 행에 머물러야 하느니라. 입으로 연설할 때나 경을 읽을 때에 다른 사람이나 경전의 허물을 말하기를 좋아하지 말고, 다른 법사들을 가벼이 여기거나 업신여기지 말며, 다른 사람의 좋고 나쁨과 장단점을 말하지 말라. 성문에 대하여서도 그 이름을 거론하며 그의 허물과 나쁜 점을 말하지 말고, 또 이름을 거론하며 그의 좋은 점을 칭찬하지도 말고, 원망하거나 싫어하는 마음도 내지 말라. 이와 같이 안락하게 마음을 잘 닦음으로써 듣는 사람들이 모두 그의 뜻을 거스르지 않으니, 어려운 질문이 있어도 소승법으로 답하지 말고 오직 대승으로 해설하여 일체 종지를 얻게끔 하여라." 그때 세존께서 이 뜻을 거듭 펴시려고 게송으로 읊으셨다.
	중요용어	❶ 당안주사법(當安住四法) ❷ 법무소행(法無所行) ❸ 범지 니건자(梵志 尼犍子) ❹ 로가야타(路迦耶陀) ❺ 상차상박급나라(相扠相撲及那羅) ❻ 전다라(旃茶羅) ❼ 전렵어포(畋獵漁捕) ❽ 오종불남(五種不男) ❾ 불로치소 불현흉억(不露齒笑 不現胸臆) ❿ 여허공무소유성(如虛空無所有性) ⓫ 종전도생(從顛倒生)

앞의 품 〈제13 권지품〉에서는 약왕보살마하살과 대요설보살마하살이 권속 2만과 함께 부처님 열반 후 법화경을 널리 펴고 홍포할 것을 목숨 바쳐 서원하였고, 본 품에서는 문수사리보살마하살이 미래 악세에 어떻게 법화경을 설하여야 할 것인지를 부처님께 여쭙고, 이에 구체적이며 자세한 답을 해 주시는 것으로 시작이 됩니다. 이미 앞 품에서 부처님은 불멸 후 법화경을 펼 때 외부로부터 받을 수 있는 박해에 대처하는 각오를 말씀하셨고, 〈안락행품〉에서도 불멸 후 말세에 법화경을 설하는 보살들의 마음가짐에 대하여 보다 구체적이고 자세한 설법을 펼쳐 주시고 있습니다. '안락(安樂)'의 세계는 불교의 궁극적 이상향인 불국토와 극락을 상징하는 것입니다만, 안락행이란 편안하고 즐거운 행동이 아니라, 안락을 위해서는 스스로 바른 행동을 해야 한다

는 뜻으로 읽습니다.

훗날 악세에 이 경을 설하려면, 마땅히 네 가지 법, 그러니까 몸, 입, 마음, 서원에 편안히 머물러야 한다고 말씀하시는데, 신구의(身口意) 삼업(三業)을 바르게 하고, 대자대비심을 잊지 않는 서원까지 더하여, 이렇게 네 가지를 주문하고 있으시네요. 그러면서 보살이 행하여야 할 바와 가까이 하여야 할 바를 가려, 편안히 머물며 중생을 위해 이 경을 설해야 한다고 하십니다. 모름지기 보살마하살은 욕된 것을 참는 경지에 머물러 부드럽고 온화하며, 착하고 순하여 성급하거나 포악하지도 않고, 또 법(대상)에 대하여서도 행하는 바가 없이 온갖 법(사물)의 형상을 제법실상 그대로 보되, 역시 행함과 분별이 없어야 이를 이름하여 보살마하살이 행하여야할 바라 하시는데요, 이렇게 행하여 편안히 머무는 것이 궁극적으로 안락행이라는 겁니다.

그러니 인욕의 경지에서 모든 현상은 공성(空性)임을 알아, 거짓된 형상에 얽매어 행하거나, 분별함이 없어야 된다고 하십니다. 참말로 보살마하살의 길은 멀고도 험난한 것 같습니다. 그러면서 보살마하살의 구체적 행동규범으로, "국왕이나 왕자, 대신이나 관원 같은 지위나 권력 가진 사람들을 가까이하지 말며, 외도인 범지(梵志-브라만교도)와 니건자(자이나교도)들은 물론, 세속의 글을 짓거나 쓰며, 외도의 책을 찬탄하여 읊조리는 자와 로가야타, 역로가야타자들을 가까이하지 말고 또한 흉한 놀이와 서로 잡고 치는 것을 하는 사람, 가지가지 변덕스런 짓을 하는 광대들을 가까이 하지 말아야 하느니라."라며 매뉴얼을 정해 주시는군요. 부처님이 구체적으로 당부하신 세부 사항들은 오늘날 우리 불자님들의 인생 처세에도 그대로 적용되는 교훈이 담긴 내용이라 아래에 읽기 쉽게 풀이하여 요약해 둡니다.

❶ 보살은 지위와 명예 또는 이익을 얻기 위해 권력자나, 부유한 사람과 친숙하면 안 된다.
❷ 보살은 극단적인 이념이나 사상에 치우쳐, 자기 위주의 판단에 치우쳐서는 안 된다.

❸ 남녀관계에 있어서는 법을 설할 때라도 서로 욕망이 일어나지 않도록 주의해야 하고, 대중적 인기에 치우친 놀이와 연예에 지나치게 일희일비하는 것을 금해야 한다.

❹ 일념으로 부처님을 생각하고, 늘 부처님과 함께한다는 마음을 잊지 말아야 한다.

❺ 법을 설하고 책을 읽을 때도, 남의 결점을 꼬집거나, 경전 속의 흠을 찾아 비평하지 말라.

❻ 외도에 머문 사람과 천업을 생계 삼는 자들과 가까이하지는 말되, 경멸해서는 안 된다.

❼ 불법을 설 할 때는 타인의 장단점과 시비를 비판하지 말라.

❽ 어려운 질문에 처하더라도 대승의 가르침에 근거하여 반듯한 태도로 임해야 한다.

❾ 갖가지 방편과 비유를 들어 설하되, 상대의 근기에 맞게 설하라.

❿ 마땅히 중생을 연민으로 품어 그들의 고통을 없애주고자 뜻을 세우고, 부처님을 아버지로 대하며, 모든 보살들은 자신의 스승이란 생각을 가져야 한다.

이밖에도 보다 구체적인 방문예절과 남녀 법도 등에 대한 생활규범을 제시하시는데, 우리들이 일상으로 지켜야 할 매너이거나, 에티켓에 해당하는 가르침들이라 새삼스러울 건 없습니다. 다만 '오종불남(五種不男)'이라는 생소한 용어에 대해서만 잠시 짚어보겠습니다. 오종불남이란 선후천적으로 남자구실을 못하는 다섯 부류의 사람을 말하는데, 부처님은 이들의 장애를 탓하는 것이 아니라, 그럼으로써 성별의 정체성을 잃거나, 열등감에 사로잡혀 관음증(觀淫症)에 빠지고, 변태짓을 하는 따위의 사람과 가까이하지 말라는 말씀으로, 오늘날 성소수자와 동성연애자 등, 자연의 섭리를 거스르는 현실에서 부처님의 가르침은 많은 선견지명을 주신 가르침이라 할 것입니다. 정치적 권력자와 만나지 말라 하심은 정치와 불교가 세속적으로 야합하여, 불도가 그들의 통치이념과 권력 유지에 이용될 수 있음을 저어하신 것인데, 어쩌면 오늘의 우리나라 정치 현실을 이토록 예리하게 짚으신 것인지, 그저 존경 자체가 아닐 수 없습니다.

황제나 국왕이라 해도 실상을 거스를수 없으니, 오직 법에 따라 진리의 길을 혼자서 가라는 말씀으로 읽으시면 됩니다. 표만 된다 싶으면 기독교든 불교든, 심지어 용하다는 무당까지도 찾아가 예를 올리고 친분을 과시하며, 내가 이런 사람이라며 사진 찍고 또 그의 촬영 배경이 되어주는 성직자들도 흔히 볼 수 있잖습니까?

서기 313년 콘스탄티누스가 기독교를 인정하고부터 중세의 암흑기를 통과하기 까지 교회권력과 정치권력은 때로는 공생하고 야합하거나, 혹은 정적이 되어 자신들의 치열한 밥그릇 챙기기에 젖은 손이 마를 날 없었던 흑역사를 우리는 잘 알고 있습니다. 그러니 민중은 사랑과 평화를 얻는 건 고사하고, 수탈의 도구로 국가와 교회의 노예가 되어 갈 뿐이었지요. 직지인심 하여 견성성불 해야하는 불교는 이념과 권력이 아닌 중생과 법, 자비만을 택하는 종교이어야 하기 때문에 부처님께서는 일찍이 이에 대한 교통정리를 해두신 겁니다.

'범지(梵志)'란 범어로 'brahmacarin'로 표기하는데, 범사(梵士)라고도 하며. 바라문(婆羅門)교도들을 일컫는 말입니다. 브라만교로도 불리는 바라문교는 대략 기원전 1,000~800년경 카스트(caste) 제도가 확립됨에 따라 브라만(brāhmana, 婆羅門)이라는 최상위 계급을 중심으로, 베다사상을 계승하여 성립된 종교인데, 엄격한 의미에서 종교적 체계는 갖추지 못한 민족신앙 의식집단이라 보면 되겠습니다. 이후 힌두교로 전승되면서 10억 인도인이 믿는 종교가 되었지만, 불교처럼 인간문제의 해방이라는 종교적 가치를 확립지 못한 채 아집에 젖은 바라문교도들을 부처님도 대책 없는 부류라 판단하신 거지요.

또한 브라만교에서 나아가 영혼의 해탈을 목표로 내건, 어찌 보면 불교와 일맥상통하는 것 같은 니건자 즉, 자이나교도들도 멀리하라 하십니다. 이들은 해탈을 위해 잠을 자지 않거나, 자신의 살을 태우기도 하고, 가시넝쿨 위에 몸을 앉히고 단식하는 따위의 극단적 고행을 하는 외도(外道)라 보시고, 제법의 실상을 관하여 성불에 이르는 불교와는 소통할 수 없음을 확신하신 겁니다.

지눌스님이 저술한 『수심결(修心訣)』에도 나오는 내용입니다만, 불교의 역사에도 보면 자신의 몸을 혹사하여 신체 일부를 태우는 소신연비(燒身燃臂)나, 몇 달을 눕지 않고 수행하는 장좌불와(長坐不臥), 몸을 찔러 피를 내어 경전을 사경한다는 자혈사경(刺血寫經) 같은 극단적 혹사를 묘사하고 있는데, 살아생전 부처가 되기도 전에 과다출혈로 죽은 뒤에나 성불을 기약해 보는 수밖에는 없겠다는 안타까운 생각이 드는군요. 살을 태워 그 불고기를 부처님께 공양하면 부처님이 좋아라 하실까요? **중요한 것은 살아 있는 내가 부처가 되어야 하고, 이 현세가 불국토가 되어야 한다는 것입니다. 부처님이 수기를 내리실 때에 너는 수수 억겁 뒤에 무슨무슨 여래가 되리라 하셨지만, 그것도 찰나이고 이미 너는 부처가 되었다는 말씀입니다.** 그러니 여러분과 저도 이미 부처인 것입니다.

이어지는 본문을 보면 "세속의 글을 짓거나 쓰며, 외도의 책을 찬탄하여 읊조리는 자와 로가야타, 역로가야타자들을 가까이하지 말고 또한 흉한 놀이와 서로 잡고 치는 것을 하는 사람, 가지가지 변덕스런 짓을 하는 광대들을 가까이하지 말아야 하느니라."라고 하십니다. 창작과 학문의 글이 아닌 곡학아세 하고 세속에 영합하는, 자칭 논객들이 이 땅에 얼마나 많이 기생충처럼 서식하고 있습니까? 천박한 이념과 외도(外道)에 경도(傾倒)된 자신들의 세계만이 정의라고 믿는 선택적 정의로, 글 쓰는 기계가 되어 세계적 문학상을 탄 대한민국의 글쟁이를 부처님은 어떻게 보실까요? 그러면서 부처님은 흉한 놀이 그러니까 불륜, 도박하는 자, 변덕스럽고 속이는 자는 물론, 전다라(사성계급 중 천민)와 가축 물고기를 잡는 것 같은 거친 일을 하는 자는 멀리하되 그들에게도 설법은 해 주지만 기대는 하지 말라 하셨고, 성문에 머물러 있는 자도 가까이 말라고 하셨네요.

여기에서 의문이 생깁니다. '부처님은 인격적 귀천은 없다고 하셨는데, 왜 그들을 멀리하라 하실까?' '물고기를 잡는 사람이나, 가축을 도축하는 사람도 먹고 살기 위해 하는 직업인데…' 맞습니다. 직업은 고귀한 것이지만, 자칫 생명 존중을 경시하거나, 살상을 즐기게 되는, 세상 순리에 거역하는 사람이 되지 말라는 말씀입니다. 먹을 가까이 하는 사람은 자신도 모르게 검어진다는 '근묵자흑(近墨者黑)'을 생각해 보시면 좋겠습니다. 향을 싼 종이에서는 향내가 나고, 생선을 묶었던 새끼줄에는 비린내가 난다는, 어린아이도 알고 있는 지극히 당연한 부처님의 가르침은, 선과 악도 반복하는 동안에 습관화 되고, 이와 같이 습관화 된 기질이 한 치의 예외없이 아뢰야식에 저장되면서 인생의 행·불행이 결정된다는 것인데, 이것이 곧 '업(業)'이라는 거지요. 중요한 말씀은 보살마하살은 '관일체공법(觀一切空法)'으로, 제법이 자성(自性) 없음을 깨달아 걸림도, 막힘도 없는 인연의 실체지(實體智)를 둘째로 가까이 하라는 말씀입니다.

다시 문수사리에게 강조하십니다. "말법세에 법화경을 설할 때에는 마땅히 안락행에 머물 것과 타인을 가벼이 여기거나 업신여기지 말며, 나쁨과 장단점, 좋은 점을 칭찬하지도 말고, 원망하거나 싫어하는 마음도 내지 말라."고 하시네요. 〈안락행품〉은 안락하게 마음을 잘 닦음으로써 듣는 사람들이 모두 그의 뜻을 거스르지 않게 하는 것이 모든 부처님의 가르침이라는 일관된 가르침으로 이루어져 있습니다. 너무나 당연한 가르침인 것 같지만 진리와 정답은 알고 나면 정말로 쉬운 것인 것처럼, 어려운 질문이 있어도 소승법으로 답하지 말고, 오직 대승으로 해설하여 일체 종지를 얻게끔 하라는 말씀이라 이해하시면 되겠습니다.

중요 용어해설

❶ 당안주사법(當安住四法) : 마땅히 네 가지 법(몸, 입, 마음, 서원)에 편안히 머무를 것

❷ 법무소행(法無所行) : 법(대상)에 대하여서도 행하는 바가 없음

❸ 범지 니건자(梵志 尼犍子) : 범지는 범사(梵士)라고도 하며. 바라문(婆羅門)교도들을 이름. 니건자는 자이나교도

❹ 로가야타(路迦耶陀) : 산스크리트어 lokāyata의 음차로, 유물론적 사상을 가진 외도(外道)

❺ 상차상박급나라(相扠相撲及那羅) : 가지가지 변덕스런 짓을 하는 광대들

❻ 전다라(旃茶羅) : 사성계급 중 천민

❼ 전렵어포(畋獵漁捕) : '전(畋)'은 밭갈 '전'이지만, 여기서는 사냥한다로 쓰였음. 사냥, 목축, 어렵

❽ 오종불남(五種不男) : 남근의 부실 등으로 남자 구실을 못하는 다섯 부류의 사람

❾ 불로치소 불현흉억(不露齒笑 不現胸臆) : 이빨을 드러내거나 가슴을 보이는 행위를 삼가함

❿ 여허공무소유성(如虛空無所有性) : 마치 허공과 같아서 성품이 있는 것이 아닌 것 같음

⓫ 종전도생(從顚倒生) : 뒤바뀐 생각을 따라 생겨나는 것

🪷 |2| 법화경의 존귀함을
전륜성왕의 상투 가운데의 구슬에 비유하여 설하심

단락	구분	원문 및 한글 번역
7	한문 원전	"又 文殊師利. 菩薩摩訶薩 於後末世 法欲滅時 受持讀誦斯經典者 **無懷嫉妬諂誑之心** 亦勿輕罵學佛道者 求其長短. 若比丘 比丘尼 優婆塞 優婆夷 求聲聞者 求辟支佛者 求菩薩道者 無得惱之. 令其疑悔 語其人言 '汝等去道甚遠 終不能 得一切種智. 所以者何? 汝是放逸之人 於道懈怠故.' 又亦不應戲論諸法 有所諍競. 當於一切衆生 起大悲想 於諸如來 起慈父想 於諸菩薩 起大師想. 於十方諸大菩薩 常應深心 恭敬禮拜, 於一切衆生 平等說法 以順法故 不多不少 乃至深愛法者 亦不爲多說. 文殊師利! 是菩薩摩訶薩 於後末世法欲滅時 有成就是第三安樂行者 說是法時 **無能惱亂** 得好同學 共讀誦是經 亦得大衆 而來聽受 聽已能持 持已能誦 誦已能說 說已能書 若使人書 供養經卷 恭敬尊重讚歎." 爾時世尊欲重宣此義 而說偈言.

<table>
<tr><td>한글
읽기</td><td>"우 문수사리. 보살마하살 어후말세 법욕멸시 수지독송사경전자 무회질투첨광지심 역물경매학불도자 구기장단. 약비구 비구니 우바새 우바이 구성문자 구벽지불자 구약보살도자 무득뇌지. 영기의회 어기인언 '여등거도심원 종불능득일체종지. 소이자하? 여등방일지인 어도해태고.' 우역불응희론제법 유소쟁경. 당어일체중생 기대비상 어제여래 기자부상 어제보살 기대사상. 어시방제대보살 상응심심 공경예배, 어일체중생 평등설법 이순법고 부다불소 내지심애법자 역불위다설. 문수사리야! 시보살마하살 어후말세법욕멸시 유성취시제삼안락행자 설시법시 무능뇌란 득호동학 공독송시경 역득대중 이래청수 청이능지 지이능송 송이능설 설이능서 약사인서 공양경권 공경존중찬탄." 이시세존욕중선차의 이설게언.</td></tr>
<tr><td>7

한글
풀이</td><td>"또 문수사리야. 보살마하살이 훗날 말세에서 법이 없어지려 할 때에 이 경전을 받아 지녀 읽고 외우는 자에게 질투하거나 아첨하여 속이는 마음을 내지 말고 또 불도를 배우는 자를 가벼이 여기거나 욕하지 말며, 그의 장단점을 찾아내지 말아라. 만약 비구와 비구니, 우바새와 우바이로서 성문을 구하는 사람, 벽지불을 구하는 사람, 보살도를 구하는 사람들을 괴롭게 하지 말아야 하느니라. 그들이 의심하거나 후회하도록 하기 위하여 '너희가 도로 가기엔 너무 멀리 있으니 아무리 하더라도 일체 종지를 얻을 수가 없을 것이니, 왜냐하면? 너희는, 너희 마음대로 하는 사람이라 도에 대하여 게으르기 때문이니라.'라고 하지 말아야 할 것이니라. 또 모든 법을 쓸데없이 논의하여 다투는 일이 없도록 하여야 하며, 마땅히 모든 중생에게 자비로운 생각을 크게 내야 하며, 모든 여래에 대하여 아버지라는 생각을 내어야 하고, 모든 보살에게 큰 스승이라는 생각을 내어야 하며, 시방의 큰 보살들을 항상 마음 깊이 공경하고 예배하여야 하며, 일체의 중생에게 평등하게 설법하되, 법에 순응하여 많이도 하지 말고, 적게도 하지 말아야 하며, 법을 깊이 사랑하는 사람에게라도 많이는 설하지 말아야 하느니라. 문수사리야! 보살마하살로서 훗날 말세에서 법이 없어지려 할 때 이 셋째의 안락행을 이룬 사람이 있으면, 이 법을 설할 때에 괴롭거나 어지러운 것이 없으며, 같이 배우는 이를 잘 만나 서로 이 경을 읽고 외우게 될 것이며 또 많은 대중들이 와서 들을 것이고, 듣고는 받아 지니며, 지니고선 외우고, 외우고선 설하며, 설하고는 자기가 쓰거나 남을 시켜 쓰게 하며, 경전을 공양하고 공경하며 존중하고 찬탄하리라." 그때 세존께서 이 뜻을 거듭 펴시려고 게송으로 읊으셨다.</td></tr>
<tr><td>8

한문
원전</td><td>"又 文殊師利, 菩薩摩訶薩 於後末世 法欲滅時 有持是法華經者 於在家出家人中 生大慈心. 於非菩薩人中 生大悲心 應作是念, '如是之人 則爲大失. 如來方便 隨宜說法 不聞不知 不覺不問 不信不解. 其人雖不問 不信 不解是經 我得阿耨多羅三藐三菩提時 隨在何地 以神通力 智慧力 引之令得住是法中.' 文殊師利, 是菩薩摩訶薩 於如來滅後 有成就此第四法者 說是法時 無有過失. 常爲比丘 比丘尼 優婆塞 優婆夷 國王 王子 大臣 人民 婆羅門 居士等 供養恭敬 尊重讚歎, 虛空諸天 爲聽法故 亦常隨侍. 若在聚落 城邑 空閑 林中 有人來欲難問者 諸天晝夜 常爲法故 而衛護之 能令聽者 皆得歡喜. 所以者何? 此經是一切過去 未來 現在諸佛 神力所護故."</td></tr>
</table>

	한글 읽기	"우 문수사리. 보살마하살 어후말세 법욕멸시 유지시법화경자 어재가출가인 중 생대자심. 어비보살인중 생대비심 응작시념, '여시지인 즉위대실. 여래방편 수이설법 불문부지 불각불문 불신불해. 기인수불문 불신 불해시경 아득 아뇩다라삼먁삼보리시 수재하지 이신통력 지혜력 인지영득주시법중.' 문수사리. 시보살마하살 어여래멸후 유성취차**제사법**자 설시법시 무유과실. 상위비구 비구니 우바세 우바이 국왕 왕자 대신 인민 바라문 거사등 공양공경 존중찬탄, 허공제천 위청법고 역상수시. 약재취락 성읍 공한 임중 유인래욕난문자 제천주야 상위법고 이위호지 능영청자 개득환희. 소이자하? 차경시일체과거 미래 현재제제불 신력소호고."
8	한글 풀이	"또 문수사리야. 보살마하살이 훗날 말세에서 법이 없어지려고 할 때 이 법화경을 받아 지니는 자는 출가인과 재가인 모두에게 대자비의 마음을 낼지니라. 보살이 아닌 사람에게도 대자비의 마음을 내어, '이 사람들은 크게 잃는 것이 되어, 여래께서 방편으로 능력과 정도에 따라 설법하시는 것을 듣지도, 알지도 못하며, 깨닫지도 못하고 묻지도 않으며 믿지도 않고 이해하지도 못하는구나. 이 사람들이 비록 이 경을 묻지 않고 믿지 않으며 이해하지 못하더라도, 내가 아뇩다라삼먁삼보리를 얻으면 어느 곳이든 따라가서 신통력과 지혜의 힘으로 인도하여, 이 법 가운데 머무르게 하리라.'라고 생각하여라. 문수사리야. 이런 보살마하살로서 여래께서 열반한 후, 이 넷째의 가르침을 성취한 자가 이 법을 설할 때에는 허물이 없을 것이며, 항상 비구와 비구니 우바새와 우바이와 국왕과 왕자와 대신과 백성과 바라문과 거사들이 공양·공경하여 찬탄할 것이며, 허공 중의 하늘사람들도 법을 들으려고 항상 따라다니며 모실 것이니라. 만일 시골이나 도시나, 한적한 숲속에 있을 때 어떤 사람이 와서 어려운 질문을 하더라도, 천인들이 밤낮으로 항상 법을 위해 보호하고 도우므로 듣는 사람들을 모두 기쁘게 할 것이니라. 왜냐하면? 이 경은 일체의 과거, 미래, 현재의 부처님들이 신통력으로 지켜 주고 보호하시는 까닭이니라."
9	한문 원전	"文殊師利, 是法華經 於無量國中 乃至名字不可得聞 何況得見 受持讀誦!"
	한글 읽기	"문수사리. 시법화경 어무량국중 내지명자불가득문 아황득견 수지독송!"
	한글 풀이	"문수사리야. 이 법화경은 한량없는 나라들 중에서 이름자만이라도 듣기가 어려운데, 하물며 보고 받아들여 지니고 읽으며, 외우는 것이야 말할 것이 있겠느냐!"
10	한문 원전	"文殊師利, 譬如強力 轉輪聖王 欲以威勢 降伏諸國 而諸小王不順其命, 時轉輪王 起種種兵 而往討罰, 王見兵衆 戰有功者 卽大歡喜 隨功賞賜 或與田宅 聚落 城邑 或與衣服 嚴身之具 或與種種珍寶 金 銀 琉璃 車璩 馬腦 珊瑚 虎珀 象馬 車乘 奴婢 人民, **唯髻中明珠** 不以與之. 所以者何? 獨王頂上 有此一珠 若以與之 王諸眷屬 必大驚怪."

	한글 읽기	"문수사리. 비여강력 전륜성왕 욕이위세 항복제국 이제소왕불순기명, 시전륜왕 기종종병 이왕토벌, 왕견병중 전유공자 즉대환희 수공상가 혹여전택 취락 성읍 혹여의복 엄신지구 혹여종종진보 금 은 유리 차거 마노 산호 호박 상마 거승 노비 인민, **유계중명주** 불이여지. 소이자하? 독왕정상 유차일주 약이여지 왕제권속 필대경괴."
10	**한글 풀이**	"문수사리야. 비유하자면 힘센 전륜성왕이 위엄과 세력으로 여러 나라를 항복시키려 하지만, 작은 나라의 왕들이 그의 명령을 따르지 아니하면 온갖 군사를 일으켜 토벌을 하는데, 군사들 가운데 전공이 있는 자를 보면 크게 기뻐하며 공에 따라 상을 내리기를, 논이나 집, 마을이나 성을 주기도 하고, 옷이나 장신구를 주기도 하며, 갖가지 보배인 금, 은, 유리, 차거, 마노, 산호, 호박, 코끼리와 말, 수레와 노비, 백성을 주기도 하지만, 오직 상투 가운데의 밝은 구슬만은 주지 않는 것과 같으니라. 왜냐하면? 이 구슬은 왕의 머리 위에 하나만 있을 뿐이므로, 이것을 주게 되면 왕의 권속들이 크게 놀라고 괴이하게 여기기 때문이니라."
	한문 원전	"文殊師利, 如來亦復如是 以禪定智慧力 得法國土 王於三界 而諸魔王不肯順伏 如來賢聖諸將 與之共戰. 其有功者 心亦歡喜 於四衆中 爲說諸經 令其心悅 賜以禪定 解脫 **無漏根力** 諸法之財. 又復賜與 涅槃之城 言得滅度 引導其心 令皆歡喜 而不爲說是法華經. 文殊師利, 如轉輪王 見諸兵衆 有大功者 心甚歡喜 以此**難信之珠** 久在髻中 不妄與人 而今與之."
11	**한글 읽기**	"문수사리. 여래역부여시 이선정지혜력 득법국왕 왕어삼계 이제마왕불긍순복 여래현성제장 여지공전. 기유공자 필역환희 어사중중 위설제경 영기심열 사이선정 해탈 **무루근력** 제법지재. 우부사여 열반지성 언득멸도 인도기심 영개환희 이불위설시법화경. 문수사리. 여전륜왕 제견병중 유대공자 심심환희 이차**난신지주** 구재계중 불망여인 이금여지."
	한글 풀이	"문수사리야. 여래도 이와 같아서 선정과 지혜의 힘으로 법의 국토를 얻은 삼계의 왕이므로 마왕들이 따르지 않고 항복지 않으면 현명하고 지혜로운 장수들과 싸우느니라. 그래서 공이 있는 자를 매우 기뻐하며, 사부대중 가운데서 모든 경을 설하여 그들의 마음을 기쁘게 하며, 선정과 해탈과 무루의 근과 힘 등의 법의 재물을 내리며, 또 열반이라는 성을 주고 열반을 얻었다는 말을 하여 그들을 인도하고 모두를 기쁘게 하지만, 이 법화경만은 설하지 않느니라. 문수사리야. 전륜왕이 병사들 가운데 큰 공이 있는 자를 보면 매우 기뻐하며, 아무에게도 주지 않고 오랫동안 상투 속에 넣어두었던 그 믿기 어려운 구슬을 그제서야 주는 것과 같과 같으니라."
12	**한문 원전**	"如來亦復如是 於三界中 爲大法王 以法教化一切衆生 見賢聖軍 與**五陰魔**, 煩惱魔, 死魔共戰 有大功勳 滅三毒 **出三界 破魔網**, 爾時 如來亦大歡喜 此法華經 能令衆生 至一切智 一切世間 多怨難信 先所未說 而今說之. 文殊師利, 此法華經 是諸如來第一之說 於諸說中 最爲甚深 末後賜與. 如彼强力之王 久護明珠 今乃與之. 文殊師利, 此法華經 諸佛如來秘密之藏 於諸經中 最在其上 **長夜守護 不妄宣說** 始於今日 乃與汝等 而敷演之." 爾時 世尊欲重宣此義 而說偈言.

<table>
<tr><td rowspan="3">12</td><td>한글
읽기</td><td>"여래역부여시 어삼계중 위대법왕 이법교화일체중생 견현성군 여**오음마**, 번뇌마, 사마공전 유대공훈 멸삼독 **출삼계 파마망**, 여래역대환희 차법화경 능령중생 지일체지 일체세간 다원난신 선소미설 이금설지. 문수사리. 차법화경 시제여래제일지설 어제설중 최위심심 말후사여. 여피강력지왕 구호명주 금내여지. 문수사리. 차법화경 제불여래비밀지장 어제경중 최재기상 **장야수호 불망선설** 시어금일 내여여등 이부연지."이시 세존욕중선차의 이설게언.</td></tr>
<tr><td>한글
풀이</td><td>"여래도 이와 같아 삼계의 대법왕으로서 법으로 일체의 중생을 교화하다가, 현명하고 거룩한 군사들이 오음마(색수상행식)와 번뇌마와 죽음의 악마와 함께 싸워 큰 공을 세우며 삼독을 없애고 삼계를 벗어나 마의 그물을 깨뜨리면, 여래도 크게 기뻐하며 이 법화경이 일체 중생으로 하여금 일체지에 이르게 하지만, 일체의 세상에서 원망이 많고 믿지 아니하므로 이제껏 설하지 않았던 것을 이제야 설하는 것이니라. 문수사리야. 이 법화경은 모든 여래의 가장 훌륭한 말씀이고, 모든 말씀 중에 가장 깊은 것이어서, 나중에야 주는 것이니라. 저 힘센 왕이 밝은 구슬을 오랫동안 지니다가 나중에야 주는 것과 같으니라. 문수사리야. 이 법화경은 모든 부처님의 비밀스런 법장이며, 여러 경전 가운데 가장 높은 것이므로, 오랫동안 수호하며 함부로 설하지 않다가 오늘에서야 비로소 너희들에게 주는 것이며 설하는 것이니라." 그때 세존께서 이 뜻을 거듭 펴시려고 게송으로 읊으셨다.</td></tr>
<tr><td>중요용어</td><td>❶ 무회질투첨광지심(無懷嫉妬諂誑之心)　❷ 무능뇌란(無能惱亂)
❸ 제사법자(第四法者)　❹ 유계중명주(唯髻中明珠)
❺ 무루근력(無漏根力)　❻ 난신지주(難信之珠)　❼ 오음마(五陰魔)
❽ 출삼계 파마망(出三界 破魔網)　❾ 장야수호 불망선설(長夜守護 不妄宣說)</td></tr>
</table>

　본 단락의 전반부는 말법세상에서 법화경을 설하는 보살의 각오와 자세 및 규범 등에 대한 설법이 이어지고, 후반부에서는 법화경의 주옥같은 비유 일곱 가지 중 여섯 번째, 전륜성왕의 '계중명주의 비유'가 전개됩니다. 법화경의 존귀함 자체를 직접 상징으로 하는 이 비유는 너무나 문학적이며, 명징한 교훈과 대상을 적시하고 있다는 점에서 누구나 그 궁극의 목적에 감탄할 수밖에 없는 법화 비유의 클라이맥스에 해당한다 하겠습니다. 그러면서 세상에 하나밖에 없는 보물을 내어주듯, 법화경이야말로 시방세계 최고의 하나뿐인 보물임을 강조하시는 대목에서는 숙연한 감동마저 느낄 수 있는 신선한 충격도 받게 됩니다.

　이 비유를 통해 부처님이 얼마나 중생들을 사랑했으며, 법화경을 통한 말세의 세상이 연꽃의 연화장세계로 거듭나기를 그토록 원하셨는지를 알게 되면서, 여러분과 저를 이미 부처의 반열에 올려주신 부처님의 계측 불가의 은혜에 감동하게 되리라 믿습니다. 부처님이 문수사리에게 말씀하십니다. **"문수사리야. 이 법화경은 한량없는 나라들 중에서 이름자만이라도 듣기가 어려운데, 하물며 보고 받아들여 지니고 읽으며, 외우는 것이야 말할 것이 있겠느냐!"**라고 말입니다. 이처럼 중생심의 한 사람으로 이 땅에 와 법화경의 이름 석 자만 듣고 가도 우리네 인생은 원통할 것이 없을진대, 우리는 이렇게 부처님의 생생한 법화설법까지 듣고 있으니, 이 숨 막히는 인연의 공덕을 어떤 필설로 표현할지 아득하기만 합니다. 저 역시도 더욱 법화 수행자의 초심으로 돌아가, 남은 여정에 더욱 충실한 법사의 길을 가야겠다는 각오를 다져봅니다.

그러면 '계중명주 비유'의 서사와 상징적 의미는 무엇이며, 부처님은 이 비유를 통해 무엇을 그토록 강조하신 것인가에 대한 공부를 해 보도록 하겠습니다. 계중명주의 '계(髻)'는 상투 '계'자로, 장가든 남자가 머리털을 끌어 올려 정수리 위에 틀어서 감아 맨, 그 상투를 말합니다. 우리나라는 총각은 떠꺼머리를 했고, 성인 관례나 혼례를 올리고 나면 머리털을 틀어 올려 상투를 틀고 그 위에 망건과 갓을 썼던 것인데요. 구한말 일제에 의한 단발령으로 사라지기 시작했으나, 지금도 시골의 연세 든 어른이나, 유교적 가풍을 지켜온 가문에서는 아직도 상투를 트는 분들은 더러 있는 편이지요.

부처님 상호에서 보이는 정수리에 상투처럼 볼록 튀어나온, 혹과 같은 것은 32길상의 하나로 육계(肉髻)라 하는데, 부처님의 크고 높은 지혜를 상징하는 것으로 상투는 아닙니다. 머리카락이 상징하는 비유의 다양성은 동서고금을 막론하고 수많은 전설과 담론을 만들어 내고 있습니다. 구약성경에 보면 엄청난 괴력을 가진 삼손과 데릴라가 등장합니다. 워낙 유명한 설화라서 많은 회화와 영화로도 만들어졌는데, 삼손은 첫눈에 반한 창녀 데릴라가, 자신의 힘의 원천이 어디에서 나오느냐는 질문에 망설이다가 끝내 그것은 머리카락에서 나온다는 말을 하고 말지요. 잠이 든 삼손의 머리카락은 데릴라에 의해 잘리게 되고, 삼손은 결국 엄청났던 괴력을 잃고 맙니다. 이처럼 머리카락은 힘의 원천과 권위를 상징하는 것으로 받아들여졌습니다.

불자 여러분께서는 '연등불수기(燃燈佛授記)'를 상기해 보시기 바랍니다. 전생의 석가모니 부처님이 청년 수행자인 '수메다보살'이던 때, 연등불이 지나가는 진흙 위에 자신의 머리카락을 밟고 지나갈 수 있도록 하였고, 이러한 공덕으로 연등불로부터 미래세에 부처가 될 것이라는 수기를 받으셨으니, 머리카락이 상징하는 원형의 의미는 자못 숙연한 것이 아닐 수 없습니다. 항간에는 골프에 처녀 라운딩 나가는 것을 머리 올린다고 하는 말이 있지만, 머리카락은 정신을 담고 있는 머리에서부터 자라나는 것인 바, 본 비유에 나오는 머리카락은 일개 범부나 농민, 일반 백성의 머리카락도 아닌 세계를 통치하는 전륜성왕의 머리카락이라는 것입니다. 그것도 외부로 노출된 것이 아니라, 상투 속에 숨겨진 보배 구슬임에야 그 가치를 말해서 무엇 하겠습니까? 계중명주 비유의 서사는 본문에 나오는 부처님의 설법을 그대로 인용하면 그 뜻이 분명해 집니다.

> "문수사리야. 비유하자면 힘센 전륜성왕이 위엄과 세력으로 여러 나라를 항복시키려 하지만, 작은 나라의 왕들이 그의 명령을 따르지 아니하면 온갖 군사를 일으켜 토벌을 하는데, 군사들 가운데 전공이 있는 자를 보면 크게 기뻐하며 공에 따라 상을 내리기를, 논이나 집, 마을이나 성을 주기도 하고, 옷이나 장신구를 주기도 하며, 갖가지 보배인 금, 은, 유리, 차거, 마노, 산호, 호박, 코끼리와 말, 수레와 노비, 백성을 주기도 하지만, 오직 상투 가운데의 밝은 구슬만은 주지 않는 것과 같으니라. 왜냐하면? 이 구슬은 왕의 머리 위에 하나만 있을 뿐이므로, 이것을 주게 되면 왕의 권속들이 크게 놀라고 괴이하게 여기기 때문이니라."

쉽게 풀이하면, 전장에서 혁혁한 전공을 세워 적을 물리친 장군이나 장졸에게는 마땅히 그에 합당한 전답이나 직위, 재물, 노비와 보물 같은 것으로 상을 내려 치하하고 격려하지만, 단 하나 왕의 상투 가운데의 밝은 구슬만은 주지 않는 것과 같다는 말씀입니다. 이쯤에서는 우리들도 부처님께서 무엇을 설하시려는지 대충 감을 잡게 되는데요, 그렇습니다. 그 상투 가운데의 밝은 구슬의 비유가 곧 법화경을 상징하는 것입니다. 전술한 것처럼, 왕이 소유하고 있는 땅이나 보물, 위엄물 같은 물질적 소유품이 아닌, 정신을 상징하는 머리에서 나는 머리카락 깊숙이 간직 되어있는, 그야말로 성스러운 영적(靈的), 정신적 보물에 해당하는 것이 바로 법화경이라는 가르침입니다. 이 비유는 오늘날의 우리들 인생살이에서도 그대로 적용되는 고도의 상징적 가르침이 아닐 수 없습니다.

세상의 저질 짓거리는 죄다 하고 다니면서, 눈만 뜨면 재물과 쾌락에 탐닉하며, 사기칠 일이나 궁리하고 다니는 망나니 따위에게는 계중명주의 구슬이 하찮은 한 알의 악세사리가 될 뿐입니다. 그에겐 차라리 수억의 돈벼락이나, 고급승용차 한 대가 더 절실한 것이 아니겠습니까? 그리고 아이들에게 그 구슬을 줘봤자 구슬치기 놀이나 하다, 어느 순간 잃어 버리기 일수일 테지요. 법화경이 아무리 시방세계에 하나밖에 없는 존귀하고 수승한 경전이라고 해도, 받아들일 근기가 안 되는 자에겐 같은 방편으로 설해봐야 이와 같을 것임에 부처님의 고민은 깊어지셨던 겁니다. 그래서 진즉에 삼승을 방편으로 일승을 설한다 하셨고, **법화경을 이제껏 설하지 않은 것도 상투 속에 숨겨놓은 보물을 아무 때나 꺼내줄 수 없듯이, 때가 무르익은 이제야 설하는 것이 마치 이와 같다고 하시네요.**

따라서 일체의 세상에서 원망이 많고 믿지 아니하므로, 이제껏 설하지 않았던 것을 이제야 설하는 것이라 하십니다. 부처님께서도 이제 그동안의 무수한 방편과 비유로, 법화회좌에 참석한 사부대중이 어느 정도 법화사상에 정신적 싱크로(동조)가 되었다고 판단하신 거지요. 그러면서 현실세계에서 적을 쳐부수는 전륜성왕과 번뇌의 마를 쳐부수는 삼계의 대법왕인 부처님을 비견하여 설법을 이어갑니다.

전장에서 적과 싸우듯, 거룩한 군사들이 오음마(五陰魔) 즉, 색수상행식과 번뇌마와 죽음의 악마와 함께 싸워 큰 공을 세우며 삼독을 없애고, 삼계를 벗어나 마의 그물을 깨뜨리면, 여래도 크게 기뻐하며, 이 법화경을 통해 일체 중생으로 하여금 일체지에 이르게 하시겠다는 축복을 밝히십니다. 그러면서 법화경은 모든 부처님의 비밀스런 법장이면서, 여러 경전 가운데 가장 높은 것이므로, 오랫동안 수호하며 함부로 설하지 않다가 오늘에서야 비로소 너희들에게 주는 것이라 하십니다. 이 설법에서 우리는 무엇을 느껴야 할까요? 그것은 다름아닌 법화경 속에서 수 천 년을 건너와 한결같은 중생 사랑으로, 21세기의 우리들에게 까지 성불의 수기를 주시고자 하는 사랑의 정령이신 부처님의 체온과 영혼의 숨결이라 할 것입니다.

<table>
<tr><td colspan="1" align="center">**중요 용어해설**</td></tr>
</table>

❶ 무회질투첨광지심(無懷嫉妬諂誑之心) : 질투하거나 아첨하여 속이는(광 誑) 마음을 내지 말것

❷ 무능뇌란(無能惱亂) : 괴롭거나 어지러운 것이 없음

❸ 제사법자(第四法者) : 신, 구, 의, 서원 사법을 이룬 자

❹ 유계중명주(唯髻中明珠) : 오직 상투 속의 밝은 구슬

❺ 무루근력(無漏根力) : 번뇌의 더러움에 빠지지 않는 근력

❻ 난신지주(難信之珠) : 믿기 어려운, 믿을 수 없는 구슬

❼ 오음마(五陰魔) : 몸을 구성하고 있는 색(色)·수(受)·상(想)·행(行)·식(識)의 다섯 가지 요소가 주는 장애

❽ 출삼계 파마망(出三界 破魔網) : 삼계를 벗어나 마의 그물을 깨뜨림

❾ 장야수호 불망선설(長夜守護 不妄宣說) : 오랫동안 수호하며(법화경), 함부로 설하지 않음

묘법연화경 제15 종지용출품(從地涌出品)

⇒ 본 품부터 법화경의 본문(本門)에 해당

⇒ 타방 보살들이 불멸후 설법 서원을 부처님께 앙청하자, 부처님이 거절하심

⇒ 삼천대천 세계의 땅이 진동하며 한량없는 천만억 보살마하살이 땅에서 솟아오름

⇒ 지용보살 중 네 분 상행(上行), 무변행(無邊行), 정행(淨行), 안립행(安立行)을 소개하심

⇒ 부처님이 이들을 사바세계에서 이미 교화했었다고 하심

⇒ 이에 미륵보살이 부처님 성도 40년 밖에 안되었다며 의문을 가짐

⇒ 부처님이 마땅히 한결같은 마음으로 정진하라고 하심.

⇒ 부처님의 힘은 불가사의함을 강조하심

⇒ 미륵보살이 다시 의심하여, '부소자노(父少子老) 의 비유'를 들어 믿기 어렵다 함.

🪷 |1| 타방 보살들의 설법 서원을 제지하심.

삼천대천 세계의 땅이 진동하며 무량의 보살들이 솟아오름

단락	구분	원문 및 한글 번역
1	한문 원전	爾時 他方國土諸來 菩薩摩訶薩 過**八恒河沙數** 於大衆中 起立合掌 作禮而白佛言. "世尊! 若聽我等 於佛滅後 在此娑婆世界 勤加精進 護持讀誦 書寫供養是經典者 當於此土 而廣說之."
	한글 읽기	이시 타방국토제래 보살마하살 과**팔항하사수** 어대중중 기립합장 작례이백불언. "세존! 약청아등 어불멸후 재차사바세계 근가정진 호지독송 서사공양시경전자 당어차토 이광설지."
	한글 풀이	그때 타방국토에서 온 8항하의 모래알 수보다 많은 보살마하살들이 대중 가운데서 일어나 합장 예배하며 부처님께 말씀드렸다. "세존이시여! 만약에 저희들에게도 부처님께서 열반하신 후에 이 사바세계에서 부지런히 정진하며, 이 경전을 잘 지니고 외우며, 옮겨 쓰고 공양하는 것을 허락하시면 이 땅에서 널리 설하겠습니다."

2	한문 원전	爾時 佛告諸菩薩摩訶薩衆 "止, 善男子! 不須汝等 護持此經. 所以者何? 我娑婆世界 自有六萬恒河沙等 菩薩摩訶薩 ——菩薩 各有六萬恒河沙眷屬 是諸人等 能於我滅後 護持讀誦 廣說此經."
	한글 읽기	이시 불고제보살마하살중 "지. 선남자! 불수여등 호지차경. 소이자하? 아사바세계 자유육만항하사등 보살마하살 일일보살 각유육만항하사권속 시제인등 능어아멸후 호지독송 광설차경."
	한글 풀이	그러자 부처님께서 보살마하살들에게 말씀하셨다. "그만 두어라, 선남자들아! 너희들까지 이 경을 수호하여 지닐 필요는 없느니라. 왜냐하면? 나의 사바세계는 6만 항하의 모래알 수 같은 보살마하살이 있고, 보살들마다 6만 항하의 모래알 수 같은 권속들이 있는데, 이런 사람들이 내가 열반한 후에 이 경을 수호하여 지니고 읽고 외우며, 널리 설하기 때문이니라."
3	한문 원전	佛說是時 娑婆世界三千大千國土 地皆震裂 而於其中 有無量千萬億菩薩摩訶薩 同時踊出. 是諸菩薩身皆金色 **三十二相 無量光明** 先盡在此娑婆世界之下 此界虛空中住 是諸菩薩 聞釋迦牟尼佛 所說音聲 從下發來.
	한글 읽기	불설시시 사바세계삼천대천국토 지개진열 이어기중 유무량천만억보살마하살 동시용출. 시제보살신개금색 **삼십이상 무량광명** 선진재차사바세계지하 차계허공중주 시제보살 문석가모니불 소설음성 종하발래.
	한글 풀이	부처님께서 이 설법을 하실 때, 사바세계의 삼천대천세계 국토의 땅들이 모두 진동하며 갈라지고, 그 속에서 한량없는 천만억 보살마하살이 한꺼번에 솟아 나왔다. 이 보살들은 몸이 모두 다 금색이고 32상을 갖추었으며 한량없는 광명이 있었다. 이 보살들은 옛날부터 이 사바세계 아래의 허공중에 머물러 있었는데, 석가모니 부처님께서 설법하시는 음성을 듣고 아래에서 올라온 것이었다.
4	한문 원전	——菩薩 皆是大衆 唱導之首 各將六萬恒河沙眷屬, 況將五萬 四萬 三萬 二萬 一萬恒河沙等眷屬者. 況復乃至一恒河沙 半恒河沙 四分之一 乃至千萬億那由他分之一. 況復千萬億那由他眷屬, 況復億萬眷屬 況復千萬 百萬 乃至一萬. 況復一千 一百 乃至一十. 況復將 五 四 三 二 一弟子者. 況復單己樂遠離行 如是等比 無量無邊 算數譬喩 所不能知.
	한글 읽기	일일보살 개시대중 창도지수 각장육만항하사권속, 황장오만 사만 삼만 이만 일만항하사등권속자. 황부내지일항하사 반항하사 사분지일 내지천만억나유타분지일. 황부천만억나유타권속, 황부억만권속 황부천만 백만 내지일만, 황부일천일백 내지일십. 황부장 오 사 삼 이 일제자자, 황부단기낙원리행 여시등비 무량무변 산수비유 소불능지.
	한글 풀이	보살들마다 모두 대중을 인도하는 우두머리로서 각각 6만 항하의 모래알 수 같은 권속들을 거느리고 있었고, 적게는 5만, 4만, 3만, 2만, 1만 항하의 모래 수 같은 권속들을 거느리고 있었다. 또 항하의 모래 수 같거나, 반 항하의 모래 수 같거나, 4분의 1항하의

4	한글 풀이	모래 수 같거나, 내지 천만억 나유타분의 일 같은 권속을 거느린 보살도 있었다. 또 천만억 나유타의 권속과 억만 권속과 천만 백만에서 일 만에 이르기까지의 권속을 거느린 보살과 또 1천 1백에서 열명에 이르기까지를 거느린 보살과 다섯, 넷, 셋, 둘, 한 제자를 거느린 보살도 있었다. 또 혼자서 멀리 떨어져 수행을 즐기는 이런 자들이 한량없고 가없어서 숫자나 비유로는 알 수가 없었다.
5	한문 원전	是諸菩薩 從地出已 各詣虛空 七寶妙塔 多寶如來 釋迦牟尼佛所到已 向二世尊 頭面禮足 及至諸寶樹下 師子座上佛所 亦皆作禮 **右繞三帀** 合掌恭敬 以諸菩薩 種種讚法 而以讚歎 住在一面 欣樂瞻仰於二世尊. 是諸菩薩摩訶薩 從初踊出 以諸菩薩種種讚法 而讚於佛 如是時間 經五十小劫. 是時 釋迦牟尼佛 黙然而坐 及諸四衆亦 皆黙然五十小劫 佛神力故 令諸大衆謂如半日. 爾時 四衆亦以佛神力故 見諸菩薩 遍滿無量百千萬億國土虛空.
5	한글 읽기	시제보살 종지출이 각예허공 칠보묘탑 다보여래 석가모니불소도이 향이세존 두면예족 급지제보수하 사자좌상불소 역개작례 **우요삼잡** 합장공경 이제보살 종종찬법 이이찬탄 주재일면 흔락첨앙어이세존. 시제보살마하살 종초용출 이제보살종종찬법 이찬어불 여시시문 경오십소겁. 시시 석가모니불 묵연이좌 급제사중역 개묵연오십소겁 불신력고 영제대중위여반일. 이시 사중역이 불신력고 견제보살 변만무량백천만억국토허공.
5	한글 풀이	이 모든 보살들이 땅에서 솟아 나와 다보여래와 석가모니부처님께서 계시는 허공의 칠보탑으로 나아가서 두 부처님께 머리를 숙여 발에 예배하였다. 또 보리수 아래 사자좌에 계시는 부처님들 처소에 가서 그와 같이 모두에게 예배하고 오른쪽으로 세 번 돌고 합장 공경하며, 모든 보살들이 가지가지의 찬탄하는 법으로 찬탄하고 한쪽으로 물러나 기쁜 마음으로 두 세존을 우러러 보았다. 이 보살마하살들이 처음 솟아 나온 때로부터 갖가지 찬탄하는 법으로 부처님을 찬탄하기까지 50소겁이나 걸렸다. 이때 석가모니 부처님께서는 묵묵히 앉아계셨다. 사부대중들도 역시 말없이 앉아 있었는데, 50소겁이지만 부처님의 신력인 고로 모든 대중으로 하여금 반나절 같이 생각되게 하셨음이라. 이때에 사중들 또한 부처님의 신통력으로 보살들이 한량없는 백천만억 국토의 허공 중에 가득한 것을 볼 수 있었다.
6	한문 원전	是菩薩衆中 有四導師, 一名**上行** 二名**無邊行** 三名**淨行** 四名**安立行**. 是四菩薩 於其衆中 最爲上首 唱導之師 在大衆前 各共合掌 觀釋迦牟尼佛 而問訊言. "世尊! 少病少惱 安樂行不? 所應度者 受教易不? 不令世尊生疲勞耶?" 爾時 四大菩薩 而說偈言.
6	한글 읽기	시보살중중 유사도사, 일명**상행** 이명**무변행** 삼명**정행** 사명**안립행**. 시사보살 어기중중 최위상수 창도지사 재대중전 각공합장 관석가모니불 이문신언. "세존! 소병소뇌 안락행부? 소응도자 수교이부? 불령세존생피노야?" 이시 사대보살 이설게언.

6	한글 풀이	이 보살 대중 가운데 도사가 네 분 있었으니, 첫째의 이름은 상행이고, 둘째는 무변행이며, 셋째는 정행이고, 넷째는 안립행이었다. 이 네 보살은 그 대중 가운데 가장 우두머리이며 앞장서서 이끄는 법사였는데, 대중들 앞에 나와서 다 같이 합장하고 석가모니 부처님을 우러러보며 문안을 드렸다. "세존이시여! 조그마한 병도 없고 조그마한 번거로움도 없이 편안하고 즐겁게 잘 지내십니까? 제도 받을 이들이 가르침을 잘 받으며, 세존으로 하여금 피로하게 하지는 않습니까?"하면서 네 보살이 게송으로 다시 아뢰었다.
7	한문 원전	爾時 世尊於菩薩大衆中 而作是言. "如是如是. 諸善男子! 如來安樂 少病少惱 諸衆生等 易可化度 無有疲勞. 所以者何? 是諸衆生 世世已來 常受我化 亦於過去諸佛 供養尊重 種諸善根. 此諸衆生 始見我身 聞我所說 **即皆信受 入如來慧. 除先修習學小乘者**, 如是之人 我今亦令得聞是經 入於佛慧." 爾時 諸大菩薩 而說偈言. 於時 世尊讚歎上首 諸大菩薩. "善哉善哉! 善男子, 汝等能於如來 發隨喜心."
	한글 읽기	이시 세존어보살대중중 이작시언. "여시여시. 제선남자! 여래안락 소병소뇌 제중생등 이가화도 무유피로. 소이자하? 시제중생 세세이래 상수아화 역어 과거제불 공양존중 종종선근. 차제중생 시견아신 문아소설 **즉개신수 입여래혜. 제선수습학소승자**, 여시지인 아금역령득문시경 입어불혜." 이시 제대보살 이설게언. 어시 세존찬탄상수 제대보살. "선재선제! 선남자, 여등능어여래 발수희심."
	한글 풀이	그러자 세존께서 보살대중 가운데서 이렇게 말씀하셨다. "그러하다. 그러하다. 선남자들아! 여래는 편안하고 즐거우며, 병도 적고 번거로움도 적으며, 중생들도 교화하여 제도하기 쉬우므로 피곤함이 없느니라. 왜냐하면? 이 중생들은 오랜 세상을 지내오며 항상 나의 교화를 받았고, 또 과거의 부처님들을 공양 존중하면서 여러 가지 선근을 심었기 때문이니라. 이 중생들은 처음에 나의 몸을 보고 또 내가 설하는 것을 듣고서, 모두를 바로 믿고 받아들여 여래의 지혜에 들었느니라. 소승을 먼저 닦고 익히며 배우는 자들은 제외했었지만, 이런 자들도 내가 이제 이 경을 듣게 하여 부처님의 지혜에 들게 하리라." 이 말씀을 들은 큰 보살들이 게송으로 다시 아뢰었다. 이에 세존께서는 우두머리가 되는 큰 보살들을 찬탄하셨다. "착하고도 착하도다! 선남자들아. 너희가 능히 여래에게 감사하는 마음을 내는구나."
중요용어		❶ 팔항하사수(八恒河沙數) ❷ 삼십이상 무량광명(三十二相 無量光明) ❸ 우요삼잡(右繞三匝) ❹ 상행 무변행 정행 안립행(上行 無邊行 淨行 安立行) ❺ 즉개신수 입여래혜. 제선수습학소승자(即皆信受 入如來慧. 除先修習學小乘者)

 본 품 〈제15 종지용출품〉부터는 법화경의 본문(本門)이 시작되면서 〈제14 안락행품〉까지에서 전개된 적문(迹門)과는 다소 다른 설법의 양상과 주제의 흐름이 나타나게 됩니다. 이 책 「제1부. 법화경 바로 알기」 〈제2장. 법화경의

성립과 구성〉에서 적문과 본문에 대한 설명을 간단히 기술해 드린 바 있지만, 한마디로 적문의 핵심을 요약한다면 삼승이 결국은 일불승으로 하나가 된다는 '**회삼귀일**(會三歸一)'인 반면, 본문의 요지는 부처님은 영원한 법신으로서, 항구적이고 무한한 불성(佛性)의 '**구원실성**(久遠實成)'이라 요약할 수 있겠습니다. 적문을 법화경의 설계도라고 한다면, 본문은 법화경의 구체적 시방서(示方書)가 아닐까? 하는 생각을 가져 봅니다. 그러므로 법화경을 좀 더 전체적인 시야로 조망해 보는 전개가 이어질 것입니다. 본 품은 본문의 주된 품인 〈제16 여래수량품〉의 막을 여는 전개이면서 본문(本門) 전체의 서품에 해당되기도 합니다. 절대적 기준이 있는 건 아니지만 나름대로 독자 여러분들의 이해를 돕기 위하여 적문과 분문의 지향점과 전개의 흐름을 표로 만들어 보았습니다.

〈적문과 본문의 전개양상〉

구분	분류	주된 품	주제	성격	지향점
적문 (迹門)	〈제1 서품〉~ 〈제14 안락행품〉	〈제2 방편품〉	회삼귀일 (會三歸一)	설계도 (부분적)	제법실상의 지혜(철학적)
본문 (本門)	〈제15 종지용출품〉~ 〈제28 보현보살권발품〉	〈제16 여래수 량품〉	구원불성 (久遠佛性)	시방서 (전체적)	불성 평등의 지혜(종교적)

앞 〈안락행품〉에서 부처님이 설법을 마치자, 타방국토에서 온 8항하의 모래알 수보다 많은 보살마하살들이 대중 가운데서 일어나 합장·예배하며 부처님께 말씀드리는데, 자신들도 부처님께서 열반하신 후에 이 사바세계에서 부지런히 정진하고, 이 경전을 잘 지니고 외우며, 옮겨 쓰고 공양하는 것을 허락하시면 이 땅에서 널리 설하겠다는 서원을 밝힙니다. 8항하의 모래알 수란 여덟 개의 갠지스 강의 모래알 수란 뜻인데, 이를 숫자의 비유로 볼 게 아니라, 우리 인간의 6식(안이비설신의)에, 마음의 단계인 제7 말나식과 제8 아뢰야

식을 합쳐 표현한 것이라 봄이 타당할 것입니다. 그러나 부처님께서는 그럴 필요 없다며 거절하십니다. 여기서 우리들은 또 혼란에 빠지게 되는데요. 그러면 '부처님께서 지금껏 그토록 법화경을 수호하고 수지독송, 서사하며, 정진하고 공양하라고 하신 설법은 뭐지?' 하는 자연스런 의문이 드실 겁니다. 그런데 여기에는 부처님의 고도의 방편과 시사하고자 하시는 깊은 상징적 주문이 준비되어 있다는 걸 알아야겠습니다.

부처님께서 그들에게 다음 같은 이유를 들어 그들의 청원을 거절하시는 건데요. 즉, 부처님의 사바세계는 6만 항하의 모래알 수 같은 보살마하살이 있고, 보살들마다 6만 항하의 모래알 수 같은 권속들이 있으니, 이런 사람들이 내가 열반한 후에 이 경을 수호하여 지니고 읽고 외우며, 널리 설하기 때문이라고 밝히십니다. 불교에서 6이란 숫자는 6식, 6근 등 다양한 상징성을 지니는데, 이 말씀은 단순히 너희가 아니라도 이토록 많은 보살마하살들이 법화경을 수지독송, 위타인설을 할 것이기 때문에 너희들은 그냥 빠지라는 말씀이 아니라, 어느 세계이든지 거기에는 그 국토, 그 국민들의 의지와 노력으로 행복과 성불을 이루어야 한다는 교훈적 가르침이 있음을 알아야겠습니다.

여기서 말씀하시는 타방국토의 보살이란 인도나, 아프리카의 어느 나라 보살이 아니라, 내 마음속에서 스스로 올라온 것이 아닌, 밖에서 구하고자 하는 편향된 마음가짐을 상징적으로 의미하는 것입니다. 심즉시불인 부처를 밖(타방 또는 현상계)에서 구하려는 것을 경계하신 말씀이라 읽으시면 됩니다. 그러자 즉시 사바세계의 삼천대천세계 국토의 땅들이 모두 진동하며 갈라지고, 그 속에서 한량없는 천만억 보살마하살이 한꺼번에 솟아 나오게 됩니다. 바로 이들이 사바세계를 교화할 보살들이란 것입니다. 마치 '진료는 의사에게, 약은 약사에게'서 처럼 '타방 보살은 타방에서, 사바세계의 보살은 사바세계에서' 교화를 하되, 이들의 본질 즉, 궁극적으로 인간의 본질은 현상계(타방)나, 법계(실성 實性)가 결국은 평등한 불성임을 밝히시는 가르침입니다.

종지용출(땅에서부터 솟아오름)과 사바세계, 허공중이라는 방편을 도구로 사용하셨지만, 그 상징적 교훈은 땅을 뚫고 나오는 것 같은 각오로, 자신들의 깨달음에 만족하지 말고 적극적 보살행을 주문하신 것이라 이해하시면 됩니다. 이 보살들은 몸이 모두 다 금색이고 32상을 갖추었으며 한량없는 광명이 있었고, 이 보살들은 옛날부터 이 사바세계 아래의 허공중에 머물러 있었는데, 석가모니 부처님께서 설법하시는 음성을 듣고 아래에서 올라온 것이라 하십니다. 바로 이 설법이 **중생, 성문, 벽지불**(연각, 독각)**, 보살, 부처가 따로 없으며, 공**(空)**의 깨달음으로 법화의 정신을 실천한다면 일대사인연으로, 구원실성의 통일장 부처가 된다는 말씀**입니다.

설명이 조금 어려워졌나요? 아주 쉽게 설명드리면, 안락행품까지의 적문에서는 제법실상의 지혜로 몸을 풀었고, 이제 본문에 왔으니 사바세계 삼천대천세계의 한량없는 천만억 보살마하살들에게 껍질을 깨고 날아오르듯, 땅속으로부터 솟아올라 평등의 자비행으로, 불성의 꽃을 피워서 대자유의 꽃과 나비가 되라는 실천행의 가르침이라 하겠습니다. 우리들이 살아가는 공간은 지하, 지상, 허공의 영역이 있습니다만, 삶에 필요한 에너지는 모두 땅속에서부터 얻게 됩니다. 허공중에 있는 산소, 질소, 탄소 같은 기체는 호흡과 순환 대사를 돕는 인자들이며, 인간, 어류, 조류, 식물 등을 포함한 지구촌 수수 억 종의 생명체는 땅에 연원하여, 땅속의 영양으로 꽃과 잎, 열매, 종자, 후손을 남기며 그들의 영속적 삶을 이어갑니다.

그 땅속에서 솟아난 한량없는 천만억 보살들이 바로 우리들 법화행자입니다. 그것도 32상과 금빛을 띤, 부처님에 다름 아닌 보살들이란 거지요. 이것이 바로 영원한 법화의 정신인 구원실성입니다. 항존하는 빛과 에너지란 것이지요. 이 우주상의 존재와 에너지는 그 형태만 달리할 뿐 어느 것 하나 줄어들거나 불어나지 않는 에너지불변의 원칙을 고수함은 이미 과학적으로 밝혀진 진리이며, 부처님은 이 현상을 일대사인연으로 보신 겁니다. 지구 탄생당시의 지구가 함유하고 있던 물의 총량과 46억년이 지난 지금의 지구가 함유하고 있는 물의 총량은 단 1cc도 변하지 않았다는 거지요. 반야심경의 '부증불감(不增不減)'을 연상하셔도 좋겠습니다. 헤아릴 수 없는 수많은 지용보살들은 땅에서 솟아 나와 다보여래와 석가모니부처님께서 계시는 허공의 칠보탑으로 나아가서 두 부처님께 머리를 숙여 발에 예배를 하고, 오른쪽으로 세 번 돌며 합장공경을 합니다.

오른쪽으로 세 번을 돈다는 것은 신구의(身口意) 삼업을 여의겠다는 상징이기도 하며 지하, 지상, 허공의 세 공간 요소로 볼 수도 있겠습니다. 지용보살들이 처한 공간적 상황을 보면 지하에서 지상으로 솟아 나와 허공의 칠보탑으로 나아가 다보여래와 석가모니부처님께 예배를 함으로써, 시공의 합일을 통한 현실세계와 이상세계의 통합을 도모하고 있음을 알 수 있습니다. 결국 시간과 공간은 인식일 뿐, 실체 없는 공(空)이기 때문에 오직 조건의 결합이라는 가르침인데, 우리는 당연한듯 시간과 공간이 실재적(實在的)으로 존재하며, 죽음으로 끌고 가는 불가역적 존재라 착각하는 것이지요. 그래서 부처님은 "五十小劫 佛神力故 令諸大衆謂如半日(오십소겁 불신력고 영제대중위여반일)" 즉, 50소겁이지만 부처님의 신력인 고로 모든 대중으로 하여금 반나절 같이 생각되게 하셨다는 것입니다. 지용보살 중의 네 분 도사가 상행(上行), 무변행(無邊行), 정행(淨行), 안립행(安立行)인데, 모두 법화행자가 지향하고 실천해야 할 필수 서원과 상통하는 네 가지 사홍서원(四弘誓願)이기 때문에 아래에 기술하고 다음 단락으로 나아가겠습니다.

◆ **상행(上行)** : 불도무상서원성(佛道無上誓願成-위 없는 불도를 다 이루오리다)

◆ **무변행(無邊行)** : 법문무량서원학(法門無量誓願學-끝이 없는 법문도 다 배우오리다)

◆ **정행(淨行)** : 번뇌무진서원단(煩惱無盡誓願斷-모든 번뇌를 다 끊어오리다)

◆ **안립행(安立行)** : 중생무변서원도(衆生無邊誓願度-모든 중생을 다 제도 하오리다)

❶ 팔항하사수(八恒河沙數) : 글자 뜻은 8개 항하의 모래알 수이지만, 인간의 제8 식으로의 확장을 뜻함

❷ 삼십이상 무량광명(三十二相 無量光明) : 32상과 한량없는 광명을 갖춤

❸ 우요삼잡(右繞三帀) : 오른쪽으로 세 번을 돈다는 뜻인데, 신구의 3업을 여의겠다는 의미

❹ 상행 무변행 정행 안립행(上行 無邊行 淨行 安立行) : 종지용출한 보살 중 네 분 도사로, 모두 법화행자가 실천해야 할 네 가지 서원을 상징하고 있음

❺ 즉개신수 입여래혜. 제선수습학소승자(卽皆信受 入如來慧. 除先修習學小乘者) : 부처님이 설하는 것을 듣고서, 모두를 바로 믿고 받아들여 여래의 지혜에 들었으나. 소승을 먼저 닦고 익히며, 배우는 자들은 제외했다는 뜻. 그러나 이런 자들도 부처님이 이제 이 경을 듣게 하여 부처님의 지혜에 들게 하겠다는 말씀임

|2| 미륵보살이 처음 보는 지용보살의 출현에 당황하여 묻고, 부처님 성도(成道) 오래지 않음을 다시 의심하자, 부처님이 지혜와 정진을 당부하심. 미륵보살이 늙은 아들과 젊은 아비를 비유하며 또다시 의심하여 여쭘

단락	구분	원문 및 한글 번역
8	한문 원전	爾時 彌勒菩薩 及八千恒河沙諸菩薩衆 皆作是念. '我等從昔已來 不見不聞 如是大菩薩摩訶薩衆 從地踊出 住世尊前 合掌供養 問訊如來.' 時 彌勒菩薩摩訶薩 知八千恒河沙諸菩薩等 心之所念 幷欲自決所疑 合掌向佛 以偈問曰.
	한글 읽기	이시 미륵보살 급팔천항하사제보살중 개작시념. '아등종석이래 불견불문 여시개보살마하살중 종지용출 주세존전 합장공양 문신여래.' 시 미륵보살마하살 지팔천항하사제보살등 심지소념 병욕자결소의 합장향불 이게문왈.
	한글 풀이	그때 미륵보살과 8천 항하의 모래 수 같은 보살들이 모두 이런 생각을 하였다. '우리들은 옛날부터 이와 같은 대 보살마하살들이 땅에서 솟아 나와 부처님 앞에 머물며 합장 공양하고, 여래께 문안드리는 것을 보지도, 듣지도 못하였다.' 이에 미륵보살마하살이 8천 항하의 모래 수 같은 보살들의 생각을 알고 또 자신의 의심도 풀겸 부처님을 향하여 합장하여 게송으로 여쭈었다.

9	한문 원전	爾時 釋迦牟尼分身諸佛 從無量千萬億他方國土來者 在於八方諸寶樹下 師子座上 結加趺坐. 其佛侍者 各各見是菩薩大衆 於三千大千世界四方 從地踊出 住於虛空 各白其佛言. "世尊! 此諸無量無邊阿僧祇菩薩大衆 從何所來?" 爾時 諸佛各告侍者. "諸善男子! 且待須臾. 有菩薩摩訶薩 名曰彌勒 釋迦牟尼佛之所授記 次後作佛 以問斯事 佛今答之 汝等自當因是得聞."
	한글 읽기	이시 석가모니분신불 종무량천만억타방국토래자 재어팔방제보수하 사자좌상 결가부좌. 기불시자 각각견시보살대중 어삼천대천세계사방 종지용출 주어허공 각백기불언. "세존! 차제무량무변아승기보살대중 종하래소?" 이시 제불각고시자. "제선남자! 차대수수. 유보살마하살 명왈미륵 석가모니불지소수기 차후작불 이문사사 불금답지 여등자당인시득문."
	한글 풀이	그때 석가모니 부처님의 분신 부처님들이 한량없는 천만억의 나라에서 오셔서 팔방의 보배나무 아래 사자좌에 결가부좌하고 계셨다. 그 부처님들의 시중을 드는 사람들인 모든 보살대중들이 삼천대천세계의 사방에서 땅으로부터 솟아 나와 허공중에 머무르는 것을 보고 각자 그들의 부처님께 말씀드렸다. "세존이시여! 이 한량없고 가없는 아승기의 보살대중은 어느 곳에서 왔습니까?" 그때 제 부처님께서 각자의 시자들에게 말씀하셨다. "선남자들아! 잠시만 기다려라. 석가모니 부처님의 수기를 받아서 다음에 부처님이 되는 미륵이라는 보살마하살이 이 일을 이미 여쭈었으므로, 석가모니부처님께서 이제 대답하실 것이고 너희도 저절로 말미암아 듣게 될 것이니라."
10	한문 원전	爾時 釋迦牟尼佛 告彌勒菩薩. "善哉善哉! **阿逸多**, 乃能問佛如是大事. 汝等當共一心被精進鎧 發堅固意. 如來今欲顯發宣示 諸佛智慧 諸佛自在 神通之力 諸佛師子奮迅之力 諸佛威猛大勢之力."
	한글 읽기	이시 석가모니불 고미륵보살. "선재선재! **아일다**, 내능문불여시대사. 여등당공일심피정진개 발견고의. 여래금욕현발선시 제불지혜 제불자재 신통지력 제불사자분신지력 제불위맹대세지력."
	한글 풀이	그때 석가모니 부처님께서 미륵보살에게 말씀하셨다. "훌륭하고 훌륭하도다! 아일다여, 그대가 나에게 이같이 큰 질문을 하였구나. 너희들은 다 함께 일심으로 정진의 갑옷을 입고 견고한 뜻을 일으켜라. 내가 지금 부처님들의 지혜와 부처님들의 자유자재하신 신통력과 부처님들의 사자같은 놀라운 힘과 위엄스럽고 용맹스러운 큰 세력의 힘을 나타내 보이며 설하여 보이고자 하노라."
11	한문 원전	爾時 世尊欲重宣此義 而說偈言. **「當精進一心 我欲說此事 勿得有疑悔 佛智叵思議 汝今出信力 住於忍善中 昔所未聞法 今皆當得聞 我今安慰汝 勿得懷疑懼 佛無不實語 智慧不可量 所得第一法 甚深叵分別 如是今當說 汝等一心聽」**
	한글 읽기	이시 세존욕중선차의 이설게언. **「당정진일심 아욕설차사 물득유의회 불지파사의 여금출신력 주어인선중 석소미문법 금개당득문 아금안위여 물득회의구 불무불실어 지혜불가량 소득제일법 심심파분별 여시금당설 여등일심청.」**

11	한글 풀이	세존께서 이 뜻을 거듭 펴시려고 게송으로 읊으셨다. 「마땅히 한결같은 마음으로 정진하여라. 내가 이 일을 설하려 하니 의심하거나 후회하는 일이 없도록 하여라. 부처님의 지혜는 불가사의하므로 너희가 이제 믿음의 힘을 내어 잘 참으며 착한 가운데 머무르면, 옛날에는 듣지 못하였던 법을 이제 모두 다 들을 수 있으리라. 내가 이제 너희를 편안하게 위로하리니 의심하거나 두려워 말라. 부처님께서는 진실하지 않은 말씀은 하지 않으시니라. 지혜도 헤아리기 어렵나니, 얻은 바 제일의 법은 매우 깊어서 분별할 수 없지만, 이와 같은 것들을 이제 말할 터이니 너희들은 한결같은 마음으로 듣도록 하여라.」
12	한문 원전	爾時 世尊說此偈已 告彌勒菩薩. "我今於此大衆 宣告汝等. 阿逸多! 是諸大菩薩摩訶薩 無量無數阿僧祇 從地踊出 汝等昔所未見者. 我於是娑婆世界 得阿耨多羅三藐三菩提已 教化示導 是諸菩薩 調伏其心 令發道意. 此諸菩薩 皆於是娑婆世界之下 此界虛空中住, 於諸經典 讀誦通利 思惟分別 正憶念."
	한글 읽기	이시 세존설차게이 고미륵보살. "아금어차대중 선고여등. 아일다! 시제대보살마하살 무량무수아승기 종지용출 여등석소미견자. 아어시사바세계 득아뇩다라삼먁삼보리이 교화시도 시제보살 조복기심 영발도의. 차제보살 개어시사바세계지하 차계허공중주, 어제경전 독송통리 사유분별 정억념."
	한글 풀이	세존께서 이 게송을 마친 후 미륵보살에게 말씀하셨다. "내가 지금 이 대중 가운데서 너희에게 말하노라. 아일다여! 이 한량없고 수없는 아승기의 대보살마하살들이 이 땅에서 솟아 나오는 것을 옛날에는 보지 못하였을 것이다. 내가 이 사바세계에서 아뇩다라삼먁삼보리를 얻고서 이 보살들을 교화하고 시도하였는데, 그들의 마음을 곧게 하고, 번뇌가 일어나지 않게 하여 도에 대한 마음을 일으키게 하였느니라."
13	한문 원전	"阿逸多! 是諸善男子等 不樂在衆多有所說 常樂靜處 懃行精進 未曾休息 亦不依止人天而住 常樂深智 無有障礙 亦常樂於 諸佛之法 一心精進 求無上慧." 爾時 世尊欲重宣此義 而說偈言. 爾時 彌勒菩薩摩訶薩 及無數諸菩薩等 心生疑惑 怪未曾有 而作是念.
	한글 읽기	"아일다! 시제선남자등 불락재중다유소설 상락정처 근행정진 미증휴식 역부의지인천이주 상락심지 무유장애 역상락어 제불지법 일심정진 구무상혜." 이시 세존욕중선차의 이설게언. 이시 미륵보살마하살 급무수보살등 심생의혹 괴미증유 이직시념.
	한글 풀이	"아일다여! 이 선남자들은 대중 가운데서 말을 많이 하기 싫어하며, 항상 고요한 곳에 있기를 좋아하고, 부지런히 정진하여 일찍이 쉰 적이 없으며, 사람이나 하늘에 의지하여 지내지 않으며, 항상 깊은 지혜를 즐겨 장애가 없고, 언제나 부처님들의 가르침을 즐기며, 일심으로 정진하여 위없는 지혜를 구하느니라." 세존께서 이 뜻을 거듭 펴시려고 게송으로 읊으셨다. 그때 미륵보살마하살과 수없는 보살들은 의심스럽고 매우 이상한 일이라는 마음이 들었다.

14	한문 원전	'云何世尊 於少時閒 教化如是無量無邊阿僧祇諸大菩薩 令住阿耨多羅三藐三菩提?' 卽白佛言. "世尊! 如來爲太子時 出於釋宮 去伽耶城不遠 坐於道場 得成阿耨多羅三藐三菩提. 從是已來 始過四十餘年 世尊 云何於此少時 大作佛事 以佛勢力 以佛功德 教化如是 無量大菩薩衆 當成阿耨多羅三藐三菩提?"
	한글 읽기	'운하세존 어소시간 교화여시무량무변아승기제대보살 영주아뇩다라삼먁삼보리?' 즉백불언. "세존! 여래위태자시 출어석궁 거가야성불원 좌어도량 득성 아뇩다라삼먁삼보리. 종시이래 시과거사십여년 세존 운하어차소시 대작불사 이불세력 이불공덕 교화여시 무량대보살중 당성아뇩다라삼먁삼보리?"
	한글 풀이	'세존께서 어떻게 이 짧은 시간에 이같이 한량없고 가없는 아승기의 대보살들을 교화하시어 아뇩다라삼먁삼보리에 머무르게 하셨을까?' 의아해 하며 부처님께 말씀드렸다. "세존이시여! 여래께서는 태자로 계실 때 석씨의 왕궁을 나오셔서 가야성에서 멀지 않은 도량에서 아뇩다라삼먁삼보리를 이루셨습니다. 이때로부터 지나온 것이 이제 겨우 40여 년이 지났을 뿐인데, 어떻게 이 짧은 기간에 큰 불사를 하셨으며, 부처님의 힘과 부처님의 공덕으로 이와 같이 한량없는 대보살들을 교화하시어 아뇩다라삼먁삼보리를 이루게 하셨습니까?"
15	한문 원전	"世尊! 此大菩薩衆 假使有人於千萬億劫 數不能盡 不得其邊. 斯等久遠已來 於無量無邊諸佛所 殖諸善根 成就菩薩道 常修梵行. 世尊! 如此之事 **世所難信**. 譬如有人 色美髮黑 年二十五 指百歲人 '言是我子', 其百歲人 亦指年少 '言是我父 生育我等.' 是事難信. 佛亦如是 得道已來 其實未久 而此大衆諸菩薩等 已於無量千萬億劫 爲佛道故 懃行精進 善入出住無量百千萬億三昧 得大神通 久修梵行 善能次第習諸善法 巧於問答 人中之寶."
	한글 읽기	"세존! 차대보살중 가사유인어천만억겁 수불능진 부득기변. 사등구원이래 어무량무변제불소 식제선근 성취보살도 상수범행. 세존! 여차지사 **세소난신**. 비여유인 색미발흑 연이십오 지백세인 '언시아자.' 기백세인 역지연소 '언시아부 생육아등.' 시사난신. 불역여시 득도이래 기실미구 이차대중제보살등 이어무량천만억겁 위불도성 근행정진 선입출주무량백천만억삼매 득대신통 구수범행 선능차제습제선법 교어문답 인중지보."
	한글 풀이	"세존이시여! 이 보살들은 가령 어떤 사람이 천만 억겁 동안 헤아려도 다 헤아릴 수 없어 그 끝을 알 수가 없겠습니다. 이들은 먼 옛날부터 한량없고 가없는 부처님들의 처소에서 선근들을 심고 보살의 도를 이루었으며, 항상 청정한 수행을 닦았을 것입니다. 세존이시여! 이 같은 일은 세상에서는 믿기가 어렵습니다. 비유하면 얼굴이 곱고 머리가 검으며 나이도 스물 다섯 정도로 보이는 사람이 나이가 백살은 되어 보이는 사람을 가리켜 '이 사람이 나의 아들이다'라 말하고, 백세 사람도 역시 젊은 사람을 가리켜 '이분은 나의 아버지인데 나를 낳아서 길렀다.'고 하는 것과 같습니다. 이런 일은 믿기 어렵습니다. 부처님께서도 이와 같아서 도를 얻으신 지 오래지 않았는데, 이 보살대중들은 이미 한량없는 천만억 겁 동안 불도를 위하여 부지런히 정진하여, 한량없는 백천만억 삼매에 잘 들어가고 나오고 머무르는 큰 신통을 얻었으며, 오랫동안 범행을 닦아 온갖 훌륭한 법을 차례로 잘 익혀서 문답에 대하여 훌륭하여 사람 가운데 보배입니다."

16	한문 원전	" 一切世間 甚爲希有, 今日世尊方云, '得佛道時 初令發心 教化示導 令向阿耨多羅三藐三菩提.' 世尊 **得佛未久 乃能作此大功德事**? 我等雖復信佛 隨宜所說 佛所出言 未曾虛妄 佛所知者 皆悉通達, 然諸新發意菩薩 於佛滅後 若聞是語 或不信受 而起破法 罪業因緣. 唯然世尊! 願爲解說 除我等疑 及未來世 諸善男子 聞此事已 亦不生疑." 爾時 彌勒菩薩 欲重宣此義 而說偈言.
	한글 읽기	"일체세간 심위희유, 금일세존방운, '득불도시 초령발심 교화시도 영향아뇩다라삼먁삼보리.' 세존 **득불미구 내능작차대공덕사**? 아등수부신불 수의소설 불소출언 미증허망 불소지자 개실통달, 연제신발의보살 어불멸후 약문시어 혹불신수 이기파법 죄업인연. 유연세존! 원위해설 제아등의 급미래세 제선남자 문차사이 역불생의." 이시 미륵보살 욕중선차의 이설게언.
	한글 풀이	"일체 세간에서는 매우 드물고 귀한데, 오늘 세존께서 '불도를 얻었을 때 처음으로 마음을 내게 하고 교화하고 인도하여 아뇩다라삼먁삼보리를 향하도록 하셨다.'니 세존께서 부처님이 되신 지가 오래지 않은데 어떻게 이런 큰 공덕의 일을 하실 수 있었습니까? 저희들이야 부처님께서 수의설법 하시며 한 말씀들이 한번도 거짓이 없으시며, 아셔야 할 것은 모두 다 통달하신 분이란 것을 믿습니다만, 새로 발심하는 보살들이 부처님께서 열반하신 후에 만약 이런 말씀을 듣고 혹시 믿지 않거나, 받아들이지 않으면 가르침을 깨뜨리는 죄업의 인연을 짓게 될 것입니다. 하오니 세존이시여! 원하옵건대 자세히 설하셔서 저희들의 의문을 풀어주시고, 아울러 미래 세상의 선남자들이 이 일을 듣고서도 의심 생기지 않게 히여 주십시오."
	중요용어	❶ 아일다(阿逸多)　❷ 불지파사의(佛智叵思議)　❸ 세소난신(世所難信) ❹ 득불미구(得佛未久)　❺ 내능작차대공덕사(乃能作此大功德事)

본 단락을 쉽게 요약하면, 8항하의 모래알 수 같은 보살들과 미륵보살의 의문이기도 한 지용보살의 존재에 대해 미륵보살이 대표로 부처님께 여쭙는데, 이에 대한 부처님의 답변이 이어지고, 또다시 의심한 보살들이 '늙은 아들과 젊은 아버지의 비유'를 들어 자신들의 의심이 이러하다는 전개로 펼쳐집니다. 부처님의 답변인즉

"내가 이 사바세계에서 아뇩다라삼먁삼보리를 얻고서 이 보살들을 교화하고 지도하였는데, 그들의 마음을 곧게 하고, 번뇌가 일어나지 않게 하여 도에 대한 마음을 일으키케 하였느니라. 그러니까 마땅히 한결같은 마음으로 정진하여라. 내가 이 일을 설하려 하니 의심하거나 후회하는 일이 없도

록 하여라. 부처님의 지혜는 불가사의하므로 너희가 이제 믿음의 힘을 내어 잘 참으며 착한 가운데 머무르면, 옛날에는 듣지 못하였던 법을 이제 모두 다 들을 수 있으리라. 내가 이제 너희를 편안하게 위로하리니 의심하거나 두려워 말라. 부처님께서는 진실하지 않은 말씀은 하지 않으시느니라.”

짐짓 의혹의 핵심을 비켜 가는 듯한 부처님의 답변은 매우 원칙적이고, 일반적인 답변으로 볼 수도 있겠습니다. 8항하사수 보살과 미륵보살의 의문은, 이러한 땅이 갈라지고 땅속에서 솟아오른 전대미문의 지용보살에 대한 기적의 연유를 현실적으로 물은 것인데, 부처님의 답변은 이들을 더욱 멘붕에 빠뜨리는 결과가 되었던 것 같습니다. 그래서 미륵은 다시 ‘부처님이 성도(成道)하신 연조가 이제 겨우 40여 년! 어떻게 이 짧은 기간에 그토록 큰 불사를 하셨으며, 부처님의 힘과 부처님의 공덕으로 이와 같이 한량없는 대보살들을 어떻게 교화하시어 아뇩다라삼먁삼보리를 이루게 하셨을꼬?’ 하는 의문으로 이어집니다.

실은 부처님이 백천만 억겁 이전에 성불하신 걸 모르는 이들로서는 어쩌면 당연한 의문일 지도 모르겠습니다. 그러니 ‘40년 설법기간 동안 이토록 한량없는 대보살들을 교화하셨다는 게 도대체 말이 돼!?’ 뭐 이런 거지요. 그러면서 참 재미있는 비유를 가져와 부처님께 따지듯이 묻습니다.

“얼굴이 곱고 머리가 검으며 나이도 스물다섯 정도로 보이는 사람이 나이가 백 살은 되어 보이는 사람을 가리켜 ‘이 사람이 나의 아들이다’라 말하고, 백세 사람도 역시 젊은 사람을 가리켜 ‘이분은 나의 아버지인데 나를 낳아서 길렀다.’고 하는 것과 같습니다. 이런 일은 믿기 어렵습니다.”

이 비유를 ‘늙은 아들과 젊은 아버지의 비유’ 즉, ‘부소자노(父少子老)의 비유'라고 합니다. 법화경의 일곱 가지 비유에는 들지 않지만, 매우 시의적절한 비유라 할 수 있겠군요. 그러니 세상에 이걸 누가 믿겠습니꽈? 하며 의혹을 부풀리는 거지요. 이에 대한 답변은 다음 품인 〈여래수량품〉에서 해결될 터이니 여기서는 부처님이 미륵보살과 8항하사수 보살 그리고 부처님의 분신 부처님의 시중을 드는 시자들에게 강조하신 내용을 살펴보기로 하겠습니다. 아일다(미륵보살의 별칭)의 질문에 부처님은 일심으로 정진의 갑옷을 입고 견고한 뜻을 일으키라고 하십니다. 그러면서 **"내가 지금 부처님들의 지혜와 부처님들의 자유자재하신 신통력과 부처님들의 사자 같은 놀라운 힘과 위엄스럽고 용맹스러운 큰 세력의 힘을 나타내 보이며, 설하여 보이고자 하노라."**라고 하시네요.

자재하신 신통력과 큰 세력의 힘을 나타내 보여 설하겠다는 말씀은 곧, 법화경의 사자 같은 놀라운 위엄을 뜻하시는 것인데, 앞 단락에서 지용보살 중의 네 분 도사가 상행(上行), 무변행(無邊行), 정행(淨行), 안립행(安立行)이 아니었습니까? 이 세상을 법화경으로 교화할 사대보살이 땅에서 출현하고, 이들을 모두 부처님이 이미 과거에 제도했었다고 선언하셨습니다. 지용보살 중 이들 4대보살은 바로 우리 법화행자가 지향하고 실천해야 할 필수 서원과 닿아 있음은 이미 설명 드렸었지요. 이로써 알 수 있는 것은 여래의 수량(壽量)이 원래 무량하다는 〈여래수량품〉을 설하게 되는 계기를 마련해 준다는 것입니다.

법화경은 앞에서도 수없이 강조해 드렸지만, 불가사의한 공덕이 나오는 신비한 경전인 것처럼, 부처님 수명 80세라는 평면적 사고로 접근해서는 안 됩니다. 법신으로서의 부처님은 우주 법계, 삼천대천세계(과거, 현재, 미래세)에 두루 걸쳐 진리의 화신으로 편재되어 있는 분이니까요. 그러니 항하사, 아승기겁 이전과 이후라는 인간적 시대 구분은 전혀 의미가 없는 것이 됩니다. 법화경에 무수히 등장하는 무량수, 나유타, 불가사의, 아승기겁 등은 우주의 시간으로 볼 때 어쩌면 극히 찰나의 시간일지도 모릅니다.

우주상의 전체 별의 숫자를 헤아린다는 것은 할 수도, 할 필요도 없는 것처럼 말입니다. 〈서품〉에서 시작하여 〈방편품〉을 거치며, 〈종지용출품〉에 이르는 동안 미륵보살도 수없는 부처님의 방편 설법을 들었고, 문수사리보살과 자신의 전생담도 들었던 터라, 이 시점에서 중요한 것은 "부처님. 당신은 진정 누구십니까?" 하는, 여래의 정체성에 대한 의혹이었던 거지요. 정확하게 표현하자면 부처님께서는 미륵보살로 하여금 의혹을 일도록 만들어 자연스럽게 〈여래수량품〉으로 진입하게 하셨다는 표현이 정확할 것입니다. 그러면서 말씀하시기를,

"내가 지금 이 대중 가운데서 너희에게 말하노라. 아일다여! 이 한량없고 수없는 아승기의 대보살마하살들이 이 땅에서 솟아 나오는 것을 옛날에는 보지 못하였을 것이다. 내가 이 사바세계에서 아뇩다라삼먁삼보리를 얻고서 이 보살들을 교화하고 시도(示導)하였는데, 그들의 마음을 곧게 하고, 번뇌가 일어나지 않게 하여 도에 대한 마음을 일으키케 하였느니라."라고 하셨습니다.

그렇습니다. 법화경은 번뇌가 원천적으로 일어나지 않게 하는 '믿음의 경전', '예언의 경전'임을 이 설법에서 다시 한 번 확인할 수 있습니다. 땅으로부터 솟아오른다는 것 자체가 새싹이 대지를 뚫고 세상으로 나오듯, 우리 법화행자들도 살을 찢고, 뼈를 깎는다는 각오로 정진하라는 가르침이며, 그렇게 함으로써 불가사의한 부처님의 지혜에 든다는 설법은 우리들의 인생살이에도 많은 것을 시사(示唆)하는 설법이 아닐 수 없습니다.

사람들은 실패의 탓을 모두 타인과 운명, 세상의 구조적 결함에서 찾는 데 익숙해져 있습니다. 운명은 피할 수는 없지만, 지혜와 노력으로써 맞설 수는 있는 것입니다. 자신의 노력 부족을 탓하기보다는 유리천정이니, 기울어진

운동장, 흙수저, 금수저 같은 세상의 단면을 성토하는 데는 관대하고, 자신의 내면에서 찾는 데는 얼마나 인색합니까? 세상에서 가장 깊은 함정은 자신이 파놓은 마음의 함정입니다. 부처님도 말씀하십니다.

> "아일다여! 이 선남자들은 대중 가운데서 말을 많이 하기 싫어하며, 항상 고요한 곳에 있기를 좋아하고, 부지런히 정진하여 일찍이 쉰 적이 없으며, 사람이나 하늘에 의지하여 지내지 않으며, 항상 깊은 지혜를 즐겨 장애가 없고, 언제나 부처님들의 가르침을 즐기며, 일심으로 정진하여 위없는 지혜를 구하느니라."

사람이나 하늘에 의지하지 말라는 말씀입니다. 불교는 어떤 절대적인 존재나, 편향된 신념에 의지하는 종교가 아니라, 스스로 일심으로 정진하여 진리의 말씀인 부처님의 가르침을 교과서 삼는 종교인 것이며, 그 절대적 가치가 담긴 경전이 곧 법화경인 것입니다.

중요 용어해설

❶ 아일다(阿逸多) : 미륵보살의 옛날 이름

❷ 불지파사의(佛智叵思議) : '파(叵)'는 불가 하다는 뜻, 부처의 지혜가 불가사의 함

❸ 세소난신(世所難信) : 세상이 믿기 어려움. 즉 부처님의 40년 설법 동안에는 불가하다는 뜻

❹ 득불미구(得佛未久) : 부처가 된지 오래지 않음

❺ 내능작차대공덕사(乃能作此大功德事) : 의문형, "어떻게 길지 않은 기간 동안 이런 큰 공덕의 일을 하실 수 있었습니까?"

요약 및 대의

⇒ 법화경 본문중 가장 주된 품

⇒ 부처님이 여래의 참된 말을 믿고 이해할 것을 세 번이나 다짐하심

⇒ 미륵보살의 의혹에 부처님은 백천만억 나유타겁 이전에 이미 성불하셨다 함

⇒ 성불 이후 항상 사바세계에 있으면서 법을 설하였노라 하심

⇒ '양의의 비유'로, 약을 먹지 않는 아들을 위해 거짓 죽음으로 자식을 구제하심

⇒ 이 비유로 여래의 열반방편을 설하시고, 불생불멸의 여래의 수명을 밝히심

⇒ 「법화경 자아게」를 게송으로 읊으시며 〈여래수량품〉의 구원실성을 강조하심

|1| 미륵의 의문에 부처님은
백천만억 나유타겁 이전에 이미 성불하셨다 함

단락	구분	원문 및 한글 번역
1	한문 원전	爾時 佛告諸菩薩 及一切大衆. "諸善男子! 汝等當信解如來 **誠諦之語**." 復告大衆. "汝等 當信解如來 誠諦之語." 又復告諸大衆. "汝等 當信解如來 誠諦之語." 是時 菩薩大衆彌勒爲首 合掌白佛言. "世尊! 唯願說之 我等當信受佛語." 如是 三白已復言. "唯願說之 我等當信受佛語."
	한글 읽기	이시 불고제보살 급일체대중. "선남자! 여등당신해여래 **성체지어**." 부고대중. "여등 당신해여래 성체지어." 우부고제대중. "여등 당신해여래 성체지어." 시시 보살대중미륵위수 합장백불언. "세존! 유원설지 아등당신수불어." 여시 삼백이부언. "유원설지 아등당신수불어."
	한글 풀이	그때 부처님께서 보살들과 일체 대중들에게 말씀하셨다. "선남자들이여! 너희들은 마땅히 여래의 진실하고 참된 말을 믿고 이해하여야 하느니라." 그리고는 다시 대중들에게 말씀하셨다. "너희들은 마땅히 여래의 진실하고 참된 말을 믿고 이해하여야 하느니라." 그리고는 또 "너희들은 여래의 진실하고 참된 말을 마땅히 믿고 이해하여야 하느니라."

1	한글 풀이	라고 하셨다. 이때 보살대중 가운데 미륵보살이 앞장서서 합장하며 부처님께 말씀드렸다. "세존이시여! 오직 원하옵건대 말씀하여 주십시오. 저희들은 마땅히 부처님의 말씀을 믿고 받아들이겠나이다." 이와 같이 세 번을 거듭 간청 드렸다. "오직 원하옵건대 설하여 주십시오. 저희들은 마땅히 부처님의 말씀을 믿고 받아들이겠습니다."
2	한문 원전	爾時 世尊知諸菩薩 三請不止 而告之言. "汝等 諦聽如來祕密神通之力. 一切世間 天 人 及阿修羅 皆謂 今釋迦牟尼佛 出釋氏宮 去伽耶城不遠 坐於道場 得阿耨多羅三藐三菩提, 然 善男子! 我實成佛已來 無量無邊百千萬億那由他劫. 譬如五百千萬億那由他阿僧祇 三千大千世界 假使有人末爲微塵 過於東方五百千萬億那由他阿僧祇國 乃下一塵 如是東行盡是微塵 諸善男子! 於意云何? 是諸世界 可得思惟挍計 知其數不?"
	한글 읽기	이시 세존지제보살 삼청부지 이고지언. "여등 체청여래비밀신통지력. 일체세간 천 인 급아수라 개위 금석가모니불 출석씨궁 거가야성불원 좌어도량 득아눅다라삼먁삼보리. 연 선남자! 아실성불이래 무량무변백천만억나유타겁. 비여오백천만억나유타아승기 삼천대천세계 가사유인 말위미진 과어동방오백천만억나유타아승기국 내하일진 여시동행진시미진 제선남자! 어의운하? 시제세계 가득사유교계 지기수부?"
	한글 풀이	세존께서 보살들이 세 번이나 청한 바 그만두지 않을 것을 아시고 말씀하셨다. "너희들은 여래의 비밀스런 신통력을 자세히 들어라. 일체 세간의 하늘과 인간과 아수라들은 모두 다 지금의 석가모니 부처님께서 석씨의 궁전을 나와 가야성 근처의 도량에서 아눅다라삼먁삼보리를 얻었다고 말하지만 선남자들아! 내가 실제로 성불한 지는 한량없고 가없는 백천만억 나유타 겁이 지났느니라. 비유하면 5백천만억 나유타 아승기의 삼천대천세계를 가령, 어떤 사람이 부수어 작은 티끌로 만들어서 동방으로 5백천만억 나유타 아승기의 세계를 지나면서 겨우 한 티끌을 떨어뜨리고, 이같이 동쪽으로 가면서 떨어뜨려 이 티끌이 다하였다면 선남자들아! 어떻게 생각하느냐? 이 모든 세계를 가히 생각하고 헤아려서 그 수를 알 수 있겠느냐?"
3	한문 원전	彌勒菩薩等俱白佛言. "世尊! 是諸世界 無量無邊 非算數所知 亦非心力所及. 一切聲聞 辟支佛 **以無漏智** 不能思惟知其限數. 我等 **住阿惟越致地** 於是事中 亦所不達. 世尊! 如是諸世界 無量無邊." 爾時 佛告大菩薩衆. "諸善男子! 今當分明宣語汝等. 是諸世界 若著微塵 及不著者 盡以爲塵 一塵一劫 我成佛已來 復過於此 百千萬億那由他阿僧祇劫."
	한글 읽기	미륵보살등구백불언. "세존! 시제세계 무량무변 비산수소지 역비심력소급. 일체성문 벽지불 **이무루지** 불능사유지기한수. 아등 **주아유월치지** 어시사중 역소부달. 세존! 여시제세계 무량무변." 이시 불고대보살중. "제선남자! 금당분명선어여등. 시제세계 약착미진 급불착자 진이위진 일진일겁 아성불이래 부과어차 백천만억나유타아승기겁."

3	한글 풀이	미륵보살 등이 다함께 부처님께 아뢰었다. "세존이시여! 이 세계들은 한량없고 가없어서 헤아려도 알 수 없고, 생각으로도 미칠 수가 없습니다. 일체의 성문과 벽지불의 번뇌를 벗어난, 다함없는 지혜(무루지)로도 그 한량없는 수를 알 수가 없으며, 불퇴전의 지위에 머무는 저희도 역시 이런 일에는 통달할 수 없습니다. 세존이시여! 이와 같은 세계들은 한량없고 가없는 것입니다." 그때 부처님께서 대보살들에게 말씀하셨다. "선남자들아! 이제 너희들에게 분명히 말하겠노라. 티끌이 떨어졌거나 떨어지지 않은 세계들을 모두 모아서 다시 티끌로 만들어 한 티끌을 일겁이라 하더라도, 내가 성불한 지는 이보다 백천만억 나유타 아승기겁이 더 지났느니라."
4	한문 원전	"自從是來 我常在此娑婆世界 說法敎化 亦於餘處 百千萬億那由他阿僧祇國 導利衆生. 諸善男子! 於是中間 我說燃燈佛等 又復言其入於涅槃 如是皆以 方便分別. 諸善男子! 若有衆生 來至我所 我以佛眼 觀其信等 諸根利鈍 隨所應度 處處自說 名字不同 年紀大小 亦復現言 當入涅槃 又以種種方便 說微妙法 能令衆生 發歡喜心."
	한글 읽기	"자종시래 아상재차사바세계 설법교화 역어여처 백천만억나유타아승기국 도리중생. 제선남자! 어시중간 아설연등불등 우부언기입어열반 여시개이 방편분별. 제선남자! 약유중생 내지아소 아이불안 관기신등 제근리둔 수소응도 처처자설 명자부동 연기대소 역부현언 당입열반 우이종종방편 설미묘법 능령중생 발환희심."
	한글 풀이	"이때부터 나는 항상 이 사바세계에서 설법하며 교화하였고, 또 다른 백천만억 나유타 아승기의 나라에서도 중생들을 인도하여 이익 되게 하였느니라. 선남자들이여! 이 중간에 연등불께 법을 얻었다고 말하였고, 또 열반에 들었다고 말하였는데, 이와 같은 것은 모두 다 방편으로 분별한 것이니라. 선남자들아! 만약 어떤 중생이 내가 있는 곳으로 오면, 나는 부처님의 눈으로 그들의 믿음과 소질과 능력과 지혜의 정도에 따라서 곳곳에서 설하였는데, 이름이 같지 아니하고, 나이도 많고 적으며, 마땅히 열반에 든다고 나타내며 말하기도 하였고, 또 가지가지 방편으로 미묘한 법을 설하여 중생들로 하여금 환희심을 내게 하였느니라."
중요용어		❶ 성체지어(誠諦之語) ❷ 출석씨궁(出釋氏宮) ❸ 이무루지(以無漏智) ❹ 주아유월치지(住阿惟越致地)

법화경 본문의 주된 품이기도 한 〈여래수량품〉의 큰 뜻은 여래는 상주불멸(常住佛滅)하며, 시공을 초월하여 존재하는 범우주적·절대적 법신이라는 것입니다. 석가모니 부처님의 현상적·생물학적 수명은 80년이지만, 부처님의 본체(本體)는 진리의 화신(化神)으로, 영원불멸하는 우주 대생명의 본불(本佛)이면서, 구원실성(久遠實成)의 여래(如來)요, 불성 자체라는 뜻이기도 합니다. 부처님

은 영원불멸하는 생명의 근본실상을 밝히시면서도, 인연 따라 변화하는 조건의 세계에 살 수밖에 없는 인간들 또한 영원불멸로, 참된 생명의 실상은 평등하다는 인간해방을 강조하십니다. '고작 100년을 채 살지 못하는 우리 인간들이 영원불멸이라니…?' 그런 생각이 드시는가요? 잠시만 생각을 돌이켜 부처님의 근본 종지를 되짚어 보겠습니다.

인간은 우주 대생명의 구원(久遠)에 의해 살아가는 분신들이기 때문에 또한 부처라는 말씀인데, 잘 아시다시피 대승불교에서 말하는 부처님이란 역사적 실존인물이었던 석가족의 샤카모니 부처님이라기보다, 진리와 대우주의 생명을 인격화한 깨달음 자체로 보고 있습니다. 따라서 부처님의 성불은 우주 실상의 진리로, 백천만억 아승기겁 이전이라 설하는 것입니다. 우리들의 전생 인연도 이와 다를 리 없습니다. 앞의 품 〈종지용출품〉에서 미륵보살과 수많은 대중들이 가졌던 의혹이, 부처님 성도 40여년 짧은 기간에 어찌하여 이토록 큰 불사를 하셨으며, 부처님의 힘과 부처님의 공덕으로 이와 같이 한량없는 대보살들을 어떻게 교화하시어 아뇩다라삼먁삼보리를 이루게 하셨을꼬?' 하는 의문이 아니었습니까?

사실 지금껏 적문(迹門)에서 부처님이 그토록 많은 기적을 나투시고, 수많은 방편을 동원하셔서 보살, 대중들의 몸 풀기를 하셨던 이유가 〈여래수량품〉에서 지금 말씀하시는 **"내가 실제로 성불한 지는 한량없고 가없는 백천만억 나유타 겁이 지났느니라."**라는, 여래 불멸의 무한 수량(壽量) 설법에 동조시키기 위한 교수법의 하나였던 거지요. 중생 근기 부박(浮薄)하고, 다양한데, 처음부터 진리를 인간에게 대입시켰더라면, 불성으로의 유도는 고사하고, '아 몰랑! 난 골치 아프니 그만하고 자퇴할 거야!' 뭐, 이런 반응 나오기 십상 아니었겠습니까? 부처님도 많은 고심 끝에 수많은 비유도 끌어오시고, 연등불과 일월등명불, 대통지승여래 등의 인연설법에 이어, 분신 보살 같은 시범조교를 등장시킴은 물론, 시청각 교재인 드라마틱한 기적의 연출도 필요했던 것이지요. 이제 미륵보살과 대중들의 간절한 질문에 부처님은 비장의 답을 내놓으십니다.

> "선남자들이여! 너희들은 마땅히 여래의 진실하고 참된 말을 믿고 이해하여야 하느니라." 그리고는 다시 대중들에게 말씀하셨다. "너희들은 마땅히 여래의 진실하고 참된 말을 믿고 이해하여야 하느니라." 그리고는 또 "너희들은 여래의 진실하고 참된 말을 마땅히 믿고 이해하여야 하느니라."

몇 번이나 동어반복을 하신 건가요? 글자 한 자 틀리지 않는 똑같은 말씀을 세 번이나 강조하셨습니다. 저도 처음엔 원전에 오타가 난 게 아닐까 하며 의아해 했더랬지요. 교육의 성과는 반복이 가장 효과적이긴 하지만, 여기서는 법신, 보신, 화신의 3신(법신, 보신, 화신)의 회통(會通)된 진리를 중생들에게 강조하시는 걸로 보는 게 타당할 것 같습니다. 이에 자비의 메이커보살인 미륵보살이 대표로 다시 세 번을 간청 드립니다. 저희들은 마땅히 부처님의 말씀을 믿고 받아들이겠으니 걱정 마시고, 오직 원하오니 설하여 주시라고 말입니다. 3:3인 셈인데요, 불교에서 3이란 숫자는 매우 다의적인 상징성을 지닙니다. 삼불, 삼세, 삼계, 삼독처럼, 인간과 불성, 불성과 우주와의 관계 등에 다양하게 비정되고 있습니다. 법화경에서는 〈방편품〉의 세 번 청하고, 세 번을 거절하신 삼지삼청이 압권 아니었습니까? 드디어 부처님은 비장의 답변을 하시게 되는데, 부처님의 설법 원문을 옮겨 오는 게 순서일 것 같습니다.

> "너희들은 여래의 비밀스런 신통력을 자세히 들어라. 일체 세간의 하늘과 인간과 아수라들은 모두 다 지금의 석가모니 부처님께서 석씨의 궁전을 나와 가야성 근처의 도량에서 아뇩다라삼먁삼보리를 얻었다고 말하지만 선

남자들아! <u>내가 실제로 성불한 지는 한량없고 가없는 백천만억 나유타겁이 지났느니라.</u> 비유하면 5백천만억 나유타 아승기의 삼천대천세계를 가령, 어떤 사람이 부수어 작은 티끌로 만들어서 동방으로 5백천만억 나유타 아승기의 세계를 지나면서 겨우 한 티끌을 떨어뜨리고, 이같이 동쪽으로 가면서 떨어뜨려 이 티끌이 다하였다면 선남자들아! 어떻게 생각하느냐? 이 모든 세계를 가히 생각하고 헤아려서 그 수를 알 수 있겠느냐?"

한동안 세간에 광고 카피로 회자되던 '니들이 게 맛을 알아?'가 저는 왜 갑자기 떠올랐을까요? 저의 속물근성 탓이겠습니다만, 부처님의 말씀은 이런 겁니다. '니들은 어찌 눈에 보이는 것만 애써 볼라꼬 하노? 내가 이 땅에 석가족의 왕자로 태어난 것이나, 가야성 근처에서 아뇩다라삼먁삼보리를 이룬 것은 다만 우주 불멸의 불성평등을 설하기 위한 하나의 방편이었을 뿐, 실은 백천만억 나유타겁 이전에 나는 성불했고, 그것도 대우주의 실상 진리에 비하면 작은 티끌에 불과하니, 진리의 눈으로 좀 더 멀리 보거래이.'라고 설하시는 것 아니겠습니까?

그러시면서 그 시간을 비유함에 있어, 삼천대천세계를 작은 가루로 만들어 5백천만억 나유타 아승기 세계를 지날 때마다 그 티끌 하나씩을 떨어트려 가면서 그 티끌을 모두 다 떨어뜨렸을 때의 세계와 비교하시는데, 저의 짧은 소견으로 생각해도 결코 작고 짧은 시공간은 아닐 것 같습니다. 그런데 이 비슷한 비유는 앞의 〈제7 화성유품〉에서도 나온 바 있었지요 그때는 부처님이 열반하신 지가 아주 오래임을 설하시면서, 삼천대천세계의 모든 땅을 잘게 부수어 먹물을 만들어 1천 국토마다 떨어뜨리는 시공간에 비유하셨더랬지요. 여기서 우리들이 한 가지 꼭 알아야 할 것은 지금 승승장구 출세하여 세상이 우러러 받드는 성공한 사람이나, 빚에 졸리고 희망도 없어, 세상을 하직하려고 한강을 찾아가는 사람이나, 중병으로 죽음의 날만을 기다리는, 생사가 경각에 달린 사람이라 해도, 모두 다 백천만억 나유타겁 이전의 '나'와 구원실성의 필연으로 연결되어 있다는 사실입니다.

　어떤 형태로든 오늘의 내 모습은 그러한 시공간을 거쳐 온 스스로 이룬 결과물이란 겁니다. 왜 이런 결과가 나타날까요? 그것은 내가 부처임을 깨달았느냐? 부처가 되었느냐? 아니냐?의 차이에 다름 아닙니다. 우주는 부증불감(不增不減)으로, 한 치도 더하거나 모자라지 않고, 항존 불변하는 에너지 통일장의 원리로 편재되어 있습니다. 그 시공간에 편승한 '나'라는 존재의 에너지 또한 같습니다. 부모님의 우연한 합방으로 흙수저를 물려받은 채, 원치 않은 인생으로 태어난 것이 결코 아니란 것입니다. 스스로 생각하기에 별 볼일 없는 '나'라는 존재는 백천만억 나유타겁에 걸친 인연과 수행으로 이 땅에 인간의 형상을 한 부처로 태어났다는 것을 우리 법화행자들은 잠시도 잊어서는 아니 되겠습니다. 지금도 무한 팽창을 계속하고 있는 허막한 우주공간 속에, 먼지 한 톨보다 작은 지구라는 별에 인간의 몸으로 던져진 내가, 최고 불성의 필연적 집합체가 아니면 무엇이겠습니까?

　부처님이 연등불께 법을 얻었다고도 말씀하셨고, 또 열반에 들었다고도 설하신 것처럼, 우리들 인생의 제 현상도 하나의 방편일 뿐입니다. 스스로 부처가 되어 부처의 삶을 사는 것도 내가 선택한 방편이요, 사기꾼이 되고, 살인강도가 되는 것도 스스로가 뿌린 방편의 수확인 것입니다. 믿음과 소질과 능력과 지혜의 정도가 모두 다른 중생들 각각에 맞게 열반이라는 방편을 쓸 수밖에 없었던 부처님의 대자대비의 고뇌를 생각해 보는 장이 되었으면 좋겠습니다.

중요 용어해설

❶ 성체지어(誠諦之語) : 진실하고 참된 여래의 말씀

❷ 출석씨궁(出釋氏宮) : 부처님이 가필라국의 궁을 떠나 출가함을 뜻함

❸ 이무루지(以無漏智) : 다함없는 무루 지혜로써

❹ 주아유월치지(住阿惟越致地) : 불퇴전(不退轉)의 자리. 아비발치지(阿毘跋致地)라고도 함.

🪷 |2| 방편으로 열반을 설하시고, 그 이유와 목적을 밝히시다

단락	구분	원문 및 한글 번역
5	한문원전	"諸善男子! 如來見諸衆生 樂於小法 德薄垢重者 爲是人說, 我少出家 得阿耨多羅三藐三菩提. 然 我實成佛已來 久遠若斯, 但以方便 教化衆生 令入佛道 作如是說. 諸善男子! 如來所演經典 皆爲度脫衆生, 或說己身 或說他身 或示己身 或示他身 或示己事 或示他事 諸所言說 皆實不虛."
	한글읽기	"제선남자! 여래견제중생 낙어소법 덕박구중자 위시인설, 아소출가 득아녹다라삼먁삼보리. 연 아실성불이래 구원약사, 단이방편 교화중생 영입불도 작여시설. 제선남자! 여래소연경전 개위도탈중생, 혹설기신 혹설타신 혹시기신 혹시타신 혹시기사 혹시타사 제소언설 개실불허."
	한글풀이	"선남자들아! 여래는 중생들이 소승법을 좋아하여 덕이 얇고 허물이 많은 것을 보고, 이런 사람을 위하여 내가 젊어서 출가하여 아녹다라삼먁삼보리를 얻었다고 하였는데, 실제로 성불한 지는 이와 같이 아주 먼 오래이며, 방편으로 중생들을 교화하여 불도에 들게 하려고 이와 같은 말을 하였던 것이니라. 선남자들아! 여래가 설한 경전은 모두 중생을 제도하여 해탈케 하기 위한 것이므로 때로는 나의 몸을 말하고, 때로는 다른 이의 몸을 말하며, 때로는 나의 일을 보이고, 때로는 다른 이의 일을 보이지만, 설한 것들은 모두 다 진실이며, 헛된 것은 없느니라."

6	한문 원전	"所以者何? 如來如實知見 三界之相. 無有生死 若退若出 亦無在世 及滅度者 非實非虛 非如非異 **不如三界見於三界**. 如斯之事 如來明見 無有錯謬 以諸衆生 有種種性 種種欲 種種行 種種憶想分別故 欲令生諸善根 以若干因緣 譬喻言辭 種種說法 所作佛事 未曾暫廢. 如是我成佛已來 甚大久遠 壽命無量阿僧祇劫 常住不滅. 諸善男子! 我本行菩薩道 所成壽命 今猶未盡 復倍上數. 然 今 非實滅度 而便唱言 當取滅度 如來以是方便 教化衆生."
	한글 읽기	"소이자하? 여래여실지견 삼계지상. 무유생사 약퇴약출 역무재세 급멸도자 비실비허 비여비이 **불여삼계견어삼계**. 여사지사 여래명견 무유착류 이제중생 유종종성 종종욕 종종행 종종억상분별고 욕령생제선근 이약간인연 비유언사 종종설법 소작불사 미증잠폐. 여시아성불이래 심대구원 수명무량아승기겁 상주불멸. 제선남자! 아본행보살도 소성수명 금유미진 부배상수. 연 금 비실멸도 이변창언 당위멸도 여래이시방편 교화중생."
	한글 풀이	"왜냐하면? 여래는 삼계의 모습을 실제와 같이 지혜의 눈으로 보기 때문이니라. 나가거나 죽음이 없고, 나오거나 물러남이 없으며, 또 세상에 사는 것과 열반하는 것도 없고, 실다움도 아니요 허망함도 아니며, 같은 것도 아니고 다른 것도 아님을 알고, 삼계를 삼계 같지 않게 보느니라. 이런 일을 여래는 분명하게 보아 그릇됨이 없지만, 중생들로서는 가지가지 성품과 가지가지 욕망과 가지가지의 행과 가지가지로 분별하는 생각이 있으므로, 선근들을 내게 하려고 약간의 인연과 비유와 이야기로, 가지가지 설법을 하며 불사를 하였으며, 잠시도 그만 둔 적이 없었느니라. 이와 같이 내가 성불한 지는 무척 오래되었고 수명은 한량없는 아승기겁이라 항상 머무르며 열반하지 않느니라. 선남자들 아! 내가 본래 보살의 도를 행하여 이룬 수명은 지금도 오히려 다하지 않았고, 앞서 말한 수의 배나 되는데, 실제로 열반하지 않으면서 방편으로 열반에 든다고 말한 것이니라. 여래는 이런 방편으로 중생들을 교화하느니라."
7	한문 원전	"所以者何? 若佛久住於世 薄德之人 不種善根 貧窮下賤 貪著五欲 入於憶想妄見網中, 若見如來 常在不滅 **便起憍恣 而懷厭怠** 不能生難遭之想 恭敬之心 是故 如來以方便說. 比丘! 當知. 諸佛出世 難可值遇, 所以者何? 諸薄德人 過無量百千萬億劫 或有見佛 或不見者, 以此事故 我作是言, '諸比丘! 如來難可得見.' 斯衆生等 聞如是語 必當生於難遭之想 **心懷戀慕 渴仰於佛** 便種善根. 是故 如來 **雖不實滅 而言滅度**. 又善男子! 諸佛如來法皆如是 爲度衆生 皆實不虛."
	한글 읽기	"소이자하? 약불구주어세 박덕지인 불종선근 빈궁하천 탐착오욕 입어억상 망견망중, 약견여래 상재불멸 **변기교자 이회염태** 불능생난조지상 공경지심 시고 여래이방편설. 비구! 당지. 제불출세 난가치우. 소이자하? 제박덕인 과 무량백천만억겁 혹유견불 혹불견자. 이차사고 아작시언, '제비구! 여래난가득 견.' 사중생등 문여시어 필당생어난조지상 **심회연모 갈앙어불** 변종선근. 시고 여래 **수불실멸 이언멸도**. 우선남자! 제불여래법개여시 위도중생 개실불허."
	한글 풀이	"왜냐하면? 부처님께서 세상에 오래도록 머무른다고 하면, 덕이 얕은 사람들은 선근을 심지 않아 가난하고 하천하며, 오욕에 빠져들어 기억하고 생각하는 것들이 허망한 그물

7	**한글 풀이**	에 걸리게 될 것이며, 만약에 여래가 열반하지 않고 항상 있는 것을 보면, 교만하고 방자한 생각을 내어 싫증을 내거나, 게으름을 피우며 만나기가 어렵다는 생각과 공경하는 마음을 내지 않을 것이기 때문이니라. 그리하여 여래는 방편으로 설하느니라. 비구들이여! 마땅히 알라. 부처님들께서 세상에 출현하시는 것을 만나기는 매우 어렵나니, 왜냐하면? 덕이 얕은 사람들은 한량없는 백천만억 겁을 지나서야 한 번 볼까, 말까하기 때문인데, 이런 사실 때문에 내가 말하기를, '비구들아! 여래는 뵙기가 어렵다.'고 한 것이니라. 중생들이 이 말을 들으면 반드시 부처님을 마음으로 사모하고 간절히 그리워하며 선근을 심게 되는 것이니라. 그러므로 여래는 실제 열반하지 않으면서 열반한다고 말하는 것이니라. 또 선남자들아! 모든 부처님 여래의 법은 모두 다 이와 같이 중생을 제도하기 위한 것이므로 모두가 진실하며 허망하지 않느니라."
	중요용어	❶ 불여삼계견어삼계(不如三界見於三界) ❷ 변기교자 이회염태(便起憍恣 而懷厭怠) ❸ 심회연모 갈앙어불(心懷戀慕 渴仰於佛) ❹ 수불실멸 이언멸도(雖不實滅 而言滅度)

시공을 초월하여 상주불멸 하시는 부처님이지만, 소승의 경지에 머물러 있는 중생들에게 억! 소리 날만 한 백천만억 시공간을 설하신다 해도, 그러한 시공간의 개념을 자신의 수행 목표로 삼아 의심없이 일약 정진하는 중생들이 과연 있을 것인가를 걱정하지 않을 수 없었을 것입다. 마치 지구가 평평한 줄만 알고 있는 중생들에게 지구는 둥글어 태양 주위를 돌고 있고, 우주에는 수수 천억개의 별이 있다는 설법을 한들 믿기는 고사하고, 지레 손사래 치며 중도 포기할 게 뻔할 것과 같은 상황이었던 겁니다. '코페르니쿠스적 반전'이 있기 전까지, 지구가 태양 주위를 돈다는 말은 불신과 혼란 그 자체였던 것처럼, 마찬가지로 백년을 못사는 평면적 사고를 지닌 인간들에게 부처님은 시공을 초월하여, 상주불멸 하는 범우주적 절대 진리라고 역설해 봤자 혼란만 가중시키는 설법이 되지 않았겠습니까?

또한 늘 우주공간에 편재되어 법신으로 항존하는 부처님이라면, 언제든 필요할 때 그때 가서 찾으면 될 것이란 생각은 일천한 근기의 중생이라면 누구나 가질 수 있는 교만한 심리의 작용일 것입니다. 그래서 부처님께서는 일종의 트릭인 방편을 써서 '내가 젊어서 출가하여 아뇩다라삼먁삼보리를 얻었다고 하였는데, 실제로 성불한 지는 이와 같이 아주 먼 오래이며, 방편으로 중생들을 교화하여 불도에 들게 하려고 이와 같은 말을 하였던 것이니라.'라고 하십니다. 이는 약을 먹지 않으려는 어린 아들에게 '이 약을 안 먹으면 망태 할아범이 널 잡으러 온다.'는 등의 일화에서처럼, 사실과는 다른 거짓이긴 하지만, 이를 남을 속인 나쁜 비양심이라 할 사람은 없을 것임은 다음에 나오는 '양의의 비유'에서 잘 나타나고 있습니다.

그래서 그 방편이란 것은 때로는 여래의 몸을 말하고, 때로는 다른 이의 몸을 말하며, 때로는 여래의 일을 보이고, 때로는 다른 이의 일을 보이지만, 설한 것들은 모두 다 진실이며, 헛된 것은 결단코 없다고 말씀하십니다. 즉, 온갖 존재와 사실을 들어 오직 중생을 제도하고 해탈케 하기 위한 궁극의 방편이라는 것입니다. 이런 모든 다양한 방편, 그러니까 부처님이 출가하고 성불하여, 열반에 드는 따위가 실체는 없으나, 보편적 가치의 불성인 구원실성에 기반하므로, 현실을 빌려 영원을 설하시고자 한 부처님의 깊은 중생 사랑의 진면목을 볼 수 있는 장면이기도 합니다.

실제로 영원이란 것도 양자역학의 입장에서 보면 찰나에 머무는 한 순간일 뿐입니다. 양자역학의 요체는 원자의 움직임을 연구하는 학문인데, 양자역학은 물질과 에너지의 본질을 파악하기 위해 가장 작은 규모에서 일어나는 현상을 다루는 물리학의 한 분야입니다. 간단히 말하면, 입자가 동시에 파동의 성질도 가진다는 **'파동 : 입자의 이중성'** 개념을 핵심으로 합니다. 그러니 곧, 색즉시공이요, 공즉시색이 되는 것입니다. 백천만억겁 이전의 부처님의 해탈이나, 보드가야에서의 부처님 성도가 시간적 공간적으로 차원의 차이는 있으나, 파동과 입자의 차원에서는 결코 차이가 나지 않는 가역적(可逆的) 개념인 것이지요.

<입자와 파동이 전환되는 양자역학의 추상적 이미지>

위 그림은 양자역학의 복잡하고 신비로운 본질을 시각적으로 표현한 추상적 이미지로, 입자와 파동이 서로 전환되는 모습을 상징적으로 묘사합니다. 저 허막한 공간 어딘가에 오늘도 애증이 교차하는 가운데, 분노와 기쁨에 쩔었던 '나'라는 존재가 한 알의 입자로 시간상의 좌표 위에 얹혀 있었던 겁니다. 인류가 앞으로 머지않은 장래에 원자의 운동 방향을 정확이 예측하게 되면 우리의 미래도 어디로 갈 것인지를 확연히 알게 되는 날이 오게 됩니다.

2,500년 전의 부처님께서는 이미 이러한 양자 얽힘을 예측하셨기에, '불생불멸(不生不滅) 부증불감(不增不減)', '무노사(無老死) 역무노사진무(亦無老死盡無)' 즉, **"태어남도 없고 다함도 없으며, 더하거나 줄지도 않고, 늙음과 죽음도 없으며, 또한 늙고 죽음과 다함도 없다."**고 하신 겁니다. 그러니 나 '김똘똘'은 20세기 또는 21세기에 대한민국 땅 어느 구석에서 태어난 흙수저의 존재가 아니라, 백천만억겁 전 이미 해탈하여 이 우주에 온 구원실성의 부처임을 알아야겠습니다. 이토록 항구적인 구원실성의 삶에 있어 무슨 금수저가 있고, 흙수저가 따로 있겠습니까? 마음이 만들어 낸 허망한 그물에 스스로 갇히지

말아야 합니다. 쇠창살로 만든 그물보다 더 단단한 그물은 마음의 망념이 만들어 낸 보이지 않는 허구의 그물인 거지요. 그것을 지금 부처님께서는 법화경을 통해 모두 다 진실이며, 헛된 것은 없노라고 이렇게 강조하시고 있는 것입니다.

> "부처님께서 세상에 오래도록 머무른다고 하면, 덕이 얕은 사람들은 선근을 심지 않아 가난하고 하천하며, 오욕에 빠져들어 기억하고 생각하는 것들이 허망한 그물에 걸리게 될 것이며, 만약에 여래가 열반하지 않고 항상 있는 것을 보면, 교만하고 방자한 생각을 내어 싫증을 내거나, 게으름을 피우며 만나기가 어렵다는 생각과 공경하는 마음을 내지 않을 것이기 때문이니라."

앞서 설명드린 것처럼, 부처님이 열반하시지 않고 세상에 상주한다고 하면, 덕이 얕은 사람들이 오욕에 빠져들고 허망한 그물에 걸려들어, 교만한 마음으로 부처님 만나는 걸 쉬이 생각하며, 공경하는 마음을 내지 않을 것임을 부처님께서는 명경(明鏡)을 들여다보듯 꿰뚫고 계셨던 겁니다. 인간들이 지구가 둥글고 태양 주위를 돌고 있다는 사실을 전혀 몰랐을 때도 우주의 질서는 실상의 진리로 존재하고 있었습니다. 중생들이 부처님의 존재를 알고 모르는 것과 관계없이 진여불성은 우주에 편재되어 있었던 것인데, 보이지 않고 실증적이지 않으면 스스로 불신하여 허망한 그물에 갇히는 것이 중생들의 한계입니다. 어쩌면 현대인들 모두가 허망한 그물에 걸려 있는 건 아닌지 모르겠습니다.

문명과 물질의 풍요는 가속화 되고 있지만, 용서와 이해는 없고, 배타적 지배 이데올로기가 날이 갈수록 불꽃 튀는 경쟁으로 깊어만 가고 있지 않습니까? 정치와 종교, 사회 계층간의 진영 논리에 빠져 내 편은 살인을 해도 정의

가 되고, 상대편은 진실을 얘기해도 그것은 음모가 되는 프레임에 빠져서, 선택적 정의가 확증 편향을 만드는, 허망한 그물 속의 세상임을 부정할 수 없게 되었습니다. 그래서 허망한 그물에 갇혀있는 중생에게 부처님은 짐짓 열반하지 않으면서도 열반한다고 방편으로 설하시니, 모든 부처님 여래의 법은 모두 다 이와 같이 중생을 제도하기 위한 것이므로, 모두가 진실하며 허망하지 않음을 우리는 알아야겠습니다. 부처님께서 이런 하이테크 설법을 하신 이유는 다음 분단의 '양의의 비유'에서 여실히 나타나게 됩니다.

<table>
<tr><td colspan="2" style="text-align:center">중요 용어해설</td></tr>
</table>

❶ 불여삼계견어삼계(不如三界見於三界) : 삼계를 삼계 같지 않게 봄. 즉 같은 것도 아니요, 다른 것도 아님을 아는 것이 중요하다는 뜻

❷ 변기교자 이회염태(便起憍恣 而懷厭怠) : 교만하고 방자한 생각을 내어 싫증을 내거나, 게으름을 피운다는 뜻. 즉 여래가 불멸함을 알면 중생들은 그런 교만에 빠진다는 의미

❸ 심회연모 갈앙어불(心懷戀慕 渴仰於佛) : 부처님을 마음으로 사모하고 간절히 그리워 함

❹ 수불실멸 이언멸도(雖不實滅 而言滅度) : 여래는 실제 열반하지 않으면서 방편으로 열반한다고 말하는 것

✿ |31| '양의(良醫)의 비유'를 들어 방편의 본질을 설하심

단락	구분	원문 및 한글 번역
8	한문 원전	"譬如良醫 智慧聰達 明練方藥 善治衆病. 其人多諸子息 若十二十 乃至百數. 以有事緣 遠至餘國, 諸子於後 飲他毒藥 **藥發悶亂 宛轉于地**. 是時 其父還來歸家 諸子飲毒 **或失本心 或不失者**. 遙見其父 皆大歡喜 拜跪問訊, '善安隱歸? 我等愚癡 誤服毒藥. 願見救療 更賜壽命.' 父見子等苦惱如是 依諸經方 求好藥草 色香美味 皆悉具足 **擣篩和合** 與子令服 而作是言. '此大良藥 色香美味皆悉具足 汝等可服 速除苦惱 無復衆患.'"

	한글 읽기	"비여양의 지혜총달 명령방약 선치중병. 기인다재자식 약십이십 내지백수. 이유사연 원지여국, 제자어후 음타독약 **약발민란 완전우지**. 시시 기부환래귀가 제자음독 **혹실본심 혹불실자**. 요견기부 개대환희 배궤문신, '선안은귀? 아등우치 오복독약. 원견구료 경사수명.' 부견자등고뇌여시 의제경방 구호약초 색향미미 개실구족 **도사화합** 여자영복 이작시언. '차대양약 색향미미개실구족 여등가복 속제고뇌 무부중환.'"
8	한글 풀이	"비유하면, 어떤 의사가 지혜 총명하고 통달하여, 좋은 처방과 좋은 약을 만들어 여러 가지 병을 잘 치료했느니라. 그 의사에게는 많은 아들이 있었으니, 열, 스물, 내지 1백 명이나 되었다. 의사가 일이 있어 멀리 다른 나라에 간 사이 아들들이 독약을 마시고 약이 퍼져 속이 답답하고, 어지러워 땅에 뒹굴고 있었느니라. 이때 의사가 집에 돌아와 보니 자식들이 독을 마셔 어떤 자식은 본심을 잃었고, 어떤 자식은 본심을 잃지 않았더니라. 아버지가 오신 것을 보고 모두 다 기뻐서 무릎을 꿇고 절하며, '편안히 잘 다녀오셨습니까? 저희들이 어리석어 독약을 잘못 먹었으니 원하옵건대 치료하여 살려주십시오.'라고 하였느니라. 아버지는 자식들의 고통과 괴로움을 보고 갖가지 약방문에 따라 빛과 향과 좋은 맛을 모두 갖춘 좋은 약초를 구하여, 방아에 찧고 고루 쳐 자식들에게 먹게 하면서 '이 약은 매우 좋은 약이다. 빛과 향과 맛을 고루 갖추었으니 먹으면 고통과 괴로움이 빨리 없어지고 다시는 아프지 않을 것이니라.'라고 하였느니라."
	한문 원전	"其諸子中 不失心者 見此良藥色香俱好 卽便服之 病盡除愈, 餘失心者 見其父來 雖亦歡喜問訊 '求索治病' 然, 與其藥 而不肯服. 所以者何? 毒氣深入 失本心故 於此好色 香藥而謂不美."
9	한글 읽기	"기제자중 부실심자 견차양약색향구호 즉변복지 병진제유, 여실심자 견기부래 수역환희문신 '구색치병' 연, 여기약 이불긍복. 소이자하? 독기심입 실본심고 어차호색 향약이위불미."
	한글 풀이	"그런데 마음을 잃지 않은 아들들은 이 좋은 약을 빛과 향이 좋음을 보고 바로 먹고 병이 나았으나, 마음을 잃어버린 아들들은 아버지가 오셨을 때 그들 역시 반갑게 인사드리며 '병을 고쳐주십시오.' 하였으면서도 약을 먹지는 않았느니라. 왜냐하면? 독의 기운이 깊이 들어가 본심을 잃어버렸으므로 이렇게 빛과 향기가 좋은 약을 좋지 않게 생각하였기 때문이니라."
10	한문 원전	"父作是念. '此子可愍. 爲毒所中 心皆顚倒 雖見我喜 求索救療 如是好藥 而不肯服 我今當設方便 令服此藥.' 卽作是言. '汝等當知 我今衰老 死時已至. 是好良藥 今留在此 汝可取服 勿憂不差.' 作是教已 復至他國 遣使還告 '汝父已死.' 是時諸子 聞父背喪 心大憂惱 而作是念. '若父在者 慈愍我等 能見救護 今者捨我 遠喪他國 **自惟孤露 無復恃怙**.' 常懷悲感 心遂醒悟 乃知此藥 色味香美 卽取服之 毒病皆愈. 其父聞子悉已得差 尋便來歸 咸使見之.'"

	한글 읽기	"부작시념. '차자가민. 위독소중 심개전도 수견아희 구색구료 여시호약 이불 긍복 아금당설방편 영복차약.' 즉작시업. '여등당지 아금쇠로 사시이지. 시 호양약 금류재차 여가취복 물우불차.' 작시교이 부지타국 견사환고 '여부이 사.' 시시제자 문부배상 심대우뇌 이작시념. '약부재자 자민아등 능견구호 금자사아 원상타국 **자유고로 무부시호**.' 상회비감 심수성오 내지차약 색미 향미 즉취복지 독병개유. 기부문자실이득차 심변래귀 함사견지."
10	한글 풀이	"그리하여 아버지는 생각했는데, '이 자식들이 참으로 불쌍하구나. 중독이 되어서 마음 이 뒤바뀌어, 나를 보고 기뻐하며 고쳐달라 하였으면서도 이렇게 좋은 약을 먹지 아니 하니 내가 이제 방편을 써서 이 약을 먹게 해야겠구나.'라는 생각으로 이런 말을 하였느 니라. '너희들은 마땅히 알아라. 나는 이제 늙고 쇠약해져서 죽을 때가 다 되었다. 이 좋 은 약을 여기에 놓아둘 테니 먹고 나서 차도가 없을까 걱정하지 말아라.' 이렇게 타일러 놓고는 다시 다른 나라로 가서 사람을 보내 '너희들의 아버지가 죽었다.'라고 알리게 하 였느니라. 그러자 아들들은 아버지가 세상을 떠났다는 말에 크게 근심하며 '아버지가 계신다면 우리들을 사랑하고 불쌍히 여기시어 구원하고 보호해 주시겠지만, 이제 우리 를 두고 먼 나라로 떠나셨으니 외롭고 의지할 곳이 없게 되었구나.'하며 깊은 슬픔에 잠 겨 있다가 마침내 마음이 깨어나게 되었고, 그때서야 이 약이 색과 향과 맛이 모두 좋음 을 알고 바로 가져다 먹으니 독한 병이 말끔히 나았느니라. 그 아버지는 자식들이 다 나 았다는 말을 듣고는 곧바로 돌아와 아들들 앞에 나타났느니라."
	한문 원전	"諸善男子! 於意云何? 頗有人 能說此良醫 虛妄罪不?" "不也 世尊!" 佛言, "我亦如是. 成佛已來 無量無邊 百千萬億那由他阿僧祇劫 爲衆生故 以方便力 言當滅度 亦無有能如法說我 虛妄過者." 爾時 世尊欲重宣此義 而說偈言.
11	한글 읽기	"제선남자! 어의운하? 파유인 능설차양의 허망죄부?" "부야 세존!" 불언. "아역여시. 성불이래 무량무변 백천만억나유타아승기겁 위중생고 이방편력 언당멸도 역무유능여법설아 허망과자." 이시 세존욕중선차의 이설게언.
	한글 풀이	"선남자들아! 너희들의 생각은 어떠하냐? 어떤 사람이 이 좋은 의사에게 거짓말을 하였 으니 죄가 있다고 말할 수가 있겠느냐?" "아니옵니다. 세존이시여!" 부처님께서 말씀하 셨다. "나도 이와 같아서 성불한 지가 한량없고 가없는 백천만억 나유타 아승기겁이지 만 중생을 위하여 방편으로 열반할 것이라고 말한 것이고, 또 법 그대로 설한 것이므로 나에게 거짓말을 한 허물이 있다고 말할 사람은 없느니라." 세존께서 이 뜻을 거듭 펴시 려고 게송으로 읊으셨다.
중요용어		❶ 약발민란 완전우지(藥發悶亂 宛轉于地) ❷ 혹실본심 혹불실자(或失本心 或不失者)　❸ 도사화합(擣篩和合) ❹ 자유고로 무부시호(自惟孤露 無復恃怙)

　법화경의 일곱 가지 비유 중 마지막 비유인 본 '양의(良醫)의 비유'는 일명
'광자(狂者) 양의의 비유', '의자유(醫子喩)' 혹은 '의사유(醫師喩)'로 불리기도 합

니다. 법화경의 모든 비유가 그렇듯 비유의 목적은 중생 제도와 해탈에 있고, 스스로가 본질적으로 지니고 있는 불성의 자각을 통해 모든 인류가 성불토록 하는 부처님의 대자대비가 깔려 있습니다. 갖가지 소재와 방편을 동원하여, 어떻게든 삼독과 무명을 여의고 불성의 완성으로 이끌고 가려는 부처님의 눈물겨운 중생 사랑을 다시 한번 느끼게 하는 비유가 이 "양의의 비유"라 하겠습니다. 중생들의 뿌리 깊은 미혹으로부터 이들을 인도하여, 마침내는 완전한 치유의 경지에서 해탈을 이루게 하시려는 부처님의 설법 열정이 이번에는 훌륭한 의사의 케릭터를 만들어 내십니다. 당연히 탐진치에 빠져 불신과 쾌락의 욕망에 젖어 있는 중생들은 의사의 아들로 상징되고 있습니다. 비유의 서사를 다시 한번 구성해 보도록 하겠습니다.

「훌륭한 의사인 아버지가 외출하고 돌아와 보니 아이들이 놀다 독약을 마셔 누워 있었다. 급히 해독약을 처방하여 갖가지 향과 좋은 맛을 내는 약을 조제하여 아이들에게 먹였는데, 본심을 잃지 않은 아이들은 약을 먹고 바로 깨어난 아이도 있었지만, 독이 깊이 들어가 본심이 흐트러진 아이는 그로 인해 좋은 약도 좋지 않게 생각하여 약을 먹지 않으려 버티는 아이도 있었다. 이에 의사인 아버지는 꾀를 내었다. 멀리 다른 나라에 가서 죽은 것처럼 하고, 유언처럼 사람을 보내 약을 먹도록 유도했다. 아이들이 아버지의 죽음을 슬퍼하고, 그제서야 유언이라 생각해 약을 먹고 깨어난다는 것인데, 아들들이 다 나았다는 말을 듣고 아버지는 바로 자식들 앞에 돌아오게 된다」

본 비유의 핵심 키워드는 의사, 아이들, 독약, 해독약, 의사의 거짓 죽음인데, 짧고 간략한 비유이지만 시사하는 울림은 너무나 명징한 교훈적 비유가 아닐 수 없습니다. 말할 것도 없이 훌륭한 의사는 만인의 스승이신 부처님이고, 아이들은 미혹한 중생을 이르며, 독약은 자신을 불태우는 데도 그것이 독인 줄도 모르는 중생들의 탐진치 3독을 이르는 것입니다. 그리고 색과 향, 맛을 정성스럽게 섞어 조제한 명약은 계정혜(戒定慧)의 삼학(三學)을 상징하고, 죽음까지를 방편으로 이용한 타국에서의 명의의 거짓 죽음은 부처님의 무한한 중생 사랑의 실천적 방편으로 보면 되겠습니다.

자식을 살리기 위해 거짓으로 죽었다고 한 것은 극적 방편이기는 하지만 이는 진정 속임이 아니듯, 부처님도 중생을 교화하기 위해 짐짓 열반하는 모습을 보여준다는 것입니다. 〈제3 비유품〉의 사랑하는 자식들을 살리기 위해 거짓으로 삼승이 끄는 수레로 유인해 내는 '화택의 비유'에서도 부처님이 사리불에게 하문하셨더랬지요.

"사리불아! 너의 생각은 어떠하냐? 이 장자가 자식들에게 진기하고 큰 보물 수레를 똑같이 나눠 준 것이 설마 허망하다고 할 수 있겠느냐?"
이에 사리불이 답을 올렸었습니다.
"부처님도 참 별 말씀을 다 하십니다요. 불구덩이에서 목숨만 건져준 것만 해도 어딘데, 작은 수레 하나조차 주지 않았어도 허망하지 않겠거늘, 방편으로 자식들을 이롭게 하려고 큰 수레를 똑같이 주셨으니 일러 무엇 하겠습니까?"

그렇습니다. 양, 사슴, 소가 끄는 수레를 주겠다는 약속을 어기고, 잘 꾸며진 일불승의 대백우(大白牛)가 이끄는 보물 수레를 준 것을 어찌 거짓이라 할 것이며, 허망하다 할 수 있겠습니까? 본 '양의의 비유'에서도 자식들을 죽음의 구렁텅이에서 구해준 것만 해도 어딘데, 거짓 죽음의 방편을 어찌 허망하다 하겠습니까? 훌륭한 의사는 환자의 육신의 병만 치료하는 것에서 나아가 마음의 병까지를 치유하는 심의(心醫)가 되어야 한다고 하였습니다. 독약이 퍼져 고통받는 중생들을 가슴 아프게 긍휼히 여기시는 부처님의 사랑을 이제는 우리들이 실천해야 할 때입니다.

부처님의 현상적 삶은 80세를 일기로 열반에 드셨지만, 자식들이 아버지가 타국에서 사망했다는 소식을 듣고서 그제서야 슬퍼하며, 아버지의 유언으로 알고 명약을 먹어 병이 완쾌되듯, 부처님은 결코 열반하시지 않았고, 다만 방편으로 열반을 보이실 뿐, 우리들 곁에서 구원실성으로 늘 함께 하시기 때문입니다. 말로서는 표현할 수 없는 절대적 진리를 인격화 한 법신이 곧 부처님인 것입니다. 본 여래수량품이 본문 중 가장 주되고 중요한 설법품인 이유도 여기에 있습니다.

〈양의의 비유에서 상징하는 대상과 교훈〉

비유의 대상	비유의 상징	방편의 목적 및 지향점
양의 의사	사랑의 아버지 부처님	중생 제도와 해탈
아이들	미혹에 빠진 중생	미혹을 벗어난 바른 마음
독약	탐진치와 무명, 오욕(五慾)	욕망과 집착의 해방
해독약	탐진치를 부술 계정혜 삼학	끊임없는 자기수행
아버지의 거짓 죽음	열반을 초월하는 부처님의 불생불멸	중생을 오직 제도하려는 부처님의 방편 열반

우리들은 당연히 내 육신은 나의 것이란 망집에 사로잡혀 있는 경우가 많습니다. 그러나 생각해 보면 내가 나의 육신을 마음대로 할 수 있는 것은 정말 한정되어 있습니다. 눈을 감고 팔다리를 움직이는 등의 단순한 능동적 육체의 움직임 외에 심장의 박동 수를 마음대로 조절할 수도 없고, 위장 운동의 완급을 조절한다거나, 생각 하나조차 내 마음대로 움직일 수 없는 것이 육신의 본질입니다. 들어갔던 숨이 나오지 않으면 곧 죽음인 것을 이토록 허망한 육신에 안주할 것이 아니라, 불생불멸인 구원실성의 불성을 밝혀 나 자신이 영원한 법신 부처가 되는 것이 어떻겠습니까?

원래 공하여 없는 '나'가 엄연히 존재한다는 전도된 망념의 생각에서 집착이 생기고, 삶과 죽음과 고통의 경계가 생기는 것이므로, 이 생각 하나 가볍게 넘어서면 부처가 되기 싫어도 될 수밖에 없을 것입니다. 이로써 살펴본 바와 같이 〈여래수량품〉은 법화경 본문의 주된 품이면서, 부처님은 시공을 초월하여 상주 불변하는 절대적 진리의 법신으로 묘사되고 있습니다.

소승적 깨달음의 교리를 전파하는 교조적(教祖的) 스승으로서가 아닌, 초월적 존재인 항구 불변하는 믿음의 대상이며, 그러면서도 중생 누구나 바른 수행과 신행으로 반드시 아뇩다라삼먁삼보리를 이룰 수 있음을 실천적 웅변으로 보여주고 계십니다. 어떻게 하면 중생들을 한시바삐 성불로 인도할 수 있을까를 노심초사 하시는 부처님의 서원은, 본 〈여래수량품〉 말미에 102구 510글자의 「법화경 자아게」에서 여실히 나타나고 있습니다.

법화경 가운데 최고 핵심을 읊으신 이 게송은 '자아득불래(自我得佛來)' 즉 '내가 성불한 지'로부터 시작되기 때문에 「자아게」라 불리며, 불교 법화종에서는 예불 때 이 게송을 꼭 독송하게 됩니다. 〈여래수량품〉의 다이제스트판이라고도 할 수 있는 게송인 만큼 다음에 전문을 올립니다. 이 게송에는 불신(佛身)의 불멸, 국토의 상주 등을 거듭 설하고 있고, 중생들을 어떻게 하면 빨리 부처에 이르게 할 수 있을까 하는 부처님의 대자비의 서원을 나타내는 구절로 이 게송은 끝맺고 있습니다. 독자 여러분께서는 이 자아게를 옆에 두시고 수시로 읽고 느끼며, 법화 행자의 실천덕목으로 삼으실 것을 추천드립니다. 5자 일구, 4구를 편의상 기본 1행으로 편집하였습니다.

연	행	한문 원전	한글 읽기	한글풀이
1	1	自我得佛來 所經諸劫數 無量百千萬 億載阿僧祇	자아득불래 소경제겁수 무량백천만 억재아승기	내가 부처 이룬지는 겁의 수로 한량없는 백천만억 아승기라
	2	常說法教化 無數億衆生 令入於佛道 爾來無量劫	상설법교화 무수억중생 영입어불도 이래무량겁	한결같은 설법으로 만억중생 교화하여 불도에 들게 하니 그 세월이 무량한 겁
	3	爲度衆生故 方便現涅槃 而實不滅度 常住此說法	위도중생고 방편현열반 이실불멸도 상주차설법	중생제도 위하여서 방편열반 설하지만 실은 멸도 하지 않고 항상 이 법 설법하나니
	4	我常住於此 以諸神通力 令顚倒衆生 雖近而不見.	아상주어차 이제신통력 영전도중생 수근이불견	나는 항상 머무르며 가지가지 신통으로 설하지마는 중생 생각 뒤바뀌어 가까워도 안 보이네.
2	5	衆見我滅度 廣供養舍利 咸皆懷戀慕 而生渴仰心	중견아멸도 광공양사리 함개회연모 이생갈앙심	내 열반을 중생이 보고 사리에 공양하며, 그리워 간절히 사모심을 내느니라.
	6	衆生旣信伏 質直意柔軟 一心欲見佛 不自惜身命	중생기신복 질직의유연 일심욕견불 부자석신명	중생들이 모두 믿어 뜻이 곧고 부드러워 몸과 목숨 바쳐서 부처뵙기 원한다면
	7	時我及衆僧 俱出靈鷲山 我時語衆生 常在此不滅	시아급중승 구출영취산 아시어중생 상재차불멸	그때 내가 스님들과 영축산에 함께 나와 중생들에게 나는 항상 여기 있었고 열반치 않았다 말하고
	8	以方便力故 現有滅不滅 餘國有衆生 恭敬信樂者	이방편력고 현유멸불멸 여국유중생 공경신요자	방편의 힘이 있음에 열반이 있음과 열반 아니었음을 보이느니라. 타국 중생들도 공경하며 믿고 좋아하는 자 있으면
	9	我復於彼中 爲說無上法 汝等不聞此 但謂我滅度.	아부어피중 위설무상법 여등불문차 단위아멸도	나는 그곳에서도 위없는 법을 설하노라. 너희들은 이 법을 듣지 못했으니 내가 열반한다 고만 생각하였을 것이니라.

	10	我見諸衆生 沒在於苦惱 故不爲現身 令其生渴仰	아견제중생 몰재어고뇌 고불위현신 영기생갈앙	나는 중생들이 고통의 바다에 빠져 있으므로 몸을 나타내지 않고 그들에게 간절히 사모하는 마음을 내게 하여
	11	因其心戀慕 乃出爲說法 神通力如是 於阿僧祇劫	인기심연모 급출위설법 신통력여시 어아승기겁	그들이 마음 깊이 그리워하면 그때서야 출현하여 설법을 하느니라. 신통의 힘으로 아승기겁 동안
3	12	常在靈鷲山 及餘諸住處 衆生見劫盡 大火所燒時	상재영축산 급여제주처 중생견겁진 대화소소시	항상 영축산에 머물고 또 다른 곳에도 있었으며, 중생들이 겁이 다하여 큰불이 일어나 타고 있는 것을 볼 때에도
	13	我此土安隱 天人常充滿 園林諸堂閣 種種寶莊嚴	아차토안은 천인상충만 원림제당각 종종보장엄	나의 이 국토는 편안하며, 하늘과 사람이 항상 가득하여 꽃동산과 숲과 집, 누각들은 갖가지 보배로 꾸며지며
	14	寶樹多花菓 衆生所遊樂 諸天擊天鼓 常作衆伎樂	보수다화과 중생소유락 제천격천고 상작중기악	보배나무에 꽃과 열매가 가득하여 중생들은 즐겁게 놀고 천인들은 하늘북을 치며 갖가지 음악을 연주하며
	15	雨曼陀羅花 散佛及大衆.	우만다라화 산불급대중	만다라꽃이 비 오듯 부처님과 대중들에게 뿌려질 것이니라.
	16	我淨土不毀 而衆見燒盡	아정토불훼 이중견소진	나의 정토는 허물어지지 않는데 중생들은 불타고 사라진다 보느니라.
4	17	憂怖諸苦惱 如是悉充滿 是諸罪衆生 以惡業因緣	우포제고뇌 여시실충만 시제죄중생 이악업인연	근심과 두려움과 고통과 괴로움 가득한 중생들은 악을 지은 인연으로
	18	過阿僧祇劫 不聞三寶名 諸有修功德 柔和質直者	과아승기겁 불문삼보명 제유수공덕 유화질직자	아승기겁 지나도록 삼보의 이름을 듣지 못하지만 공덕을 닦아 부드럽고 온화하며 올바른 사람들은

4	19	則皆見我身 在此而說法 或時爲此衆 說佛壽無量	즉개견아신 재차이설법 혹시위차중 설불수무량	누구나 내가 이곳에서 설법하는 것을 볼 수 있느니라. 때로는 대중을 위하여 부처님의 수명이 한량없다 말하지만
	20	久乃見佛者 爲說佛難値 我智力如是 慧光照無量	구급견제불 위설불난치 아지력여시 혜광조무량	오래 되어야 겨우 부처님을 뵙는 사람에게는 부처님을 만나기가 어렵다 설하나니 나의 지혜는 이와 같아 지혜의 빛으로 한량없이 비추노라.
	21	壽命無數劫 久修業所得 汝等有智者 勿於此生疑	수명무수겁 구수업소득 여등유지자 물어차생의	수명이 한량없는 겁인 이유는 오래 닦은 업으로 얻은 것이니라. 지혜가 있는 너희들은 여기에 대해 의심치 말고
	22	當斷令永盡 佛語實不虛.	당단령영진 불어실불허	마땅히 의심을 끊어 영원히 없어지게 할지니 부처의 말은 진실되고 허망치 않느니라.
5	23	如醫善方便 爲治狂子故 實在而言死 無能說虛妄.	여의선방편 위치광자고 실재이언사 무능설허망	의사가 좋은 방편으로 정신을 놓은 자식들을 치료하기 위하여 실제 살아 있으면서도 죽었다고 말한 것이 허망할 수 없듯이
	24	我亦爲世父 救諸苦患者 爲凡夫顚倒 實在而言滅	아역위세부 구제고환자 위범부전도 실재이언멸	나 역시 세상의 아버지로 고통스럽고 근심스런 사람을 구하려고, 생각이 뒤바뀐 범부들을 위하여 실제로는 있으면서 열반하였다 말하였노라.
6	25	以常見我故 而生憍恣心 放逸著五欲 墮於惡道中	이상견아고 아생교자심 방일자오욕 타어악도중	항상 나를 보게 되면 교만하고 방자한 마음이 일어나 편안히 놀게 되며, 오욕에 집착하여 악도에 떨어지게 되므로
	26	我常知衆生 行道不行道 隨所應可度 爲說種種法	아상지중생 행도불행도 수소응가도 위설종종법	나는 항상 중생들이 중생들의 도를 행함과 행치 않는 것을 알고, 마땅히 제도할 바를 따라서 가지가지 법을 설하며

| 6 | 27 | 每自作是意 以何令衆生
得入無上慧 速成就佛身. | 매자작시의 이하령중생
득입무상혜 속성취불신 | 매번 이렇게 생각하노니 어찌 하면 이 중생들 위없는 도에 들 게 하여 빨리 성불시킬 건가. |

중요 용어해설

❶ 약발민란 완전우지(藥發悶亂 宛轉于地) : 독약이 퍼져 속이 답답하고 어지러워 땅에 뒹굴고 있는 상태

❷ 혹실본심 혹불실자(或失本心 或不失者) : 어떤 자식은 본심을 잃었고, 어떤 자식은 본심을 잃지 않음. 즉 근기에 따라 받아들임이 다르다는 뜻

❸ 도사화합(擣篩和合) : 방아에 찧고 채에 걸러서 섞음.

❹ 자유고로 무부시호(自惟孤露 無復恃怙) : 외롭고 의지할 데가 없음

묘법연화경 제17 분별공덕품(分別功德品)

요약 및 대의

⇒ 여래의 불멸을 믿으면 받게 되는 열두 가지 분별 공덕을 설하심

⇒ 설법을 칭송하듯 만다라와 만수사 꽃비가 내려옴

⇒ 중생들이 여래의 무량 수명을 믿는 공덕에 대해 거듭 설하심

⇒ 법화경의 수지, 독송의 공덕을 설하고 게송으로 거듭 강조하심

단락	구분	원문 및 한글 번역
1	한문 원전	爾時 大會聞佛說壽命 劫數長遠 如是無量無邊阿僧祇衆生 得大饒益. 於時 世尊告彌勒菩薩摩訶薩. "阿逸多! 我說是如來壽命長遠時 六百八十萬億那由他恒河沙衆生 得無生法忍, 復有千倍菩薩摩訶薩 **得聞持陀羅尼門**. 復有一世界微塵數 菩薩摩訶薩 得樂說無礙辯才. 復有一世界微塵數菩薩摩訶薩 得百千萬億無量 旋陀羅尼."
	한글 읽기	이시 대회문불설수명 겁수진원 여시무량무변아승기중생 득대요익. 어시 세존고미륵보살마하살. "아일다! 아설시여래수명장원시 육백팔십만억나유타항하사중생 득무생법인. 부유천배보살마하살 **득문지다라니문**. 부유일세계미진수 보살마하살 득요설무애변재. 부유일세계미진수보살마하살 득백천만억무량 선다라니."
	한글 풀이	그때 법회에서 부처님의 수명이 이와 같이 길다는 것을 듣고, 한량없고 가없는 아승기의 중생들이 큰 이익을 얻었다. 세존께서 미륵보살마하살에게 말씀하셨다. "아일다여! 내가 나의 수명이 이와 같이 길다는 말을 할 때에 6백8십만억 나유타 항하사 같은 중생들이 무생법인을 얻었으며, 그보다 천배나 되는 보살마하살들이 문지다라니문을 얻고 또 한 세계의 티끌 수 같은 보살마하살들이 하고자 하는 말을 걸림없이 잘하는 재주를 얻었으며, 또 한 세계의 티끌 수 같은 보살마하살들이 백천만억의 한량없는 선다라니를 얻었느니라."
2	한문 원전	"復有三千大千世界微塵數菩薩摩訶薩 能轉不退法輪, 復有二千中國土微塵數菩薩摩訶薩 能轉淸淨法輪, 復有小千國土微塵數菩薩摩訶薩 **八生當得**阿耨多羅三藐三菩提. 復有四四天下微塵數菩薩摩訶薩 四生當得阿耨多羅三藐三菩提. 復有三四天下微塵數菩薩摩訶薩 三生當得阿耨多羅三藐三菩提. 復有二四天下微塵數菩薩摩訶薩 二生當得阿耨多羅三藐三菩提. 復有一四天下微塵數菩薩摩訶薩 一生當得阿耨多羅三藐三菩提. 復有八世界微塵數衆生 皆發阿耨多羅三藐三菩提心."
	한글 읽기	"부유삼천대천세계미진수보살마하살 능전불퇴법륜, 부유이천중국토미진수보살마하살 능전청전법륜, 부유소천국토미진수보살마하살 **팔생당득**아뇩다라삼먁삼보리. 부유사사천하미진수보살마하살 사생당득아뇩다라삼먁삼보리, 부유삼사천하미진수보살마하살 삼생득아뇩다라삼먁삼보리. 부유이사천하미진수보살마하살 이생당득아뇩다라삼먁삼보리, 부유일사천하미진수보살마하살 일생당득안뇩다라삼먁삼보리. 부유팔세계미진수중생 개발아뇩다라삼먁삼보리심."
	한글 풀이	"또 삼천대천세계의 티끌 수 같은 보살마하살들은 물러나지 않는 법륜을 굴리며, 2천 중천세계의 티끌 수 같은 보살마하살들은 청정한 법륜을 굴리며 또 소천세계의 티끌 수 같은 보살마하살들은 팔생만에 아뇩다라삼먁삼보리를 얻을 것이다. 또 네 4천하의 티

2	한글 풀이	끌 수 같은 보살마하살들은 4생만에 아뇩다라삼먁삼보리를 얻을 것이며, 또 세 4천하의 티끌 수 같은 보살마하살들은 삼생만에 아뇩다라삼먁삼보리를 얻을 것이니라. 또 두 4천하의 티끌 수 같은 보살마하살들은 2생만에 아뇩다라삼먁삼보리를 얻을 것이며, 또 한 4천하의 티끌 수 같은 보살마하살들은 일생만에 아뇩다라삼먁삼보리를 얻을 것이니라. 또 8세계의 티끌 수 같은 중생들은 모두 다 아뇩다라삼먁삼보리의 마음을 낼 것이니라."
3	한문 원전	佛說是諸菩薩摩訶薩 得大法利時 於虛空中 雨曼陀羅華 摩訶曼陀羅華 以散無量 百千萬億衆寶樹下 師子座上諸佛, 幷散七寶塔中 師子座上 釋迦牟尼佛 及 久滅度多寶如來, 亦散一切諸大菩薩 及四部衆.
	한글 읽기	불설시제보살마하살 득대법리시 어허공중 우만다라화 마하만다라화 이산무량 백천만억중보수하 사자좌상제불, 병산칠보탑중 사자좌상 석가모니불 급 구멸도다보여래, 역산일체대보살 급사부중.
	한글 풀이	부처님께서 이 많은 보살마하살들이 큰 법의 이익을 얻었다고 말씀하실 때, 허공에서는 만다라꽃과 마하만다라꽃이 한량없는 백천만억 보배 나무 아래의 사자좌에 계시는 부처님들께 비 오듯이 내렸으며, 또 칠보탑 속의 사자좌에 계시는 석가모니 부처님과 열반하신 지 오래된 다보여래의 위에도 내렸고, 일체의 대보살과 사부대중에게도 내렸다.
4	한문 원전	又雨細末栴檀 沈水香等 於虛空中 天鼓自鳴 妙聲深遠. 又雨千種天衣 垂諸瓔珞 眞珠瓔珞, 摩尼珠瓔珞, 如意珠瓔珞 **遍於九方**, 衆寶香鑪 燒無價香 自然周至 供養大會. 一一佛上 有諸菩薩 執持幡蓋 次第而上 至于梵天, 是諸菩薩 以妙音聲 歌無量頌 讚歎諸佛. 爾時 彌勒菩薩 從座而起 偏袒右肩 合掌向佛 而說偈言.
	한글 읽기	우우세말단향 침수향등 어허공중 천고자명 묘성심원. 우우천종천의 수제영락 진주영락 마니주영락 여의주영락 **편어구방**, 중보향로 소무가향 자연주지 공양대회. 일일불상 유제보살 집지버개 차제이상 지우범천 시제보살 이묘음성 가무량송 찬탄제불. 이시 미륵보살 종좌이기 편단우견 합장향불 이설게언.
	한글 풀이	또 부드러운 전단향과 침수향들이 내려오며 허공에서 하늘 북이 저절로 울리는데, 소리가 아름답고 깊고 멀었다. 또 천 가지나 되는 하늘옷이 내렸으며, 진주영락과 마니주영락, 여의주영락 등의 가지가지 영락들이 9방에 두루 드리워졌으며, 여러 가지 보배의 향로에는 값도 모를 좋은 향을 피워 대회가 모두 공양하고, 일일의 부처님 위에는 보살들이 번개를 들고 차례로 올라가 범천에 이르며, 이 많은 보살들이 미묘한 음성으로 한량없는 게송을 노래 불러 모든 부처님을 찬탄하였다. 이때 미륵보살이 자리에서 일어나 오른쪽 어깨를 드러내고 부처님을 향하여 합장하고 게송으로 읊었다.
5	한문 원전	爾時 佛告彌勒菩薩摩訶薩. "阿逸多! 其有衆生 聞佛壽命長遠如是 乃至能生一念信解 所得功德 無有限量."

	한글 읽기	이시 불고미륵보살마하살. "아일다! 기유중생 문불수명장원여시 내지능생일 념신해 소득공덕 무유한량."
5	**한글 풀이**	그때 부처님이 미륵보살마하살에게 말씀하셨다. "아일다여! 만일에 어떤 중생이 부처님의 수명이 이와 같이 길도고 먼 것을 듣고 한 번만이라도 믿고 이해하는 마음을 내면 얻는 공덕은 한량없느니라."
	중요용어	❶ 득문지다라니문(得聞持陀羅尼門) ❷ 팔생당득(八生當得) ❸ 구멸도다보여래(久滅度多寶如來) ❹ 편어구방(遍於九方)

앞의 〈여래수량품〉에서 우리는, 부처님의 본체는 구원실성으로서, 대우주를 존재하게 하는 근원적 생명의 본질이며, 삼계에 충만한 불생불멸의 실재적(實在的) 영원성이므로, 여래의 수명은 무량함을 알았습니다. 본 〈분별공덕품〉은 그러한 진실을 깨달은 사람들이 부처님의 생명을 믿고 이해하는 정도에 따라, 저마다 얻게 되는 각기의 공덕을 열두 가지 항목으로 나누어 분별하여 설하신다는 뜻이며, 법화행자들이 지녀야 할 올바른 신행활동과 본연의 자세에 대한 심층 강의가 이어집니다.

법화경에 대한 수지, 독송, 서사 및 위타인설은 법화경 전편에서 강조되는 신행의 덕목이긴 하지만, 특히 본 〈분별공덕품〉부터 〈촉루품〉까지는 이를 더욱 강조·당부하시는 설법이 펼쳐지게 됩니다. 그래서 법화경을 연구하는 학자 분 중에는 〈제15 종지용출품〉의 후반과 〈제16 여래수량품〉의 전체 그리고 〈제17 분별공덕품〉의 전반부를 묶어 '1품 2반(一品二半)'이라 하여, 법화신앙을 선택, 실행함에 있어 가장 중요한 요체(要諦)로 보기도 합니다.

분별이란 용어를 잘못 이해하면, 사물과 행위에 차별을 두는 것으로, 불교의 교리에서 그토록 경계하는 유형화된 분별상에 얽매이는 집착으로 받아들일 수도 있겠습니다만, 여기서의 분별이란 만유의 실체로서의 존재와 작용을 의미한다고 보아야 합니다. 우주상의 생명체는 그 생명의 근원은 같으나, 풀과 나무, 사람과 동물, 꽃과 곤충 등이 숨 쉬며 섭취하고, 계절에 대응하는 생존의 방식은 철저하게 분별화 되어 있다는 것입니다. 〈제5 약초유품〉에서의 '삼초이목의 비유'가 생각나실 겁니다. 큰비가 고루 내려 흡족하게 대지를 적시지만 초목의 종류와 성질에 따라 저마다 받아들이는 차별이 있다 하시지 않았습니까? 복습을 겸해 약초유품의 비유 일부를 다시 가져와 보겠습니다.

"가섭아! 비유하자면 삼천대천세계의 산과 내와 골짜기와 땅 위에 나는 모든 초목이나 숲, 그리고 약초는 많지만 각각 그 이름과 모양이 다르니라. 먹구름이 가득히 퍼져 삼천대천세계를 두루 덮고, 일시에 큰비가 고루 내려 흡족하면, 모든 초목이나 숲과 약초들의 작은 뿌리, 작은 줄기, 작은 가지, 작은 잎과 중간 뿌리, 중간 줄기, 중간 가지, 중간 잎과, 큰 뿌리, 큰 줄기, 큰 가지, 큰 잎이며 여러 나무의 크고 작은 것들이 상·중·하를 따라서 제각기 비를 받느니라. 한 구름에서 내리는 비로 그들의 종류와 성질을 따라서 자라며 꽃이 피고 열매를 맺나니, 비록 한 땅에서 나는 것이며 같은 비에 젖는 것이지만, 여러 가지 풀과 나무가 저마다 차별이 있느니라."

그렇습니다. 시방세계 우주 만물은 철저하게 분별되어 있어서 그 각각의 작용에 따라 공덕을 달리 하게 됩니다. 따라서 세상을 위한 쓰임새를 달리하니, 아름다운 꽃으로 태어나면 사랑받는 꽃의 분별 공덕이 있을 것이고, 이름 없는 들풀로 태어났다면 그렇게 또 비바람에 흔들리며 잊혀진 채, 내생의 공덕을 기약해야 하는 것 아니겠습니까? 마치 저 풀과 나무와 모든 약초들이 스스로는 상중하의 성품을 알지 못하지만, 그 또한 불성이 함장된 생명의 실상으로서는 하나로 연결된 우주법계의 생존법칙이기도 합니다. 당연히 사람들 또한 심고, 닦아놓은 과보의 분별에 의하여 공덕을 받습니다.

씨앗은 땅에 뿌려지지 않으면 싹을 틔울 수 없듯이, 우리의 인생도 마찬가지입니다. 아무리 훌륭한 부처님의 말씀이 있고, 경전이 있다 한들 마땅히 받들어 지니고 서사, 독송하며, 지견을 내어 신행하지 않는다면 불성의 씨앗을 틔울 수 없습니다. 부처님의 수명이 불생불멸임을 믿게 되면 부처인 나 자신의 삶 또한 불생불멸이 되어 생사의 속박에서 벗어나 인생의 희비애락을 초월하는 자신감이 생기게 됩니다. 그 믿음의 결과는, 이제껏 작은 실패에 좌절하거나 보잘 것 없는 이해관계 때문에 거대한 분노에 젖었던 아집의 망념에서 벗어나 무생(無生-그릇된 망념과 생사의 속박에서 자유로움)을 이루게 하고, 법인(法忍-세상의 주인이 되어 살아가는 인내와 법의 지혜)를 얻게 해 준다고 부처님은 말씀하십니다.

부처님의 수명이 무량하다는 말씀을 들은 6백8십만억 나유타 항하사 중생들도 무생법인을 이루었군요. 여기서도 6백8십만억 중생은 숫자로 읽을 게 아니라, 6백은 6근(안이비설신의)으로, 8십만은 8식(6식 + 말나식 + 아뢰야식)으로 읽으시면 됩니다. 그리고 그들보다 천배나 되는 보살마하살등은 문지다라니문(聞持陀羅尼門)을 얻었다고 하시는데, 다라니란 불법을 수호하기 위한 비밀스런 주문이고, 문지다라니문은 그런 다라니를 듣고서 간직하는 능력을 이릅니다. 또한 한량없는 보살마하살들은 요설변재(樂說辨才-막힘없이 말하는 재주)를 얻고, 티끌 수 같은 보살마하살들은 백천만억의 한량없는 선다라니를 얻었다고 하시는데, 선(旋)다라니란 멈추지 않고 끊임없이 굴러간다는 뜻이니, 부처님의 가르침은 영원히 굴러간다는 뜻의 우회적 표현이 되는 것입니다. 이처럼 얻는 공덕이 열두 가지가 되기 때문에 본 품을 보다 정확하게 표현하자면 〈분별 12공덕품〉이라 해도 좋을 것 같습니다. 각각의 분별에 따른 공덕은 결국 우리 법화행자들이 받을 공덕인 만큼, 꼭 한 번쯤 읽어두실 것을 추천 드리며, 다음에 그 열두 가지 공덕을 알기 쉽게 표로 정리해 둡니다.

공덕별	공덕을 받는 자	공덕을 받는 때	얻은 공덕의 내용
1	6백8십만억 나유타 중생	여래가 불멸임을 듣고 믿음	무생법인
2	위보다 천배나 되는 보살	"	문지다라니문
3	티끌 수 같은 보살	"	요설변재
4	1세계의 미진수 보살	"	무량선다라니
5	3천대천세계 미진수 보살	"	불퇴전법륜
6	2천중천세계 미진수 보살	"	청정법륜
7	소천세계 미진수 보살	8생의 윤회 끝에	득아뇩다먁삼보리
8	네 사천하 미진수 보살	4생의 윤회 끝에	"
9	세 사천하의 미진수 보살	3생의 윤회 끝에	"
10	두 사천하의 미진수 보살	2생의 윤회 끝에	"
11	한 사천하의 미진수 보살	1생의 윤회 끝에	"
12	8세계의 미진수 보살	여래가 불멸임을 듣고 믿음	발아뇩다라삼먁삼보리심

　위와 같이 12가지 분별에 따른 공덕을 살펴보았는데, 여기서는 '1세계', '사천하', '2천중천세계' 같은 용어에 대해 잠시 설명 드리겠습니다. 해와 달을 포함한 세계를 1세계라 하는데, 수미산을 중심으로 4방과 8바다를 의미하며 1사천하가 됩니다. 1사천하 그러니까 1세계가 천 개 모여 '소천세계(小千世界)'가 되고, 소천세계 천 개가 모여 하나의 '중천세계'가 됩니다. 또한 중천세계 천 개가 모여 하나의 '대천세계'가 되는데, 삼천대천세계에 대해서는 앞에서 이미 설명 드린 걸 기억하실 겁니다. 이에 부처님께서 여러 보살마하살들이 크게 법의 이익을 얻은 점에 대하여 말씀하시자, 하늘에서는 만다라꽃과 마하만다라꽃의 꽃비가 내려오고, 한량없는 백천만 억의 보배나무 밑 사자좌 위에 앉아 계시는 모든 분신 부처님께도 곱게 뿌려집니다.

　아울러 칠보탑 속의 사자좌 위에 앉아 계시는 석가모니 부처님과 이미 오

래전에 열반하신 다보여래께도 색색으로 뿌려지고, 전단향과 침수향들이 비
오듯 흘러내리면서, 천상에서는 하늘북이 저절로 울리는 등, 진주영락(珍珠瓔
珞), 마니주영락(摩尼珠瓔珞), 여의주영락(如意珠瓔珞) 같은, 구슬을 꿰어 몸에 다
는 위신물인 갖가지 영락들이 아홉 방위 곳곳에 가득 드리워지는데, 아홉 방
위란 분신부처님이 계시는 팔방에, 칠보탑을 더하여 9방이 됩니다. 이루 형
언할 수 없는 기적 같은 상서가 펼쳐지는 광경은 그야말로 장관 그 자체가 아
닐 수 없습니다. 그리고 번개(幡蓋-깃발과 햇빛가리개 양산)를 든 보살들이 차례로 줄
을 지어 올라가 범천의 하늘나라에 까지 이르렀는데, 그 보살들은 아름답고
고운 음성으로써 수많은 노래를 부르며, 모든 부처님을 찬탄하였다고 경전은
전하고 있습니다. 그때 미륵보살이 자리에서 일어나 오른쪽 어깨를 드러내고
합장한 채 부처님을 향하여 게송으로 읊게 됩니다.

중요 용어해설

❶ 득문지다라니문(得聞持陁羅尼門) : 일명 법다라니. 부처님의 교법을 듣고 명심
하여 잊지 아니하는 것

❷ 팔생당득(八生當得) : 깨달음을 얻기까지 여덟 번 다시 태어남을 말함

❸ 구멸도다보여래(久滅度多寶如來) : 다보여래께서 열반하신지 오래되었다는 뜻

❹ 편어구방(遍於九方) : 부처님의 분신은 8방의 나무 아래 있고, 석가여래·다보
여래는 허공의 다보탑에 계시므로 모두 9방이 됨

단락	구분	원문 및 한글 번역
6	한문 원전	"若有善男子 善女人 爲阿耨多羅三藐三菩提故 於八十萬億那由他劫 **行五波羅蜜** 檀波羅蜜 尸羅波羅蜜 羼提波羅蜜 毘梨耶波羅蜜 禪波羅蜜 除般若波羅蜜 以是功德 比前功德 百分千分 百千萬億分 不及其一 乃至筭數譬喩 所不能知. 若善男子 善女人 有如是功德 於阿耨多羅三藐三菩提 退者 無有是處."爾時 世尊欲重宣此義 而說偈言.
	한글 읽기	"약유선남자 선여인 위아녹다가삼먁사보리고 어팔십만억나유타겁 **행오바라밀** 단바라밀 시라바라밀 찬제바라밀 비리야바라밀 선바라밀 제반야바라밀 이시공덕 비전공덕 백분천부 백천만억분 불급기일 내지산수비유 소불능지. 약선남자 선여인 유여시공덕 어아녹다라삼먁삼보리 퇴자 무유시처."이시 세존욕중선차의 이설게언.
	한글 풀이	"만약 선남자 선여인이 아뇩다라삼먁삼보리를 위하여 80만억나유타 겁 동안 반야바라밀을 제외한 다섯 바라밀인 보시바라밀, 지계바라밀, 인욕바라밀, 정진바라밀과 선정바라밀을 행하더라도 이 공덕은 앞의 공덕에 백분, 천분, 백천만억 분의 일에도 미치지 못하며, 숫자로나 비유로는 알 수가 없느니라. 만약 선남자 선여인이 이와 같은 공덕이 있다면 아뇩다라삼먁삼보리에서 물러나는 그런 경우는 없을 것이니라." 그때 세존께서 이 뜻을 거듭 펴시려고 게송으로 읊으셨다.
7	한문 원전	"又 阿逸多! 若有聞佛壽命長遠 解其言趣 是人所得功德 無有限量 能起如來無上之慧, 何況廣聞是經 若教人聞 若自持 若教人持 若自書 若教人書 若以華香 瓔珞 幢幡 繒蓋 香油 酥燈 供養經卷 是人功德 無量無邊 能生一切種智. 阿逸多! 若善男子 善女人 聞我說壽命長遠 深心信解 則爲見佛 常在耆闍崛山 共大菩薩 諸聲聞衆 圍繞說法."
	한글 읽기	"우 아일다! 약유문불수명장원 해기언취 시인소득공덕 무유한량 능기여래무상지혜, 하황광문시경 약교인문 약자지 약교인지 약자서 약교인서 약이화향 영락 당번 증개 향유 소등 공양경권 시인공덕 무량무변 능생일체종지. 아일다! 약선남자 선여인 문아설수명장원 심심신해 즉위견불 상재기사굴산 공대보살 제성문중 위요설법."
	한글 풀이	"그리고 아일다여! 만약에 부처님의 수명이 길고도 멀다는 것을 듣고, 그 말뜻을 이해하면 이런 사람이 얻는 공덕은 한량없어서 능히 여래의 위없는 지혜를 일으키는데, 하물며 이 경을 많이 듣거나 남을 시켜 듣게 하거나, 스스로 지니거나 남을 시켜 지니게 하거나, 스스로 쓰거나 남을 시켜 쓰게 하거나, 꽃과 향과 영락과 깃발과 비단가리개와 향유와 등불로써 이 경전에 공양을 하는 것이야 말할 것이 있겠느냐? 이런 사람의 공덕은 한량없고 가없어서 능히 일체종지가 생기느니라. 아일다여! 만일 선남자 선여인이 나의 수명이 멀고도 길다는 말을 듣고 마음 깊이 믿고 이해하면, 곧 부처님께서 항상 기사굴산에 계시면서 큰 보살과 함께 성문 대중들에게 둘러싸여 설법하시는 것을 보게 될 것이니라."

8	한문 원전	"又見此娑婆世界 其地琉璃 坦然平正 **閻浮檀金** 以界八道 寶樹行列 諸臺樓觀 皆悉寶成 其菩薩衆 咸處其中. 若有能如是觀者 當知是爲深信解相. 又復如來滅 後 若聞是經 而不毀呰 起隨喜心 當知, 已爲深信解相 何況讀誦受持之者? 斯 人則爲頂戴如來. 阿逸多! 是善男子 善女人 不須爲我 復起塔寺 及作僧坊 以四 事 供養衆僧."
	한글 읽기	"우견차사바세계 기지유리 단연평정 **염부단금** 이계팔도 보수행렬 제대루관 개실보성 기보살중 감처기중. 약유능여시관자 당지시위심신해상. 우부여래멸 후 약문시경 이불훼자 기수희심 당지, 이위심신해상 하황독송수지지자? 사 인즉위정대여래. 아일다! 시선남자 선여인 불수위아 부기탑사 급작승방 이사 사 공양중승."
	한글 풀이	"또 이 사바세계의 땅이 유리로 되어 있고 넓고 반듯하여 평평하며, 염부단금으로 여덟 갈래의 길의 경계를 삼고, 보배 나무가 줄지어 서 있으며, 모든 것을 볼 수 있는 전망대 와 누각들이 모두 보배로 이루어져 있는 것과 보살들이 다 함께 그 속에 있는 것을 보게 될 것이니라. 만약 이와 같은 것을 볼 수 있는 사람이 있다면 마땅히 알아라. 이것을 깊 이 믿고 이해하는 모습이라 하느니라. 또 여래가 열반 후 이 경을 듣고 헐뜯거나, 비방 하지 않고 따라 기뻐하는 마음을 낸다면 마땅히 알아라. 이미 깊게 믿고 이해한 모습이 라 할진대 하물며 읽고 외우고, 받아 지니는 자야 말할 것이 있겠느냐? 이 사람은 곧 여 래를 머리 위에 이고 받드는 것이 되느니라. 아일다여! 이와 같은 선남자 선여인은 나를 위하여 탑이나 절을 세우는 일과 승방을 짓고, 네 가지 일(의복, 음식, 침구, 약)로 승가 들에게 공양할 필요가 없느니라."
9	한문 원전	"所以者何? 是善男子 善女人 受持讀誦 是經典者 爲已起塔 造立僧坊 供養衆 僧. 則爲以佛舍利 起七寶塔 **高廣漸小 至于梵天** 懸諸幡蓋 及衆寶鈴 華 香 瓔 珞 末香 塗香 燒香 衆鼓伎樂 **簫笛箜篌** 種種舞戲 以妙音聲 歌唄讚頌 則爲於 無量千萬億劫 作是供養已."
	한글 읽기	"소이자하? 시선남자 선여인 수지독송 시경전자 위이기탑 조립승방 공양중 승. 즉위이불사리 기칠보탑 **고광점소 지우범천** 현재번개 급중보령 화 향 영 락 발향 도향 소향 중고기악 **소적공후** 종종무희 이묘음성 가패찬송 즉위어 무량천만억겁 작시공양이."
	한글 풀이	"왜냐하면? 이런 선남자 선여인은 이 경전을 받아 지니고 읽고 외운 것으로 이 탑을 세 운 것이 되고, 승방을 지은 것이 되며, 승가들에게 공양한 것이 되기 때문이니라. 부처 님이 사리로 칠보탑을 세우는데, 높을수록 넓이가 점점 작아져서 범천에까지 다다르며, 깃발과 일산과 보배 방울들이 매달렸는데, 꽃과 향, 영락과 가루 향, 바르는 향과 사르 는 향을 뿌리며 가지가지 북과 음악과 퉁소와 피리와 공후를 불고, 여러 가지 춤과 아름 다운 소리로 노래를 부르며 찬송하는 것이 되고, 한량없는 천만억 겁 동안 이런 공양을 이미 한 것이 되느니라."

10	한문 원전	"阿逸多! 若我滅後 聞是經典 有能受持 若自書 若教人書 則爲起立僧坊 以赤栴檀 作諸殿堂 三十有二 **高八多羅樹** 高廣嚴好 百千比丘 於其中止 園林浴池 經行禪窟 衣服 飲食 牀褥 湯藥 一切樂具充滿其中 如是僧坊堂閣 若干百千萬億 其數無量 以此現前 供養於我 及比丘僧. 是故我說 如來滅後 若有受持讀誦 爲他人說 若自書 若教人書 供養經卷, 不須復起塔寺 及造僧坊 供養衆僧."
	한글 읽기	"아일다여! 약아멸후 문시경전 유능수지 약자서 약교인서 즉위기립승방 이적단향 작제전당 삼십유이 **고팔다라수** 고광엄호 백천비구 어이중지 원림욕지 경행선굴 의복 음식 침상 탕약 일체악구충만기중 여시승방당각 약간백천만억 기수무량 이차현전 공양어아 급비구승. 시고아설 여래멸후 약유수지독송 위타인설 약자서 약교인서 공양경권, 불수부기탑사 급조승방 공양중승."
	한글 풀이	"아일다여! 내가 열반후에 이 경전을 듣고 받아지니며, 쓰거나 남을 시켜 쓰게 하면, 곧 승방을 세우는 것이 되느니라. 붉은 전단으로 서른 두 칸을 짓는데, 높이는 8다라수나 되고 넓으며, 훌륭하게 꾸며져서 백천만억의 비구가 그 속에서 지내며, 동산과 숲과 못과 가벼이 거닐 곳과 참선하는 굴과 의복과 음식과 평상과 침구와 탕약과 일체의 필수품이 그 속에 가득한, 이와 같은 승방과 전당과 누각이 백천만억이라 그 수를 헤아릴 수 없는데, 이것으로 현재의 나와 비구승들에게 공양하는 것이 되느니라. 그래서 내가 말하기를 여래가 열반후에 지니고 읽고 외우며, 남을 위해 설하며 스스로가 쓰거나 남을 시켜 쓰게 하여, 경전에 공양을 하면 또 다시 탑과 절을 세우거나 승방을 만들어 승가들에게 공양할 필요가 없다고 한 것이거늘."
11	한문 원전	"況復有人 能持是經 兼行布施, 持戒, 忍辱, 精進, 一心智慧 其德最勝 無量無邊. 譬如虛空 東西南北四維上下無量無邊. 是人功德 亦復如是 無量無邊 疾至一切種智. 若人讀誦 受持是經 爲他人說 若自書 若教人書 復能起塔 及造僧坊 供養讚歎聲聞衆僧 亦以百千萬億讚歎之法 讚歎菩薩功德. 又爲他人 種種因緣 隨義解說此法華經 復能淸淨持戒 與柔和者 而共同止 忍辱無瞋 志念堅固 常貴坐禪."
	한글 읽기	"황부유인 능지시경 겸행보시, 지계, 인욕, 정진, 일심지혜 기덕최승 무량무변. 비여허공 동서남북사유상하무량무변, 시인공덕 역부여시 무량무변 질지일체종지. 약인독송 수지시경 위타인설 약자서 약교인서 부능기탑 급조승방 공양찬탄성문중승 역이백천만억찬탄지법 찬탄보살공덕, 우위타인 종종인연 수의해설차법화경 부능청정지계 여유화자 아공동지 인욕무진 지견견고 상귀좌선."
	한글 풀이	"하물며 이 경전을 잘 지닐 뿐 아니라 보시와 지계, 인욕과 정진, 선정과 지혜를 행하면 그 공덕은 가장 뛰어나며 한량없고 끝이 없느니라. 비유하자면 허공이 동서남북 사유상하가 한량없어 끝이 없듯, 이 사람의 공덕도 역시 이와 같이 한량없고 가없어서 일체종지에 빨리 이르게 되느니라. 만약 어떤 사람이 이 경을 읽고 외우며, 받아 지니고 다른

11	한글 풀이	사람을 위하여 설하며, 스스로 쓰거나 남을 시켜 쓰게 하고, 또 탑을 세우거나 승방을 지으며, 성문과 승가에게 공양하고 찬탄하며, 백천만억 가지의 찬탄하는 법으로 보살을 찬탄하고 다른 사람을 위하여 갖가지 인연으로 법화경을 뜻에 따라 해설할 뿐만 아니라. 계를 청정하게 지니며, 부드럽고 온화한 자와 같이 지내며 인욕을 실천으로 성 내지 않으며, 뜻과 생각이 견고하며 항상 좌선을 귀하게 여겨"
12	한문 원전	"得諸深定 精進勇猛 攝諸善法 利根智慧 善答問難. 阿逸多! 若我滅後 諸善男子 善女人 受持讀誦 是經典者 復有如是諸善功德 當知是人. 已趣道場 近阿耨多羅三藐三菩提 坐道樹下. 阿逸多! 是善男子 善女人 若坐 若立 若行處 此中便應起塔 一切天人 皆應供養 如佛之塔." 爾時 世尊欲重宣此義 而說偈言.
	한글 읽기	"득제심정 정진용맹 섭제선법 이근지혜 선답문난. 아일다! 약아멸후 제선남자 선여인 수지독송 시경전자 부유여시제선공덕 당지시인. 이취도량 근 아뇩다라삼먁삼보리 좌도수하, 아일다! 시선남자 선여인 약좌 약립 약행처 차중 변응기탑 일체천인 개웅공양 여불지탑." 이시 세존욕중선차의 이설게언.
	한글 풀이	"여러 가지 깊은 선정을 얻으며, 용맹정진하여 여러 가지 좋은 법을 거두어 들이면 뛰어난 근기와 지혜로 어려운 물음에 잘 답할수 있으리라. 아일다여! 내가 열반후 선남자 선여인들로서 이 경전을 받아 지니고 읽고 외우는 사람은 이와 같이 좋은 공덕들이 있을 것이니 마땅히 알라. 이 사람은 이미 도량에 나아가 아뇩다라삼먁삼보리에 가까워졌으며, 도의 나무 아래에 앉은 것이 되느니라. 아일다여! 이런 선남자 선여인들이 앉거나 서거나, 거닐었던 이런 곳에는 마땅히 탑을 세워 일체의 하늘과 사람들이 모두 다 부처님의 탑과 같이 공양하도록 하여라." 이때 세존께서 이 뜻을 거듭 펴려고 게송으로 읊으셨다,
중요용어		❶ 행오바라밀(行五波羅蜜) ❷ 염부단금(閻浮檀金) ❸ 고광점소 지우범천(高廣漸小 至于梵天) ❹ 소적공후(簫笛箜篌) ❺ 고팔다라수(高八多羅樹) ❻ 좌도수하(坐道樹下)

부처님의 수명이 영원하고 불생불멸이라 함은 여래의 지혜와 진리는 그 자체로 완전하니, 일념으로 믿고 한결같이 수행하라는 말씀에 다름 아닙니다. 생물학적 수명 80년을 살다 가신 카필라국의 왕자였던 싯다르타 붓다를 믿으라는 말씀이 아니고, 영원한 묘법의 연꽃 같은 진리를 일념으로 확신하는 '일념신해(一念信解)'의 다짐으로, 신앙적 수행을 완성해 가라는 말씀입니다. 법화경을 단 한 번만이라도 일념으로 신해하는 공덕은, 6바라밀 중 5바라밀을 실천하는 공덕 정도는 백분, 천분, 백천만억 분의 일에도 미치지 못하며, 아예 숫자로나 비유로는 알 수도 없는 수승한 공덕이란 것입니다. 그러면 왜 여섯

번째 바라밀인 반야바라밀은 제외 되었을까요? 그것은 보시, 지계, 인욕, 정진, 선정의 다섯 바라밀은 방편으로서의 바라밀이며, 완성으로 가는 지혜바라밀이야말로 영원의 경지로 들어가는 불멸의 반야진리이기 때문입니다.

우리들도 완전한 부처가 되기 위해서는 반야의 대지혜의 문을 직접 열고 들어가는 길 뿐입니다. 그 길은 도서관에서 죽자고 공부한다고 되는 일이 아니며, 천 배, 만 배 절을 한다고 되는 경지도 아니라, 법화경의 진정한 지혜를 나의 자아에 맞추고, 일념으로 믿고 지견을 내는 일념신해에 있는 것입니다. 그 길은 결코 어려운 일이 아닙니다. 부처님의 생명력은 영원하다는 것을 듣고, 부처의 지혜가 원래부터 내게도 있다는 불성을 믿으며, 그 의미를 이해하면 부처님의 무상공덕으로 아뇩다라삼먁삼보리를 얻게 된다는 것이니까요. 진리는 보이지는 않지만 이 우주 어디에나 충만해 있는 분별의 실체로 존재하는 실상반야가 아니겠습니까?

식물학적 분류로서의 연꽃이 아닌, 그 형상에 가려진 물상으로서의 연꽃에서 탈피하여, 보편적 불성의 연화장세계를 실상으로 상징하고 있는 묘법의 연꽃을 볼 수 있으면 우리는 이미 부처가 된 것입니다. 묘법연화경은 바로 그런 경전인 것입니다. 이를 널리 남을 위해 설명하고, 수지, 독송, 서사하며, 또한 남에게도 그렇게 하도록 노력하는 자 부처님의 위없는 지혜를 자동으로 얻게 된다는 말씀입니다. 빛나는 보배로써의 귀한 옥구슬이 되려면 옥석의 원석을 수없이 다듬고 연마하여 장인의 혼이 그 옥석에 완전히 자리 잡을 때라야 누구나 알아주는 옥석이 되는 이치와 같다 하겠습니다.

"그리고 아일다여! 만약에 부처님의 수명이 길고도 멀다는 것을 듣고, 그 말뜻을 이해하면 이런 사람이 얻는 공덕은 한량없어서 능히 여래의 위없는 지혜를 일으키는데, 하물며 이 경을 많이 듣거나 남을 시켜 듣게 하거나, 스스로 지니거나 남을 시켜 지니게 하거나, 스스로 쓰거나 남을 시켜 쓰게 하거나, 꽃과 향과 영락과 깃발과 비단가리개와 향유와 등불로써 이 경전에 공양을 하는 것이야 말할 것이 있겠느냐?"

부처님 수명 길고도 멀다는 걸 듣고 이해만 해도 여래의 위없는 지혜를 일으키는 한량없는 공덕이 있을진대, 하물며 법화경을 독송, 수지, 서사하고, 온갖 장엄물로 이 경전에 공양하는 공덕은 두말하면 입 아프다는 말씀이시네요. 그러면서 선남자, 선여인이 부처님의 수명이 멀고도 길다는 말을 듣고 마음 깊이 믿어서 이해하면, 곧 부처님께서 항상 기사굴산에 계시면서 큰 보살과 함께 성문 대중들에게 둘러싸여 설법하시는 것을 보게 될 것이라고 하십니다. 지금껏 여래의 설법은 한결 같았으므로 〈제1 서품〉의 기사굴산의 법화회좌에서부터 '여래의 가르침은 진실 되어 허망함이 없다.'로 읽으시면 되겠습니다. 그리고 또 부처님은 강조하십니다.

"여래 열반 후 이 경을 듣고 헐뜯거나, 비방하지 않고 따라 기뻐하는 마음을 낸다면 마땅히 알아라. 이미 깊게 믿고 이해한 모습이라 할진대 하물며 읽고 외우고, 받아 지니는 자야 말할 것이 있겠느냐? 이 사람은 곧 여래를 머리 위에 이고 받드는 것이 되느니라. 아일다여! 이와 같은 선남자 선여인은 나를 위하여 탑이나 절을 세우는 일과 승방을 짓고 네 가지 일(의복, 음식, 침구, 약)로 승가들에게 공양할 필요가 없느니라."

헐뜯거나 비방하지 않고 기뻐하는 마음을 내거나, 외우거나 받아 지니는 자, 곧 여래를 머리 위에 이고 받드는 것과 같다는 말씀이신데, 앞 장 어디선가 읽으신 기억이 나시는지요? 그렇습니다. 〈제10 법사품〉에서도 같은 강조를 하셨더랬지요. 일겁 내내 부처님 앞에서 부처님을 헐뜯으며 욕한다 해도 그 죄는 오히려 가벼울 것이나, 어떤 사람이 한 마디라도 악한 말로, 법화경을 읽고 외우는 자를 헐뜯거나 비방하면 그 죄는 매우 무겁다고 설하셨잖습니까? 나아가 이와 같은 선남자 선여인은 나를 위하여 탑이나 절을 세우는 일과 승방을 짓고, 네 가지 일(의복, 음식, 침구, 약)로 승가들에게 공양할 필요가 없다고 하시는데, 왜냐하면? 이런 선남자, 선여인은 이 경전을 받아 지니고 읽고 외운 것으로 이미 탑을 세운 것이 되고, 승방을 지은 것이 되며, 승가들에게 공양한 것이 되기 때문이라는 것입니다.

이번 품에서 부처님이 당부하시는 설법 요지는 부처의 진리가 영원하며, 그 영원성을 믿음으로써 얻는 공덕은 굳이 헤아릴 필요가 없는 공덕이라는 말씀입니다. 오종법사의 실천이 궁극적으로 갖가지 분별의 공덕으로 이어진다는 말씀인데요, 절을 짓고 온갖 진귀한 보배로 승가에 공양하는 것보다, 여래가 열반 후에 법화경을 지니고 읽고 외우며, 남을 위해 설하며 스스로가 쓰거나 남을 시켜 쓰게 하여, 경전에 공양을 하면 또다시 탑과 절을 세우거나 승방을 만들어 승가들에게 공양할 필요가 없고, 나아가 보시와 지계, 인욕과 정진, 선정과 지혜를 행하면 그 공덕은 가장 뛰어나며, 한량없고 끝이 없어. 동서남북 사유상하가 한량없듯, 이 사람의 공덕도 역시 이와 같이 한량없고 가없어서 일체종지에 빨리 이른다 하십니다.

중요한 것은 믿음을 기반으로 부단한 법화행자로서의 실천 수행을 통해 궁극의 바라밀을 완성하고, 결국에 위없는 부처의 경지에 이르라는 말씀으로 이해해 주시기 바랍니다. 일찍이 천태 지의대사는 〈분별공덕품〉의 요체를 '사신오품(四信五品)'으로 쉽게 이해하고 기억할 수 있도록 정리한 바 있습니다. 4신이란 부처님이 세상에 계신 때의 네 가지 믿음의 단계를 설한 것이며, 5품이란 부처님 열반 후에 지녀야 할 신앙의 자세와 공덕에 대한 설명인데, 본 품을 종합적으로 복습함은 물론, 말세의 우리들의 자세와 신앙관에 대해서도 적절한 가르침이 되리라 믿어, 다음에 사신오품에 대해 간략히 기술하고 다음 품으로 나아가도록 하겠습니다.

〈4신 5품의 해석〉

✦ **4신(四信)**

▸ **1신 일념신해(一念信解)** : 부처님의 수명이 영원불멸함을 일념으로 믿고 이해하여, 마음이 실상의 각성을 이루게 함.

▸ **2신 약해언취(略解言趣)** : 부처님의 수명이 영원불멸함에서 나아가, 부처와 한 몸인 우리의 생명 또한 영원함을 깨달아 기필코 부처와 완전한 동일체가 된다는 경지에 도달함

▸ **3신 광위타설(廣爲他說)** : 넓게 법화경의 가르침을 깊이 새기고, 감사히 공양하며, 세상에 그 가르침을 설하여 중생을 불도로 이끌어 들임.

▸ **4신 심심관성(深心觀成)** : 무량 부처님에 대한 신해(信解)가 깊어져서 불아일체(佛我一體)를 뚜렷이 체득한 경지로, 비로소 자아를 완성하여 깊은 법열의 세계에 안착함

✦ **5품(五品)**

▸ **1품 초수희(初隨喜)** : 부처님의 수명이 무량함을 듣고, 말로만 이해함을 넘어 가슴으로 정말 감사하는 환희의 생각을 일으킴

▸ **2품 독송(讀誦)** : 초수희에서 일으킨 신심에서 나아가 그 가르침을 일심으로 읽고 외워서 마음속에 간직함

▸ **3품 설법(說法)** : 독송으로 얻어진 부처님에 대한 감사한 마음을 남에게 설함으로써, 남을 교화시키고, 자신의 신심도 향상시킴

▸ **4품 겸행육도(兼行六度)** : 법화경을 수지, 독송하며 해설함은 물론, 육바라밀 수행도 겸함으로써 보살도에 가까이 감

▸ **5품 정행육도(正行六度)** : 완전한 육바라밀의 수행으로 부처님의 깨달음에 가까이 감

중요 용어해설

❶ 행오바라밀(行五波羅蜜) : 반야바라밀을 제외한 다섯 바라밀인 보시바라밀, 지계바라밀, 인욕바라밀, 정진바라밀과 선정바라밀을 말함. 반야를 그만큼 중요하게 봄

❷ 염부단금(閻浮檀金) : 염부수는 부처님이 태자시절 농경제에 참석하였다가 농부가 파헤친 땅에서 꿈틀대는 벌레가 나오자, 새들이 쪼아 먹는 약육강식의 살상의 고통을 보고는 염부수 나무 아래에서 깊은 사색에 잠기게 되었다는 설화 속의 나무임. 그 염부수의 숲속을 흐르는 강물 바닥에서 나는 사금이 염부단금인데, 적황색에 자줏빛을 띠는 귀한 황금임.

❸ 고광점소 지우범천(高廣漸小 至于梵天) : 높을수록 넓이가 점점 작아져서 범천에까지 다다름

❹ 소적공후(簫笛箜篌) : 퉁소와 피리, 공후 악기

❺ 고팔다라수(高八多羅樹) : 종려과에 딸린 나무 이름으로 인도, 버마, 스리랑카 등에서 자라는 열대식물로 높이가 10m 이상으로 자라서, 이 나무로 높이의 척도를 삼는데, 1다라수의 높이는 49척(尺)으로 봄. 잎은 패엽(貝葉) 혹은 패다라엽(貝多羅葉)이라고 하는데, 여기에 경문(經文)을 새긴 것을 패엽경이라 함

❻ 좌도수하(坐道樹下) : 구체적 나무가 아닌 도의 나무 아래 앉아 수행한다는 뜻

묘법연화경 제18 수희공덕품(隨喜功德品)

요약 및 대의

⇒ 본 수희공덕품부터 〈제23 약왕보살본사품〉까지 묘법연화경 권제6에 해당

⇒ 법화경을 따라 수지독송하며, 같이 기뻐하는 공덕의 무량함을 설하심

⇒ 사부대중 누구나 법화경을 듣고 기뻐하며, 남에게 듣게 하고 설하여 50번째 사람도 따라서 기뻐하는 마음을 내면 그 사람의 공덕은 헤아릴 수 없음을 설하심

⇒ 4생 6도 중생에게 80년간 큰 시주를 하고, 성문4과를 이루는 공덕 또한 오히려 위의 사람에게 미치지 못한다 하심

⇒ 법을 듣도록 자리를 권하며 나누어 앉게 하는 공덕은 다시 태어날 때 제석천왕이 앉는 곳이나 범천왕이 앉는 곳, 전륜성왕이 앉는 곳에 앉게 될 것이라 설하심

⇒ 법을 따라 기뻐하는 공덕은 세세생생 아름답게 태어나며, 날 때마다 부처님을 뵙고 법을 듣게 되며, 가르침을 믿고 받아들일 것이라 설하심

❀ |1| 법화경을 따라 수지독송하며, 같이 기뻐하는 공덕의 무량함을 설하심

단락	구분	원문 및 한글 번역
1	한문 원전	爾時 彌勒菩薩摩訶薩白佛言. "世尊! 若有善男子 善女人 聞是法華經 隨喜者 得幾所福?" 而說偈言 **"世尊滅度後 其有聞是經 若能隨喜者 爲得幾所福?"** 爾時 佛告彌勒菩薩摩訶薩. "阿逸多! 如來滅後 若比丘 比丘尼 優婆塞 優婆夷 及 餘智者 若長若幼 聞是經隨喜已 從法會出 至於餘處 若在僧坊 若空閑地 若城 邑 **巷陌 聚落** 田里 如其所聞 爲父母 宗親 善友 知識 隨力演說. 是諸人等聞 已 隨喜 復行轉教 餘人聞已 亦隨喜轉教 如是展轉 至第五十. 阿逸多! 其第五 十善男子 善女人 隨喜功德 我今說之 汝當善聽."
	한글 읽기	이시 미륵보살마하살백불언. "세존! 약유선남자 선여인 문시법화경 수희자 득기소복?" 이설게언 **"세존멸도후 유기문시경 역능수희자 위득기소복?"** 이시 불고미륵보살마하살. "아일다! 여래멸후 약비구 비구니 우바새 우바이 급 제지자 약장약유 문시경수희이 종법화출 지어여처 약재승방 약공한지 약성 읍 **항맥 취락** 전리 여기소문 위부모 종친 선우 지식 수력연설. 시제인등문 이 수희 부행전교 여인문이 역수희전교 여시전전 지제오십. 아일다! 기제오 십선남자 선여인 수희공덕 아금설지 여당선청."
	한글 풀이	그때 미륵보살마하살이 부처님께 아뢰었다. "세존이시여! 만약 선남자 선여인이 이 법 화경을 듣고 수희한다면 얻는 복이 얼마나 되겠습니까?" 그러면서 게송으로 다시 아뢰 었다. **"세존께서 열반하신 후 이 경을 듣고 따라서 기뻐한다면 얻는 복이 얼마나 되겠 습니까?"** 이때 부처님께서 미륵보살마하살에게 말씀하셨다. "아일다여! 여래멸후 만 약 비구 비구니, 우바새 우바이와 지혜있는 사람으로서 어른이거나 아이이거나 이 경 을 듣고 따라서 기뻐하며, 법회에서 나와 다른 곳에 이르러서는 그곳이 승방이거나 한 적한 곳이거나, 도시이거나 거리이거나, 큰 마을이거나 작은 마을이거나, 어느 곳이라 도 그가 들은 대로 부모와 친척과 좋은 친구와 아는 이를 위하여 그들의 능력을 따라서 설하여, 그들이 듣고 따라서 기뻐하며 가르쳐 전하기를 되풀이 하여 50번이 되었다면, 아일다여! 50번째의 선남자 선여인이 따라서 기뻐한 공덕을 내가 이제 말할 테니 잘 듣도록 하여라."

2	한문 원전	"若四百萬億阿僧祇世界 六趣 **四生衆生** 卵生, 胎生, 濕生, 化生 若有形 無形 有想 無想 非有想 非無想 無足 二足 四足 多足 如是等在衆生數者 有人求福 隨其所欲 娛樂之具 皆給與之."
	한글 읽기	"약사백만억아승기세계 육취 **사생중생** 난생, 태생, 습생, 화생 약유형 무형 유상 무상 비유상 비무상 무족 이족 사족 다족 여시등재중생수자 유인구복 수기소욕 오락지구 개급여지."
	한글 풀이	"만약 4백만억 아승기 세계의 육도의 사생중생인 알로 태어나는 것, 태로 태어나는 것, 습기로 태어나는 것, 화하여 태어나는 것, 모양이 있고 없는 것, 생각이 있고 없는 것, 생각이 있는 것이 아닌 것, 생각이 없는 것이 아닌 것, 네 발을 가진 것, 발을 많이 가진 것 등과 두 발을 가진 것과 네 발 가진 것과 다리가 많은 것 등의 많은 수의 중생에게, 어떤 사람이 복을 구하려고 그들이 원하는 바를 따라 좋아하는 물건들을 모두 나누어 준다고 하여,"
3	한문 원전	"一一衆生 與滿閻浮提金 銀 琉璃 車璩 馬腦 珊瑚 虎珀 諸妙珍寶 及象馬 車乘 七寶所成宮殿 樓閣等. 是大施主 如是布施 滿八十年已 而作是念, '我已施 衆生 娛樂之具 隨意所欲, 然 此衆生 皆已衰老 年過八十 髮白面皺 將死不久 我當以佛法 而訓導之.' 卽集此衆生 宣布法化 示教利喜. 一時皆得須陁洹道 斯陁含道 阿那含道 阿羅漢道 **盡諸有漏 於深禪定** 皆得自在 **具八解脫** 於汝意云何? 是大施主 所得功德 寧爲多不?"
	한글 읽기	"일일중생 여만염부제금 은 유리 차거 마노 산호 호박 제묘진보 급상마 차승 칠보소성궁전 누각등. 시대시주 여시보시 만팔십년이 이작시념. '아이시 중생 오락지구 수의소욕. 연 차중생 개이쇠노 연과팔십 발백면추 장사불구 아당이불법 이훈도지.' 즉집차중생 선포법화 시교이희. 일시개득수다원도 사다함도 아나함도 아라한도 **진제유루 어심선정** 개득자재 **구팔해탈** 어여의운하? 시대시주 소득공덕 영위다부?"
	한글 풀이	"그 하나하나 중생에게 염부제에 가득한 금, 은, 유리, 차거, 마노, 산호, 호박 등의 진기하고 묘한 보배와 코끼리와 말과 수레와 칠보로 된 궁전가 누각 등을 지어주었다 하자. 이 큰 시주를 이렇게 80년 동안 보시를 하고 '내가 이 중생들에게 그들의 욕망 따라 좋아하는 물건들을 보시하였는데, 중생들이 이제 다 늙어 나이 80이 넘으니 머리가 희고 얼굴도 주름지니, 오래지 않아 죽을 것 같으므로, 내가 마땅히 불법으로 이들을 가르쳐 인도해야겠구나.'하며 곧 이 중생들을 모아놓고 법을 널리 펴서 교화하고, 이롭고 기쁜 것을 가르치니 일시에 모두 다 수다원과와 사다함과, 아나함과와 아라한의 도를 얻어서 여러 가지 번뇌를 다하고, 깊은 선정에서 모두 다 자재함을 얻고 팔해탈을 갖추었다면 너의 생각은 어떠하냐? 이 큰 시주가 얻을 공덕이 어찌 많지 않겠느냐?"

	한문 원전	彌勒白佛言. "世尊! 是人功德 甚多無量無邊. 若是施主 但施衆生 一切樂具 功德無量 何況令得阿羅漢果?" 佛告彌勒 "我今分明語汝. 是人以一切樂具 施於四百萬億 阿僧祇世界 六趣衆生, 又令得阿羅漢果 所得功德, 不如是 第五十人聞法華經一偈 隨喜功德 百分 千分 百千萬億分 不及其一 乃至籌數譬喩 所不能知."
4	한글 읽기	미륵백불언. "세존! 시인공덕 심다무량무변. 약시시주 단시중생 일체낙구 공덕무량 하황영득아라한과?" 불고미륵. "아금분명어여. 시인이일체낙구 시어사 사백만억 아승기세세 육취중생, 우영득아라한과 소득공덕, 불여시 제오십인문법화경일게 수희공덕 백분 천분 백천만억분 불급기일 내지산수비유 소불능지."
	한글 풀이	미륵이 부처님께 고하였다. "세존이시여! 이 사람의 공덕은 매우 많아서 한량없고 가없을 것입니다. 만약에 이 시주자가 중생들이 좋아하는 물건들만 보시하였더라도 그 공덕이 한량없을 터인데, 하물며 아라한과까지 얻게 하였으니 말할 것이 있겠습니까?" 부처님께서 미륵에게 말씀하셨다. "내가 지금 너에게 분명히 말하노니, 이 사람이 일체가 좋아하는 물건으로 4백만억 아승기 세계의 육도중생들에게 보시를 하고, 아라한과도 얻게 하였지만, 그가 얻는 공덕은 50번째의 사람이 법화경의 한 게송을 듣고 따라 기뻐한 공덕만 못하며, 백분, 천분, 백천만억분의 일에도 미치지 못하나니, 이처럼 수희공덕은 산수나 비유로서는 알 수가 없느니라."
5	한문 원전	"阿逸多! 如是第五十人 展轉聞法華經 隨喜功德 尚無量無邊阿僧祇 何況最初 於會中 聞而隨喜者. 其福復勝無量無邊阿僧祇 不可得比. 又阿逸多! 若人爲是經故 往詣僧坊 若坐若立 須臾聽受 緣是功德 轉身所生 得好上妙象 馬 車乘 **珍寶輦輿 及乘天宮**. 若復有人 於講法處坐 更有人來勸令坐聽 若分座令坐 是人功德 轉身 得帝釋坐處 若梵王坐處 若轉輪聖王所坐之處."
	한글 읽기	"아일다여! 여시제오십인 전전문법화경 수희공덕 상무량무변아승기 하황최초 어회중 문이수희자. 기복부승무량무변아승기 불가득비. 우아일다! 약인위시경고 왕예승방 약좌약립 수수청수 연시공덕 전신소생 득호상묘상 마 차승 **진보연여 급승천궁**. 약부유인 어강법처좌 갱유인래권령좌청 약분좌령좌 시인공덕 전신 득제석좌처 약범왕좌처 약전륜성왕소좌지처."
	한글 풀이	"아일다여! 이와 같이 50번째 사람이 법화경을 전해 듣고 따라 기뻐한 공덕이 한량없고 가없는 아승기인데, 하물며 맨 처음 법회에서 듣고 따라 기뻐한 사람이야 말할 것이 있겠느냐? 그 사람의 복은 한량없고 가없는 아승기보다 많아 비교할 수가 없느니라. 또 아일다여! 만약에 어떤 사람이 이 경을 들으려고 승방에 가서 앉거나 서서 잠깐만이라도 들으며, 이런 공덕의 인연으로 몸을 바꾸어 다시 태어날 때 가장 아름다운 코끼리나 말이 끄는 수레와 진귀한 보배로 꾸며진 가마를 타고 하늘의 궁전에 오를 것이다. 또 어떤 사람이 법을 설하는 곳에 앉아 있다가 다른 사람이 오면 앉아서 듣도록 권하며 자리를 나누어 앉게 하면, 이 사람의 공덕은 다시 태어날 때 제석천왕이 앉는 곳이나, 범천왕이 앉는 곳이나, 전륜성왕이 앉는 곳에 앉게 될 것이니라."

6	한문 원전	"阿逸多! 若復有人 語餘人言 有經名法華 可共往聽 卽受其教 乃至須臾間聞 是人功德轉身 得與陁羅尼菩薩 **共生一處**. 利根智慧 百千萬世 終不瘖瘂, 口氣不臭 舌常無病 口亦無病 齒不垢黑 不黃不疏 亦不缺落 不差不曲 脣不下垂 亦不褰縮 不麤澁 不瘡胗 亦不缺壞 亦不喎斜 不厚不大 亦不黧黑 無諸可惡. 非不匾㔸 亦不曲戾 面色不黑 亦不狹長 亦不窊曲 無有一切不可喜相."
	한글 읽기	"아일다! 약부유인 어여인언 유경명법화 가동왕청 즉수기교 내지수유간문 시인공덕전신 득여다라니보살 **공생일처**. 이근지혜 백천만세 종불음아, 구기불취 설상무병 구역무병 치불구흑 불황불소 역불결락 불차불곡 순불하수 역불건축 불추삽 불창진 역불결괴 역불괘사 불후부대 역불려흑 무제가오, 비불변제 역불곡려 면색불흑 역부협장 역부와곡 무유일체불가희상."
	한글 풀이	"아일다여! 또다시 어떤 사람이 다른 사람에게 말하기를 '법화'라 이름하는 경이 있는데, 같이 들으러 가자고 하여 그 말을 받아들여 잠깐만이라도 듣게 하면, 이 사람의 공덕은 다시 태어날 때 다라니보살과 한곳에서 태어나게 되느니라. 근기가 뛰어나고 지혜가 있으며, 백천만 번을 태어나더라도 벙어리가 되지 않고, 입에서 냄새도 나지 않으며, 혀에 늘 병이 없고 입병도 없으며, 치아가 더럽거나 검지도, 누렇거나 성글지도 않으며, 빠지고 어긋나거나 굽지도 않으며, 입술은 아래로 처지거나 위로 오므라들지도 않느니라. 거칠지도 않으며 부스럼이나 종기가 나지 않으며 언청이도 되지 않고, 비뚤어지거나 두텁거나 크거나 검지도 않아 나쁜 것들이 없으며, 코는 납작하거나 얇지 않느니라. 또 굽거나 휘어지지 않으며, 얼굴빛이 검거나 좁거나, 길지도 않고 쑥 들어가거나 비뚤어지지 않아 못생긴 모습이 하나도 없으리라."
7	한문 원전	"脣舌牙齒 悉皆嚴好 鼻脩高直 面貌圓滿 眉高而長 額廣平正 人相具足 世世所生 **見佛聞法 信受敎誨**. 阿逸多! 汝且觀是 勸於一人 令往聽法 功德如此 何況一心聽說 讀誦而於大衆 爲人分別 如說修行?" 爾時 世尊欲重宣此義 而說偈言.
	한글 읽기	"순설아치 실개엄호 비수고직 면모원만 미고이장 액광평정 인상구족 세세소생 **견불문법 신수교회**. 아일다! 여차관시 권어일인 영주청법 공덕여차 하황 일심청설 독송이어대중 위인분별 여설수행?" 이시 세존욕중선차의 이설게언.
	한글 풀이	"입술과 혀와 치아가 모두 다 잘 생기고, 코가 길고 높고 바르며, 얼굴이 원만하여 눈썹이 높고 길며, 이마가 반듯하고 넓어 사람의 모습을 흡족하게 갖추어 세세생생 태어날 때마다 부처님을 뵙고 법을 듣게 되며, 가르침을 믿고 받아들일 것이니라. 아일다여! 이것을 보아라. 한 사람을 권하여서 법을 들으러 가게 한 공덕이 이와 같을진대, 하물며 일심으로 듣고 설하며, 읽고 외우고, 대중 속에서 다른 사람을 위하여 자세히 분별하여 설하여 주고, 설한 대로 수행하는 것이야 말할 것이 있겠느냐?" 세존께서 이 뜻을 거듭 펴시려고 게송으로 읊으셨다.

앞의 〈제16 여래수량품〉에서 부처님께서는 여래의 수명이 영원 무량하고 상주불멸한다는 말씀을 듣고 전적으로 믿으며, 일심으로 귀의한다면 그 공덕이 한량없음을 강조하셨습니다. 본 품 〈제18 수희공덕품〉의 큰 의미 또한 글자 그대로 '따라서 기뻐하는 공덕'이란 뜻인데, 무엇을 기뻐한다? 법화경을 듣고 기뻐하는 공덕만으로도 무량한 공덕을 얻는다는 가르침입니다. 이처럼 법화경은 심오하게 연구하거나, 어려운 수행을 통하지 않고도 한량없는 공덕을 쌓을수 있다는 말씀인데, 그 구체적인 몇 가지 방법이 있다 하십니다.

첫째, 법화경을 듣기 위해 법회에 나가, 앉거나 서서라도, 잠시 동안이라도 설법을 듣는 경우 둘째, 설법하는 곳에 앉아 있다가 다른 사람이 오면 자리를 나누어 앉게 하고, 설법을 듣게 권하는 경우 셋째, 법화경을 듣자고 권유하여, 그 사람이 잠시라도 듣게 하는 경우 등의 모든 행위가 무량 공덕을 얻을 수 있다는 말씀입니다. 가벼이 생각하면 이런 간단한 권유가 무슨 큰 공덕이 있으려나 싶지만, 중요한 것은 이런 생각과 행동의 변화가 묘법 연화세상의 문을 여는 창대한 파종의 시작이라는 것입니다.

내가 법화경을 듣고 기뻐한 것은 내 안에 함장되어 있던 불성이 눈을 뜬 공덕이고, 다른 사람에게 법화경을 권한 것은 그 사람의 잠자고 있던 불성의 눈을 뜨게 한 헤아릴 수 없는 공덕인 때문인데요. 잉걸불을 지피는데도 처음부터 기름을 부어 일시에 큰불을 놓는 게 아니라, 잘 마른 장작더미에 불쏘시개를 놓아 작은 부싯돌로 발화를 시작하는 것처럼, 법화경의 공덕이 중생들에게 들불처럼 번져나가기를 염원하며, 발화의 분위기를 만드는 것이 그토록 무량한 공덕을 쌓는 단초라는 말씀입니다.

성경에도 "네 시작은 미약하였으나 그 끝은 심히 창대하리로다."〈욥기 8장 7절〉에서처럼, 나 혼자만의 처음은 미약하겠지만, 지속적으로 법화경의 가르침을 전파하다 보면, 저절로 법화세상에 선근종자를 뿌리는 창울한 공덕이 되지 않겠습니까? 골짜기의 개울물이 누가 먼저랄 것도 없이, 앞선 물은 바위를 만나면 돌아가면서 뒤에 따르는 물을 이끌고, 뒤에 오는 물은 앞의 물을 밀어주며 가는 이치가, 저는 법화경의 홍포의 원리이며, 우리네 인생사의 이상적 협동심이란 생각을 해 봅니다. 물방울 하나가 일어나면 일파만파의 물방울이 일어나고, 선업(善業)은 선과(善果)를 낳는 것처럼, 인류의 자유와 평화의 문을 열고 들어갈 수 있게 해 주는 마스터키인 법화경의 홍포에 어찌 부처님의 광대무변한 보살핌이 없겠습니까?

불교의 모든 인과는 연원하여 일어나고, 그 인과의 연원이 되는 연기를 만드는 자는 바로 나 자신입니다. 여러분은 '나비효과'란 용어를 들어보셨을 겁니다. 브라질에 있는 나비의 날갯짓이 미국의 텍사스에는 엄청난 토네이도를 발생시킬 수도 있다는 이론인데요. 일반적으로 작은 변화가 커다란 변화를 유발시키는 현상을 일컫습니다. 법화경은 '공(空)'의 이성적이고 논리적인 지성을 떠나, 보다 생동적이며, 인류의 집단감성에 호소하는 신앙적 경전이라 할 수 있는 만큼, 듣고 믿으며 일체가 동화하여, 묘법의 연꽃처럼 반야의 대해탈을 누리라는 최고의 부처님표 경전인 것입니다. 그러한 수승한 경전인 법화경을 듣고 같이 기뻐하는 공덕에 대해 부처님은 최최상급의 비유를 설하시는데, 본문을 잠시 인용해 보도록 하겠습니다.

"이 경을 듣고 따라서 기뻐하며, 법회에서 나와 다른 곳에 이르러서는 그 곳이 승방이거나 한적한 곳이거나, 도시이거나 거리이거나, 큰 마을이거나 작은 마을이거나, 어느 곳이라도 그가 들은 대로 부모와 친척과 좋은 친구와 아는 이를 위하여 그들의 능력을 따라서 설하여, 그들이 듣고 따라서 기

뻐하며 가르쳐 전하기를 되풀이하여 50번이 되었다면, 아일다여! 50번째
의 선남자 선여인이 따라서 기뻐한 공덕을 내가 이제 말할 테니 잘 듣도록
하여라."

설법의 구조는 이러합니다. 워싱턴DC에 사는 윌리엄이라는 사람이 마침
가까운 불교승방에서 법화경의 법회가 있음을 알고 평소에 관심이 많았던 분
야라 참석하여, 설법을 듣고 역시 감동을 먹고는, 벅찬 감동을 애인인 마리아
에게 설명했고, 마리아 역시 친구인 앤에게 전하고 또 앤은 남자 친구인 제임
스에게 전했는데, 이렇게 하여 50번째로 전법(傳法)을 받은 사람이 다름 아닌
이번에 미국 대통령에 당선된 도널드 트럼프였다고 했을 때 트럼프가 받을
공덕이 얼마가 되겠느냐? 하는 예화를 비유하시는 겁니다.

여기서도 50번째를 그냥 숫자 50(fifty)이라기보다 4방과 중앙 5방에, 시방
(十方)의 성수(成數)가 더해진 50으로 읽으시면 되겠습니다. 사실 말이라는 게
한 사람을 건널 때마다 좀은 진의에서 벗어나기도 하고, 최초 설법자의 온당
한 기(氣)도 흐트러지며, 따라서 전법사의 당초의 설법 감동은 떨어지기 마련
일 것입니다. 그럼에도 50번째로라도 전해 듣고 따라서 기뻐하는 마음을 낸
다면 그 공덕은 어떤 것과도 비교할 수 없는 무량공덕이라 하시는군요. 그것
은 이미 살펴본 것처럼, 법화경은 믿음의 경전이요, 계시의 경전으로 경전 중
의 왕이며, 여래의 비밀신통지력과 여래의 전신이 들어있기 때문에 받아 지
니고, 읽고 외우고 쓴다면 곧 여래를 만나는 것이나 다름이 없음을 부처님께
서 여러 번 강조하시지 않았습니까?

그런데 그 50번째의 사람이 이 경을 듣고 기뻐하는 공덕은 어떤 사람이 6
도(육도윤회), 4생중생(난생, 태생, 습생, 화생) 그 모두에게 빠짐없이 온갖 진기한 보
물로 일생 동안 보시한 공덕이라 해도 몇 억만 분의 일에도 미치지 못하겠거
늘, 하물며 최초의 법회에서 이 경의 가르침을 듣고 전한 사람의 공덕이야 일

리 무엇 하겠느냐? 라며, 말할 필요조차 없다고 하십니다. 우리의 인생이 외형적으로는 근본고통과 무명이 난무하는 사바의 세계라 할지라도, 묘법 실상의 연꽃세상은 늘 우리들 속에 진리로 잠재되어 있으므로, 듣고 듣게 하고, 자리를 나누는 등의 작은 법연(法緣)의 시작이 종국엔 하나로 된 법화신앙의 들불이 되어, 마침내는 억조 중생이 모두 성불하는 연화(蓮華)의 종자가 된다는 말씀입니다.

그러므로 중요한 것은 듣게 하거나 읽게 하고, 서사 독송하는 동기부여와 임팩트가 절실하다는 것인데요. 그 전법의 장소는 도량이나 복잡한 도심, 시골, 골짜기 어디든 상관없이 먼저 나부터 기뻐하고, 다른 사람에게 법을 권함으로써 그 사람이 불성의 눈을 뜨게 한다는 진정성이 있으면 된다는 것입니다. 그 사람은 반드시 다라니보살(모든 악업을 끊고, 선업을 영속케 하는 보살)과 같은 곳에서 환생하는 공덕을 지니게 된다고 하셨습니다. 우리들 눈에 보이는 모든 물질적 상(相)은 유한하지만 묘법의 진리인 법화경의 세계는 무한합니다. 끝이 보이지 않는 황금수레의 행렬에 진주, 산호, 마노, 아니 물방울 다이아 등을 가득가득 싣고 와서 보시한다 해도, 또 수다원, 사다함, 아나함, 아라한의 성문4과를 이루는 공덕보다, 법화경을 읽고 환희심을 내는 발심의 공덕이야말로 비교불가의 수승한 공덕이 되는 이유가 여기에 있습니다.

성문4과를 성취한다 해도 차라리 이 50번째 사람의 공덕에는 셈으로서는 비유할 수 없는 공덕이라 하시면서, 어떤 사람이 이 경을 들으려고 승방에 가서 앉거나 서서 잠깐만이라도 들으면, 이런 공덕의 인연으로 몸을 바꾸어 다시 태어날 때 가장 아름다운 코끼리나 말이 끄는 수레와 진귀한 보배로 꾸며진 가마를 타고 하늘의 궁전에 오를 것이라는 설법도 더하고 있습니다. 나아가 또 어떤 사람이 법을 설하는 곳에 앉아 있다가 다른 사람이 오면 앉아서 듣도록 권하며 자리를 나누어 앉게 하면, 이 사람의 공덕은 다시 태어날 때 제석천왕이 앉는 곳이나 범천왕이 앉는 곳, 전륜성왕이 앉는 곳에 앉게 될 것이라는 파격적 예언까지 남기셨습니다.

앞 장에서 우리는 자리를 나눈다는 것에 대해 공부한 바 있었는데, 〈견보탑품〉에서 다보여래께서 부처님께 반쪽의 자리에 함께 앉으실 것을 권한 것처럼, 이는 법화설법이 완벽히 증명되어 하나가 되었다는 뜻이기도 합니다. 사람 따라 설법을 듣고 전하여, 받아들이는 정도와 깊이는 다르지만, 법의 종자로서는 이미 하나가 되었다는 말이기도 합니다. '법화'라는 이름의 경을 같이 들으러 가자고 하여 잠깐이라도 듣게 하면 이 사람은 윤회를 거듭할 때마다 아름다운 모든 신체적 완벽함을 갖추고, 세세생생 태어날 때마다 부처님을 뵙고 법을 듣게 되며, 가르침을 믿고 받아들일 것이라 하셨습니다.

여러분은 여기서 어떤 생각이 드십니까? 사람으로 태어나는 인연 자체가 억만겁의 전생 공덕을 쌓아야 한다는 건 잘 아실 테지만, 거기에 더하여 세인이 우러러보는 절대 미모를 갖추고 태어나는 인연의 희소성은 과연 얼마가 되겠습니까? 한때 세상에 히트를 친 대중가요 "세상은 요지경"이라는 노래를 어느 정도의 기성세대 분이라면 모두들 기억하실 겁니다. '세상은 요지경. 요지경 속이다. 잘난 사람 잘난 대로 살고, 못난 사람 못난 대로 산다♬♬'라는 가사인데, 그 노래 주제가 가짜가 판친다는 걸로 기억이 나는군요. 바야흐로 이 세상을 성형공화국이라 합니다. 잘못되면 평생을 음지에서 한숨과 눈물로 살지도 모르는 위험을 감수하고, 막대한 비용을 지불하면서까지 수술대에 오르는 눈물겨운 외모지상주의자들을 보면서, 저는 이분들에게 법화경의 구절 한 줄만이라도 읽고 영원한 부처의 관상으로 공덕 성형을 하라고 권하고 싶습니다.

『탈무드』에도 보면, 인생 40이 되면 자신의 용모에 책임을 져야 한다는 말이 있습니다만, 자신의 외모는 부모와 조상이 닦아놓은 오랜 공덕과 자신의 전전생의 공덕이 x+y축으로 만나 출생시점의 에너지 현상으로 나타난 업장의 인과일 뿐입니다. 이를 현대인들은 일반적으로 유전자 또는 DNA의 차이라 말합니다만, 같은 형제라도 완전 딴판인 외모도 얼마나 많습니까? 잘난 사람은 잘난 것에 겸손하고 감사하며, 더 많은 보시와 중생사랑으로 수행을 쌓고, 못난 사람은 못난 대로, 사람들 눈에 띄게 해 준 인연에 감사하며, 더더욱 인욕과 반야행으로 다음의 윤회를 장엄해 가면 되는 것입니다. 모두 다 내가 만든 나의 용모일 뿐, 부모님이 무슨 재주로 나를 예쁘게 또는 밉게 생산을 할 수 있겠습니까?

관상은 내 마음의 심상 따라 저절로 바뀌게 되는 것이니, 법화경을 믿으면 마음이 바뀌고, 마음이 바뀌면 인생이 변하니, 이것이 곧 공덕인즉, 이 공덕이 나를 미인으로, 보살로, 결국엔 부처로 태어나게 한다는 말씀을 잊지 말아야겠습니다. 이 글을 읽으시는 분 중에 혹 성형수술을 생각하시는 독자분이 계신다면, 오늘 공부한 이 방법대로 내 마음자리 하나 바꾸면 부작용 걱정 전혀 없는 천상의 아름다운 용모에 무임으로 편승할 수 있다는 점 새겨 보시기 바랍니다. 대상과 형상은 마음의 작용 따라 바뀌기 때문에 일찍이 성현께서는 '관상불여심상(觀相不如心相)'이라 한 것이 아니겠습니까? 이토록 부처님은 본 〈수희공덕품〉에서 법을 듣고 듣게 하며, 사람 따라 설하는 믿음에 대해 다음 같은 칭탄을 더하며, '수희(隨喜)'의 한량없는 공덕을 강조하시는 것입니다.

"아일다여! 이것을 보아라. 한 사람을 권하여서 법을 들으러 가게 한 공덕이 이와 같을진대, 하물며 일심으로 듣고 설하며, 읽고 외우고, 대중 속에서 다른 사람을 위하여 자세히 분별하여 설하여 주고, 설한 대로 수행하는 것이야 말할 것이 있겠느냐?"

❶ 항맥 취락(巷陌 聚落) : 거리와 길 마을. 즉 어디서라도 법화경을 읽고 설한다는 뜻

❷ 사생중생(四生衆生) : 난태화습(卵胎化濕)의 전 생명을 이름

❸ 진제유루 어심선정(盡諸有漏 於深禪定) : 여러 가지 번뇌를 다하고 깊은 선정에 듦

❹ 팔해탈(八解脫) : 번뇌의 속박에서 벗어나는 여덟 가지 선정(禪定).

❺ 진보연여 급승천궁(珍寶輦輿 及乘天宮) : 진귀한 보배로 꾸며진 가마를 타고 하늘의 궁전에 오른다는 뜻

❻ 공생일처(共生一處) : 다라니보살과 한 곳에 태어남

❼ 견불문법 신수교회(見佛聞法 信受教誨) : 부처님을 뵙고 법을 듣게 되며, 가르침을 믿고 받아들이는 것

묘법연화경 제19 법사공덕품(法師功德品)

요약 및 대의

⇒ 오종법사의 육근 공덕에 대해 설하심

⇒ 상정진보살에게 이들 법사들이 받을 육근 공덕을 설하시며, 법사의 청정한 정진을 강조하심

⇒ 오종법사들이 받을 육근 공덕은 눈, 코, 몸 각 800가지에, 귀, 혀, 뜻 각 1,200으로 모두 6,000가지라 하심

⇒ 이는 육근과 12인연법을 비유하신 것임

⇒ 오종법사의 설법공덕은 생사를 초월하는 경이(驚異)이며, 부처님의 설법과 다름이 없음을 강조하심

단락	구분	원문 및 한글 번역
1	한문 원전	爾時 佛告**常精進菩薩摩訶薩**. "若善男子善女人! 受持是法華經 若讀若誦若解說 若書寫 是人當得八百眼功德 千二百耳功德 八百鼻功德 千二百舌功德 八百身功德 千二百意功德. 以是功德 莊嚴六根 皆令淸淨. 是善男子善女人 父母所生 淸淨肉眼 見於三千大千世界內外所有 山林 河海 **下至阿鼻地獄 上至有頂** 亦見 其中 一切衆生 及業因緣 果報生處 悉見悉知."
	한글 읽기	이시 불고**상정진보살마하살**. "약선남자선여인! 수지시법화경 약독약송약해설 약서사 시인당득찰백안공덕 천이백이공덕 팔백비공덕 천이백설공덕 팔백신공덕 천이백의공덕. 이시공덕 장엄육근 개령청정. 시선남자선여인 부모소생 청정육근 견어삼천대천세계내외소유 산림 하해 **하지아비지옥 상지유정** 역견 기중 일체중생 급업인연 과보생처 실견실지."
	한글 풀이	그때 부처님께서 상정진보살에게 말씀하셨다. "선남자 선여인아! 이 법화경을 받아 지니고 읽거나 외우거나, 해설하거나 옮겨 쓰면, 이 사람은 마땅히 8백의 눈의 공덕과 1,200의 귀의 공덕과 8백의 코의 공덕과 1,200의 혀의 공덕과 8백의 몸의 공덕과 1,200의 뜻의 공덕을 얻으리니, 이 공덕으로 6근(根)을 장엄하여 다 청정하리라. 이 선남자 선여인은 부모 소생의 청정한 육안으로 삼천대천세계의 안팎에 있는 산과 숲과 강과 바다를 보되, 아래로는 아비지옥까지, 위로는 유정천까지 이르며, 또한 그 가운데 일체 중생을 다 보고 아울러 업의 인연과 과보로 태어나는 곳을 다 보고 모두 다 아느니라."
2	한문 원전	"復次 常精進! 若善男子善女人 受持此經 若讀若誦若解說若書寫 得千二百耳功德. 以是淸淨耳 聞三千大千世界 下至阿鼻地獄 上至有頂 其中內外 種種語言音聲. 象聲 馬聲 牛聲 車聲 啼哭聲 愁歎聲 螺聲 鼓聲 鍾聲 鈴聲 笑聲 語聲 男聲 女聲 童子聲 童女聲 法聲 非法聲 苦聲 樂聲 凡夫聲 聖人聲 喜聲 不喜聲 天聲 龍聲 夜叉聲 乾闥婆聲 阿修羅聲 迦樓羅聲 緊那羅聲 摩睺羅伽聲 火聲 水聲 風聲 地獄聲 畜生聲 餓鬼聲 比丘聲 比丘尼聲 聲聞聲 辟支佛聲 菩薩聲 佛聲."
	한글 읽기	"부차 상정진! 약선남자선여인 수지차경 약독약송약해설약서사 득천이백이공덕. 이시청정이 문삼천대천세계 하지아비지옥 상지유정 기중내외 종종어언음성. 상마 마성 우성 거성 제곡성 수탄성 나성 고성 종성 영성 소성 어성 남성 여성 동자성 동녀성 법성 비법성 고성 악성 범부성 성인성 희성 불희성 천성 용성 야차성 건달바성 아수라성 가루아성 긴나라성 마후라가성 화성 수성 풍성 지옥성 축생성 아귀성 비구성 비구니성 성문성 벽지불성 보살성 불성."
	한글 풀이	"또 상정진보살아! 만약에 선남자 선여인이 이 경을 받아 지니고 읽고 외우거나, 해설하고 옮겨 쓰면, 1천2백의 귀의 공덕을 얻느니라. 이 공덕으로 귀가 청정하여 삼천대천세계의 아비지옥에서 유정천에 이르기까지 그 안팎에 있는 온갖 음성과 소리를 들으리라. 코끼리, 말, 소, 수레의 소리, 우는 소리와 탄식하는 소리, 바라치고 북치는 소리, 종과

2	한글 풀이	방울 소리, 또 웃는 소리와 말소리를 다 들으며, 남자와 여자 소리, 동자와 계집아이의 소리, 법과 비법의 소리, 괴롭고 즐거운 소리, 범부와 성인의 소리, 기쁘고 기쁘지 않은 소리, 하늘에서 나는 소리와 용의 소리, 야차와 건달바의 소리, 아수라와 가루라의 소리, 긴나라와 마후라가의 소리, 불타는 소리와 물 흐르는 소리, 바람 부는 소리, 비구와 비구니의 소리, 성문과 벽지불의 소리, 보살과 부처님의 소리를 다 분별하여 들으리라.”
3	한문 원전	“以要言之 三千大千世界中 一切內外 所有諸聲 雖未得天耳 以父母所生淸淨常耳 皆悉聞知. 如是分別種種音聲 **而不壞耳根**. 復次 常精進! 若善男子善女人 受持是經 若讀若誦若解說若書寫 成就八百鼻功德. 以是淸淨鼻根 聞於三千大千世界 上下內外 種種諸香. 須曼那華香 闍提華香 末利華香 瞻蔔華香 波羅羅華香 赤蓮華香 靑蓮華香 白蓮華香 華樹香 菓樹香 栴檀香 沈水香 多摩羅跋香 多伽羅香 及千萬種和香 若末若丸若塗香 持是經者 於此閒住 悉能分別.”
	한글 읽기	“이언요지 삼천대천세계중 일체내외 소유제성 수미득천이 이부모소생청정상이 개실문지. 여시분별종종음성 **이불괴이근**. 부차 상정진! 약선남자선여인 수지시경 약독약송약해설약서사 성취팔백비공덕. 이시청정비근 문어삼천대천세계 상하내외 종종제향. 수만나화향 사제화향 말리화향 첨복화향 바라라화향 적련화향 청련화향 백련화향 화수향 과수향 전단향 침수향 다마라발향 다가라향 급천만종화향 약말약환약도향 지시경자 어차간주 실능분별.”
	한글 풀이	“요약하자면, 삼천대천세계 가운데의 모든 안팎에 있는 일체의 소리를 비록 천이(天耳)는 못 얻었더라도 부모 소생의 청정한 귀로 다 들어 아나니, 이렇게 가지가지 소리를 분별하여 들어도 이근(耳根)은 파괴되지 않느니라. 또 상정진아! 만일 선남자 선여인이 이 경을 받아 지녀 읽고 외우거나, 해설하고 옮겨 쓰면 8백의 코의 공덕을 성취하느니라. 이 청정한 코로 삼천대천세계 위와 아래 그리고 안과 밖의 여러 가지 많은 향기를 맡느니라. 수만나화(須曼那華)의 향기, 사제화(闍提華)의 향기, 말리화(末利華)의 향기, 첨복화(瞻蔔華)의 향기, 바라라화(波羅羅華)의 향기, 붉은 연꽃의 향기, 푸른 연꽃의 향기, 흰 연꽃의 향기, 꽃나무의 향기며 과일나무의 향기, 전단향·침수향·다마라발향(多摩羅跋香)·다가라향(多伽羅香)과 천만 가지의 향이며, 혹은 가루향과 둥근 향과 바르는 향기를, 이 경전을 가진 이는 여기에 머물러서도 다 맡고 분별하여 알아내느니라.”
4	한문 원전	“又復別知 衆生之香 象香 馬香 牛羊等香 男香 女香 童子香 童女香 及草木叢林香 若近若遠 所有諸香 悉皆得聞 分別不錯. 持是經者 雖住於此 亦聞天上 諸天之香 波利質多羅 拘鞞陀羅樹香 及曼陀羅華香 摩訶曼陀羅華香 曼殊沙華香 摩訶曼殊沙華香 栴檀 沈水 種種末香 諸雜華香 如是等天香 和合所出之香 無不聞知.”
	한글 읽기	“우부별지 중생지향 상향 마향 우양등향 남향 여향 동자향 동녀향 급초목총림향 약근약원 소유제향 실개득문 분별불착. 지시경자 수왕어차 역문천상 제천지향 파리질다라 구비다라수향 급만다라화향 마하만다라화향 만수사화향 마하만수사화향 전단 침수 종종말향 제잡화향 여시등천향 화합소출지향 무불문지.”

4	한글 풀이	"또 중생들의 냄새를 맡되, 코끼리·말·소·양 등의 냄새며, 남자·여자·사내아이·계집아이의 냄새를 맡고, 멀고 가까운 풀과 나무와 숲의 여러 가지 냄새를 다 맡아 분별하되 착오가 없느니라. 이 경을 가진 이가 비록 이 세계에 머물러 있지만 또한 천상의 모든 하늘 냄새를 맡나니, 파리질다라(波利質多羅)와 구비다라(拘鞞陀羅)나무의 향기며, 만다라꽃[曼陀羅華:만타라화], 마하만다라꽃, 만수사꽃[曼殊沙華:만수사화], 마하만수사꽃의 향기며, 전단향·침수향 그리고 가지가지 말향과 여러 가지 꽃의 향기가 화합하여 풍겨 나오는 모든 하늘의 냄새나 향기를 맡아 알지 못하는 것이 없느니라."
5	한문 원전	"又聞諸天身香. 釋提桓因 在勝殿上 五欲娛樂 嬉戱時香 若在妙法堂上 爲忉利諸天 說法時香 若於諸園遊戱時香 及餘天等男女身香 皆悉遙聞. 如是展轉 乃至梵世 上至有頂 諸天身香 亦皆聞之 幷聞諸天 所燒之香 及聲聞香 辟支佛香 菩薩香 諸佛身香 亦皆遙聞 知其所在. 雖聞此香 然於鼻根 不壞不錯. 若欲分別 **爲他人說 憶念不謬**." 爾時 世尊欲重宣此義 而說偈言.
	한글 읽기	"우문제천신향. 석제환인 재승전상 오욕오락 희희시향 약재묘법당상 위도리제천 설법시향 약어제원유희시향 급여천등남녀신향 개실요문. 여시전전 내지범세 상지유정 제천신향 역개문지 병문제천 소소지향 급성문향 벽지불향 보살향 제불신향 역개요문 기지소재. 수문차향연어비근 불괴불착. 약욕분별 **위타인설 억념불류**." 이시 세존욕중선차의 이설게언.
	한글 풀이	"또 천인들의 냄새를 맡으리니, 석제환인이 좋은 궁전에서 5욕락을 즐겨 유희하는 때의 냄새며, 혹은 훌륭한 법당에서 도리천(忉利天)을 위하여 설법할 때에 풍기는 향기, 여러 동산을 유희할 때에 풍기는 향기와 다른 나라의 남녀들 몸에서 나는 냄새를 멀리서 다 맡되, 이와 같이 전전하여 범천에 이르고, 또 위로는 유정천의 모든 천인 냄새를 맡으며, 아울러 여러 하늘에서 태우는 향의 향기를 다 맡고, 성문과 벽지불과 보살과 부처님의 몸에서 풍기는 향기를 멀리서도 잘 맡아 그 처소를 잘 아느니라. 이와 같이 많은 냄새를 맡을지라도 코는 파괴되지도 않고 착오도 없나니, 만일 분별하여 다른 사람을 위해 설하려 하면 그 생각과 기억이 틀림이 없으리라." 세존께서 이 뜻을 거듭 펴시려고 게송으로 읊으셨다.
중요용어		❶ 상정진보살마하살(常精進菩薩摩訶薩) ❷ 하지아비지옥 상지유정천(下至阿鼻地獄 上至有頂天) ❸ 이불괴이근(而不壞耳根)　❹ 위타인설 억념불류(爲他人說 憶念不謬)

법화경 본문(本門)의 주된 핵심이기도 한 〈여래수량품〉에서 부처님의 수명은 한량없으며, 성불한 지는 헤아릴 수 없이 오래되었고, 수명은 한량없는 아승기겁이라, 항상 머무르며 열반하지 않는다고 말씀하셨습니다. 항존 불멸하며 본래 보살의 도를 행하여 이룬 수명은 지금도 오히려 다하지 않았고, 실제

로 열반하지 않으면서, 중생들을 교화하느라 방편으로 열반에 든다고 설하신 부분을 상기할 겸 복습해 보도록 하겠습니다.

부처님의 불생불멸과 구원실성(구원성불)을 믿는 공덕은 무량하거니와 이어지는 〈제17 분별공덕품〉에서는 그 믿는 정도에 따라 열두 가지 공덕이 있다 하셨고, 〈제18 수희공덕품〉에서는 법화경을 듣고 따라서 기뻐하며, 널리 알리는 사람들의 공덕에 대하여 설하셨습니다. 이 책 「제1부-제2장 법화경은 어떤 경전인가?」에서 저는 나름대로 법화경을 3대 요지로 크게 나누어 **첫째, 부처님은 무량법신이며 둘째, 모든 중생의 차별 없는 성불 셋째, 법화경의 신뢰와 홍포** 이렇게 유형화한 바 있었습니다. 그 첫째의 주제를 가장 비중 있게 다룬 품이 〈여래수량품〉이며, 셋째의 주제를 많이 설명한 품이 〈분별공덕품〉과 〈수희공덕품〉이라 하겠습니다. 그리고 본 〈법사공덕품〉에서는 부처님의 가르침을 행하는 법사의 공덕에 대해 말씀하시면서 주로 오종법사(수지, 독송, 해설, 서, 사)를 열심히 수행하게 되면 육식(六識)에 얽매여 있던 육경(六境-색성향미촉법)이 청정해지며, 눈과 코, 몸은 8백의 공덕을 얻고, 귀와 혀, 뜻(意)은 1천2백 가지 공덕을 얻는다고 하십니다.

분별공덕과 수희공덕이 다분히 사회적, 대인·대외적 홍포에 의한 공덕이라면, 법사공덕은 스스로 집착을 여의고, 청정심을 내어 머무는 바 없이 그 마음을 일으키라는, 보다 내재적이며, 자율적 공덕이라 하겠습니다. 부처님의 설법 부분을 그대로 인용해 보겠습니다.

부처님께서 상정진보살에게 말씀하셨다. "선남자 선여인아! 법화경을 받아 지니고 읽거나 외우거나 해설하거나 옮겨 쓰면, 이 사람은 마땅히 8백의 눈의 공덕과 1,200의 귀의 공덕과 8백의 코의 공덕과 1,200의 혀의 공덕과 8백의 몸의 공덕과 1,200의 뜻의 공덕을 얻으리니, 이 공덕으로 6근(根)을 장엄하여 다 청정하리라. 이 선남자 선여인은 부모 소생의 청정한 육안으로 삼천대천세계의 안팎에 있는 산과 숲과 강과 바다를 보되, 아래로는 아비지옥까지, 위로는 유정천까지 이르며, 또한 그 가운데 일체 중생을 다 보고 아울러 업의 인연과 과보로 태어나는 곳을 다 보고 모두 다 아느니라.”

　　우선 ‘상정진보살(常精進菩薩)’이 어떤 보살님인지를 알아보아야겠군요. 글자 그대로 늘, 끊임없이 정진한다는 보살인데, 용맹정진하여 중생들에게 부처님의 가르침을 몸으로 전하는, 그야말로 근면, 끈기의 화신 보살이라는 설명이 가능할 것 같습니다. 이 보살에게 부처님이 강조하셨다는 것은 법화경의 오종법사에는 위없는 정진과 청정심이 전제되어야 한다는 말씀임을 쉽게 알 수 있습니다. 그러니 **{오종법사 + 청정 정진} = {8백 눈 + 1,200 귀 + 800 코 + 1,200 혀의 공덕}**이라는 등식이 성립 되는군요.

　　오종법사의 공덕으로 6근(안이비설신의)이 장엄되면, 6신통(천안, 천이, 천족, 타심, 숙명, 누진)을 얻지 않고도 부모님이 주신 육안으로도 삼천대천세계는 물론 아비지옥과 일체중생, 업연과보로 태어나는 곳을 다 볼 수 있다 하십니다. 우리 중생들은 신통력을 정말로 신통해합니다. 과연 천리 밖의 공간을 막힘없이 꿰뚫어 보고, 타인의 마음을 읽어낸다거나, 자유자재로 몸을 이동 또는 비행할 수 있다면, 천하를 내 것으로 만들 것 같은 생각도 들 것입니다. 불교신자 분이라면 불교 수행과정에서 증득할 수 있는 경지로 6신통이 있다는 말은 들어보셨을 겁니다.(<제7 화성유품> 내용 참고) 평범한 의식과 육신의 능력을 초월한 일종의 초능력의 경지인데, 좀 더 전문적인 수행과정을 살펴보면, 관(觀-명상) 수행에서 나아가 지행(止行-사마타- 외부 대상에 대해 감각기관을 다스려 마음이 동요되지 않고 고요하게 하는 것)에 의한 삼매의 다음에, 관행(觀行-위파사나-현상을 현상 자체로 봄)으로 이행했을 때에 얻을 수 있는 자재의 경지를 일컫습니다만, 불교에서는 이 경지에 경도되는 것도 집착에 의한 장애로 봅니다.

우리들로서는 감히 다다를 수 없을 경지인데, 그 경지 너머에 부처의 정각이 있다니 그저 아득할 뿐입니다. 그러나 우리들도 태어날 때부터 부모로부터 물려받은 불성이 함장된 청정한 육식이 있기 때문에 사바의 무명에 가려진 번뇌의 장애를 백내장 수술하듯이 수행을 통해 맑혀 낸다면, 삼천대천세계는 물론, 일체 중생의 업연과 과보를 모두 볼 수 있게 된다는 가르침입니다. 마치 작은 골짜기의 물방울이 모여 내를 이루고 강물이 되어 바다로 흘러 들어가듯, 상정진보살처럼 오종법사행을 수행하다 보면 마침내 법화경 한 품, 한 품이 법력이 되어 스스로 법사의 공덕이 쌓여진다는 가르침이 본 품의 요체이기도 합니다.

작은 물방울이 모여 개울을 만들고 강을 이뤄 마침내 바다에 다다르듯, 각각 다른 법화경 28품이 지니고 있는 힘들이 하나로 모이면 무량무변의 공덕이 쌓인다는 말씀입니다. 보고 듣고, 냄새 맡고 맛보며, 분별하는 감각이 육신에 전기적으로 전달되어 나의 의식에 스치는 것일 뿐, 그 어떤 것도 나의 실체가 아님을 알아 여섯 가지 작용을 자유자재하는 6근 공덕을 쌓는다면 능히 모든 업장을 소멸할 수 있게 됩니다. 법화경은 수지, 독송, 서사, 위타인설하는 동안 나도 모르게 그런 공덕을 쌓아주는 신비한 경전임을 잠시도 잊지 말고, 저와 여러분이 법사공덕의 주체가 되어야겠습니다. 본문에는 8백의 눈의 공덕, 1,200의 귀의 공덕, 8백의 코의 공덕과 1,200의 혀의 공덕 그리고 8백의 몸의 공덕과 1,200의 뜻의 공덕이 법화경을 받아 지니고 읽거나 외우고, 해설하거나 옮겨 쓰는 자들은 이런 공덕으로 6근(根)을 장엄하여 모두 다 청정하리라 하셨습니다.

감각기관마다 숫자 8백과 1,200이 반복되는 것은, 항상 정진하여 공덕을 쌓는다면 '생로병사자비희사(生老病死慈悲喜捨)'의 여덟 길이 확연히 트인다는 뜻이고, 1,200의 공덕이란 12인연법을 내재적으로 컨트롤할 수 있게 된다는 뜻으로 보면 되겠습니다. 간단히 정리하면 {눈 800 + 귀 1,200 + 코 800

+ 혀 1,200 + 몸 800 + 뜻 1,200 = 6,000공덕}이 되니 6,000공덕 즉, 6근을 청정 장엄한다는 가르침입니다. 6,000공덕을 달리 풀이하면, 부처님이 백 가지 복의 업인(業因)에 의하여 장엄하였다는 백복장엄(百福莊嚴)에, 십선(十善)을 곱하면 1,000이 되어, 여기에 각기 6근이 곱해지면 6,000이라 보기도 합니다.

인간의 생물학적 감각기관의 능력은 정말 보잘 것 없는 것이어서, 예를 들어 사람이 눈으로 볼 수 있는 가시광선의 파장은 400~700 ㎚(나노미터, 1 m의 10억 분의 1)인 빛을 감지할 수 있을 뿐, 자외선이나 적외선, X선이나, 감마선 등은, 존재는 하지만 볼 수는 없습니다. 또한 사람이 들을 수 있는 가청주파수도 16~20,000㎐로, 지구가 돌아가면서 내는 거대한 굉음이나, 꽃잎이 터지는 소리, 또한 태양빛의 자외선 파장같이, 분명히 주파수는 있지만 감각으로는 전달되지 않는 불가시청대의 주파수가 이 우주상에는 월등히 많습니다.

사실 지구가 돌아가는 소리를 우리가 실시간으로 들을 수 있다면, 1초도 안 되어 고막이 파열되고 우리는 잠시도 생존을 할 수 없을 것입니다. 그런데 부처님께서는 1,200 귀의 공덕으로 삼천대천세계 가운데의 모든 안팎에 있는 일체의 소리를, 비록 천이(天耳)는 못 얻었더라도 부모 소생의 청정한 귀로 다 들어 안다고 하시면서, 이렇게 가지가지 소리를 분별하여 들어도 이근(耳根)은 파괴되지 않는다고 하시네요. 부처님은 이미 인간의 생리적 가청주파수를 염두에 두셨던 겁니다. 또한 코의 감각기관은 후각상피라는 후각수용체를 통해 냄새를 인식하게 됩니다. 대뇌에서 인지된 냄새는 시각이나 청각보다 기억과 감정에 편승하여 오래도록 대뇌에 저장되는데, 어머니의 젖무덤 냄새나, 첫사랑의 연인과 같이 거닐었던 꽃길에서 맡았던 꽃향기는 평생토록 잊히지 않는 향수가 되는 거지요.

부처님은 말씀하십니다. 이 경을 받아 지녀 읽고 외우거나, 해설하고 옮겨 쓰면 8백의 코의 공덕을 성취하여, 이 청정한 코로 삼천대천세계 위와 아래 그리고 안과 밖의 여러 가지 꽃과 많은 향기를 맡는다고 하시네요. 또한 천인들의 냄새뿐만 아니라, 보살과 부처님의 몸에서 풍기는 향기를 멀리서도 잘 맡아 그 처소를 잘 알고, 이와 같이 많은 냄새를 맡을지라도 코는 파괴되지도 않고 착오도 없나니, 만일 분별하여 다른 사람을 위해 설하려 하면 그 생각과 기억이 틀림이 없을 것이라 설하셨습니다.

❶ 상정진보살마하살(常精進菩薩摩訶薩) : 글자 그대로 끊임없이 정진하는 보살. 작은 것도 소홀히 하지 않는 마음으로 노력하는 수행태도. 이 보살은 용맹정진하여 중생들에게 부처의 가르침을 몸으로 전함

❷ 하지아비지옥 상지유정천(下至阿鼻地獄 上至有頂天) : 아비지옥은 팔대지옥 중 여덟 번째 지옥으로서 거기에 떨어지면 영원히 벗어나지 못함. 유정천은 무색계(無色界)의 제4천(第四天). 삼계의 맨 위에 있으므로 유정천(有頂天)이라고 하는데. 비상비비상천(非想非非想天)이라고도 함. 즉 아비지옥부터 유정천에 이른다는 뜻

❸ 이불괴이근(而不壞耳根) : 이근(耳根)이 손상되지 않음

❹ 위타인설 억념불류(爲他人說 憶念不謬) : 다른 사람을 위해 설하려 하면 그 생각과 기억이 틀림이 없다는 뜻

🪷 |2| 오종법사의 혀, 몸, 뜻의 공덕에 대해 설하시다

단락	구분	원문 및 한글 번역
6	한문 원전	"復次 常精進! 若善男子善女人 受持是經 若讀若誦若解說若書寫 得千二百舌功德. 若好若醜 若美不美 及諸苦澁物 在其舌根 皆變成上味 如天甘露 無不美者. 若以舌根於大衆中 有所演說 出深妙聲 能入其心 皆令歡喜快樂. 又諸天子天女 釋 梵諸天聞是深妙音聲 有所演說 言論次第 皆悉來聽 及諸龍龍女 夜叉夜叉女 乾闥婆乾闥婆女 阿修羅阿修羅女 迦樓羅迦樓羅女 緊那羅緊那羅女 摩睺羅伽摩睺羅伽女 爲聽法故 皆來親近 恭敬供養."

	한글 읽기	"부차 상정진! 약선남자선여인 수지시경 약독약송약해설약서사 득천이백설 공덕. 약호약추 약미불미 급제고삽물 재기설근 개변성상미 여천감로 무불미 자. 약이설근어대중중 유소연설 출심묘성 능입기심 개령환희쾌락. 우제천자 천녀 석 범제천문시심묘음성 유소연설 언론차제 개실래청 급제용용녀 야차 야차녀 건달바건달바녀 아수라아수라녀 가루라가루라녀 긴나라긴나라녀 마 후라가마후라가녀 위청법고 개래친근 공경공양."
6	한글 풀이	"또 상정진아! 만일 선남자 선여인이 이 경을 받아 지녀 읽고 외우거나 해설하고 옮겨 쓰면 1,200의 혀의 공덕을 얻으리니, 만일 좋은 것이나 나쁜 것이나 또 맛이 있고 없는 것과 여러 가지 쓰고 떫은 것이 그 혀에 닿으면 다 좋은 맛으로 변하여 하늘의 감로수와 같이 달고 맛있게 되느니라. 만약 이런 혀로 대중 가운데서 연설하면 깊이 미묘한 음성 이 생겨 듣는 이의 마음이 다 환희하고 쾌락하게 되리라. 또 여러 하늘의 천자와 천녀가 제석과 범천의 여러 하늘이 이런 깊고 미묘한 음성으로 연설하고, 순서 있게 하는 설법 을 다 와서 들으며, 또 여러 용왕과 용녀, 야차, 야차녀, 건달바녀, 아수라, 아수라녀, 가 루라, 가루라녀, 긴나라, 긴나라녀, 마후라가, 마후라가녀가 법을 듣기 위하여 다 와서 친근하고 공경하고 존중하리라."
7	한문 원전	"及比丘比丘尼 優婆塞優婆夷 國王 王子 群臣 眷屬 小轉輪王 大轉輪王 七寶千 子 內外眷屬 乘其宮殿 俱來聽法. 以是菩薩 善說法故 婆羅門 居士 國內人民盡 其形壽隨待供養, 又諸聲聞 辟支佛 菩薩 諸佛 常樂見之, 是人所在方面 諸佛皆向 其處說法 悉能受持一切佛法 **又能出於深妙法音**." 爾時 世尊欲重宣此義 而說偈言.
	한글 읽기	"급비구비구니 우바새우바이 국왕 왕자 군신 권속 소전륜왕 대전륜왕 칠보천 자 내외권속 승기궁전 구래청법. 이시보살 선설법고 바라문 거사 국내인민진 기형수수지공양, 우제성문 벽지불 보살 제불 상락견지, 시인소재방면 제불개향 기처설법 실능수지일체불법 **우능출어심묘법음**." 이시 세존욕중선차의 이설게언.
	한글 풀이	"또 비구, 비구니, 우바새, 우바이, 국왕, 왕자, 군신들의 권속이며, 소전륜왕, 대전륜왕 과 그의 7보(寶), 천자(千子)와 내외 권속이 각각 그들의 궁전을 타고 법을 들으러 오리 라. 이 보살이 법을 잘 설하기 때문에 바라문과 거사와 나라 안의 인민이 그 수명이 다 하도록 모시고 따르며 공양하리라. 또 여러 성문과 벽지불과 보살과 부처님께서 항상 즐겨 보시며, 이 사람이 있는 곳에는 여러 부처님들께서 그를 향하여 설법하시며, 그러 면 그는 일체 부처님 법을 능히 다 받아 가져, 깊고 미묘한 법의 음성을 내리라." 세존께 서 이 뜻을 거듭 펴시려고 게송으로 읊으셨다.
8	한문 원전	"復次 常精進! 若善男子善女人 受持是經 若讀若誦若解說若書寫 得八百身功 德. 得淸淨身 如淨琉璃 衆生憙見. 其身淨故 三千大千世界衆生 生時死時 上下 好醜 生善處惡處 悉於中現. 及鐵圍山 大鐵圍山 彌樓山 摩訶彌樓山等諸山 及 其中衆生 悉於中現 下至阿鼻地獄 上至有頂 所有及衆生 悉於中現. 若聲聞 辟 支佛 菩薩 諸佛說法 皆於身中 現其色像." 爾時 世尊欲重宣此義 而說偈言.

8	**한글 읽기**	"부차 상정진! 약선남자선여인 수지시경 약독약송약해설약서사 득팔백신공덕. 득청정신 여정유리 중생희견. 기신정고 삼천대천세계중생 생시사시 상하호추 생선처악처 실어중현. 급철위산 대철위산 미루산 마하미루산등제산 급기중중생 실어중형 하지아비지옥 상지유정 소유급중생 실어중현. 약성문 벽지불 보살 제불설법 개어신중 현기색상." 이시 욕중선차의 이설게언.
	한글 풀이	"다시 상정진아! 만일 선남자 선여인이 이 경을 받아 지녀 읽고 외우거나 해설하고 옮겨 쓰면 8백 몸의 공덕을 얻느니라. 이런 사람이 얻는 청정한 몸은 깨끗하기가 유리와 같아, 중생들이 그 몸을 보기 즐겨하며, 또한 그 몸이 청정하므로 삼천대천세계 중생들이 나고 죽는 때와 상하의 좋고 나쁜 것과 악한 곳과 선한 곳에 태어나는 일이 다 그 가운데 나타나느니라. 또 철위산과 대철위산과 수미산과 대수미산 등 여러 산과 그 가운데 있는 중생이 몸 가운데 다 나타나며, 아래로는 아비지옥에서 위로는 유정천까지의 많은 중생들이 그 가운데 나타나느니라. 혹은 성문과 벽지불과 보살과 여러 부처님들께서 설법하시는 것이 다 그 몸 가운데 색(色)과 모양(像)으로 나타나느니라." 세존께서 이 뜻을 거듭 펴시려고 게송으로 읊으셨다.
9	**한문 원전**	"復次 常精進! 若善男子善女人 如來滅後 受持是經 若讀若誦若解說若書寫 得千二百意功德. 以是淸淨意根 乃至聞一偈一句 通達無量無邊之義. 解是義已 能演說一句一偈 至於一月 四月 乃至一歲. 諸所說法 隨其義趣 皆與實相 不相違背. 若說俗閒經書 治世語言 資生業等 皆順正法. 三千大千世界六趣衆生 心之所行 心所動作 心所戲論 皆悉知之. **雖未得無漏智慧** 而其意根 淸淨如此 是人有所思惟籌量言說 皆是佛法 無不眞實 亦是先佛經中所說." 爾時 世尊欲重宣此義 而說偈言.
	한글 읽기	"부차 상정진! 약선남자선연인 여래멸후 수지시경 약옥약송약해설약서사 득천이백억공덕. 이시청정의근 내지문일게일구 통달무량무변지의. 해시의이 능연설일구일게 지어일월 4월 내지일세. 제소설법 수기의취 개여실상 불상위배. 약설속문경서 치세어언 자생업등 개순정법. 삼천대천세계육취중생 심지소행 심소동작 심소희론 개실지지. **수미득무루지혜** 이기의근 청정여차 시인유소사유주량언설 개시불법 무부진실 역시선불경중소설." 이시 세존욕중선차이 이설게언.
	한글 풀이	"다시 상정진아! 만일 선남자 선여인이 여래 멸도한 후 이 경을 받아 지녀 읽고 외우며, 해설하고 옮겨 쓰면 1,200의 뜻의 공덕을 얻느니라. 이 청정한 의근(意根)으로, 한 게송이나 한 구절만을 들어도 한량없고 가없는 뜻에 통달하여 알며, 그 한 구절이나 한 게송을 능히 연설하되, 한 달 내지 넉 달 또는 1년 동안을 하리라. 그가 설하는 모든 법이 그 뜻을 따르되, 다 실상과 같이 서로 위배되지 아니하며, 혹은 속세의 경서나 세상을 다스리는 언어나 학설, 생활하는 방법을 설할지라도 다 정법에 순하게 되리라. 삼천대천세계 6취 중생이 마음으로 행하는 바와 마음에 동작하는 바와 마음으로 논하는 바를 다 아나니, 비록 무루의 지혜는 얻지 못했으나 그 의근이 이와 같이 청정하므로 이 사람이 사유함과 헤아리고 말하는 바가 다 불법으로 진실하지 아니함이 없으며, 또한 이것은 이미 부처님의 경 가운데서 설하신 바이니라." 세존께서 이 뜻을 거듭 펴시려고 게송으로 읊으셨다.
중요용어		❶ 우능출어심묘법음(又能出於深妙法音)　❷ 수미득무루지혜(雖未得無漏智慧)

법화경을 일념으로 받들고 믿으며 공부하면, 불가해한 공덕을 얻음은 이미 앞에서도 수없이 설한 내용이지만, 이처럼 육근을 청정하게 맑히는 공덕을 쌓게 해 주는, 우리 중생들에게 가장 담방약 처방 같은 경전이 바로 법화경입니다. 그래서 법화경을 '신앙의 경전', '계시록의 경전'이라고도 하는데, 신기한 것은 부처님이 말씀하신 것처럼, 50번째의 우연한 인연으로 법화경이라는 경전이 있다는 전법(傳法)만 들어도 그 어마무시한 공덕은 창대하다는 것입니다. "뭘 정말로 그럴려구?", "그냥 흘러가는 말만 들었을 뿐인데도 그럴까?" 이런 의심을 안 해도 된다는 것입니다.

〈제12 제바달다품〉에서 법화경을 독송하는 자를 비방하는 죄는 일겁 동안 부처를 힐뜯고 욕하는 죄보다 무겁다고 설하신 것처럼, 법화경의 진수는 모르더라도 비방만 하지 않아도 그 공덕은 헤아릴 수 없는 것이 됩니다. 왜냐하면, 법화경의 제목이라도 듣는 순간 벌써 불성의 준동은 내 안에서 끓기 시작한 것이기 때문에 우리는 불완전한 채로 이미 부처인 것입니다. 본 단락에서는 부처님이 혀(舌)의 1,200가지 공덕과 8백 몸의 공덕 그리고 1,200 뜻(意)의 무량한 공덕을 상정진보살에게 강조하는 설법이 이어집니다.

선남자 선여인이 이 경을 받아 지녀 읽고 외우거나, 해설하고 옮겨 쓰면 1,200의 혀의 공덕을 얻게 되니, 만일 좋은 것이나 나쁜 것이나 또 맛이 있고 없는 것과 여러 가지 쓰고 떫은 것이 그의 혀에 닿으면 다 좋은 맛으로 변하여, 하늘의 감로수와 같이 달고 맛있게 된다고 하시네요. 어떤 음식을 혀의 미뢰(味蕾)가 맛으로 인식하여, 대뇌에 신호로 전달되는 짧은 시간 동안이지만, 감사한 마음으로 수행한 사람과 미식의 탐욕으로 가득 찬 인간이 느끼는 맛은 대극적인 결과로 나타날 수밖에 없습니다. 가난하고 굶주린 자에게 꽁보리밥 한 그릇은 생명의 감로수 같은 맛난 음식이 될 터이지만, 온갖 미식으로 배에 기름이 가득 찬 사람에게 꽁보리밥은 그 자체가 혐오식품처럼 느껴질 것입니다.

법화경을 공부하고 신행하는 법사에게는 입으로 들어오는 모든 음식이 감사하여, 달고 맛있게 변하는 법입니다. 어떤 음식을 먹느냐가 아니라, 누가 그 음식을 먹느냐의 차이인 것이지요. 그러면 그 법사가 섭취한 음식은 긍정의 에너지를 발산하여, 이웃에게 하는 한마디 말도 공경·자애롭고, 남에게 설명할 때도 막힘없이 요점을 전하는 요설변재(樂說辯才)를 얻을 수밖에 없을 것입니다. 본문 일부를 인용해 봅니다.

"만약 이런 여러 대중 가운데서 연설하면 깊이 미묘한 음성이 생겨 듣는 이의 마음이 다 환희하고 쾌락하게 되리라. 또 여러 하늘의 천자와 천녀가 제석과 범천의 여러 하늘이 이런 깊고 미묘한 음성으로 연설하고, 순서 있게 하는 설법을 다 와서 들으며, 또 여러 용왕과 용녀, 야차, 야차녀, 건달바녀, 아수라, 아수라녀, 가루라, 가루라녀, 긴나라, 긴나라녀, 마후라가, 마후라가녀가 법을 듣기 위하여 다 와서 친근하고 공경하고 존중하리라."

1,200 혀의 공덕으로 연설하면 미묘한 음성이 생기고 천자와 천녀, 제석과 범천, 인비인간(人非人間) 모두가 법을 듣기 위하여 친근하고, 공경·존중할 것이라 하십니다. 실로 세간에서는 세 치 혀가 만드는 언설이 백만 대군보다 무섭다고도 하고, 대중을 선동하는 몇 줄 웅변이 역사를 바꿔놓는가 하면, 한마디 따뜻한 진심 어린 위로의 말이 꺼져가는 생명의 불꽃을 다시금 불태우게 하는 경이로운 경험을 하게도 됩니다.

불교에서 혀는 입 안의 도끼라 하여, 망령된 말과 악담, 양설(兩舌)과 기어(綺語) 같은 삿된 말을 십악 중의 중죄로 여겨 참회하게 되는데요, 1,200 혀의 공덕을 쌓은 오종법사에게는 비구, 비구니, 우바새, 우바이, 국왕, 왕자, 군신들의 권속이며, 소전륜왕, 대전륜왕과 그의 7보(寶), 천자(千子)와 내외 권속들이 각각 그들의 궁전을 타고 법을 들으러 오리라고 하셨습니다. 따라서 이 보살이 법을 잘 설하기 때문에 바라문과 거사와 나라 안의 인민이 그 수명이 다하도록 모시고 따르며 공양할 것이며, 부처님께서 그를 위하여 설법하고 그래서 그는 일체 부처님 법을 능히 다 받아 가져, 깊고 미묘한 법의 음성을 낼 것이라고 설하십니다.

거짓말도 백 번을 들으면 듣는 사람의 인식에는 진실로 인식되어 뇌리에 각인되는 법인데, 하물며 부처님 최고의 경전인 법화경을 1,200혀의 공덕을 얻은 오종법사가 설하는 변재를 천지간의 어느 누가 법으로 존중하지 않겠습니까? 지금 이 책을 읽고 있는 여러분과 제가 바로 그 공덕을 쌓아가는 사람들이고, 이토록 정신문화가 오염되어 가는 말법의 세상에 진리의 법등(法燈)에 불씨를 꺼트리지 않을 책무를 지닌 법사들인 것입니다. 이어서 오종법사가 받을 8백 가지 몸의 공덕에 대한 설법이 이어집니다. 8백 가지 몸의 공덕을 얻은 법사는 몸이 청정하므로, 삼천대천세계 중생들이 나고 죽는 때와 상하의 좋고 나쁜 것과 악한 곳과 선한 곳에 태어나는 일이 다 그 가운데서 나타난다고 하십니다.

이 말씀은 다름 아니라, 이미 8백의 공덕을 얻은 몸이므로, 선악을 초월하여 생사의 경계조차도 무의미한 존재가 되었다는 말씀으로 이해하시면 되겠습니다. **5욕의 지배를 받는 몸은 환란이기도 하지만, 청정한 법사의 공덕을 이루면 육신적 감각과 정신적 의식의 세계를 교통하는 해탈의 관문이 되기도 하는 것이 바로 몸(육신)이기도 합니다. 한 줌 흙으로 스러질 육신이 중요해서가 아니라, 더 높은 윤회로의 방편의 창이 되는 육신이기에 아껴야 하는 것이지요. 몸에 상처가 나면 상처가 소중해서 상처를 치료하고 감싸는 것이 아니라, 내 영혼에 저장되기 전까지의 진리와 법을 임시로 담아두어야 할 도구가 곧 육신이기 때문입니다.**

본 품의 마지막 설법으로 1,200의식(意識)에 대한 설법 내용은 매우 중요하여 본문 전문을 옮겨와 봅니다. 이 의식이란 것은 감각기관인 전5식의 '안이

비설신'과 제7식인 말나식(8식인 아뢰야식과 6식 사이의 매개 역할을 하여 끊임없이 6식이 일어나게 하는 작용을 하는 마음) 사이에서 끊임없이 인식작용을 일어나게 하는 넥서스(연결, 관문) 역할을 하는 존재인데, 인간의 감각적 느낌과 정신적 느낌을 저장해두는 소프트웨어 같은 것이기도 합니다. 예를 들어 눈은 아름다운 것을 보았어도 아름답다는 기억을 하지 못하지만, 이 의식에 저장된 아름다움이라는(실제로는 없는) 추상적인 개념을 우리는 아름답다고 느끼는 것입니다. 그래서 부처님께서는 일찍이 반야심경에서 '안이비설신의'가 없으며, '색성향미촉법'도 그 실체가 없다고 일갈하신 것이지요. 어리석게도 우리는 손가락이 칼에 찔리면 아프다고 부여잡고 상처를 감싸지만, 실제로 아픈 것은 해당 의식을 담당하는 뇌의 신경세포가 아픈 것입니다. 상처에 소독약을 바르고 치료를 하는 것은 결국 뇌의 해당 육식을 속이는 것에 불과한 것이라는 걸 우리 법화행자들은 알아야겠습니다.

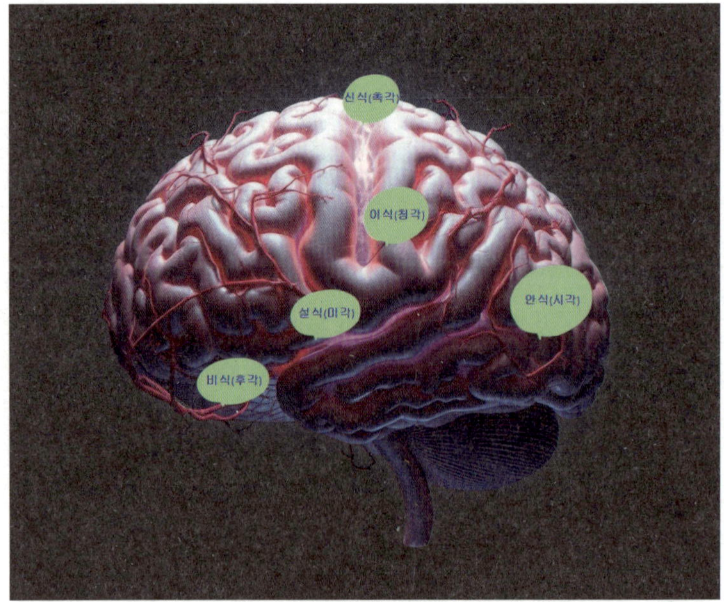

<뇌가 담당하는 5식의 영역>

"다시 상정진아! 만일 선남자·선여인이 여래 멸도한 후 이 경을 받아 지녀 읽고 외우며, 해설하고 옮겨 쓰면 1,200의 뜻의 공덕을 얻느니라. 이 청정한 의근(意根)으로 한 게송이나 한 구절만을 들어도 한량없고 가없는 뜻에 통달하여 알며, 그 한 구절이나 한 게송을 능히 연설하되, 한 달 내지 넉 달 또는 1년 동안을 하리라. 그가 설하는 모든 법이 그 뜻을 따르되, 다 실상과 같이 서로 위배되지 아니하며, 혹은 속세의 경서나 세상을 다스리는 언어나 학설, 생활하는 방법을 설할지라도 다 정법에 순하게 되리라. 삼천대천세계 6취 중생이 마음으로 행하는 바와 마음에 동작하는 바와 마음으로 논하는 바를 다 아나니, 비록 무루의 지혜는 얻지 못했으나 그 의근이 이와 같이 청정하므로 이 사람이 사유함과 헤아리고 말하는 바가 다 불법으로 진실하지 아니함이 없으며, 또한 이것은 이미 부처님의 경 가운데서 설하신 바이니라."

문장 그대로 읽으시면 됩니다. 법화경을 1년 동안 공부하고 법사 공덕을 쌓으면, 1,200가지 뜻(意識)의 공덕을 얻어 모든 세상의 살아가는 이치는 물론, 육도윤회(지옥, 아귀, 축생, 아수라, 사람, 하늘) 하는 중생의 마음 작용에 대해 정법으로 꿰뚫게 되니, 비록 무루(無漏-번뇌를 다 여읜 경지)의 지혜를 얻지는 못했을지라도, 세상 변화의 참 지혜를 얻게 되고, 이미 설한 부처님의 지혜와 같은 경지에 이르게 된다는 말씀입니다. 즉, 법화경의 오종법사를 통해 얻는 것은, 자연스럽게 정법(正法)에 순화되어, 마침내는 제법실상의 이치를 증득하게 된다는 것입니다.

중요 용어해설

❶ 우능출어심묘법음(又能出於深妙法音) : 부처님 법을 능히 다 받아 가져 깊고 미묘한 법의 음성을 내게 됨

❷ 수미득무루지혜(雖未得無漏智慧) : 비록 무루의 지혜는 얻지 못했으나 그 의근이 청정함

요약 및 대의

⇒ 법화경에 대하여 짓는 죄와 공덕을 설하심

⇒ 위음왕과 상불경보살의 연원을 밝히심

⇒ 법화경을 바르게 믿는 자의 공덕을 설하심

⇒ 상불경보살이 곧 석가모니 부처임을 밝히심

⇒ 상불경보살을 경멸한 자들이 받을 과보를 설하심

|1| 법화경에 대한 죄와 공덕을 설하시고,
위음왕불과 상불경보살에 대해 밝히심

단락	구분	원문 및 한글 번역
1	한문 원전	爾時 佛告得大勢菩薩摩訶薩. "汝今當知. 若比丘比丘尼 優婆塞 優婆夷 持法花經者 若有**惡口罵詈誹謗** 獲大罪報 如前所說, 其所得功德 如向所說 眼耳鼻舌身意淸淨. 得大勢! 乃往古昔 過無量無邊不可思議阿僧祇劫 有佛名**威音王如來** 應供 正遍知 明行足 善逝 世間解 無上士 調御丈夫 天人師 佛世尊. 劫名離衰 國名大成. 其威音王佛 於彼世中 爲天 人 阿修羅說法, 爲求聲聞者 說應四諦法 度生老病死究竟涅槃. 爲求辟支佛者 說應十二因緣法, 爲諸菩薩 因阿耨多羅三藐三菩提 說應六波羅蜜法 究竟佛慧."
	한글 읽기	이시 불고득대세보살마하살. "여금당지. 약비구비구니 우바새 우바이 지법화경자 약유**악구매리비방** 획대죄보 여전소설, 기소득공덕 여향소설 안이비설신의청정. 득대세! 내왕고석 과무량무변불가사의아승기겁 유불명**위음왕여래** 응공 정변지 명행복 선서 세간해 무상사 조어장부 천인사 불세존. 겁명이쇠 국명대성 기위음왕불 어피세중 위천 인 아수라설법 위구성문자 설응사제법 도생노병사구경열반. 위구벽지불자 설응십이인연법, 위제보살 인아뇩다라삼약삼보리 설응육바라밀법 구경불혜."
	한글 풀이	그때 부처님께서 득대세보살마하살에게 말씀하셨다. "너는 이제 마땅히 알라. 만일 비구·비구니·우바새·우바이 중에서 법화경을 가진 이를 어떤 사람이 악한 말로 욕하고 비

1	한글 풀이	방하면 얻는 큰 죄보가 앞에서 말한 바와 같고, 그 얻는 공덕은 이제 말하는 바와 같이 눈·귀·코·혀·몸·뜻이 다 청정해질 것이니라. "득대세야! 한량없고 가없는 불가사의 아승기겁을 지난 오랜 옛날에 부처님께서 계셨으니, 이름은 위음왕, 여래, 응공, 정변지, 명행족, 선서, 세간해, 무상사, 조어장부, 천인사, 불세존이며, 겁의 이름은 이쇠요, 나라의 이름은 대성이었느니라. 그 위음왕께서 그 세상 가운데 하늘, 인간, 아수라들에게 설법하시되, 성문을 구하는 이에게는 4제법을 설하여 생, 노, 병, 사를 극복하고 마침내 열반에 이르게 하시고, 벽지불을 구하는 이에게는 12인연법을 설해 주시고, 여러 보살들에게는 아뇩다라삼먁삼보리를 인하여 6바라밀다를 설해 주시어 마침내 부처님 지혜에 들게 하셨느니라."
2	한문 원전	"得大勢! 是威音王佛壽 四十萬億那由他恒河沙劫 正法住世劫數 如一**閻浮提微塵** 像法住世劫數 如四天下微塵. 其佛饒益衆生已 然後滅度 正法像法 滅盡之後 於此國土 復有佛出 亦號威音王如來 應供 正遍知 明行足 善逝 世間解 無上士 調御丈夫 天人師 佛世尊. 如是次第 有二萬億佛 皆同一號."
	한글 읽기	"득대세! 시위음왕불수 사십만억나유타항하사겁 정법주세겁수 여일**염부제미진** 상법주세겁수 여사천하미진. 기불요익중생이 연후멸도 정법상법 멸진지후 어차국토 부유불출 역호위음왕여래 응공 정변지 명행복 선서 세간해 무상사 조어장부 천인사 불세존. 여시차제 유이만억불 개동일호."
	한글 풀이	"득대세야! 이 위음왕불의 수명은 40만억 나유타 항하의 모래 수와 같은 겁이며, 정법(正法)이 세상에 머무는 겁 수는 1염부제(閻浮提)의 가는 티끌 수와 같고, 상법(像法)의 세상 겁수는 사천하(四天下)의 가는 티끌 수와 같으니, 그 부처님께서는 중생을 이롭게 한 뒤에 멸도하셨고, 정법과 상법이 다 멸진한 뒤에도 그 국토에 다시 부처님께서 나시니, 또한 이름이 위음왕 여래, 응공, 정변지, 명행족, 선서, 세간해, 무상사, 조어장부, 천인사, 불세존이었으니, 이와 같은 차례로 똑같은 이름의 부처님께서 2만억이나 계셨느니라."
3	한문 원전	"最初 威音王如來 旣已滅度 正法滅後 於像法中 增上慢比丘 有大勢力. 爾時有一菩薩比丘 名常不輕. 得大勢! 以何因緣 名常不輕? 是比丘 凡有所見 若比丘 比丘尼 優婆塞 優婆夷 皆悉禮拜讚歎 而作是言. '我深敬汝等 不敢輕慢. 所以者何? 汝等皆行菩薩道 當得作佛.' 而是比丘 不專讀誦經典 但行禮拜 乃至遠見四衆 亦復故往 禮拜讚歎 而作是言. '我不敢輕於汝等 汝等皆當作佛.'"
	한글 읽기	"최초 위음왕여래 기이멸도 정법멸후어상법중 증상만비구 유대세력. 이시유일보살비구 명상불경. 득대세! 이하인연 명상불경?시비구, 범유소견 약비구 비구니 우파새 우파이 개실예배찬탄 이작시언. '아심경여등 불감경만. 소이자하?여등개행보살도 당득작불.' 이시비구 부전독송경전 단행예배 내지원견사중 역부고왕 예배찬탄 이작시언. '아불감경어여등 여등개당작불.'"
	한글 풀이	"최초의 위음왕여래께서 멸도하시고 정법이 멸한 뒤 상법시절에 증상만의 비구가 큰 세력을 가지고 있었는데, 그때 상불경(常不輕)이라는 한 보살 비구가 있었느니라. 득대세여! 무슨 인연으로 그를 상불경이라 이름하는지를 아느냐? 이 비구는 비구, 비구니, 우

3	한글 풀이	바새, 우바이를 보면 모두 다 예배하고 찬탄하며 말하였느니라. '나는 그대들을 깊이 공경하고 감히 가볍게 보거나, 만만히 생각하지 않습니다. 왜냐하면 그대들은 모두 보살의 도를 행하여 반드시 성불하기 때문입니다.' 그 비구는 경전을 읽지도 않고 외우지도 아니하며 다만 예배만 행하였느니라. 멀리서 사부대중을 볼 때면 또한 쫓아가서 예배하고 찬탄하여 말하였느니라. '나는 그대들을 경만하게 생각하지 않습니다. 그대들은 모두 다 반드시 성불하기 때문입니다.'라고 하였느니라."
4	한문 원전	"四衆之中 **有生瞋恚 心不淨者** 惡口罵詈言, '是無智比丘! 從何所來 自言, 我不輕汝 而與我等授記 當得作佛? 我等不用如是虛妄授記.' 如此經歷多年 常被罵詈 不生瞋恚 常作是言, '汝當作佛.' 說是語時 衆人或以杖木瓦石 而打擲之 避走遠住 猶高聲唱言, '我不敢輕於汝等 汝等皆當作佛.' 以其常作是語故 增上慢比丘 比丘尼 優婆塞 優婆夷 號之爲常不輕."
	한글 읽기	"사부지중 **유생진에 심부정자** 악구매리언, '시지비구! 종하소래 자언, 아불경여 이여아등수기 당득작불? 아등불용여시허망수기.' 여차경력다년 상피매리 불생진에 상작시언. '여당작불.' 설시어시 중인혹이장목와석 이타척지 피주원주 유고성창언. '아불감경여어등 여등개당작불.' 이기상박시어고 증상만비구 비구니 우바새 우바이 호지위상불경."
	한글 풀이	"사부대중 가운데 화를 내어 마음이 맑지 못한 사람이 악한 말로 꾸짖고 욕하기를 '이 어리석고 무지한 비구야, 너는 어디서 와서 우리들을 경만히 생각하지 않는다고 하며, 또 반드시 성불하리라 수기까지 하느냐? 우리들은 이와 같이 허망한 수기는 받지 않겠노라' 하였느니라. 이렇게 여러 해 동안을 두루 돌아다니며 항상 비웃음과 욕을 들을지라도 진심(瞋心)을 내지 않고 말하였느니라. '그대들은 반드시 성불하리라.' 그가 이런 말을 할 때 여러 사람들이 혹은 몽둥이나 기와 또는 돌로 때리면 멀리 피해 달아나면서도, 오히려 큰 소리로 외쳤느니라. '나는 그대들을 경만하게 생각하지 않습니다. 그대들은 모두 다 성불할 것입니다.' 그가 항상 이런 말을 하고 다녔으므로 증상만의 비구, 비구니, 우바새, 우바이들은 그를 상불경이라 불렀느니라."
	중요용어	❶ 악구매리비방(惡口罵詈誹謗)　❷ 위음왕여래(威音王如來) ❸ 염부제미진(閻浮提微塵)　❹ 유생진에 심부정자(有生瞋恚 心不淨者)

상불경보살(常不輕菩薩)의 '상불경(常不輕)'이란 글자의 뜻을 직역하면 '늘 가볍지 않은 보살.'이 되지만, 경전에서의 뜻은 '항상 상대방을 깊이 공경하고 감히 가볍게 보거나, 만만히 생각하지 않는 보살'이란 뜻입니다. 상대방에 대한 존중, 그러니까 '나는 당신을 경배(敬拜)합니다. 당신은 반드시 부처님이 되실 것입니다.'란 말을 사부대중을 만날 때마다 한다는 보살입니다. 법화경 28품 중에 직접 보살이 제목에 등장하는 품은 〈제20 상불경보살품〉, 〈제23

약왕보살본사품〉, 〈제24 묘음보살품〉, 〈제25 관세음보살보문품〉, 〈제28 보현보살권발품〉 이렇게 다섯 품이나 됩니다. 모두 경전의 후반부에 집중적으로 등장하는데, 법화경은 어떤 경전이다? 우리가 이미 공부한 것처럼, 법화경은 보살을 가르치는 경전이기 때문에 '교보살법(敎菩薩法)'의 경전이며 또한 부처님이 보호하시고, 보살펴 주시는 경전이라 하여, '불소호념(佛所護念)'의 경전이라 하였습니다.

그렇다면 당연히 그 보살들이 어떻게 수행하였으며, 그 결과 중생을 구제하는 어떠한 법력을 얻었는지를 부처님이 간과하실 리 없을 것입니다. 따라서 본 품에서 부처님은 성문, 벽지불, 보살이 어떤 수행을 하여 열반에 이르게 하고, 결국 아뇩다라삼먁삼보리에 이르게 하는가를 설하고 있습니다. 부처님의 교수법에 대하여서는 앞에서 몇 차례 살펴본 내용입니다만, **성문을 구하는 이에게는 4제법의 설법으로 생, 노, 병, 사를 극복케 하여 마침내 열반에 이르게 하시는가 하면, 벽지불을 구하는 이에게는 12인연법을 설해 주시고, 여러 보살들에게는 아뇩다라삼먁삼보리를 위하여 6바라밀다를 설해 주시어 마침내 부처님의 지혜에 들게 하셨다는 것입니다.**

이들 모두가 근기에 따른 맞춤식 방편교육일 뿐, 일승을 위해 삼승을 방편으로 삼는다는 그 말씀이기도 합니다. 그 보살을 가르치는 부처님으로, 본 품에 위음왕불(威音王佛)이 등장하게 됩니다. 지금까지 법화경에는 '일월등명불', '대통지승여래', '다보여래' 등 많은 여래 명호가 등장하지만, 본 〈상불경보살품〉에 등장하여 사성제, 12인연법, 육바라밀를 설한 위음왕불은 과거 장엄겁 이전의 공겁(空劫) 때의, 그러니까 공겁은 4겁(성주괴공 成住壞空)의 하나로, 온 시방세계가 파괴되어 아무 것도 없는 상태로 지속되는 지극히 긴 시간의 부처님이란 뜻입니다. 달리 '본초불(本初佛)'이라고도 불리는데, 본래부터 부처인 원초적 부처님이란 뜻이 됩니다. 따라서 우주 근본의 실체이며, 법화경의 실상인 구원실성(久遠實成)을 상징하는 부처님이라 보면 되겠습니다.

이 위음왕불은 정법과 상법이 다 멸진한 뒤에도 같은 명호로 계속 출현하여 2만억 부처님으로 출현한다는 것입니다. 시간을 초월한 영원성의 부처로 다시 태어난다고 설하시는 거네요. 최초의 위음왕여래께서 멸도하시고 정법이 멸한 뒤, 상법시대에 증상만의 비구가 큰 세력을 가지고 있던 때, 상불경(常不輕)이라는 한 보살 비구가 있었으니, 이 비구는 비구, 비구니, 우바새, 우바이를 보면 모두 다 예배하고 찬탄하며 이렇게 말한다는 것입니다. "나는 그대들을 깊이 공경하고 감히 가볍게 보거나, 만만히 생각하지 않습니다. 왜냐하면 그대들은 모두 보살의 도를 행하여 반드시 성불하기 때문입니다."라고 말입니다.

이 상불경보살이 등장한 시대가 부처님의 가르침을 성실히 수행하는 정법시대가 지나고, 부처님의 가르침이 흐려지고 형식만 남은 상법시대인데, 이때에 나타나 누구나에게 "나는 당신을 존경합니다. 당신은 불성을 갖고 있기 때문에 반드시 성불할 것이기 때문입니다."라며, 상불경보살은 경전을 읽지도 않고 외우지도 아니하며, 다만 이렇게 예배만 하는 것을 수행으로 삼아 자신도 깨우치고, 남들도 깨달음을 얻게 하였다는 말씀입니다. 승방에 들어앉아 경전에만 몰두하는 소승적 내재율의 수행이 아니라, 단순한 포교이긴 하지만, 대중에게 적극적으로 다가가 말과 행동으로 불성을 전파한다는 대승적 보살의 실천수행을 강조한 것으로 볼 수 있겠습니다.

불법이 특권층의 고급 신앙이었던 신라시대에 해골바가지 물을 마시고는 일순에 깨달은 원효대사가 문자적 경전의 계율을 타파하고, 시장 통을 누비며 민중에게로 가까이 간 파격적 무애행이 떠오르는군요. 만약 상불경보살이 지금 이 시대에 만나는 사람마다 이런 언동을 하고 다녔다면, 아마 덩치 큰 남자 간호사들이 탄 엠불런스가 달려와 정신병원에 강제 입원 당하거나, 아니면 '그렇지 않아도 살맛 안 나는 판에, 뭐 이런 개뼈다귀 같은 미친놈이 남의 복장을 지른다.'며, 몽둥이찜질 당하기 십상일 것 같지 않습니까?

사실 그 당시에도 상불경보살의 이런 예배에 대해 사부대중 가운데 화가

난 무리가 "이 어리석고 무지한 비구야, 너는 어디서 와서 우리들을 경만히 생각하지 않는다고 하며, 또 반드시 성불하리라 수기까지 하느냐? 우리들은 이와 같이 허망한 수기는 받지 않겠노라."고 하면서, 심지어 몽둥이나 기와 또는 돌로 때리기까지 했다는 것입니다. 그러면 상불경보살은 멀리 피해 달아나면서도, 오히려 큰 소리로 외치기를 "나는 그대들을 경만하게 생각하지 않습니다. 그대들은 모두 다 성불할 것입니다." 이렇게 여러 해 동안을 두루 돌아다니며 항상 비웃음과 욕을 들을지라도 성을 내지 않았으니, 그러자 그의 일관된 진실성도 인정받게 되고, 그가 항상 이런 말을 하고 다녔으므로, 증상만의 비구, 비구니, 우바새, 우바이들은 그를 상불경이라 부르게 됩니다.

참말이지 보살행은 멀고도 험한 길이 아닐 수 없습니다. 그는 어떠한 난관과 굴욕에도 화내지 않는 인욕을 바탕으로, 중생의 불성을 밝히기 위한 보살행의 자비를 실천한 것입니다. 여기서 부처님이 전하고자 하신 설법 취지는, 다만 중생에게는 깨우치지 못했을 뿐, 누구나 불성의 종자가 함장 되어 있기 때문에, 뿌려서 가꾸는 각성(覺醒)의 수행을 통해 모두 다 부처가 된다는 명쾌한 가르침임을 여러분은 잘 아셨을 것입니다.

인간이 불행한 원인은 '나'라는 관념과 '내 것'이라는 집착, 이 두 가지가 전부입니다. 원래 실체가 없었던 '나'라는 존재를 아무리 설명해 봐도, 이렇게 당당히 보고 듣고, 냄새 맡으며, 말로서 의사를 전달하고, 온몸으로 느껴서 아는 온전한 오식(五識)이 있고, 이성적으로 생각하고 기억에 저장하는 의식이 뚜렷한데 이들이 없는 것이라니, '에이! 부처님도 참!!! 이러니 불교는 어려워. 나는 그냥 내 것으로 잘 먹고, 내 가족들과 편하게 잘 살 거야.' 뭐 대충 이런 반응들일 겁니다. 그러나 우리가 '몸이 만 냥이라면, 눈(眼)은 구천 냥'이라며, 보배로 여기는 눈이라는 것도 놓고 보면, 아무리 아름다운 음악이라 할지라도, 어떠한 소리마저도 기억하지 못하는가 하면, 귀는 천하절색의 미녀가 있다 해도 그 아름다움을 도무지 기억할 수 없습니다.

이렇듯 보잘 것 없는 것이 우리들이 그토록 애지중지하는 육신의 정체이기도 합니다. 그런데 이런 것들의 분별 때문에 불안과 번민, 괴로움과 분노가 무시로 일어나는 것은 그 누구도 부정하진 못할 것입니다. 내 몸을 마구 대하라는 말도 아니고, 제멋대로 살면서 재물을 쌓지 말라는 말도 아닙니다. 전체를 보라는 거지요. 온유한 자비와 지혜로, 착각과 집착에서 벗어나서, 나의 근본 유전자인 불성을 바로 깨달아, 괴로움에 절망하지 말고, 분노 앞에 용서할 줄 알며, 내가 부처임을 깨닫는, 대 해탈의 삶을 창조해 나가라는 말씀입니다. 그 전체를 아우르며, 기쁨도 슬픔도, 불행과 행복도 하나로 평준화 시키는 통일장의 최고 경전이 바로 법화경인 것입니다.

❶ 악구매리비방(惡口罵詈誹謗) : '매(罵)'는 욕하다는 동사로, 악한 말로 욕하고 비방한다는 뜻

❷ 위음왕여래(威音王如來) : 과거 장엄겁 이전의 공겁(空劫) 때의 부처님으로 본초불(本初佛)이라고도 함. 즉 본래 처음부터 부처였다는 말

❸ 염부제미진(閻浮提微塵) : 불교의 우주관인 4대주(大洲)의 하나인데. 전체 사바세계를 뜻함

❹ 유생진에 심부정자(有生瞋恚 心不淨者) : 화를 내어 마음이 맑지 못한 사람

단락	구분	원문 및 한글 번역
5	한문 원전	"是比丘臨欲終時 於虛空中 具聞威音王佛 先所說 法華經二十千萬億偈 悉能受持 卽得如上 眼根淸淨 耳鼻舌身意根淸淨, 得是六根淸淨已 更增壽命 二百萬億那由他歲 廣爲人說 是法華經. 於時增上慢四衆 比丘 比丘尼 優婆塞 優婆夷 輕賤是人 爲作不輕名者 見其得大神通力 樂說辯力 大善寂力 聞其所說 皆信伏隨從. 是菩薩復化千萬億衆 令住阿耨多羅三藐三菩提. 命終之後 得値二千億佛 皆號日月燈明. 於其法中 說是法華經 以是因緣 復値二千億佛 **同號雲自在燈王**."
	한글 읽기	"시비구임욕종시 어허공중 구문위음왕불 선소설 법화경이십천만억게 실능수지 즉득여상 안근청정 이비설신의근청정, 득시육근청정이 갱증수명 이백만억나유타세 광위인설 시법하경. 어시증상만사중 비구 비구니 우바새 우바이 경천시인 위작불경명자 견기득대신통력 요설변력 대선적력 문기소설 개신복수종. 시보살부화천만억중 영주아뇩다라삼먁삼보리. 명종지후 득치이천억불 개호일월등명. 어기법중 설시법하경 이시인연 부치이천억불 **동호운자재등왕**."
	한글 풀이	"이 비구가 임종할 때 위음왕불께서 먼저 설하셨던 법화경의 20천만억 게송을 허공으로부터 들어 다 수지하고 곧 앞에서 말한 것과 같이 눈, 귀, 코, 혀, 몸, 뜻이 청정하고, 이 6근의 청정함을 얻고는 다시 2백만억 나유타세(歲)의 수명이 늘어나 많은 사람을 위하여 이 법화경을 설하였느니라. 이때 그를 천대하고 경멸하여 상불경이라 부르던 비구, 비구니, 우바새, 우바이의 사부대중들이 큰 신통력과 요설변재력(樂說辯才力)과 큰 선적력(善寂力)을 보며 그가 설하는 바를 듣고는 다 믿고 따라 순종하니, 이 보살은 다시 천만억 중생을 교화하여 아뇩다라삼먁삼보리에 머물도록 하였느니라. 그가 수명을 다한 뒤에는 2천억의 부처님을 친견하니 그 부처님들의 이름이 다 같이 일월등명(日月燈明)이며, 그 법 가운데 이 법화경을 설하고 그 인연으로 다시 2천억의 부처님을 친견하니 또한 운자재등왕불(雲自在燈王佛)이었느니라."
6	한문 원전	"於此諸佛法中 受持讀誦 爲諸四衆 說此經典故 得是常眼淸淨 耳鼻舌身意 諸根淸淨 於四衆中說法 心無所畏. 得大勢! 是常不輕菩薩摩訶薩 供養如是若干諸佛 恭敬 尊重 讚歎 種諸善根, 於後復値千萬億佛 亦於諸佛法中 說是經典 功德成就 當得作佛. 得大勢! 於意云何? 爾時 常不輕菩薩 豈異人乎? 則我身是."
	한글 읽기	"어차제불법중 수지독송 위제사중 설차경전고 득시상안청정 이비설신의 제근청정 어사중중설법 심무소외. 득대세! 시상불경보살마하살 공양여시약간제불 공경 존중 찬탄 종제선근, 어후부치천만억불 역어제불법중 설시경전 공덕성취 당득작불. 득대세! 어의운하? 이시 상불경보살 기이인호? 즉아신시."

6	한글 풀이	"이 여러 부처님 법 가운데서도 이 경전을 받아 지녀 읽고 외우며, 여러 사부대중을 위해 설한 까닭에 항상 눈이 청정하고 귀·코·혀·몸·뜻의 근기가 청정하여, 사부대중 가운데서 설법하더라도 마음에 두려움이 없었느니라. 득대세야! 이 상불경보살마하살이 이와 같이 많은 부처님들께 공양하고 공경하며, 존중하고 찬탄하여 여러 선근을 심었으며, 수명을 다한 뒤에는 천만억의 부처님을 친견하여 역시 여러 부처님 법 가운데서 이 경전을 설하고 공덕을 성취하여 성불하였느니라. 득대세야! 너의 생각은 어떠하냐? 그때의 상불경 비구가 어찌 다른 사람이겠느냐? 그 사람이 바로 나의 몸이었느니라."
7	한문 원전	"若我於宿世 不受持讀誦此經 爲他人說者 **不能疾得阿耨多羅三藐三菩提**. 我於先佛所 受持讀誦此經 爲人說故 疾得阿耨多羅三藐三菩提. 得大勢! 彼時四衆比丘 比丘尼 優婆塞 優婆夷 **以瞋恚意 輕賤我故** 二百億劫 常不值佛 不聞法 不見僧, 千劫於阿鼻地獄 受大苦惱, 畢是罪已 復遇常不輕菩薩 教化阿耨多羅三藐三菩提."
	한글 읽기	"약아어숙세 불수지독송차경 위타인설자 **불능질득아뇩다라삼먁삼보리**. 아어선불소 수지독송차경 위인설고 질득아뇩다라삼먁삼보리. 득대세! 피시사중비구 비구니 우바새 우바이 **이진에의 경천아고** 이백억겁 상불치불 불문법 불견승, 천겁어아비지옥 수대고뇌, 필시죄이 부우상불경보살 교화아뇩다라삼먁삼보리."
	한글 풀이	"만약 숙세에 내가 이 경전을 받아 지녀 읽고 외우며, 다른 사람을 위해 설하지 아니하였다면 나는 아뇩다라삼먁삼보리를 빨리 얻지 못하였을 것이다. 내가 앞에 계신 부처님들로부터 이 경전을 받아 지녀 읽고 외우며, 다른 사람을 위하여 설하였기 때문에 아뇩다라삼먁삼보리를 이렇게 빨리 얻은 것이니라. 득대세야! 그때 사부대중인 비구, 비구니. 우바새, 우바이들은 진심을 내어 나를 경멸했기 때문에 2백억 겁 동안에도 부처님 한 번 못 만나 뵙고 법을 못 들었으며, 또한 스님도 보지 못했으며, 천 겁 동안을 아비지옥 속에서 큰 고통을 받고, 그 죄보가 다한 뒤에는 다시 상불경보살의 교화로 아뇩다라삼먁삼보리를 얻게 되었느니라."
8	한문 원전	"得大勢! 於汝意云何? 爾時 四衆常輕是菩薩者 豈異人乎? 今此會中 跋陀婆羅等 五百菩薩 師子月等 五百比丘尼 尼思佛等 五百優婆塞 皆於阿耨多羅三藐三菩提 不退轉者是. 得大勢! 當知. 是法華經 大饒益諸菩薩摩訶薩 能令至於阿耨多羅三藐三菩提. 是故 諸菩薩摩訶薩 於如來滅後 常應受持讀誦解說 書寫是經." 爾時 世尊欲重宣此義 而說偈言.
	한글 읽기	"득대세! 어의운하? 이시 사중상경시보살자 개이인호? 금차회중 발타바라등 오백보살 사자월등 오백비구니 니사불등 오백우바새 개어아뇩다라삼먁삼보리 불퇴전자. 득대세! 당지. 시법하경 대요익제보살마하살 능령지어아뇩다라삼먁삼보리. 시고 제보살마하살 어여래멸후 상응수지독송해설 서사시경." 이시 세존욕중선차의 이설게언.

| 8 | 한글
풀이 | "득대세야! 너의 생각은 어떠하냐? 그때 상불경보살을 항상 경멸한 이들이 어찌 다른 사람이랴. 이 회중 가운데 있는 발타바라 등 5백 보살과 사자월(師子月) 등의 5백 비구니와 니사불(尼思佛) 등의 5백 우바새로서 다 아뇩다라삼먁삼보리에서 물러나지 않는 이들이니라. 득대세야! 마땅히 알라. 이 법화경은 여러 보살마하살을 크게 이롭게 하고 아뇩다라삼먁삼보리에 이르게 하나니, 그러므로 보살마하살은 여래께서 멸도하신 뒤에는 이 경전을 받아 지녀 읽고 외우며 해설하고 옮겨 쓸지니라." 그때 세존께서 이 뜻을 거듭 펼치고자 게송으로 읊으셨다. |
| | 중요용어 | ❶ 동호운자재등왕(同號雲自在燈王)
❷ 불능질득아뇩다라삼먁삼보리(不能疾得阿耨多羅三藐三菩提)
❸ 이진에의 경천아고(以瞋恚意 輕賤我故) |

이렇게 한 가지 수행만을 끈기 있게 행한 상불경보살은 죽음에 이르러 예전 위음왕불이 설하셨던 법화경의 가르침을 모두 얻게 되고, 6근의 청정함을 얻고는 다시 2백만억 나유타세(歲)의 수명이 늘어나 많은 사람을 위하여 이 『법화경』을 설하였다고 하십니다. 나를 헐뜯고 비방하며, 돌로 치려던 사람조차 '나는 당신을 경배합니다. 당신은 반드시 보살도를 쌓아 부처가 될 것입니다.'라며, 꾸준히 예배한다는 것은 곧 법화경을 설하는 법사들이 가져야 할 실천덕목을 당부하신 걸로 보면 되겠습니다. 법화경의 오종법사의 공덕은 말할 것도 없고, 비방하거나 훼손하지만 않아도 헤아릴 수 없는 무량한 공덕이 있음을 설하시지 않았습니까?

법화경의 홍포에는 현란한 설법보다 인간의 불성 자체를 믿으며, 모두 다 성불할 것이라는 휴머니즘의 보살도가 중요하다는 가르침이기도 합니다. 보살도를 펴는데 어찌 비방과 장애가 없을 수 있겠습니까? 우리 인생사에도 어떤 경지에 이른다는 것은 뼈를 깎는 각고의 노력과 인내 없이는 불가능하듯, 부처에 이르고자 하면 여러 경로와 겁을 거쳐서 인욕으로 참고 또 참아 보시와 공양은 물론, 끊임없는 수행과 정진으로, 마침내 남도 깨우치고 나도 깨치는 반야의 지혜를 얻어야 합니다. 하루하루를 일심으로 정진한 사람에게는 오늘의 '나'는 어제의 '나'가 아니고, 내일의 '나'는 오늘의 '나'가 아닙니다.

이 상불경보살마하살도 이와 같이 많은 부처님들께 공양하고 공경하며, 존중하고 찬탄하여 여러 선근을 심었으며, 수명을 다한 뒤에는 천만 억의 부처님을 친견하여 역시 여러 부처님 법 가운데서 이 경전을 설하고 공덕을 성취하여 성불하였다고 설하십니다.

상불경보살은 석가모니 부처님의 전생의 몸이라는 것입니다. 이 말씀은 모든 인간이 불성을 지니고 있음을 간파하시고, 누구나 노력하면 부처가 된다는 우회적 가르침으로, 부처님도 전세에서는 상불경보살처럼 인간의 참 불성을 깨우치려고 오로지 한 가지 수행만을 끈기 있게 행하고, 마침내 위음왕불이 설하였던 법화경의 가르침을 온전히 얻을 수 있었다고 하시는 겁니다. 그것은 옳은 가르침을 믿고 행하면, 초승달이 절로 자라 보름달과 같이 되는 것이란 가르침이기도 합니다.

앞 단락에서 위음왕불에 대해 잠시 살펴보았습니다만, 위음왕불은 우주가 생성되면서 탄생한 원초불로서 깨달은 부처인 만큼, 우주는 불성으로 인해 생성되고 충만해 있다는 뜻이기도 합니다. '불성(佛性)'의 사전적 정의에 의하면, ① **진리를 깨달은 부처의 본성 또는** ② **중생이 본디 가지고 있는 부처가 될 성질**이라는 해석을 볼 수 있습니다. 우주 삼라만상이 모두 불성의 현현(顯現)이라는 뜻이기도 합니다. 불성이란 생명의 본원적 존재 가치이고, 모든 중생이 진리로써 하나 되게 하는 평등의 원리인 것입니다. 이처럼 불성은 특정 종교에 종속된 교조적 이념이 아니란 거지요.

우주의 운행질서 또한 불성과 같은 이름이며, 뿐만이 아니라, 나를 악인으로 대하거나 핍박하고, 갖은 학대를 일삼는, 같은 하늘 아래서 숨 쉬어야 한다는 것조차 괴로운 불구대천지원수라 해도, 그의 존재 자체는 나에겐 불성의 다른 이름인 것입니다. 그가 바로 나의 인욕의 스승이기 때문이지요. 그런 그에게 경배하면서 "나는 당신을 가볍게 여기지 않습니다. 당신은 반드시 보살도를 행하여 부처가 될 것입니다."라고 한다면 이미 그로써 나 자신은 부처가 된 것입니다. 허구한 날 자신에게 당하기만 하던 사람이 이런 말을 하는 걸 들으면, 가해자는 "이놈이 나 때문에 이제 완전히 돌았나? 내가 그동안 너무 심했었나?"하고 사람이 바뀔 수도 있는 것 아니겠습니까? 이처럼 〈상불경보살품〉은 법화경의 기본 정신에 충실할 것을 주문하고 있습니다.

"만약 숙세에 내가 이 경전을 받아 지녀 읽고 외우며, 다른 사람을 위해 설하지 아니하였다면 나는 아뇩다라삼먁삼보리를 빨리 얻지 못하였을 것이다. 내가 앞에 계신 부처님들로부터 이 경전을 받아 지녀 읽고 외우며, 다른 사람을 위하여 설하였기 때문에 아뇩다라삼먁삼보리를 이렇게 빨리 얻은 것이니라."

부처님이 법화경을 수지·독송하고, 위타인설했기 때문에 아뇩다라삼먁삼보리를 빨리 얻은 것이라 강조하시면서, 그때 사부대중이 진심(瞋心)을 내어 나를 경멸했기 때문에 2백억 겁 동안에 부처님을 한 번도 만나지 못하고, 법고 법을 듣지도 못했으며, 천 겁 동안을 아비지옥 속에서 큰 고통을 받고, 그 죄보가 다한 뒤에는 다시 상불경보살의 교화로 아뇩다라삼먁삼보리를 얻게 되었다고 설하십니다. 그렇습니다. 당시의 사부대중이 흘린 성내는 마음과 경멸한 업장이 쌓여 천 겁 동안을 아비지옥에서 고통 받은 뒤 다시 상불경보살의 교화로 성불할 수 있었다는 것입니다. 당시의 사부대중이 상불경보살의 예배를 배척하고, 업신여긴 업장이 2백억 겁 동안 부처님을 만나지도 못하고, 천 겁 동안을 아비지옥에서 큰 고통을 받는 업과로 나타났지만, 결국은 상불경보살의 교화로 성불할 수 있었다는 가르침은 우리들 인생사에도 너무나 큰 울림으로 다가옵니다.

오늘 하루 순간의 잘못된 생각이나 행동이 오늘 당장 나타나지 않는다고 해도, 세세연년 그 과보는 새록새록 자라나 다음 생의 내가 감당하지 못할 엄청난 업과로 남아 있게 됩니다. 좋은 생각이나 선행 또한 마찬가지로, 작은 선근일지라도 오늘 당장 심어놓으면 다음 생에는 꽃피워 열매를 맺는 선과(善果)의 인연으로 재탄생하게 됩니다. 내가 실행한 행위와 생각은 그 어떠한 것도 예외 없이 제8식인 아뢰야식에 무의식으로 저장되어, 나의 의지와는 전혀 상관없는 윤회의 실상에 당당한 권리를 행사하게 됩니다. 과거, 현재, 미래를 가리지 않습니다. 상불경보살처럼 나를 경멸하고, 성내어 내게 죄지은 자를 자비와 용서로 사랑을 베풀기는 실로 어려운 일이 아닐 수 없습니다. 그러나 어려운 난행(難行)이기 때문에 기필코 우리 법화행자님들은 넘어서야 하는 것입니다.

일상으로 기도를 생활화해도 기도의 가피가 없다고 안타까워하는 불자님들도 있게 마련입니다. 그것은 나의 업장의 장벽이 그만큼 두터워 기도의 신심이 일시에 장애를 혁파하지 못하기 때문입니다. 한 번의 기쁨이 천 번의 슬픔을 이긴다고 하셨으니, 이번 생이 아니라면 다음 생에는 반드시 아뇩다라삼먁삼보리를 구하겠다는 굳건한 서원을 세우시고, 오늘 하루하루를 나의 본성은 불성이라는 근본 하나만을 따라 살아가면 됩니다.

부처님이 득대세보살에게 하문하십니다. 법화경을 지닌 자를 욕하거나 비방하면 앞서 말한 대로 큰 죄의 업보를 받을 것이라고 말입니다. 대세(大勢)보살이란 큰 힘이라는 뜻입니다. 법화경을 수지·독송하고, 위타인설하는 데는 그만큼 큰 힘과 어떠한 고통과 수모도 담담히 인내하는 상불경보살 같은 큰 정신력이 있어야 한다는 뜻이기도 합니다. 상불경보살은 일명 '피경멸보살(被

輕蔑菩薩'로 표기한 사본도 있으니 즉, 무수히 경멸을 받는 보살이라는 뜻이기도 합니다.

> "득대세야! 너의 생각은 어떠하냐? 그때 상불경보살을 항상 경멸한 이들이 어찌 다른 사람이랴. 이 회중 가운데 있는 발타바라(跋陀婆羅) 등 5백 보살과 사자월(師子月) 등의 5백 비구니와 니사불(思佛) 등의 5백 우바새로서 다 아뇩다라삼먁삼보리에서 물러나지 않는 이들이니라. 득대세야! 마땅히 알라. 이 『법화경』은 여러 보살마하살을 크게 이롭게 하고 아뇩다라삼먁삼보리에 이르게 하나니, 그러므로 보살마하살은 여래께서 멸도하신 뒤에는 이 경전을 받아 지녀 읽고 외우며 해설하고 옮겨 쓸지니라."

그때 상불경보살을 경멸한 이들이 지금 법회에 있는 발타바라, 사자월, 니사불 등의 사부대중이라는 것인데, 이들은 모두 남의 잘못을 들춰서 밝히는 자, 남을 밟고 서는 자 등의 대명사이기도 하지만, 이들도 부처님의 법화경 설법을 듣고 성불에 이릅니다. 이처럼 법화경은 보살을 크게 이롭게 하고, 아뇩다라삼먁삼보리에 이르게 하므로, 여래 멸후 이 경전을 받아 지녀 읽고 외우며, 해설하고 옮겨 쓸 것을 당부, 당부하시며 본 품 설법은 마치게 됩니다.

중요 용어해설

❶ 동호운자재등왕(同號雲自在燈王) : 운자재(雲自在)는 구름이 허공에 가득 퍼져 모든 것을 자유자재로 덮는다는 뜻. 부처님의 덕을 상징화한 표현임

❷ 불능질득아뇩다라삼먁삼보리(不能疾得阿耨多羅三藐三菩提) : 빨리 무상정각을 이루지 못함

❸ 이진에의 경천아고(以瞋恚意 輕賤我故) : '에(恚)'는 성낼 에, 성내는 마음을 내어 나를 경멸한 결과란 뜻

요약 및 대의

⇒ 부처님의 불가사의한 신력(神力)과 여래 입멸 후 홍포와 수호를 다짐할 것을 당부하시는 설법으로 이루어짐

⇒ 지용보살들이 여래 입멸 후 법화경의 홍포를 다짐함

⇒ 출광장설(出廣長舌) 등의 갖가지 신통력을 보이시자 대지가 육종진동함

⇒ 이런 신통력을 보이심으로 해서 근본진리는 하나뿐이라는 견해를 밝히심

⇒ 부처님께서 『묘법연화경』을 설하시니, 교보살법의 경전이며, 불소호념의 경전이라는 소리가 공중에서부터 들려옴(공중창성 空中唱聲)

⇒ 부처님의 가르침은 결국 하나로 귀일 되어 통달무애하고, 모든 국토는 불국토가 됨

| 1 | 지용보살들이 여래 입멸 후 경의 홍포를 다짐하자,

부처님이 불가사의한 신력(神力)을 보이시고,

여래 입멸 후 홍포와 수호를 다짐할 것을 당부하심

단락	구분	원문 및 한글 번역
1	한문 원전	爾時 千世界微塵等 菩薩摩訶薩 從地踊出者 皆於佛前 一心合掌 瞻仰尊顔 而白佛言. "世尊! 我等 於佛滅後 世尊分身 所在國土 滅度之處 當廣說此經. 所以者何? 我等亦自 欲得是眞淨大法 受持讀誦 解說書寫 而供養之." 爾時 世尊 於文殊師利等 無量百千萬億 舊住娑婆世界 菩薩摩訶薩 及諸比丘 比丘尼 優婆塞 優婆夷 天 龍 夜叉 乾闥婆 阿修羅 迦樓羅 緊那羅 摩睺羅伽 人非人等 一切衆前 現大神力.
	한글 읽기	이시 천세계미진등 보살마하살 종지용출자 개어불전 일심합장 첨앙존안 이백불언. "세존! 아등 어불멸후 세존분신 소재국토 멸도지처 당광설차경. 소이지하? 아등역자 욕득시진정대법 수지독송 해설서사 이공양지." 이시 세존 어문수사리등 무량백천만억 구주사바세계 보살마하살 급제비구 비구니 우바새 우바이 천 용 영차 건달바 아수라 가루라 긴나라 마후라가 인비인등 일체중전 현대신력.

1	한글 풀이	그때 땅에서 솟아나온 천 세계의 티끌수 같은 보살마하살이 모두 부처님 앞에서 일심으로 합장하고 부처님 존안을 우러러보며 여쭈었다. "세존이시여! 저희들은 부처님께서 열반하신 뒤 세존의 분신들이 계시다가 멸도하신 곳에 가서 이 경을 설하오리다. 왜냐하면? 저희들도 이 진실되고 청정한 큰 법을 얻어 받아 지니고 읽고 외우며, 해설하고 옮겨 쓰며, 이를 공양하려는 때문입니다." 그때 세존께서 오래전부터 머물러 있던 문수사리 등 한량없는 백천만억의 보살마하살과 여러 비구 비구니 우바새 우바이와 하늘 용 야차 건달바 아수라 가루라 긴나라 마후라가 등 사람인 듯 아닌 듯한 것의 온갖 중생 앞에서 큰 신통력을 나타내셨다.

2	한문 원전	**出廣長舌** 上至梵世 一切毛孔 放於無量無數色光 皆悉遍照 十方世界 衆寶樹下 師子座上諸佛 亦復如是 出廣長舌 放無量光. 釋迦牟尼佛 及寶樹下諸佛 現神力時 滿百千歲 然後**還攝舌相 一時謦欬 俱共彈指 是二音聲** 遍至十方諸佛世界 地皆六種震動.
	한글 읽기	**출광장설** 상지범천 일체모공 방어무량무수색광 개실편조 시방세계 중보수하 사자좌상제불 역부여시 출광장설 방무량광.석가모니불 급보수하제불 현신력시 만백천세 연후**환섭설상 일시경해 구공탄지 시이음성** 변지시방제불세계 지개육종진동.
	한글 풀이	넓고 긴 혀를 내시니 위로는 범천까지 이르며, 일체의 털구멍에서는 한량없이 많은 광명이 나타나 시방세계를 두루 비추며, 또한 보배 나무 아래의 사자좌에 앉으신 많은 부처님들께서도 그와 같이 넓고 긴 혀를 내시어 광명을 놓으셨다. 이렇게 석가모니불과 보배 나무 아래 계신 많은 부처님들은 백천 년 동안 신통력을 내신 뒤에야 다시 혀를 거두시며, 이때 큰 기침을 하시며 함께 손가락을 튕기시니, 이 두 가지 소리가 시방의 부처님 세계에 두루 들려 땅이 여섯 가지로 진동하였다.

3	한문 원전	其中衆生 天 龍 夜叉 乾闥婆 阿修羅 迦樓羅 緊那羅 摩睺羅伽 人非人等 以佛神力故 皆見此娑婆世界 無量無邊百千萬億衆寶樹下 師子座上諸佛 及見釋迦牟尼佛 共多寶如來 在寶塔中 坐師子座. 又見無量無邊百千萬億菩薩摩訶薩 及諸四衆 恭敬圍繞釋迦牟尼佛. 旣見是已 皆大歡喜 得未曾有.
	한글 읽기	기중중생 천 룡 야차 건달바 아수라 가루라 긴나라 마후라가 인비인등 이불신력고 개견차사파세계 무량무변백천만억중보수하 사자좌상제불 급견석가모니불 공다보여래 재보탑중 좌사자좌. 우견무량무변백천만억보살마하살 급제사중 공경위요석가모니불 기견시이 개대환희 득미증유.
	한글 풀이	그 가운데 하늘 용 야차 건달바 아수라 가루라 긴나라 마후라가 등 사람인 듯 아닌 듯한 것들이 부처님의 신통력으로, 보배 나무 아래의 사자좌에 앉으신 한량없고 가없는 백천 만억의 여러 부처님들과 석가모니불께서 다보여래와 함께 보배탑 안의 사자좌에 앉아 계신 것을 이 사바세계에서 다 보며, 또 한량없고 가없는 백천만억의 보살마하살들과 여러 사부대중들이 석가모니불을 둘러싸고 공경함을 보고 다 크게 환희하여 미증유를 얻었다.

4	한문 원전	卽時 諸天於虛空中 高聲唱言. "過此無量無邊百千萬億阿僧祇世界 有國名娑婆. 是中有佛 名釋迦牟尼. 今爲諸菩薩摩訶薩 說大乘經 名妙法蓮華 敎菩薩法 佛所護念. 汝等當深心隨喜 亦當禮拜供養釋迦牟尼佛." 彼諸衆生 聞虛空中聲已 合掌向娑婆世界 作如是言. "南無釋迦牟尼佛, 南無釋迦牟尼佛". 以種種華 香瓔珞 幡蓋 及諸嚴身之具 珍寶妙物 皆共遙散娑婆世界. 所散諸物 從十方來 譬如雲集 變成寶帳 遍覆此間諸佛之上 于時 十方世界 **通達無礙 如一佛土**.
	한글 읽기	즉시제천 어허공중 고성창언. "과차무량무변백천만억아승기세계 유국명사바. 시중유불 명석가모니 금위제보살마하살 설대승경 명묘법연화경 교보살법 불소호념. 여등당심수희 역당예배공양석가모니불." 피제중생 문허공중성이 합장향사바세계 여작시언. "나무석가모니불, 나무석가모니불." 이종종화 향영락 번개 급제엄신지구 진보묘물 개공요산사바세계. 소산제물 종시방래 비여운집 변성보장 변부차간제불지상 우시 시방세계 **통달무애 여일불토**.
	한글 풀이	그때 모든 하늘의 허공 중에서 큰 소리가 났다. "이 한량없고 가없는 백천 만의 아승기의 세계를 지나서 한 세계가 또 있으니, 그 이름은 사바세계요, 그 세계에 계신 부처님은 석가모니불이라고 하느니라. 지금 그 부처님께서 여러 보살마하살들을 위하여 대승경을 설하시니, 이름이 『묘법연화경』으로, 보살을 가르치는 법이며, 부처님께서 생각하시는 바이니, 그대들은 마음 깊이 따라 기뻐하고 또한 마땅히 예배 공양할지니라." 그때 여러 중생들이 허공 중에서 들리는 이 소리를 듣고 사바세계를 향하여 합장하고, "나무석가모니불, 나무석가모니불" 하고 부르며, 가지가지 꽃과 향과 영락과 번개와 그리고 많은 장신구들인 진귀하고 아름다운 보물들을 다 함께 사바세계에 흩었다. 그 흩은 여러 가지 물건은 구름처럼 시방에서 몰려와서 변하여 보배 장막으로 이 세상의 부처님들 위를 덮으니, 이때 시방세계는 통달하여 걸림 없는 것이 하나의 불국토와 같았다.
5	한문 원전	爾時 佛告上行等 菩薩大衆. "諸佛神力 如是無量無邊不可思議. 若我以是神力 於無量無邊百千萬億阿僧祇劫 **爲囑累故 說此經功德** 猶不能盡. 以要言之, 如來一切所有之法 如來一切自在神力 如來一切秘要之藏 如來一切甚深之事 皆於此經 宣示顯說."
	한글 읽기	이시 불고상행등 보살대중. "제불신력 여시무량무변불가사의. 약아이시신력 어 무량무변백천만억아승기겁 **위촉루고 설차경공덕** 유불능진. 이요언지, 여래일체소유지법 여래일체자재신력 여래일체비요지장 여래일체심지사 개어차경 선시현설."
	한글 풀이	이때 부처님께서 상행보살 등 보살대중에게 말씀하셨다. "부처님들의 신통력은 이와 같이 한량없고 가없으며, 불가사의한 것이니라. 내가 이러한 신통력으로 한량없고 가없는 백천 만억 아승기겁 동안 후의 사람들에게 부촉하기 위해 이 경의 공덕을 설할지라도 다 할 수가 없느니라. 중요한 것만 말한다면 여래의 모든 가르침과 여래의 자유자재한 온갖 신통력과 여래의 온갖 비밀스럽고 중요한 법장과 여래의 깊고 깊은 온갖 일들을 모두 다 이 경에서 펴 보이고 드러내어 설하였느니라."

6	한문 원전	"是故汝等 於如來滅後 應一心受持讀誦解說書寫 如說修行. 所在國土 若有受持 讀誦解說書寫 如說修行 若經卷所住之處 若於園中 若於林中 若於樹下 若於僧坊 若白衣舍 若在殿堂 若山谷曠野 是中皆應起塔供養. 所以者何? 當知是處 即是道場 諸佛於此 得阿耨多羅三藐三菩提 **諸佛於此 轉于法輪** 諸佛於此 而般涅槃." 爾時世尊欲重宣此義 而說偈言.
	한글 읽기	"시고여등 어여래멸후 응일심수지독송해설서사 여설수행. 소재국토 약유수지 독송해설서사 여설수행 약경권소재지천 약어원중 약어림중 약어수하 약어승방 약백의사 약재전당 약산곡광야 시중개응기탑공양. 소이자하? 당지시처 즉시도량 제불어차 득아녹다라삼먁삼보리 **제불어차 전우법륜** 제불어차 이반열반," 이시세존욕중선차의 이설게언.
	한글 풀이	"그러므로 너희들은 여래가 열반한 후에 당연히 한결같은 마음으로 받아 지니고 읽고 외우며, 해설하고 옮겨쓰며 설함과 같이 수행할지니, 너희들이 있는 국토에서 받아 가지고 읽고 외우며, 해설하고 옮겨 쓰며, 설함과 같이 수행하라. 이 경전이 머무는 곳이 혹은 동산이거나 산림 가운데거나, 나무 아래 승방이거나 서민의 집이거나, 전당 산골짜기나 들판일지라도 마땅히 그곳에 탑을 쌓을 것이니라. 왜냐하면? 이곳은 모두 도량으로 여러 부처님께서 이곳에서 아녹다라삼먁삼보리를 얻으시며, 모든 부처님께서 이곳에서 법륜을 굴리시고 또 여러 부처님들께서 이곳에서 열반하시기 때문이니라." 그때 세존께서 이 뜻을 거듭 펴시려고 게송으로 읊으셨다.
	중요용어	❶ 출광장설(出廣長舌)　❷ 환섭설상 일시경해(還攝舌相 一時謦欬) ❸ 구공탄지 시이음성(俱共彈指 是二音聲) ❹ 통달무애 여일불토(通達無礙 如一佛土) ❺ 위촉루고 설차경공덕(爲囑累故 說此經功德) ❻ 제불어차 전우법륜(諸佛於此 轉于法輪)

　본 〈여래신력품〉은 그야말로 모든 부처님의 불가사의한 신력(神力)을 담고 있으며, 다음 품으로 이어지는 〈제22 촉루품〉과 함께 여래 입멸 후 법의 홍포와 수호를 다짐하고 당부하는 내용으로 이루어져 있습니다. 실제로 〈제15 종지용줄품〉에서 등장했던 지용보살들이 5종법사의 수행을 다짐하는 단락으로 본 품은 시작됩니다. 그때 땅에서 솟아 나온 천세계의 티끌 수 같은 보살마하살, 그러니까 지용보살들은 모두 부처님 앞에서 일심으로 합장하고 부처님 존안을 우러러보며 법사의 발심을 다짐합니다.

"세존이시여! 저희들은 부처님께서 열반하신 뒤 세존의 분신들이 계시다가 멸도하신 곳에 가서 이 경을 설하오리다. 왜냐하면! 저희들도 이 진실되고 청정한 큰 법을 얻어 받아 지니고 읽고 외우며, 해설하고 옮겨 쓰며, 이를 공양하려는 때문입니다."

이 보살들의 다짐은 앞의 품 〈상불경보살품〉 말미에 부처님께서 보살마하살에게 '여래께서 멸도하신 뒤에는 이 경전을 받아 지녀 읽고 외우며, 해설하고 옮겨 쓸지니라.'라고 당부하신 말씀에 대한 지용보살들의 다짐인데요. 〈제15 종지용출품〉에서는 부처님이 타방 보살들의 이러한 발심에 대해 그럴 필요 없다고 말씀하셨으나, 지용보살들 앞에서는 이들 뜻을 받아들여 설법에 앞서 신통력을 발하시게 됩니다.

법화경을 지니고 홍포하는 데는 스스로 땅에서 솟아난 지용보살처럼, 자력의 노력이 필요함을 강조한 것이란 해석도 가능하리라 생각해 봅니다. 이에 부처님은 수많은 보살과 사부대중, 팔부신중 앞에서 다음과 같은 여러 가지 큰 신통력을 보이시면서 이들의 다짐을 격려하시게 됩니다. 여래의 신력이 본 품의 주제인 만큼 신통력의 양상과 상징하는 의미에 대해 자세히 살펴보도록 하겠습니다. 본 품에 나오는 열 가지 여래의 신력이라 하여, '여래10종 신력'으로도 불리는데, 우선 부처님께서 '광장설(廣長舌)'을 내시어 위로 범천에까지 이르게 하십니다.

광장설이란 글자 그대로 '넓고 긴 혀'란 뜻인데, 긴 혀는 부처님의 상호 32상 중의 하나로, 미망의 중생들을 깨우치기 위해 길 위에서 설법의 일대기를 보내신 부처님의 위대함을 넓고, 긴 혀로 상징하여 표현한 것인데, 이 혀가 위로 범천에까지 닿았다는 것입니다. 우리 한국인의 일반적 정서로는 혀를 내미는 행위는 속된 말로 '앨롱~', '낼름~' 등의 부정적 의미로 쓰이지만, 인도의 풍속으로는 혀를 위로 내민다는 것은 곧 '그것은 진실하다.'를 나타낼

때 표현하는 신체언어(바디랭귀지)라고 하니 부처님의 설법은 진리라는 것을 상
징한다는 의미인 것입니다.

기독교는 물론 세계의 모든 종교가 그렇겠습니다만, 교주가 살아생전 교화
하고 설법한 진실과 후대의 제자들에 의해 유언으로 이어진 교설에는 당연하
게도 상당 부분은 상이하거나 거리가 있게 마련입니다. 법화경에서도 부처님
이 현실적인 여러 가르침을 펴신 내용을 발자취 '적(迹)'을 쓰서 적문(迹門)으로
기록하였고, 우주의 대 생명으로 불생불멸의 영원한 구원실성의 법신불임을
강조한 내용은 주로 본문(本門)으로 다루고 있지만, 인간 싯다르타붓다와 구원
의 본불인 석가모니여래 사이에 본성적 차별은 있을 수 없고, 근본적인 진리
는 오직 하나일 뿐입니다.

지금까지 우리들이 공부해온 법화경에서만도 수많은 상서러운 경이와 기
적이 있었습니다만, 앞서 살펴보았듯이 깨달은 자에게 기적이란, 기적일 수
도 없는 평범한 일상의 하나인 진리일 뿐이었잖습니까? 이처럼 신통력을 보
이시는 것은 다만 '진리는 오직 하나뿐'이며, 모든 사바세계와 우주법계가 모
두 불법으로 귀일한다는 통일장의 가르침을 펴기 위한 것으로, 이어서 곧 광
명의 신통을 보이시기 위해 일체의 모공(毛孔)을 통해 무한한 광명이 나타나
시방세계를 두루 비추게 하십니다. 광명으로 시방세계를 두루 비추었다는 것
은 부처님의 자비광명이 중생계의 어두운 무명을 지혜의 빛으로 몰아낸다는
상징적 의미가 있는 것입니다.

무명이나 번뇌 망상은 구름이 끼어 잠시 태양을 가린 것과 같을 뿐, 원래
인간의 솔성에는 불성이라는 지혜의 빛이 함께하고 있으니, 어두운 방에 전
등의 스위치를 켜듯, 깨달음을 통해 일시에 지혜의 광명을 밝힐 수 있다는 뜻
이기도 합니다. 여기서는 한량없는 많은 빛이 나타났음을 잘 생각해 보아야
합니다. 우리는 햇빛을 그냥 밝은 하나의 색깔로 인식하지만, 프리즘이라는
실상의 렌즈(부처님의 지혜의 눈)를 통해서 보면 일곱 빛깔 현란한 무지개 색을 볼

수 있는데, 여러 가지 색(여러 가지 방편과 이론)이 있다 하여도, 근본적으로 빛은 하나의 똑같은 빛이며, 궁극적으로 지혜의 대광명이 모든 무명과 미혹을 타파한다는 우회적 상징성도 지니고 있다 하겠습니다.

부처님이 광장설과 함께 광명을 뿌리시자, 보배나무 아래에 앉아 계시는 많은 부처님들도 광장설과 함께 광명을 뿌리고, 백천년 동안 신통력을 보인 뒤에야 다시 광장설을 거두어들이게 됩니다. 이어서 일시에 큰 기침을 하면서 손가락을 튕기시니 이 두 소리가 시방의 온 부처님 세계에 두루 울려 퍼지고 국토가 여섯 가지로 진동하였다는 것입니다. 육종진동은 〈제1 서품〉에서 이미 살펴보았지만, 땅이 여섯 가지로 흔들리고 소리를 낸다는 것은 6식의 지배를 받는 인간들에게 깨어나라고 충격을 가한다는 상징성이 있는 것이기도 하지요.

일시에 큰 기침을 하셨다는 것은 큰 가르침을 편다는 뜻으로 '일시경해(一時謦欬)'라고도 하는데, 기침 '경(謦)'자(字)를 쓰서, 큰 스님들이 위엄 있게 꾸짖을 때나, 크게 주위를 환기시키고자 할 때 흔히 '할!'이라며 큰 소리를 내는 것과 같은 맥락이기도 합니다. 또한 손가락을 튕긴다는 것은 수많은 불상의 수인(手印)이 상징하는 것처럼, 가르침을 꼭 실천하고 다 같이 다짐하겠다는 약속으로 '구공탄지(俱共彈指)'라고도 합니다. 우리들도 흔히 약속을 할 때면 손가락을 거는 것과 비슷한 행동이라 하겠습니다. 이때 모든 하늘의 허공중에서 큰 소리가 납니다.

"이 한량없고 가없는 백천만의 아승기의 세계를 지나서 한 세계가 또 있으니 그 이름은 사바세계요, 그 세계에 계신 부처님은 석가모니불이라고 하느니라. 지금 그 부처님께서 여러 보살마하살들을 위하여 대승경을 설하시니, 이름이 『묘법연화경』으로, 보살을 가르치는 법이며, 부처님께서 생각하시는 바이니, 그대들은 마음 깊이 따라 기뻐하고 또한 마땅히 예배 공양할 지니라."

이 소리가 허공중에서 들려왔으므로, '공중창성(空中唱聲)'이라고도 하는데요, 사바세계에 석가여래가 계셔서 대승경을 설하시니 이름이 『묘법연화경』이라, 너희는 모두 다 이에 귀의하는 마음을 내라시는 거룩한 음성이 들려옵니다. 이 소리는 바로 우주법계에 유일한 일승의 진리이신 법신 부처님의 소리입니다. 부처님의 가르침은 반드시 하나로 귀일된다는 말씀이기도 한데, 이 소리를 들은 시방세계의 모든 사람들이 진심으로 합장하고, "나무석가모니불! 나무석가모니불!" 하며 예배하면서, 꽃과 갖가지 향과 보물들을 사바세계에 흩뿌립니다. 실로 황홀한 장면이 아닐 수 없습니다. 그 흩은 여러 가지 물건은 구름처럼 시방에서 몰려와서 변하여, 보배 장막으로 이 세상의 부처님들 위를 덮으니, 이때 시방세계는 통달하여 걸림 없는 것이 하나의 불국토와 같았다는 것입니다.

하나의 불국토와 같았다는 말씀 곧 '여일불토(如一佛土)'는 법화경의 근본정신이 '절대 진리는 하나'라는 통일융합의 사상을 나타낸 말씀이고, 우주의 본성 또한 하나 된 불성의 불국정토로 귀일 된다는 말씀이기도 하여, **'통달무애 여일불토(通達無礙 如一佛土)'**로 표현합니다. 이처럼 법화경에서 부처님은 여래의 모든 가르침과 여래의 자유자재한 온갖 신통력과 여래의 온갖 비밀스럽고 중요한 법장과 여래의 깊고 깊은 온갖 일들을 모두 다 이 경에서 펴 보이고 드러내어 설하셨다고 하였습니다. 그러니 법화경은 그 자체로 신통의 법장이요, 부처님의 자유자재한 신통력을 전편에 새겨 넣은 우리들 마음속 보석상자가 아닐 수 없습니다.

그래서 한결같은 마음으로 오종법사행을 하라고 하시는데, 그 수행장소는 바로 자신이 있는 그 국토이고, 그 수행장소가 곧 탑을 쌓을 곳이니, 이곳에 부처님은 함께하실 것이며, 아뇩다라삼먁삼보리를 얻을 것이라 설하십니다. 그렇습니다. 수행의 장소가 굳이 속세간을 떠난 토굴일 필요도 없고, 깊은 암자 법당이어야만 할 이유도 없습니다. 이 우주가 모두 하나의 법성(法性)으로 이뤄진 동일 형질의 불성일진대, 내가 있는 곳에 법화경이 있고, 법화경이 있는 곳에는 늘 부처님이 함께 하실 것입니다. 부처님이 상주하시는 곳, 그곳이 어떤 땅이겠습니까? 그곳이 곧 불국토인 것입니다. 본 품에서 부처님이 게송으로 설하신 너무나 경외롭고, 아름다운 설법 구절을 아래에 옮겨둡니다. 꼭 마음에 새겨 우리들의 서원으로 다져야겠습니다.

이 경을 받아 지닌 사람은
모든 법의 뜻과 이름과 말씀을
끝이 없도록 즐겨 설하는 것이
바람이 공중에서 아무런 장애가 없는 것과 같고
여래가 열반하신 후 부처님께서 설하신
경전의 인연과 차례를 알며
뜻에 따라 진실하게 설하니
해와 달이 모든 어려움을 없애는 것과 같느니라.

이 사람이 세상을 다니며
중생들의 어두움을 없애주고
한량없는 보살들을 교화하여
필경에는 일승에 머무르게 하리라.
그러므로 지혜 있는 사람은
이런 공덕과 이익을 듣고
내가 열반한 뒤에 마땅히 이 경을 받아 지녀라.
받아 지니는 사람이
부처님의 경지에 이르리라는 것은
의심의 여지가 없느니라.

중요 용어해설

❶ 출광장설(出廣長舌) : '넓고 긴 혀'란 뜻. 긴 혀는 부처님의 상호 32상 중의 하나

❷ 환섭설상 일시경해(還攝舌相 一時謦欬) : 혀를 거둬들이고 큰 기침을 함

❸ 구공탄지 시이음성(俱共彈指 是二音聲) : 큰 기침을 하며 함께 손가락을 튕김. 기침과 이 두 가지 소리가 시방의 부처님 세계에 두루 들렸다는 뜻

❹ 통달무애 여일불토(通達無礙 如一佛土) : 걸림없이 하나된 불성의 불국정토로 귀일됨

❺ 위촉루고 설차경공덕(爲囑累故 說此經功德) : 사람들에게 부촉하기 위해 이 경의 공덕을 설함

❻ 제불어차 전우법륜(諸佛於此 轉于法輪) : 모든 부처님께서 이곳에서 법륜을 굴리심

묘법연화경 제22 촉루품(囑累品)

요약 및 대의

⇒ 법화경 28품 중 가장 짧은 본문

⇒ 본 품을 끝으로 〈제11 견보탑품〉에서부터 시작된 허공설법은 끝나고, 다음 품 〈제23 약왕보살본사품〉부터는 다시 지상설법으로 돌아감

⇒ 부처님이 법화경을 유통하는 이유를 밝히시고 홍포를 부촉하심

⇒ 모든 보살들이 받들어 행할 것을 굳게 서원함

⇒ 부처님께서 분신부처님과 다보불님도 본국으로 환국할 것을 권하심

⇒ 이에 모든 분신부처와 다보불, 상행보살 및 사부대중, 천 인 아수라 등이 크게 환희함

단락	구분	원문 및 한글 번역
1	한문 원전	爾時 釋迦牟尼佛 從法座起 現大神力 以右手 摩無量菩薩摩訶薩頂 而作是言. "我於無量百千萬億阿僧祇劫 修習是難得 阿耨多羅三藐三菩提法 今以付囑汝等. 汝等應當一心 流布此法 廣令增益." 如是三摩諸菩薩摩訶薩頂 而作是言. "我於無量百千萬億阿僧祇劫 修習是難得阿耨多羅三藐三菩提法 今以付囑汝等. 汝等當受持讀誦 廣宣此法 令一切衆生 普得聞知."
	한글 읽기	이시 석가모니불 종법좌기 현대신력 이우수 마무량보살마하살정 이작시언. "아어무량백천만억아승기겁 수습시난득 아뇩다라삼먁삼보리법 금이부촉여등. 여등응당일심 유포차법 광령증익." 여시삼마제보살마하살정 이작시언. "아어무량백천만억아승기겁 수습시난득아뇩다라삼먁삼보리법 금이부촉여등. 여등당수지독송 광선차법 영일체중생 보득문지."
	한글 풀이	그때 석가모니 부처님께서 법좌에서 일어나 큰 신통력을 내시고 오른손으로 한량없는 보살마하살의 머리를 쓰다듬으시며 이렇게 말씀하셨다. "내가 한량없는 백천만억 아승기겁 동안 이 얻기 어려운 아뇩다라삼먁삼보리의 법을 닦고 익혔는데, 이제 너희들에게 부탁하여 맡기니, 너희들은 마땅히 한결같은 마음으로 이 법을 널리 펴고 더욱 이익 되게 하여라." 이와 같이 모든 보살마하살들의 머리를 세 번이나 쓰다듬으시며 이렇게 말씀하셨다. "내가 한량없는 백천만억 아승기겁 동안 이 얻기 어려운 아뇩다라삼먁삼보리를 닦고 익혔는데 이제 너희들에게 부탁하여 맡기니, 너희들은 마땅히 이 법을 받아 지니고 읽고 외우며, 널리 설하여 일체 중생들로 하여금 널리 들어 알게 하여라."
2	한문 원전	"所以者何? 如來有大慈悲 無諸慳悋 亦無所畏 能與衆生 **佛之智慧 如來智慧 自然智慧**. 如來是一切衆生之大施主 汝等亦應隨學如來之法 **勿生慳悋**. 於未來世 若有善男子善女人 信如來智慧者 當爲演說 此法華經 使得聞知 爲令其人 得佛慧故. 若有衆生 不信受者 當於如來 餘深法中 **示教利喜**. 汝等若能如是 則爲已報 諸佛之恩."
	한글 읽기	"소이자하? 여래유대자비 무제간린 역무소외 능여중생 **불지지혜 여래지혜 자연지혜**. 여래시일체중생지대시주 여등역응수학여래지법 **물생간린**. 어미래세 약유선남자선여인 신여래지혜자 당위연설 차법화경 사득문지 위령기인 득불혜고. 약유중생 불신수자 당어여래 여심법중 **시교리희**. 여등약능여즉 즉위이보 제불지은."
	한글 풀이	"왜냐하면 여래는 대자비가 있어 모든 것을 아끼지 아니하며 거리낌도 없으므로, 중생들에게 부처님의 지혜와 여래의 지혜, 자연의 지혜를 줄 수 있기 때문이니라. 여래는 일체 중생의 대 시주이니 너희들도 응당 여래의 가르침을 따라 배워서 아끼는 마음을 내지 말아라. 미래의 세상에 선남자, 선여인으로서 여래의 지혜를 믿는 사람에게는 마땅

2	한글 풀이	히 이 법화경을 설하여 듣고 알게 하라. 그 사람이 부처님의 지혜를 얻도록 하기 위해서인데, 만약 중생으로서 믿지 아니하고, 받지 않은 자에게는 여래의 깊은 법 중에서 다른 것을 보이고서 이롭게 하고 기쁘게 하여라. 너희들이 이와 같이 할 수 있다면 곧 모든 부처님들의 은혜를 갚는 것이 되느니라."
3	한문 원전	時 諸菩薩摩訶薩 聞佛作是說已 皆大歡喜 遍滿其身 **益加恭敬 曲躬低頭** 合掌 向佛 俱發聲言. "如世尊勅 當具奉行. 唯然世尊! 願不有慮." 諸菩薩摩訶薩衆 如是三反俱發聲言. "如世尊勅 當具奉行. 唯然世尊! 願不有慮."
	한글 읽기	시 제보살마하살 문불작시설이 개대환희 변만기신 **익가공경 곡궁저두** 합장 향불 구발성언. "여래존칙 당구봉행. 유연세존! 원불유려."제보살마하살중 여시삼반구발성언. "여래존칙 당구봉행. 유연세존! 원불유려."
	한글 풀이	이때 보살마하살들이 부처님께서 이렇게 말씀하시는 것을 듣고, 모두들 큰 기쁨이 몸에 가득하여 더욱 공경하는 마음으로 몸을 굽히고, 머리를 숙여 부처님을 향하여 합장하고 다 함께 소리내어 말하였다. "세존께서 분부하시는 대로 모두 받들어 행하겠나이다. 그 러하오니 세존이시여! 원하옵건대 염려치 마십시오." 보살마하살들이 이렇게 세 번을 다 함께 소리내어 말씀드렸다. "세존께서 분부하신 대로 모두 받들어 행하겠나이다. 그 러하오니 세존이시여! 원하옵건대 심려치 마십시오."
4	한문 원전	爾時 釋迦牟尼佛 令十方來諸分身佛 各還本土 而作是言. "諸佛各隨所安 多寶 佛塔 還可如故." 說是語時 十方無量分身諸佛 坐寶樹下師子座上者 及多寶佛 幷上行等 無邊阿僧祇菩薩大衆 舍利弗等 聲聞四衆 及一切世間天 人 阿修羅等 聞佛所說 皆大歡喜.
	한글 읽기	이시 석가모니불 영시방래제분신불 각환본토 이작시언. "제불각수소안 다보 불탑 환가여고." 설시어시 시방무량분신제불 좌보수하사자좌상좌 급다보불 병상행등 무량아승기보살대중 사리불등 성문사중 급일체세간천 인 아수라등 문불소설 개대환희.
	한글 풀이	그때 석가모니 부처님께서는 시방세계에서 오신 모든 분신 부처님들을 각 본국으로 돌아가게 하시려고 이렇게 말씀하셨다. "부처님들께서는 편안하신 대로 하시고, 다보여래의 탑도 본래 있던 곳으로 돌아가십시오." 이렇게 말씀 하실 때 보배나무 아래의 사자좌에 앉아 계시던 시방세계의 한량없는 분신 부처님들과 다보부처님과 상행보살을 비롯한 가없는 아승기의 보살대중과 사리불을 비롯한 성문의 사부대중과 모든 세계의 하늘과 사람과 아수라들이 부처님의 말씀을 듣고 모두 크게 기뻐하였다.
중요용어		❶ 불지지혜 여래지혜 자연지혜(佛之智慧 如來智慧 自然智慧) ❷ 물생간린(勿生慳恪)　❸ 익가공경 곡궁저두(益加恭敬 曲躬低頭)

'촉루(囑累)'란 부탁하고 맡긴다는 뜻의 '촉(囑)'과 묶는다는 뜻의 '루(累)'가 결합된 단어로, 부처님의 가르침을 전하는 것을 부탁하고, 법으로써 잇는다

는 뜻이 있습니다. 즉, 법화경을 널리 전파해 달라고 제자들에게 부탁한다는 품입니다. 부촉한다는 말과 같은 뜻이지만, 여기서는 촉루라 해서 부탁하여 묶는다는 좀더 강한 이미지를 강조한 것으로 볼 수 있습니다. 〈제22 촉루품〉은 법화경 28품 중 본문 글자 수가 가장 짧은 품이기도 하지만, 〈제11 견보탑품〉에서부터 시작된 허공에서의 설법은 이번 품에서 끝을 맺고, 다음 품부터는 여러 보살들이 등장하여 고통에 빠진 중생들을 어떻게 구제하는 지를 보여주는 설법이 이어지면서 수행의 방향을 제시하게 됩니다.

법화경은 설법공간이 초반엔 영축산의 지상에서 펼쳐지고, 견보탑품에서부터는 허공으로, 다시 〈제23 약왕보살본사품〉부터는 다시 지상으로 이어지게 됩니다.

〈법화경 설법의 공간구조〉

법화경의 부분	해당 설법품	설법공간
전반부	「서품 제1」~「법사품 제10」	기사굴산 지상 →
중반부	「견보탑품 제11」~「촉루품 제22」	허공으로 상승 ↑
후반부	「약왕보살본사품 제23」~「보현보살권발품 제28」	영취산으로 하강 ↓

이 설법공간을 지상과 허공 2곳에서, 3번의 큰 법회 성격으로 묶어 **'이처삼회**(二處三會)' 설법이라고도 합니다. 앞의 〈여래수량품〉에서도 부처님이 법화경의 홍포를 부촉하고 있지만 그때는 지용보살이 대상이었고, 본 품에서는 법회에 임석한 모든 보살, 사부대중에게 공통으로 부촉하고 있습니다.

"내가 한량없는 백천만억 아승기겁 동안 이 얻기 어려운 아뇩다라삼먁삼보리의 법을 닦고 익혔는데, 이제 너희들에게 부탁하여 맡기니, 너희들은 마땅히 한결같은 마음으로 이 법을 널리 펴고 더욱 이익 되게 하여라."

이와 같이 모든 보살마하살들의 머리를 오른 손으로 세 번이나 쓰다듬으시며 이렇게 말씀하셨고, 다시 세 번을 반복하여 당부를 하십니다. 오른 손은 지혜를 상징하기도 하고, 머리를 쓰다듬는다는 것은 절대적 신뢰를 의미하며, 믿고 맡긴다는 뜻도 됩니다. 여기서 '여시삼마제보살마하살정(如是三摩諸菩薩摩訶薩頂)' 그러니까 제보살마하살들의 머리를 세 번이나 쓰다듬었다는 것은 부처님의 축원이기도 하며, 욕색무색계의 삼계를 관통하는 힘을 불어넣어 주신다는 뜻도 있습니다.

법화경 홍포에 거셨던 부처님의 믿음과 희망이 얼마나 크셨던가를 잘 보여주는 장면이라 하겠습니다. 그러면서 여래는 대 자비가 있어 모든것을 아끼지 아니하며 거리낌도 없으므로, 중생들에게 부처님의 지혜와 여래의 지혜, 자연의 지혜를 줄 수 있기 때문이라고 하십니다. 여기서는 부처님의 지혜, 여래의 지혜, 자연의 지혜에 대해 잠시 살펴보도록 하겠습니다. 얼핏 보면 비슷한 말인 것도 같은데, 부처님의 지혜란 우주의 제법실상을 간파하는 지혜로서, 중생들을 고통에서부터 구원할 수 있는 원초적 대 지혜를 뜻하며, 여래의 지혜는 진리의 세계로부터 오셔서 중생에게 진여를 깨우치는 여래(如來)의 지혜를 이릅니다. 자연의 지혜란 누구나 지니고 있는 불성이 나타나서 이루어진 지혜로 나누어 설명할 수 있겠습니다.

"앞으로 오는 세상에 만일 선남자·선여인이 있어 여래의 지혜를 믿는 이에게는 이 『법화경』을 마땅히 연설해 주어 얻어 듣게 하고 알게 할 것이니, 그 사람으로 하여금 부처님 지혜를 얻게 하려 하기 때문이니라. 또 만일 어떤 중생이 믿지 않고 받지 않으면 여래의 다른 깊고 미묘한 법 가운데서 보이고 가르쳐 이익되고 기쁘게 할지니라."

구체적 전법(轉法)의 기법을 설명하십니다. 만일 어떤 중생이 믿지 않고 받지 않으면 여래의 다른 깊고 미묘한 법 가운데서 보이고(示), 가르쳐(敎), 이익되고(利), 기쁘게(喜) 하라는 말씀이군요. 이 교육기법을 묶어서 **'시교리희**(示敎利喜)'라고 하는데, 우리가 〈제7 화성유품〉에서 공부한 삼전(三傳)의 ①시전(示轉), ②권전(勸轉), ③증전(證轉) 중 시전(示轉)에 속하는 법화 가르침의 실천 방법에 해당하는 것입니다. 교육의 효과는 반복하고 보여주며, 이해시켜 스스로 앎에 다가가게 하는 원리가 전부인데, 부처님은 현대교육학의 기법을 수 천 년 전 모두 동원하셨더랬군요. 아래에 〈화성유품〉에서 이미 공부한 바 있는 '시교리희'를 다시한번 간단히 정리하여 둡니다.

- ◆ **시(示)** : '이것이 법화경의 가르침이다.'라며 실체를 보여주는 것.
- ◆ **교(敎)** : 법화경의 원리를 중생들에게 교육하여 이해시킴. 즉 교화(敎化)하는 것.
- ◆ **리(利)** : 법화경의 가르침을 통해 궁극적으로 모두가 이익되게 함.
- ◆ **희(喜)** : 법화경의 가르침을 통해 기쁘고 행복하게 해주는 것.

　시교리희는 시전(示轉)의 방법인데, 법화경의 가르침을 보여주고, 교육·교화를 통해 가르침을 이해시키며, 열반의 열락(悅樂)을 누릴 수 있도록 이익되게 하고, 수희(隨喜)를 통해 신구의(身口意) 삼업행을 멸하여 안락한 가쁨으로 인도하는 원리라고 할 수 있습니다. 부처님의 설법 당부를 들은 보살마하살들은 하나 같이 큰 기쁨이 몸에 가득하여, 더욱 공경하는 마음으로 몸을 굽히고 머리를 숙여 부처님을 향하여 합장하고 다 함께 소리내어 말합니다. "세존께서 분부하시는 대로 모두 받들어 행하겠나이다. 그러하오니 세존이시여! 원하옵건대 염려치 마십시오." 보살마하살들이 이렇게 세 번을 다 함께 소리내어 말씀드렸던 것인데요. 부처님도 이 촉루품에서 시방세계에서 오신 모든 분신 부처님들을 이제 각 본국으로 돌아가게 하시려고 "부처님들께서는 편안하신 대로 하시고, 다보여래의 탑도 본래 있던 곳으로 돌아가십시오."라고 말씀하십니다.

여기서 부처님이 본래의 국토와 본래의 자리로 돌아가라는 말씀은 불법의 전파도 자신이 본래 있던 현실의 자리에서 그곳을 도량으로 삼아 불국토를 이루어야 한다는 상징적 당부가 들어 있는 것입니다. 지금껏 허공의 설법이 이어졌지만 그 또한 하나의 방편일 뿐, 결국은 자신이 딛고 선 그곳이 꽃자리가 되어야 하고, 그곳이 또한 연화의 세상이 되어야 한다는 말씀이기도 합니다. 이제 허공설법을 끝내고 다시 지상의 설법을 통해 고통에 빠진 중생들을 어떻게 구제하는지를 설해야 하기 때문입니다. 이렇게 말씀하실 때 보배나무 아래의 사자좌에 앉아 계시던 시방세계의 한량없는 분신 부처님들과 다보부처님과 상행보살을 비롯한 가없는 아승기의 보살대중과 사리불을 비롯한 성문의 사부대중과 모든 세계의 하늘과 사람과 아수라들이 부처님의 말씀을 듣고 모두 크게 기뻐하는 것으로 촉루품은 끝을 맺습니다.

중요 용어해설

❶ 불지지혜 여래지혜 자연지혜(佛之智慧 如來智慧 自然智慧) : 모든 중생에게 부처님의 지혜와 여래의 지혜, 자연의 지혜를 아낌없이 주신다는 뜻

❷ 물생간린(勿生慳悋) : 아끼며 인색한 마음을 내지 아니함

❸ 익가공경 곡궁저두(益加恭敬 曲躬低頭) : 더욱 공경하는 마음으로 몸을 굽히고 머리를 숙임

요약 및 대의

⇒ 본 품부터는 허공설법이 끝나고 지상설법으로 이어짐. 여러 보살의 등장으로 법화 행자의 지향점을 제시하심

⇒ 전생이 일체중생희견보살인 약왕보살은 중생의 병고를 치유하겠다는 서원을 세움

⇒ 이때의 부처님인 일월정명덕여래로부터 법화경의 설법을 들은 일체중생희견보살은 1만 2천년을 수행하여 현일체색신삼매를 얻고, 소신공양을 올리자 1,200년을 타오르며 무량광과 무량수를 얻게 됨 (소신공양, 연비 등의 유래가 됨)

⇒ 일체중생희견보살은 일월정명덕불의 국토에서 왕자로 환생함.

⇒ 일월정명덕불이 불법 일체를 일체중생희견보살에게 부촉하고 열반에 들자, 유언대로 사리의 수습과 탑을 세우고, 두 팔을 태워 공양하니 다시 두 팔이 환원됨

⇒ 부처님이 법화경 사구게의 수지와 경의 독송, 서사의 공덕을 강조하시고, 열 가지 찬양과 열두 가지 비유를 들어 법화경의 권능과 존귀함을 설하심.

|1| 약왕보살의 전생담(일체중생희견보살)**을 밝히시고,**

일월정명덕여래로부터 법화경설법을 들은 일체중생희견보살이

소신공양으로 법을 지키다.

단락	구분	원문 및 한글 번역
1	한문 원전	爾時 **宿王華菩薩**白佛言. "世尊! 藥王菩薩 云何遊於娑婆世界? 世尊! 是藥王菩薩 有若干百千萬億那由他 難行苦行? 善哉世尊! 願少解說. 諸天 龍神 夜叉 乾闥婆 阿修羅 迦樓羅 緊那羅 摩睺羅伽 人非人等 又他國土 諸來菩薩 及此聲聞衆 聞皆歡喜."

	한글 읽기	이시 **수왕화보살**백불언. "세존! 약왕보살 운하유어사바세계? 세존! 시약왕보살 유약간백천만억나유타 난행고행? 선재세존! 원소해설. 제천 용신 야차 건달바 아수라 가루아 긴나라 마후라가 인비인등 우타국토 제래보살 급차성문중 문개환희."
1	한글 풀이	그때 수왕화보살이 부처님께 여쭈었다. "세존이시여! 약왕보살은 어찌하여 이 사바세계를 다니십니까? 세존이시여! 이 약왕보살은 백천만억 나유타에 얼마만큼 어려운 수행과 힘든 고행을 하였습니까? 거룩하신 세존이시여! 원하옵건대 간략하게 설하여 주십시오. 하늘과 용과 귀신과 야차와 건달바와 아수라와 가루라와 긴나라와 마후라가와 사람과 사람 아닌 것들과 다른 나라에서 온 보살들과 여기에 있는 성문들이 들으면 모두 다 기뻐할 것입니다."
2	한문 원전	爾時 佛告宿王華菩薩. "乃往過去無量恒河沙劫 有佛號 **日月淨明德如來** 應供 正遍知 明行足 善逝 世間解 無上士 調御丈夫 天人師 佛世尊. 其佛有八十億 大菩薩摩訶薩 七十二恒河沙 大聲聞衆. 佛壽四萬二千劫 菩薩壽命亦等, 彼國無有女人 地獄 餓鬼 畜生 阿修羅等 及以諸難. 地平如掌 琉璃所成 寶樹莊嚴 寶帳覆上 垂寶華幡 寶瓶 香爐周遍國界 七寶爲臺 一樹一臺 其樹去臺 盡一箭道. 此諸寶樹 皆有菩薩 聲聞而坐其下 諸寶臺上 各有百億諸天 作天伎樂 歌歎於佛 以爲供養."
	한글 읽기	이시 불고숙왕화보살. "내왕과거무량항하사겁 유불호 **일월정명덕여래** 응공 정변지 명행족 선서 세간해 무상사 조어장부 천인사 불세존. 기불유팔십억대보살마하살 칠십이항하사 대성문중. 불수사만이천겁 보살수명역등, 피국무유여인 지옥 아귀 축생 아수라등 급이제난. 지평여장 유리소성 보수장엄 보장부상 수보화번 보병 향로주변국계 칠보위대 일수일대 기수거대 진일전도. 차제보수 개유보살 성문이좌기하 제보대상 각유백억제천 작천기악 가탄어불 이위공양."
	한글 풀이	그러자 부처님께서 수왕화보살에게 말씀하셨다. "과거 한량없는 항하의 모래 수 같은 부처님께서 계셨으니 명호는 일월정명덕여래 응공 정변지 명행족 선서 세간해 무상사 조어장부 천인사 불세존이었느니라. 그 부처님께서는 80억의 대보살마하살과 72항하의 모래 수 같은 대 성문들이 있었느니라. 부처님의 수명은 4만 2천 겁이었고 보살들의 수명도 역시 같았는데, 그 나라에는 여자와 지옥과 아귀와 축생과 아수라들과 온갖 어려운 일들이 없었느니라. 땅은 손바닥같이 평평하였고 유리로 되어 있었느니라. 보배 나무로 장엄하고 보배 장막을 덮었으며, 보배 꽃으로 된 깃발이 드리워지고, 보배 병과 향로가 나라 안에 두루 가득하였느니라. 칠보로 된 누각을 나무 하나에 누각 하나씩으로 만들었는데, 나무에서 누각까지는 화살이 한 번에 날아갈 정도의 거리였느니라. 이 보배 나무들 아래에는 보살과 성문들이 모두 앉고, 누각들 위에는 각각 백억의 천인들이 하늘음악을 울리고 부처님을 찬탄하는 노래를 부르며 공양하였느니라."

3	한문 원전	爾時 彼佛爲**一切衆生憙見菩薩** 及衆菩薩 諸聲聞衆 說法華經. "是一切衆生憙見菩薩 樂習苦行 於日月淨明德佛法中 精進經行 一心求佛 滿萬二千歲已 **得現一切色身三昧**. 得此三昧已 心大歡喜 卽作念言'我得現一切色身三昧 皆是得聞法華經力 我今當供養日月淨明德佛 及法華經.' 卽時入是三昧 於虛空中 雨曼陀羅華 摩訶曼陀羅華 細末堅黑栴檀 滿虛空中 如雲而下. 又雨海此岸栴檀之香 **此香六銖 價直娑婆世界** 以供養佛."
	한글 읽기	이시 피불위**일체중생희견보살** 급중보살 제승문중 설법화경. "시일체중생희견 보살 낙습고행 어일월정명덕불법중 정진경행 일심구불 만만이천세이 **득현일체색신삼매**. 득차삼매이 심대환희 즉작념언'아득현일체색신삼매 개시득문법화경력 아금당공양일월정명덕불 급법화경.' 즉시입시삼매 어허공중 우만다라화 마하만다라화 세말견흑전단 만허공중 여운이하. 우우해차안전단지향 **차향육수 가치사바세계** 이공양불."
	한글 풀이	그때 부처님께서 일체중생희견보살을 비롯한 보살들과 성문의 무리들을 위하여 법화경을 설하셨다. "이 일체중생희견보살이 고행을 즐겨 닦고 일월정명덕 부처님의 덕 가운데서 정진하고 수행하며, 일심으로 부처님 되기를 구하였기에 1만 2천년을 지나 현일체색신삼매를 얻었느니라. 이 삼매를 얻고 크게 기뻐하며 '내가 현일체색신삼매를 얻은 것은 모두 다 이 법화경을 들은 힘 때문이니, 이제 마땅히 일월정명덕 부처님과 법화경에 공양을 하여야겠다.'고 말하였느니라. 그리고 곧 이 삼매에 들어가 허공에서 만다라꽃과 마하만다라꽃과 가늘고 검은 전단향을 허공 가득히 구름처럼 뿌렸느니라. 또 해차안의 전단향을 비 오듯 뿌렸는데, 이 향은 6수(아주 가벼운 무게단위)만으로도 그 가치가 사바세계 만큼이나 되는데 이것으로 부처님을 공양하였느니라."
4	한문 원전	"作是供養已 從三昧起 而自念言.'我雖以神力 供養於佛 **不如以身供養**' 卽服諸香 栴檀 薰陸 兜樓婆 畢力迦 沈水 膠香 又飮瞻蔔 諸華香油 滿千二百歲已 香油塗身 於日月淨明德佛前 以天寶衣而自纏身 灌諸香油 以神通力願 而自然身 光明遍照八十億恒河沙世界 其中諸佛 同時讚言."
	한글 읽기	"작시공양이 종삼매기 이자념원.'아수이신력 공양어불 **불여이신공양**' 즉복제향 전단 훈륙과 도루바 필력가 침수와 교향 우음첨복 제화향유 만천이백세이 향유도신 어일월정명덕불전 이천보의이자전신 관제향유 이신통력원 이자연신 광명변조팔십억항하사세계 기중제불 동시찬언"
	한글 풀이	"이렇게 공양을 한 후 삼매에서 깨어나 스스로 생각하기를 '내가 신통력으로 부처님께 공양하였지만 이 몸을 공양하는 것보다는 못하리라.' 하고는 곧 전단과 훈륙과 도루바와 필력가와 침수와 교향 등 가지가지 향을 먹고, 또 첨복 등 가지가지 꽃에서 짠 향유를 1천2백년 동안 마신 뒤 향유를 몸에 바르고, 일월정명덕 부처님 앞에서 하늘의 보배 옷으로 자신의 몸을 감싸고, 그 위에 온갖 향유를 붓고 나서 신통한 원력으로 직접 몸을 태우니, 그 광명이 80억 항하의 모래 수 같은 세계에 두루 미치므로 그곳에 계시던 부처님들이 한꺼번에 찬탄하며 말씀하셨다."

5	한문 원전	"'善哉 善哉! 善男子! 是眞精進 是名眞法 供養如來. 若以華 香 瓔珞 燒香 末香 塗香 天繒 幡蓋 及海此岸栴檀之香 如是等 種種諸物供養 所不能及. 假使 國城 妻子布施 亦所不及. 善男子! 是名第一之施 於諸施中 最尊最上 以法供養 諸如來故.' 作是語已 而各嘿然 其身火燃千二百歲 過是已後 其身乃盡."
	한글 읽기	"'선재 선재! 선남자! 시진정진 시명진법 공양여래. 약이화 향 영락 소향 말향 도향 천증 번개 급해차안전단지향 여시등 종종제물공양 소불능급. 가사 국성 처자보시 소불능급. 선남자! 시명제일지시 어제시중 최존최상 이법공양 제여래고.' 작시어이 이각묵연 기신화연천이백세 과거이후 기신내진."
	한글 풀이	"'착하고도 착하도다.! 선남자여! 이것이 찬된 정진이며, 이것을 이름하여 참된 법공양이라 하느니라. 꽃과 향과 영락과 사르는 향과 가루 향과 바르는 향, 하늘의 비단 깃발과 일산과 해차안의 전단향 등, 이와 같은 물건들로 공양하더라도 미치지 못하며, 나라와 도시와 처자식을 보시하더라도 역시 미치지 못하느니라. 선남자야! 이것을 제일 으뜸가는 보시라 할 것이며, 온갖 보시 가운데 가장 존귀하고 가장 으뜸이니 그 까닭은 법대로 여래께 공양하기 때문이니라.' 이런 말씀을 하시고는 모두들 묵묵히 계셨는데, 그의 몸은 1천 2백년 동안 탄 뒤에야 없어졌느니라."
6	한문 원전	"一切衆生憙見菩薩 作如是法供養已 命終之後 復生日月淨明德佛國中 於淨德王家 結加趺坐 忽然化生 卽爲其父 而說偈言. '大王今當知/ 我經行彼處/ 卽時得一切/ 現諸身三昧/ 懃行大精進/ 捨所愛之身/ 供養於世尊/ 爲求無上慧/.' 說是偈已 而白父言. '日月淨明德佛 今故現在. 我先供養佛已 得解一切衆生語言陁羅尼 復聞是法華經 八百千萬億那由他 甄迦羅 頻婆羅 阿閦婆等偈. 大王! 我今當還供養此佛.'"
	한글 읽기	"일체중생희견보살 작여시법공양이 명종지후 부생일월정명덕불국중 어정덕왕가 결가부좌 홀연화생 즉위기부 이설게언. '대왕금당지/ 아경행피처/ 즉시득일체/ 현제신삼매/ 근행대정진/ 사소애지신/ 공양어세존/ 위구무상혜/.' 설시게이 이백부언. '일월정명덕불 금고현재. 아선공양불이 득해일체중생어언다라니 부문시법화경 팔백천만억나유타 견가라 빈바라 아촉바등게. 대왕! 아금당환공양차불.'"
	한글 풀이	"일체중생희견보살이 이와 같이 올바르게 공양을 하고 목숨을 마친 뒤 다시 일월정명덕 부처님의 나라에서 태어났는데, 정덕왕의 집에 결가부좌로 홀연히 화생 하자마자 그의 아버지를 위하여 게송으로 아뢰었느니라. '대왕이시여! 마땅히 아십시오. 저는 수행을 하여 온갖 색신을 나타내는 삼매를 얻었습니다. 부지런히 큰 정진을 하였으며, 아끼는 몸까지 부처님께 공양하며 위없는 지혜를 구하였습니다.' 이 게송을 마치고 아버지에게 말하였느니라. '일월정명 부처님이 아직도 계십니다. 제가 예전에 부처님을 공양하고 일체 중생의 말을 이해하는 다라니를 얻었습니다. 또 이 법화경의 8백 천만억 나유타의 견가라와 빈바라, 아촉바 등의 게송도 들었습니다. 대왕이시여! 저는 이제 돌아가서 이 부처님을 공양하여야겠습니다.'"

7	한문 원전	"白已 卽坐七寶之臺 上昇虛空 高七多羅樹 往到佛所 頭面禮足 合十指爪 以偈讚佛. **'容顏甚奇妙/ 光明照十方/ 我適曾供養/ 今復還親觀/.'** 爾時 一切衆生喜見菩薩 說是偈已 而白佛言. '世尊! 世尊猶故在世?' 爾時 日月淨明德佛 告一切衆生喜見菩薩. '善男子! 我涅槃時到 滅盡時至 汝可安施牀座. 我於今夜 當般涅槃.' 又勅一切衆生喜見菩薩. '善男子! **我以佛法 囑累於汝** 及諸菩薩 大弟子 幷阿耨多羅三藐三菩提法 亦以三千大千七寶世界 諸寶樹寶臺 及給侍諸天 悉付於汝. 我滅度後 所有舍利 亦付囑汝. 當令流布 廣設供養 應起若干千塔.' 如是日月淨明德佛 勅一切衆生喜見菩薩已 於夜後分 入於涅槃."
	한글 읽기	"백이 즉좌칠보좌대 상승허공 고칠다라수 왕도불소 두면예족 합십지조 이게찬불. **'용안심기묘/ 광명조시방/ 아적증공양/ 금부환친근/.'** 이시 일체중생희견보살 설시게이 이백불언. '세존! 세존유고제세?' 이시 일월정명덕불 고일체중생희견보살. '선남자! 아열반시도 멸진시지 여가안시상좌. 아어금야 당반열반.' 우칙일체중생희견보살. '선남자야! **아이불법 촉루어여** 급제보살 대제자 병아뇩다라삼먁삼보리법 역이삼천대천칠보세계 제보수보대 급급시제천 실부어여. 아멸도후 소유사리 역부촉여. 당령유포 광설공양 응기약간천탑.' 여시일월정명덕불 칙일체중생희견보살이 어야후반 입어열반."
	한글 풀이	"이렇게 말하고 바로 칠보로 된 자리에 앉아서 7다라수나 되는 허공으로 올라 부처님께서 계시는곳으로 가서 머리를 조아려 발에 예배하고 열 손가락을 모아 합장하고 게송으로 부처님을 찬탄하였느니라. **'존안이 매우 뛰어나게 아름다우시며, 광명으로 시방세계를 비추십니다. 제가 옛적에 공양을 하였는데 이제 다시 뵈옵니다.'** 일체중생희견보살이 이 게송을 마치고 부처님께 '세존이시여! 세존께서는 아직도 세상에 계십니까?' 하니 일월정명덕 부처님께서 일체중생희견보살에게 '선남자야! 내가 열반할 때가 되어 사라져 없어질 때가 되었으니 편안한 자리를 준비하여라. 나는 오늘 밤에 열반에 들 것이니라.' 하시며 다시 일체중생희견보살에게 분부하셨느니라. '선남자야! 나의 불법을 그대에게 부촉하노라. 모든 보살과 큰 제자들과 아뇩다라삼먁삼보리의 법과 삼천대천 칠보세계의 보배 나무와 보배 누각과 시중을 드는 천인들도 모두 다 너에게 맡기노라. 내가 열반후 모든 사리도 너에게 부탁하노니 마땅히 널리 펴고 공양하게 하며, 수천 개의 탑을 세우도록 하여라.' 이와 같이 일체중생희견보살에게 분부하시고는 그날 밤늦게 열반에 드셨느니라."
8	한문 원전	"爾時 一切衆生喜見菩薩 見佛滅度 悲感懊惱 戀慕於佛 卽以海此岸栴檀 爲積供養佛身 而以燒之 火滅已後 收取舍利 作八萬四千寶瓶 以起八萬四千塔 高三世界 表刹莊嚴 垂諸幡蓋 懸衆寶鈴."
	한글 읽기	"이시 일체중생희견보살 견불멸도 비감오뇌 연모어불 즉이해차안전단 위적공양불신 이이소지 회멸이후 수취사리 작팔만사천보병 이기팔만사천탑 고삼세계 표찰장엄 수제번개 현중보령."

8	한글 풀이	"이때 일체중생희견보살은 부처님께서 열반에 드시는 것을 보고 슬퍼서 한탄하고 괴로워하며, 부처님을 그리워하고 사모하여, 곧 해차안의 전단을 쌓아 부처님의 몸을 모시고 다비를 하였고, 불이 꺼진 뒤에 사리를 거두어 8만 4천의 보배 병을 만들고, 8만 4천의 탑을 세웠느니라. 높이가 3세계며, 표찰을 장엄하고 깃발과 일산을 드리우고 가지가지 보배 방울을 달았느니라."
9	한문 원전	"爾時 一切衆生憙見菩薩 復自念言 '我雖作是供養 心猶未足 我今當更 供養舍利.' 便語諸菩薩, 大弟子, 及天, 龍, 夜叉等一切大衆. '汝等當一心念. 我今供養日月淨明德佛舍利.' 作是語已 即於八萬四千塔前 **燃百福莊嚴臂** 七萬二千歲 而以供養 令無數求聲聞衆 無量阿僧祇人 發阿耨多羅三藐三菩提心 皆使得住現一切色身三昧."
	한글 읽기	"이시 일체중생희견보살 부자념언. '아수작시공양 심유미족 아금당갱 공양사리.' 변어제보살, 대제자, 급천, 용, 야차등일체중생. '여등당일심념. 아금공양일월정명덕불사리.' 작시어이 즉어팔만사천탑전 **연백복장엄비** 칠만이천세 이이공양 영무수구성문중 무량아승기인 발아녹다라삼먁삼보리심 개사득주현일체색신삼매."
	한글 풀이	"그리고 일체중생희견보살이 다시 생각하기를 '내가 이처럼 공양은 하였지만 마음은 여전히 흡족지 못하니, 내 이제 다시 부처님의 사리에 공양하리라.' 보살들과 큰 제자, 하늘과 용, 야차 등의 일체 대중에게 말하였느니라. '너희들은 마땅히 일심으로 생각하여라. 나는 지금 일월정명덕 부처님의 사리에 공양을 하려고 한다.' 이렇게 말하고는 곧 8만 4천의 탑 앞에서 백 가지의 복으로 장엄한 팔을 7만 2천년 동안 태우며 공양하여, 성문을 구하는 수없는 대중과 한량없는 아승기의 인간들로 하여금 아녹다라삼먁삼보리의 마음을 일으키게 하였으며, 모두 다 현일체색신삼매에 머무르게 하였느니라."
10	한문 원전	"爾時 諸菩薩, 天, 人, 阿修羅等 見其無臂 憂惱悲哀 而作是言. '此一切衆生憙見菩薩 是我等師 教化我者 而今燒臂 身不具足.' 于時 一切衆生憙見菩薩 於大衆中 立此誓言. '我捨兩臂 必當得佛金色之身. 若實不虛 令我兩臂 還復如故.' 作是誓已 自然還復 由斯菩薩福德 智慧淳厚所致. 當爾之時 三千大千世界 六種震動 天雨寶華 一切人天 得未曾有."
	한글 읽기	"이시 제보살, 천, 인, 아수라등 견기무비 우뇌비애 이작시언. '차일체중생희견보살 시아등사 교화아자 이금소비 신불구족.' 우시일체중생희견보살 어대중중 입차서언. '아사양비 필당득불금색지신. 약실불허 영아양비 환부여고.' 작시서이 자연환부 유사보살복덕 지혜순후소치. 당이지시 삼천대천세계 육종진동 천우보화 일체인천 득미증유."
	한글 풀이	"그때 모든 보살과 하늘과 인간, 아수라들이 그의 팔이 없어진 것을 보고 근심하고 슬퍼하며, 이렇게 말하였느니라. '이 일체중생희견보살은 우리들의 스승이시고 우리들을 교화하는 분인데, 이제 팔을 태우셨으니 불구의 몸이 되셨구나!' 하니 일체중생희견보살

본 〈약왕보살본사품〉은 약왕보살의 전생담, 그러니까 약왕보살의 본사(本事)를 통해서 약왕보살이 행했던 '소신공양'과 '연비의식' 등에 대한 무량공덕을 설하고 있는데, 수왕화보살이 부처님께 질문을 하면서 시작됩니다. 본 품을 내용면에서 크게 두 부분으로 나누면, 전반부는 약왕보살의 소신공양 전생담과 무량한 공덕, 일체중생희견보살로 불리는 약왕보살이 일월정명덕불과 법화경에 공양하고 현일체색신삼매(갖가지 중생들을 교화하기 위해 중생들의 근기에 맞추어 몸을 변화시켜 나투는 삼매)를 얻는 전반부 그리고 후반부는 절대 비교 불가의 법화경에 대한 위상의 찬탄과 홍포를 부촉하는 부분으로 나눌 수 있겠습니다. 따라서 본 품의 해설도 전후 단락으로 나누어 설명을 이어 나가도록 하겠습니다.

지금까지의 법화경의 여정을 살펴보면 〈제1 서품〉에서부터 〈제22 촉루품〉까지는 사리불을 비롯한 많은 성문, 대중들에게 우주의 제법실상과 부처님의 영원불멸한 구원실성(久遠實成) 등을 주로 설하셨다면, 본 품부터 〈제28 보현보살권발품〉까지는 여러 보살들을 등장시켜, 그 보살들의 수행의 행적과 공덕을 모델로, 어떤 수행을 하여 중생들이 고통과 번뇌에서 벗어날 수 있는가에 대한 법화행자들의 지향점에 대한 설법이 이어지게 됩니다. **이에 부처님은 신구의**(身口意) **삼업에 대한 수행의 텍스트 모델로, 약왕보살을 등장시켜 몸**(身)**에 대한 수행을 어떻게 했는지를 설하시고, 입**(口)**에 대해서는 묘음보살**(妙音菩薩)**을, 마음**(意)**에 대한 수행은 관세음보살로 하여금 어떻게 중생을 구원하는지 등의 설법이 전개될 것입니다.**

약왕보살에 대하여는 〈제10 법사품〉 등 앞에서 이미 여러 차례 기술되었습니다만, 약왕보살은 글자 그대로 중생들의 질고(疾苦)를 치유하겠다고 서원한 의약의 보살 약사여래이기도 합니다. 『유마경』에는 비사사여래로 표현되기도 하지요. 이 보살의 전생(본사)은 일체중생희견보살이었습니다. 일체중생희견보살은 〈제13 권지품〉에서 부처님의 이모인 마하파사파제 비구니가 부처님으로부터 받은 수기가 일체중생희견여래였음이 기억나실 겁니다. 모든 중생이(을) 만나면 무한히 기뻐한다는 뜻인데, 약왕보살이 곧 전생에 일체중생희견보살이었습니다. 이때의 부처님은 일월정명덕여래였고, 일월정명덕여래가 법화경을 설하였으며, 일체중생희견보살이 이 설법을 듣고 1만 2천년을 수행하였다는 것입니다.

이 수행으로 현일체색신삼매(現一切色身三昧)를 얻게 되는데, 현일체색신삼매란 설법 상대의 다양한 근기에 따라 그에게 맞는 몸을 자유자재로 나타내어 그에 맞는 법으로 제도하는 능력을 말하거니와 일체중생희견보살은 일월정명덕여래와 법화경을 위해 공양을 하기로 마음먹습니다. 일월정명덕여래는 해와 달과 같이 청정하고 온 세상을 차별없이 고루 비춘다는 지혜를 뜻하는데, 〈제1 서품〉에서부터 일월등명불로 우리들에게 익숙한 이 여래는 석가모니 부처님의 지혜의 법좌이기도 합니다. 일체중생희견보살은 몸을 바쳐 공양하는 것이 공양의 바른 선택이라 믿어, 몸을 태우는 소신(燒身) 공양을 하게 됩니다.

향유를 마시고 몸에도 향유를 바른 뒤, 일월정명덕여래 앞에서 몸을 불살라 소신공양(燒身供養)을 하니 그 불은 1,200년 동안을 탔으며, 한량없는 무량광(無量光)이 온 세상을 비췄다고 하시네요. 불교계에서 끊임없이 회자되어온 소신공양의 유래는 이처럼 법화경에 기인하고 있습니다. 불자님들이 수계를 받을 때 행해지는 연비(燃臂)도 글자 그대로 팔을 태운다는 뜻인데, 삼보(三寶)에 귀의하고 오계(五戒)를 받는 것입니다. **살생하지 않고, 도둑질하지 않고, 거짓말하지 않고, 술 마시지 않고, 사음(邪淫)하지 않겠다는 다섯 가지 계율**(오계)을 지키며, 부처님의 가르침대로 살아갈 것을 맹세하게 됩니다. 이 또한 법화경에 유래를 두고 있다고 보는 것이지요. 이러한 소신공양은 자신을 버려 참된 법을 구한다는 상징성으로 이해하여햐 할 것이고, 논리적 설명으로는 불가한 부분이기도 한데요, 몸을 태우는 소신공양은 불법을 몸보다 소중히 여기는 신심의 극치를 상징하는 것이라 할 수 있겠는데, 순교가 아닌 분신자살을 종교적으로 미화한 것이 아니냐 하는 논란이 없잖아 있습니다.

자비의 종교인 불교에서 어떤 형식이든 자살과 자해는 정당화될 수 없고, 부처님도 이러한 소신공양에 대해 다음 단락에서 '손가락이나, 발가락 하나라도 태워서 부처님의 탑에 공양을 하면, 진귀한 보물 공양보다 수승하다.'고 설하고는 있으나, 윤리적 평가에 대하여서는 직접 언급하신 바는 없습니다. 그러나 일체중생희견보살을 통해 법화경이 시사하고자 한 것은 결국 이러한 공양을 통해 일월정명덕여래의 국토에서 왕자의 몸으로 환생하고, 무량수(無量壽)와 무량광(無量光)을 얻었다는 것인데요, 자신을 낮추고 4상을 버리면 궁극엔 아뇩다라삼먁삼보리를 얻어 일체의 고뇌에서 해탈할 수 있다는 우회적 가르침이었음은 자명한 것 같습니다. 자기희생 없는 구휼과 자비가 어찌 가능키나 하겠습니까?

오늘날의 의사 정원 정책과 의료계의 분쟁을 보아야 하는 작금의 현실은 참담하기 그지 없습니다. 의업을 오로지 부의 빠른 자기완성쯤으로 생각하는 의료인은 없는지 고개를 갸웃해 봅니다만, 대다수가 돈과 업권 수호에 경도되어 있는 게 아닌가 하는 합리적 의심은 저만의 생각이기를 바랄 뿐입니다. 물론 의업을 성업(聖業)으로 삼아 일생을 질병으로 고통받는 사람들에게 생명의 횃불을 밝히고 있는 의료인은 의외로 많습니다. 최근 저도 평생 처음으로 병원 신세를 진 일이 있었는데, 법화경을 연찬한 작은 공덕 탓인지, 너무나 훌륭한 주치의 선생님을 만났던 인연은 정말 감사할 은혜였습니다. 내외의 명성이 이미 자자한 민박사님이셨는데, 육신의 고통만 치료함을 떠나 환자의 심리적, 정신적 안정에도 너무나 헌신적인 분이셨습니다. 저는 바로 이런 분이 명의에서 나아간 심의(心醫)라 느끼며, 잠시동안 찾아온 병마였지만 이로 인해 훌륭한 분을 알게 해 준 인연법에 감사한 마음이었습니다.

약왕보살은 이러한 고행과 수행을 통해 타인의 번뇌 고통과 질병을 치료해 주는 힘을 얻었으니, 우주의 질서 원동력인 일월정명덕여래의 힘과 우주를 움직이는 지혜의 원리를 가리키는 법화경을 공부한 공덕임을 강조하신 부처님의 큰 뜻만은 절절히 새겨야겠습니다. 약왕보살의 몸이 1,200년에 걸쳐 타면서 빛났다는 것은 지혜의 빛은 영원하다는 말씀으로, 나 하나를 태워 억조중생이 스스로 불성을 볼 수 있게 하니, 하나의 달이 천 개의 강물에 비친다는 월인천강(月印千江) 즉, 부처님이 백억세계(百億世界)에 화신(化身)하여 교화함이 달이 천강(千江)에 비추는 것과 같은 게 아니겠습니까?

이 우주에는 우연한 것은 결코 없으며, 그저 얻어지는 것 또한 아무것도 없습니다. 먼지 하나가 떨어져 내리는 것도 먼지를 일게 한 원인이 있고, 이를 실어 나르는 대기가 있기 때문이듯, 남을 치료하고, 교화하는 데는 엄청난 자기 수행과 각고의 능력을 쌓아야만 한다는 것입니다. 12,000년을 수행하고, 1,200년 동안을 자신을 태워 세상을 밝힌 약왕보살의 전생담은 오늘날의 우리들에게도 너무나 시사하는 바가 크다 하겠습니다. 모든 것은 원인과 결과의 연기에 의해 일어납니다.

불교에서 12라는 숫자는 12인연법에서 확장된 것으로, 1,200년, 12,000년 등이 모두가 내가 쌓아나가는 필연이란 거지요. 노력 대신에 요행을 바라며, 자신의 잘못을 반성하는 대신에 남을 원망하고, 나아가 세상과 운명을 탓하는 세태가 오늘의 우리들이 살아가고 있는 거대한 사바의 구렁텅이가 아니겠습니까? 저는 이 법화경 중 〈약왕보살본사품〉만큼은 현대인 특히 의약업에 종사하는 분들이 꼭 읽었으면 하는 바램을 가져봅니다. 일방적인 희생을 하라는 것이 아니라, 가난하고 힘든 병자(病者)를 돌본 오늘의 나의 작은 자비는 말 할 것도 없고, 돈에 이끌려 건성으로 대한 나의 오늘의 부끄러운 행위 또한 세세생생 수 천년의 빛이 되기도 하고, 천만년의 어둠도 된다는 걸 마음으로 읽을 수 있게 될 터이니 말입니다. 다시 본문 공부로 들어가 봅니다.

"일월정명덕 부처님께서 일체중생희견보살에게 '선남자야! 내가 열반할 때가 되어 사라져 없어질 때가 되었으니 편안한 자리를 준비하여라. 나는 오늘 밤에 열반에 들 것이니라.' 하시며 다시 일체중생희견보살에게 분부하셨느니라. '선남자야! 나의 불법을 그대에게 부촉하노라. 모든 보살과 큰 제자들과 아뇩다라삼먁삼보리의 법과 삼천대천 칠보세계의 보배 나무와 보배 누각과 시중을 드는 천인들도 모두 다 너에게 맡기노라. 내가 열반후 모든 사리도 너에게 부탁하노니 마땅히 널리 펴고 공양하게 하며, 수 천 개의 탑을 세우도록 하여라.'이와 같이 일체중생희견보살에게 분부하시고는 그날 밤늦게 열반에 드셨느니라."

일체중생희견보살이 전신을 불사르는 소신공양을 하였으나 일월정명덕여래의 국토에 왕자로 환생한 뒤, 부처님을 찾아가 예배하였던 바, 부처님이 위와 같이 금일 열반을 선언하신 건데요. 일체의 법과 삼천대천세계의 모든 보배와 인비인 등을 일체중생희견보살에게 맡기시면서, 모든 사리까지 부탁하시고 널리 펴서 공양하여, 수천 개의 탑을 쌓을 것을 분부하시고는 그날 밤늦게 열반에 드시게 됩니다. 이 열반의 상황은 석가모니 부처님이 사라수 아래서 열반에 드시는 열반절의 서사가 아니라, 일월정명덕여래의 법신불로서의 열반을 의미하는 것입니다.

여래께서 열반에 드시자, 일체중생희견보살은 눈물로 부처님의 육신을 화장하고, 불사리를 유훈대로 8만 4천 보병에 거두어, 온 나라에 탑을 세워 정성껏 공양을 합니다. 그러나 보살은 그 공양만으로는 부족하다 생각하여, 스승을 연모하는 마음으로 탑 앞에서 자신의 팔꿈치를 불태워 공양합니다. 그 불길이 7만 2천년 동안이나 계속되고, 한량없는 아승기의 인간들을 아녹다라삼먁삼보리심을 내게 하였으며, 모두 다 현일체색신삼매에 머무르게 합니다. 그러나 모든 보살과 천, 인간, 아수라들은 자신들의 스승인 일체중생희견보살의 팔이 없어진 것만을 보며, 불구가 되셨다고 슬퍼합니다. 그러자 일체중생희견보살은 "나는 팔꿈치를 잃었지만, 반드시 금빛으로 빛나는 부처의 몸을 얻으리라. 내 말이 거짓이 아니라는 증거로 내 팔꿈치는 원래대로 될 것이니라."라고 서원을 하였는데, 그러자 저절로 두 팔이 되살아납니다.

이 부분은 글자대로 읽으시면 안 되고, 그렇게 된 이유는 이 보살의 복덕과 지혜가 매우 순박하고 두터웠기 때문이라는 말씀으로 읽으시면 되겠습니다. 우리들의 인식으로는 이런 말도 안 되는 기적이지만, 그것보다 중요한 것이 복덕과 지혜를 갖추고 순박함과 두터운 믿음 앞에는 어느 것도 굴하지 않는 것이 없다는 뜻이 됩니다. 불법은 자기희생과 실천을 통해서 오히려 나를 구할 수 있고, 나아가 남을 구한다는 자리이타의 종교임을 다시 한번 새기게 하는 설법임을 상기하여 주시기 바랍니다. 그러자 그때 삼천대천세계는 여섯 가지로 진동하고, 하늘에서는 보배 꽃이 비 오듯이 내리며, 하늘과 사람들은 모두 일찍이 없었던 감동을 받았다고 하시네요. 다음 단락에는 아주 중요한 법화경의 사구게와 수지 호념에 따른 수승한 공덕 등이 전개되면서 더욱 감동스런 법화의 세계가 펼쳐지게 되는데 기대하셔도 좋을 듯합니다.

❶ 수왕화보살(宿王華菩薩) : '수(宿)'는 별자리를 뜻함, 곧 '별자리의 왕의 빛'이라는 의미.

❷ 일월정명덕여래(日月淨明德如來) : 해와 달처럼 맑고, 밝은 덕을 지닌 부처님

❸ 일체중생희견보살(一切衆生喜見菩薩) : 모든 중생이(을) 만나면 기뻐한다는 보살

❹ 득현일체색신삼매(得現一切色身三昧) : 모든 중생의 근기에 맞게 몸을 자유자재로 나투는 삼매. 부처님의 지혜를 뜻하며, 무명 속의 무지한 중생을 밝음의 길로 이끌어 낼 수 있 는 지혜

❺ 차향육수 가치사바세계(此香六銖 價直娑婆世界) : '수(銖)'는 저울눈을 의미하여, 이 향은 6수만으로도 그 가치가 사바세계 만큼이나 된다는 뜻

❻ 불여이신공양(不如以身供養) : 몸을 공양하는 것만 못하다는 뜻

❼ 해일체중생어언다라니(得解一切衆生語言陀羅尼) : 일체 중생의 말을 이해하는 다라니(주문)를 얻었다는 뜻

❽ 견가라 빈바라 아촉바(甄迦羅 頻婆羅 阿閦婆) : 수의 단위. 견가라는 열 여섯 자리의 수, 빈바라는 열 여덟 자리의 수, 아촉바는 스무 자리 수

❾ 아이불법 촉루어여(我以佛法 囑累於汝) : 나의 불법을 너에게 부촉한다는 뜻

❿ 연백복장엄비(燃百福莊嚴臂) : 백 가지의 복으로 장엄한 팔을 태워 공양함

단락	구분	원문 및 한글 번역
11	한문 원전	佛告宿王華菩薩. "於汝意云何? 一切衆生憙見菩薩 豈異人乎? 今藥王菩薩是也. 其所捨身布施 如是無量百千萬億那由他數. 宿王華! 若有發心 欲得阿耨多羅三藐三菩提者 能燃手指 乃至足一指 供養佛塔 勝以國城 妻子 及三千大千國土 山林 河池 諸珍寶物 而供養者. 若復有人以七寶 滿三千大千世界 供養於佛 及大菩薩 辟支佛 阿羅漢 是人所得功德 不如受持此法華經 乃至**一四句偈** 其福最多."
	한글 읽기	불고수왕화보살. "어의운하? 일체중생희견버살 기인이호? 금약왕보살시야. 기소사신보시 여시무량백천만억나유타수. 수왕화! 약유발심 욕득아뇩다라삼먁삼보리자 능연수지 내지족일지 공양불탑 승이국성 처자 급삼천대천국토 산림 하지 제진보물 이공양자. 약부유인이칠보 만삼천대천세계 공양어불 급대보살 벽지불 아수라 시인소득공덕 불여수지차법화경 내지**일사구게** 기복최다."
	한글 풀이	부처님께서 수왕화보살에게 말씀하셨다. "그대의 생각은 어떠하냐? 일체중생희견보살이 어찌 다른 사람이겠느냐? 지금의 약왕보살이 그 사람이었느니라. 그가 이처럼 몸을 버리며 보시한 횟수는 한량없는 백천만억 나유타이니라. 수왕화보살아! 만약에 아뇩다라삼먁삼보리를 얻으려는 마음을 낸 사람이 손가락이나, 발가락 하나라도 태워서 부처님의 탑에 공양을 하면, 나라나 도시나, 처와 자식, 삼천대천세계의 산이나 숲, 강이나 못이나, 온갖 진귀한 보물들로 공양하는 것보다 수승하니라. 만약에 어떤 사람이 칠보로 삼천대천세계를 가득 채워서 부처님과 큰 보살과 벽지불과 아라한들에게 공양하더라도, 이 사람의 얻는 공덕은 법화경의 사구게 하나만이라도 받아 지니는 것만 못하나니, 이 경을 받아 지니는 복이 가장 많으니라."
12	한문 원전	"宿王華! 譬如一切川流江河 諸水之中 海爲第一 此法華經 亦復如是 於諸如來所說經中 最爲深大. 又如土山 黑山 小鐵圍山 大鐵圍山 及十寶山 衆山之中 須彌山爲第一 此法華經 亦復如是 於諸經中 最爲其上. 又如衆星之中 月天子最爲第一 此法華經 亦復如是 於千萬億種諸經法中 最爲照明. 又如日天子 能除諸闇 此經亦復如是 能破一切不善之闇. 又如諸小王中 轉輪聖王最爲第一 此經亦復如是 於衆經中 最爲其尊."
	한글 읽기	"수왕화! 비여일체천류강하 제수지중 해위제일 차법화경 역부여시 어제여래소설경중 최위심대. 우여토산 흑산 소철위산 대철위산 급십보산 중산지중 수미산위제일 차법화경 역부여시 어제경중 최위기상. 우여중성지중 월천자최위제일 차법화경 역부여시 어천만억종제법경중 최위조명. 우여일천자 능제제암 차경역부여시 능차일체불선지암. 우여제소왕중 전륜성왕최위제일 차경역부여시 어중경중 최위기존"

12	한글 풀이	"수왕화보살아! 비유하면 온갖 시내와 개천과 강줄기 가운데서 바다가 제일이듯, 법화경도 이와 같아 여래들이 설하신 경 가운데 가장 깊고 큰 것이니라. 또 토산, 흑산, 소철위산, 대철위산과 십보산 등의 여러 산 가운데서 수미산이 제일이듯, 이 법화경도 역시 이와 같아 경전들 가운데서 가장 으뜸이니라. 또 여러 가지 별 가운데 월천자(달)가 가장 으뜸이듯, 이 법화경도 역시 이와 같아서 천만억 가지 경전의 가르침 중에서 가장 밝게 비추느니라. 또 일천자(태양)가 어두운 것을 모두 없앨 수 있듯이, 이 경전도 역시 이와 같아 온갖 착하지 못한 어둠을 깨뜨릴 수 있으며, 또 여러 소왕들 가운데서 전륜성왕이 가장 으뜸이듯이, 이 경도 이와 같아서 여러 가지 경전 중 가장 존귀하느니라."
13	한문 원전	"又如帝釋 於三十三天中王 此經亦復如是 諸經中王. 又如大梵天王 一切衆生之父 此經亦復如是 一切賢聖 學無學 及發菩薩心者之父. 又如一切凡夫人中 須陁洹 斯陁含 阿那含 阿羅漢 辟支佛 爲第一 此經亦復如是 一切如來所說 若菩薩所說 若聲聞所說 諸經法中 最爲第一. 有能受持 是經典者 亦復如是 於一切衆生中 亦爲第一. 一切聲聞 辟支佛中 菩薩爲第一 此經亦復如是 於一切諸經法中 最爲第一. 如佛爲諸法王 此經亦復如是 諸經中王."
	한글 읽기	"우여제석 어삼십삼천중왕 차경역부여시 제경중왕. 우여대범천왕 일체중생지부 차경역부여시 일체현성 학무학 급발보살심자지부. 우여일체범부인중 수타원 사타함 아나함 아라한 벽지불 위제일 차경역부여시 일체여래소설 약보살소설 약성문소설 제경법중 최위제일. 유능수지 시경전자 역부여시 어일체중생중 역위제일. 일체성문 벽지불중 보살위제일 차경역부여시 어일체제경법중 최위제일 여불위제법왕 차경역부여시 제경중왕."
	한글 풀이	"또 제석천왕이 33천의 왕이듯, 이 경전도 이와 같아서 모든 경전 가운데서 왕이니라. 또 대범천왕이 일체중생의 아버지이듯, 이 경전도 이와 같아서 일체의 현명한 사람과 배울 것 남은 사람과 없는 사람과 보살의 마음을 낸 사람들의 아버지이니라. 또 모든 범부 가운데 수다원, 사다함, 아나함, 아라한, 벽지불이 제일이듯이, 이 경도 마찬가지로 일체 여래와 보살과 성문들의 설법인 여러 경전 가운데서 가장 제일이니라. 또한 이 경을 수지한 이도 이와 같아 일체 중생 가운데 제일이니라. 또 일체 성문이나 벽지불 가운데 보살이 제일이듯, 이 경도 마찬가지로 일체 경전 가운데 제일이니라. 부처님께서 모든 법의 왕이 되듯이, 이 경도 또한 마찬가지로 여러 경 가운데 왕이 되느니라."
14	한문 원전	"宿王華! 此經能救一切衆生者 此經能令一切衆生 離諸苦惱 此經能大饒益一切衆生 充滿其願. 如淸涼池 能滿一切諸渴乏者 如寒者得火 如裸者得衣 如商人得主 如子得母 如渡得船 如病得醫 如暗得燈 如貧得寶 如民得王 如賈客得海 如炬除暗. 此法華經亦復如是 能令衆生 離一切苦 一切病痛 **能解一切生死之縛**."
	한글 읽기	"수왕화! 차경능구일체중생자 차경능령일체중생 이제고뇌 차경능대요익일체중생 충만기원. 여청량지 능만일체갈핍자 여한자득화 여나자득의 여상인득주 여자득모 여도득선 여병득의 여암득등 여빈득보 여민득왕 여고객득해 여거제암. 차법화경역부여시 능령중생 이일체고 일체병통 **능해일체생사지박**."

14	한글 풀이	"수왕화야! 이 법화경은 능히 일체중생을 구원하며, 이 경은 능히 일체 중생의 모든 고뇌를 여의게 하고, 이 경은 능히 일체 중생을 크게 이익되게 하여 일체 중생의 소원을 충만케 하나니, 맑고 시원한 못이 일체의 목마른 사람들을 채워 주는 것과 같으며, 추워 떨던 사람이 불을 얻은 것과 같고, 벗은 이가 옷을 얻은 것과 같으며, 상인이 물건의 주인을 얻은 것과 같고, 아들이 어머니를 만난 것과 같으며, 나루에서 배를 얻은 것과 같고, 병든 이가 의사를 만난 것과 같으며, 어둔 밤에 등불을 만난 것과 같고, 가난한 사람이 보배를 얻은 것과 같으며, 백성들이 현명한 왕을 만난 것과 같고, 무역을 하는 행상이 바다를 얻은 것과 같고, 횃불이 어둠을 밝히는 것과 같으니라. 이와 같이 법화경은 중생들의 일체 고통과 일체 질병을 여의게 하여 능히 일체 생사 속박에서 해탈케 하느니라."
15	한문 원전	"若人得聞此法華經 若自書 若使人書 所得功德 以佛智慧 籌量多少 不得其邊. 若書是經卷 華 香 瓔珞 燒香 末香 塗香 幡蓋 衣服 種種之燈 **酥燈 油燈 諸香油燈** 瞻蔔油燈 須曼那油燈 波羅羅油燈 婆利師迦油燈 那婆摩利油燈 供養所得功德 亦復無量."
	한글 읽기	"약인득문차법화경 약자서 약사인서 소득공덕 이불지혜 주량다소 부득기변. 약서시경권 화 향 영락 소향 말향 도향 번개 의복 종종지등 **소등 유등 제향유등** 첨복유등 수만다유 바라라유등 바리사가유등 바라바리유등 공양소득 공덕 역부무량."
	한글 풀이	"그러므로 만일 어떤 사람이 이 법화경을 듣고 스스로 쓰거나 다른 사람을 시켜 쓰면, 그 얻는 공덕은 부처님의 지혜로 그 많고 적음을 헤아려도 그 끝을 알 수 없느니라. 혹은 이 법화경을 써서 꽃, 향, 영락, 소향, 말향, 도향과 번개, 의복과 가지가지의 등인 소등, 유등, 향유등. 첨복유등, 수만나유등, 바라라유등, 바리사가유등, 나바마리유등으로 공양하더라도 그 얻는 공덕은 또한 한량없느니라."
16	한문 원전	"宿王華, 若有人 聞是藥王菩薩本事品者 亦得無量無邊功德. 若有女人 聞是藥王菩薩本事品 能受持者 **盡是女身 後不復受**. 若如來滅後 後五百歲中 若有女人 聞是經典 如說修行 於此命終 卽往安樂世界阿彌陁佛 大菩薩衆 圍繞住處 生蓮華中 寶座之上. 不復爲貪欲所惱 亦復不爲瞋恚 愚癡所惱 亦復不爲憍慢嫉妒諸垢所惱. 得菩薩神通 **無生法忍** 得是忍已 眼根淸淨. 以是淸淨眼根 見七百萬二千億那由他恒河沙等 諸佛如來." 是時, 諸佛遙共讚言.
	한글 읽기	"수왕화! 약유인 문시약왕보살본사품자 역득무량무변공덕. 약유여인 문시약왕보살본사품 능수지자 **진시여신 후불부수**. 약여래멸후 후오백세중 약유여인 문시경전 여설수행 어차명종 즉주안락세계아미타불 대보살중 위요주처 생연화중 보좌지상. 불부위탐욕소뇌 역부불위진에 우치소뇌 역부불위교만질투제구소뇌. 득보살신통 **무생법인** 득시인이 안근청정. 이시청정안근 견칠백만이천억나유타항하사등 제불여래." 시시. 제불요공찬언.

16	한글 풀이	"수왕화야! 만약 어떤 사람이 이 〈약왕보살본사품〉을 들으면 또한 한량없고 가없는 공덕을 얻을 것이며, 혹은 어떤 여인이 이 〈약왕보살본사품〉을 듣고 받아 지니면, 그가 여인의 몸을 마친 뒤에는 다시 여인의 몸으로 태어나지 않으리라. 만약 여래께서 멸도하신 후 5백 년에 이르러 어떤 여인이 이 경전을 듣고 그 설한 바와 같이 수행하면, 그 목숨을 다 마친 뒤에 극락세계의 아미타불을 큰 보살 대중들이 둘러 있는 곳에 가서 연꽃 가운데의 보배 자리에 태어나리라. 그리하여 다시는 탐욕으로 인한 번뇌가 없고, 성내고 어리석은 번뇌도 없으며, 또한 교만하고 질투하는 여러 가지의 더러운 번뇌가 없으리라. 그리고는 보살의 신통과 무생법인(無生法忍)을 얻어서 눈이 청정해지며, 이 청정한 눈으로 7백만 2천억 나유타 항하의 모래 같은 여러 부처님 여래를 보게 되느니라." 이때 모든 부처님께서 멀리서 다 함께 칭찬해 주셨다.
17	한문 원전	"善哉 善哉! 善男子! 汝能於釋迦牟尼佛法中 受持讀誦 思惟是經 爲他人說 所得福德 無量無邊. **火不能燒 水不能漂** 汝之功德 千佛共說 不能令盡. 汝今已能破諸魔賊 **壞生死軍 諸餘怨歎 皆悉摧滅**. 善男子! 百千諸佛 以神通力 共守護汝 於一切世間 天人之中 無如汝者. 唯除如來 其諸聲聞 辟支佛 乃至菩薩智慧 禪定 無有與汝等者. 宿王華! 此菩薩成就如是功德 智慧之力. 若有人聞是藥王菩薩本事品 能隨喜讚善者 是人現世口中 常出靑蓮華香 身毛孔中 常出牛頭栴檀之香. 所得功德 如上所說."
	한글 읽기	"선재 선재! 선남자! 여능어석가모니불법중 수지독송 사유시경 위타인설 소득복득 무량무변. **화불능소 수불능표** 여지공덕 천불공설 불능영진. 여금이능 파제마적 **괴생사군 제여원적 개실최멸**. 선남자! 백천제불 이신통력 공수호여 어칠체세간 천인지중 무여여자. 유제여래 기제성문 벽지불 내지보살지혜 선정 무유여여등자. 수왕화! 차보살성취시공덕 지혜지력. 약유인문시약왕보살본사품 능수희찬선자 시인현세구중 상출청연화향 신모공중 상출우두전단지향. 소득공덕 여상소설."
	한글 풀이	"훌륭하고 훌륭하도다! 선남자야! 너희들이 능히 석가모니불의 법 가운데서 이 경을 받아 지녀 읽고 외우며, 사유하여 다른 사람들에게 설해 주면, 그 얻는 바의 복덕은 한량없고 가없어 불도 능히 태우지 못하고, 물도 능히 빠뜨릴 수 없느니라. 이러한 공덕은 1천 부처님들이 다 함께 설한다 할지라도 능히 다 할 수 없으며, 너희들이 이제 여러 마군을 파하여 생사를 벗어나니, 여러 가지 다른 원수는 자연히 멸하느니라. 선남자야! 백천의 여러 부처님들께서 신통력으로 항상 너희를 보호해 주시리니, 일체 세간의 하늘과 인간 가운데 너희만한 이가 없느니라. 그리고 여래를 제하고는 여러 성문과 벽지불과 여러 보살의 지혜나 선정도 너의 복덕만한 이가 없느니라. 수왕화야! 이 보살은 이런 공덕과 지혜의 힘을 성취하였느니라. 만일 어떤 사람이 이 〈약왕보살본사품〉을 듣고 능히 따라 기뻐하고 거룩하다고 칭찬하면 이 사람은 현세에서 입으로부터 푸른 연꽃의 향기가 항상 나고, 몸의 털 구멍에서는 우두전단의 향기가 항상 나며, 그 얻는 바의 공덕은 위에서 말한 것과 같으리라."

18	한문 원전	"是故宿王華! 以此藥王菩薩本事品 囑累於汝 我滅度後 後五百歲中 廣宣流布 於閻浮提 無令斷絕 惡魔 魔民 諸天龍 夜叉 **鳩槃茶等 得其便也**. 宿王華! 汝當 以神通之力 守護是經. 所以者何? 此經則爲閻浮提人 病之良藥. 若人有病 得聞 是經 病卽消滅 不老不死."
	한글 읽기	"시고수왕화! 이차약왕보살본사품 촉루어여 아멸도후 후오백세중 광선유포 어염부제 무령단절 악마마민 제천용 야차 **구반다등 득기편야**. 수왕화! 여당 이신통지력 수호시경. 소이자하? 차경즉위염부제인 병지양약. 약인유병 득문 시경 병즉소멸 불노불사."
	한글 풀이	"수왕화야! 그러므로 이「약왕보살본사품」을 너희에게 부촉하나니, 내가 멸도한 후 5백 년에 이르러 그 세계에서 널리 선포하고 유포해서 끊어지지 않도록 하여라. 그리고 악 마나, 그 무리와 여러 하늘·용·야차·구반다(鳩槃茶)등이 그것을 이용하지 못하게 하여 라. 수왕화야! 너는 반드시 신통한 힘으로 이 경을 수호할지니, 왜냐하면? 이 경은 염부 제 사람들에게는 좋은 약이 되나니, 만약 어떤 사람이 병에 걸려 고통을 받다가도 이 경 만 들으면 병이 곧 나아 늙지도 죽지도 않느니라."
19	한문 원전	"宿王華! 汝若見有受持是經者 應以靑蓮花 盛滿末香 供散其上 散已作是念言, '此人不久 必當取草 坐於道場 破諸魔軍, 當吹法螺 擊大法鼓 度脫一切衆生老 病死海.' 是故求佛道者 見有受持是經典人 應當如是生恭敬心." 說是藥王菩薩 本事品時 八萬四千菩薩 **得解一切衆生語言陁羅尼**. 多寶如來 於寶塔中 讚宿王 華菩薩言, "善哉 善哉! 宿王華! 汝成就不可思議功德 乃能問釋迦牟尼佛 如此 之事 利益無量一切衆生."
	한글 읽기	"수왕화! 여약견유수지시경자 응이청연화 성만말향 공산기상 산이작시념언. '차인불구 필당취초 좌어도량 파제마군, 당취법라 격대법고 도탈일체중생노 병사해.' 시고구불도자 견유수지시경전인 응당여시생공경심." 설시약왕보살 본사품시 팔만사천보살 **득해일체중생어언다라니**. 다보여래 어보탑중 찬수왕 화보살언. "선재 선재! 수왕화! 여성취불가사의공덕 내능문석가모니불 여차 지사 이익무량일체중생."
	한글 풀이	"수왕화야! 만약 그대가 이 경전 지니는 이를 보거든 푸른 연꽃과 말향을 가득 채워서 그 위에 공양하고 흩으면서 이와 같이 생각하고 말하여라. '이 사람은 머지않아 도량에 나가 풀을 깔고 앉아서 여러 마군들을 파하고 법소라를 불고 큰 법북을 치며, 일체중생 의 늙고 병들어 죽는 고통의 바다에서 제도하여 해탈케 하리라.' 따라서 불도를 구하는 이는 이 경전을 수지한 자를 보면 마땅히 이와 같이 공경하는 마음을 낼지니라." 이「약 왕보살본사품」을 설하실 때 8만 4천의 보살이 해일체중생어언다라니를 얻었으며, 보배 탑 가운데 계시는 다보여래께서는 수왕화보살을 이렇게 칭찬하셨다. "훌륭하고 훌륭하 도다. 수왕화야! 너는 불가사의 공덕을 성취하고, 지금 석가모니불께 이러한 일을 물어 서 한량없이 많은 중생들을 이익되게 하였느니라."

지금까지 법화경이 위없는 최고의 경전이며, 비교 불가의 수승한 경전임을 강조하신 부분은 수없이 많이 등장하였지만, 이번 후반 단락에서는 법화경의 위엄과 공덕에 대한 보다 심도 있는 가르침이 펼쳐지게 됩니다. 우리는 이미 〈제10 법사품〉에서 부처님이 작심하고 강조하신 법화경이 최고로 존엄한 경전임을 공부 했었습니다. **"藥王今告汝 我所說諸經 而於此經中 法華最第一**(약왕 금고여 아소설제경 이어차중 법화최일)**"** 그러니까 풀이하면 **"약왕이여! 이제 너에게 말하노니, 내가 설한 경전들 가운데는 이 법화경이 최고니라."**라고 말씀하셨더랬지요. 이번 단락에서는 거기에서 더 나아가 법화경의 '열 가지 찬양'과 '열두 가지 비유'를 들어 중생들을 한량없이 이익되게 하는 법화경의 위대한 공덕을 찬탄하시는 가르침을 접하게 될 것입니다. 우선 본문의 설법을 따라가 봅니다.

> "만약에 어떤 사람이 칠보로 삼천대천세계를 가득 채워서 부처님과 큰 보살과 벽지불과 아라한들에게 공양하더라도, 이 사람의 얻는 공덕은 법화경의 사구게 하나만이라도 받아 지니는 것만 못하나니, 이 경을 받아 지니는 복이 가장 많으니라."

'법화경의 사구게'를 말씀하셨군요. 잘 아시다시피 '사구게(四句偈)'란 네 개의 구절로 된 게송이라는 말씀인데, 중요한 부분을 함축하여 네 개의 문장 구절로 만들어 운율을 부여한 운문이라 하겠습니다. 금강경에도 금강경 전체의 맥락을 짚어볼 수 있는 네 개의 사구게가 나오는데, 짧은 문장이지만 경전의 전체적 요체를 가장 밀도 있게 담아 내어 함축된 엑기스란 점에서 이 사구게만이라도 받아 지니고 독송한다면 칠보로 삼천대천세계를 가득 채워서 공양하는 것과는 쨉도 되지 않을 만큼 복덕이 크다는 말씀입니다. 그러면 법화경의 사구게를 모셔 와서 그 진수를 음미해 보고, 법화경의 수승한 울림은 어떤 것인지 직접 느껴 보아야겠지요? 법화경의 사구게는 〈제2 방편품〉 게송편에서 부처님이 육성으로 읊으셨는데, 4구 20글자에 불과한 짧은 게송이지만, 거기에 법화경의 정신이 총괄적으로 함축되어 있다고 해도 지나치지 않을 만큼 그 울림이 크게 다가옴을 느낄 수 있습니다.

諸法從本來 (제법종본래)
常自寂滅相 (상자적멸상)
佛子行道已 (불자행도이)
來世得作佛 (내세득작불)

모든 법은 본래부터
항상 스스로 적멸의 모습이니
불자가 이 도를 행하여 마치면
오는 세상 반드시 부처를 이루리

기가 막힌 이 게송은, 직전에 부처님이 "내가 비록 열반을 설하였으나, 이 또한 진정한 열반이 아니라 방편으로 설하며, 모든 괴로움을 없애는 도를 설하여 열반을 보이는 것이니라."라고 하신 말씀에 이어진 사구게 설법입니다. 언뜻 보면 매우 어려운 말씀인 것도 같지만, 쉽게 생각하여, '그러니 본디부터 스스로 적멸인 상(相)을, 상이 있는 중생에게 적멸로 설하자니, 방편으로 도를 설할 수밖에 없었으니, 이 본래의 적멸도(寂滅道)를 불자가 깨달아 행하여 마치면, 다음 생에 반드시 부처를 이룬다는 뜻으로 읽어주시면 됩니다.

법화경 전체는 너무나 광대하고, 그 수행으로 다져야 할 신앙적 덕목 또한 바쁜 현대를 살아가는 우리들로서는 실천적으로 생활화하기가 결코 쉽지 않습니다. 그러므로 이럴 때 이 사구게만이라도 일념으로 독송하고 믿음으로 행한다면, 법화경 수행법사의 공덕을 얻을 수 있을 것입니다. 그것으로 간단히 삼천대천세계를 칠보로 공양하는 것보다 더 큰 복덕을 짓는 것이 된다고 하셨습니다. 그리고 법화경의 핵심 내용을 다이제스트판으로 압축한 「법화경 약찬게」는 7권 28품의 경전을 144구 1,008글자로 요약한 게송인데, 보장보살이 찬술한 것으로 전해지고 있습니다만, 누구의 소전(所傳)인지는 확실치 않습니다. 이 법화경 사구게와 약찬게를 수지 독송하고, 서사, 위타인 설하는 것만으로도 그 공덕은 헤아릴 수 없다고 하셨으니, 이 책 부록에 전재해 두도록 하겠습니다. 그 부분은 별도로 출력해 두시고 항상 곁에 두어 독송하며, 서사해 주실 것을 당부드립니다. 그러면 법화경 사구게는 어떤 작용과 특성을 지니는 지를 간단히 정리한 뒤에 다음 본문 공부를 이어가도록 하겠습니다.

법화경 사구게의 특성과 작용

❶ 전개의 간결성 (핵심적 표현을 통한 수행의 동기부여)

❷ 암송의 용이성 (짧지만 운율이 있어 통찰력과 암기력 향상)

❸ 주제의 선명성 (수행의 방향과 성불의 확신을 심어줌)

이어서 부처님은 수왕화보살에게 해와 달을 포함한 우주 삼라만상의 갖가지 자연물과 현성(賢聖), 중생 열 가지를 망라하여, 거기에 법화경을 비유하면서 법화경이 경전으로서 어떤 존귀한 위상을 지니는지를 설하십니다. 열 가지의 대상에 비교하여 법화경을 찬양하셨다 하여, '법화경의 열 가지 찬양'이라 불리는 자세한 내용은 아래에 표로 정리해 둡니다.

	비교 대상(무엇 무엇이) ➡	궁극의 경계(이러하지만) ➡	법화경의 경지는 이러함
1	냇물과 강물이	바다에 이름	여래설법 중 가장 깊고 위대함
2	토산, 흑산, 소철위산, 십보산 중	수미산이 최고 높음	일체 경전 중 최고
3	모든 빛나는 별 중	달이 제일 밝음	일체 경전 중 가장 밝음
4	태양은	일체의 어둠을 제거	일체 불선의 어둠을 타파
5	일체의 소국왕 중	전륜성왕 최고 존귀	모든 경전 중 가장 존귀
6	33천 중	제석천이 으뜸	모든 경전 중 으뜸
7	일체 중생의	아버지 대범천왕	일체 수행자의 아버지
8	일체 범부 중	성문4과와 벽지불이 제일	모든 경전 가르침 중 가장 훌륭
9	일체 성문 벽지불 중	보살이 제일	모든 경전의 가르침 중 제일
10	모든 진리의	법왕이 부처님이듯	모든 경전 중의 임금

표로 정리하고 보니 부처님께서 우주 법계의 어떠한 가치보다도 법화경의 경지는 최귀(最貴)하고 또한 극귀(極貴)함을 설하시는데 얼마나 많은 열정과 애정을 기울이셨는지를 확연히 알 수 있을 것 같지 않습니까? 우리는 지금 행복하게도 그러한 경전을 지니고 그 심연의 깊은 곳을 향해가고 있으니, 이야말로 부처님의 은혜이며, 불연(佛緣)의 축복이 아니겠는지요? 다만 이토록 수승한 경전을 해설함에 있어 저의 일천한 역량이 자칫 숭고한 법음(法音)을 훼손하는 업을 짓고 있는 건 아닌지 걱정스러울 따름입니다.

이어서 부처님께서는 한 단계 심화학습으로, 법화경이 지니는 불가사의

한 공덕에 대해 열두 가지 비유를 들어 법화경의 옹호와 수지 독송을 적극 권장하시면서, 법화경의 공덕에 대한 열두 가지 비유를 풀어서 기술합니다. 즉, 맑고 시원한 못이 일체의 목마른 사람들을 채워 주는 것과 같으며, 추워 떨던 사람이 불을 얻은 것과 같고, 벗은 이가 옷을 얻은 것과 같으며, 상인이 물건의 주인을 얻은 것과 같고, 아들이 어머니를 만난 것과 같으며, 나루에서 배를 얻은 것과 같고, 병든 이가 의사를 만난 것과 같으며, 어둔 밤에 등불을 만난 것과 같고, 가난한 사람이 보배를 얻은 것과 같으며, 백성들이 현명한 왕을 만난 것과 같고, 무역을 하는 행상이 바다를 얻은 것과 같으며, 횃불이 어둠을 밝히는 것과 같다고 하시면서, 법화경의 옹호와 수지독송, 서사를 열두 가지의 절박한 상황에 비유적으로 견주어 강조하시는 것입니다.

"이와 같이 법화경은 중생들의 일체 고통과 일체 질병을 여의게 하여 능히 일체 생사 속박에서 해탈하게 하느니라. 그러므로 만일 어떤 사람이 이 법화경을 듣고 스스로 쓰거나, 다른 사람을 시켜 쓰게하면, 그 얻는 공덕은 부처님의 지혜로도 그 많고 적음을 헤아리기에 그 끝을 알 수 없느니라."

이렇게 말씀하신 부처님께서 이번에는 〈약왕보살본사품〉을 들으면 얻어지는 공덕에 대해 설하시면서, 어떤 여인이 이 〈약왕보살본사품〉을 듣고 받아 지니면, 그가 여인의 몸을 마친 뒤에는 다시 여인의 몸으로 태어나지 않으리라고 하시네요. 갑자기 왜 여인의 몸을 운위(云謂) 하셨을까요? 〈약왕보살본사품〉을 듣고 지니는 공덕은 반드시 크다고 하셨는데, 그 공덕으로 여인의 몸을 여의게 된다는 말씀은 자칫 여성차별이 아닌가 하는 생각을 해볼 수도 있겠습니다. 여성과 관련하여서는 법화경에서만 여러 차례 언급되었음을 기억하실 겁니다. 〈오백제자수기품〉에서 부루나존자가 수기를 받고 성불했을 때의 국토에는 여성이 없다고 하셨고, 〈제바달다품〉에서는 8세 용녀가 성불을 하되 남성으로 변하여 성불하는 등의 표현이 나타나고 있습니다. 그러나 이 부분 여인이 없다 또는 여인으로 태어나지 않는다는 말씀은, 여자만이 겪어야 하는 본질적 고통이 소멸된 상태, 그러니까 중생의 고통 소멸은 물론, 여인들의 원초적 고통도 소멸되어 없다는 뜻으로 읽으시면 되겠습니다. 여인 출가와 여인성불 그리고 비구니에게도 수기를 주신 부처님이 아니셨습니까? 다음의 인용문을 보시고, 불교의 남녀평등 정신은 믿어 의심치 마시기 바랍니다.

"만약 여래께서 멸도하신 후 5백 년에 이르러 어떤 여인이 이 경전을 듣고 그 설한 바와 같이 수행하면, 그 목숨을 다 마친 뒤에 극락세계의 아미타불을, 큰 보살 대중들이 둘러 있는 곳에 가서 연꽃 가운데의 보배 자리에 태어나리라. 그리하여 다시는 탐욕으로 인한 번뇌가 없고, 성내고 어리석은 번뇌도 없으며, 또한 교만하고 질투하는 여러 가지의 더러운 번뇌가 없으리라. 그리고는 보살의 신통과 무생법인(無生法忍)을 얻어서 눈이 청정해지며, 이 청정한 눈으로 7백만 2천억 나유타 항하의 모래 같은 여러 부처님 여래를 보게 되느니라."

무생법인은 이미 몇 차례 기술되었듯이, 모든 것에는 생겨남과 사라짐이 없다는 것을 스스로 인정하는 경지라는 뜻인데, 이로써 청정 법안(法眼)을 얻게 되어 항하의 모래 같은 부처님 여래를 친견한다는 겁니다. 아미타불을 보살 대중이 둘러 있는 곳이 곧 정토(淨土)인데, 그곳에 번뇌가 없음은 자명하다 하겠습니다. 정토사상과 법화경을 연관 지우는 연구는 매우 심오한 불교학의 영역이므로, 여기서는 줄이고 법화경을 수지하는 공덕과 〈약왕보살본사품〉을 부촉하시는 당부를 새겨본 뒤 다음 품으로 나아가도록 하겠습니다.

부처님께서 다시금 경전의 수지와 독송, 사유함을 강조하시는데요, 석가모니불의 법 가운데서 이 경을 받아 지녀 읽고 외우며 사유하고, 다른 사람들에게 설해 주면, 그 얻는 바의 복덕은 한량없고 가없어, 불도 능히 태우지 못하고, 물도 능히 빠뜨릴 수 없다고 하셨습니다. 그러면서 백 천의 여러 부처님들께서 신통력으로 항상 그들을 보호해 주시리라고 하십니다. 현상적 안목으로서는 이해 불가의 견고한 파격적 효력이며, 불가해한 공덕이라 하겠습니다. 뿐이겠습니까? 수왕화보살에게 〈약왕보살본사품〉의 부촉을 당부하시며, 부처님 멸도 후 5백 년에 이르러 그 세계에서 널리 선포하고 유포해서 끊어지지 않도록 하라고 하셨습니다. 이 경은 염부제 사람들 즉, 사바세계에는 좋은 약이 되고, 만약 어떤 사람이 병에 걸려 고통을 받다가도 이 경만 들으면 병이 곧 나아 늙지도 죽지도 않으리라는 말씀이니, 이제 법화경은 불교도의 선택사항이 아니라, 전 인류의 필독서란 확신을 다시금 가져봅니다.

중요 용어해설

❶ 일사구게(一四句偈) : 한 구절의 사구게

❷ 능해일체생사지박(能解一切生死之縛) : 능히 일체 생사의 속박에서 해탈함

❸ 소등(酥燈), 유등(油燈), 향유등(香油燈) : 소등은 연유, 기름, 향유등을 말함

❹ 진시여신 후불부수(盡是女身 後不復受) : 여인의 몸을 마친 뒤에는 다시 여인의 몸으로 태어나지 않는다는 뜻

❺ 화불능소 수불능표(火不能燒 水不能漂) : 불도 태우지 못하고, 물도 빠뜨릴 수 없음

❻ 괴생사군 제여원적 개실최멸(壞生死軍 諸餘怨敵 皆悉摧滅) : 생사를 벗어나니 여러 가지 다른 원수는 자연히 소멸됨

❼ 구반다등 득기편야(鳩槃茶等 得其便也) : 수미산 중턱의 남쪽을 지키는 증장천왕(增長天王)의 권속으로, 사람의 정기를 먹는다는 귀신인데. 말 머리에 사람 몸의 형상을 하고 있음. 구반다 같은 귀신이 이 약왕보살본사품을 이용치 못하게 함

묘법연화경 제24 묘음보살품(妙音菩薩品)

(요약 및 대의)

⇒ 본 품부터 〈제28 보현보살권발품〉 까지 묘법연화경 권 제7에 해당

⇒ 부처님이 광명을 놓으시고, 묘음보살의 삼매와 수행력을 설하심

⇒ 묘음보살이 사바세계에 가길 원하자, 정화수왕지불은 가더라도 사바세계을 가볍게
보거나, 보잘 것 없다는 등의 생각을 말라며 주의할 점을 당부하심

⇒ 묘음보살이 기사굴산에 오는데, 육종진동을 보이고, 칠보 연꽃의 꽃비를 뿌리며 와
서 부처님께 예배하고 정화수왕지불의 안부를 전함. 다보여래가 묘음보살을 환영함

⇒ 화덕보살이 묘음보살의 신통과 선근 공덕에 대해 여쭙자 부처님이 묘음보살은 1만
2천년 동안 운뢰음왕불께 10만가지 기악공양을 올린 인연으로 이런 신통력을 가지
게 되었다 설하심

⇒ 묘음보살의 34가지 변화 신통력과 그의 맞춤설법을 칭탄하시고, 같이 온 8만 4천
보살이 현일체색신을 얻음, 사바세계의 한량없는 보살들도 삼매와 다라니를 얻음

⇒ 묘음보살이 본국으로 돌아가 정화수왕지여래께 사바세계 출장의 귀국보고를 아룀

|1| 부처님이 광명을 놓으시고, 묘음보살의 삼매와 수행력를 설하심.
묘음보살이 사바세계에 가길 원하자,
정화수왕지불은 사바세계에서 주의할 점을 당부하심

단락	구분	원문 및 한글 번역
1	한문 원전	爾時 釋迦牟尼佛 放大人相 肉髻光明 及放眉間白毫相光 遍照東方百八萬億那由他 恒河沙等 諸佛世界. 過是數已 有世界名**淨光莊嚴**, 其國有佛 號**淨華宿王智如來** 應供 正遍知 明行足 善逝 世間解 無上士 調御丈夫 天人師 佛世尊. 爲無量無邊菩薩大衆 恭敬圍繞 而爲說法. 釋迦牟尼佛白毫光明 遍照其國.
	한글 읽기	이시 석가모니불 방대인상 육계광명 급방미간백호상광 변조동방백팔만억나유타 항하사등 제불세계. 과시수이 유세계명**정광장엄**, 기국유불 호**정화수왕지여래** 응공 정변지 명행족 선서 세간해 무상사 조어장부 천인사 불세존. 위무량무변보살대중 공경위요 이위설법. 석가모니불백호광명 변조기국.
	한글 풀이	그때 석가모니 부처님께서 대 인상인 육계와 미간의 백호상에서 광명을 놓으시며, 동방으로 1백 8만억 나유타 항하사 같은 부처님 세계를 비추었다. 이 수많은 세계를 지나서 정광장엄이라는 세계가 있었으며, 그 세계에 부처님이 계셨으니, 명호는 정화수왕지여래, 응공, 정변지, 명행족, 선서, 세간해, 무상사, 조어장부, 천인사, 불세존이었다. 한량없고 가없는 보살 대중들에게 둘러싸여 공경을 받으시며, 설법을 하시고 계셨다. 석가모니 부처님의 백호광명이 그 세계를 두루 비추었다.

2	한문 원전	爾時 一切淨光莊嚴國中 有一菩薩 名曰**妙音**. 久已殖衆德本 供養親近無量百千萬億諸佛 而悉成就甚深智慧. **得妙幢相三昧 法華三昧** 淨德三昧 宿王戲三昧 無緣三昧 智印三昧 解一切衆生語言三昧 集一切功德三昧 淸淨三昧 神通遊戲三昧 慧炬三昧 莊嚴王三昧 淨光明三昧 淨藏三昧 不共三昧 日旋三昧 得如是等百千萬億 恒河沙等 諸大三昧.
	한글 읽기	이시 일체정광장엄국중 유일보살 명왈**묘음**. 구이식중덕본 공양친근무량백천만억제불 이실성취심심지혜. **득묘당상삼매 법화삼매** 정덕삼매 수왕희삼매 무연삼매 지인삼매 해일체중생어언삼매 집일체공덕삼매 청정삼매 신통유희삼매 혜거삼매 장엄왕삼매 정광명삼매 정장삼매 불공삼매 일선삼매 득여시등백천만억 항하사등 제대삼매.
	한글 풀이	그때 일체정광엄세계에 묘음이라는 보살이 있었다. 그는 오랜 옛날부터 온갖 덕의 근본을 심었으며, 한량없는 백천만억 부처님들을 친근하고 공양하여, 매우 깊은 지혜를 모두 이루었으며, 온갖 삼매 중 가장 으뜸가는 묘당상삼매와 제법실상에 통달하는 법화삼매와 마음이 청정하여, 어디에도 물들지 않는 정덕삼매와 지혜가 자재하여 아무것에도 집착하지 않는 수왕희삼매와 대상을 취함이 없는 무연삼매와 늘 고요한 지인삼매와 일체중생의 언어를 다 이해하는 해일체중생어언삼매와 온갖 공덕을 두루 갖추는 집일체공덕삼매와 번뇌가 일어나지 않는 청정삼매와 신통변화가 자유자재한 신통유희삼매와 어리석음을 깨뜨리는 혜거삼매와 묘행을 거두어들이는 장엄왕삼매외 미묘한 지혜를 얻는 정광명삼매와 법안을 얻는 정장삼매와 이승이 따를 수 없는 불공삼매와 대천세계를 두루 비추는 일선삼매 등 이와 같은 백천만억 항하사 같은 삼매들을 얻었다.
3	한문 원전	釋迦牟尼佛 光照其身 卽白淨華宿王智佛言. "世尊! 我當往詣娑婆世界 禮拜親近供養 釋迦牟尼佛 及見文殊師利法王子菩薩 藥王菩薩 **勇施菩薩** 宿王華菩薩 上行意菩薩 莊嚴王菩薩 藥上菩薩."
	한글 읽기	석가모니불 광조기신 즉백정화수왕지불언. "세존! 아당왕예사바세계 예배친근공양 석가모니불 급견문수사리법왕자보살 약왕보살 **용시보살** 수왕화보살 상행의보살 장엄왕보살 약상보살."
	한글 풀이	석가모니 부처님의 광명이 그의 몸을 비추자 즉시 정화수왕지 부처님께 여쭈었다. "세존이시여! 제가 사바세계로 가서 석가모니 부처님을 직접 뵙고 예배하고 공양하며, 또 문수사리 법왕자보살과 약왕보살과 용시보살과 수왕화보살과 상행의보살과 장엄왕보살과 약상보살을 만나 보고 오겠습니다."
4	한문 원전	爾時 淨華宿王智佛 告妙音菩薩. "汝莫輕彼國 生下劣想. 善男子! 彼娑婆世界 高下不平 土石諸山 **穢惡充滿 佛身卑小** 諸菩薩衆其形亦小 而汝身四萬二千由旬 我身六百八十萬由旬 汝身第一端正 百千萬福 光明殊妙? 是故汝往 莫輕彼國 若佛 菩薩 及國土 生下劣想." 妙音菩薩 白其佛言. "世尊! 我今詣娑婆世界 皆是如來之力 如來神通遊戲 如來功德智慧莊嚴."

4	한글 읽기	이시 정화수왕지불 고묘음보살. "여막경피국 생하열상 선남자! 피사바세계 고하불평 토석제산 **예오충만 불신비소** 제보살중기형역소 이여신사만이천유순 아신육백팔십만유순 여신제일단정 백천만복 광명수묘? 시고여왕 막경피국 약불 보살 급국토 생하열상." 묘음보살 백기불언. "세존! 아금예사바세계 개시여래지력 여래신통유희 여래공덕지혜장엄."
	한글 풀이	그러자 정화수왕지불께서 묘음보살에게 당부하셨다. "그대는 저 나라를 가볍게 보고 보잘 것 없다는 생각을 하지 말라. 선남자야! 저 사바세계는 높고 낮을 뿐만 아니라 평평하지도 않으며, 흙과 돌과 산과 더러운 것들이 가득하고, 부처님의 몸도 보잘 것 없이 작으며, 보살대중들의 몸도 역시 작은데, 너의 몸은 4만 2천유순이고 나의 몸은 6백 8십만 유순이며, 너의 몸은 매우 단정하고 백천만의 복과 덕의 광명이 뛰어나게 신비하지 않느냐? 그러므로 가더라도 저 국토를 가벼이 여기거나, 부처님과 보살들과 국토에 대하여 보잘 것 없다는 생각을 내지 말아라." 묘음보살이 정화수왕지 부처님께 말씀드렸다. "세존이시여! 제가 지금 사바세계로 갈 수 있는 것은 모두 다 여래의 힘이며, 여래의 신통스럽고 자유자재한 활동이며, 지혜로 장엄한 여래의 공덕입니다."
5	한문 원전	於是 妙音菩薩 不起于座 身不動搖 而入三昧 以三昧力 於耆闍崛山 去法座不遠 **化作八萬四千衆寶蓮華**, 閻浮檀金爲莖 白銀爲葉 **金剛爲鬚 甄叔迦寶** 以爲其臺.
	한글 읽기	어시 묘음보살 불기우좌 신불동요 이입삼매 이삼매력 어기사굴산 거법좌불원 **화작팔만사천중보련화**, 염부단금위경 백은위엽 **금강위수 견숙가보** 이위기대.
	한글 풀이	그리고 자리에서 일어나지 않고 몸을 움직이지도 않은 채로 삼매에 들어가 삼매의 힘으로 기사굴산으로 가서 법좌에서 멀지 않은 곳에 8만 4천 가지의 보배로, 연꽃을 변화로써 만드니, 줄기는 염부단금이고 잎은 백은이며, 꽃술은 다이아몬드이고 그 받침은 견숙가보였다.
중요용어		❶ 정광장엄(淨光莊嚴) ❷ 정화수왕지여래(淨華宿王智如來) ❸ 묘음(妙音) ❹ 득묘당상삼매(得妙幢相三昧) ❺ 법화삼매(法華三昧) ❻ 용시보살(勇施菩薩) ❼ 예오충만 불신비소(穢惡充滿 佛身卑小) ❽ 화작팔만사천중보련화(化作八萬四千衆寶蓮華) ❾ 금강위수 견숙가보(金剛爲鬚 甄叔迦寶)

〈약왕보살본사품〉의 설법을 마치신 부처님께서 대 인상(大 人相)인 육계와 미간의 백호상에서 광명을 놓으시어 동방으로 1백 8만억 나유타 항하사 같은 부처님 세계를 비추시자, 멀리 동방에 정광장엄이라는 나라와 정화수왕지라는 부처님이 보이고, 제자인 묘음(妙音) 대보살이 보여집니다. 대 인상이란 부처님만이 지니는 특별한 32상 중 하나인데, 그 대 인상인 육계에서 동방으

로 광명을 놓으셨다는 말씀으로, 〈제1 서품〉에서 부처님이 『무량의경』을 설하여 마치고 선정에 드시자, 하늘에서 꽃비가 내리고 땅이 육종진동 하며, 부처님이 동방으로1만 8천 세계를 광명으로 비추신 감동의 장면이 떠오를 것입니다. 이번에도 부처님이 동방으로 육계광명과 백호광명을 발하여 등장한 묘음보살은 오랜 옛날부터 온갖 덕의 근본을 심었는데, 한량없는 백천만억 부처님들을 친근하고 공양하여, 매우 깊은 지혜를 모두 이루었으며, 온갖 백천만억 항하사 같은 삼매들을 얻은 보살이기도 합니다.

본 〈묘음보살품〉은 바로 이 묘음보살이 얻은 신통력과 삼매의 경지 그리고 그가 심은 선근 공덕에 따른 수행력 등을 설한 품입니다. 전체의 핵심 요지는 현일체색신삼매를 이룬 묘음보살이 일체중생을 이롭게 한다는 것과 34가지로 자재롭게 몸을 나타내어 다양한 중생들에게 가까이 다가가 법화경을 설법하여 제도한다는 내용으로 이루어져 있습니다. 앞의 품에서 설명드린 내용인데요. 〈제23 약왕보살본사품〉부터 〈제28 보현보살권발품〉까지는 여러 보살들을 등장시켜, 그 보살들이 행한 수행의 행적과 공덕을 모델로, 어떤 수행을 하여 중생들이 고통과 번뇌에서 벗어날 수 있는가에 대한 법화행자들의 지향점에 대한 설법이 이어질 것이라고 설명드린 부분이 생각나실 겁니다. 즉, 부처님은 신구의(身口意) 삼업에 대한 수행의 텍스트 모델로, **약왕보살을 등장시켜 몸(身)에 대한 수행을** 어떻게 했는지를 설하시고, **입(口)에 대해서는 묘음보살을, 마음(意)에 대한 수행은 관세음보살**로하여금 어떻게 중생을 구원하는지 등의 설법이 전개될 것이라 하였었지요. 바로 그 묘음보살의 수행 이력과 득삼매 그리고 법화경 설법을 위한 34가지 변화신(變化身)에 대한 설법이 본 품의 주된 내용이 됩니다.

약왕보살은 아득한 과거세에 사바세계에서 당시의 부처님인 일월정명덕여래와 법화경을 위해 소신공양을 한 공덕으로 현일체색신삼매를 얻었지만, 묘음보살은 사바세계에서 멀고 먼 동방 불국토에서 법화경으로 중생을 구제한 보살입니다. 이 구도는 곧, 법화경이 현실세계(사바세계)와 이상세계(동방불국토) 전체를 아우르고 있음을 나타내는 것이라 새겨두시면 되겠습니다. 이렇게 〈제23 약왕보살본사품〉부터 〈제24 묘음보살품〉, 〈제25 관세음보살품〉이 연속으로 등장하는데, 이들 세 보살의 세계와 수행 공덕을 잠시 정리해 보겠습니다.

〈3보살의 세계와 수행·공덕〉

보살명	세계공간	모신 스승	수행방법	성취공덕
약왕보살	사바세계	일월정명덕여래	소신공양, 난행고행 팔꿈치 소신공양	현일체색신삼매 중생의 번뇌·병고 구제
묘음보살	동방불국토	운뢰음왕불	10만 가지 기악공양 8만 4천 발우공양	현일체색신삼매 34가지 변화신 중생제도
관세음보살	서방정토	관세음여래	문(聞)·사(思)·수(修) 삼혜수행(三慧修行)	중생구제 자비실천 33가지 변화신

묘음보살이 소리를 내서 중생을 설하고 바른 길로 제도해 준다면, 관세음보살은 중생들의 소리를 듣고 달려가 중생들의 고통을 구제해 준다고 보면 되겠습니다. 묘음보살은 아득한 과거세에 운뢰음왕(雲雷音王) 부처님께 1만 2천 년 동안 10만 가지의 음악으로 공양하였고, 8만 4천의 칠보 발우를 받들어 올린 과보로, 온갖 삼매를 득하여 신통의 힘을 얻어 정화수왕지 부처님의 나라에서 태어나게 됩니다.

8만 4천 발우 공양이란 곧, 부처님의 사자후 법문을 상징하는 것이고, 묘음보살이 부처님을 친견하려고 사바세계로 올 때 거느리고 온 보살의 수가 8만 4천이기도 한데요. 묘음보살은 무엇보다 미묘한 소리, 즉 묘음를 갖춘 보살이기 때문에 일부 경전에는 '사자후(獅子吼)보살'로 불리기도 하지요. 우주의 모든 질서는 소리와 파장으로 전달되기 때문에 묘음보살이 구름과 뇌성(雷聲)

의 상징인 운뢰음왕 부처님께 공양을 했다는 것은 정연한 인과로 볼 수 있습니다.

사자후의 소리로 진리를 표현하고, 중생들을 믿고 따르게 한다는 구도이고 보면, 그때의 묘음보살이 기악(伎樂) 공양을 하는 묘음의 감미로운 음악이 들려올 듯하지 않습니까? 요즈음 세계적 인기를 누리며 가황(歌皇)이라 불리는 슈퍼스타 가수들도 이러한 전생의 인연 공덕이 있지 않았을까 생각해 봅니다. 앞에서 이미 『묘법연화경』의 글자가 함의(含意)하는 상징성에 대해 살펴보았지만, '묘(妙)'란 글자 그대로 '묘하다' 또는 '뛰어나다', '신통하다' 등을 의미하니 뛰어난 음악을 공양하여 깨달음을 이루었고, 이후에는 갖가지 삼매와 현일체색신을 얻어 신통력과 지혜의 힘으로, 설법을 통해 중생을 이롭게 한 보살이란 뜻이 됩니다. 법화경에는 다양한 직능별 보살이 출현하는데, 한마디로 묘음이란 중생의 언어와 음성을 상징하는 말로서, 생명의 소리와 법의 소리를 통해 법화경을 설하는 보살이란 뜻이 됩니다.

약왕보살이나 묘음보살에서 보는 것처럼, 보살의 수행이란 첫째, 덕의 근본을 심는 것이며 둘째, 모든 부처님을 공양하는 것이라 할 수 있습니다. 그 결과 성취하는 공덕도 크게 두 가지이니 그 하나는. 깊고 미묘한 지혜를 성취함이요, 둘은 일체의 삼매와 득신통이라 하겠습니다. 이 말은 법화행자들인 바로 우리들의 수행자세이기도 하고, 곧 우리가 성취할 공덕의 결과가 되기도 할 것입니다. 본문에는 묘음보살이 온갖 삼매 중 가장 으뜸가는 삼매인 묘당상삼매와 제법실상에 통달하는 법화삼매, 마음이 청정하여 어디에도 물들지 않는 정덕삼매 등 16가지 구체적 삼매를 얻었다고 설하시며, 여타의 삼매를 얻음이 백천만억 항하사 같다고 설하십니다.

이들 삼매의 특징을 간단히 살펴보도록 하겠습니다. 묘당상삼매(妙幢相三昧)란 삼매 중에서도 가장 뛰어난 삼매로서, 이 삼매에 들면 장군이 깃발(당 幢)을 내걸어서 자신의 위대한 모습을 알리는 것과 같은 경지를 이룸을 뜻하며, 법화삼매(法華三昧)는 나무가 꽃을 피워서 스스로 장엄하는 것과 같으니 법화경에 따라 제법실상을 통달하면 일승과 삼승에 자유자재하고, 현상과 경계를 초월하여 일체의 장애를 타파하는 경지를 뜻하는 것입니다. 삼매(三昧)란 산스크리트어 사마디(Samādhi) 또는 삼마디의 한자 번역으로 고요함, 적멸(寂滅), 적정(寂靜)의 명상 상태 또는 정신집중 상태를 말한다는 건 잘 아실 것입니다.

우리들 일상에서도 독서삼매, 염불삼매, 작품삼매 등 고도의 정신이 집중된 매우 고요한 상태에 빠졌을 때 쓰는 용어인데, '매(昧)'란 글자는 새벽을 뜻하고, 깨어있으면서 일심으로 선정에 들어 뇌파가 0~4Hz 정도의 상태를 뜻하는 것인데요. 불교에서의 삼매는 열반에 이르는 지름길이라 보고 있습니다. 왜 이매(二昧), 오매(五昧)라 하지 않고, 삼매라 했을까요? 그것은 우주 시방세계를 주관과 객관 그리고 그 가운데인 세 개의 범주를 바른 정관(正觀)과 직관(直觀)으로 마음을 통일하여, 결국엔 그 세 가지 경계조차 무색해진 상태를 이른다 하겠습니다. 설명이 조금 어려워졌으나 우리들은 그냥 법화삼매에 빠지는 목표 하나로 나아가면 될 터입니다. 본문에는 묘음보살이 이룬 16가지 구체적 삼매의 경지가 나옵니다만, 그 경지를 일일이 해석하고 이해할 필요는 없이 다만 이 모든 경지의 바탕에는 수행·공양과 참 지혜의 각성이 필요·충분조건으로 깔려있다는 것만 상기해 두시기 바랍니다.

다시 본문 공부로 들어가 봅니다. 바로 그 정광장엄국토의 묘음보살이 정화수왕지 부처님께 사바세계에 다녀오겠다며 출장신청서를 제출합니다. 출장목적은 석가모니 부처님을 직접 뵙고 예배하고 공양하며, 또 문수사리 법왕자보살과 약왕보살, 용시보살과 수왕화보살, 상행의보살과 장엄왕보살, 약상보살 등을 만나 보고 오겠다는 것입니다. 이 보살 중 상행의보살은 부처님이 말법세상에 법화경을 널리 베풀라는 부촉을 받은 바 있는 '행(行)'을 실천하는 네 보살인 상행보살(上行菩薩), 무변행보살(無邊行菩薩), 정행보살(正行菩薩), 안립행보살(安立行菩薩) 가운데 으뜸 보살이기도 합니다.

용시보살은 〈제1 서품〉에서 이미 거명된 보살인데, 사바세계에서 중생을 제도하는 부처님의 상수보살(上首菩薩)로서 법화경 수호 다라니를 설하여 원력을 보여주었던 보살이지요. 출장 허가를 받은 묘음보살이 사바세계에 가서 석가모니 부처님과 문수, 약왕 등의 보살을 친견하기 위해 이어 삼매에 들어 연꽃을 피웁니다. 그러자 정화수왕지불이 묘음보살에게 사바세계에 가거든 그 세계를 가벼이 보거나 업신여기지 말라는 충고를 곁들입니다. 이 당부의 뜻을 잘 생각해야 합니다. 궁극적으로 중생이 살아가고, 불보살이 활동하는 무대는 결국은 사바세계란 것입니다. 비록 사바세계는 높고 낮을 뿐만 아니라 평평하지도 않으며, 흙과 돌과 산과 더러운 것들이 가득하고, 부처님의 몸도 보잘 것 없이 작으며, 보살대중들의 몸도 역시 작지만, 그러나 가더라도 저 국토를 가벼이 여기거나, 부처님과 보살들과 국토에 대하여 보잘 것 없다는 생각을 내지 말라는 당부인데요. 정화수왕지불이 알려주는 사바세계의 특징은 고하불평(高下不平)하고, 예오충만(穢惡充滿)한 세상이라는 겁니다. 그러니까 높고 낮은 불평등이 있어 불만과 불편이 상존하며, 더러운 것이 가득 차 타인을 비방하고 저주한다는 말씀인데, 사바세계의 한계와 실정을 여실히 나타내고 있습니다. 하지만 동방의 불국토라고 해도 그것은 결국 사바세계에 투영된 이상의 세계일 뿐, 사바세계가 없으면 불국토도 없다는 말이 될 것입니다.

천당과 지옥이 그러하듯, 중생들의 망념에서 분별된 모든 세계는 다만 허상일 뿐이라는 거지요. 정화수왕지불의 당부를 들은 묘음보살은 자리에서 일어나지 않고 몸을 움직이지도 않은 채로 삼매에 들어가, 삼매의 힘으로 기사굴산으로 가서 법좌에서 멀지 않은 곳에 8만 4천 가지의 보배로, 연꽃을 변화로써 만드니, 줄기는 염부단금(사금의 일종)이고 잎은 백은이며, 꽃술은 다이아몬드이고 그 받침은 견숙가보(보석 이름)였다는 것입니다.

❶ 정광장엄(淨光莊嚴) : 동방으로 1백 8만억 나유타 항하사 같은 수많은 부처님 세계를 지나 있는 세계명

❷ 정화수왕지여래(淨華宿王智如來) : 정광장엄세계에 계시는 부처님 명호

❸ 묘음보살(妙音菩薩) : 과거세에 여래에게 만 가지 악기로 공양한 공덕으로 미묘한 음성을 얻어 묘음이라는 이름을 얻음. 사자후보살이라고도 함

❹ 득묘당상삼매(得妙幢相三昧) : 온갖 삼매 중 가장 으뜸가는 삼매

❺ 법화삼매(法華三昧) : 제법실상에 통달한 삼매

❻ 용시보살(勇施菩薩) : 법화회좌에 설법을 들은 보살 중 하나. 용시보살 다라니가 있음

❼ 예오충만 불신비소(穢惡充滿 佛身卑小) : '예(穢)'는 더러울 예로, 더러운 것들이 가득차고 부처님의 몸도 왜소하다는 뜻

❽ 화작팔만사천중보련화(化作八萬四千衆寶蓮華) : 8만 4천 가지의 보배로, 연꽃을 변화로써 만듦

❾ 금강위수 견숙가보(金剛爲鬚 甄叔迦寶) : 꽃술은 다이아몬드이고 그 받침은 견숙가보라는 뜻

단락	구분	원문 및 한글 번역
6	한문 원전	爾時 文殊師利法王子 見是蓮華而白佛言. "世尊! 是何因緣 先現此瑞? 有若干 千萬蓮華 閻浮檀金爲莖 白銀爲葉 金剛爲鬚 甄叔迦寶 以爲其臺." 爾時 釋迦 牟尼佛 告文殊師利. "是妙音菩薩摩訶薩 欲從淨華宿王智佛國 與八萬四千菩薩 圍繞 而來至此娑婆世界 供養親近禮拜於我 亦欲供養 聽法華經."
	한글 읽기	이시 문수사리법왕자 시견연화이백불언. "세존! 시하인연 선현차서? 유약간 천만연화 염부단금오경 백은위엽 금강위수 견숙가보 이위기대." 이시 석가 모니불 고문수사리. "시묘음보살마하살 욕종정화수왕지불국 여팔만사천보살 위요 이래지차사바세계 공양친근예배어아 역욕공양 청법화경."
	한글 풀이	그때 문수사리법왕자가 이 연꽃을 보고 부처님께 말씀드렸다. "세존이시여! 이것은 어떤 인연이며, 왜 이러한 상서가 먼저 나타나는 것입니까? 천만 가지의 연꽃이 줄기는 염부단금이요, 잎은 백은이며 꽃술은 다이아몬드고, 그 받침은 견숙가보입니다." 석가모니 부처님께서 문수사리에게 말씀하셨다. "이것은 묘음보살마하살이 정화수왕지 부처님 나라에서 8만 4천의 보살들에게 둘러싸여 이 사바세계로 와서는 나를 공양 친근하고, 예배하려는 것이며, 또 법화경을 공양하고 들으려는 것이니라."
7	한문 원전	文殊師利白佛言. "世尊! 是菩薩種何善本 修何功德 而能有是大神通力? 行何三昧? 願爲我等說是三昧名字. 我等亦欲勤修行之. 行此三昧 乃能見是菩薩 **色相大小 威儀進止**. 唯願世尊! 以神通力 彼菩薩來 令我得見." 爾時 釋迦牟尼佛告文殊師利. "此久滅度 多寶如來 當爲汝等而現其相." 時 多寶佛告彼菩薩. "善男子! 來. 文殊師利法王子 欲見汝身."
	한글 읽기	문수사리백불언. "세존! 시보살종하선본 수하공덕 이능유시대신통력? 행하삼매? 원위아등설시삼매명자. 아등역욕근수행지. 행차삼매 급능견시보살 **색상대소 위의진지**. 유원세존! 이신통력 피보살래 영아득견." 이시 석가모니불고 문수사리. "차구멸도 다보여래 당위여등이현기상." 시 다보불고피보살. "선남자! 래. 문수사리법왕자 욕견여신."
	한글 풀이	문수사리보살이 부처님께 여쭈었다. "세존이시여! 이 보살은 어떤 선의 근본을 심었으며, 어떤 공덕을 닦아서 이렇게 큰 신통력이 있고, 어떤 삼매를 행합니까? 원하옵건대 저희들을 위하여 이 삼매의 이름을 말씀해 주십시오. 저희들도 부지런히 수행하고 싶습니다. 이 삼매를 행하여야 이 보살의 모습이 큰지, 작은지 그리고 나아가고 머무는 위엄을 볼 수 있을 것입니다. 오직 원하옵건대 세존이시여! 신통력으로 저 보살이 오는 것을 저희들도 볼 수 있게 하여 주십시오." 석가모니 부처님께서 문수사리에게 말씀하셨다.

7	한글 풀이	"열반하신지 오래된 다보여래께서 너희들을 위하여 그 모습을 볼 수 있게 하실 것이니라." 그러자 다보부처님이 묘음보살에게 말씀하셨다. "선남자여! 어서 오너라. 문수사리 법왕자가 그대의 몸을 보고 싶어 하느니라."
8	한문 원전	于時 妙音菩薩 於彼國沒 與八萬四千菩薩 俱共發來 所經諸國 六種震動 皆悉雨於七寶蓮華 百千天樂 不鼓自鳴. 是菩薩目 如廣大靑蓮華葉 **正使和合百千萬月** 其面貌端正 復過於此, 身眞金色 無量百千功德莊嚴 **威德熾盛 光明照曜** 諸相具足 **如那羅延 堅固之身**. 入七寶臺 上昇虛空 **去地七多羅樹** 諸菩薩衆恭敬圍繞. 而來詣此娑婆世界 耆闍崛山 到已下七寶臺 以價直百千瓔珞 持至釋迦牟尼佛所 頭面禮足 奉上瓔珞 而白佛言.
	한글 읽기	우시 묘음보살 어피국몰 여팔만사천보살 구공발래 소경제국 육종진동 개실 우어칠보연화 백천천락 불고자명. 시보살목 여광대청련화엽 **정사화합백천만월** 기면모단정 부과어차, 신진금색 무량백천공덕장엄 **위덕치성 광명조요** 제상구족 **여나라연 견고지신**. 입칠보대 상승허공 **거지칠다라수** 제보살중공경위요. 이래예차사바세계 기사굴산 도이하칠보대 이가치백천영락 지지석가모니불소 두면예족 봉상영락 이백불언.
	한글 풀이	이때 묘음보살이 그 나라를 떠나서 8만 4천의 보살과 함께 이곳으로 오는데, 지나오는 나라마다 여섯 가지로 진동을 하고, 나라마다 칠보로 된 연꽃이 비 오듯이 내렸으며, 백천의 하늘 음악들이 두드리지 않았는데도 저절로 울려 퍼졌다. 이 보살은 눈이 넓고 커서 푸른 연꽃잎 같았으며, 정작 백천만의 달을 합한 것보다 그의 얼굴 모습이 더 단정하였고, 몸은 순금이었는데 한량없는 백천의 공덕으로 장엄하였으며, 위엄과 덕망이 대단하였고, 광명이 밝게 빛나며 모든 모습을 두루 갖추어 나라연(금강역사)의 견고한 몸과 같았다. 칠보로 된 자리에 들어가 허공에 오르니, 땅에서부터 7다라수나 되었는데 보살들에게 둘러싸여 공경을 받았다. 이 사바세계의 기사굴산에 이르러서는 칠보로 된 자리에서 내려와 백천의 가치가 되는 영락을 가지고 석가모니 부처님의 처소에 이르러 머리를 조아려 예배하고, 영락을 받들어 올리며 부처님께 말씀드렸다.
9	한문 원전	"世尊! 淨華宿王智佛 問訊世尊. '少病少惱 起居輕利 安樂行不? 四大調和不? 世事可忍不? 衆生易度不? 無多貪欲 瞋恚 愚癡 嫉妒 慳慢不? 無不孝父母 不敬沙門 邪見不善心? **攝五情不**?'"
	한글 읽기	"세존! 정화수왕지불 문신세존. '소병소뇌 기거경리 안락행부? 사대조화부? 세사가인부? 중생이도부? 무다탐욕 진에 우치 질투 간만부? 무불효부모 불경사문 사견불선심부 **섭오정부**?'"
	한글 풀이	"세존이시여! 정화수왕지 부처님께서 세존께 문안을 여쭈셨습니다. '조그마한 병도 없으시고 번거로움도 적으시며, 지내시기도 편안하고 즐거우시며, 몸도 건강하십니까? 세상의 일은 참으실만 합니까? 중생들을 제도하시기는 쉬우십니까? 중생들이 지나친 욕심과 성냄과 어리석음과 질투와 인색함과 교만함은 많지 않습니까? 부모에 불효하거나 사문을 공경하지 않거나, 그릇된 생각과 착하지 못한 마음은 없으며, 오욕(오정)은 거두어 들였습니까?'"

10	한문 원전	"世尊! 衆生能降伏諸魔怨不? 久滅度多寶如來 在七寶塔中 來聽法不? 又問訊 多寶如來 **安隱少惱堪忍久住不**? 世尊! 我今欲見多寶佛身. 唯願世尊! 示我令 見." 爾時 釋迦牟尼佛語多寶佛, "是妙音菩薩 欲得相見." 時 多寶佛告妙音言. "善哉 善哉! 汝能爲供養釋迦牟尼佛 及聽法華經 并見文殊師利等 故來至此."
	한글 읽기	"세존! 중생능항복제마원부? 구멸도다보여래 재칠보탑중 내청법부? 우문신 다보여래 **안은소뇌감인구주부**? 세존! 아금욕견다보불신. 유원세존! 시아령 견." 이시 석가모니불어다보불, "시묘음보살 욕득상견." 시 다보불고묘음언. "선재 선재! 여능위공양석가모니불 급청법화경 병견문수사리등 고래지차."
	한글 풀이	"세존이시여! 중생들이 마구니들과 원수들을 항복시켰습니까? 열반하신 지 오래된 다 보여래께서도 칠보탑에 계시면서 법을 들으러 오셨습니까? 또 다보여래께도 문안하시 기를 번거로움이 없으시고 평안하신지? 오래 참고 계실만하신지를 여쭈셨습니다. 세존 이시여! 다보 부처님도 뵙고 싶습니다. 오직 원하옵건대 세존이시여! 제가 볼 수 있도록 해주십시오." 그러자 석가모니 부처님께서 다보 부처님께 이르기를 "이 묘음보살이 뵙 고자 합니다." 하니, 다보 부처님이 묘음보살에게 말씀하셨다. "착하고도 착하도다. 그 대가 석가모니 부처님을 공양하며 법화경을 듣고, 문수사리를 비롯한 보살들을 보려고 이곳으로 왔구나."
11	한문 원전	爾時 **華德菩薩**白佛言. "世尊! 是妙音菩薩 種何善根 修何功德 有是神力?" 佛 告華德菩薩. "過去有佛 名**雲雷音王 多陀阿伽度 阿羅訶 三藐三佛陀**. 國名現一 切世間 劫名憙見. 妙音菩薩 於萬二千歲 以十萬種伎樂 供養雲雷音王佛 并奉 上八萬四千七寶鉢. 以是因緣果報 今生淨華宿王智佛國 有是神力. 華德! 於汝 意云何? 爾時 雲雷音王佛所 妙音菩薩 伎樂供養 奉上寶器者 豈異人乎? 今此 妙音菩薩摩訶薩是."
	한글 읽기	이시 **화덕보살**백불언. "세존! 시묘음보살 종하선근 수하공덕 유시신력?" 불 고화덕보살. "과거유불 명**운뢰음왕 다타아가도 아라하 삼먁삼불타**. 국명현일 체세간 겁명희견. 묘음보살 어만이천세 이십만종기악 공양운뢰음왕불 병봉 상팔만사천칠보발. 이시인연과보 금생정화수왕지불국 유시신력. 화덕! 어여 의운하? 이시 운뢰음왕불소 묘음보살 기악공양 봉상보기자 기이인호? 금차 묘음보살마하살시."
	한글 풀이	그때 화덕보살이 부처님께 말씀드렸다. "세존이시여! 이 묘음보살은 어떤 선근을 심었 으며, 어떤 공덕을 닦아 이런 신통력이 있는 것입니까?" 이에 부처님께서 화덕보살에게 말씀하셨다. "과거에 부처님께서 계셨으니 명호는 운뢰음왕·다타아가도·아라하·삼먁삼 불타였으며, 나라의 이름은 현일체세간이고, 겁의 이름은 희견이었느니라. 묘음보살이 1만 2천년 동안 십만 가지의 음악으로 운뢰음왕 부처님을 공양하였으며, 8만 4천의 칠 보 발우를 받들어 올렸느니라. 이런 인연의 과보로 지금 정화수왕지 부처님의 나라에서 태어났으며, 이런 신통력이 있게 되었느니라. 화덕보살아! 너의 생각은 어떠하냐? 그때 의 묘음보살로서 운뢰음왕 부처님이 계시던 곳에서 음악으로 공양하고, 보배 그릇을 받 들어 올린 자가 어찌 다른 사람이겠느냐. 지금의 이 묘음보살마하살이니라."

앞 단락 말미에서 묘음보살이 짜잔~ 하고 등장하는데, 묘음보살은 삼매 신통력으로 몸을 움직이지도 않은 채로 기사굴산으로 가서 법좌에서 멀지 않은 곳에 8만 4천 가지의 보배로, 연꽃을 변화로써 만드니, 줄기는 염부단금이고 잎은 백은이며, 꽃술은 다이아몬드이고 그 받침은 견숙가보(붉은 빛의 보석)였다는 것이었습니다. 묘음보살이 그 나라를 떠나서 8만 4천의 보살과 함께 이곳으로 오는데, 지나오는 나라마다 여섯 가지로 진동을 하고, 나라마다 칠보로 된 연꽃이 비 오듯이 내렸으며, 백천의 하늘 음악들이 두드리지 않았는데도 저절로 울려 퍼졌다고 본문은 전하고 있습니다.

8만 4천 보배와 보살이란 8만 4천 법문이기도 하고, 8만 4천 번뇌를 연꽃으로 장엄하여 여의게 한다는 뜻으로 보아도 무방하겠습니다. 나아가 묘음보살은 눈이 넓고 커서 푸른 연꽃잎 같았으며, 정작 백천만의 달을 합한 것보다 그의 얼굴 모습이 더 단정하였고, 몸은 순금이었는데 한량없는 백천의 공덕으로 장엄하였으며, 위엄과 덕망이 대단하였고, 광명이 밝게 빛나며 모든 모습을 두루 갖추어 나라연(금강역사-金剛力士)의 견고한 몸과 같았다고 세부적 묘사까지를 아끼지 않고 있습니다. 정말 신이한 출현이 아닐 수 없습니다. 사바세계에서 동방불국토까지의 거리를 실측할 수는 없겠으나, 시공을 초월하여 사바세계에 들고, 남이 득삼매를 한 보살에게는 찰라의 거리이며, 같은 무대의 순간 이동일 뿐이라는 가르침인데, 우리도 법화 행자로서 부단한 수행을 쌓아가다 보면 반드시 그런 신통에 당도하리라 믿습니다. 뭐, 그런 신통에 도달치 못한다 해도, 이미 우리들은 묘법연화경의 첫 페이지를 연 순간 부처가 되었던 게 아니겠습니까?

　그때 문수사리법왕자가 묘음보살이 사바세계로 오는 모습과 8만 4천 가지의 보배로, 연꽃을 변화로써 만드니, 이 연꽃을 보고 이것은 어떤 인연이며, 왜 이러한 상서가 먼저 나타나는 것입니까? 라며 부처님께 여쭙니다. 묘음보살이 사바세계로 오는 이 장엄한 광경에, 문수사리법왕자는 묘음보살이 어떤 선근을 심었고, 어떤 신통과 삼매를 행하는지 궁금할 수밖에 없었을 것입니다. 동방불국토의 대표 보살이 특사로 온다는데 당연한 궁금함일 테지요. 이에 석가모니 부처님께서는 문수사리에게 말씀하십니다. 이것은 묘음보살마하살이 정화수왕지 부처님 나라에서 8만 4천의 보살들에게 둘러싸여 이 사바세계로 와서는 나를 공양 친근하고, 예배하려는 것이며, 또 법화경을 공양하고 들으려는 것이라고 말이지요. 문수사리보살이 다시 부처님께 매달립니다. "오직 원하옵건대 세존이시여! 신통력으로 저 보살이 오는 것을 저희들도 볼 수 있게 하여 주십시오."라고 말입니다. 이에 석가모니 부처님께서는 문수사리에게 말씀하십니다.

> "문수사리여! 열반하신 지 오래된 다보여래께서 너희들을 위하여 그 모습을 볼 수 있게 하실 것이니라." 그러자 다보부처님이 묘음보살에게 말씀하셨다. "선남자여(묘음보살)! 어서 오너라. 문수사리 법왕자가 그대의 몸을 보고 싶어 하느니라."

　다보여래는 〈견보탑품〉에서 땅속으로부터 탑과 함께 솟아난 여래로, 부처님의 설법을 증명하는 지하로부터 온 시간상의 여래이며, 부처님은 지상에서 설법하는 공간상의 여래이고, 지상의 대표보살 문수사리보살과 이상세계에서 파견 온 묘음보살, 이렇게 지상과 지하, 공간과 이상세계의 대표 불보살이 법화회좌에서 한 자리에 만나는 역사적 순간입니다. 이 구도는 다보여래와 석가여래가 시공으로 일체이며, 제 불보살이 다른 세계에 존재해도 법으로써 일체이고, 따라서 법화경은 시대를 망라하여 통시적(通時的)이며, 공간과 시대를 초월한 무량설법임을 강조하는 일단으로 읽으시면 됩니다.

- **다보여래 : 시간적 상징**
- **석가여래 : 공간적 상징**
- **문수보살 : 지상계 보살**
- **묘음보살 : 이상세계 보살**

드디어 묘음보살이 사바세계의 기사굴산에 이르러서는 칠보로 된 자리에서 내려와 백천의 가치가 되는 영락을 가지고 석가모니 부처님의 처소에 이르러 머리를 조아려 예배하고 영락을 받들어 올리며 부처님께 말씀드립니다. 예배 올리는 본문을 그대로 옮겨봅니다.

"세존이시여! 정화수왕지 부처님께서 세존께 문안을 여쭈셨습니다. '조그마한 병도 없으시고 번거로움도 적으시며, 지내시기도 편안하고 즐거우시며, 몸도 건강하십니까? 세상의 일은 참으실 만합니까? 중생들을 제도하시기는 쉬우십니까? 중생들이 지나친 욕심과 성냄과 어리석음과 질투와 인색함과 교만함은 많지 않습니까? 부모에 불효하거나 사문을 공경하지 않거나, 그릇된 생각과 착하지 못한 마음은 없으며, 오욕(오정)은 거두어 들였습니까?'"

여기서 오욕(五情)은 5근(根)에서 생기는 욕망으로 5욕(欲)이라고도 하고, 색(色)·성(聲)·향(香)·미(味)·촉(觸)의 다섯 가지 감각 대상인 오경(五境)에 집착하여 야기되는 5종의 욕망을 이르는 것이지만, 대체로 세속적인 인간의 욕망 전반을 뜻하기도 하는데, 구체적 오욕으로는 **재욕**(財欲)·**성욕**(性欲)·**식욕**(食欲)·**명예**

욕(名譽欲)·**수면욕**(睡眠欲)을 지칭하는 것입니다. 이 오욕 중 어느 것 하나도 세속적 욕망의 세상을 살아가는 중생들로서는 버릴 수 있는 게 없습니다. 어찌 보면 저 욕망 때문에 살아가고, 저 욕망들 때문에 희비애락이 교차하며, 모든 인생의 가치와 목적을 두게 되는 것입니다. 불교에서는 이러한 오욕을 깡그리 버리라는 말이 아니라, 몸과 마음, 나와 타인간에 지나침이 없는 절제와 조화의 미덕을 갖추라는 말씀입니다. 그것들은 살아가는데 수반되는 수단일 뿐, 결코 목적이 되거나, 삶의 본질이 될 수는 없는 것이니까요.

묘음보살이 부처님께 올리는 안부 인사에 특별할 건 없지만, 일신의 일과 세상사, 중생 전체의 도덕적 인식 전반을 여쭙고 있네요. 나아가 부처님께 다보블을 친견하길 간청드립니다. 그러자 석가모니 부처님께서는 묘음보살이 다보불 당신을 뵙고 싶어 한다고 전언(傳言)을 하게 되지요. 그러자 우리의 다보 부처님은 어김없이 등장하여 묘음보살에게 말씀하십니다.

> "착하고도 착하도다. 그대가 석가모니 부처님을 공양하며 법화경을 듣고,
> 문수사리를 비롯한 보살들을 보려고 이곳으로 왔구나."

묘음보살과 다보불은 초면이기는 한데, 다보불로서는 기특하기 한량없을 뿐만 아니라. 다보불과 석가모니불, 문수사리를 비롯한 제 불보살을 친견하려는 서원을 밝혔고, 무엇보다 법화경을 들으러 온 것에 감동한 다보불께서 "Wonderful!!! You are very very good."을 외치시는 겁니다. 그러자 화덕보살 또한 묘음보살에 대한 선근 공덕과 신통력을 여쭙자, 과거에 운뢰음왕불께 올린 10만 가지 기악 공양과 8만 4천 발우 공양을 상기시켜 줍니다. 앞에서도 우주의 본원력(本願力)은 빛과 파장이란 설명을 드렸었습니다만, 운뢰음왕불은 구름(운-雲)과 우레(뢰-雷)와 소리(음-音)를 관장하는 부처님이란 뜻이기도 합니다.

명호는 운뢰음왕·다타아가도·아라하·삼먁삼불타이며, 나라의 이름은 현일체세간, 겁의 이름은 희견입니다. 우레(雷)는 천지 만물의 잠자고 있던 솔성을 깨우는 사자후를 뜻하고, 그 사자후의 가르침을 따라 중생들이 구름처럼 몰려든다는 상징적 의미를 지닙니다. 주역에도 서른두 번째 괘에 '뇌풍항(雷風恒)' 괘가 있는데 상괘는 우레(☳)이고, 하괘는 바람(☴)으로, 하늘에서부터의 우레소리와 지상의 바람이 지속적으로 존재하여, 생명의 생장수장(生長收藏)을 가능케 한다는 아주 좋은 괘로 보고 있습니다. 결국 빛과 소리, 파장으로 우주의 실체는 이루어진 것이란 말씀이 되는군요. 그리고 보면 묘음보살은 지혜의 실체이고, 사바와 이상세계를 초월한 법화 진리의 영원한 실상의 본체라는 뜻이니, 법화경의 구원실상을 밝혀나가는 우리들이 묘음보살이고 또한 부처인 것입니다.

중요 용어해설

❶ 색상대소 위의진지(色相大小 威儀進止) : 보살의 모습이 큰지, 작은지 그리고 나아가고 머무는 위엄을 볼 수 있을 것이라는 뜻

❷ 정사화합백천만월(正使和合百千萬月) : 정작 백천만의 달을 합한 것보다 그의 얼굴 모습이 더 단정함

❸ 위덕치성 광명조요(威德熾盛 光明照曜) : 위엄과 덕망이 대단하였고, 광명이 밝게 빛남

❹ 나라연 견고지신(那羅延 堅固之身) : 천상의 역사(力士)로서 불법을 지키는 신. 입을 다문 모습을 하고 사찰의 금강문을 지키고 있음. 금강역사라고도 함

❺ 거칠지다라수(去地七多羅樹) : 땅으로부터 7다라수라는 뜻

❻ 섭오정부(攝五情不) : 의문형으로, 오욕은 거두었는지?

❼ 안은소뇌감인구주부(安隱少惱堪忍久住不) : "번거로움이 없으시고 평안하신지? 오래 참고 계실만하신지?"라는 안부

❽ 화덕보살(華德菩薩) : 연화의 덕을 갖춘 보살이라는 뜻. 제27품의 묘장엄왕의 전신

❾ 운뢰음왕 다타아가도 아라하 삼먁삼불타(雲雷音王 多陁阿伽度 阿羅訶 三藐三佛陁) : 운뢰음왕불의 명호임. 이 부처님께 묘음보살이 1만 2천 년 동안 십만 가지의 음악으로 공양하였으며, 8만 4천의 칠보 발우를 받들어 올림

✿ |3| 묘음보살의 34가지 변화 신통력과 그의 맞춤설법을 칭탄하시고, 같이 온 8만 4천 보살이 현일체색신을 얻음, 사바세계의 한량없는 보살들도 삼매와 다라니를 얻고, 묘음보살이 본국으로 돌아가 정화수왕지여래께 귀국보고를 아룀

단락	구분	원문 및 한글 번역
12	한문 원전	"華德! 是妙音菩薩 已曾供養親近無量諸佛 久殖德本 又値恒河沙等 百千萬億那由他佛. 華德! 汝但見妙音菩薩 其身在此 而是菩薩 現種種身 處處爲諸衆生 說是經典. 或現梵王身 或現帝釋身 或現自在天身 或現大自在天身 或現天大將軍身 或現毘沙門天王身. 或現轉輪聖王身 或現諸小王身 或現長者身 或現居士身 或現宰官身 或現婆羅門身 或現比丘比丘尼 優婆塞優婆夷身 或現長者居士婦女身 或現宰官婦女身 或現婆羅門婦女身 或現童男童女身 或現天 龍 夜叉 乾闥婆 阿修羅 迦樓羅 緊那羅 摩睺羅伽 人非人等身 而說是經. 諸有地獄 餓鬼 畜生 及衆難處 皆能救濟 乃至於王後宮 變爲女身 而說是經."
	한글 읽기	"화덕! 시묘음보살 이증공양친근무량제불 구식덕본 우치항하사등 백천만억나유타불. 화덕! 여단견묘음보살 기신재차 이시보살 현종종신 처처위제중생 설시경전 혹현범왕신 혹현제석신 혹현자재천신 혹현대자재천신 혹현천대장군신 혹현비사문천왕신 혹현전륜성왕신 혹현제소왕신 혹현장자신 혹현거사신 혹현재관신 혹현파라문신 혹현비구비구니 우바새우바이신 혹현장자거사부녀신 혹현재관부녀신 혹현바라문부녀신 혹현동남동녀신 혹현천 룡 야차 건달바 아수라 가루라 긴나라 마후라가 인비인등신 이설시경. 제유지옥 아귀 축생 급중난처 개능구제 내지어왕후궁 변위녀신 이설시경."
	한글 풀이	"화덕아! 이 묘음보살이 일찍이 한량없는 여러 부처님을 공양하고 친근하여, 오래도록 덕의 근본을 심었으며, 또한 항하의 모래같이 많은 백천만억 나유타 부처님을 만나 뵈었느니라. 화덕아! 너는 다만 묘음보살의 그 몸이 여기에만 있다고 보느냐? 이 보살은 가지가지 몸을 곳곳에서 나타내서 여러 중생들을 위하여 이 법화경을 설법하느니라. 범천왕의 몸을 나타내거나 제석천의 몸을 나타내며, 혹은 자재천(自在天)의 몸을 나타내거나 대자재천(大自在天)의 몸을 나타내며, 혹은 전륜성왕의 몸, 여러 소왕의 몸, 장자의 몸, 거사의 몸, 관리의 몸, 바라문의 몸, 비구 비구니 우바새 우바이의 몸을 나타내며, 또는 장자 거사의 부인 몸으로도 나타내며, 혹은 관리의 부인 몸, 바라문의 부인 몸,

12	한글 풀이	동남(童男) 동녀(童女)의 몸으로도 나타내며, 혹은 하늘 용 야차 건달바 아수라 가루라 긴나라 마후라가 등 사람인 듯 아닌 듯한 것 등의 몸으로 나타나 이 경전을 설하며, 여러 지옥 아귀 축생들과 어려운 환란 가운데 있으면서 다 능히 구원하며, 또는 왕의 후궁에서 여자의 몸으로 변하여 이 경전을 설하느니라."

13	한문 원전	"華德! 是妙音菩薩 能救護娑婆世界 諸衆生者. 是妙音菩薩 如是種種 變化現身 在此娑婆國土 爲諸衆生 說是經典 於神通變化 **智慧無所損**減. 是菩薩以若干智慧 明照娑婆世界 令一切衆生 各得所知 於十方恒河沙世界中 亦復如是."
	한글 읽기	"화덕! 시묘음보살 능구호사바세계 제중생자. 시묘음보살 여시종종 변화현신 재차사바국토 위제중생 설시경전 어신통변화 **지혜무소손**감. 시보살이약간지혜 명조사바세계 령일체중생 각득소지 어십방항하사세계중 역부여시."
	한글 풀이	"화덕아! 이 묘음보살은 능히 사바세계의 모든 중생을 구호하느니라. 이 묘음보살이 이와 같이 가지가지 변화로 몸을 나타내며, 이 사바세계에서 중생들을 위하여 이 경전을 설하지만 그 신통력이나 지혜는 조금도 감소되지 않느니라. 이 보살이 약간의 지혜로 이 사바세계를 두루 밝게 비춰 일체 중생들로 하여금 각각 알게 하며, 시방의 항하사 같은 세계에서도 역시 이와 같이 하느니라."

14	한문 원전	"若應以聲聞形 得度者 現聲聞形而爲說法, 應以辟支佛形 得度者 現辟支佛形而爲說法, 應以菩薩形 得度者 現菩薩形而爲說法, 應以佛形 得度者 即現佛形而爲說法. 如是種種 隨所應度 而爲現形 乃至應以滅度 而得度者 示現滅度. 華德! 妙音菩薩摩訶薩 成就大神通 智慧之力 其事如是."
	한글 읽기	"약응이성문형 득도자 현성문형이위설법, 응이벽지불형득도자 현벽지불형이위설법, 응이보살형 득도자 현보살형이위설법, 응이불형 득도자 즉현불형이위설법. 여시종종 수소응도 이위현형 내지응이멸도 이득도자 시현멸도. 화덕! 묘음보살마하살 성취대신통 지혜지력 기사여시."
	한글 풀이	"만약, 성문의 몸으로써 제도할 이에게는 성문의 모습을 나타내어 설법하고, 벽지불의 몸으로써 제도할 이에게는 벽지불의 모습을 나타내어 설법하며, 보살의 몸으로써 제도할 이에게는 보살의 모습을 나타내어 설법하고, 부처님의 모습으로써 제도할 이에게는 부처님의 모습을 나타내어 설법하나니, 이와 같이 가지가지 제도할 바를 따라 그 모습을 나타내고, 멸도로써 제도할 이에게는 멸도를 나타내어 보이느니라. 화덕아! 묘음보살마하살이 성취한 큰 신통력과 지혜의 힘은 이와 같으니라."

15	한문 원전	爾時 華德菩薩白佛言. "世尊! 是妙音菩薩 深種善根. 世尊! 是菩薩住何三昧 而能如是在所變現 度脫衆生?" 佛告華德菩薩. "善男子! 其三昧名現一切色身 妙音菩薩 住是三昧中 能如是饒益無量衆生." 說是妙音菩薩品時 與妙音菩薩俱來者 八萬四千人 皆得現一切色身三昧 此娑婆世界 無量菩薩 亦得是三昧 及陀羅尼. 爾時 妙音菩薩摩訶薩 供養釋迦牟尼佛 及多寶佛塔已 還歸本土 所經諸國 六種震動 雨寶蓮華 作百千萬億 種種伎樂.

15	한글 읽기	이시 화덕보살백불언. "세존! 시묘음보살 심종선근. 세존! 시보살주하삼매 이능여시재소변현 도탈중생?" 불고화덕보살. "선남자! 기삼매명현일체색신 묘음보살 주시삼매중 능여시요익무량중생." 설시묘음보살품시 여묘음보살구 래자 팔만사천인 개득현일체색신삼매 차사바세계 무량보살 역득시삼매 급다 라니. 이시 묘음보살마하살 공양석가모니불 급다보불탑이 환귀본토 소경제 국 육종진동 우보련화 작백천만억 종종기악.
	한글 풀이	그때 화덕보살이 부처님께 말씀드렸다. "세존이시여! 이 묘음보살은 깊이 선근을 심었 습니다. 이 보살은 어떤 삼매에 머물렀기에 능히 이와 같은 변화를 나타내어 중생을 제 도하여 해탈시킵니까?" 부처님이 화덕보살에게 말씀하셨다. "선남자야! 그 삼매의 이 름은 현일체색신으로, 묘음보살은 이 삼매 중에 머물러 능히 한량없는 중생을 이익되 게 하느니라." 이 〈묘음보살품〉을 설하실 때, 묘음보살과 같이 왔던 8만 4천인이 다 현 일체색신삼매를 얻었고, 또한 이 사바세계의 한량없는 보살들도 모두 이 삼매와 다라니 를 얻었다. 이때 묘음보살마하살이 석가모니불과 다보불탑에 공양을 마치고 본국으로 다시 돌아갈 때, 그가 지나는 여러 국토는 여섯 가지로 진동하였고, 보배 연꽃이 비오듯 내리어 백천만억 갖가지 기악이 울렸다.
16	한문 원전	旣到本國 與八萬四千菩薩圍繞 至淨華宿王智佛所 白佛言. "世尊! 我到娑婆世界 饒益衆生 見釋迦牟尼佛 及見多寶佛塔 禮拜供養. 又見文殊師利法王子菩薩 及見藥王菩薩, **得勤精進力菩薩**, 勇施菩薩等. 亦令是八萬四千菩薩 得現一切色 身三昧." 說是妙音菩薩來往品時 四萬二千天子 得無生法忍 華德菩薩 得法華 三昧.
	한글 읽기	기도본국 여팔만사천보살위요 지정화숙왕지불소 백불언. "세존! 아도사바세계 요익중생 견석가모니불 급견다보불탑 예배공양. 우견문수사리법왕자보살 급견약왕보살, **득근정진력보살**, 용시보살등. 역령시팔만사천보살 득현일체색 신삼매." 설시묘음보살래왕품시 사만이천천자 득무생법인 화덕보살 득법화 삼매.
	한글 풀이	본국에 이르러서는 8만 4천의 보살에 둘러싸여 그들과 함께 정화수왕지불 계신 데로 나아가 부처님께 아뢰었다. "세존이시여, 제가 사바세계에 가서 중생을 이익되게 하고 석가모니불과 다보불탑을 친견하였으며, 또 예배하고 공양함을 마쳤으며, 문수사리법 왕자보살, 약왕보살, 득근정진력(得勤精進力)보살, 용시보살 등을 만나 뵈었으며, 또 이 8만 4천 보살들로 하여금 모두 현일체색신삼매를 얻게 하였습니다." 이 묘음보살의 내왕품(來往品)을 설할때에 4만 2천 천자들이 무생법인(無生法忍)을 얻었고, 화덕보살 은 법화삼매를 얻었다.
중요용어		❶ 지혜무소손(智慧無所損)　❷ 여시종종 수소응도(如是種種 隨所應度) ❸ 득근정진력보살(得勤精進力菩薩)

종교의 포교에 있어 연주음악이나 찬송 등으로 가장 큰 효과를 본 종교는 말할 것도 없이 기독교입니다. 서양에는 많은 악성(樂聖)들이 성경의 주제를 작곡으로 승화시킨 메시아 장르의 음악이나, 찬송가곡 등이 활성화 되어 있는데 비해, 불교의 종교음악은 상대적으로 비활성화된 것이 사실입니다. 작은 교회의 예배시에도 반드시 찬송가 합창이 따르고, 큰 교회나 기독교 행사에는 파이프 오르간이며, 고급화된 음향장비와 대규모 성가대의 장엄한 음악 향연이 펼쳐집니다. 불교에도 범패며 찬불가, 불자합창단들이 활동하지만 상대적으로 불교의 포교에 있어 음성 공양은 기독교에는 미치지 못하는 것 같군요.

오랜 과거세에 1만 2천년 동안 묘음보살이 운뢰음왕불께 올린 공양이 바로 10만 가지 기악과 음악으로 부처님을 기쁘게 해 드리는 음성공양이었습니다. 그 공덕으로 법화삼매 등 16가지 삼매와 신통은 물론, 백천만억 항하사 같은 삼매 경지를 얻게 되었고, 법화경을 설함에 있어 34가지 자유자재의 변화신으로 설법하는 신통력을 얻지요. 부처님이 화덕보살에게 묘음보살의 본사(本事)와 서른네 가지 변화신을 통해 중생의 근기에 맞게 갖가지로 몸을 바꾸어 그때그때 중생을 위해 법화경을 설하는 신묘한 묘음보살의 신통을 칭찬합니다.

"화덕아! 너는 다만 묘음보살의 그 몸이 여기에만 있다고 보느냐? 이 보살은 가지가지 몸을 곳곳에서 나타내서 여러 중생들을 위하여 이 법화경을 설법하느니라. 범천왕의 몸을 나타내거나 제석천의 몸을 나타내며, 혹은 자재천(自在天)의 몸을 나타내거나 대자재천(大自在天)의 몸을 나타내며, 혹 전륜성왕의 몸, 여러 소왕의 몸, 장자의 몸, 거사의 몸, 관리의 몸, 바라문의 몸, 비구 비구니 우바새 우바이의 몸을 나타내며, 또는 장자 거사의 부인 몸으로도 나타내며, 혹은 관리의 부인 몸, 바라문의 부인 몸, 동남(童男)

동녀(童女)의 몸으로도 나타내며, 혹은 하늘용 야차 건달바 아수라 가루라 긴나라 마후라가 등 사람인 듯 아닌 듯한 것 등의 몸으로 나타나 이 경전을 설하며, 여러 지옥 아귀 축생들과 어려운 환란 가운데 있으면서 다 능히 구원하며, 또는 왕의 후궁에서 여자의 몸으로 변하여 이 경전을 설하느니라.”

대승불교의 보살들은 모두 부처님의 역할을 대행하는 대리운전자가 아니라, 대비(大悲)의 화신들입니다. 약왕보살이나, 묘음보살, 관음보살 등의 특징은 삼매에 들어 중생들을 위한 요익행(饒益行) 즉, 넉넉한 이익을 일으키는 것입니다. 이번 단락에서는 묘음보살이 갖가지로 몸을 자유자재하게 변화시켜 법화경을 설한다는 놀라운 가르침이 전개됩니다. 불교에서는 많은 보살의 변화신이 묘사되고 있습니다. 특히 관세음보살이 천수관음, 십일면관음, 준제관음 등과 같이 적재적소에 그에 맞는 화신이 되어 중생을 구제한다는 말씀이고, 동자승으로 몸을 화한 문수보살이 조선왕 세조의 피부병을 치유케 했다는 불교설화도 들어본 것 같군요. 여기서도 묘음보살은 가지가지 몸으로 처처에 나타나 법화경을 설한다는 것입니다.

묘음보살이 불가사의한 삼매와 신통력으로 중생의 가지가지 부류에 따라 몸을 바꿔서 중생의 뜻을 잘 알아 묘한 음성으로 가르침을 펼 수 있는 것은 현일체색신삼매에 기인하기 때문인데요. 이는 수행자 자신이 묘음보살이 되어 양방향 소통을 할 수 있도록 하여, 수행자로 하여금 묘행을 체득케 하고, 그가 또 수시로 설법하며, 그 도를 멀리 펼 수 있게 하기 위함이라 하겠습니다. 묘음보살이 화신하는 중생의 유형은 34가지로, 거기에는 남녀 필부, 장자, 거사, 부인은 물론 하늘, 용, 야차, 건달바, 아수라, 가루라, 긴나라, 마후라가 등 사람인 듯 아닌 것을 막론하고, 법화경이 교화대상으로 삼는 시방세계의 제 중생이 모두 해당됩니다. 또한 교화할 대상이 성문, 벽지불, 보살, 부처라 해도 모든 조건에 맞는 대등한 모습으로 화현하여 설법하고 제도한다는 것입니다.

이 가르침이 결국 삼승법을 설하여 일불승을 구한다는, 이미 우리가 여러 차례 공부한 바 있는 '**삼승방편 진실일승**(三乘方便 眞實一乘)'이라 하겠습니다. 부처님께서는 오직 하나의 불승을 설하셨으나, 삼승에 대한 교설은 오직 진실의 일승에 대한 방편으로 실시되었다는 것을 앞의 장에서 여러번 언급되었던 사실을 기억하실 겁니다. 그래서 부처님께서는 삼승은 방편이고, 일승은 진실이라고 강조하시면서, 〈제3 비유품〉에서 방편의 힘으로써 일불승에서 분별하여, 삼승을 설한 줄 알아야 한다고 말씀하신 거지요. 묘음보살의 인연이 곧 일대사인연으로 귀결된다고 보면 되겠습니다.

묘음보살은 능히 사바세계의 모든 중생을 구호하고, 이 묘음보살이 이와 같이 가지가지 변화로 몸을 나타내며, 이 사바세계에서 중생들을 위하여 이 경전을 설하지만 그 신통력이나 지혜는 조금도 감소되지 않는다고 하시네요. 이 보살이 약간의 지혜로 이 사바세계를 두루 밝게 비춰 일체 중생들로 하여금 각각 알게 하며, 시방의 항하사 같은 세계에서도 역시 이와 같이 한다는 말씀입니다. 이제 묘음보살이 본국으로 돌아갈 시간이 됩니다. 현일체색식으로 삼매 중에 한량없는 중생을 이익되게 하였고, 같이 왔던 8만 4천 보살도 현일체색신삼매를 얻었으며, 또한 이 사바세계의 한량없는 보살들도 모두 이 삼매와 다라니를 얻게 됩니다.

마지막으로 묘음보살마하살이 석가모니불과 다보불탑에 공양을 마치고 본국으로 다시 돌아갈 때, 그가 지나는 여러 국토는 여섯 가지로 진동하였고, 보배 연꽃이 비오듯 내리며 백천만억 갖가지 기악이 울립니다. 귀국후에는 정화수왕지불께 나아가 귀국보고를 하게 되는데, 거기에는 그간의 경과와 만난 여래와 보살 및 공양하고 예배한 목적물 등이 적시되어 있습니다. 결과 8만 4천 보살들로 하여금 모두 현일체색신삼매를 얻게 하였다고 아룁니다. 이 묘음보살의 내왕품(來往品)을 설할 때에 4만 2천 천자들이 무생법인(無生法忍)을 얻었고, 화덕보살도 법화삼매를 얻게 되면서 본 품은 끝이 나고, 우리나라에 관음신앙의 태동이 된 법화경 〈제25 관세음보살보문품〉으로 이어집니다.

중요 용어해설

❶ 지혜무소손(智慧無所損) : 묘음보살이 가지가지 변화로 몸을 나타내며, 이 사바 세계에서 중생들을 위하여 이 경전을 설하지만, 지혜가 감소되지 않는다는 뜻

❷ 여시종종 수소응도(如是種種 隨所應度) : 이와 같이 가지가지 제도할 바를 따라 그 모습을 나타냄

❸ 득근정진력보살(得勤精進力菩薩) : 근면하게 정진하는 힘을 얻은 보살

묘법연화경 제25 관세음보살보문품(觀世音菩薩普門品)

요약 및 대의

⇒ 무진의보살(無盡意菩薩)이 관세음보살의 명호의 인연을 여쭙고, 부처님이 관세음보 살의 자비와 그로 인해 7난과 3독을 여의게 하는 연원을 설하심

⇒ 무진의보살에게 관세음보살의 큰 위엄과 신력을 설하심

⇒ 관세음보살에 공양하는 공덕과 33신을 설하심

⇒ 무진의보살이 보배영락을 관세음보살에게 바침

⇒ 관세음보살이 보배영락을 석가모니부처님과 다보부처님께 둘로 나누어 바침

⇒ 부처님이 관세음보살을 게송으로 특별히 칭탄하심

단락	구분	원문 및 한글 번역
1	한문 원전	爾時 無盡意菩薩 卽從座起 偏袒右肩 合掌向佛 而作是言. "世尊! 觀世音菩薩 以何因緣 名觀世音?" 佛告無盡意菩薩. "善男子! 若有無量百千萬億衆生 受諸苦惱 聞是觀世音菩薩 一心稱名, 觀世音菩薩 卽時觀其音聲 皆得解脫."
	한글 읽기	이시 무진의보살 즉종좌기 편단우견 합장향불 이작시언. "세존! 관세음보살 이하인연 명관세음?" 불고무진의보살. "선남자! 약유무량백천만억중생 수제고뇌 문시관세음보살 일심명칭, 관세음보살 즉시관기음성 개득해탈"
	한글 풀이	그때 무진의보살이 자리에서 일어나 오른쪽 어깨를 드러내고 합장하며 부처님께 말씀드렸다. "세존이시여! 어떤 인연으로 관세음이라 이름합니까?" 부처님께서 무진의보살에게 말씀하셨다. "선남자야! 만일 한량없는 백천만억 중생들이 온갖 괴로움을 받을 적에 관세음이라는 이름을 듣고 오직 한마음으로 그 이름을 부르면, 관세음보살이 즉시 그 소리를 듣고 살피어서 모두 다 그곳에서 해탈을 얻게 하느니라."
2	한문 원전	"若有持是觀世音菩薩名者 **設入大火 火不能燒** 由是菩薩威神力故, **若爲大水所漂 稱其名號 卽得淺處**. 若有百千萬億衆生 爲求金銀 琉璃 車璩 馬瑙 珊瑚 虎珀 眞珠等寶 入於大海 假使黑風吹其船舫 飄墮羅剎鬼國 其中若有 乃至一人 稱觀世音菩薩名者 是諸人等 皆得解脫羅剎之難 以是因緣 名觀世音. 若復有人 臨當被害 稱觀世音菩薩名者 彼所執刀杖 尋段段壞 而得解脫. 若三千大千國土滿中 夜叉 羅剎 欲來惱人 聞其稱觀世音菩薩名者 是諸惡鬼 尚不能以惡眼視之 況復加害?"
	한글 읽기	"약유지시관세음보살명자 **설입대화 화불능소** 유시보살위신력고, **약위대수소표 칭기명호 즉득천처**. 약유백천만억중생 위구금은 유리 차거 마노 산호 호박 진주등보 입어대해 **가사흑풍취기선방 표타나찰귀국** 기중약유 내지일인 칭관세음보살명시 시제인등 개득해탈나찰지난 이시인연 명관세음. 약부유인 임당피해 칭관세음보살명자 피소집도장 심단단괴 이득해탈. 약삼천대천국토만중 야차 나찰 욕래뇌인 문기칭관세음보살명자 시제악귀 상불능이악안시지 황부가해?"
	한글 풀이	"만약 이 관세음보살의 이름을 지니고 있는 사람이 설사 큰 불길 속에 들어가게 되더라도 불이 그 사람을 태우지 못하리니 그것은 이 보살의 위신력 때문이니라. 만약 큰 홍수에 떠내려 가더라도 그의 이름을 부르면 곧 얕은 곳으로 이르게 되느니라. 만약 어떤 백천만억 중생들이 금, 은, 유리, 차거, 마노, 산호, 호박, 진주 등의 보배를 구하기 위하여 큰 바다에 나갔다가 가령 폭풍이 일어나 그들이 탄 배가 귀신의 나라로 표류하였더라도 그때 그 가운데 한 사람이라도 관세음보살의 이름을 부르는 사람이 있으면 그 사람들이 모두 다 나찰의 액난에서 벗어나게 될 것인즉, 이러한 인연으로 관세음이라 이름하느니라. 또 어떤 사람이 흉기에 상해를 입게 되었을 때에 관세음보살의 이름을 부르면 해치려던 자들이 가지고 있던 칼과 몽둥이가 산산조각 부러져서 위험에서 벗어나게 될 것이니라. 또 삼천대천세계에 가득한 야차와 나찰들이 와서 괴롭히려 하더라도 그 사람이

<table>
<tr><td>2</td><td>한글
풀이</td><td>관세음보살의 이름을 부르는 소리를 들으면 이 악귀들은 모두 독기 서린 눈으로 쳐다보지도 못하는데 하물며 어떻게 해칠 수가 있겠느냐?"</td></tr>
<tr><td rowspan="3">3</td><td>한문
원전</td><td>"設復有人 若有罪 若無罪 杻械枷鎖 檢繫其身 稱觀世音菩薩名者 皆悉斷壞 卽得解脫. 若三千大千國土 滿中怨賊 有一商主將諸商人 齎持重寶 經過嶮路 其中一人 作是唱言, '諸善男子! 勿得恐怖 汝等應當一心 稱觀世音菩薩名號.' 是菩薩能以無畏 施於衆生. 汝等若稱名者 於此怨賊 當得解脫. 衆商人聞 俱發聲言, '南無觀世音菩薩' 稱其名故 卽得解脫. 無盡意! 觀世音菩薩摩訶薩 威神之力 巍巍如是."</td></tr>
<tr><td>한글
읽기</td><td>"설부유인 약유죄 약무죄 추계가쇄 검계기신 칭관세음보살명자 개실단괴 즉득해탈. 약삼천대천국토 만중원적 유일상주장제상인 재지중보 경과험로 기중일인 작시창언. '제선남자! 물득공포 여등응당일심 칭관세음보살명호.' 시보살능이무외 시어중생 여등약칭명자 어차원적 당득해탈. 중상인문 구발성언 '나무관세음보살' 칭기명고 즉득해탈. 무진의! 관세음보살마하살 위신지력 외외여시."</td></tr>
<tr><td>한글
풀이</td><td>"또 어떤 사람이 죄가 있거나 죄가 없거나 간에 수갑과 고랑과 사슬이 그 몸을 속박하였을 적에 관세음보살의 이름을 일컬으면, 모두 부서지고 끊어져서 벗어나게 되느니라. 만일 3천 대천세계에 도적이 가득 찼을 적에, 어떤 장사꾼 두목이 귀중한 보물을 가진 장사꾼들을 데리고 험난한 길을 지나갈 적에, 그 중에 한 사람이 말하기를 '선남자들이여! 무서워하지 말고, 그대들은 일심으로 관세음보살의 이름을 일컬으라.' 이 보살은 능히 중생들의 두려움을 없애주나니, 그대들이 그 이름을 일컬으면 이 원수인 도적들의 난을 벗어나게 되리라. 여러 장사꾼들이 듣고 함께 소리를 내어 '나무 관세음보살'을 부르면, 그 이름을 일컬은 연고로 곧 벗어나게 되느니라. 무진의여! 관세음보살마하살의 위엄과 신력이 어마어마함이 이와 같으니라."</td></tr>
<tr><td rowspan="3">4</td><td>한문
원전</td><td>"若有衆生 多於婬欲 常念恭敬觀世音菩薩 便得離欲. 若多瞋恚 常念恭敬 觀世音菩薩 便得離瞋. 若多愚癡 常念恭敬 觀世音菩薩 便得離癡. 無盡意! 觀世音菩薩 有如是等大威神力 多所饒益 是故衆生 常應心念. 若有女人 設欲求男 禮拜供養觀世音菩薩 便生福德智慧之男. 設欲求女 便生端正有相之女 宿殖德本 衆人愛敬. 無盡意! 觀世音菩薩 有如是力. 若有衆生 恭敬禮拜觀世音菩薩 福不唐捐. 是故衆生 皆應受持觀世音菩薩名號."</td></tr>
<tr><td>한글
읽기</td><td>"약유중생 다어음욕 상념공경관세음보살 변득이욕. 약다진에 상념공경관세음보살 변득이진. 약다우치 상념공경 관세음보살 변득이치. 무진의! 관세음보살 유여시등대위신력 다소요익 시고중생 상응심념. 약유여인 설욕구남 예배공양 관세음보살 변생복덕 지혜지남. 설욕구녀 변생단정 유상지녀 숙식덕본 중인애경. 무진의! 관세음보살 유여시력. 약유중생 공경예배관세음보살 복불당연. 시고중생 개응수지 관세음보살명호."</td></tr>
<tr><td>한글
풀이</td><td>"어떤 중생이 음욕이 많더라도, 항상 관세음보살을 생각하고 공경하면, 문득 음욕을 여의게 되느니라. 만일 성내는 마음이 많더라도, 항상 관세음보살을 생각하고 공경하면, 문득 성내는 마음을 여의게 되느니라. 만일 어리석은 마음이 많더라도, 항상 관세음보살을 생각하고 공경하면, 문득 어리석음을 여의게 되느니라. 무진의여! 관세음보살은</td></tr>
</table>

<table>
<tr><td>4</td><td>한글
풀이</td><td>이러한 큰 위엄과 신력이 있어 이익되게 하는 바 많으니라. 그러므로 중생들은 항상 마음으로 생각할 것이니라. 어떤 여인이 아들을 낳기 위하여 관세음보살께 예배하고 공양하면, 문득 복덕 많고 지혜 있는 아들을 낳게 되리라. 딸을 낳기를 원하면, 문득 단정하고 잘생긴 그리고 전세에 덕의 근본을 심었으므로 모든 사람이 사랑하고 공경하는 딸을 낳으리라. 무진의여! 관세음보살은 이와 같은 힘이 있으므로, 만일 중생이 관세음보살을 공경하고 예배하면 복이 헛되지 않으리라. 그러므로 중생들은 모두 관세음보살의 이름을 받아 지닐 것이니라."</td></tr>
<tr><td>중요용어</td><td colspan="2">❶ 설입대화 화불능소(設入大火 火不能燒)
❷ 약위대수소표 칭기명호 즉득천처(若爲大水所漂 稱其名號 即得淺處)
❸ 가사흑풍취기선방 표타나찰귀국(假使黑風吹其船舫 飄墮羅刹鬼國)
❹ 개실단괴 즉득해탈(皆悉斷壞 即得解脫)
❺ 약다우치 상념공경(若多愚癡 常念恭敬)</td></tr>
</table>

관세음보살은 불교 신자는 물론 불교와 인연이 없는 국민 누구라도 그 명칭 정도는 알고 있는, 너무나 익숙한 국민 보살이라 하겠습니다. 우리 불자님들이 위급한 상황에 처하거나, 황당한 일을 당하게 되면 자신도 모르게 무의식적으로 연호하는 1순위 보살이 관세음보살입니다. 관세음보살(觀世音菩薩)은 글자 그대로 세상의 소리를 보는 보살이란 뜻입니다. 소리를 듣는다면 들을 '청(聽)'을 써서 '청세음보살(聽世音菩薩)'이 맞을 텐데, 관(觀)이란 글자는 '본다'는 뜻 외에도 '살핀다'는 뜻을 지닙니다. 세상 모든 중생의 고통과 어려움을 수동적으로 듣고만 있는 것이 아니라, 능동적으로 살펴 갖가지 상황에 따라 다양한 모습으로 변화(응신 應身)하여, 모든 중생의 소원을 들어주고, 모든 어려움으로부터 빠짐없이 구제해 주는 보살이라는 뜻이기도 합니다.

대승불교의 2대 보살이라면 관세음보살과 지장보살을 이르고, 4대 보살은 문수보살과 보현보살을 일컫는다는 건 잘 아실 것입니다. 그만큼 관세음보살은 민중과 가까이 있는 보살이기 때문에 자애로운 어머니와 같은 분이라, 불교의 기본적 가치의 하나인 '자비'를 대표하는 보살로써, 여성적 이미지로 받아들여지기도 합니다. 그러나 보살은 인간계를 초월한 상위 존재이므로, 남성과 여성이라는 성별이 존재할 수 없습니다. 불교는 자비와 지혜라는 두 날개에, 법을 몸통으로 하여 날아가는 대 자유의 새와 같습니다. 그 지고한 가치인 자비의 대명사 같은 보살이 관세음보살인 만큼, 경전과 시대에 따라 다양한 명칭으로 부르고 기록되어 왔습니다. 관음보살, 관세음보살, 관자재보살, 관세자재보살, 광세음보살(光世音菩薩 지혜의 빛으로 이 세상을 비춘다는 뜻) 등으로 불리고 있는데, 관세음보살이라는 명칭은 구마라집이 법화경을 번역할 때 처음으로 썼고, 관자재보살은 현장법사가 번역한 것으로 전해지고 있습니다,

묘음보살이 동방국토의 보살이고, 관세음보살은 서방국토의 보살이기 때문에 극락전(무량수전) 아미타불의 협시보살로 봉안 되기도 하지요. 관음전(원통전)은 관세음보살을 따로 모시기 때문에 전각을 별도로 건립하기도 합니다. 소리를 본다는 관세음보살이나, 완성된 지혜를 자유자재한다는 관자재보살이나 큰 의미에서 보면 지혜와 자비라는 차원에서 동일한 보살입니다. 관세음보살은 소리를 보는 보살로 누구든 부르면 적재적소에 화현하여 중생을 구하고, 이로움을 주는 '현세이익보살(現世利益菩薩)'의 성격을 지닙니다. 관세음보살은 산스크리트어로 '아발로키테슈바라'인데, 갖가지 모습으로 중생구제를 위해 화현하므로 다양한 모습의 불상으로 표현되기도 하지요. 천 개의 손과 천 개의 눈을 가진 천수천안관음(千手千眼觀音), 11면관음보살, 백의관음보살, 해수관음보살 등은 사찰 탐방에서 아주 쉽게 만날 수 있습니다.

<천수천안관세음>

본 〈제25 관세음보살보문품〉은 무진의보살(無盡意菩薩)이 부처님께 관세음보살의 연원에 대해 질문하고, 부처님께서 관세음보살의 원력(願力)과 7가지 재난으로부터의 구원, 33가지 화신으로 중생을 구제해 주는 관세음보살의 신통을 설법하는 품입니다. '보문(普門)'이란 넓은 문이란 뜻으로, 일심으로 관세음을 부르면 그 소리를 보고, 어디든 즉시에 나타나 구원해 주거니와 그 손길은 누구에게나 항상 넓게 열려 있으므로, 구원으로 향하는 넓은 문으로 들어가라는 뜻이 됩니다.

〈마태복음 7:13~14〉에는 "좁은 문으로 들어가라! 멸망으로 인도하는 문은 크고, 그 길이 넓어 그리로 들어가는 사람이 많지만 생명으로 인도하는 문은 작고 그 길이 매우 험해서 그 곳을 찾는 사람이 적다."는 구절이 나오는데, 이때의 넓은 문은 그 길이 평탄하고 보기에는 좋으나, 그것은 진리의 길이 아닌 멸망의 길이라는 것입니다. 그러나 〈관세음보살보문품〉에서의 넓은 문이란 중생을 향해 대승적 자비의 배에 모두 오르라는, 무한 사랑의 복덕으로 통하는 문이 되겠습니다. 법화경 28품 중 '보문'이 품의 제목이 된 건 관세음보살보문품이 유일합니다. 그만큼 관세음보살의 중생구제를 위한 자비심은 폭넓으며, 어떠한 사람, 어떤 상황에도 달려와 구해주는 원력의 폭이 무한히 큰 걸 의미한다 하겠습니다. 우리끼리는 '슈퍼보살'이라고 할까요?

앞의 품 〈약왕보살본사품〉부터 연이어 〈묘음보살품〉과 〈관세음보살보문품〉 이렇게 세 분 보살님이 등장하는 것은 각각 3업(身口意)를 상징적으로 맑히는 대표 보살이라 설명드린 부분이 생각나실 겁니다. **몸(身)은 약왕보살의 수행 원력처럼 닦고, 입(口)은 묘음보살의 음성 공양처럼 그리고 마음(意)은 관세음보살의 자비 원력 같은 지혜로 마음을 닦으라는 것이었지요.** 관세음보살을 막연히 연호하여 구원을 바라는 것은 기복신앙일 뿐이므로, 우리들의 마음을 지혜로 무장하여, 내가 곧 관세음보살처럼, 일체중생을 모두 구하겠다는 서원을 세워야 합니다. 그럴 때 내 안에 대자대비한 관세음보살의 자비 불성이 자리하게 되고, 그럼으로써 내가 먼저 구제받고, 나로 인하여 일체중생이 구제받게 되는 실상법문이 되는 것이지요. 자신의 문제를 해결하는 열쇠는 결국 자신 안에 있지, 외부에 있는 것은 아닙니다. 꼭꼭 걸어놓은 내 마음의 자물쇠는 아무리 황금의 마스터키라 해도 열 방법이 없습니다.

그동안 우리는 관세음보살은 부르기만 하면 구제해 주는 타력신상과 기복신앙이란 안일한 생각에 젖어 있었습니다. 소박한 민중의 절실한 염원을 모르는 건 아니지만, 이제 법화경의 법사가 된 우리는 관세음보살의 자유자재한 지혜를 실천하고, 진정으로 남을 구제하겠다는 자비심과 희생정신으로 관세음보살의 위상을 정립시켜야 합니다. 심지어 관세음보살님께서도 어떤 어렵고, 힘든 점은 없는지? 그 부분까지를 챙기는 원대한 자비의 화신이 되어야겠지요.

우리나라의 관음신앙은 법화경의 〈관세음보살보문품〉이 텍스트 역할을 합니다. 특히 관음기도는 관세음보살보문품으로 기도하는 보편적 의식으로 정착되었기 때문에 관세음보살의 자비와 구원사상이 영험한 가피로 체득할 수 있는 관음신앙의 핵심 설법품이 되어 있습니다. 본문에서 무진의보살에게 부처님이 하교하시는데, 관세음보살의 이름을 지니고 부르는 자는 일곱 가지 재난으로부터 벗어나게 된다는 '칠난(七難)'을 설하십니다. 이 칠난은 각자가 처한 구체적인 상황이라기보다, 자신의 마음이 3독(탐진치)에 지배되어 내 안에서 스스로 일으킨 마음의 환란이라 보고, 관세음보살의 대자대비한 자비심과 자재로운 지혜의 힘으로 스스로 벗어나라는 가르침으로 이해해 주시면 좋겠습니다. 그 7가지 환란은 다음과 같습니다.

❶ 화난(火難) : 불로 인하여 재난에 처했을 때 관세음보살을 일심칭명(一心稱名) 하면 번뇌가 사라지는데, 누구를 원망하거나 증오하여 생긴 마음이 화병(火病) 같은 것임.

❷ 수난(水難) : 물로 인한 재난인데, 관세음보살의 가피로 자신의 악업을 맑히게 됨.

❸ 풍난(風難) : 태풍 같은 바람으로 인한 재난인데, 헛된 욕망에 기인한 자신을 바로 잡음.

❹ 왕난(王難) : 관재(官災), 형옥(刑獄) 같은 재난인데, 허황한 권력욕을 바로 잡음.

❺ **귀난(鬼難)** : 귀신의 장난에 기인한 재난인데, 정신을 무장하여 병마를 퇴치함.

❻ **가쇄난(枷鎖難)** : 형틀과 쇠사슬이 묶이는 재난인데, 형액을 물리침.

❼ **원적난(冤賊難)** : 도적이나 원수로부터 받는 재난인데, 이들을 물리침.

위와 같은 재난에 처했을 때 일념으로 '나무 관세음보살'을 부르면, 그 이름을 일컬은 연고로 곧 벗어나게 된다고 하시면서, 무진의보살에게 관세음보살마하살의 위엄과 신력이 이처럼 어마어마한 것이라 설하십니다. 부처님이 무진의보살에게 설하신 중요한 본문 부분을 인용해 봅니다.

"어떤 중생이 음욕이 많더라도, 항상 관세음보살을 생각하고 공경하면 문득 음욕을 여의게 되느니라. 만일 성내는 마음이 많더라도, 항상 관세음보살을 생각하고 공경하면, 문득 성내는 마음을 여의게 되느니라. 만일 어리석은 마음이 많더라도, 항상 관세음보살을 생각하고 공경하면, 문득 어리석음을 여의게 되느니라. 무진의여! 관세음보살은 이러한 큰 위엄과 신력이 있어 이익되게 하는 바 많으니라. 그러므로 중생들은 항상 마음으로 생각할 것이니라. 어떤 여인이 아들을 낳기 위하여 관세음보살께 예배하고 공양하면, 문득 복덕 많고 지혜 있는 아들을 낳게 되리라. 딸을 낳기를 원하면, 문득 단정하고 잘생긴 그리고 전세에 덕의 근본을 심었으므로 모든 사람이 사랑하고 공경하는 딸을 낳으리라. 무진의여! 관세음보살은 이와 같은 힘이 있으므로, 만일 중생이 관세음보살을 공경하고 예배하면 복이 헛되지 않으리라. 그러므로 중생들은 모두 관세음보살의 이름을 받아 지닐 것이니라."

탐진치 3독에서 벗어나게 하는 관세음보살의 위엄과 신력을 설하셨습니다. 항상 관세음보살을 생각하고 공경하면 음욕과 성내는 마음, 어리석음을 여의게 된다는 말씀인데, 3독이 생기는 곳도 내 안이고, 3독을 만드는 주체도 나 자신입니다. 그 인과는 자신뿐만 아니라, 대를 이어 자자손손 인과로 전승되니, 선업선과(善業善果)요, 독수독과(毒樹毒果)란 진리를 새겨야겠습니다.

<table>
<tr><th colspan="2">중요 용어해설</th></tr>
</table>

❶ 설입대화 화불능소(設入大火 火不能燒) : 큰 불구덩이에 빠져도 불에 타지 않음

❷ 약위대수소표 칭기명호 즉득천처(若爲大水所漂 稱其名號 即得淺處) : 만약 큰 홍수에 떠내려가더라도 그의 이름을 부르면 곧 얕은 곳으로 이르게 됨

❸ 가사흑풍취기선방 표타나찰귀국(假使黑風吹其船舫 飄墮羅刹鬼國) : 가령 폭풍이 일어나 그들이 탄 배가 귀신의 나라로 표류함

❹ 개실단괴 즉득해탈(皆悉斷壞 即得解脫) : 모두 부서지고 끊어져서 벗어나게 됨

❺ 약다우치 상념공경(若多愚癡 常念恭敬) : 만일 어리석은 마음이 많더라도, 항상 관세음보살을 생각하고 공경한다는 뜻

🪷 |2| 관세음보살을 공양하는 공덕과 33신을 설하심.

무진의보살이 보배영락을 관세음보살에게 바치자,

관세음보살은 이를 나눠 석가모니불과 다보불탑에 공양함

단락	구분	원문 및 한글 번역
5	한문 원전	"無盡意! 若有人受持六十二億 恒河沙菩薩名字 **復盡形供養** 飮食 衣服 臥具 醫藥, 於汝意云何? 是善男子善女人 功德多不?" 無盡意言. "甚多 世尊." 佛言, "若復有人 受持觀世音菩薩名號 乃至一時 禮拜供養 **是二人福 正等無異** 於百千萬億劫 不可窮盡. 無盡意! 受持觀世音菩薩名號 得如是無量無邊福德之 利." 無盡意菩薩白佛言. "世尊! 觀世音菩薩 云何遊此娑婆世界? 云何而爲衆生 說法? 方便之力其事云何?"
	한글 읽기	"무진의! 약유인 수지육십이억 항하사보살명자 **부진형공양** 음식 의복 와구 의약. 어여의운하? 시선남자선녀인 공덕다부?" 무진의언 "심다세존." 불언 "약부유인 수지관세음보살명호 내지일시 예배공양 **시이인복 정등무이** 어백천만억겁 불가궁진. 무진의! 수지관세음보살명호 득여시무량무변복덕지 리." 무진의보살백불언. "세존! 관세음보살 운하유차사바세계? 운하이위중생 설법? 방편지력기사운하?"

5	한글 풀이	"무진의여! 어떤 사람이 62억 항하사 보살의 이름을 받아 지니고, 또 몸이 다하도록 음식과 의복과 침구와 의약으로 공양한다면, 그대는 어떻게 생각하느냐? 이 선남자 선여인의 공덕이 많지 아니하겠느냐?" 무진의 보살이 말씀드렸다. "매우 많겠나이다. 세존이시여!" 부처님이 말씀하셨다. "만일 어떤 사람이 관세음보살의 이름을 받아 지니고 한 때만이라도 예배하고 공경한다면, 이 두 사람의 복이 똑같고 다름이 없어서 백천만억겁에 이르러도 다하지 아니하리라. 무진의여! 관세음보살의 이름을 받아 지니면, 이와같이 한량없고 그지없는 복덕의 이익을 얻느니라." 무진의보살이 부처님께 여쭈었다. "세존이시여, 관세음보살은 어떻게 이 사바세계에 다니며, 어떻게 중생을 위하여 법을 말하며, 방편의 힘은 어떠하나이까?"
6	한문 원전	佛告無盡意菩薩. "善男子! 若有國土衆生 應以佛身得度者 觀世音菩薩 卽現佛身 而爲說法. 應以辟支佛身得度者 卽現辟支佛身 而爲說法, 應以聲聞身得度者 卽現聲聞身而爲說法, 應以梵王身得度者 卽現梵王身而爲說法, 應以帝釋身得度者 卽現帝釋身而爲說法, 應以自在天身得度者 卽現自在天身而爲說法, 應以大自在天身得度者 卽現大自在天身而爲說法."
	한글 읽기	불고무진의보살. "선남자! 약유국토중생 응이불신득도자 관세음보살 즉현불신 이위설법. 응이벽지불신도자 즉현벽지불신 이위설법, 응이성문자득도자 즉현성문이신위설법, 응이범왕신득도자 즉현범왕신이위설법, 응이제석신득도자 즉현제석신이위설법, 응이자재천신득도자 즉현자재천신이위설법, 응이대자재천신득도자 즉현대자재천신이위설법."
	한글 풀이	부처님께서 무진의보살에게 말씀하셨다. "선남자야! 만일 어떠한 국토의 중생으로서, 마땅히 부처님의 몸으로 제도하여야 할 이에게는 관세음보살이 곧 부처님의 몸을 나타내어 설법을 하고, 벽지불의 몸으로 제도하여야 할 이에게는 벽지불의 몸을 나타내어 설법을 하며, 성문의 몸으로 제도하여야 할 이에게는 성문의 몸을 나타내어 설법을 하고, 범천왕의 몸으로 제도하여야 할 이에게는 범천왕의 몸을 나타내어 설법을 하며, 제석천왕의 몸으로 제도하여야 할 이에게는 제석천왕의 몸을 나타내어 설법을 하고, 자재천의 몸으로 제도하여야 할 이에게는 자재천의 몸을 나타내어 설법을 하며, 대자재천의 몸으로 제도하여야 할 이에게는 대자재천의 몸을 나타내어 설법을 하느니라."
7	한문 원전	"應以**天大將軍身**得度者 卽現天大將軍身而爲說法, 應以**毘沙門身**得度者 卽現毘沙門身而爲說法, 應以小王身得度者 卽現小王身而爲說法, 應以長者身得度者 卽現長者身而爲說法, 應以居士身得度者 卽現居士身而爲說法, 應以宰官身得度者 卽現宰官身而爲說法, 應以婆羅門身得度者 卽現婆羅門身而爲說法."
	한글 읽기	"응이**천대장군신**득도자 즉현천대장군신이위설법, 응이**비사문신**득도자 즉현비사문신이위설법, 응이소왕신득도자 즉현소왕신이위설법, 응이장자신득도자 즉현장자신이위설법, 응이거사신득도자 즉현거사신이위설법, 응이재관신득도자 즉현재관신이위설법, 응이바라문신득도자 즉현바라문신이위설법."
	한글 풀이	"천대장군의 몸으로 제도하여야 할 이에게는 천대장군의 몸을 나타내어 설법을 하고, 비사문의 몸으로 제도하여야 할 이에게는 비사문의 몸을 나타내어 설법을 하며, 소왕의

7	한글 풀이	몸으로 제도하여야 할 이에게는 소왕의 몸을 나타내어 설법을 하고, 장자의 몸으로 제도하여야 할 이에게는 장자의 몸을 나타내어 설법을 하며, 거사의 몸으로 제도를 하여야 할 이에게는 거사의 몸을 나타내어 설법을 하고, 관리의 몸으로 제도하여야 할 이에게는 관리의 몸을 나타내어 설법을 하며, 바라문의 몸으로 제도하여야 할 이에게는 바라문의 몸을 나타내어 설법을 하느니라."
8	한문 원전	"應以比丘比丘尼 優婆塞 優婆夷身得度者 即現比丘比丘尼 優婆塞優婆夷身而爲說法, 應以長者 居士 宰官 婆羅門 婦女身得度者 即現婦女身而爲說法, 應以童男童女身得度者 即現童男童女身而爲說法, 應以天 龍 夜叉 乾闥婆 阿修羅 迦樓羅 緊那羅 摩睺羅伽 人非人等 身得度者 即皆現之而爲說法, 應以**執金剛身**得度者 即現執金剛身而爲說法, 無盡意! 是觀世音菩薩 成就如是功德 **以種種形 遊諸國土 度脫衆生**."
	한글 읽기	"응이비구비구니 우바새 우바이신득도자 즉현비구비구니 우파새우파이신이위설법, 응이장자 거사 재관 바라문 부녀신득도자 즉현부녀신이위설법, 응이동남동녀신득도자 즉현동남동녀신이위설법, 응이천 룡 야차 건달바 아수라 가루라 긴나라 마후라가 인비인등 신득도자 즉개현지이위설법, 응이**집금강신**득도자 즉현집금강신이위설법. 무진의! 시관세음보살 성취여시공덕 **이종종형 유제국토 도탈중생**."
	한글 풀이	"비구나 비구니, 우바새나 우바이의 몸으로 제도하여야 할 이에게는 비구나 비구니, 우바새나 우바이의 몸을 나타내어 설법을 하며, 장자나 거사, 관리나 바라문들의 부녀의 몸으로 제도하여야 할 이에게는 곧 그들의 부녀의 몸을 나타내어 설법을 하고, 소년이나 소녀의 몸으로 제도하여야 할 이에게는 소년이나 소녀의 몸을 나타내어 설법을 하며, 천인이나 용, 야차, 건달바, 아수라, 가루라, 긴나라, 마후라가 등 사람이나 사람 아닌 이들의 몸으로 제도하여야 할 이에게는 모두 다 그들의 몸을 나타내어 설법을 하고, 집금강신으로써 제도할 이에게는 곧 집금강신을 나타내어 설법하나니라, 무진의야! 이 관세음보살은 이러한 공덕을 성취하여 가지가지 형상으로 여러 국토에 다니며, 중생을 제도하여 해탈케 하느니라."
9	한문 원전	"是故汝等應當一心 供養觀世音菩薩. 是觀世音菩薩摩訶薩 **於怖畏急難之中 能施無畏**. 是故此娑婆世界 '**皆號之爲施無畏者**'." 無盡意菩薩白佛言. "世尊! 我今當供養觀世音菩薩." 即解頸衆寶珠瓔珞 價直百千兩金 而以與之 作是言. "仁者! 受此法施 珍寶瓔珞." 時 觀世音菩薩 不肯受之, 無盡意復白觀世音菩薩言. "仁者! **愍我等故 受此瓔珞**."
	한글 읽기	"시고여등응당일심 공양관세음보살. 시관세음보살마하살 **어포외급난지중 능시무외**. 시고차사바세계 '**개호지위시무외자**'." 무진의보살백불언. "세존! 아금당공양관세음보살." 즉해경중보주영락 가치백천량금 이이여지 작시언. "인자! 수차법시 진보영락." 시 관세음보살 불긍수지, 무진의부백관세음보살언. "인자! **민아등고 수차영락**."
	한글 풀이	"그러므로 너희들은 마땅히 일심으로 관세음보살을 공양하여라. 이 관세음보살마하살은 두렵고 무섭고, 위급하고 어려운 가운데서 두려움을 없애주므로, 이 사바세계에서는

9	한글 풀이	모두 관세음보살님을 불러 '두려움을 없애 주시는 분'이라고 하느니라." 무진의보살이 부처님께 말씀드렸다. "세존이시여! 제가 지금 관세음보살님께 공양을 하고 싶습니다." 그리고는 곧 목에 걸었던 백천 량의 금값만큼이나 되는 온갖 보배 구슬과 영락을 풀어 받들어 올리면서 말하였다. "어진 분이시여! 귀한 보배와 영락을 법보시 하오니 받으십시오." 이때 관세음보살이 기꺼이 받지 않으려 하므로, 무진의가 다시 관세음보살에게 말하였다. "어진 분이시여! 저희들을 어여삐 여기시어 이 영락을 받으소서."
10	한문 원전	爾時 佛告觀世音菩薩. "當愍此無盡意菩薩 及四衆 天 龍 夜叉 乾闥婆 阿修羅 迦樓羅 緊那羅 摩睺羅伽 人非人等故 受是瓔珞." 卽時觀世音菩薩 愍諸四衆 及 於天 龍 人非人等 受其瓔珞 **分作二分 一分奉釋迦牟尼佛** 一分奉多寶佛塔. "無盡意! 觀世音菩薩 有如是自在神力 遊於娑婆世界." 爾時 無盡意菩薩 以偈問曰.
	한글 읽기	이시 불고관세음보살. "당민차무진의보살 급사중 천 용 여차 건달바 아수라 가루라 긴나라 마후라가 인비인등고 수시영락." 즉시관세음보살 민제사중급 어천 용 인비인등 수기영락 **분작이분 일분봉석가모니불** 일분봉다보불탑. "무진의! 관세음보살 유여시자재신력 유어사바세계." 이시 무진의보살 이게문왈.
	한글 풀이	그때 부처님께서 관세음보살에게 말씀하셨다. "마땅히 이 무진의 보살과 사부대중, 천인과 용, 야차와 건달바, 아수라와 가루라, 긴나라와 마후라가, 사람인 듯 아닌 사람들을 어여삐 여겨 그 영락을 받으라." 그때 관세음보살이 즉시 모든 사부대중과 천인과 용, 사람과 사람 아닌 것들을 어여삐 여겨 그 영락을 받으시고는 둘로 나누어서 하나는 석가모니 부처님께 바치고, 다름 하나는 다보부처님의 탑에 바쳤다. "무진의야! 관세음보살은 이와 같은 자재한 신통력이 있으므로 사바세계를 다니느니라." 그러자 무진의 보살이 게송으로 아뢰었다.
중요용어		❶ 부진형공양(復盡形供養) ❷ 시이인복 정등무이(是二人福 正等無異) ❸ 천대장군신(天大將軍身) ❹ 비사문신(毘沙門身) ❺ 집금강신(執金剛身) ❻ 이종종형 유제국토 도탈중생(以種種形 遊諸國土 度脫衆生) ❼ 어포외급난지중 능시무외(於怖畏急難之中 能施無畏) ❽ 개호지위시무외자(皆號之爲施無畏者) ❾ 민아등고 수차영락(愍我等故 受此瓔珞) ❿ 분작이분 일분봉석가모니불(分作二分 一分奉釋迦牟尼佛)

관세음보살과 대세지보살의 전생설화 하나를 소개해 드리고 본문 설명을 이어가도록 하겠습니다. 해인사 벽화에 그려져 있는 관세음보살과 대세지보살의 전생인 '조리(朝離)와 속리(速離) 형제'에 관한 설화인데요.

「아득한 옛적 인도 마열파타국(摩涅婆咤國)에 장나(長那)라는 장자와 마나사라(摩那斯羅)라는 부인이 살았는데, 슬하에 자식이 없어 천신에게 기도한 후 아들 둘을 얻게 됩니다. 당시의 관습대로 장자는 바라문을 불러 관상을 보이고 장래를 점치니 일찍 부모를 여윌 운명이라 하여 조리(早離)와 속리(速離)라는 이름이 붙여졌습니다. 그래서인지 이들 형제가 일곱 살과 다섯 살 무렵에 어머니가 병이 깊어 임종에 이르게 됩니다. 어머니는 두 아들을 불러 놓고 눈물을 흘리며 말하기를

"조리야! 속리야! 너희 어린 형제를 남겨놓고 떠날 것을 생각하니 가슴이 몹시 아프고 쓰리다. 너희들은 슬퍼하지 말고 내가 죽은 뒤라도 모든 것을 잘 배워서 훌륭한 성현이 되어서 만백성을 지도하는 인물이 되어다오."라고 말하고는 숨을 거두게 됩니다.

장자는 이후 후처를 맞이했는데, 얼마후 장자는 타국으로 무역을 떠나게 되어 아이들은 새 부인에게 맡기고 먼길을 떠났습니다. 계모의 학대는 동서고금이 다르지 않은 듯, 혼자 남게 된 부인은 재물에 대한 욕심으로 아이들을 없애려고 뱃사공을 매수하여 두 아이들을 멀리 무인도에 갖다 버리게 하였습니다. 두 형제는 목이 터져라고 뱃사공을 불렀지만 바람 소리와 파도 소리만 들려올 뿐, 어린 형제는 몇 날을 추위와 굶주림에 서로 부둥켜 안고 울고 또 울다가 마침내 기진맥진하여 쓰러졌습니다. 이에 형 조리는 동생에게 다음과 같이 말합니다.

"속리야, 우리는 이제 죽을 시각이 다가왔다. 우리 몸은 추위와 배고픔을 이기지 못해 비록 죽더라도 정신이나 차려보고 죽자. 우리는 돌아가신 어머님의 유언을 지켜야 한다. 그러므로 우리는 여기서 죽더라도 우리의 혼은 성현이 되고 보살이 되자. 그리하여 고통이 많은 자에게 의지가 되어

주고 그들을 구제하여 주자.”

형 조리는 열 손가락을 돌로 쳐 흐르는 피로 누더기가 된 옷에, 부모 잃고 버림받은 어린 영혼의 가슴에 사무친 아픔들을 대비의 발원으로 승화시켜 비원을 써 내려갔습니다. 핏물로 인해 누더기 천이 빨갛도록 한 글자 한 글자 대비원(大悲願)을 적어나갔습니다.

“우리 형제가 죽으면 부모 없는 설움으로 슬픔에 젖은 사람에게는 대성자모(大聖慈母)와 자부(慈父)가 되고, 외로운 사람에게는 친절한 벗과 형제가 되며, 헐벗은 자에게는 옷이 되고, 굶주리는 자에게는 밥이 되며, 온갖 병고에 시달리는 중생들에게는 명의가 되고 약이 되어 고쳐주고, 부처님을 만나지 못하는 중생에게는 부처님의 몸을 나투어 구제하리라”

조리와 속리는 이와 같이 서른두 가지의 대원을 세우고 이것을 혈서로 상의에 써서 나뭇가지에 걸어 놓은 다음 두 형제는 서로 얼싸안고 대비원을 성취하며 목숨을 마치고 말았습니다. 조리와 속리는 관음보살과 대세지보살로 화현하였고, 고통에 찬 중생들을 영겁토록 구하겠다는 서원을 새긴 자비보살의 원형이라는 설화입니다.」

한번쯤은 들어보신 설화일 것도 같습니다만, 두 형제의 핍박 받은 절박한 상황에 대한 연민에 앞서 처절한 상황에서도 굳은 결기로 자비행을 서원하는 어린 두 동생의 대원(大願)에 다만 숙연해 지는 마음입니다. 전생 인연이 이러하였으니 본 관세음보살보문품에서 중생들의 칠난과 삼독을 구해주는 관세음보살의 행원이 더욱 선연한 진리의 채색으로 다가옴을 느낄 수 있을 것입니다. 이번 단락에서 부처님께서는 어떤 사람이 한때라도 관세음보살의 이름을 받아 지니고 예배 공양하는 공덕은 62억 항하사 보살의 이름을 받아지니고, 몸이 다하도록 음식과 의복과 침구와 의약으로 공양하는 복과 똑같고 다름이 없다고 설하십니다. 관세음보살의 한량없고 백천만억겁에 이르도록 그지없는 복덕의 이익을 아낌 없이 설하셨네요. 이어서 관세음보살의 중생을 위한 법설(法說)과 방편에 대해 묻는 무진의보살에게 드디어 관세음보살의 서른세 가지 변화 응신에 대해 설법해 주십니다. 해당부분의 본문을 인용해 봅니다.

"만일 어떠한 국토의 중생으로서, 마땅히 부처님의 몸으로 제도하여야 할 이에게는 관세음보살이 곧 부처님의 몸을 나타내어 설법을 하고, 벽지불의 몸으로 제도하여야 할 이에게는 벽지불의 몸을 나타내어 설법을 하며, 성문의 몸으로 제도하여야 할 이에게는 성문의 몸을 나타내어 설법을 하고, 범천왕의 몸으로 제도하여야 할 이에게는 범천왕의 몸을 나타내어 설법을 하며, 제석천왕의 몸으로 제도하여야 할 이에게는 제석천왕의 몸을 나타내어 설법을 하고, 자재천의 몸으로 제도하여야 할 이에게는 자재천의 몸을 나타내어 설법을 하며, 대자재천의 몸으로 제도하여야 할 이에게는 대자재천의 몸을 나타내어 설법을 하느니라."

즉 제도 받는 상대의 근기에 따라 관세음보살이 곧 그 몸을 나타내어 설법을 한다는 말씀인데, 관세음보살은 이렇게 33가지 몸으로, 중생들의 요청에 즉시 응답하여, 어디라도 달려와 그에 상응하는 응신(변신)으로 번뇌와 고통을 여의게 하고, 두려움을 일시에 제거해 주는 대자대비의 화신이라는 것입니다. 여기서 인비인 등의 몸으로 변화하는 것까지 하면 35가지 또는 그 이상이 되지만, 불교의 33천 사상의 배경으로 33가지 신(身)으로 표현된 것으로 보입니다. 관세음보살이 대응할 모든 세상의 중생의 계층을 망라한 것이 33

가지 신이고, 묘음보살이 34신인 것으로 볼 때 다만 3업을 여의고, 중생의 3독을 구제해 주기 위한 세 분 보살(약왕, 묘음, 관세음)의 일체지와 자비, 지혜의 다른 표현이라 이해해 주시기 바랍니다.

이러한 관세음보살에게 공양함은 너무나 당연하여, 부처님의 권선에 무진의보살은 진주, 보배영락을 올립니다. 무진의보살이 관세음보살께 진주보배영락을 드렸더니 받으려 하지 않자, 부처님께서 사부대중과 천·용 등을 가엾게 여겨 그 영락을 받으라고 관세음보살에게 재차 권하게 됩니다. 이에 관세음보살은 그 보배영락을 받아 두 몫으로 나눠서 한 몫은 석가모니불께, 다른 한 몫은 다보불께 바치는데, 이는 관세음보살의 중생 구제 원력 또한 위없는 아뇩다라삼먁삼보리를 얻은 석가모니불의 가르침에 기인하는 것이며, 그 가르침을 저장하고 증명하여 누구든 언제라도 그 설법에 귀의할 수 있도록 해 주는 다보부처님에게 또한 있다는 우회적 표현이라 하겠습니다.

사실 AI시대를 살아가는 우리들로서는 이 관세음보살행이야말로, 세라믹 토양 같은 삭막한 현대의 시대 환경 속에서 현대인들을 진정한 인간구제의 차원으로 승화시키는 완벽한 보살정신의 발현이라는 생각을 가져봅니다. 부처님이 무진의보살에게 읊은 게송중 관세음보살을 칭탄한 부분은 매우 중요한 사상과 아름다운 시적 울림이 있어 아래에 인용해 두었으니 꼭 독송해 주실 것을 당부드리며, 다음 〈다라니품〉으로 나아가도록 하겠습니다.

너는 관음의 미묘한 행 곳곳마다

알맞게 응하여 나타남을 잘 들어라

그 보살의 큰 서원은 깊고 넓은 바다같아

영원토록 생각해도 다 하지 못하니라

헤아릴수 없는 길고 긴 오랜세월

천만억 부처님 모시고 받들면서

맑고 깨끗한 큰 서원을 세웠도다

내가 그대 위해 간략히 말하리라

그 이름 듣거나 그 모습 보거나

지극한 마음으로 간절히 생각하면

헛되지 아니하여 모든 고통 소멸하리

가령 어떤 사람이 해치려고

불구덩이에 밀어서 떨어뜨려도

관세음 생각하고 크게 부른 그 힘으로

불구덩이가 변해서 깨끗한 연못되리

만일 넓은 바다에서 표류하다

용과 귀신 물고기의 무서운 재난을 만나도

관세음을 생각하고 크게 부른 그 힘으로

성난 파도 속에서도 죽지않고 무사하리

혹은 수미산 봉우리에서 떠밀려 떨어져도

관세음 생각하고 크게 부른 그 힘으로

해와 같이 허공에 머물며

악인에게 쫓기어 금강산 절벽에서 떨어져 내려도

관세음 생각하고 크게 부른 그 힘으로

털끝 하나 안 다치리

원한 있는 도적 만나 칼로 해치려해도

관세음 생각하고 크게 부른 그 힘으로

도적들이 마음돌려 자비심 일으키며

나라법에 잘못걸려 형벌받아 죽게되도

관세음 생각하고 크게 부른 그 힘으로

칼과 창이 조각조각 끊어지고 부숴지리

감옥에 갇혀서 죄인되어

손발이 형틀에 묶였어도

관세음 생각하고 크게 부른 그 힘으로

저절로 풀려서 몸과 마음 편안하리

저주 주문 독약으로 해치려 할때에도

관세음 생각하고 크게 부른 그 힘으로

도리어 그 해독이 본인에게 돌아가리

악한 나찰 독룡과 여러 귀신 만나도

관세음 생각하고 크게 부른 그 힘으로

모두들 해치지 못하고 물러가리라

사나운 짐승들이 떼지어 몰려와서

날카로운 이빨과 발톱이 무서워도

관세음 생각하고 크게 부른 그 힘으로

사방으로 뿔뿔이 달아나고 물러가며

독사와 살모사와 무서운 독충이

독한 기운 불꽃처럼 뿜어 내어도

관세음 생각하고 크게 부른 그 힘으로

스스로 피해서 물러가리라

검은 구름 모여들어 천둥일고 번개쳐서

우박과 소나기 험하게 퍼부어도

관세음 생각하고 크게 부른 그 힘으로

즉시 먹구름이 걷히고 흩어지리

중생들이 어려운 곤액 만나

한없는 괴로움 받을지라도

관세음의 미묘하신 지혜의 힘으로

인간세상 온갖 고통 소멸하여 편안하고

행복하게 구원하리

신통력 갖추고 지혜방편 널리닦아

시방세계 모든 국토 여러 몸 나투신다

갖가지 악한 길에 지옥 아귀 축생들의

생노병사 모든고통 관세음은 차츰차츰

모두 다 없애주네

진실한 관찰이며 맑고 깨끗한 관찰이며

넓고 크신 지혜로 관찰함과 걸림없이

인자하게 관찰함을 언제나 원하고 우러러 볼지니라

티없이 청정한 빛 지혜의 태양이

모든 어둠 몰아내고

재앙과 바람과 물과 불을 몰아내며

굴복시켜 이 세상을 넓고 밝게 비추느니라

자비한 계율은 우뢰의 진동이요

자애로운 마음은 미묘한 구름이라

감로의 법비 내려 번뇌의 불타는

뜨거운 불꽃을 모두 꺼서 없애리라

나쁜 일로 소송 당해 관청에 나가거나

무섭고 겁나는 전쟁터에 있을지라도

관세음 생각하고 크게 부른 그 힘으로

원수들은 모두 다 흩어지고 물러가리

미묘하게 중생들을 가르치는 자비음성

인간세상 굽어보는 거룩하고 청정한 음성

바다의 파도처럼 언제나 새로운 진리의 음성

세간의 미혹과 어둠을 초월한 음성이니

그러므로 모름지기 항상 부르고 생각해

잠깐이라도 의심말라

관세음은 거룩하고 청정한 성인이니

고통 번뇌 죽음 질병 불행한 일 당할 때에

능히 믿고 따르며 의지할 바 되느니라

일체의 모든 공덕 두루 갖추고

자비한 눈으로 중생을 보살피는

관세음의 큰 공덕 바다처럼 한량없다

마땅히 머리숙여 공경하고 예배하라

❶ 부진형공양(復盡形供養) : 몸이 다하도록 공양함

❷ 시이인복 정등무이(是二人福 正等無異) : 이 두 사람의 복이 똑같음. 즉 부진형
공양과 관세음보살의 이름을 받아 지니고 한때만이라도 예배하고 공경하는 것
이 같다는 뜻

❸ 천대장군신(天大將軍身) : 천대장군이란 비사문천의 휘하 여덟 장군 가운데 하
나로서 세간을 순행하며 선악을 관찰하는 신

❹ 비사문신(毘沙門身) : 사천왕 중 다문천왕. 다문천을 다스려 북쪽을 수호하며
야차와 나찰을 통솔하는 신. 분노의 상(相)을 하고, 갑옷과 왼손에 보탑(寶塔)을
받쳐 들고 오른손에 몽둥이를 들고 있음

❺ 집금강신(執金剛身) : 금강역사를 말함

❻ 이종종형 유제국토 도탈중생(以種種形 遊諸國土 度脫衆生) : 가지가지 형상으
로 여러 국토에 다니며, 중생을 제도하여 해탈케 함

❼ 어포외급난지중 능시무외(於怖畏急難之中 能施無畏) : 두렵고 무섭고, 위급하
고 어려운 가운데서 능히 두려움을 없애줌

❽ 개호지위시무외자(皆號之爲施無畏者) : 모두 관세음보살님을 불러 '두려움을
없애 주시는 분'이라고 함

❾ 민아등고 수차영락(愍我等故 受此瓔珞) : 자신들을 어여삐 여겨 이 영락을 받
아주시라는 뜻

<베트남 다낭 영응사의 해수관음보살상-높이 67M>

묘법연화경 제26 다라니품(陀羅尼品)

요약 및 대의

⇒ 약왕보살이 법화경의 법사 공덕에 대해 묻고, 부처님은 법화경의 사구게 한 구절만
이라도 받아지니며, 설한 대로 수행한다면 8백만억 나유타 항하사 같은 부처님을
공양하는 것보다 공덕이 많다고 하심

⇒ 이에 약왕보살이 법화경 설법자를 위해 43구절의 다라니를 읊음

⇒ 약왕보살이 본 다라니는 62억 항하사 같은 부처님이 설한것인 만큼, 이 법사를 훼방하는 자 곧 부처님을 침해하는 것이라 하자, 이에 부처님이 칭찬하심

⇒ 용시보살과 비사문천왕, 지국천왕이 차례대로 다라니를 읊음

⇒ 열명 나찰녀들도 다라니를 읊고, 법화경을 수지 독송하며 수행하는 사람을 편안하게 하고, 모든 근심과 재액을 소멸하리란 서원을 밝힘

⇒ 부처님께서 나찰녀들을 칭찬하시며, 귀자모에게 법사를 옹호할 것을 당부하시자, 6만 8천의 중생이 무생법인을 얻음

❀ |1| 다섯 보살, 천왕, 나찰녀 등이 법사수호를 위한 다라니를 읊고, 부처님께서 법화경의 법사를 옹호하라는 당부를 내리심

단락	구분	원문 및 한글 번역
1	한문 원전	爾時 藥王菩薩 卽從座起 偏袒右肩 合掌向佛 而白佛言. "世尊! 若善男子善女人 有能受持法華經者 若讀誦通利 若書寫經卷 得幾所福?" 佛告藥王. "若有善男子善女人 供養八百萬億那由他恒河沙等諸佛 於汝意云何? 其所得福 寧爲多不?" "甚多世尊!" 佛言. "若善男子善女人 能於是經 乃至受持一四句偈 讀誦解義 如說修行 功德甚多." 爾時 藥王菩薩白佛言. "世尊! 我今當與說法者 **陁羅尼呪** 以守護之." 卽說呪曰.
	한글 읽기	이시 약왕보살 즉종좌기 편단우견 합장향불 이백불언. "세존! 선남자선여인 유능수지법화경자 약독송통리 약섯경권 득기소복?" 불고약왕. "약유선남자선여인 공양팔백만억나유타항하사제불 어여의운하? 기소득복 영위다부?" "심다세존!" 불언. "약선남자선여인 능어시경 내지수지일사구게 독송해의 여설수행 공덕심다." 이시 약왕보살백불언. "세존! 아금당여설법자 **다라니주** 이수호지." 즉설주왈.
	한글 풀이	그때 약왕보살이 자리에서 일어나 오른쪽 어깨를 드러내고 부처님을 향하여 합장하고 말씀드렸다. "세존이시여! 만약에 선남자 선여인으로서 법화경을 받아 지니는 사람이 읽고 외워서 통달하거나 경전을 옮겨 쓴다면 얼마만큼의 복을 받겠습니까?" 부처님이 약왕보살에게 말씀하셨다. "선남자 선여인이 8백만억 나유타 항하사 같은 부처님들을 공양한다면 너의 생각은 어떠하냐? 그 얻는 복이 많지 않겠느냐?" "매우 많습니다. 세존이시여!" 부처님께서 말씀하셨다. "선남자 선여인이 이 경에서 네 구절로 된 하나의 게송만이라도 받아 지니고 읽고 외우며, 뜻을 이해하고 설한대로 수행하면 그 공덕이 더욱 많으니라." 그러자 약왕보살이 부처님께 말씀드렸다. "세존이시여! 제가 설법을 하는 자들에게 다라니 주문을 주어 그들을 지키고 보호하겠나이다."

2	한문 원전	「安爾<1> 曼爾<2> 摩禰<3> 摩摩禰<4> 旨隷<5> 遮梨第<6> 賒咩<7> 賒履多瑋<8> 羶帝<9> 目帝<10> 目多履<11> 娑履<12> 阿瑋娑履<13> 桑履<14> 娑履<15> 叉裔<16> 阿叉裔<17> 阿耆膩<18> 羶帝<19> 賒履<20> 陀羅尼<21> 阿盧伽婆娑簸蔗毘叉膩<22> 禰毘剃<23> 阿便哆邏禰履剃<24> 阿亶哆波隷輸地<25> 漚究隷<26> 牟究隷<27> 阿羅隷<28> 波羅隷<29> 首迦差<30> 阿三磨三履<31> 佛馱毘吉利帙帝<32> 達磨波利差帝<33> 僧伽涅瞿沙禰<34> 婆舍婆舍輸地<35> 曼哆邏<36> 曼哆邏叉夜多<37> 郵樓哆<38> 郵樓哆憍舍略<39> 惡叉邏<40> 惡叉冶多冶<41> 阿婆盧<42> 阿摩若那多夜<43>」
	한글 읽기	「아니<1> 마니<2> 마녜<3> 마마녜<4> 지례<5> 자리제<6> 샤마<7> 샤리다위<8> 선뎨<9> 목뎨<10> 목다리<11> 사리<12> 아위사리<13> 상리<14> 사리<15> 사예<16> 아사예<17> 아기니<18> 선뎨<19> 샤리<20> 다라니<21> 아로가바사바자빅사니<22> 네비뎨<23> 아변다라녜리제<24> 아단다바례수지<25> 구구례<26> 모구례<27> 아라례<28> 바라례<29> 수가차<30> 아삼마삼리<31> 못다비기리구제<32> 달마바라차뎨<33> 싱가열구사녜<34> 바사바사수디<35> 만다라<36> 만다락사야다<37> 우루다<38> 우루다교사라<39> 악사라<40> 악사야다야<41> 아바로<42> 아마야나다야<43>」
3	한문 원전	"世尊! 是陀羅尼神呪 六十二億恒河沙等 諸佛所說, 若有侵毀此法師者 則爲侵毀是諸佛已." 時 釋迦牟尼佛 讚藥王菩薩言. "善哉 善哉! 藥王! 汝愍念擁護此法師故 說是陀羅尼 於諸衆生多所饒益." 爾時 勇施菩薩白佛言. "世尊! 我亦爲擁護讀誦受持法華經者 說陀羅尼. 若此法師 得是陀羅尼 **若夜叉 若羅刹 若富單那 若吉遮 若鳩槃茶 若餓鬼等 伺求其短 無能得便**." 即於佛前 而說呪曰.
	한글 읽기	"세존! 시다라니신주 육십이억항하사등 제불소설, 약유침훼차법사자 즉위침훼시제불이." 시 석가모니불 찬약왕보살언. "선재 선재! 약왕! 여민념옹호차법사고 설시다라미 어제중생다소요익." 이시 용시보살백불언. "세존! 아역위옹호독송수지법하경자 설다라니. 약차법사 득시다라니 **약야차 약나찰 약부단나 약길자 약구반다 약아귀등 사구기단 무능득편**." 즉불어전 이설주왈.
	한글 풀이	"세존이시여! 이 다라니 신주는 62억 항하의 모래수 같은 부처님들께서 설하신 것이오니, 만일 이 법사를 침훼하거나 훼방하는 자가 있으면 곧 부처님들을 침해하고 훼방하는 것이 되나이다." 그때 석가모니 부처님께서 약왕보살을 칭찬하셨다. "착하고도 착하도다! 약왕보살아! 그대가 이 법사를 어여삐 여겨 옹호하려고 이 다라니를 설하였으니 중생들에게 이익되는 것이 많겠구나." 그때 용시보살이 부처님께 말씀드렸다. "세존이시여! 저도 법화경을 받아 지니고 읽고 외우는 사람을 옹호하기 위해 다라니를 읊겠습니다. 만약 법사가 이 다라니를 얻으면 야차나 나찰이나 부단나나 길자나 구반나나 아귀들이 그의 단점을 엿보기 어려울 것입니다." 그러면서 곧 부처님 앞에서 주문을 읊었다.
4	한문 원전	「痤隷<1> 摩訶痤隷<2> 郁枳<3> 目枳<4> 阿隷<5> 阿羅婆第<6> 涅隷第<7> 涅隷多婆第<8> 伊緻柅<9> 韋緻柅<10> 旨緻柅<11> 涅隷墀柅<12> 涅犁墀婆底<13>」
	한글 읽기	「자례<1> 마하자례<2> 욱기<3> 목기<4> 아례<5> 아라바제<6> 널례제<7> 널례다바제<8> 이디니<9> 위디니<10> 지디니<11> 널례지니<12> 널리지바디<13>」

5	한문 원전	"世尊! 是陁羅尼神呪 恒河沙等 諸佛所說 亦皆隨喜. 若有侵毀此法師者 則爲侵毀 是諸佛已." 爾時 **毘沙門天王護世者**白佛言. "世尊! 我亦爲愍念衆生 擁護此法師 故 說是陁羅尼." 卽說呪曰. 「**阿梨**<1> **那梨**<2> **瓮那梨**<3> **阿那盧**<4> **那履**<5> **拘那履**<6>」 "世尊! 以是神呪 擁護法師 我亦自當 擁護持是經者 令百由旬內 無 諸衰患."
	한글 읽기	"세존! 시다라니신주 항하사등 제불소설 역개수희. 약유친훼차법사자 즉위침훼 시제불이." 이시 **비사문천왕호세자**백불언. "세존! 아역위민념중생 옹호차법사 고 설시다라니." 즉설주왈. 「**아리**<1> **나리**<2> **노나리**<3> **아나로**<4> **나리**<5> **구나리**<6>」 "세존! 이시신주 옹호법사 아역자당 옹호지시경자 영백유순내 무 제쇠환."
	한글 풀이	"세존이시여! 이 다라니 신주는 항하의 모래수 같은 부처님께서 설하신 것이며, 모두 따라 기뻐하신 것입니다. 만약 이 법사를 침해하고 훼방하면 곧 부처님을 침해하고 훼방하는 것이 될 것입니다." 그때 세상을 보호하는 비사문천왕도 부처님께 말씀드렸다. "세존이시여! 저 역시 중생을 어여삐 여겨 이 법사를 옹호하기 위한 다라니를 설하겠습니다." 「아리 나리 노나리 아나로 나리 구나리」 "세존이시여! 이 신비로운 주문으로 법사를 옹호하고, 또 이 경전을 지니는 자를 옹호하기 위하여 백유순 동안은 온갖 쇠약함과 재앙이 없도록 하겠나이다."
6	한문 원전	爾時 **持國天王** 在此會中 與千萬億那由他 乾闥婆衆 恭敬圍繞 前詣佛所 合掌 白佛言. "世尊! 我亦以陁羅尼神呪 擁護持法華經者." 卽說呪曰. 「**何伽禰**<1> **伽禰**<2> **瞿利**<3> **乾陁利**<4> **旃陁利**<5> **摩蹬耆**<6> **常求利**<7> **浮樓莎柅**<8> **頞底**<9>」 世尊! 是陁羅尼神呪 四十二億諸佛所說 若有侵毀此法師者 則爲侵毀 是諸佛已."
	한글 읽기	이시 **지국천왕** 재차회중 여천만억나유타 건달바중 공경위요 전예불소 합장 백불언. "세존! 아역이다라니신주 옹호지법화경자." 즉설주왈. 「**아가예**<1> **가녜**<2> **구리**<3> **건다리**<4> **전다리**<5> **마등기**<6> **상구리**<7> **부루사니**<8> **알디**<9>」 세존! 시다라니신주 사십이억제불소설 약유침훼차법사자 즉위침훼 시제 불이."
	한글 풀이	그때 지국천왕이 이 법회 가운데 있다가 천만억 나유타의 건달바들에게 둘러싸여 공경을 받으며, 부처님 앞으로 나아가 합장하고 부처님께 말씀드렸다. "세존이시여! 저 역시 다라니 신주로 법화경을 지니는 자를 옹호하겠습니다."라고 하며 곧 주문으로 읊었다. "「**아가예**<1> **가녜**<2> **구리**<3> **건다리**<4> **전다리**<5> **마등기**<6> **상구리**<7> **부루사니**<8> **알디**<9>」 세존이시여! 이 다라니 신주는 42억의 부처님들께서 말씀하신 것이므로, 만약 이 법사를 침해하고 훼방하는 자가 있다면 곧, 이 부처님들을 침해하고 훼방하는 것이 될 것입니다."

7	한문 원전	爾時 有羅刹女等 一名藍婆 二名毘藍婆 三名曲齒 四名華齒 五名黑齒 六名多髮 七名無厭足 八名持瓔珞 九名睪帝 十名奪一切衆生精氣. 是十羅刹女 與鬼子母 幷其子 及眷屬 俱詣佛所 同聲白佛言. "世尊! 我等亦欲擁護讀誦受持法華經者 除其衰患. 若有伺求法師短者 令不得便." 卽於佛前 而說呪曰. "「伊提履<1> 伊提泯<2> 伊提履<3> 阿提履<4> 伊提履<5> 泥履<6> 泥履<7> 泥履<8> 泥履<9> 泥履<10> 樓醯<11> 樓醯<12> 樓醯<13> 樓醯<14> 多醯<15> 多醯<16> 多醯<17> 兜醯<18> 㝹醯<19>」"
	한글 읽기	이시 유나찰녀등 일명람바 이명비람바 삼명곡치 사명화치 오명흑치 육명다발 칠명무염족 팔명지영락 구명고제 십명탈일체중생정기. 시십나찰녀 여귀자모 병기자 급권속 구예불소 동성백불언. "세존! 아등역욕옹호독송수지법화경자 제기쇠환. 약유동구법사단자 영불득편." 즉어불전 이설주왈. "「이제리<1> 이제민<2> 이제리<3> 아제리<4> 이제리<5> 니리<6> 니리<7> 니리<8> 니리<9> 니리<10> 루혜<11> 루혜<12> 루혜<13> 루혜<14> 다혜<15> 다혜<16> 다혜<17> 도혜<18> 로혜<19>」"
	한글 풀이	그때 나찰녀들이 있었다. 첫째의 이름은 람바이고, 둘째는 비람바이며, 셋째는 곡치, 넷째는 화치, 다섯째는 흑치, 여섯째는 다발, 일곱째는 무염족, 여덟 번째는 지영락, 아홉째는 고제이며, 열 번 째의 이름은 탈일체중생정기였다. 이 열 명의 나찰녀가 귀자모와 그 아들과 권속들이 다함께 부처님 계시는 곳으로 가서 같은 소리로 부처님께 말씀드렸다. "세존이시여! 저희들도 법화경을 읽고 외우며 받아 지니는 자를 옹호하여, 그들의 근심과 걱정을 없애주고 싶습니다. 만약 어떤 사람이 법사의 단점을 찾아내려 해도 기회를 얻지 못하게 하겠나이다." 그리고 즉시 부처님 앞에서 주문을 읊었다. "「이제리<1> 이제민<2> 이제리<3> 아제리<4> 이제리<5> 니리<6> 니리<7> 니리<8> 니리<9> 니리<10> 루혜<11> 루혜<12> 루혜<13> 루혜<14> 다혜<15> 다혜<16> 다혜<17> 도혜<18> 로혜<19>」"
8	한문 원전	"寧上我頭上 莫惱於法師 若夜叉 若羅刹 若餓鬼 若富單那 若吉遮 若毘陁羅 若犍馱 若烏摩勒伽 若阿跋摩羅 若夜叉吉遮 若人吉遮 若熱病 若一日 若二日 若三日 若四日 乃至七日 若常熱病 若男形 若女形 若童男形 若童女形 乃至夢中 亦復莫惱." 卽於佛前 而說偈言.
	한글 읽기	"영상아두상 막뇌어법사 약야차 약나찰 약아귀 약부단나 약길자 약비다라 약건다 약오마륵가 약아발마라 약야차길자 약인길자 약열병 약일일 약이일 약삼일 약사일 내지칠일 약상열병 약남형 약여형 약동남형 약동녀형 내지몽중 역부막뇌." 즉어불전 이설게언.
	한글 풀이	"차라리 저의 머리 위에 올릴지라도 법사를 괴롭히지 못하게 하겠으며, 야차와 나찰과 아귀와 부단나와 길자와 비다라와 건다와 오마륵가와 아발마라와 야차길자와 인길자와 하루, 이틀, 사흘 내지는 이레동안 하는 열병과 오래토록 하는 열병과 남자의 모습과 여자의 모습, 소년의 모습과 소녀의 모습으로 나타나는 나쁜 귀신들이 꿈속에서라도 괴롭히지 못하도록 하겠나이다."라고 하면서 부처님 앞에서 게송으로 읊었다.

9	한문 원전	「若不順我呪 惱亂說法者 　頭破作七分 如阿梨樹枝 　如殺父母罪 亦如壓油殃 　斗秤欺誑人 調達破僧罪 　犯此法師者 當獲如是殃」 諸羅剎女 說此偈已 白佛言.“世尊! 我等亦當身自擁護受持 讀誦修行是經者 令得安隱 離諸衰患 消衆毒藥.”
	한글 읽기	「약불순아주 뇌란설법자 　두파작칠분 여아리수지 　여살부모죄 역여압우앙 　두평기광인 조달파승죄 　범차법사자 당획여시앙」 제나찰녀 설차게이 백불언.“세존! 아등역당신자옹호수지 독송수행시경자 영득안은 이제쇠환 소중독약.”
	한글 풀이	「만약 나의 주문을 따르지 않고/ 　설법하는 사람을 괴롭히면/ 　머리를 일곱 조각으로 부수어/ 　아리수 나무의 가지처럼 만들어 버리고/ 　부모를 살해한 죄와/ 기름을 짤 때 속이는 죄와/ 　됫박이나 저울로 남을 속이는 죄와/ 　조달(제바달다)이 승가를 깨뜨린 죄와 같이 하리라/ 　법사를 해치는 자는 마땅히/ 　이와 같은 재앙을 받을 것이니라.」 나찰녀들이 이 게송을 읊은 후 부처님께 말씀드렸다. “세존이시여! 저희들도 이 경을 받아 지녀 읽고 외우며, 수행하는 사람을 몸소 지키고 편안하게 하여, 모든 근심과 걱정을 여의게 하고, 온갖 독약들도 없어지게 하겠나이다.”
10	한문 원전	佛告諸羅剎女,“善哉 善哉! 汝等但能擁護受持法華名者 福不可量 何況擁護具足 受持供養經卷 華 香 瓔珞 末香 塗香 燒香 幡蓋 伎樂 燃種種燈 酥燈 油燈 諸香油燈 蘇摩那華油燈 瞻蔔華油燈 婆師迦華油燈 優鉢羅華油燈 如是等百千種供養者? **睪帝**! 汝等及眷屬 應當擁護如是法師.”說是陀羅尼品時 六萬八千人 得無生法忍.
	한글 읽기	불고제나찰녀. “선재 선재! 여등단능옹호수지법화명자 복불가량 하황옹호구족 수지공양경권 화 향 영락 말향 도향 소향 번개 기악 연종종등 소등 유등 제향유등 소마나화유등 첨복화유등 바사가화유등 우발라화유등 여시등백천종공양자? **고제**! 여등급권속 응당옹호여시법사.”설시다라니품시 육만팔천인 득무생법인.

<table>
<tr><td rowspan="1">10</td><td>한글
풀이</td><td>부처님께서 나찰녀들에게 말씀하셨다. "착하고도 착하도다! 너희들이 법화경의 이름만 받아 지니는 자를 옹호하여도 그 복이 헤아릴 수 없을 텐데, 다 갖추어 받아 지니고 경전에 공양을 하며, 꽃과 향과 영락과 가루 향, 바르는 향, 사르는 향, 깃발, 일산, 음악과 갖가지 등불인 우유등, 기름등 온갖 향유등, 소마나꽃 기름등, 첨복꽃 기름등, 바사가꽃 기름등, 우발라꽃 기름등 이와 같이 백천 가지로 공양하는 자를 옹호하는 것이야 말할 것이 있겠느냐? 고제야! 너희와 권속들은 마땅히 이와 같이 법사를 옹호하여라." 이 다라니품을 설하실 때 6만 8천의 사람들이 무생법인을 얻었다.</td></tr>
<tr><td>중요용어</td><td colspan="2">❶ 다라니주(陀羅尼呪)
❷ 약야차 약나찰 약부단나 약길자 약구반다 약아귀등 사구기단 무능득편
　(若夜叉 若羅刹 若富單那 若吉遮 若鳩槃茶 若餓鬼等 伺求其短 無能得便)
❸ 비사문천왕호세자(毘沙門天王護世者)
❸ 지국천왕(持國天王)　❹ 영상아두상 막뇌어법사(寧上我頭上 莫惱於法師)
❺ 고제(皐帝)</td></tr>
</table>

'다라니(陀羅尼)'라는 단어는 사전적 정의에 의하면 범어(梵語)를 번역하지 아니하고 음(音) 그대로 외우는 일로, 자체에 무궁한 뜻이 있어 이를 외우는 사람은 한 없는 기억력을 얻고, 모든 재액에서 벗어나는 등 많은 공덕을 얻는다고 서술하고 있습니다. 좀 더 불교적인 관점에서 해석한다면 다라니는 한량 없는 뜻을 지니고 있어 모든 악한 법을 버리고, 일체의 좋은 법을 지니게 하는 진언(眞言, Mantra) 또는 주문(呪文)이라 하겠는데, 석가모니 부처님의 가르침의 핵심을 신비한 초월적 힘이 있다고 믿어지는 문언적(文言的) 주문으로 옮겨, 기술한 표기(表記)라 정의할 수 있겠습니다.

다라니라는 글자 자체의 뜻을 우리 말로 번역할 수는 없지만, 산스크리트어 다라니(dharani)를 그대로 음차 표기한 것으로, 굳이 의역하자면 한마디로 압축, 요약했다는 뜻에서 총지(總持)라 이해하기도 합니다. 또는 능지(能持) · 능차(能遮)라고도 번역되는데, 능지란 여러 선법(善法)을 능히 지니고 있다는 뜻이며, 능차란 악법을 능히 차단하여 막아 준다는 뜻이기도 합니다.

특히 비밀의 가르침이란 뜻의 밀교(密敎)에서는 문자 언어를 초월한 신비한 진언과 다라니를 지송(持誦)함으로써 마음을 통일하고, 궁극의 경지에 도달하여 부처가 된다고 믿고 있습니다. 따라서 다라니는 그 주문 자체의 음파에서 신묘한 에너지파가 있다고 믿어 문자적 해석인 뜻글자로 번역하는 것을 일반적으로 피하게 됩니다. 그러므로 다라니는 대부분 산스크리트어를 번역하지 않고 소리를 따서 한문으로 번역하는 음사(音寫)를 택하였는데, 그 이유는 번역으로 인하여 고유한 의미의 소실을 방지하자는 것과 그 신비성을 간직하자는 데 있었습니다.

『반야심경』 말미의 「아제아제 바라아제 바라승아제 모지사바하」도 일종의 다라니인데, 반야심경 독경시 이 진언을 우리말로 독송하게 되면 「가세, 가세, 피안으로 가세, 피안으로 넘어가세. 깨달음이여, 영원하여라!」 등으로 읽히지만, 그 운율과 음운적 감동은 떨어지는 것과 같다할 수 있겠습니다. 절대적이고 초월적인 힘이 있는 진언과 주문의 파동이 다른 모든 것을 연상하여 잊지 않게 하고, 선한 법을 가지고 악한 법을 잘 막을 수 있다고 보는 것인데요. 보살이 타인을 교화하기 위해서는 반드시 다라니를 얻어야 하고, 다라니를 얻게 되면 무량한 불법을 잊지 않고 자유자재로 설교할 수 있다는 것으로, 짧게 표기하여 '빌' '주(呪)'자를 써서 주문이라고도 합니다.

불자님이라면 다라니 기도에도 참석해 보셨을 테고, 천수경 예불에서는 빠짐없이 '신묘장구대다라니(神妙章句大陀羅尼)' 주문을 독송한 경험이 있을 것입니다. 신묘장구대다라니를 분석하면 '신묘/장구/대/다라니'가 되는데, 신묘한 장(章)과 구(句)를 모아 놓은 큰 다라니라는 뜻이 됩니다. 관세음보살과 삼보(부처님, 불법, 스님)에 귀의하고, 삼독(탐욕, 노여움, 어리석음)을 가라앉혀, 깨달음에 다다르게 해줄 것을 기원하는 내용으로, 불자 법요집에는 이 다라니에 대한 한글 뜻풀이가 되어 있는 것을 볼 수 있습니다. 이미 여러 차례 살펴보았지만, 법화경은 그 자체에 신력(神力)이 내재된 믿음의 경전이므로, 그 불은의 가피와 재난으로부터의 구제가 즉석에서 발동되는 현세이익적 경전이기도 합니다. 그 방법의 첫째가 법화경의 수지·독송과 사경, 위타인설 등이고, 둘째는 〈관세음보살보문품〉에서 처럼, 관세음보살의 명호를 칭명(稱名)하여 재난을 벗어나는 방법 그리고 세 번째가 본 〈다라니품〉과 같이 다라니 주문에 의하는 방법 등이 있습니다.

엄밀하게 따져보면 다라니는 일종의 주술적 의미가 강한 주문(呪文)으로서, 다분히 외부적 신비한 힘에 의존하려는 맹목적 의타성에 기반한 기복적 신앙 자세일 수밖에 없겠거니와 자신의 내면에 함장된 불성의 궁극을 참구하여, 견성성불 해야하는 불교의 근본사상과는 그 본질에서 맥을 달리한다고 볼 수 있겠습니다. 따라서 부처님께서는 주술을 금지하는 가르침을 율장에서 자주 펼치셨고, "세속의 명주(明呪) 비법은 축생이나 배우는 것이다"라고까지 하신 바 있습니다. 그러나 본 〈다라니품〉에서는 법화경을 수지, 독송, 해설, 서사 하는 법사를 수호하기 위한 다섯 가지의 다라니가 등장하고 있습니다. 법화경에서 다라니가 설해진 까닭은 무엇일까요? 그것은 부처님의 최고의 실상 법문인 법화경을 길이길이 보존하겠다는 것이며, 법화경이 전승, 유지되어야 부처님법이 이 세상에 남아 있을 수 있기 때문입니다. 법화경에서 부처님이 자주 강조하신 것처럼, 특히 말세에서의 법화경의 가치는 더욱 소중하다는 점을 강조 하시는 거지요.

본문 공부로 들어가 봅니다. 본 품에는 약왕보살, 용시보살, 비사문천왕, 지국천왕, 10명 나찰녀 등 다섯 종류의 보살, 천왕, 나찰녀들이 법화경의 법사를 수호하기 위한 저마다의 다라니 주문을 읊는 장면이 묘사되고 있습니다. 먼저 "법화경을 받아 지녀 읽고 외워서, 통달하거나 경전을 쓰면 복을 얼마나 받을 수 있겠습니까?"라는 약왕보살의 질문에 부처님께서는 "선남자, 선여인이 8백만억 나유타 항하 모래알 수의 모든 부처님께 공양한다면 그대는 이를 어떻게 생각하는가? 그가 얻는 복이 많겠는가? 많지 않겠는가?"라며 반문하십니다. 그러자 약왕보살이 법화경을 설하는 이에게 다라니주를 주어 그들을 보호하겠다는 서원을 부처님 앞에서 새깁니다. 약왕보살의 다라니주

에 이어 용시보살, 비사문천왕, 지국천왕과 나찰녀들도 차례대로 각기 법화
경의 법사를 보호하기 위한 서원을 새기며, 다라니주를 읊습니다. 앞의 원문
대역도표에서 그 내용은 소개되었지만, 아래에 다섯 다라니주의 내용과 성격
등을 정리해 둡니다. 우리들 일상에서도 각 다라니별로 어떤 상황에 독송하
는 지도 살펴보았으니, 다라니주문을 다시 한번 독송하시면서, 법화경의 종
반부에서 이 다라니품이 전개된 의미를 새겨보시기 바랍니다.

1. 약왕보살

- **다라니주의 목적 : 법화경의 설법자를 수호**
- **다라니주문**

  「아니$_{<1>}$ 마니$_{<2>}$ 마녜$_{<3>}$ 마마녜$_{<4>}$ 지례$_{<5>}$ 자리제$_{<6>}$ 샤마$_{<7>}$ 샤리다위$_{<8>}$
  선뎨$_{<9>}$ 목뎨$_{<10>}$ 목다리$_{<11>}$ 사리$_{<12>}$ 아위사리$_{<13>}$ 상리$_{<14>}$ 사리$_{<15>}$ 사예$_{<16>}$
  아사예$_{<17>}$ 아기니$_{<18>}$ 선뎨$_{<19>}$ 샤리$_{<20>}$ 다라니$_{<21>}$ 아로가바사바자빅사니$_{<22>}$
  네비뎨$_{<23>}$ 아변다라녜리제$_{<24>}$ 아단다바례수지$_{<25>}$ 구구례$_{<26>}$ 모구례$_{<27>}$
  아라례$_{<28>}$ 바라례$_{<29>}$ 수가차$_{<30>}$ 아삼마삼리$_{<31>}$ 못다비기리구제$_{<32>}$
  달마바라차뎨$_{<33>}$ 싱가열구사녜$_{<34>}$ 바사바사수디$_{<35>}$ 만다라$_{<36>}$ 만다락사야다$_{<37>}$
  우루다$_{<38>}$ 우루다교사라$_{<39>}$ 악사라$_{<40>}$ 악사야다야$_{<41>}$ 아바로$_{<42>}$ 아마야나다야$_{<43>}$」
- **상황, 효과 : 질병의 회복 및 화합 성취**

2. 용시보살

- **다라니주의 목적 : 법화경을 독송, 수지하는 이를 옹호**
- **다라니주문**

  「자례$_{<1>}$ 마하자례$_{<2>}$ 욱기$_{<3>}$ 목기$_{<4>}$ 아례$_{<5>}$ 아라바제$_{<6>}$ 널례제$_{<7>}$
  널례다바제$_{<8>}$ 이디니$_{<9>}$ 위디니$_{<10>}$ 지디니$_{<11>}$ 널례지니$_{<12>}$ 널리지바디$_{<13>}$」
- **상황, 효과 : 야차, 나찰, 구반나 등 귀신 퇴치 및 심리적 안정이 필요할 때**

3. 비사문천왕

- **다라니주의 목적 : 중생 긍휼과 법화경의 법사를 보호**

- 다라니주문

  「아리₁ 나리₂ 노나리₃ 아나로₄ 나리₅ 구나리₆」
- 상황, 효과 : 온갖 쇠약과 재앙을 퇴치, 현실에서 상문부정(喪門不淨) 예방

4. 지국천왕

- 다라니주의 목적 : 법화경을 수지하는 자의 보호
- 다라니주문

  「아가예₁ 가녜₂ 구리₃ 건다리₄ 전다리₅ 마등기₅ 상구리₇ 부루사니₈ 알디₉」
- 상황, 효과 : 미혹과 잡기(雜技)로부터 자유

5. 열 명의 나찰녀

- 다라니주의 목적 : 법하경을 수지 독송하는 자의 보호
- 다라니주문

  「이제리₁ 이제민₂ 이제리₃ 아제리₄ 이제리₅ 니리₆ 니리₇ 니리₈ 니리₉ 니리₁₀ 루혜₁₁ 루혜₁₂ 루혜₁₃ 루혜₁₄ 다혜₁₅ 다혜₁₆ 다혜₁₇ 도혜₁₈ 로혜₁₉」
- 상황, 효과 : 악귀 예방, 열병의 회복 및 쇠약함과 환란의 방지

이상에서 보는 것처럼 법화경의 다라니는 법화경을 수지 독송하고, 사경하는 자와 남을 위해 설해주는 자를 옹호해 준다는 주문입니다. 문자언어적으로는 이해할 수 없는 주술을 통해 초자연적인 힘을 발휘하여 법화행자가 환란과 침훼를 받지 않도록 지켜주겠다는 것이고, 부처님도 기꺼이 이들의 다라니주를 칭찬하시며, 중생들에게 이익됨이 많을 것이라 하십니다. 약왕보살의 다라니에는 43개의 단어나 어구(語句)가 등장합니다. 여러 문헌을 살펴보면 '아니(安爾)'는 뜻으로 '기이(奇異)'이고, '마니(曼爾)'는 '소사(所思)'라는 뜻이며, '마녜(摩禰)'는 '의념(意念)', '마마녜(摩摩禰)'는 '무의(無意)'라는 뜻으로 풀이되는 등 모두 한자로 의역(意譯)이 되고는 있습니다만, 사실 일관된 문맥의 의미를 찾을 수는 없습니다. 그러나 일념으로 외우고 독경하는 과정에서 흔들

리지 않는 심신의 자세와 신비한 두뇌의 기억력이 작동하게 된다고 믿는 것이지요.

사실 종교와 주술(呪術)은 불가분의 관계에 있습니다. 세계의 거의 대부분의 종교에서 이 다라니와 같은 주술적 진언을 교리로 받아들이고 있습니다. 기독교에서 기도가 끝날 때나, 성경낭독이 끝날 때 연호하는 '아멘!!!'도 '진실되다.' 또는 '확실하다' 등으로 뜻풀이를 합니다만, 사실 이 아멘도 일종의 주문으로, 그 뜻을 굳이 해석할 필요가 없는 것처럼말입니다. 천수경에서 '**정구업진 수리 수리 마하수리 수수리 사바하**'와 같이 자신도 모르게 일도(一到)의 상태가 되면 소기의 목적을 성취하게 된다고 보는 겁니다. 어떤 일정한 문자언어적 형식이 있는 것이 아니라, 굳은 의지를 지니고 어떤 단어라도 외치고 몰입하면, 신념의 마력이 극적으로 나타나는 일종의 '자기충족예언'과도 같은 것이라 하겠습니다. 어린 아이가 배가 고플 때 절실하게 '엄마!'를 울며 부르면 어김없이 어머니가 달려오는 것과 같은 이치와 같다고나 할까요? 여기서 눈여겨 볼 것은 왜 다섯 번째로 나찰녀가 등장할까 하는 의문인데요. 나찰녀는 지옥에서 사람을 잡아먹는 귀신인 지옥의 옥졸로서, 지옥에 간 사람들을 제일 괴롭히는 존재인데, 이러한 나찰녀까지 법화경을 설하는 사람을 방해하는 자는 자신의 주특기인 사람 잡아먹는 능력으로 응징하겠다는 것입니다. 이러한 구조는 법화경의 설법은 존재의 신분과 생사를 초월하고, 말세에도 이어지는 영속적이며, 초월적 지위를 갖는다는 의미로 읽을 수 있는 부분이기도 합니다.

이어서 나찰녀들은 부처님께 큰 서원을 올리는데, 자신들도 이 경을 받아지녀 읽고 외우며, 수행하는 사람을 몸소 지키고 편안하게 하여, 모든 근심과 걱정을 여의게 하고, 온갖 독약들도 없어지게 하겠노라고 다짐하게 됩니다. 이에 대해 부처님께서는 나찰녀들을 칭찬하시며, 그 복이 헤아릴 수 없을 것임을 선언하십니다. 이어서 고제(鬼子母-귀신을 자식으로 둔 귀신 어머니)에게 너희와 권속들은 마땅히 이와 같이 법사를 옹호하라고 당부하시니, 이 다라니품을 설하실 때 6만 8천의 사람들이 모든 것에 생겨남과 사라짐이 없다는 법인 무생법인을 얻게 됩니다.

❶ 다라니주(陀羅尼呪) : 의역하면 진언(眞言)이라는 뜻. 한량없는 뜻을 지니고 있어 모든 악법을 버리고 한량없이 좋은 법을 지니게 함. 일종의 주문(呪文)

❷ 약야차 약나찰 약부단나 약길자 약구반다 약아귀등 사구기단 무능득편(若夜叉 若羅刹 若富單那 若吉遮 若鳩槃茶 若餓鬼等 伺求其短 無能得便) : 야차나 나찰이나 부단나나 길자나 구반나나 아귀들이 그의 단점을 엿보기 어려울 것이라는 뜻

❸ 비사문천왕호세자(毘沙門天王護世者) : 세상을 지키는 비사문천왕(다문천왕)

❹ 영상아두상 막뇌어법사(寧上我頭上 莫惱於法師) : 차라리 자신의 머리 위에 올릴지라도 법사를 괴롭히지 못하게 하겠다는 뜻

❺ 고제(睾帝) : 귀신을 자식으로 둔 귀신 어머니(鬼子母)

요약 및 대의

⇒ 묘장엄왕의 두 아들과 왕비가 협의하여, 기적의 방편으로 이교도인 부왕을 교화하고, 자신들은 출가 수도를 원함

⇒ 정장(淨藏), 정안(淨眼) 두 아들이 자신들의 스승이 운뢰음수왕화지불이라 밝히고 마침 부처님의 법화경 설법에 동참을 권함

⇒ 두 아들이 출가를 하는 이유가 불법 만나기 어려우니, 마치 맹구우목(盲龜遇木)과 같음을 비유로 설명함

⇒ 묘장엄왕이 부처님의 설법을 듣고 교화되어 출가하고, 사라수왕의 수기를 받음

⇒ 묘장엄왕이 두 아들은 자신의 선지식이라 아뢰자, 부처님께서는 선지식이 아뇩다라 삼먁삼보리에 들게 할 것이라 추인하심

⇒ 부처님께서 묘장엄왕이 지금의 화덕보살이라 하시고, 두 아들은 각각 약왕보살과 약상보살이라 칭하심

⇒ 부처님께서 이 「묘장엄왕본사품」을 설하실 때에 8만 4천인이 더러운 마음과 몸을 여의고, 여러 법 가운데서 청정한 법의 눈을 얻게 됨

단락	구분	원문 및 한글 번역
1	한문 원전	爾時 佛告諸大衆. "乃往古世 過無量無邊不可思議阿僧祇劫 有佛名**雲雷音宿王華智** 多陁阿伽度 阿羅訶 三藐三佛陁. 國名光明莊嚴 劫名憙見. 彼佛法中有王 名妙莊嚴 其王夫人 名曰淨德, 有二子 一名淨藏 二名淨眼. 是二子有大神力 福德智慧 久修菩薩所行之道. **所謂 檀波羅蜜**, 尸羅波羅蜜, 羼提波羅蜜, 毘梨耶波羅蜜, 禪波羅蜜, 般若波羅蜜, 方便波羅蜜, 慈悲喜捨 乃至三**十七品助道法** 皆悉明了通達. 又得**菩薩淨三昧** 日星宿三昧 淨光三昧 淨色三昧 淨照明三昧 長莊嚴三昧 大威德藏三昧 於此三昧 亦悉通達."
	한글 읽기	이시 불고제대중. "내왕고세 과무량무변불가사의아승기겁 유불명**운뢰음수왕화지** 다타아가도 아라하 삼먁삼불타. 국명광명장엄 겁명희경. 피불법중유왕 명묘장엄 기왕부인 명왈정덕, 유이자 일명정장 이명정안. 시이자유대신력 복덕지혜 구수보살소행지도. **소위 단바라밀**, 시라바라밀, 찬제바라밀, 비리야바라밀, 선바라밀, 반야바라밀, 방편바라밀, 자비희사 내지**삼십칠품조도법** 개실명료통달. 우득**보살정삼매** 일성수삼매 정광삼매 정색삼매 정조명삼매 장장엄삼매 대위덕장삼매 어차삼매 역실통달."
	한글 풀이	그때 부처님께서 대중에게 말씀하셨다. "한량없고 가없으며, 불가사의한 아승기겁이 지난 오랜 옛적에 부처님이 계셨으니 명호는 운뢰음수왕화지·다타아가도·아라하·삼먁삼불타였고, 나라의 이름은 광명장엄이었으며, 겁의 이름은 희견이었다. 그 부처님의 법 가운데 묘장엄이라는 왕이 있었는데 부인의 이름은 정덕이고, 두 아들은 첫째가 정장이었으며 둘째는 정안이었느니라. 이 두 아들은 큰 신통력과 복덕과 지혜가 있었으며, 오래도록 보살의 행을 닦았으므로 이른바 보시바라밀, 지계바라밀, 인욕바라밀, 정진바라밀, 선정바라밀, 지혜바라밀, 방편바라밀과 자비희사와 37품 조도품까지 모두 다 분명하게 통달하였으며, 보살의 정삼매와 일성수삼매, 정광삼매와 정색삼매와 정조명삼매, 정장엄삼매, 대위덕장삼매를 얻었으며 이러한 삼매에 모두 통달하였느니라."
2	한문 원전	"爾時 彼佛欲引導妙莊嚴王 及愍念衆生故 說是法華經. 時, 淨藏淨眼二子 到其母所 合十指爪掌 白言. '願母! 往詣雲雷音宿王華智佛所. 我等亦當侍從親近 供養禮拜. 所以者何? 此佛於一切天人衆中 說法華經 宜應聽受.'"
	한글 읽기	"이시 피불욕인도묘장엄왕 급민념중생고 설시법화경. 시, 정장정안이자 도기모소 합십지조장 백언. '원모! 왕예운뢰음수왕화지불소. 아등역당시종친근 공양예배. 소이자하? 차불어일체천인중중 설법화경 의응청수.'"

2	한글 풀이	"이때 정장과 정안 두 아들은 그들의 어머니가 계시는 곳으로 가서 열 손가락을 모아 합장하며 말하였느니라. '원하옵건대 어머님이시여! 운뢰음수왕화지 부처님께서 계시는 곳으로 가십시다. 저희들이 모시고 가겠습니다. 친근하고 공양과 예배를 올립시다. 왜냐하면? 그 부처님께서 모든 하늘과 인간들에게 법화경을 설하시니 마땅히 듣고 받아들여야 하기 때문입니다.'라고 말하였느니라."
3	한문 원전	"母告子言. **汝父信受外道 深著婆羅門法** 汝等應往白父 與共俱去.' 淨藏淨眼 合十指爪掌 白母. '我等是法王子 而生此邪見家?' 母告子言, '汝等當憂念汝父 爲現神變. 若得見者 心必淸淨 或聽我等 往至佛所.' 於是二子念其父故 踊在虛空 高七多羅樹 **現種種神變**. 於虛空中 行住坐臥 身上出水 身下出火 身下出水 身上出火 或現大身 滿虛空中 而復現小 小復現大. 於空中滅 忽然在地 入地如水 履水如地 現如是等種種神變 令其父王 心淨信解.'"
	한글 읽기	"모고자언. **여부신수외도 심착바라문법** 여등응왕백부 여공구거.' 정장정안 합십지고장 백언. '아등시법왕자 이생차사견가?' 모고자언. '여등당우념여부 위현신변. 약득견자 심필청정 혹청아등 왕지불소.' 어시이자념기부고 용재허공 고칠다라수 **현종종신변**. 어허공중 행주좌와 신상출수 신하출화 신하출수 신상출화 혹형대신 만허공중 이부현소 소부현대. 어공중멸 홀연재지 입지여수 이수여지 현여시등종종신변 영기부왕 심정신해.'"
	한글 풀이	"어머니가 아들들에게 말하였느니라. '너희 아버지가 외도를 믿고 받아들여 바라문의 법에 깊이 빠져 있으니 너희들이 아버지에게 꼭 같이 가자는 말씀을 드려서 함께 가도록 하자' 정장과 정안이 열 손가락을 모아 합장하고 어머니에게 말하였다. '저희들은 법왕의 아들인데 어찌하여 이 삿된 소견을 가진 집에 태어났습니까?' 어머니가 아들들에게 말하였더니라. '너희들은 마땅히 너희들의 아버지를 걱정하는 마음으로 신통한 변화를 나타내 보이거라. 만약 보시게 되면 마음이 반드시 청정해져서 혹시 우리들이 부처님 계시는 곳으로 가는 것을 허락하실지도 모르겠구나.' 이에 두 아들이 그들의 아버지를 생각하여 허공으로 솟아올라 일곱 다라수나 되는 곳에서 온갖 신통과 변화를 나타내 보였느니라. 허공에서 가고 서고 앉고 누우며, 몸 위로는 물을 뿜고 아래로는 불을 뿜다가, 몸 아래로 물을 뿜고 몸 위로 불을 뿜어내며, 몸을 크게 하여 허공에 가득 차게 하였다가 작아지고, 작아졌다가는 다시 커지며, 공중에서 없어졌다가 홀연히 땅에 서며, 땅 속에 들어가기를 물 속으로 들어가듯 하고, 물을 밟기를 땅을 밟듯이 하는, 이런 가지가지 신통과 변화를 나타내어 그 아버지의 마음을 청정하게 하여, 믿고 이해하게 하였느니라."
4	한문 원전	"時父見子 神力如是 心大歡喜 得未曾有 合掌向子言, '汝等師爲是誰? 誰之弟子?' 二子白言. '大王! 彼雲雷音宿王華智佛 今在七寶菩提樹下 法座上坐 於一切世間天人衆中 廣說法華經 是我等師 我是弟子.'"
	한글 읽기	"시부견자 신력여시 심대환희 득미증유 합장향자언. '여등사위시수? 수지제자?' 이자백언. '대왕! 피운뢰음수왕화지불 금재칠보보리수하 법좌상좌 어일체세간천인중중 광설법화경 시아등사 아시제자.'"

<table>
<tr><td>4</td><td>한글
풀이</td><td>"그때 아들들의 신통력을 본 아버지는 마음이 기쁘고 미증유를 얻었으므로 아들에게 합장하며 말하였느니라. '너희들의 스승은 누구며 누구의 제자냐?' 두 아들이 일러 '대왕이시여! 운뢰음수왕화지 부처님께서 지금 칠보의 보리수 아래 법좌에서 일체 세간의 하늘과 사람들에게 법화경을 널리 설하고 계십니다. 이 분이 저희들의 스승이시며, 저희들은 이 분의 제자입니다.'라고 하였느니라."</td></tr>
<tr><td rowspan="3">5</td><td>한문
원전</td><td>"父語子言. '我今亦欲見汝等師 可共俱往.' 於是二子 從空中下 到其母所 合掌白母. '父王今已信解 堪任發阿耨多羅三藐三菩提心. 我等爲父 已作佛事 願母見聽 於彼佛所 出家修道.' 爾時 二子欲重宣其意 以偈白母."「**願母放我等 出家作沙門 諸佛甚難値 我等隨佛學 如優曇鉢羅 値佛復難是 脫諸難亦難 願聽我出家.**」</td></tr>
<tr><td>한글
읽기</td><td>"부언자언. '아금역욕견여등사 가공구왕.' 어시이자 종공중하 도기모소 합장백모. '부왕금이신해 감임발아뇩다라삼먁삼보리심. 아등위부 이작불사 원모견청 어피불소 출가수도.' 이시 이자욕중선차의 이게백모."「**원모방아등 출가작사문 제불심난치 아등수불치 여우담바라 치불부난시 탈제난역난 원청아출가**」</td></tr>
<tr><td>한글
풀이</td><td>"아버지가 아들들에게 말했느니라. '나도 너희들의 스승을 뵙고 싶으니 같이 가도록 하자.' 이에 두 아들이 공중에서 내려오더니 계신 곳으로 가서 합장하며, '부왕께서 이제 믿고 이해하여, 아뇩다라삼먁삼보리의 마음을 낼 정도가 되셨습니다. 저희들이 아버지를 위하여 불사를 하였으니 원하옵건대 어머니께서는 저희들이 저 부처님 계신 곳에 가서 출가하여 수도하도록 허락하여 주십시오.'라며, 이 뜻을 거듭 밝히려고 게송으로 읊었느니라.「**원컨대 어머니께서는 저희들을 보내어 주십시오. 출가하여 사문이 되겠습니다. 부처님 만나 뵈옵기가 참으로 어려우니 저희들은 부처님을 따라 배우려 합니다. 우담바라꽃을 만나기가 어렵지만 부처님을 만나기는 이보다 더 어려우며, 고난을 벗어나기도 역시 어렵습니다. 원하옵건대 저희들의 출가를 허락하여 주십시오.**」</td></tr>
<tr><td rowspan="3">6</td><td>한문
원전</td><td>"母即告言, '聽汝出家. 所以者何? 佛難値故.' 於是二子白父母言, '善哉 父母! 願時往詣雲雷音宿王華智佛所 親近供養. 所以者何? 佛難得値 如優曇鉢羅華, 又**如一眼之龜 値浮木孔. 而我等宿福深厚 生値佛法**. 是故父母 當聽我等令得出家. 所以者何? 諸佛難値 時亦難遇.' 彼時 妙莊嚴王後宮 八萬四千人 皆悉堪任受持是法華經. 淨眼菩薩 於法華三昧 久已通達 淨藏菩薩 已於無量百千萬億劫 **通達離諸惡趣三昧** 欲令一切衆生 離諸惡趣故.'"</td></tr>
<tr><td>한글
읽기</td><td>"모즉고언. '청여출가. 소이자하? 불난치고.' 어시이자백부모언. '선재 부모! 원시왕예운뢰음수왕화지불소 친근공양. 소이자하? 불난득치 여우담바라화, 우**여일안지구 치부목공. 이아등숙복심후 생치불법**. 시고부모 당청아등영득출가. 소이자하? 제불난치 시역난우.' 피시묘장엄왕후궁 팔만사천인 개실감임수지시법화경. 정안보살 어법화삼매 구이통달 정장보살 이어무량백천만억겁 **통달이제악취삼매** 욕령일체중생 이제악취고.'"</td></tr>
<tr><td>한글
풀이</td><td>"어머니가 말하였느니라. '너희들의 출가를 허락하겠다. 왜냐하면? 부처님을 만나기가 매우 어렵기 때문이니라.' 이때 두 아들이 아버지와 어머니에게 '거룩하십니다. 부모님</td></tr>
</table>

<table>
<tr><td>6</td><td>한글
풀이</td><td>이시여! 원하옵건대 운뢰음수왕화지 부처님 계신 곳으로 가서 직접 뵙고 공양을 드립시다. 왜냐하면? 부처님을 만나기가 매우 어려워 우담바라꽃 만나기와 같으며, 또 눈이 하나뿐인 거북이가 떠다니는 나무의 구멍을 만남과 같기 때문입니다. 저희들은 지난 세상에서 지은 복이 두터워 이 세상에 태어났으며, 부처님의 법을 만났습니다. 그러므로 부모님께서는 저희들이 출가하도록 허락하여 주십시오. 왜냐하면? 부처님들을 만나기가 어려우며 때를 만나기도 역시 어렵기 때문입니다.' 그때 묘장엄왕의 후궁 8만 4천 인은 모두 다 이 법화경을 받아 지닐 수 있을 정도가 되어 있었느니라. 정안보살은 이미 한량없는 백천만 억겁 동안 이제악취삼매를 통달하고 있었으니, 모든 중생으로 하여금 여러 가지 악한 것을 여의게 하려함이었느니라."</td></tr>
<tr><td></td><td>중요용어</td><td>❶ 운뢰음수왕화지(雲雷音宿王華智)　❷ 소위 단바라밀 등(所謂 檀波羅蜜)
❸ 삼십칠품조도법(三十七品助道法)　❹ 보살정삼매 등(菩薩淨三昧)
❺ 여부신수외도 심착바라문법(汝父信受外道 深著婆羅門法)
❻ 현종종신변(現種種神變)　❼ 여일안지구 치부목공(如一眼之龜 値浮木孔)
❽ 이아등숙복심후 생치불법(而我等宿福深厚 生值佛法)
❾ 통달이제악취삼매(通達離諸惡趣三昧)</td></tr>
</table>

　본 품은 '묘장엄왕'의 전생담이 담긴 〈묘장엄왕본사품〉으로, 〈제23 약왕보살본사품〉에 이어 법화경에 두 번째 등장하는 전생담(본사품) 시리즈 중 하나입니다. 묘장엄왕에게는 이름이 '정장(淨藏)'과 '정안(淨眼)'이라는 두 아들이 있었는데, 왕후인 어머니 '정덕(淨德)'부인과 함께 이교도인 묘장엄왕을 교화하여, 법화경과 인연을 맺게 해 준다는 과거세에 대한 이야기로 전개되어 있습니다. 여기서는 정덕, 정장, 정안 3모자의 이름이 상징하는 뜻을 잠시 새겨 보아야겠습니다. 정장은 마음 속에 깊이 감춰두고 그 속에서 사람을 움직이게 하는 힘을 뜻하며, 정안은 모든 일체 사물을 청정한 밝은 눈으로 본다는 뜻이고, 정덕은 마음이 청정하여 번뇌가 없는 깨끗한 덕을 뜻하는 것입니다.

　마음과 눈 그리고 덕이라는 이 셋의 작용과 자세는 불가분의 관계에 있거니와 본 품에서는 이 셋의 관계를 가족으로 설정하여 설명하고 있습니다. 따라서 3정(淨)의 기본 자세를 통해 법화행자의 행적을 설명하면서 법화경을 유포하고자 하는 의도가 잘 나타나고 있으므로, 다분히 법화경을 통한 교화의 목적성이 뚜렷이 읽히는 품이기도 합니다. 품의 주인공이 된 묘장엄왕의 과

거세 이야기가 핵심인 본 품은 내용면에서 크게 두 부분으로 나눌 수 있는데
요. 전반은 어머니와 두 아들이 이교도였던 부왕을 교화하여 정법에 들게 하
고, 바른 부처님법을 믿게 하는 것이며, 후반은 아들이 부왕으로 하여금 부처
님을 만나게 하여 올바른 견해를 얻게 하는 것이라 할 수 있습니다.

이해를 돕기 위하여 전체의 내용을 요약해 보겠습니다. 과거 무량무변 불
가사의 아승기겁 그러니끼 그야말로 아주 오랜 까마득한 옛날에 운뢰음수왕
화지불(雲雷音宿王華智佛)이라는 부처님이 계셨습니다. 그 나라의 국호는 광명
장엄(光明莊嚴)이니 무명을 밝히는 지혜의 빛이며, 시대는 보는 것마다 기쁘다
는 뜻의 희견(喜見)이라 하였습니다. 운뢰음수왕화지불의 '운뢰(雲雷)'는 문자
그대로 큰 비가 내리기 전에 구름이 모여들고, 우레가 친다는 뜻인데, 이는
진리의 법우(法雨)를 충분히 내려 큰 가르침을 전한다는 상징이며, '음수(音宿)'
는 마음의 소리, '왕화지(王華智)'는 큰 연꽃 같은 지혜란 뜻이니, 곧 법화경을
설한다는 의미로 읽으면 되겠습니다.

당시에는 묘장엄왕이 통치하고 있었는데, 왕비인 정덕부인과의 사이에 두
아들이 있었으니 바로 정장과 정안 형제입니다. 그런데 이 묘장엄왕은 외도
(外道)인 당시의 바라문교 즉, 힌두의 이교도에 빠져 정법 불교를 모르고 있었
습니다. 그런데 두 아들은 불법을 믿으며, 보살도를 행하고 육바라밀을 실천
하면서, 범부가 깨달음에 이르는 37가지의 법인 37조도법(37道品)과 자비희사
(慈悲喜捨)의 4무량을 체득하여, 보살의 정삼매와 일성수삼매, 정광삼매와 정
색삼매와 정조명삼매 등 다양한 삼매에 통달해 있었으니 부자(父子)의 종교적
견해가 너무나 달랐던 것이지요.

마침 그때 운뢰음수왕화지불께서 법화경을 설하고 있었습니다. 두 왕자는
법화경 설법을 듣고자 어머니인 정덕왕비에게 허락해 줄 것과 함께 동행할
것을 청하게 됩니다. 이에 어머니는 부왕을 설득하여, 이 기회에 아버지도 외
도를 버리고 불법에 입문토록 하자고 아들들에게 권유합니다. 따라서 두 왕

자는 반드시 아버지를 정법의 세계로 인도하기로 결심하고, 아버지 앞에서 갖가지 기적을 나타내 보입니다. 그때 두 형제가 연출한 기적이란 것이 경천 동지할 신이한 행동인데, 이를테면 허공에서 가고 서고 앉고 누우며, 몸 위로 는 물을 뿜고 아래로는 불을 뿜다가, 몸 아래로 물을 뿜고 몸 위로 불을 뿜으 내며, 몸을 크게 하여 허공에 가득 차게 하였다가 작아지고, 작아졌다가는 다 시 커지며, 공중에서 없어졌다가 홀연히 땅에 서며, 땅속에 들어가기를 물 속 으로 들어가듯 하고, 물을 밟기를 땅을 밟듯이 하는, 이런 가지가지 신통과 변화를 나타내어 그 아버지의 마음을 청정하게 하였고, 따라서 믿고 이해하 게 하였던 것입니다.

기적의 시술이 불교의 본령은 아니지만, 이처럼 방편으로 지견을 열어보이 는 것도 육식(六識)에 기반하는 외도와 중생들에겐 필요한 것임은 앞에서 여러 차례 살펴본 바와 같습니다. 아버지는 이러한 신이하고도 불가사의한 신통력 을 보고는 크게 놀라며 "도대체 너희들의 스승은 누구이며, 너희는 누구의 제 자냐?"며 아들들에게 묻습니다. 이에 두 아들은 자신들의 스승이 곧 운뢰음 수왕화지불임을 밝히고, 그 부처님께서 지금 법화경을 설하고 계시니 그 법 회에 동참할 것을 권유하여 동의를 얻게 되지요. 아울러 두 왕자는 출가하여 불도를 닦고 싶다는 청을 어머니에게 드리고 허락을 받습니다.

두 아들은 부처님 만나기가 매우 어려우니 마치 우담바라꽃 만나기와 같으 며, 또 눈이 하나뿐인 눈먼 바다 속의 거북이가 떠다니는 나무의 구멍을 만남 과 같은 어려운 일이라며, 비유로써 설득을 하게 됩니다. 이 눈먼 거북의 설 화는 원시불교 경전인 『잡아함경(雜阿含經)』에 나오는 서사인데, 태초에 온통 물바다였을 때 장수의 상징인 늙은 눈먼 거북이가 100년 마다 한번씩 물위로 솟아올라와 숨을 쉬어야 하는데, 마침 그 거북이 머리를 내밀 때 떠다니는 구 멍 뚫린 나무 판자를 우연히 만나 그 구멍 속으로 목을 내민다는 '맹구우목(盲 龜遇木)' 또는 '부목맹구(浮木盲龜)'로도 잘 알려진 불교설화입니다. 그만큼 부처님 만나기가 어려운 일이라는 건데요, 여기서 부목은 부처님을 상징하고, 눈먼 거북은 중생에 비유하였음은 잘 아시리라 믿습니다.

묘장엄왕과 왕비, 두 아들과 수많은 권속들이 부처님의 설법을 듣고 감동하여, 목에 걸었던 영락을 풀어 부처님께 공양을 올리게 되지요. 이에 부처님은 묘장엄왕에게 보살도를 닦아 '사라수왕불(娑羅樹王佛)'이 되리라는 수기를 주십니다. 묘장엄왕은 동생에게 왕위를 넘겨주고 일가, 권속들과 함께 출가하여 8만 4천년 동안 법화경을 수행하여 일체 삼매를 얻게 됩니다. 여기서 8만은 '8정도(八正道)'를, 4천은 '생로병사' 4고(苦)를 뜻한다고 보아 이를 체득 초월했다는 것으로 읽으시면 좋겠습니다. 부처님은 대중에게 묘장엄왕은 지금의 '화덕보살(華德菩薩)'이며, 정덕부인은 '광조장엄상보살(光照莊嚴相菩薩)'이요, 두 아들은 약왕보살과 '약상보살(藥上菩薩)'임을 설하십니다.

이상의 간추린 본 품의 내용에서 보신 것처럼, 쉽게 풀이하면 묘장엄왕이 고정관념에 젖어있던 외도의 교리에서 벗어나 진정한 법화행자로서 8만 4천년 동안 법화경을 수행하여, 수기를 받고 부처로 거듭나게 된다는, 묘장엄왕의 신앙간증과 같은 서사구조임을 알 수 있습니다. 불법의 수행에 있어 기존의 이교도 관념을 허물고, 진리의 법화신앙에 입문케 하여 이교도 포용이라는 설법구도를 이끌어내게 한 주인공은 정장, 정안 두 형제지만, 어머니인 정덕 왕비의 파격적 제안 그리고 고정관념을 허물고 법화신앙에 일거에 귀의한 묘장엄왕 모두 불교적 관점에서 보면 모두 다 이상적 보살상이 아닐 수 없습니다. 이처럼 법화경은 진리의 틀 안에서 불법 아님이 없으며, 어떠한 중생도 부처 아님이 없다는 법화사상의 진면목을 여실히 드러내 보이고 있는 것입니다.

중요 용어해설

❶ 운뢰음수왕화지(雲雷音宿王華智) : '운뢰(雲雷)'는 문자 그대로 큰 비가 내리기 전에 구름이 모여들고, 우레가 친다는 뜻으로, 진리의 법우(法雨)를 충분히 내려

큰 가르침을 전한다는 상징이며, '음수(音宿)'는 마음의 소리, '왕화지(王華智)'
는 큰 연꽃 같은 지혜란 뜻.

❷ 소위 단바라밀 등(所謂 檀波羅蜜) : '단(檀)'은 보시라는 뜻. 이른바 보시바라밀 등

❸ 삼십칠품조도법(三十七品助道法) : 37가지의 법을 말함. 초기불교의 『아함경』
에서 부처님이 언급하거나 설명하고 있는 37가지의 도품. 즉 수행법을 가리키는
낱말. 사실상 초기불교의 수행법을 통칭하는 말

❹ 보살정삼매 등(菩薩淨三昧) : 보살이 무량공덕을 이루어 삼매를 득하고, 그 삼
매로 중생을 구제하는 것을 말함. 일성수삼매, 정광삼매와 정색삼매 등의 다양
한 삼매가 있음

❺ 여부신수외도 심착바라문법(汝父信受外道 深著婆羅門法) : 너희 아버지(묘장
엄왕)가 외도를 믿고 받아들여 바라문의 법에 깊이 빠져 있음

❻ 현종종신변(現種種神變) : 갖가지 신통과 변화를 보임

❼ 여일안지구 치부목공(如一眼之龜 值浮木孔) : 맹구우목과 같이 어려움을 말함

❽ 이아등숙복심후 생치불법(而我等宿福深厚 生值佛法) : 저희들(정장, 정암 형
제)은 지난 세상에서 지은 복이 두터워 이 세상에 태어났으며, 부처님의 법을 만
났다는 뜻

❾ 통달이제악취삼매(通達離諸惡趣三昧) : 모든 악의 굴레에서 벗어나게 하는 통달

|2| 묘장엄왕이 사라수왕이라는 수기를 받음.

부처님이 묘장엄왕은 지금의 화덕보살이며,

두 아들은 각각 약왕보살과 약상보살이라 칭하심

단락	구분	원문 및 한글 번역
7	한문 원전	"其王夫人 得諸佛集三昧 能知諸佛秘密之藏. 二子如是 以方便力 善化其父 令心信解 好樂佛法. 於是 妙莊嚴王 與群臣眷屬俱 淨德夫人 與後宮婇女眷屬俱 其王二子 與四萬二千人俱 一時共詣佛所 到已頭面禮足 繞佛三匝 却住一面. 爾時 彼佛爲王說法 示敎利喜 王大歡悅. 爾時 妙莊嚴王 及其夫人 解頸眞珠瓔珞 價直百千 以散佛上 於虛空中 化成四柱寶臺. 臺中有大寶牀 敷百千萬天衣 其上有佛 結加趺坐 放大光明. 爾時 妙莊嚴王作是念. '佛身希有 端嚴殊特 成就第一微妙之色.'"

	한글 읽기	"기왕부인 득제불집삼매 능지제불비밀지장. 이자여시 이방편력 선화기부 영심신해 호락불법. 어시 묘장엄왕 여군신권속구 정덕부인 여후궁채녀권속구 기왕이자 여사만이천인구 일시공예불소 도이두면예족 요불삼잡 각주일면. 이시 피불위왕설법 시교리희 왕대환열. 이시묘장엄왕 급기부인 해경진주영락 가치백천 이산불상 어허공중 화성사주보대 대중유대보상 부백천만천의 기상유불 결가부좌 방대광명. 이시 묘장엄왕작시념. '불신희유 단엄수특 성취제일미묘지색.'"
7	한글 풀이	"그 왕의 부인도 제불집삼매를 얻어 부처님들의 비밀스런 가르침을 알고 있었느니라. 두 아들이 이와 같은 방편의 힘으로 그들의 아버지를 잘 교화하여 마음으로 믿고 이해하여, 불법을 좋아하게 하니 묘장엄왕은 여러 신하와 권속들과 함께 하고, 또 두 아들은 4만 2천의 사람과 다 함께 부처님 계신 곳으로 가서 머리를 조아려 발 아래 예배한 뒤 부처님을 세 번 돌고 한쪽으로 물러나 있었느니라. 그때 그 부처님께서 왕을 위하여 가르침을 설하시어 보이고, 가르쳐서 이롭게 하고, 기쁘게 하시니 왕이 크게 환희에 차 기뻐하였느니라. 이때 묘장엄왕과 그 부인이 값이 백천이나 나가는 진주 영락을 목에서 풀어 부처님 위로 흩으니, 바친 영락이 공중에서 변하여 네 기둥이 있는 보배 누각으로 변하였느니라. 그 누각 가운데 보배로 된 자리가 있고 백천만의 하늘 옷이 깔려 있는데, 그 위에 부처님께서 결가부좌 하신 채 큰 광명을 놓으셨느니라. 그때 묘장엄은 이런 생각을 하였느니라. '부처님의 몸이 희유하시며 단정하고 아름답기가 빼어나며 참으로 거룩한 모습을 갖추셨구나.'"
	한문 원전	"時 雲雷音宿王華智佛 告四衆言. '汝等見是妙莊嚴王 於我前 合掌立不? 此王 於我法中 作比丘 精勤修習 助佛道法 當得作佛 號**娑羅樹王**. 國名大光 劫名大高王. 其娑羅樹王佛 有無量菩薩衆 及無量聲聞 其國平正 功德如是.'"
8	한글 읽기	"시 운뢰음왕수화지불 고사중언. '여등견시묘장엄왕 어아전 합장입부? 차왕 어아법중 작비구 정근수습 조불도법 당득작불 호**사라수왕**. 국명대광 겁명대고왕. 기사라수왕불 유무량보살중 급무량성문 기국평정 공덕여시.'"
	한글 풀이	"이때 운뢰음수왕화지 부처님께서 사부대중에게 말씀하셨느니라. '너희들은 내 앞에서 합장하고 서 있는 이 묘장엄왕을 보고 있느냐? 이 왕은 나의 법 가운데서 비구가 되어 장차 성불하리니 명호는 사라수왕이고, 나라의 이름은 대광이며, 겁의 이름은 대고왕이니라. 그 사라수왕 부처님께는 한량없는 보살과 헤아릴 수 없는 성문이 있으며, 그 나라는 평정할 것이며, 공덕이 이와 같을 것이다.'"
9	한문 원전	"其王卽時 以國付弟 與夫人二子 幷諸眷屬 於佛法中 出家修道. 王出家已 於八萬四千歲 常勤精進 修行妙法華經 過是已後 得**一切淨功德莊嚴三昧**. 卽昇虛空高七多羅樹 而白佛言. '世尊! 此我二子 已作佛事 以神通變化 轉我邪心 令得安住 於佛法中 得見世尊. 此二子者 是我善知識. **爲欲發起宿世善根** 饒益我故 來生我家.' 爾時 雲雷音宿王華智佛 告妙莊嚴王言."

<table>
<tr><td rowspan="1">　</td><td>한글
읽기</td><td>"기왕즉시 이국부제 여부인이자 병제권속 어불법중 출가수도. 왕출가이 어 팔만사천세 상근정진 수행묘법화경. 과시이후 득일체정공덕장엄삼매. 즉승허 공고칠다라수 이백불언. '세존! 차아이자 이작불사 이신통변화 전아사심 령 득안주 어불법중 득견세. 차이자자 시아선지식 위욕발기숙세선근 요익아 고 래생아가.' 이시 운뢰음왕수왕화지불 고묘장엄왕언."</td></tr>
<tr><td rowspan="1">9</td><td>한글
풀이</td><td>"그 묘장엄왕은 즉시 나라를 동생에게 맡기고, 부인과 두 아들, 그리고 여러 권속들과 부처님 법 가운데 출가하여 도를 닦았느니라. 왕이 출가해서는 8만 4천년 동안 부지런히 정진하여 『묘법연화경』을 수행하였고, 그 뒤에 일체정공덕장엄삼매를 얻더니, 허공으로 7다라수를 솟아올라 부처님께 여쭈었느니라. '세존이시여! 저희 두 아들이 이미 불사를 하여 신통한 변화로 저의 삿된 마음을 돌이켜 부처님 법 가운데 편안히 머물게 하고 세존을 또한 만나 뵙게 했으니, 이 두 아들은 저희 선지식으로서 숙세에 심었던 선근을 다시 일으켜 저를 이롭게 하려고 저의 왕가에 태어났습니다.' 그때 운뢰음수왕화지불께서 묘장엄왕에게 말씀하셨느니라."</td></tr>
<tr><td rowspan="3">10</td><td>한문
원전</td><td>"如是如是 如汝所言. 若善男子善女人 種善根故 世世得善知識. 其善知識 能作 佛事 示教利喜 令入阿耨多羅三藐三菩提. 大王! 當知 善知識者 是大因緣 所謂 化導 令得見佛 發阿耨多羅三藐三菩提心. 大王! 汝見此二子不? 此二子已曾供 養六十五百千萬億那由他恒河沙諸佛 親近恭敬 於諸佛所 受持法華經 愍念邪見 衆生 令住正見."</td></tr>
<tr><td>한글
읽기</td><td>"여시여시! 여여소언. 약선남자선여인 종선근고 세세득선지식. 기선지식 능작 불사 시교리희 령입아뇩다라삼먁삼보리. 대왕! 당지 선지식자 시대인연 소위 화도 령득견불 발아뇩다라삼먁삼보리심. 대왕! 여견차이자부? 차이자이증공 양육십오백천만억나유타항하사제불 친근공경 어제불소 수지법화경 민념사견 중생 영주정견."</td></tr>
<tr><td>한글
풀이</td><td>"그와 같으니라. 그대가 말한 것과 똑같으니라. 만약 선남자 선여인이 선근을 심은 연고로 선지식을 만나게 되면, 그 선지식이 능히 불사를 지어 보여 주고 가르치며, 이롭게 하여 아뇩다라삼먁삼보리에 들도록 하느니라. 대왕이여! 마땅히 알라. 선지식은 큰 인연이니, 이른바 교화하고 인도하여 부처님을 만나 뵙고, 아뇩다라삼먁삼보리의 마음을 내게 하느니라. 대왕이여! 너는 이 두 아들을 보느냐! 이 두 아들은 일찍이 65백천만억 나유타 항하의 모래 수 같은 부처님을 공양하고 친근하고 공경했으며, 여러 부처님들께 서 계신 곳에서 법화경을 수지하고 삿된 견해에 빠진 중생을 불쌍히 여겨 바른 견해에 들어 머물도록 하였느니라."</td></tr>
<tr><td rowspan="1">11</td><td>한문
원전</td><td>"妙莊嚴王 卽從虛空中下 而白佛言. '世尊! 如來甚希有. 以功德智慧故 頂上肉 髻 光明顯照 其眼長廣 而紺靑色. 眉間毫相 白如珂月 齒白齊密 常有光明. 脣 色赤好 如頻婆菓.' 爾時 妙莊嚴王 讚歎佛如是等無量百千萬億功德已 於如來前 一心合掌 復白佛言. '世尊! 未曾有也. 如來之法 具足成就不可思議微妙功德 教誠所行 安隱快善. 我從今日 不復自隨心行 不生邪見 憍慢 瞋恚 諸惡之心.' 說是語已 禮佛而出."</td></tr>
</table>

	한글 읽기	"묘장엄왕 즉종허공중하 이백불언. '세존! 여래심희유. 이공덕지혜고 **정상육계 광명현조** 기안장광 이감청색. 미한호상 백여가월 치백제밀 상유광명. 순색적호 여빈파과.' 이시 묘장엄왕 찬탄불여시등무량백천만억공덕이 어여래전 일심합장 부백불언. '세존! 미증유야. 여래지법 구족성취불가사의미묘공덕 교계소행 안은쾌선. 아종금일 불부자수심행 불생사견 교만 진에 제악지심.' 설시어지 예불이출."
11	한글 풀이	"묘장엄왕은 즉시 허공에서 내려와 세존께 여쭈었느니라. '세존이시여! 여래께서는 매우 희유하시어 공덕과 지혜를 가지신 까닭으로 이마 위에 육계의 광명을 놓아 밝게 비추시며, 그 눈은 길고 넓으시고 감청색이며, 미간의 백호상은 구슬이 모여서 된 달과 같으며, 이(齒)는 희고 치밀하며 광명이 있고, 입술 색은 알맞게 붉어 빈바(頻婆)의 열매와 같습니다.' 그때 묘장엄왕이 부처님의 이와 같은 한량없는 백천만억 공덕을 찬탄하고는, 부처님 앞에서 일심으로 합장하고 다시 그 부처님께 여쭈었느니라. '세존이시여! 오직 놀라울 뿐입니다. 여래의 법은 헤아릴 수 없는 미묘한 공덕을 구족하게 성취하시어 그 가르치는 계를 행하면 안온하고 쾌락하오리. 저는 이제부터 다시는 제 마음대로 행하지 않고 또한 삿된 견해와 교만한 마음과 성내는 일 등 여러 가지 악한 마음을 내지 않겠습니다.' 그리고는 부처님께 예배하며 물러났느니라."
	한문 원전	佛告大衆 "於意云何? 妙莊嚴王 豈異人乎? 今華德菩薩是 其淨德夫人 今佛前 **光照莊嚴相菩薩是**. 哀愍妙莊嚴王 及諸眷屬故 於彼中生. 其二子者 今藥王菩薩 藥上菩薩是. 是藥王藥上菩薩 成就如此諸大功德已 於無量百千萬億諸佛所 殖衆德本 成就不可思議 諸善功德. 若有人 識是二菩薩名字者 一切世間 諸天人民 亦應禮拜." 佛說是妙莊嚴王本事品時 八萬四千人 **遠塵離垢** 於諸法中 得法眼淨.
12	한글 읽기	불고대중 "어의운하? 묘장엄왕 기이인호?금화덕보살시 기정덕부인 금불전 **광조장엄상보살시**. 애민묘장엄왕 급제권속고 어피중생. 기이자자 금약왕보살 약상보살시. 시약왕약상보살 성취여차제대공덕이 어무량백천만억제불소 식중덕본 성취불가사의 제선공덕. 약유인 식시이보살명자자 일체세간 제천인민 역응예배." 불설시묘장엄왕본사품시 팔만사천인 **원진리구** 어제법중 득법안정.
	한글 풀이	부처님께서 대중들에게 말씀하셨다. "너희들 생각에는 어떠하냐? 묘장엄왕이 어찌 다른 사람이겠느냐? 지금의 화덕보살이 바로 그 몸이요, 정덕부인은 지금 내 앞에 있는 광조장엄상(光照莊嚴相)보살이 바로 그이니라. 묘장엄왕과 그 여러 권속을 불쌍히 여겨 그 가운데 태어났던 두 아들은 지금의 약왕(藥王)보살과 약상(藥上)보살이 바로 그이니라. 이 약왕, 약상 보살이 이와 같은 큰 공덕을 성취하고 한량없는 백천만억 여러 부처님 계신 데서 여러 가지 덕의 근본을 심어 헤아릴 수 없는 많은 선근 공덕을 성취했으니, 만약 어떤 이가 이 두 보살의 이름만 들어도 모든 세간과 모든 하늘과 인간이 마땅히 예배할 것이니라." 부처님께서 이 「묘장엄왕본사품」을 설하실 때에 8만 4천인이 더러운 마음과 몸을 여의고, 여러 법 가운데서 청정한 법의 눈을 얻었다.

이번 단락에서 먼저 살펴보아야할 내용은 두 아들의 방편으로 교화를 받은 묘장엄왕이 마음으로 믿고 이해하여, 불법을 좋아하게 되니 나라의 통치를 동생에게 맡기고, 불교에 귀의한다는 서사구조로, 부처님이 왕자의 신분을 버리고 구도의 길을 떠나는 모티프와 유사한데요. 그런 묘장엄왕을 위해 부처님이 가르침을 설하시니 보이고(시 示), 가르쳐서(교 教), 이롭게 하고(리 利), 기쁘게 한다(희 喜)는 '시교리희(示教利喜)'와 '선지식(善知識)'에 대한 내용입니다. 불교에서 선지식은 부처님의 가르침을 다른 사람들에게 가르쳐 진리의 세계에 이르게 하는 불교적 교사(教師) 또는 지도자를 뜻하지만, 선지식이라는 말의 원뜻은 참된 벗으로서, 인생의 반려자인 동시에 동반자적인 성격을 띠고 있습니다.

언제부턴가 우리 사회에서 '멘토'란 말을 선지식으로 사용하는 경향이 있는 것 같더군요. 묘장엄왕은 자신의 두 아들이 이미 불사를 하여 신통한 변화로 자신의 삿된 마음을 돌이켰고, 부처님 법 가운데 편안히 머물게 하며, 세존을 또한 만나 뵙게 하였으니, 이 두 아들은 자신의 선지식(善知識)으로서, 숙세에 심었던 선근을 다시 일으켜 자신을 이롭게 하려고 묘장엄왕가에 태어났다며 부처님께 아룁니다. 이에 부처님이 답을 하십니다.

"그와 같으니라. 그대가 말한 것과 똑같으니라. 만약 선남자선여인이 선근을 심은 연고로 선지식을 만나게 되면, 그 선지식이 능히 불사를 지어 보여주고 가르치며, 이롭게 하여 아뇩다라삼먁삼보리에 들도록 하느니라. 대왕이여! 마땅히 알라. 선지식은 큰 인연이니, 이른바 교화하고 인도하여 부처님을 만나 뵙고, 아뇩다라삼먁삼보리의 마음을 내게 하느니라. 대왕이여!

너는 이 두 아들을 보느냐! 이 두 아들은 일찍이 65백천만억 나유타 항하의 모래 수 같은 부처님을 공양하고 친근하고 공경했으며, 여러 부처님들께서 계신 곳에서 법화경을 수지하고 삿된 견해에 빠진 중생을 불쌍히 여겨 바른 견해에 들어 머물도록 하였느니라."

시교리희와 선지식에 의한 아뇩다라삼먁삼보리의 발심을 말씀하셨군요. 선지식은 정말 커다란 인연이 아닐 수 없습니다. 그냥 커다란 인연이 아니라. 훌륭한 선지식을 만난다는 것은 무명의 골짜기를 헤매던 자신의 인생을, 지혜와 광명의 연화장세계로 인도해 줄 수 있는 해탈의 디딤돌이 되는 인연이 아니겠습니까? 그러나 우리들의 인생길에서 이러한 선지식을 얻는 행운은 진정 지난한 일이 아닐 수 없습니다. 묘장엄왕처럼 비록 한때 외도에 빠졌으나, 타인도 아닌 자신의 두 아들을 둔 전생의 선업 인연의 결과로 선지식을 얻는 것처럼 말입니다. 나보다 해박한 지식과 온유한 철학으로, 앞길을 찬연히 밝혀 주는 선지식을 만나는 일은 인생 최고의 행운이며, 캄캄한 광야를 홀로 가는 나그네에겐 일점 횃불 같은 존재가 될 것입니다.

더구나 법화행자로서 아뇩다라삼먁삼보리의 발심에 들 수 있도록 인도해 주는 선지식이 있는 분이라면, 그 분은 분명히 묘장엄왕의 두 아들처럼, 일찍이 65백천만억 나유타 항하의 모래 수 같은 부처님을 공양하고 친근·공경하였으며, 여러 부처님들께서 계신 곳에서 법화경을 수지하고, 삿된 견해에 빠진 중생을 불쌍히 여겨 바른 견해에 들어 머물도록 하였던 인연이었을 것입니다. 사람들은 흔히 도와주는 사람은 없고, 오로지 자신을 이용하려 하거나, 득을 보겠다는 사람만 주위에 들끓으면 '나는 인복(人福)이 없다!'며 장탄식하는 것을 볼 수 있습니다.

원래 '복(福)'이란 글자를 갑골문에서 보면 제단의 술잔에 정성을 다해 술을 따르는 모습을 형상화 한 글자임을 알 수 있습니다. 따라서 복은 남이 따루어 주는 것이 아니라, 내가 정성을 다해 공을 들여 따루어 올릴 때 찾아온다는 뜻도 됩니다. 선지식을 만나기 위해서는 주체적 노력이 중요하다는 말과도 같습니다. 자신의 박복을 한탄하기 전에 자신이 베푼 복이 얼마나 보잘 것 없었는지를 반성하면 됩니다. 묘장엄왕이 부처님으로부터 수기를 받는 내용은 앞 단락에서 품의 전체요약에서 기술하였지만, 묘장엄왕의 "명호는 '사라수왕(娑羅樹王)'이고, 나라의 이름은 '대광(大光)'이며, 겁의 이름은 '대고왕(大高王)'인데, 그 사라수왕 부처님께는 한량없는 보살과 헤아릴 수 없는 성문이 있으며, 그 나라는 평정할 것이며, 공덕이 이와 같을 것이니라."라며, 운뢰음수왕화지 부처님이 수기를 내립니다.

법화경을 일명 수기경이라 하여, 헤아릴수 없는 불제자, 비구, 비구니, 보살 등이 지금껏 수기를 받았으나, 이 묘장엄왕이 받은 수기 '사라수왕'을 끝으로 법화경에서 더 이상의 수기는 나오지 않습니다. 본 품은 〈제23 약왕보살본사품〉과 〈제24 묘음보살품〉과 내용면에서 상당 부분 연결되어 있음을 알 수 있습니다. 〈묘음보살품〉의 정화수왕지불과 그의 국명 정광장엄 그리고 본 품의 운뢰음수왕화지불의 국토 광명장엄은 동일한 뜻이 됩니다. 또한 묘장엄왕은 지금의 화덕보살이라 밝히시는데, 화덕보살은 〈묘음보살품〉에서 부처님과 문답하면서 묘음보살이 '어떤 선근을 심었으며, 어떤 공덕을 닦아 이런 신통력이 있는것입니까?'라며 질문했던 내용이 기억나실 겁니다. 이에 부처님께서 화덕보살에게 말씀 하셨더랬지요.

과거 묘음보살의 나라 이름은 현일체세간이고, 겁의 이름은 희견이며, 명호는 운뢰음왕·다타아가도·아라하·삼먁삼불타로, 부처님께 1만 2천년 동안 십만 가지의 음악으로 공양했었다고 말입니다. 바로 그 보살님과 부처님이 본 품에 다시 등장하신 것입니다. 그리고 두 아들 중 정장왕자는 지금의 약왕보살이며, 정안왕자는 약상보살이라 밝히십니다. 약왕보살은 〈제23 약왕보살본사품〉에서 그의 전생담이 밝혀지고, 약상보살도 〈제24 묘음보살품〉에서 그 이름이 등장하고 있습니다. 그러니 이 세 개의 품에는 시대와 공간을 초월하여, 상호간 전생의 인연으로 나타나신 불보살님들이 법화경 광포를 위해 무한한 선근과 공덕을 베푸시는 것이라 해석할 수 있습니다. 부처님의 말씀을 인용문으로 가져와 봅니다.

"너희들 생각에는 어떠하냐? 묘장엄왕이 어찌 다른 사람이겠느냐? 지금의 화덕보살이 바로 그 몸이요, 정덕부인은 지금 내 앞에 있는 광조장엄상(光照莊嚴相)보살이 바로 그이니라. 묘장엄왕과 그 여러 권속을 불쌍히 여겨 그 가운데 태어났던 두 아들은 지금의 약왕(藥王)보살과 약상(藥上)보살이 바로 그이니라. 이 약왕, 약상 보살이 이와 같은 큰 공덕을 성취하고 한량없는 백천만억 여러 부처님 계신 데서 여러 가지 덕의 근본을 심어 헤아릴 수 없는 많은 선근 공덕을 성취했으니, 만약 어떤 이가 이 두 보살의 이름만 들어도 모든 세간과 모든 하늘과 인간이 마땅히 예배할 것이니라."

그러므로 만약 어떤 이가 이 두 보살의 이름만 들어도 모든 세간과 모든 하늘과 인간이 마땅히 예배할 것임을 선언하시고, 부처님께서 이 「묘장엄왕본사품」을 설하실 때에 8만 4천인이 더러운 마음과 몸을 여의고, 여러 법 가운데서 청정한 법의 눈을 얻었다는 말씀으로 본 품은 끝을 맺습니다. 그러니 법화경의 법사들에게 어떤 공덕이 따른다는 것은 굳이 부연할 필요가 없을 테지요?

중요 용어해설

❶ 사라수왕(娑羅樹王) : 아미타여래(阿彌陀如來)의 전세의 이름.

❷ 일체정공덕장엄삼매(一切淨功德莊嚴三昧) : 온갖 삼매 중 일체의 청정한 공덕으로 치장된 삼매를 뜻함

❸ 위욕발기숙세선근(爲欲發起宿世善根) : 숙세에 심었던 선근을 다시 일으킴

❹ 정상육계 광명현조(頂上肉髻 光明顯照) : 이마 위에 육계의 광명을 놓아 밝게 비춤

❺ 광조장엄상보살(光照莊嚴相菩薩) : 묘장엄왕의 부인 정덕부인을이름

❻ 원진리구(遠塵離垢) : 더러운 몸과 마음을 여윔

묘법연화경 제28 보현보살권발품(普賢菩薩勸發品)

요약 및 대의

⇒ 자유자재한 신통력과 덕망과 위엄을 지닌 보현보살이 대보살들과 함께 온갖 상서를 보이며, 동방으로부터 기사굴산으로 와 부처님께 예배하고, 자신은 보위덕상왕불국에서 사바세계의 법화경 설법을 들으려고 왔다며 설법을 앙청 드림

⇒ 이에 부처님께서 네 가지 조건 즉, 부처님이 호념하심을 믿고, 덕의 근본을 심을 것이며, 정정취(正定聚)에 들어, 일체중생을 구하겠다는 발심을 내라고 설하심

⇒ 보현보살이 후5백세의 악세에 법화경을 받아 지니는 자를 보호하며, 그를 편안케 하리라 서원하고, 어떤 악마도 침범치 못하게 할 것이라 맹세함

⇒ 보현보살이 6개 상아의 흰 코끼리왕을 타고 법사가 있는 곳으로 가 보호할 것이며, 또한 자신의 몸을 나타내어 다라니를 주거나, 읊어줄 것이라 함

⇒ 보현보살이 법사의 사후 공덕을 칭송하며, 여래 멸도후에도 법화경을 광포하여 끊이지 않게 하겠다 서원함

⇒ 이에 부처님도 보현보살을 칭탄하시고, 당신께서도 신통력으로 이들을 보호하겠다 하시며, 법화경의 법사행은 최고의 과보를 받을 것과 어떠한 악과 독이 침범치 않토록 호념하신다 함

⇒ 끝으로 부처님이 보현보살에게 이 경전을 받아 지닌 이를 보거든 마땅히 일어나 멀리서부터 환영하기를 부처님께 공경하듯이 하라고 당부하시며 묘법연화경의 대미를 장식하심

|1| 보현보살이 보위덕상왕불국으로부터 기사굴산으로 와 부처님께 법화설법을 청함. 이에 부처님이 성취4법을 설하심, 보현보살이 법사들을 지키겠다 서원함

단락	구분	원문 및 한글 번역
1	한문 원전	爾時 普賢菩薩 以自在神通力 威德名聞 與大菩薩無量無邊不可稱數 從東方來 所經諸國 普皆震動 雨寶蓮華 作無量百千萬億種種伎樂. 又與無數諸天 龍 夜叉 乾闥婆 阿修羅 迦樓羅 緊那羅 摩睺羅伽 人非人等 大衆圍繞 **各現威德神通之力** 到娑婆世界 耆闍崛山中 頭面禮釋迦牟尼佛 右繞七帀 白佛言.
	한글 읽기	이시 보현보살 이자재신통력 위덕명문 여대보살무량무변불가칭수 종동방래 소경제국 보개진동 우보연화 작무량백천만억종종기악. 우여무수제천 용 야차 건달바 아수라 가루라 긴나라 마후라가 인비인등 대중위요 **각현위덕신통지력** 도사바세계 기사굴산중 두면예석가모니불 우요칠잡 백불언.
	한글 풀이	그때 자유자재한 신통력과 위엄과 덕망과 명성을 지닌 보현보살이 한량없고 가없으며, 헤아릴 수 없는 대보살들과 함께 동방에서 오는데, 지나오는 나라마다 모두 다 널리 진동을 하고 보배로운 연꽃이 비 오듯 내리며, 한량없는 백천만억의 가지가지 음악들이 울려 퍼졌다. 수많은 천인, 용, 야차, 건달바, 아수라, 가루라, 긴나라, 마후라가, 사람과 사람 아닌 이들의 대중들에게 둘러싸여 각각 위엄과 덕망과 신통의 힘을 나타내면서 사바세계의 기사굴산에 이르러서는 머리를 조아려 석가모니 부처님께 예배하며, 오른쪽으로 일곱 번 돌고 부처님께 말씀드렸다.
2	한문 원전	"世尊! 我於**寶威德上王佛國** 遙聞此娑婆世界 說法華經 與無量無邊百千萬億諸菩薩衆 共來聽受. 唯願世尊, 當爲說之. 若善男子善女人 於如來滅後 云何能得是法華經?" 佛告普賢菩薩. "若善男子善女人 成就四法 於如來滅後 當得是法華經. 一者爲諸佛護念 二者殖衆德本 三者入正定聚 四者發救一切衆生之心. 善男子善女人 如是成就四法 於如來滅後 必得是經." 爾時 普賢菩薩白佛言.
	한글 읽기	"세존! 아어**보위덕상왕불국** 요문차사바세계 설법화경 여무량무변백천먼억제보살중 공래청수. 유원세존. 당위설지. 선남자선여인 어여래멸후 운하능득시법화경?" 불고보현보살. "선남자 선여인 성취사법 어여래멸후 당득시법화경. 일자위제불호념 이자식중덕본 삼자입정정취 사자발구일체중생지심. 선남자선여인 여시성취사법 어여래멸후 필득시경." 이시 보현보살백불언.

2	한글 풀이	"세존이시여! 저는 보위덕상왕 부처님의 나라에 있으면서, 이 사바세계에서 법화경 설하시는 것을 한량없고 가없는 백천만억의 보살들과 함께 들으려고 왔습니다. 그러하오니 오직 원하옵건대, 세존께서 설하여 주십시오. 선남자 선여인이 여래께서 열반하신 후에 어떻게 하여야 이 법화경을 얻을 수 있겠습니까?" 부처님께서 보현보살에게 말씀하셨다. "선남자와 선여인이 네 가지 조건을 성취하면 여래가 열반한 후에라도 이 법화경을 얻을 수 있을 것이니라. 첫째는 부처님들이 보호하여 주신다고 믿는 것이고, 둘째는 가지가지 덕의 근본을 심는 것이며, 셋째는 정정취에 들어가는 것이고, 넷째는 일체 중생을 구하여야겠다는 마음을 내는 것이니, 선남자 선여인이 이와 같은 네 가지 조건을 성취하면 여래가 열반한 후에도 반드시 이 경을 얻게 될 것이니라." 이때 보현보살이 부처님께 말씀드렸다.
3	한문 원전	"世尊! 於後五百歲濁惡世中 其有受持是經典者 我當守護 除其衰患 令得安隱 **使無伺求得其便者**. 若魔若魔子 若魔女若魔民 若爲魔所著者 若夜叉 若羅刹 若鳩槃茶 若毘舍闍 若吉遮 若富單那 若韋陀羅等 諸惱人者 皆不得便. 是人若 行若立 讀誦此經 我爾時 **乘六牙白象王** 與大菩薩衆 俱詣其所 而自現身 供養 守護 安慰其心 亦爲供養法華經故. 是人若坐思惟此經 爾時 我復乘白象王 現 其人前 其人若於法華經 有所忘失一句一偈 我當教之 與共讀誦 還令通利."
	한글 읽기	"세존! 어후오백세오탁악세중 기유수지시경전자 아당수호 제기쇠환 영득안은 **사무사구득기편자**. 약마약마자 약마녀약마민 약위마소착자 약야차 약나찰 약구반다 약비사사 약길자 약부단나 약위타라등 제뇌인자 개불득편. 시인약행약립 독송차경 아미시 **승육아백상왕** 여대보살중 구예기소 이자현신 공양 수호 안위기심 역위공양법화경고. 시인약좌사유차경이시 아부승백상왕 현기인전 기인약어법화경 유소망실일구일게 아당교지 여공독송 환령통리."
	한글 풀이	"세존이시여! 5백세 후의 흐리고 나쁜 세상에서 이 경전을 받아 지니는 사람이 있으면, 제가 마땅히 지키고 보호하여, 그가 약해지거나 근심하거나 걱정하는 것을 없애어 편안함을 얻도록 하며, 그 기회를 엿보는 이가 없도록 하겠나이다. 만약 악마나 악마의 아들이거나, 악마의 딸이거나 악마의 백성이거나, 악마가 붙은 자나 야차, 나찰, 구반다, 비사사, 길자, 부단나, 위타라 등이라도 이 사람을 괴롭히는 이들은 모두 다 기회를 엿볼 수 없게 하겠습니다. 이 사람이 걷거나 서서 이 경을 읽고 외우면, 제가 그때 이빨이 여섯 개나 되는 흰 코끼리의 왕을 타고 대보살들과 함께 그 사람이 있는 곳으로 가서 몸을 나타내어 공양하며, 지키고 보호하여 그의 마음을 편안하게 할 것이며, 또 법화경에 공양을 하겠습니다. 이 사람이 만약 앉아서 이 경을 깊이 생각하면, 그때 저는 흰 코끼리 왕을 타고 그 사람 앞에 나타나서 그 사람이 법화경의 한 구절이나 한 게송이라도 잊어버린 것이 있으면 제가 마땅히 가르쳐 함께 읽고, 외워서 다시 통달케 하겠나이다."
4	한문 원전	"爾時 受持讀誦法華經者 得見我身 甚大歡喜 轉復精進, 以見我故 **卽得三昧 及陀羅尼**. 名爲旋陀羅尼, 百千萬億旋陀羅尼, 法音方便陀羅尼, 得如是等陀羅尼. 世尊! 若後世 後五百歲濁惡世中 比丘 比丘尼 優婆塞 優婆夷 求索者 受持者 讀誦者 書寫者 欲修習是法華經 於三七日中 應一心精進."

4	한글 읽기	"이시 수지독송법화경자 득견아신 심대환희 전복정진, 이견아고 **즉득삼매 급다라니**. 명위선다라니, 백천만억선다라니, 법음방편다라니, 득여시등다라니. 세존! 약후세 후오백세탁악세중 비구 비구니 우바새 우바이 구색자 수지자 독송자 서사자 욕수습시법화경 어삼칠일중 응일심정진."
	한글 풀이	"그때 법화경을 받아 지니고 읽고 외우는 사람이 저의 몸을 보게 되면 매우 기뻐서 더욱 정진할 것이며, 저를 본 인연으로 삼매와 다라니를 얻을 것입니다. 세존이시여! 만일 훗날 5백세 후의 흐리고 거친 세상에서 비구와 비구니, 우바새와 우바이들로서 찾는 자와 받아지니는 자, 읽고 외우며 쓰는 자들이 이 법화경을 닦고 익히려면 삼칠일 동안 일심으로 정진하여야할 것입니다."
5	한문 원전	"滿三七日已 我當乘六牙白象 與無量菩薩而自圍繞 以一切衆生所憙見身 現其人前 而爲說法 示教利喜. 亦復與其陁羅尼呪 得是陁羅尼故 無有非人 能破壞者 亦不爲女人之所惑亂 我身亦自常護是人. 唯願 世尊! 聽我說此陁羅尼呪." 卽於佛前 而說呪曰.
	한글 읽기	"만삼칠일이 아당승육아백상 여무량보살이자위요 이일체중생소희견신 현기인전 이위설법 시교리희. 역부여기다라니주 득시다라니고 무유비인 능파괴자 역불위여인지소혹란 아신역자상호시인. 유원 세존! 청아설차다라니주." 즉어불전 이설주왈.
	한글 풀이	"삼칠일이 다 지나면 제가 마땅히 이빨이 여섯 개나 되는 흰 코끼리를 타고 한량없는 보살들에게 둘러싸여 중생들이 보기 좋아하는 이 몸을 그 사람 앞에 나타내어 설법하고 가르쳐 이롭게 하여, 기쁘게 한 후 그 사람에게 다라니의 주문을 주겠습니다. 이 다라니를 얻은 까닭으로 사람이 아닌 것들이 방해하거나 깨뜨리지 못할 것이며, 어떤 여인도 유혹하여 어지럽히지 못할 것입니다만, 제가 항상 그 사람을 보호하겠습니다. 바라옵건대 세존이시여! 제가 이 다라니의 주문을 말할 수 있도록 허락하여 주십시오." 그리고는 부처님 앞에서 주문을 읊었다.
6	한문 원전	「阿檀地<1> 檀陁婆地<2> 檀陁婆帝<3> 檀陁鳩舍隷<4> 檀陁修陁隷<5> 修陁隷<6> 修陁羅婆底<7> 佛䭾波羶禰<8> 薩婆陁羅尼阿婆多尼<9> 薩婆婆沙阿婆多尼<10> 修阿婆多尼<11> 僧伽婆履叉尼<12> 僧伽涅伽陁尼<13> 阿僧祇<14> 僧伽波伽地<15> 帝隷阿惰僧伽兜略阿羅帝婆羅帝<16> 薩婆僧伽三摩地伽蘭地<17> 薩婆達磨修波利刹帝<18> 薩婆薩埵樓䭾憍舍略阿㝹伽地<19> 辛阿毘吉利地帝<20>
	한글 읽기	「아단디<1> 단다바디<2> 단다바뎨<3> 단구사례<4> 단다슈다례<5> 수다례<6> 슈다라바디<7> 몯다파션네<8> 살바다라니아바다니<9> 살바바사아바다니<10> 슈아바다니<11> 싱가바리사니<12> 싱가녜가다니<13> 아싱기<14> 싱가바가디<15> 뎨 례 아 다 싱 가 도 라 아 라 뎨 바 라 뎨 <16> 살 바 싱 가 삼 마 디 가 란 디 <17> 살바달마슈바릭찰뎨<18> 살바살다루다교샤라아노가디<19> 신아비기리디뎨<20>

7	한문 원전	"世尊, 若有菩薩 得聞是陁羅尼者 當知普賢神通之力, 若法華經 行閻浮提 有受持者 應作此念 皆是普賢威神之力. 若有受持讀誦 **正憶念 解其義趣** 如說修行 當知是人行普賢行 於無量無邊諸佛所 深種善根 爲諸如來手摩其頭."
	한글 읽기	"세존! 약유보살 득문시다라니자 당지보현신통지력, 약법화경 행염부제 유수지자 응작차념 개시보현위신지력. 약유수지독송 **정억념 해기의취** 여설수행 당지시인행보현보행 어무량무변제불소 심종선근 위제여래수마기두."
	한글 풀이	"세존이시여! 어떤 보살이 이 다라니를 듣게 되면 마땅히 저의 신통력으로 알 것이며, 만약 법화경이 사바세계에 퍼질 때 받아 지니는 사람이 있으면 당연히 이것은 모두 다 저의 위신력이라고 생각할 것입니다. 만약 받아 지니고 읽고 외우며, 바르게 기억하고 생각해서 그 뜻을 이해하고, 설하신 대로 수행하는 사람이 있다면, 마땅히 이 사람은 보현행을 하여 한량없고 가없는 부처님들이 계시는 곳에서 선근을 깊이 심는 것이 되며, 여래들께서 그의 머리를 어루만져 주시는 것으로 알아야 할 것입니다."
	중요용어	❶ 각현위덕신통지력(各現威德神通之力) ❷ 보위덕상왕불국(寶威德上王佛國)　❸ 성취사법(成就四法) ❹ 사무사구득기편자(使無伺求得其便者)　❺ 승육아백상왕(乘六牙白象王) ❻ 즉득삼매급다라니 등(卽得三昧 及陁羅尼) ❼ 정억념 해기의취(正憶念 解其義趣)

　마침내 인류 구원의 최고 경전, 법화경 28품 대장정의 마지막 품 〈보현보살권발품〉의 해설을 맞게 되었습니다. 마지막 품이란 표현을 하였습니다만, 법화경은 세세 억겁에 걸쳐 무명과 번뇌에 찬 중생들의 고통을 씻어주는 감로수가 될 것이며, 질병과 가난에 찌들고, 반목과 증오가 난무하는 사바세계의 굴레에서 신음하는 인류의 희망봉이 될 것이기 때문에 오직 법화행자로서, 일심으로 법사행의 전법의 길이 있을 뿐이므로, 본 품은 오히려 새로운 시작의 품이 되리란 각오를 다져봅니다.

　언감생심 역량에 부치는 알량한 불지식으로, 부처님 최고의 대승적 가르침인『묘법연화경』해설서의 붓을 든지가 어언 5년이 지나가는 것 같습니다. 스스로 생각을 해 보아도 저의 불성의 깊이는 여전히 옹졸한 항아리의 밑바닥을 헤매고 있다는 자성만 무성할 뿐입니다. 그러나 나름대로는 불법의 보석, 법화경의 구절구절마다 마음에 판각을 새긴다는 각오로 집필을 해 왔고, 설령 천학(淺學)의 재주 탓에 오류는 범할지언정, 법화정신의 진정성만은 왜곡하지 않겠다는 원대한 심려를 기울여 왔습니다. 따라서 본 〈제28 보현보살권발품〉이 〈서품〉이라는 마음가짐으로 접근해 보도록 하겠습니다.

처음으로 법화경 본문에 보현보살이 공식적으로 등장하였습니다. 지금껏 문수보살, 미륵보살, 지적보살, 용시보살, 약왕보살, 묘장엄보살 등등 수많은 보살이 거명되었지만, 마지막 품에 와서 보현보살이 혜성처럼 등장한 것입니다. 원래 스타는 마지막에 등장한다는 말이 있습니다만, 여기서는 그런 뜻은 아니고, 보현보살의 원형적 상징을 통해 항구불멸의 법화세상을 열어 가라시는 부처님의 심원(深遠)한 큰 뜻이 담겨 있는 것으로 보시면 되겠습니다. 이미 독자 여러분들께서는 감을 잡으셨겠지만, 보현보살은 실천과 인행(忍行)을 선도하는 대보살의 화신인데요. 지나온 묘법연화의 진리의 가르침을 이제 마지막 실천의 행(行)으로 정착, 승화시키라시는 부처님의 당부가 담긴 굳히기 한 판 품이 되는 것입니다.

앞에서 이미 문수보살과 보현보살에 대해 공부해 본 것처럼, 문수보살은 지혜의 완성자로서, 사자후(獅子吼)의 포효를 통해 중생들을 깨어나게 하고, 보현보살은 그 지혜를 행원(行願)으로 실천하는 지행(智行)의 완성자라는 원형상징을 지니고 있습니다. 그래서 통상 석가모니불을 모신 대웅전에서는 좌협시 보살로는 문수보살을, 우협시 보살에는 보현보살을 봉안하지요. 문수보살이 사자를 탄 모습이고, 보현보살은 6개 흰 이빨(백상아)를 가진 코끼리를 타고 있는 모습으로 묘사되고 있습니다. 사자가 포효하면 천지의 생명체가 놀라 깨어나듯, 코끼리는 우직한 행보로 실천의 갈 길을 가게 됩니다. 그래서 지혜를 얻기 위해서는 문수보살에게 기도하고, 부지런한 실천과 성취를 위해서는 보현보살에게 기도하는 전통이 생긴 것입니다.

<장육사 보현보살도 벽화>

6개의 이빨을 가진 코끼리는 6바라밀의 실천수행을 상징하고, 6식과 6도윤회를 능동적으로 초월, 타파하겠다는 행원으로 이해하시면 되겠습니다. 그러면 법화경의 마지막 품에 부처님께서 보현보살을 등장 시킨 큰 뜻은 명쾌해 집니다. 아무리 부처님이 설한 경전 중에 최고의 경전이라는 보증의 타이틀을 지닌 법화경이라 하더라도, 널리 펼쳐 지니고 독송하며, 남을 위해 설하지 않는다면, 구슬이 서 말이라도 꿰지 않으면, 녹슬어 쓰러져 누운 화살촉과 같다는 말씀인 것입니다. 여기에 법화경을 수지, 독송하는 법사들을 자신의 신통지력으로 보호하고, 불멸후 오탁악세에도 법화경이 항구불멸할 수 있도록 모든 장애와 마장을 타파하겠다는 창울한 서원을 맹세하는 보현보살을 등장 시키신 겁니다.

<보현보살권발품>의 본문 공부로 들어가 봅니다. 문자의 뜻대로 보현(普賢)은 '넓고 현명하다'는 뜻으로, 누구에게나 '덕이 두루 미친다'는 뜻이며, '권발(勸發)'이란 '권해서 하게 한다'는 뜻을 지닙니다. 본 품은 동방의 보위덕상왕불의 나라로부터 수많은 대보살과 함께 부처님의 법화경 설법을 듣기 위해 사바세계를 찾아온 보현보살이 어떻게 하면 법화경을 얻을 수 있을 것인가를 여쭙는 것으로 시작됩니다. 보위덕상왕불국이란 모든 것이 갖추어져 한없이 높은 덕으로 모든 생명을 다 구원할 수 있다는 불국토입니다.

법화경을 얻는다는 것은 단순히 경을 손에 쥐는 것이 아니라, 법화경의 참다운 진리를 체득하고, 실천으로 수행하는 것을 이르는데, 이에 부처님께서는 네 가지 조건을 성취하면 여래 열반후에라도 법화경을 얻을 수 있을 것이라며, 성취사법(成就四法)를 설하십니다. **4성취란 첫째, 자신이 모든 부처님들에 의해 호념(護念)되고 있다는 신념을 지닐 것**(위제불호념-爲諸佛護念) **둘째, 일상에 선행을 닦고 덕을 쌓을 것**(식중덕본-殖衆德本) **셋째, 올바른 가르침에 들어갈 것**(입정정취-入正定聚) **넷째, 일체 중생을 구하겠다는 자비의 마음을 낼 것**(구발일체중생지심-救發一切衆生之心) **등입니다.**

기억 나실지 모르겠습니다만, <제14 안락행품>에서도 문수사리법왕자보살이 '미래의 나쁜 세상에 어떻게 하면 이 경을 해설할 수 있겠습니까?'를 여쭙자, 부처님께서 미래의 악세에 이 경을 해설하려면 네 가지 법(몸, 입, 마음, 서원)에 편안히 머물러야 한다며, **'안주사법(安住四法)'**을 말씀 하셨더랬지요. 우리말로 하면 '술 안주 사는 법'으로 들을 수도 있는데, 복습 겸해서 다시 한번 기술해 봅니다. 즉 첫째, 바른 몸가짐으로 친근할 곳에 편안히 머무는 것(**신**안락행-**身**安樂行) 둘째, 경을 읽을 때 사람이나 경전의 허물을 말 하거나, 법사를 업신여기는 말을 하지 말 것(**구**안락행-**口**安樂行), 셋째, 질투하거나 속이는 마음을 내지 말고 바른 뜻을 세울 것(**의**안락행-**意**安樂行) 넷째, 모두에게 대자대비한 마음을 낼 것(**서원**안락행-**誓願**安樂行) 등이었습니다. 성취4법과 안주4법은 법화 행자의 신념과 실천덕목의 자세를 주문하신 것으로서, 중요한 가르침인 만큼 다음에 도표로 정리해 둡니다.

성취사법(成就四法)

위제불호념	식중덕본	입정정취	구발일체중생지심
爲諸佛護念	植衆德本	入正定聚	救發一切衆生之心

안주사법(安住四法)

신안락행	구안락행	의안락행	서원안락행
身安樂行	口安樂行	意安樂行	誓願安樂行

　이상은 다름 아닌 법화 행자들이 궁극적으로 추구해야 할 이상적 실천 덕목이라 할 수 있겠습니다. 이 네 가지 조건을 성취하면 여래 열반 후에라도 반드시 법화경을 얻을 수 있노라고 강조하셨습니다. 구체적인 실천 조건이라기 보다, 추상적 도덕율을 강조한 것으로 보이는데, 실은 이 네 가지 조건을 충족하기가 쉬운 일이 아닙니다. 이렇게 진실로 법화경의 실천을 행하는 법사는, 보현보살이 마땅히 지키고 보호하여, 그가 약해지거나 근심하거나 걱정하는 것을 없애어 편안함을 얻도록 하며, 만약 악마나 야차, 나찰, 구반다, 비사사, 길자, 부단나, 위타라 등이라도 이 사람(법화경을 수지한 사람)을 괴롭히는 이들은 모두 다 기회를 엿볼 수 없게 하겠다고 부처님께 서원합니다.

　구반다는 말 대가리에 사람의 몸을 한, 사람의 정기를 빨아먹는다는 귀신이며, 부단나는 팔부신중의 하나로 동방을 수호하는 귀신 등입니다. 보현보살은 법화경의 법사를 이빨이 여섯 개나 되는 흰 코끼리의 왕을 타고 대보살들과 함께 그 사람이 있는 곳으로 가서 몸을 나타내어 공양할 뿐만 아니라, 지키고 보호하여 그의 마음을 편안하게 할 것이며, 또한 법화경에 공양을 하겠다고 서원을 드립니다. 이처럼 법사의 마음을 편안하게 하고 옹호하는 것이 바로 법화경을 공양하는 것과 같은 공덕을 지닌다는 생각 때문인데요, 이와 같이 〈보현보살권발품〉은 보현보살로 하여금 법화경의 수지를 독려하고, 또 보현보살이 법화경의 법사를 자재한 신통력으로 옹호 하겠다는, 그야말로 권장과 발심의 품이기도 합니다.

보현보살의 서원을 따라 부처님께서도 부처의 신통력으로써 보현보살과 똑같은 마음으로 법사행을 하는 사람을 기필코 수호하시겠다는 파격적 불의(佛意)를 내 보이십니다. 이는 보현보살의 맹세가 진실하며, 반드시 그 뜻을 따라 여래 멸후 악세에서도 법화경의 광포(廣布)가 영원할 것임을 보증하신 겁니다. 그러면서 보현보살은 다라니 주문을 읊어 신비한 진언으로 법화경과 법사를 보호하고자 하는데요. 보현보살이 부처님께 작정하고 아뢰는 본문을 인용해 봅니다.

> "세존이시여! 어떤 보살이 이 다라니를 듣게 되면 마땅히 저의 신통력으로 알 것이며, 만약 법화경이 사바세계에 퍼질 때 받아 지니는 사람이 있으면 당연히 이것은 모두 다 저의 위신력이라고 생각할 것입니다. 만약 받아 지니고 읽고 외우며, 바르게 기억하고 생각해서 그 뜻을 이해하고, 설하신 대로 수행하는 사람이 있다면, 마땅히 이 사람은 보현행을 하여 한량없고 가없는 부처님들이 계시는 곳에서 선근을 깊이 심는 것이 되며, 여래들께서 그의 머리를 어루만져 주시는 것으로 알아야 할 것입니다."

바르게 기억하고 생각해서 그 뜻을 이해한다는 '정억념(正憶念)'을 하게 되면 보현행을 하여 부처님들이 계시는 곳에 깊은 선근을 심는 것이 되어, 여래들께서 그의 머리를 쓰다듬어 주신다고 하네요. 따라서 저와 독자 여러분은 이미 법화경의 수지·독송을 넘어 사경하며, 남을 위해 설명하고 듣는, 법화경의 5종법사의 길을 걸어왔기 때문에 보현보살은 물론, 부처님께서 당신의 신통력으로 지켜주신다는 말씀이 아니겠습니까? 또한 '나' 자신은 이미 부처가 아닙니까? 그러니 우리가 세속의 사바세계를 살아간다 한들 무엇이 두려워 근심할 것이며, 어떤 무리가 훼손할 것이고, 그 어느 누가 감히 법사행을 가로막을 것입니까? 이것이 법화경 법사의 위상인 것입니다.

중요 용어해설

❶ 각현위덕신통지력(各現威德神通之力) : 각각 위엄과 덕망과 신통의 힘을 나타냄

❷ 보위덕상왕불국(寶威德上王佛國) : 동방불국에 위치하며, 법화경의 진리가 실현되는 국토. 보현보살과 무량 보살들이 이곳에 상주한다고 봄

❸ 성취사법(成就四法) : 모든 부처님들에 의해 호념되고 있다는 신념을 지닐 것 (위제불호념-爲諸佛護念) 둘째, 일상에 선행을 닦고 덕을 쌓을 것(식중덕본-殖衆德本) 셋째, 올바른 가르침에 들어갈 것(입정정취-入正定聚) 넷째, 일체 중생을 구하겠다는 자비의 마음을 낼 것(발구일체중생지심-發救一切衆生之心)

❹ 사무사구득기편자(使無伺求得其便者) : 기회를 엿보는 이가 없도록 함

❺ 승육아백상왕(乘六牙白象王) : 6개의 이빨을 지닌 흰 코끼리왕을 타고

❻ 즉득삼매급다라니 등(卽得三昧 及陁羅尼) : 곧바로 삼매와 다라니를 얻음

❼ 정억념 해기의취(正憶念 解其義趣) : 바르게 기억하고 생각해서 그 뜻을 이해

단락	구분	원문 및 한글 번역
8	한문 원전	"若但書寫 是人命終 當生忉利天上 是時 八萬四千天女 作衆伎樂 而來迎之. 其人卽著七寶冠 於婇女中 娛樂快樂 何況受持讀誦 正憶念 解其義趣 如說修行? 若有人受持讀誦 解其義趣 是人命終 爲千佛授手 **令不恐怖 不墮惡趣** 卽往兜率天上 彌勒菩薩所. 彌勒菩薩 有三十二相 大菩薩衆 所共圍繞 有百千萬億天女眷屬 而於中生. 有如是等功德利益 是故智者應當一心自書 若使人書 受持讀誦 正憶念 如說修行."
	한글 읽기	"약단서사 시인명종 당생도리천상 시시 팔만사천천녀 작중기악 이래영지. 기인즉착칠보관 어채녀중 오락쾌락 하황수지독송 정억념 해기의취 여설수행? 약유인수지독송 해기의취 시인명종 위천불수수 **영불공포 불타악취** 즉왕도솔천상 미륵보살소. 미륵보살 유삼십이상 대보살중 소공위요 유백천만억천녀권속 이어중생. 유여시등공덕이익 시고지자응당일심자서 약사인서 수지독송 정억념 여설수행."
	한글 풀이	"옮겨 쓰기만 해도 그 사람이 죽으면 마땅히 도리천에 태어나게 되고, 그곳에 태어날 때는 8만 4천의 하늘 여인들이 여러 음악을 연주하며 맞이할 것입니다. 그 사람은 칠보의 관을 쓰고 궁녀들 속에서 즐겁게 지내게 될 터인데, 하물며 받아지니고 읽고 외우며, 바르게 생각하고 그 뜻을 잘 이해하여, 설한 바대로 수행하는 것이야 말해 무엇 하겠습니까? 만일 어떤 사람이 이 경전을 받아 지니고 읽고 외우며, 그 뜻을 잘 이해하면 그 사람이 죽을 때 1천의 부처님께서 손을 잡아 주시어 두렵지 않게 해 주시고, 나쁜 곳에 떨어지지 않게 하시니, 곧 도솔천의 미륵보살이 계신 곳으로 가서 32상을 잘 갖춘 미륵보살이 대보살들에게 둘러 싸여 있고, 백천만억의 하늘 여인들과 그 권속들이 있는 그런 곳에서 태어날 것입니다. 이와 같은 큰 공덕과 이익이 있으므로 지혜 있는 이는 마땅히 한결같은 마음으로 스스로 쓰거나, 남을 시켜 쓰게 하며, 받아 지니고 읽고 외우며, 바르게 생각하고 설한 바와 같이 수행할 것입니다."
9	한문 원전	"世尊! 我今以神通力故 守護是經 於如來滅後 閻浮提內 廣令流布 使不斷絶." 爾時 釋迦牟尼佛讚言, "善哉 善哉! 普賢! 汝能護助是經 令多所衆生 安樂利益 汝已成就 不可思議功德. 深大慈悲 從久遠來 發阿耨多羅三藐三菩提意 而能作是神通之願 守護是經 我當以神通力 守護能受持普賢菩薩名者."
	한글 읽기	"세존! 아금이신통력고 수호시경 어여래멸후 염부제내 광령유포 사불단절." 이시 석가모니불찬언. "선재 선재! 보현! 여능호조시경 영다소중생 안락이익 여이성취 불가사의공덕. 심대자비 종구원래 발아녹다라삼먁삼보리의 이능작시신통지원 수호시경 아당이신통력 수호능수지보현보살명자."

9	한글 풀이	"세존이시여! 제가 이제 신통력으로 이 경전을 수호하여 여래께서 열반하신 후 사바세계 안에서 널리 퍼지게 하며 끊어지지 않도록 하겠나이다." 그러자 석가모니 부처님께서 찬탄하셨다. "착하고도 착하도다! 보현보살아! 그대가 능히 이 경전을 보호하고 도와서 많은 중생을 안락하고 이익되게 하리라. 그대는 이미 불가사의한 공덕과 깊고 큰 자비를 이루었으며, 오랜 옛날부터 아뇩다라삼먁삼보리의 마음을 일으켜 이렇게 신통한 원을 세워 이 경전을 지키고 보호하려 하니, 나도 마땅히 신통력으로 보현보살의 이름을 받아 지니는 사람을 지키고 보호하겠노라."

10	한문 원전	"普賢! 若有受持讀誦 正憶念 修習書寫 是法華經者 當知是人 則見釋迦牟尼佛 如從佛口聞此經典 當知是人供養釋迦牟尼佛. 當知是人 佛讚善哉. 當知是人 爲釋迦牟尼佛 手摩其頭. 當知是人 **爲釋迦牟尼佛 衣之所覆**. 如是之人 不復貪著 世樂 不好外道經書手筆, 亦復不喜親近 其人及諸惡者 若屠兒 若畜猪羊鷄狗 若獵師 若衒賣女色. 是人心意質直 有正憶念 有福德力 **是人不爲三毒所惱**. 亦復不爲嫉妬 我慢 邪慢 增上慢所惱. 是人少欲知足 能修普賢之行."
	한글 읽기	"보현! 약유수지독송 정억념 수습서사 시법화경자 당지시인 즉견석가모니불 여종불구문차경전 당지시인공양석가모니불. 당지시인 불찬선재. 당지시인 위석가모니불 수마기두. 당지시인 **위석가모니불 의지소패**. 여시지인 불복탐착 세락 불호외도경서수필, 역부불희친근 기인급제악자 약도아 약축저양계구 약엽사 약현매여색. 시인심경질치 유정억념 유복덕력 **시인불위삼독소뇌**. 역부불위질투 아만 사만 증상만소뇌. 시인소욕지족 능수보현지행."
	한글 풀이	"보현보살아! 만일 어떤 이가 이 법화경을 받아 지녀 읽거나 외우거나 바르게 생각하거나, 수행하고 배우거나 옮겨 쓰면, 이는 곧 석가모니불을 만나 뵙고 그로부터 직접 경전을 들은 것과 같으니라. 마땅히 알라. 이런 사람은 석가모니불을 공양함이 되며, 또 이 사람은 부처님께서 착하다고 칭찬하심을 받으며, 또한 석가모니불께서 그를 위하여 손으로 머리를 어루만져 주심이 되느니라. 또 마땅히 알라. 이는 석가모니불께서 옷으로써 덮어 주심이 되느니라. 이런 사람은 세속의 욕락에 탐착하지 아니하며, 외도의 경서나 그들이 쓴 글을 좋아하지 아니하고, 또한 여러 가지 악한 사람들로 혹은 백정이나 혹은 돼지, 양, 닭, 개 등을 기르는 자이거나 혹은 사냥하고 혹은 여색을 파는 이들과 가까이 하기를 기뻐하지 아니하리라. 또한 이런 사람은 마음과 뜻이 정직하여 바르게 생각하고, 복덕이 있어 3독의 시달림 당하지 아니하며, 또 질투·아만·삿됨·증상만의 괴롭힘을 당하지 아니하며, 이런 사람은 욕심이 적고 만족할 줄을 알아 능히 보현의 행을 닦으리라."

11	한문 원전	"普賢! 若如來滅後 後五百歲 若有人 見受持讀誦法華經者 應作是念. '此人不久 當詣道場 破諸魔衆 得阿耨多羅三藐三菩提 轉法輪 擊法鼓 吹法螺 雨法雨 當坐天人大衆中 師子法座上.' 普賢! 若於後世 受持讀誦是經典者 是人不復 貪著衣服 臥具 飮食 資生之物 所願不虛 亦於現世 得其福報"
	한글 읽기	"보현! 약여래멸후 후오백세 약유인 견수지독송법화경자 응작시념. '차인불구당예도량 파제마중 득아뇩다라삼먁삼보리 전번륜 격법고 취법라 우법우 당좌천인대중중 사자법좌상.' 보현! 약어후세 수지독송시경전자 시인불복 탐착의복 와구 음식 자생지물 소원불허 역어현세 득기복보."

	한글 풀이	"보현보살아! 여래가 멸도한 뒤 흐리고 악한 세상(濁惡世-탁악세)에서 어떤 이가 이 법화경을 받아 지녀, 읽고 외우는 것을 보면 너는 이렇게 생각하라. '이 사람은 머지않아 도량에 나아가서 여러 마군들을 깨뜨리고 아뇩다라삼먁삼보리를 얻게 될 것이며, 법륜을 굴려 법북을 치고 법소라를 불며, 법비를 내리고, 마땅히 하늘과 인간 가운데서 사자의 법자리에 앉게 되리라.' 보현보살아! 뒷 세상에 만일 이 경전을 받아 지녀 읽고 외우는 이가 있으면, 이 사람은 의복·침구·음식 등의 생활 용품을 탐내지 않을 것이며, 소원이 헛되지 않으며 또한 현세에서 그 복의 과보를 받으리라."
12	한문 원전	"若有人輕毀之言, **汝狂人耳! 空作是行 終無所獲.** 如是罪報 當世世無眼. 若有供養 讚歎之者 當於今世 得現果報. 若復見受持是經者 **出其過惡 若實若不實** 此人現世 得白癩病. 若有輕笑之者 當世世 **牙齒疏缺 醜脣平鼻 手腳繚戾 眼目角睞** 身體臭穢 惡瘡膿血 水腹短氣 諸惡重病. 是故普賢! 若見受持 是經典者 **當起遠迎 當如敬佛.**"
	한글 읽기	"약유인경훼지언, **여광인이! 공작시행 종무소획.** 여시죄보 당세세무안, 약유공양 찬탄지자 당어금세 득현과보. 약부견수지시경자 출기과오 약실약부실 차인현세 득구나병, 약유경소지자 당세세**아치소결 추순별비 수각요려 안목각래** 신체취예 악창농혈 수복단기 제악중병. 시고보현! 약견수지 시경전자 당기원영 당여경불."
	한글 풀이	"만일 어떤 사람이 부처님의 법 수행하는 이를 경멸하고 훼방하여 '너는 미친 사람이다. 공연히 이런 행을 하는 것이요, 끝내 아무것도 얻는 것이 없으리라' 하면, 그 사람은 죄의 과보로 세세에 눈이 없이 태어날 것이며, 공양하고 찬탄하는 이는 마땅히 현세에서 좋은 과보를 받으리라. 또 이 경전을 지닌 이의 허물과 죄악을 꼬집어 내면, 그것이 사실이거나 아니거나, 이런 사람은 현세에서 문둥병을 얻을 것이며, 만일 수행하는 이를 경멸하여 비웃으면, 이런 사람은 세세에 어금니가 성글고 이지러지며, 입술은 추하고 코는 납작하며, 팔 다리가 비뚤어지고 눈이 틀어지고, 몸에서는 추악한 냄새가 나며, 고약한 피고름이 나고 배에 물이 차서 숨가쁜 병 등의 여러 가지 악한 중병을 앓으리라. 그러므로 보현아! 만일 이 경전을 받아 가진 이를 보거든 마땅히 일어나 멀리서부터 환영하기를 부처님께 공경하듯이 할지니라."
13	한문 원전	說是普賢勸發品時 恒河沙等無量無邊菩薩 得百千萬億旋陁羅尼 三千大千世界微塵等諸菩薩 具普賢道. 佛說是經時 普賢等諸菩薩 舍利弗等諸聲聞 及諸天, 龍, 人非人等 一切大會 皆大歡喜 受持佛語 作禮而去.
	한글 읽기	설시보현권발품시 항하사등 무량무변보살 득백천만억선다라니 삼천대천세계 미진등제보살 구보현도. 불설시경시 보현등제보살 사리불등제성문 급제천, 용, 인비인등 일체대회 개대환희 수지불어 작례이거.
	한글 풀이	부처님께서 이 경을 설하실 때 보현보살을 비롯한 모든 보살들과 사리불을 비롯한 모든 성문들, 모든 하늘과 용, 사람과 사람 아닌 것 등의 모든 대중이 모두 다 크게 기뻐하며, 부처님의 말씀을 받아지녀 예배하고 물러갔다.

앞 단락에서 보현보살은 이빨이 여섯 개나 되는 흰 코끼리를 타고 한량없는 보살들에게 둘러싸여 중생들이 보기 좋아하는 이 몸을 그 사람 앞에 나타내어 설법하고 가르쳐 이롭게 하여, 기쁘게 한 후 그 사람에게 다라니의 주문을 주겠노라며, 20구절에 달하는 다라니를 읊습니다. 이 다라니를 얻게 되면 누구도 방해하거나 깨뜨리지 못할 것이며, 자신이 그를 보호할 것이라는 결의에 찬 서원을 하게 됩니다. 이 다라니는 법사들이 경전을 기억하고, 마음에 새기는 힘을 주는 다라니이면서, 지혜를 얻어 사바세계의 세상살이에도 온갖 재액을 물리치게 하는 신비한 진언의 다라니이기도 합니다. 다라니에 대해서는 〈다라니품〉에서 그 개요를 설명드렸습니다만, 다라니는 그야말로 문자 언어로서는 풀 수 없는 신비한 소리의 파장을 지녀, 듣는 이로 하여금 뇌파에 가시적 변화를 일으키게 하는 주술적 기원의 성격을 띠게 됩니다.

법화경의 마지막 품 중에서도 후반부에 해당하는 시점에서 부처님은 법화경의 위상을 지극한 신심으로 격상시키시는 한편, 보현보살로 하여금 법사들에 대한 강력한 옹호를 통해 여래 멸후의 악세에 까지 **'법화경이여 영원하라!'**를 주문하신 겁니다. 법화경을 옮겨 쓰기만 해도 죽어 마땅히 도리천에 태어나, 8만 4천의 하늘 여인들이 연주하는 기악을 들으며, 칠보로 된 관을 쓰고, 궁녀들과 즐겁게 지낼 것이라 하였습니다. 8만 4천이라는 숫자는 앞에서 살펴본 바와 같이 8정도, 4성제 또는 8만 4천 법문 등 불교 수행의 대표성을 가지는 숫자라 하겠습니다.

그런데 나아가 법화경을 받아 지니고 읽고 외우며, 바르게 생각하고 그 뜻을 잘 이해하면(정억념 正憶念), 그 사람이 죽을 때 1천의 부처님께서 손을 잡아 주시기 때문에 일체의 두려움을 떨치고 나쁜 곳에 떨어지지 않게 한다는 것입니다. 그러면서 법화경의 가르침을 따라 수행하고, 홍포에 애쓰는 자는 이와 같은 큰 공덕과 이익이 있으므로, 지혜 있는 이는 마땅히 한결 같은 마음으로 스스로 쓰거나, 남을 시켜 쓰게 하며, 받아 지니고 읽고 외우며, 바르게 생각하고, 설한 바와 같이 수행할 것이라 설하는데, 이는 곧 부처님의 말씀을 보현보살이 대신 설명하는 구조를 취하고 있는 것입니다. 행원의 상징인 보현보살을 통해 불보살의 신통력으로 법화경을 수호하여, 여래께서 열반하신 후 사바세계 안에 널리 퍼지게 하라는, 부처님의 간곡한 희망의 메시지를 담고 있는 것이지요. 부처님이 보현보살을 찬탄하여 당신의 각오를 밝히신 본문의 문장을 인용해 봅니다.

> "착하고도 착하도다! 보현보살아! 그대가 능히 이 경전을 보호하고 도와서 많은 중생을 안락하고 이익되게 하리라. 그대는 이미 불가사의한 공덕과 깊고 큰 자비를 이루었으며, 오랜 옛날부터 아뇩다라삼먁삼보리의 마음을 일으켜 이렇게 신통한 원을 세워 이 경전을 지키고 보호하려 하니, 나도 마땅히 신통력으로 보현보살의 이름을 받아 지니는 사람을 지키고 보호하겠노라."

"보현 자네가 그토록 굳은 다짐을 하니 낸들 어찌 가만 있겠능가? 나도 응당 신통력으로 보현 자네의 이름을 받아 지니는 사람을 지키고 보호함세." 라고 하시는 겁니다. 그러면서 법화경을 수지·독송·서사하고, 정억념하면 석가모니 부처님을 직접 뵙고 경전의 설함을 들은 것과 같이 된다고 하셨습니다. 이는 법화경의 위상이 최최최상이라는 말씀에 다름이 아닙니다. 응당

지금 이 책을 읽고 있는 여러분들에게 해당하는 복보(福報)가 아닐 수 없습니다. 법화경은 바로 이러한 경전입니다. 우리가 법화경을 생각만 해도 보현보살이 나의 주변에 경호를 서 주시고, 경을 펼치는 순간 석가모니 부처님이 우리의 마음자락에 함께 하시니, 이보다 더 행복한 진리의 순간이 어디에 있겠습니까? 나아가 우리는 그것으로 부처님을 공양하는 것이 되며, 칭찬은 물론 부처님이 보너스로 우리들의 머리를 쓰다듬어 주실 것이고, 빈약한 우리들의 마음자락을 당신의 옷을 친히 벗어서 감싸 주실 것입니다. 그러니 **법화경 자체가 행복이요, 행복보다 진한 행복이 법화경**이라 할 수 있습니다.

나아가 이루 말할 수 없는 불은의 복보로 인해 탐진치 3독의 시달림은 커녕 질투·아만·삿됨·증상만의 괴롭힘도 당하지 아니하여, 욕심을 여의고 적은 것에 만족할 줄 알아 능히 보현의 행을 닦게 될 것입니다. 본 품의 개요는 보현보살의 법화경에 대한 수호의지와 법화 행자의 복보에 대한 부처님의 설법으로 크게 이루어져 있습니다. 부처님의 설법 생애 전체의 엑기스가 농축된 이 법화경을 만년에 설법하시면서, 얼마나 이 경의 수호 의지가 강하셨던가를 단적으로 느낄 수 있는 품이기도 하지요. 따라서 법화경을 수호하는 자를 경멸하거나 비방하는 자 그리고 법사를 폄훼하고 훼손하는 자에 대한 과보와 복보가 대극적 양상을 띠며, 구체적 이분법적 결론으로 귀결된다는 것도 본 품의 특징이라 하겠습니다.

이를테면 이 경전을 받아 지녀 읽고 외우는 이가 있으면, 이 사람은 의복·침구·음식 등의 생활 용품을 탐내지 않을 것이며, 소원이 헛되지 않고 또한 현세에서 그 복의 과보를 받을 것이라 하신 반면, 이 경전을 지닌 이의 허물과 죄악을 꼬집어 내면, 그것이 사실이거나 아니거나, 이런 사람은 현세에서 문둥병을 얻을 것이며, 만일 수행하는 이를 경멸하여 비웃으면, 이런 사람은 세세에 악한 중병을 앓게 되고, 고약한 신체적 과보를 받는다며, 명쾌하고 구체적인 인과를 설하고 있으십니다. 그래서 부처님이 말씀하시는 결론은 무엇일까요? 부처님의 최종 명쾌 선언문은 이렇습니다.

"그러므로 보현보살아! 만일 이 경전을 받아 가진 이를 보거든 마땅히 일어나 멀리서부터 환영하기를 부처님께 공경하듯이 할지니라."

중요 용어해설

❶ 영불공포 불타악취(令不恐怖 不墮惡趣) : 두렵지 않게 해 주시고, 나쁜 곳에 떨어지지 않게 함

❷ 위석가모니불 의지소패(爲釋迦牟尼佛 衣之所覆) : 석가모니께서 옷으로 덮어주심

❸ 시인불위삼독소뇌(是人不爲三毒所惱) : 3독의 번뇌에 시달리지 않음

❹ 여광인이! 공작시행 종무소획(汝狂人耳! 空作是行 終無所獲) : '너는 미친 사람이다. 공연히 이런 행을 하는 것이요, 끝내 아무것도 얻는 것이 없으리라' 라며 폄훼함

❺ 출기과오 약실약부실(出其過惡 若實若不實) : 허물과 죄악을 꼬집어 내면, 그것이 사실이거나 아니거나, 과보를 받는다는 뜻

❻ 아치소결 추순별비 수각요려 안목각래(牙齒疏缺 醜脣平鼻 手脚繚戾 眼目角睞) : 어금니가 성글고 이지러지며, 입술은 추하고 코는 납작하며, 팔 다리가 삐뚤어지고 눈이 틀어짐

❼ 당기원영 당여경불(當起遠迎 當如敬佛) : 마땅히 일어나 멀리서부터 환영하기를 부처님께 공경하듯이 할 것

...... 에필로그 ......

『묘법연화경』
그 진리의 여정을 돌이켜보며*!*

　지금까지 우리는 법화경 그 찬연한 진리의 문턱을 넘기 위한 중생의 방편으로, 법화경 28품 전편에 대한 불음(佛音)의 진리를 되새기고자, 긴 여정의 항해를 해 왔습니다. 부처님 당신 스스로 **"내가 설한 경전 중에 법화경이 최고!"**라 하셨고, **"번뇌에 찌든 육신 그대로가 부처니라"**라는 말씀은, 세상을 살아오면서 편견과 비교, 이해득실의 분별심에 익숙해 온 우매한 중생심의 한 사람인 저로서는, 신선한 충격을 넘어 과거, 현재, 미래의 삶 전체를 다시 돌아보게 하는 인생 최고의 나침판이 되기에 충분한 행운 그 자체였습니다.

　천학비재한 학식 탓에 경전의 한 글자, 한 구절마다 사전을 찾아야 했고, 문헌의 창고를 뒤지고 헤맬 수밖에 없었기에, 출항을 한지 어언 5년에 걸쳐서야 집필의 마지막, 『묘법연화경』 그 진리의 여정을 되돌아보는 대미의 장에 닿을 수 있었습니다. 그런 만큼 돌이켜보는 지금 이 순간의 형언할 수 없는 감회는, 저의 필력으로서는 온당히 표현할 길이 없을 만큼 감개무량하다는 고백이 솔직한 심경이 아닐까 하는 조심스런 소회를 가져봅니다.

　그러면서도 한편으로는 저의 일천한 역량 탓에 법화경의 그 도도한 진리의 말씀을 단 한 구절이라도 옳게 전달하여, 한 분의 독자님에게라도 삶의 등불과 희망의 안내서 역할이라도 한 것인지, 심히 염려스럽고 저어하는 마음도 금할 길 없습니다. 그러나 이 책의 머리말을 쓰던 그 순간부터 지금에 이르기까지 단 한 순간도 묘법의 진리에 가까이 가고자 한 팽팽한 긴장의 끈은 늦춘 적이 없으며, 어떻게 하면 법화정신의 한 글자라도 더 참되게 전할 것인가 하는 진리를 향한 진정성은 한 시도 놓지 않았음을 감히 고백합니다.

당부 드리건대 법화경은 결코 어려운 경전이 아님을 늘 상기해 주시기 바랍니다. 원래 잠들어 있던 나 자신에게 내재된 불성의 종자를 찾아 기필코 연꽃을 피운다는 신심(信心)의 각오를 다지는 발심이 무엇보다 중요하다 하겠습니다. 설령 그 깊은 뜻은 모르더라도 내가 곧 부처님을 대리하는 분신 사역자라는 자부심 아래 법화경을 지니고 읽으며, 서사하고 남을 위해 한 구절만이라도 설해 주려는 진정한 법사가 되어 주실 것을 거듭 당부 드립니다. 법화경을 수호하는 많은 불자님들의 말씀이 법화경을 읽고 나서 경전을 덮은 후에 생각하면 무엇을 읽었는지 아무것도 모르겠다는 말을 많이 듣습니다. 당연한 말씀입니다. 연잎에는 은혜의 법우(法雨)가 내려 흘러가더라도 그 흔적이 남지 않는 법입니다. 그러나 사바세계에 뿌리 내린 연근에서는 차곡차곡 그 인연을 담았다가 언젠가 고결한 묘법의 연꽃을 피워내지 않습니까? 법사행의 지적(知的) 성취와 과보는 전혀 연연할 대상이 아닙니다. 그냥 묘법이 살아 있는 연꽃의 경전이면 그것으로 된 것입니다.

짧지 않은 인생의 여정을 헤쳐 가다 보면 때로는 행복의 꽃이 필 때도 있을 것이고, 굽이마다 질곡의 마장이 나를 고통의 가시밭길로 끌고 갈 때도 있을 것입니다. 그러나 그 행·불행 또한 모두가 나의 은혜로운 법화경의 스승이라는 믿음을 가지셔야 합니다. 한 생각만 바꾸어서 내가 부처임을 알게 되면, 인생사 희비애증과 행·불행조차 법화경이 맺어준 인연이란 생각으로, 거기엔 기쁨도 슬픔도 실체는 없고, 다만 그 이름만 남을 뿐이라는 큰 발심에 다가가실 수 있으리라 믿습니다. 우리들이 설령 그 깊은 뜻도 모른 채 지금까지 먼먼 법화경의 대장정을 항해해 왔다는 작디작은 공덕만으로도, 행복과 불행 모두를 꽃 접시에 모셔놓고 경배하는 자비의 힘을 부처님께서는 주셨으리라 기꺼이 믿으시기 바랍니다.

인생이라는 현상적 찰나의 삶은 유한하지만 법화경을 수지·독송하며, 서사·위타인설해 온 법사로서의 맺은 여러분과 저의 인연 인자는 백천만억 나유타 아승기겁에 닿아도, 그 다함이 없을 것임을 확신하게 되었습니다. 법신으로써의 구원실성인 불멸의 부처님을 만났고, 제법실상으로서의 진리의 바다에 이르러 무명에 잠들어 몰랐던, 이미 부처인 우리들 자신도 돌이켜볼 수 있었습니다. 우리들은 이제 속세와 탈속세를 떠나 어떠한 현실적 삶의 난관에 봉착하더라도 보살의 자비와 부처님의 위신력으로, 우뚝하고 자재로운 법화행자로서의 고결한 삶을 살아갈 수 있는 선택 받은 축복의 카드를 받은 것입니다.

지나온 법화경의 여정에서 확신하였듯이, 무명과 번뇌에 휘둘려 있던 미망의 삶이었지만, 환란에 젖은 육신 그대로가 부처임을 깨달아, 연꽃 향기 그윽한 연화장의 세계를 향해 무소의 뿔처럼 다함께 걸어가실 것을 축원 드리며, 법화경 해설서, 「내 안의 부처를 만나는 지혜의 나침판」 『행복보다 진한 행복 법화경!』 졸저의 해설에 대한 난필의 붓을 거두어들입니다.

함께 해온 모든 분들께 두 손 모읍니다.
감사합니다. 성불 하십시오.

불기 2569년 만추지절 무극 정영화 합장

연꽃 속 불국(佛國) 만리

시방(十方)의 허공 속애

이승의 새 한 마리

창공을 날아가네

날아도 흔적 없는

무애(無涯)의 날갯짓에

돌아보면 덧없어라

티끌 속에 저문 세상

피안(彼岸)이 어디던가

처처가 그 땅인 걸

여기에 있는 나를

저 곳에서 찾고 있네

연잎은 지지만

연꽃은 영원하여

묘법(妙法)의 진리 속에

부처될 내가 있어

사바에 빚진 인연

연향(蓮香)으로 피워 올려

억겁의 세월 불러

순간으로 씻어보네

졸시 「묘법의 진리 속에」

부 록

一乘妙法蓮華經　寶藏菩薩略纂偈　오직 하나　일불승의　실상묘법　연화경을
일승묘법연화경　보장보살약찬게　보장보살　간략하게　게송으로　찬탄하니
南無華藏世界海　王舍城中耆闍窟　연꽃으로　잘꾸며진　화장장엄　세계바다
나무화장세계해　왕사성중기사굴　왕사성중　기사굴산　다른이름　영축산에
常住不滅釋迦尊　十方三世一切佛　늘 머물러　열반않는　석가모니　부처님과
상주불멸석가존　시방삼세일체불　시방삼세　부처님께　지성으로　귀의하니
種種因緣方便道　恒轉一乘妙法輪　가지가지　인연들과　가지가지　방편도로
종종인연방편도　항전일승묘법륜　일승묘법　진리바퀴　영원토록　굴리소서
與比丘衆萬二千　漏盡自在阿羅漢　일만이천　비구대중　부처님과　함께하니
여비구중만이천　누진자재아라한　번뇌녹아　자재하고　공부마친　대아라한
阿若矯陳大迦葉　優樓頻那及伽倻　오비구중　아야교진　두타제일　마하가섭
아야교진대가섭　우루빈나급가야　삼형제로　우루빈나　가야가섭　나제가섭
那提迦葉舍利弗　大目健連伽旃延　부처님의　양대제자　지혜제일　사리불과
나제가섭사리불　대목건련가전연　신통제일　목건련이　부처님을　시위하고
阿耨樓馱劫賓那　矯梵婆提離婆多　논의제일　가전연과　지혜눈의　아누루타
아누루다겁빈나　교법바제이바다　천문학자　겁빈나와　소신공양　교범바제
畢陵伽婆縛狗羅　摩訶狗紺羅難陀　욕심없는　이바다와　필릉가바　함께하고
필릉가바박구라　마하구치라난타　무병장수　박구라와　설득귀재　구치라와
孫陀羅與富樓那　須菩提者與阿難　이복동생　난타존자　손타라와　부루나와

손타라여부루나	수보리자여아란	해공제일	수보리와	다문제일	아난다와
羅候羅等大比丘	摩訶婆闍婆提及	밀행제일	라후라등	큰비구들	함께하고
라훌라등대비구	마하파사파제급	마하파사	파제니는	육천권속	함께하고
羅候羅母耶輸陀	比丘尼等二千人	라훌라의	모친으로	야수다라	비구니는
라후라모야수다	비구니등이천인	이천권속	함께하니	모두합해	팔천이라
摩訶薩衆八萬人	文殊師利觀世音	마하살중	팔만인은	불퇴전의	보살이니
마하살중팔만인	문수사리관세음	문수사리	지혜보살	관세음은	자비보살
得大勢與常精進	不休息及寶掌士	큰세력의	득대세와	끈기있는	상정진과
득대세여상정진	불휴식급보장사	쉼이 없는	불휴식과	보장보살	함께하고
藥王勇施及寶月	月光滿月大力人	약왕보살	용시보살	보월보살	월광보살
약왕용시급보월	월광만월대력인	만월보살	대력보살	법회중에	모여들고
無量力與越三界	跋陀婆羅彌勒尊	큰힘가진	무량력과	무심행자	월삼계와
무량력여월삼계	발타바라미륵존	발타바라	보살이며	도솔천주	미륵보살
寶積導師諸菩薩	釋提桓因月天子	보적보살	도사보살	이와같은	이들이며
보적도사제보살	석제환인월천자	석제환인	그의권속	이만천자	함께하고
寶香寶光四天王	自在天子大自在	명월천자	보향천자	보광천자	사천왕이
보향보광사천왕	자재천자대자재	일만권속	함께하며	자재천자	대자재천
娑婆界主梵天王	尸棄大梵光明梵	삼만권속	함께하고	사바계주	범천왕인
사바계주범천왕	시기대범광명범	시기대범	광명대범	일만이천	권속이라
難陀龍王跋難陀	娑竭羅王和修吉	여덟용왕	있었으니	난타용왕	발난타와
난타용왕발란타	사가라왕화수길	사갈라왕	화수길과	덕차가와	아나바달
德叉阿那婆達馱	摩那斯龍優婆羅	마나사왕	우발라로	그들각기	백천권속
덕차아나바달다	마나사용우바라	서로서로	이끌어서	법화회상	모여들고

法緊那羅妙法王　　大法緊那持法王　　법긴나라　묘법긴나　대법긴나　지법긴나
법긴나라묘법왕　　　대법긴나지법왕　　각기백천　권속으로　삼삼오오　모여들며

樂建達婆樂音王　　美乾달婆美音王　　악건달바　악음왕과　미건달바　미음왕이
악건달바악음왕　　　미건달바미음왕　　그들 각기　백천권속　손을잡고　모여들고

婆稚佉羅乾陀王　　毘摩質多羅修羅　　바치수라　거라수라　비마질다　나후수라
바치거라건타왕　　　비마질다라수라　　이들사대　아수라왕　백천권속　함께하며

羅睺阿修羅王等　　大德迦樓大身王　　대덕가루　대신가루　대만가루　여의가루
나후아수라왕등　　　대덕가루대신왕　　이들사대　가루라왕　백천권속　함께하고

大滿迦樓如意王　　韋提希子阿闍世　　위제희의　아들로서　마갈타국　아사세왕
대만가루여의왕　　　위제희자아사세　　백천권속　이끌어서　영산회상　모여드네

各與若干百千人　　佛爲說經無量義　　석가모니　부처님이　무량의경　설하시려
각여약간백천인　　　불위설경무량의　　무량의처　삼매중에　결과부좌　정에드니

無量義處三昧中　　天雨四花地六震　　만다라꽃　대만다라　만수사꽃　대만수사
무량의처삼매중　　　천우사화지육진　　하늘에서　꽃비오고　여섯가지　진동오고

四衆八部人非人　　及諸小王轉輪王　　사부대중　천룡팔부　사람인듯　아닌사람
사중팔부인비인　　　급제소왕전륜왕　　작은나라　모든 소왕　큰나라의　전륜왕과

諸大衆得未曾有　　歡喜合掌心觀佛　　모든 대중　생각하니　전에없던　일인지라
제대증득미증유　　　환희합장심관불　　기쁜 마음　합장하고　부처님을　우러르네

佛放眉間白毫光　　光照東方萬八千　　석가모니　부처님이　미간백호　광명놓아
불방미간백호광　　　광조동방만팔천　　동방으로　일만팔천　너른세계　비추시되

下至阿鼻上阿迦　　衆生諸佛及菩薩　　아래로는　아비지옥　또한위로　아가니타
하지아비상아가　　　중생제불급보살　　중생들과　부처님과　대승보살　마하살이

種種修行佛說法　　涅槃起塔此悉見　　갖가지로　수행하고　성도하고　설법하고

	종종수행불설법	
	열반기탑차실견	열반하고 탑세우는 모든현상 보았어라
大衆疑念彌勒問	대중의염미륵문	대중들이 의심하고 미륵보살 질문하니
文殊師利爲決疑	문수사리위결의	문수사리 법왕자가 의심풀어 대답하되
我於過去見此瑞	아어과거견차서	내가 과거 무량겁에 이런상서 있게되면
卽說妙法汝當知	즉설묘법여당지	묘법설함 보았나니 그대들은 필히알라
時有日月燈明佛	시유일월등명불	그당시에 일월등명 부처님이 계셨으며
爲說正法初中後	위설정법초중후	바른법을 설하시매 처음중간 마지막이
純一無雜梵行相	순일무자범행상	순일하여 섞임없고 깨끗한행 갖추오니
說應諦緣六度法	설응제연육도법	근기따라 사제십이 육바라밀 설하시어
令得阿耨菩提智	영득아뇩보리지	아뇩보리 일체종지 모두얻게 하시나니
如是二萬皆同名	여시이만개동명	이와같이 이만부처 같은이름 일월등명
最後八子爲法師	최후팔자위법사	맨마지막 여덟왕자 모두법사 되었으니
是時六瑞皆如是	시시육서개여시	그때에도 육종진동 모두가와 같았어라
妙光菩薩求名尊	묘광보살구명존	묘광보살 구명존은 팔백명의 제자두니
文殊彌勒豈異人	문수미륵기이인	문수보살 묘광이고 미륵보살 구명일세
德藏堅滿大樂說	덕장견만대요설	덕장보살 견만보살 대요설의 보살이며
智積上行無邊行	지적상행무변행	지적보살 상행보살 무변행의 보살이며
淨行菩薩安立行	정행보살안립행	정행보살 안립행과 크신보살 상불경과
常不經士宿王華	상불경사숙왕화	미래내의 별들왕자 수왕화와 보살이며
一切衆生喜見人	일체중생희견인	일체중생 희견인은 최고가는 보살이고
妙音菩薩上行意	묘음보살상행의	묘음보살 상행의는 다시없는 대승보살
莊嚴王及華德士	장엄왕급화덕사	장엄왕과 화덕보살 묘음품의 보살이고
無盡意與持地人	무진의여지지인	무진의와 지지보살 보문품의 보살이라

光照莊嚴藥王尊　藥王菩薩普賢尊　광조장엄 약왕존과 약상보살 보현존은
광조장엄약왕존　약상보살보현존　법화회상 그가운데 없어서는 안될보살

常隨三世十方佛　日月燈明燃燈佛　시방삼세 부처님을 항상함께 따르나니
상수삼세시방불　일월등명연등불　일월등명 시작으로 연등불로 이어지고

大通智勝如來佛　阿閦佛及須彌頂　대통지승 여래불과 아촉불과 수미정불
대통지승여래불　아촉불급수미정　또한 과거 부처로서 중생들을 이끄시며

師子音佛師子相　虛空住佛常明佛　굵은음성 사자음불 위엄높은 사자상불
사자음불사자상　허공주불상멸불　허공중에 머문부처 번뇌상멸 부처님과

帝相佛與梵相佛　阿彌陀佛度苦惱　제상불과 범상불과 극락정토 아미타불
제상불여범상불　아미타불도고뇌　세간고뇌 건져주는 도고뇌의 부처님과

多摩羅佛須彌相　雲自在佛自在王　전단향의 다마라불 으뜸신통 수미상불
다마라불수미상　운자재불자재왕　구름처럼 걸림없는 운자재불 자재왕불

壞怖畏佛多寶佛　威音王佛日月燈　공포부순 괴포외불 갖은보배 다보불과
괴포외불다보불　위음왕불일월등　위음왕불 일월등명 무량겁전 부처님과

雲自在燈淨明德　淨華宿王雲雷音　운자재등 부처님과 정명덕왕 부처님과
운자재등정명덕　정화숙왕운뢰음　정화수왕 부처님과 운뢰음왕 부처님과

雲雷音宿王華智　寶威德上王如來　구름우레 벽력같은 별들지혜 수왕화지
운뢰음숙왕화지　보위덕상왕여래　값진보배 크신위엄 보위덕상 부처님과

如是諸佛諸菩薩　已今當來說妙法　이와같은 모든부처 모든보살 설법하니
여시제불제보살　이금당래설묘법　이미설법 지금설법 장차설법 끝없어라

於此法會與十方　常隨釋迦牟尼佛　이법회에 모인대중 시방세계 대중들이
어차법회여시방　상수석가모니불　석가모니 부처님을 항상따라 배우고자

雲集相從法會中　漸頓身子龍女等　구름뫼듯 서로좇아 법회중에 함께하고

운집상종법회중	점돈신자용녀등	사리불은	점법이고	팔세용녀	돈법이나
一雨等樹諸樹草	序品方便譬喩品	같은비가	모든수초	동등하게	내리듯이
일우등주제수초	서품방편비유품	모든중생	법화행자	평등하게	이익얻네
信解藥草授記品	化城喩品五百第	이십팔품	열거하면	서품방편	비유품과
신해약초수기품	화성유품오백세	신해약초	수기품과	일이삼품	사오륙품
授學無學人記品	法師品與見寶塔	화성유품	오백제자	수학무학	칠팔구품
수학무학인기품	법사품여견보탑	열번째로	법사품과	열한번째	견보탑품
提婆達多與持品	安樂行品從地涌	열두번째	제바달다	권지품은	열세번째
제바달다여지품	안락행품종지용	안락행품	종지용출	십사십오	품이되고
如來壽量分別功	隨喜功德法師功	여래수량	분별공덕	십륙십칠	품이면서
여래수량분별공	수희공덕법사공	수희공덕	법사공덕	십팔십구	품일러라
常佛經品神力品	囑累藥王本事品	스무번째	상불경품	스물하나	여래신력
상불경품신력품	촉루약왕본사품	촉루품은	이십이품	약왕본사	이십삼품
妙音觀音普門品	陀羅尼品妙莊嚴	묘음보살	이십사품	관음보문	이십오품
묘음관음보문품	다라니품묘장엄	이십육은	다라니품	이십칠은	묘장엄품
普賢菩薩勸發品	二十八品圓滿敎	보현보살	권발품이	마무리를	장식하니
보현보살권발품	이십팔품원만교	일곱권에	이십팔품	원만교설	아름답네
是爲一乘妙法門	支品別偈皆具足	이것이곧	일승묘법	법화경의	법문으로
시위일승묘법문	지품별게개구족	지품마다	게송들이	모두모두	구족하니
讀誦受持信解人	從佛口生佛衣覆	독송하고	수지하고	믿고이해	하는사람
독송수지신해인	종불구생불의부	말씀에서	출생하고	부처님이	덮어주며
普賢菩薩來守護	魔鬼諸惱皆消除	보현보살	다가와서	그를수호	하여주고
보현보살내수호	마귀제뇌개소제	마귀들의	괴롭힘은	한결같이	사라지고

不貪世間心意直　有正億念有福德　세간사에　탐착않고　마음과뜻　올곧으며
불탐세간심의직　유정억념유복덕　올바르게　기억하면　그복덕이　한량없고
忘失句偈令通利　不久當詣道場中　잊고있던　구절게송　생생하게　떠오르고
망실구게영통리　불구당예도량중　머지않아　법화회상　도량중에　나아가서
得大菩提轉法輪　是故見者如敬佛　대보리를　얻게되고　묘법륜을　굴리나니
득대보리전법륜　시고견자여경불　그러므로　만나는자　여불대접　공경하네
南無妙法蓮華經　靈山會上佛菩薩　실상묘법　연화경의　영산회상　불보살님
나무묘법연화경　영산회상불보살　두손모아　마음모아　지성귀의　하나이다
一乘妙法蓮華經　寶藏菩薩略纂偈　오직하나　일불승의　실상묘법　연화경을
일승묘법연화경　보장보살약찬게　보장보살　게송으로　이와같이　찬탄하네

용　어	품　명	출　전
[가]		
가루라(迦樓羅)	<제1 서품>	제 | 2 |
가사흑풍취기선방 표타나찰귀국 (假使黑風吹其船舫 飄墮羅刹鬼國)	<제25 관세음보살보문품>	제 | 1 |
가취차좌(可就此座)	<제11 견보탑품>	제 | 3 |
각이의극성제천화(各以衣裓盛諸天華)	<제7 화성유품>	제 | 3 |
각현위덕신통지력(各現威德神通之力)	<제28 보현보살권발품>	제 | 1 |
간탐질투(慳貪嫉妬)	<제2 방편품>	제 | 9 |
감실천만(龕室千萬)	<제11 견보탑품>	제 | 1 |
개실단괴 즉득해탈(皆悉斷壞 卽得解脫)	<제25 관세음보살보문품>	제 | 1 |
개실도어 일체지지(皆悉到於一切智地)	<제5 약초유품>	제 | 1 |
개실송율(皆悉悚慄)	<제6 수기품>	제 | 2 |
개실자도소지궁전(皆悉自睹所止宮殿)	<제7 화성유품>	제 | 4 |
개응도차(皆應到此)	<제5 약초유품>	제 | 3 |
개호지위시무외자(皆號之爲施無畏者)	<제25 관세음보살보문품>	제 | 2 |
개획안은 이득도탈(皆獲安隱 而得度脫)	<제7 화성유품>	제 | 4 |
거칠지다라수(去地七多羅樹)	<제24 묘음보살품>	제 | 2 |
건달바(乾闥婆)	<제1 서품>	제 | 2 |
겁탁난시(劫濁亂時)	<제2 방편품>	제 | 9 |
견가라 빈바라 아촉바(甄迦羅 頻婆羅 阿閦婆)	<제23 약왕보살본사품>	제 | 1 |
견만보살(堅滿菩薩)	<제3 비유품>	제 | 2 |
견불문법 신수교회(見佛聞法 信受教誨)	<제18 수희공덕품>	제 | 1 |
견제제법(蠲除諸法)	<제4 신해품>	제 | 2 |
결가부좌(結跏趺坐)	<제1 서품>	제 | 6 |

고광점소 지우범천(高廣漸小 至于梵天)	<제17 분별공덕품>	제	2	
고원천착(高原穿鑿)	<제10 법사품>	제	3	
고제(睾帝)	<제26 다라니품>	제	1	
고팔다라수(高八多羅樹)	<제17 분별공덕품>	제	2	
고현사서(故現斯瑞)	<제1 서품>	제	4	
공무상무작(空無相無作)	<제4 신해품>	제	1	
공생일처(共生一處)	<제18 수희공덕품>	제	1	
공예서북방추심시상(共詣西北方推尋是相)	<제7 화성유품>	제	4	
공왕불(空王佛)	<제9 수학무학인기품>	제	1	
관세음보살(觀世音菩薩)	<제1 서품>	제	2	
광명여래(光明如來)	<제6 수기품>	제	1	
광설십이인연법(廣說十二因緣法)	<제7 화성유품>	제	5	
광조장엄상보살(光照莊嚴相菩薩)	<제27 묘장엄왕본사품>	제	2	
괴생사군 제여원적 개실최멸 (壞生死軍 諸餘怨敵 皆悉摧滅)	<제23 약왕보살본사품>	제	2	
교담미(憍曇彌)	<제13 권지품>	제	1	
구경열반(究竟涅槃)	<제1 서품>	제	5	
구공탄지 시이음성(俱共彈指 是二音聲)	<제21 여래신력품>	제	1	
구멸도다보여래(久滅度多寶如來)	<제17 분별공덕품>	제	1	
구명(求名)	<제1 서품>	제	9	
구반다등 득기편야(鳩槃茶等 得其便也)	<제23 약왕보살본사품>	제	2	
구족몽윤(具足蒙潤)	<제5 약초유품>	제	3	
구족천만광상여래(具足千萬光相如來)	<제13 권지품>	제	1	
국명보정(國名寶淨)	<제11 견보탑품>	제	1	
국명이구(國名離垢)	<제3 비유품>	제	2	
금강위수 견숙가보(金剛爲鬚 甄叔迦寶)	<제24 묘음보살품>	제	1	
금당부이비유 갱명차의(今當復以譬喩 更明此義)	<제3 비유품>	제	3	
기이인호(豈異人乎)	<제1 서품>	제	9	
기지혜문(其智慧門)	<제2 방편품>	제	1	
긴나라(緊那羅)	<제1 서품>	제	2	

[나]		
나라연 견고지신(那羅延 堅固之身)	<제24 묘음보살품>	제	2	
난신지법(難信之法)	<제1 서품>	제	4	
난신지주(難信之珠)	<제14 안락행품>	제	2	
내능작차대공덕사(乃能作此大功德事)	<제15 종지용출품>	제	2	
능해일체생사지박(能解一切生死之縛)	<제23 약왕보살본사품>	제	2	
[다]		
다라니(陀羅尼)	<제1 서품>	제	2	
다라니주(陀羅尼呪)	<제26 다라니품>	제	1	
다마라발전단향여래(多摩羅跋栴檀香如來)	<제6 수기품>	제	2	
다소안은 다소도탈(多所安隱 多所度脫)	<제7 화성유품>	제	4	
다소요익안락중생(多所饒益安樂衆生)	(제2 방편품)	제	8	
당기원영 당여경불(當起遠迎 當如敬佛)	<제28 보현보살권발품>	제	2	
당안주사법(當安住四法)	<제14 안락행품>	제	1	
대광보조편만세계(大光普照遍滿世界)	<제7 화성유품>	제	3	
대보장엄(大寶莊嚴)	<제3 비유품>	제	2	
대통지승여래(大通智勝如來)	<제7 화성유품>	제	1	
덕장보살(德藏菩薩)	<제1 서품>	제	8	
도리제천(忉利諸天)	<제7 화성유품>	제	2	
도사화합(擣篩和合)	<제16 여래수량품>	제	3	
도칠보화여래(蹈七寶華如來)	<제9 수학무학인기품>	제	2	
도탈무량보살(度脫無量菩薩)	<제6 수기품>	제	2	
도탈중생(度脫衆生)	<제7 화성유품>	제	4	
도피안(到彼岸)	<제1 서품>	제	2	
돌재장부(咄哉丈夫)	<제8 오백제자수기품>	제	2	
동호운자재등왕(同號雲自在燈王)	<제20 상불경보살품>	제	2	
두면족례(頭面禮足)	<제7 화성유품>	제	2	
득근정진력보살(得勤精進力菩薩)	<제24 묘음보살품>	제	3	
득대세보살(得大勢菩薩)	<제1 서품>	제	2	
득묘당상삼매(得妙幢相三昧)	<제24 묘음보살품>	제	1	

득무생인(得無生忍)	<제12 제바달다품>	제 | 1 |
득문지다라니문(得聞持陀羅尼門)	<제17 분별공덕품>	제 | 1 |
득불미구(得佛未久)	<제15 종지용출품>	제 | 2 |
득불법분(得佛法分)	<제3 비유품>	제 | 1 |
득사무애지(得四無礙智)	<제8 오백제자수기품>	제 | 1 |
득해일체중생어언다라니 (得解一切衆生語言陀羅尼)	<제23 약왕보살본사품>	제 | 2 |
득현일체색신삼매(得現一切色身三昧)	<제23 약왕보살본사품>	제 | 1 |
[라]		
라후라(羅睺羅)	<제1 서품>	제 | 1 |
로가야타(路迦耶陀)	<제14 안락행품>	제 | 1 |
[마]		
마(魔)	<제1 서품>	제 | 7 |
마하가섭(摩訶迦葉)	<제4 신해품>	제 | 1 |
마하가전연(摩訶迦旃延)	<제4 신해품>	제 | 1 |
마하만다라화(摩訶曼陀羅華)	<제1 서품>	제 | 3 |
마하목건련(摩訶目犍連)	<제4 신해품>	제 | 1 |
마하파사파제(摩訶波闍波提)	<제1 서품>	제 | 1 |
만국이고지언(滿掬而告之言)	<제11 견보탑품>	제 | 2 |
만수사화(曼殊沙華)	<제1 서품>	제 | 3 |
명대요설(名大樂說)	<제11 견보탑품>	제 | 1 |
명상여래(名相如來)	<제6 수기품>	제 | 2 |
명왈지적(名曰智積)	<제12 제바달다품>	제 | 2 |
목진린타산(目眞鄰陁山)	<제11 견보탑품>	제 | 2 |
묘광보살(妙光菩薩)	<제1 서품>	제 | 7 |
묘음변만(妙音遍滿)	<제9 수학무학인기품>	제 | 1 |
묘음보살(妙音菩薩)	<제24 묘음보살품>	제 | 1 |
무구세계(無垢世界)	<제12 제바달다품>	제 | 3 |
무능뇌란(無能惱亂)	<제14 안락행품>	제 | 2 |
무량무변(無量無邊)	<제3 비유품>	제 | 2 |

무량무애(無量無礙)	<제2 방편품>	제 | 2 |
무량변아승기공덕(量無邊阿僧祇功德)	<제5 약초유품>	제 | 1 |
무량의경(無量義經)	<제1 서품>	제 | 3 |
무량진보 불구자득(無量珍寶 不求自得)	<제4 신해품>	제 | 1 |
무루근력(無漏根力)	<제14 안락행품>	제 | 2 |
무부번뇌(無復煩惱)	<제1 서품>	제 | 1 |
무사악도(無四惡道)	<제6 수기품>	제 | 2 |
무소린석(無所悋惜)	<제4 신해품>	제 | 2 |
무소외(無所畏)	<제2 방편품>	제 | 2 |
무여열반(無餘涅槃)	<제1 서품>	제 | 7 |
무유산릉 계간구학(無有山陵 谿澗溝壑)	<제8 오백제자수기품>	제 | 1 |
무유여승약이약삼(無有餘乘 若二若三)	<제2 방편품>	제 | 8 |
무유지옥(無有地獄)	<제11 견보탑품>	제 | 2 |
무제예오(無諸穢惡)	<제6 수기품>	제 | 1 |
무회질투첨광지심(無懷嫉妬諂誑之心)	<제14 안락행품>	제 | 2 |
문수사리보살(文殊師利菩薩)	<제1 서품>	제 | 2 |
물생간린(勿生慳悋)	<제22 촉루품>	제 | 1 |
미득위득 미증위증(未得謂得 未證謂證)	<제2 방편품>	제 | 6 |
미륵보살(彌勒菩薩)	<제1 서품>	제 | 4 |
미부주변(靡不周遍)	<제1 서품>	제 | 6 |
밀운미포(密雲彌布)	<제5 약초유품>	제 | 2 |
[바]		
바라나(波羅奈)	<제3 비유품>	제 | 3 |
반열반(般涅槃)	<제1 서품>	제 | 3 |
범지 니건자(梵志 尼犍子)	<제14 안락행품>	제 | 1 |
범천(梵天)	<제1 서품>	제 | 7 |
법명여래(法明如來)	<제8 오백제자수기품>	제 | 1 |
법무소행(法無所行)	<제14 안락행품>	제 | 1 |
법화삼매(法華三昧)	<제24 묘음보살품>	제 | 1 |
벽지불자(辟支佛者)	<제1 서품>	제 | 5 |

변기교자 이회염태(便起憍恣 而懷厭怠)	<제16 여래수량품>	제 | 2 |
변장보만 보망라상(遍張寶幔 寶網羅上)	<제11 견보탑품>	제 | 2 |
보명여래(普明如來)	<제8 오백제자수기품>	제 | 2 |
보문무량세계(普聞無量世界)	<제1 서품>	제 | 2 |
보불세계(普佛世界)	<제1 서품>	제 | 3 |
보살마하살(菩薩摩訶薩)	<제1 서품>	제 | 2 |
보살정삼매 등(菩薩淨三昧)	<제27 묘장엄왕본사품>	제 | 1 |
보상여래(寶相如來)	<제9 수학무학인기품>	제 | 2 |
보위덕상왕불국(寶威德上王佛國)	<제28 보현보살권발품>	제 | 1 |
봉근삼백만억나유타불(奉覲三百萬億那由他佛)	<제6 수기품>	제 | 2 |
부루나미다라니자(富樓那彌多羅尼子)	<제8 오백제자수기품>	제 | 1 |
부사자좌(敷師子座)	<제7 화성유품>	제 | 2 |
부연사사(敷演斯事)	<제2 방편품>	제 | 3 |
부유학무학이천인(復有學無學二千人)	<제1 서품>	제 | 1 |
부진형공양(復盡形供養)	<제25 관세음보살보문품>	제 | 2 |
분반좌(分半座)	<제11 견보탑품>	제 | 3 |
불가사의(不可思議)	<제3 비유품>	제 | 2 |
불능질득아뇩다라삼먁삼보리 (不能疾得阿耨多羅三藐三菩提)	<제20 상불경보살품>	제 | 2 |
불로치소 불현흉억(不露齒笑 不現胸臆)	<제14 안락행품>	제 | 1 |
불사리(佛舍利)	<제1 서품>	제 | 3 |
불석신명(不惜身命)	<제13 권지품>	제 | 1 |
불여삼계견어삼계(不如三界見於三界)	<제16 여래수량품>	제 | 2 |
불여이신공양(不如以身供養)	<제23 약왕보살본사품>	제 | 1 |
불지지혜 여래지혜 자연지혜 (佛之智慧 如來智慧 自然智慧)	<제22 촉루품>	제 | 1 |
불지파사의(佛智叵思議)	<제15 종지용출품>	제 | 2 |
불퇴전법륜(不退轉法輪)	<제1 서품>	제 | 2 |
비사문신(毘沙門身)	<제25 관세음보살보문품>	제 | 2 |
비사문천왕호세자(毘沙門天王護世者)	<제26 다라니품>	제 | 1 |

[사]		
사갈라용왕녀(娑竭羅龍王女)	<제12 제바달다품>	제 | 3 |
사득청정고(使得淸淨故)	<제2 방편품>	제 | 7 |
사라수왕(娑羅樹王)	<제27 묘장엄왕본사품>	제 | 2 |
사리(舍利)	<제10 법사품>	제 | 2 |
사리불(舍利弗)	<제2 방편품>	제 | 1 |
사무사구득기편자(使無伺求得其便者)	<제28 보현보살권발품>	제 | 1 |
사문·바라문((沙門·婆羅門)	<제1 서품>	제 | 7 |
사미(沙彌)	<제7 화성유품>	제 | 5 |
사생중생(四生衆生)	<제18 수희공덕품>	제 | 1 |
사섭법십팔불공신통도력 (四攝法十八不共神通道力)	<제12 제바달다품>	제 | 1 |
사제법(四諦法)	<제1 서품>	제 | 5 |
삭삭친근(數數親近)	<제7 화성유품>	제 | 6 |
산수교계(算數校計)	<제8 오백제자수기품>	제 | 1 |
산해혜자재통왕여래(山海慧自在通王如來)	<제9 수학무학인기품>	제 | 1 |
삼고고(三苦故)	<제4 신해품>	제 | 2 |
삼명 육통 팔해탈(三明 六通 具八解脫)	<제7 화성유품>	제 | 5 |
삼십이상 무량광명(三十二相 無量光明)	<제15 종지용출품>	제 | 1 |
삼십칠품조도법(三十七品助道法)	<제27 묘장엄왕본사품>	제 | 1 |
삼전십이항법륜(三轉十二行法輪)	<제7 화성유품>	제 | 5 |
상능심체청정설법(常能審諦淸淨說法)	<제8 오백제자수기품>	제 | 1 |
상립승번(常立勝幡)	<제9 수학무학인기품>	제 | 1 |
상무이승 하황유삼(尙無二乘 何況有三)	<제2 방편품>	제 | 8 |
상정진보살마하살(常精進菩薩摩訶薩)	<제19 법사공덕품>	제 | 1 |
상중하성(上中下性)	<제5 약초유품>	제 | 3 |
상차상박급나라(相扠相撲及那羅)	<제14 안락행품>	제 | 1 |
상행 무변행 정행 안립행 (上行 無邊行 淨行 安立行)	<제15 종지용출품>	제 | 1 |
색상대소 위의진지(色相大小 威儀進止)	<제24 묘음보살품>	제 | 2 |

석제환인(釋提桓因)	<제1 서품>	제 | 2 |
선재(善哉)	<제3 비유품>	제 | 3 |
설이열반(說二涅槃)	<제7 화성유품>	제 | 7 |
설입대화 화불능소(設入大火 火不能燒)	<제25 관세음보살보문품>	제 | 1 |
섭오정부(攝五情不)	<제24 묘음보살품>	제 | 2 |
성체지어(誠諦之語)	<제16 여래수량품>	제 | 1 |
성취사법(成就四法)	<제28 보현보살권발품>	제 | 1 |
세소난신(世所難信)	<제15 종지용출품>	제 | 2 |
소등(酥燈), 유등(油燈), 향유등(香油燈)	<제23 약왕보살본사품>	제 | 2 |
소위 단바라밀 등(所謂 檀波羅蜜)	<제27 묘장엄왕본사품>	제 | 1 |
소응첨봉(所應瞻奉)	<제10 법사품>	제 | 1 |
소이자하(所以者何)	<제2 방편품>	제 | 1 |
소적공후(簫笛箜篌)	<제17 분별공덕품>	제 | 2 |
수기(授記)	<제1 서품>	제 | 8 |
수능위아 설대승자(誰能爲我 說大乘者)	<제12 제바달다품>	제 | 1 |
수미득무루지혜(雖未得無漏智慧)	<제19 법사공덕품>	제 | 2 |
수불실멸 이언멸도(雖不實滅 而言滅度)	<제16 여래수량품>	제 | 2 |
수아등설(隨我等說)	<제4 신해품>	제 | 2 |
수왕화보살(宿王華菩薩)	<제23 약왕보살본사품>	제 | 1 |
수유문지(須臾聞之)	<제10 법사품>	제 | 2 |
수의설법(隨宜說法)	<제5 약초유품>	제 | 3 |
수행차경 속득불부(修行此經 速得佛不)	<제12 제바달다품>	제 | 2 |
승육아백상왕(乘六牙白象王)	<제28 보현보살권발품>	제 | 1 |
시교리희(示教利喜)	<제7 화성유품>	제 | 6 |
시사질부(是事疾不)	<제12 제바달다품>	제 | 3 |
시아등구 비세존야(是我等咎 非世尊也)	<제3 비유품>	제 | 1 |
시오중생(示悟衆生)	<제2 방편품>	제 | 8 |
시이인복 정등무이(是二人福 正等無異)	<제25 관세음보살보문품>	제 | 2 |
시인불위삼독소뇌(是人不爲三毒所惱)	<제28 보현보살권발품>	제 | 2 |
시인수생멸도지상(是人雖生滅度之想)	<제7 화성유품>	제 | 6 |

식중덕본(殖衆德本)	<제1 서품>	제	2	
실견피불국계장엄(悉見彼佛國界莊嚴)	<제1 서품>	제	4	
실사왕위 역수출가(悉捨王位 亦隨出家)	<제1 서품>	제	5	
심득자재(心得自在)	<제1 서품>	제	1	
심무린석(心無悋惜)	<제12 제바달다품>	제	1	
심심소착(深心所著)	<제2 방편품>	제	8	
심착폐욕락(心著弊欲樂)	<제4 신해품>	제	2	
심회연모 갈앙어불(心懷戀慕 渴仰於佛)	<제16 여래수량품>	제	2	
십여시(十如是)	<제2 방편품>	제	2	
십이인연법(十二因緣法)	<제1 서품>	제	5	
[아]				
아가니타천(阿迦尼吒天)	<제1 서품>	제	3	
아견 유견 무견(我見 有見 無見)	<제3 비유품>	제	3	
아난(阿難)	<제1 서품>	제	1	
아뇩다라삼먁삼보리(阿耨多羅三藐三菩提)	<제1 서품>	제	2	
아라한(阿羅漢)	<제1 서품>	제	1	
아법묘난사(我法妙難思)	(제2 방편품)	제	5	
아비지옥(阿鼻地獄)	<제1 서품>	제	3	
아소화작 위지식이(我所化作 爲止息耳)	<제7 화성유품>	제	7	
아수라(阿修羅)	<제1 서품>	제	2	
아승기겁(阿僧祇劫)	<제1 서품>	제	5	
아이불법 촉루어여(我以佛法 囑累於汝)	<제23 약왕보살본사품>	제	1	
아일다(阿逸多)	<제15 종지용출품>	제	2	
아치소결 추순별비 수각요려 안목각래 (牙齒疏缺 醜脣平鼻 手脚繚戾 眼目角睞)	<제28 보현보살권발품>	제	2	
악구매리비방(惡口罵詈誹謗)	<제20 상불경보살품>	제	1	
안은소뇌감인구주부(安隱少惱堪忍久住不)	<제24 묘음보살품>	제	2	
야수다라비구니(耶輸陁羅比丘尼)	<제1 서품>	제	1	
약다우치 상념공경(若多愚癡 常念恭敬)	<제25 관세음보살보문품>	제	1	
약발민란 완전우지(藥發悶亂 宛轉于地)	<제16 여래수량품>	제	3	

약야차 약나찰 약부단나 약길자 약구반다 약아귀등 사구기단 무능득편(若夜叉 若羅刹 若富單那 若吉遮 若鳩槃茶 若餓鬼等 伺求其短 無能得便)	<제26 다라니품>	제 | 1 |
약왕보살(藥王菩薩)	<제10 법사품>	제 | 1 |
약위대수소표 칭기명호 즉득천처 (若爲大水所漂 稱其名號 卽得淺處)	<제25 관새음보살보문품>	제 | 1 |
약중생주어이지(若衆生住於二地)	<제7 화성유품>	제 | 7 |
어사바국토(於娑婆國土)	<제7 화성유품>	제 | 6 |
어포외급난지중 능시무외 (於怖畏急難之中 能施無畏)	<제25 관새음보살보문품>	제 | 2 |
여각관약(如卻關鑰)	<제11 견보탑품>	제 | 3 |
여광인이! 공작시행 종무소획 (汝狂人耳! 空作是行 終無所獲)	<제28 보현보살권발품>	제 | 2 |
여래사(如來使)	<제10 법사품>	제 | 1 |
여래십호(如來十號)	<제1 서품>	제 | 5 |
여부신수외도 심착바라문법 (汝父信受外道 深著婆羅門法)	<제27 묘장엄왕본사품>	제 | 1 |
여시아문(如是我聞)	<제1 서품>	제 | 1 |
여시종종 수소응도(如是種種 隨所應度)	<제24 묘음보살품>	제 | 3 |
여신구예 비시법기(女身垢穢 非是法器)	<제12 제바달다품>	제 | 3 |
여아유촌(如我惟忖)	<제1 서품>	제 | 4 |
여이은근삼청(汝已慇懃三請)	<제2 방편품>	제 | 6 |
여일안지구 치부목공(如一眼之龜 値浮木孔)	<제27 묘장엄왕본사품>	제 | 1 |
여허공무소유성(如虛空無所有性)	<제14 안락행품>	제 | 1 |
역응유분(亦應有分)	<제9 수학무학인기품>	제 | 1 |
연등불(燃燈佛)	<제1 서품>	제 | 8 |
연백복장엄비(燃百福莊嚴臂)	<제23 약왕보살본사품>	제 | 1 |
염부나제금광여래(閻浮那提金光如來)	<제6 수기품>	제 | 2 |
염부단금(閻浮檀金)	<제17 분별공덕품>	제 | 2 |
염부제미진(閻浮提微塵)	<제20 상불경보살품>	제 | 1 |
영리제착(令離諸著)	<제2 방편품>	제 | 1 |

영불공포 불타악취(令不恐怖 不墮惡趣)	<제28 보현보살권발품>	제	2	
영상아두상 막뇌어법사(寧上我頭上 莫惱於法師)	<제26 다라니품>	제	1	
예오충만 불신비소(穢惡充滿 佛身卑小)	<제24 묘음보살품>	제	1	
오백아라한(五百阿羅漢)	<제8 오백제자수기품>	제	2	
오음마(五陰魔)	<제14 안락행품>	제	2	
오종불남(五種不男)	<제14 안락행품>	제	1	
오탁악세(五濁惡世)	<제2 방편품>	제	9	
와력형극(瓦礫荊棘)	<제6 수기품>	제	1	
왕사성기사굴산(王舍城耆闍崛山)	<제1 서품>	제	1	
왕예불소(往詣佛所)	<제7 화성유품>	제	2	
요백천잡(繞百千帀)	<제7 화성유품>	제	3	
요불필이(繞佛畢已)	<제7 화성유품>	제	2	
요설변재(樂說辯才)	<제1 서품>	제	2	
용시보살(勇施菩薩)	<제24 묘음보살품>	제	1	
우능출어심묘법음(又能出於深妙法音)	<제19 법사공덕품>	제	2	
우담발화(優曇鉢華)	<제2 방편품>	제	7	
우바새 우바이(優婆塞 優婆夷)	<제1 서품>	제	3	
우요삼잡(右繞三帀)	<제15 종지용출품>	제	1	
운뢰음숙왕화지(雲雷音宿王華智)	<제27 묘장엄왕본사품>	제	1	
운뢰음왕 다타아가도 아라하 삼먁삼불타 (雲雷音王 多陀阿伽度 阿羅訶 三藐三佛陀)	<제24 묘음보살품>	제	2	
원진리구(遠塵離垢)	<제27 묘장엄왕본사품>	제	2	
위덕치성 광명조요(威德熾盛 光明照曜)	<제24 묘음보살품>	제	2	
위석가모니불 의지소패(爲釋迦牟尼佛 衣之所覆)	<제28 보현보살권발품>	제	2	
위욕발기숙세선근(爲欲發起宿世善根)	<제27 묘장엄왕본사품>	제	2	
위음왕여래(威音王如來)	<제20 상불경보살품>	제	1	
위제희자 아사세왕(韋提希子 阿闍世王)	<제1 서품>	제	2	
위촉루고 설차경공덕(爲囑累故 說此經功德)	<제21 여래신력품>	제	1	
위타인설 억념불류(爲他人說 憶念不謬)	<제19 법사공덕품>	제	1	
유계중명주(唯髻中明珠)	<제14 안락행품>	제	2	

유생진에 심부정자(有生瞋恚 心不淨者)	<제20 상불경보살품>	제 | 1 |
유설원물려(唯說願勿慮)	<제2 방편품>	제 | 4 |
유약금일(猶若今日)	<제7 화성유품>	제 | 1 |
유여적자(猶如赤子)	<제12 제바달다품>	제 | 3 |
유유오장(猶有五障)	<제12 제바달다품>	제 | 3 |
육바라밀(六波羅蜜)	<제1 서품>	제 | 5 |
육십소겁(六十小劫)	<제1 서품>	제 | 7 |
육종진동(六種震動)	<제1 서품>	제 | 3 |
육취중생(六趣衆生)	<제1 서품>	제 | 3 |
은근칭탄방편(慇懃稱歎方便)	<제2 방편품>	제 | 3 |
이무루지(以無漏智)	<제16 여래수량품>	제 | 1 |
이불괴이근(而不壞耳根)	<제19 법사공덕품>	제 | 1 |
이아등숙복심후 생치불법 (而我等宿福深厚 生值佛法)	<제27 묘장엄왕본사품>	제 | 1 |
이종종형 유제국토 도탈중생 (以種種形 遊諸國土 度脫衆生)	<제25 관세음보살보문품>	제 | 2 |
이진에의 경천아고(以瞋恚意 輕賤我故)	<제20 상불경보살품>	제 | 2 |
익가공경 곡궁저두(益加恭敬 曲躬低頭)	<제22 촉루품>	제 | 1 |
인천교접 양득상견(人天交接 兩得相見)	<제8 오백제자수기품>	제 | 1 |
일념수희자(一念隨喜者)	<제10 법사품>	제 | 1 |
일대사인연(一大事因緣)	<제2 방편품>	제 | 7 |
일만 팔천 세계	<제1 서품>	제 | 3 |
일불승(一佛乘)	<제2 방편품>	제 | 8 |
일사구게(一四句偈)	<제23 약왕보살본사품>	제 | 2 |
일상일미(一相一味)	<제5 약초유품>	제 | 3 |
일시등주기택보흡(一時等澍 其澤普洽)	<제5 약초유품>	제 | 2 |
일우소윤(一雨所潤)	<제5 약초유품>	제 | 2 |
일월등명여래(日月燈明如來)	<제1 서품>	제 | 5 |
일월정명덕여래(日月淨明德如來)	<제23 약왕보살본사품>	제 | 1 |
일자법희식 이자선열식(一者法喜食 二者禪悅食)	<제8 오백제자수기품>	제 | 1 |

일체법(一切法)	<제7 화성유품>	제 | 5 |
일체정공덕장엄삼매(一切淨功德莊嚴三昧)	<제27 묘장엄왕본사품>	제 | 2 |
일체중생희견보살(一切衆生喜見菩薩)	<제23 약왕보살본사품>	제 | 1 |
일체중생희견여래(一切衆生喜見如來)	<제13 권지품>	제 | 1 |
입어무량의처삼매(入於無量義處三昧)	<제1 서품>	제 | 3 |
입여래실 착여래의 좌여래좌 (入如來室 著如來衣 坐如來座)	<제10 법사품>	제 | 3 |
[자]		
자유고로 무부시호(自惟孤露 無復恃怙)	<제16 여래수량품>	제 | 3 |
작사자후(作獅子吼)	<제13 권지품>	제 | 2 |
장야수호 불망선설(長夜守護 不妄宣說)	<제14 안락행품>	제 | 2 |
장야안은 다소요익(長夜安隱 多所饒益)	<제2 방편품>	제 | 5 |
장추어대갱(將墜於大坑)	<제2 방편품>	제 | 4 |
전다라(旃茶羅)	<제14 안락행품>	제 | 1 |
전렵어포(畋獵漁捕)	<제14 안락행품>	제 | 1 |
전륜성왕(轉輪聖王)	<제1 서품>	제 | 6 |
전어법륜(轉於法輪)	<제7 화성유품>	제 | 3 |
정광장엄(淨光莊嚴)	<제24 묘음보살품>	제 | 1 |
정법주세 상법주세(正法住世 像法住世)	<제3 비유품>	제 | 2 |
정사화합백천만월(正使和合百千萬月)	<제24 묘음보살품>	제 | 2 |
정상육계 광명현조(頂上肉髻 光明顯照)	<제27 묘장엄왕본사품>	제 | 2 |
정억념 해기의취(正憶念 解其義趣)	<제28 보현보살권발품>	제 | 1 |
정화수왕지여래(淨華宿王智如來)	<제24 묘음보살품>	제 | 1 |
제근맹리(諸根猛利)	<제2 방편품>	제 | 4 |
제루이진(諸漏已盡)	<제1 서품>	제 | 1 |
제범천왕(諸梵天王)	<제7 화성유품>	제 | 2 |
제법실상(諸法實相)	<제2 방편품>	제 | 2 |
제법지소귀취(諸法之所歸趣)	<제5 약초유품>	제 | 1 |
제불어차 전우법륜(諸佛於此 轉于法輪)	<제21 여래신력품>	제 | 1 |
제사법자(第四法者)	<제14 안락행품>	제 | 2 |

종귀어공(終歸於空)	<제5 약초유품>	제 | 3 |
종귀어공(終歸於空)	<제5 약초유품>	제 | 3 |
종불구생 종법화생(從佛口生 從法化生)	<제3 비유품>	제 | 1 |
종불수화(從佛受化)	<제2 방편품>	제 | 5 |
종상체성(種相體性)	<제5 약초유품>	제 | 3 |
종전도생(從顚倒生)	<제14 안락행품>	제 | 1 |
종지용출(從地踊出)	<제11 견보탑품>	제 | 1 |
좌도수하(坐道樹下)	<제17 분별공덕품>	제 | 2 |
주아유월치지(住阿惟越致地)	<제16 여래수량품>	제 | 1 |
즉개신수 입여래혜. 제선수습학소승자 (卽皆信受 入如來慧. 除先修習學小乘者)	<제15 종지용출품>	제 | 1 |
즉득삼매급다라니 등(卽得三昧 及陁羅尼)	<제28 보현보살권발품>	제 | 1 |
증개당번(繒蓋幢幡)	<제6 수기품>	제 | 2 |
증상만(增上慢)	<제2 방편품>	제 | 4 |
지견바라밀(知見波羅蜜)	<제2 방편품>	제 | 1 |
지기지락소법(知其志樂小法)	<제7 화성유품>	제 | 6 |
지혜무소손(智慧無所損)	<제24 묘음보살품>	제 | 3 |
진말위진(盡末爲塵)	<제7 화성유품>	제 | 1 |
진보연여 급승천궁(珍寶輦輿 及乘天宮)	<제18 수희공덕품>	제 | 1 |
진시여신 후불부수(盡是女身 後不復受)	<제23 약왕보살본사품>	제 | 2 |
진제유결(盡諸有結)	<제1 서품>	제 | 1 |
진제유루 어심선정(盡諸有漏 於深禪定)	<제18 수희공덕품>	제 | 1 |
진탁첨곡(瞋濁諂曲)	<제13 권지품>	제 | 1 |
진환집일처(盡還集一處)	<제11 견보탑품>	제 | 2 |
집금강문신(執金剛身)	<제25 관세음보살보문품>	제 | 2 |
[차]		
차배죄근심중(此輩罪根深重)	(제2 방편품>	제 | 6 |
차향육수 가치사바세계(此香六銖 價直娑婆世界)	<제23 약왕보살본사품>	제 | 1 |
천 용 야차, 마후라가(摩睺羅伽)	<제1 서품>	제 | 6 |
천대장군신(天大將軍身)	<제25 관세음보살보문품>	제 | 2 |

천우만다라화(天雨曼陁羅華)	<제1 서품>	제 3
천이백아라한(千二百阿羅漢)	<제8 오백제자수기품>	제 2
철위산(鐵圍山)	<제11 견보탑품>	제 2
체득기리(逮得己利)	<제1 서품>	제 1
초전법륜(初轉法輪)	<제3 비유품>	제 3
출광장설(出廣長舌)	<제21 여래신력품>	제 1
출기과오 약실약부실(出其過惡 若實若不實)	<제28 보현보살권발품>	제 2
출삼계 파마망(出三界 破魔網)	<제14 안락행품>	제 2
출석씨궁(出釋氏宮)	<제16 여래수량품>	제 1
칠보탑(七寶塔)	<제1 서품>	제 3
칠불(七佛)	<제8 오백제자수기품>	제 1
[타]		
탐착이양(貪著利養)	<제1 서품>	제 9
통달무애 여일불토(通達無礙 如一佛土)	<제21 여래신력품>	제 1
통달이제악취삼매(通達離諸惡趣三昧)	<제27 묘장엄왕본사품>	제 1
통위일불국토(通爲一佛國土)	<제11 견보탑품>	제 2
[파]		
파라타(頗羅墮)	<제1 서품>	제 5
팔생당득(八生當得)	<제17 분별공덕품>	제 1
팔항하사수(八恒河沙數)	<제15 종지용출품>	제 2
팔해탈(八解脫)	<제18 수희공덕품>	제 1
편어구방(遍於九方)	<제17 분별공덕품>	제 1
평등대혜(平等大慧)	<제11 견보탑품>	제 1
풍송통리(諷誦通利)	<제7 화성유품>	제 6
피모갑불(彼某甲佛)	<제11 견보탑품>	제 3
[하]		
하지아비지옥 상지유정천 (下至阿鼻地獄 上至有頂天)	<제19 법사공덕품>	제 1
학무학성문(學無學聲聞)	<제9 수학무학인기품>	제 1
함개유의(咸皆有疑)	<제2 방편품>	제 3

항맥 취락(巷陌 聚落)	<제18 수희공덕품>	제	1	
해일체중생어언다라니 (得解一切衆生語言陁羅尼)	<제23 약왕보살본사품>	제	1	
해탈삼매(解脫三昧)	<제2 방편품>	제	2	
행오바라밀(行五波羅蜜)	<제17 분별공덕품>	제	2	
험난악도 광절무인(險難惡道 曠絕無人)	<제7 화성유품>	제	7	
현겁(賢劫)	<제8 오백제자수기품>	제	1	
현세안은 후생선처(現世安隱 後生善處)	<제5 약초유품>	제	3	
현전무불(現前無佛)	<제2 방편품>	제	9	
현종종신변(現種種神變)	<제27 묘장엄왕본사품>	제	1	
혜명수보리(慧命須菩提)	<제4 신해품>	제	1	
호왈다보(號曰多寶)	<제11 견보탑품>	제	1	
혹실본심 혹불실자(或失本心 或不失者)	<제16 여래수량품>	제	3	
화광여래(華光如來)	<제3 비유품>	제	2	
화덕보살(華德菩薩)	<제24 묘음보살품>	제	2	
화불능소 수불능표(火不能燒 水不能漂)	<제23 약왕보살본사품>	제	2	
화작팔만사천중보련화(化作八萬四千衆寶蓮華)	<제24 묘음보살품>	제	1	
화족안행(華足安行)	<제3 비유품>	제	2	
환섭설상 일시경해(還攝舌相 一時謦欬)	<제21 여래신력품>	제	1	
훼목총림급제약초(卉木叢林及諸藥草)	<제5 약초유품>	제	2	
훼자성문락소법자(毀呰聲聞樂小法者)	<제4 신해품>	제	2	
희론지분(戲論之糞)	<제4 신해품>	제	2	

행복보다 진한 행복, 법화경

1판 1쇄 발행 2025년 12월 17일

저자 정영화

편집 윤혜린   **마케팅·지원** 이창민

펴낸곳 (주)하움출판사   **펴낸이** 문현광

이메일 haum1000@naver.com   **홈페이지** haum.kr
블로그 blog.naver.com/haum1000   **인스타그램** @haum1007

ISBN 979-11-7374-242-2(03220)